공기업
전공필기
사무직

기출이 답이다

시대에듀

2026 최신판 시대에듀 기출이 답이다
공기업 사무직 통합전공(경영학/경제학/행정학/법학)

Always with you

사람의 인연은 길에서 우연하게 만나거나 함께 살아가는 것만을 의미하지는 않습니다.
책을 펴내는 출판사와 그 책을 읽는 독자의 만남도 소중한 인연입니다.
시대에듀는 항상 독자의 마음을 헤아리기 위해 노력하고 있습니다. 늘 독자와 함께하겠습니다.

 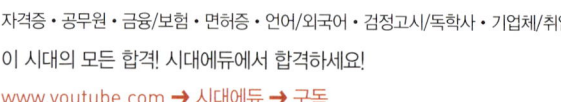 

PREFACE
머리말

대부분의 공기업에서 국가직무능력표준(NCS)뿐 아니라 전공과목의 출제 비중이 높아지고 있는 추세이다. 이에 따라 공기업 채용을 준비하는 수험생들은 지원하는 기업이 어떤 전공과목을 출제하는지 미리 파악해 두어야 하며, 그중에서도 사무직에서 출제 비중이 높은 경영학/경제학/행정학/법학 과목을 학습함으로써 필기전형에 대한 철저한 준비가 필요하다.

공기업 사무직 필기전형 합격을 위해 시대에듀에서는 NCS 도서 시리즈 누적 판매량 1위의 출간 경험을 토대로 다음과 같은 특징을 가진 도서를 출간하였다.

도서의 특징

❶ 공기업 사무직 전공 출제 영역 확인!
- 경영학/경제학/행정학/법학 과목을 출제하는 공기업을 정리하여 공기업별 전공 출제 영역을 확인할 수 있도록 하였다.

❷ 전공별 출제 키워드를 통한 출제경향 파악!
- 전공 영역별 출제 키워드를 수록하여 최신 출제경향을 한눈에 파악할 수 있도록 하였다.

❸ 7개년 기출복원문제를 통한 빈틈없는 학습!
- 2025~2019년 경영학/경제학/행정학/법학 과목의 기출문제를 복원하여 공기업별 전공 필기 유형을 파악하고 학습할 수 있도록 하였다.

❹ 다양한 콘텐츠로 최종 합격까지!
- 온라인 모의고사 응시 쿠폰을 무료로 제공하여 필기전형에 대비할 수 있도록 하였다.
- 이슈&상식 특강을 무료로 제공하여 최신 시사를 익힐 수 있도록 하였다.

끝으로 본 도서를 통해 공기업 사무직 채용을 준비하는 모든 수험생 여러분이 합격의 기쁨을 누리기를 진심으로 기원한다.

SDC(Sidae Data Center) 씀

주요 공기업 사무직 전공 ANALYSIS

기업명	경영학	경제학	행정학	법학
HUG 주택도시보증공사	○	○		
K-water 한국수자원공사	○	○	○	○
SH 서울주택도시공사	○	○	○	○
TS한국교통안전공단	○	○		
건강보험심사평가원	○	○	○	○
국민연금공단	○	○	○	○
근로복지공단	○	○	○	○
기술보증기금	○	○		○
부산교통공사	○	○	○	○
서울교통공사	○	○	○	○
신용보증기금	○	○		
울산항만공사	○	○		
코레일네트웍스	○			
코레일 한국철도공사	○			
한국가스공사	○	○		
한국가스기술공사	○	○	○	○
한국가스안전공사	○			○

기업명	경영학	경제학	행정학	법학
한국공항공사	○			
한국관광공사	○	○		○
한국도로공사	○			○
한국도로교통공단	○		○	○
한국마사회	○	○	○	○
한국산업안전보건공단	○			
한국서부발전	○	○	○	○
한국수력원자력	○	○	○	○
한국부동산원	○	○		○
한국자산관리공사	○	○		
한국전기안전공사	○	○	○	○
한국전력기술	○	○	○	○
한국주택금융공사	○	○		
한국중부발전	○	○	○	○
한국토지주택공사	○	○	○	○
한국환경공단	○	○	○	○
한전KDN	○	○	○	○

※ 본 자료는 2025년 채용공고를 기준으로 작성하였으므로 세부내용은 반드시 각 기업의 확정된 채용공고를 확인하기 바랍니다.

주요 공기업 적중 문제 TEST CHECK

경영학

코레일 한국철도공사 ▶ 리더십

53 다음 사례에 해당하는 리더십 이론은?

> 서비스 마스터는 세계 최대 청소업체로, 이 기업의 윌리엄 폴라드 전 회장이 1999년 부사장으로 부임하면서 처음으로 한 일은 고객사인 한 병원의 계단과 화장실의 변기를 부하직원과 함께 청소하라는 임무를 수행한 것이다. 폴라드는 직원들과 같이 청소하는 과정을 통해 직원들이 서비스 일을 하면서 겪게 되는 어려움을 몸소 체험하고 고객을 섬기는 일이 어떠한 것인지 분명히 알게 되었다.

① 변혁적 리더십
② 거래적 리더십
③ 서번트 리더십
④ 셀프 리더십
⑤ 감성 리더십

K-water 한국수자원공사 ▶ 민츠버그

16 민츠버그(Mintzberg)는 여러 형태의 경영자를 조사하여 공통적으로 수행하는 경영자의 역할을 10가지로 정리하였다. 다음 글에서 설명하는 역할은 무엇인가?

> 경영자는 기업의 존속과 발전을 위해 조직과 환경을 탐색하고, 발전과 성장을 위한 의사결정을 담당하는 역할을 맡는다.

① 대표자 역할
② 연락자 역할
③ 정보수집자 역할
④ 기업가 역할

건강보험심사평가원 ▶ 마이클 포터

02 다음은 마이클 포터(Michael Porter)의 산업구조 분석모델(Five Forces Model)이다. 빈칸 A에 들어갈 용어는?

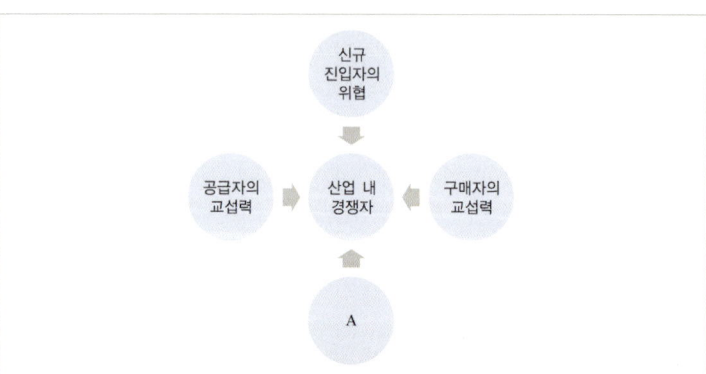

경제학

한국수력원자력 ▶ 환율

11 A국과 B국의 상황이 다음과 같을 경우 나타날 수 있는 경제현상이 아닌 것은?(단, 미 달러화로 결제하며, 각국의 환율은 달러 대비 자국 화폐의 가격으로 표시한다)

A국	• A국의 해외 유학생 수가 증가하고 있다. • 외국인 관광객이 증가하고 있다.
B국	• B국 기업의 해외 투자가 증가하고 있다. • 외국인 투자자들이 투자자금을 회수하고 있다.

① A국의 환율은 하락할 것이다.
② A국의 경상수지는 악화될 것이다.
③ B국이 생산하는 수출상품의 가격경쟁력이 높아질 것이다.
④ A국 국민이 B국으로 여행갈 경우 경비 부담이 증가할 것이다.

국민연금공단 ▶ 독점시장

10 다음 중 여러 형태의 시장 또는 기업에 대한 설명으로 옳지 않은 것은?

① 독점기업이 직면한 수요곡선은 시장수요곡선 그 자체이다.
② 독점시장의 균형에서 가격과 한계수입의 차이가 클수록 독점도는 커진다.
③ 독점적 경쟁시장에서 제품의 차별화가 클수록 수요의 가격탄력성이 커진다.
④ 모든 기업의 이윤극대화 필요조건은 한계수입과 한계비용이 같아지는 것이다.
⑤ 독점기업은 수요의 가격탄력성이 서로 다른 두 소비자 집단이 있을 때 가격차별로 이윤극대화를 꾀할 수 있다.

TS한국교통안전공단 ▶ 통화승수

15 다음 중 통화승수에 대한 설명으로 옳지 않은 것은?

① 통화승수는 법정지급준비율을 낮추면 커진다.
② 통화승수는 이자율 상승으로 요구불예금이 증가하면 작아진다.
③ 통화승수는 대출을 받은 개인과 기업들이 더 많은 현금을 보유할수록 작아진다.
④ 통화승수는 은행들이 지급준비금을 더 많이 보유할수록 작아진다.

주요 공기업 적중 문제 TEST CHECK

행정학

근로복지공단 ▶ 뉴거버넌스

09 다음 중 신공공관리(NPM; New Public Management)와 뉴거버넌스의 특징에 대한 설명으로 옳지 않은 것은?

① NPM이 정부 내부 관리의 문제를 다루는 반면 뉴거버넌스는 시장 및 시민사회와의 관계에서 정부의 역할과 기능을 다룬다.
② 뉴거버넌스는 NPM에 비해 자원이나 프로그램 관리의 효율성보다 국가차원에서의 민주적 대응성과 책임성을 강조한다.
③ NPM과 뉴거버넌스는 모두 방향잡기(Steering) 역할을 중시하며 NPM에서는 기업을 방향잡기의 중심에, 뉴거버넌스에서는 정부를 방향잡기의 중심에 놓는다.
④ 뉴거버넌스는 정부영역과 민간영역을 상호 배타적이고 경쟁적인 관계로 보지 않는다.
⑤ NPM은 경쟁과 계약을 강조하는 반면에 뉴거버넌스는 네트워크나 파트너십을 강조하고 신뢰를 바탕으로 한 상호존중을 중시한다.

LH한국토지주택공사 ▶ 동기이론

58 다음 〈보기〉 중 조직구성원들의 동기이론에 대한 설명으로 옳은 것을 모두 고르면?

보기
ㄱ. ERG 이론 : 앨더퍼(C. Alderfer)는 욕구를 존재욕구, 관계욕구, 성장욕구로 구분한 후 상위욕구와 하위욕구 간에 '좌절 – 퇴행'관계를 주장하였다.
ㄴ. X·Y이론 : 맥그리거(D. McGregor)의 X이론은 매슬로(A. Maslow)가 주장했던 욕구계층 중에서 주로 상위욕구를, Y이론은 주로 하위욕구를 중요시하였다.
ㄷ. 형평이론 : 애덤스(J. Adams)는 자기의 노력과 그 결과로 얻어지는 보상을 준거인물과 비교하여 공정하다고 인식할 때 동기가 유발된다고 주장하였다.
ㄹ. 기대이론 : 브룸(V. Vroom)은 보상에 대한 매력성, 결과에 따른 보상, 그리고 결과 발생에 대한 기대감에 의해 동기유발의 강도가 좌우된다고 보았다.

서울교통공사 ▶ 행정조직

02 다음 중 우리나라 행정조직에 대한 설명으로 옳지 않은 것은?

① 책임운영기관은 정부조직법에 의하여 설치되고 운영된다.
② 행정기관 소속 위원회의 설치·운영에 관한 법률 상 위원회 소속 위원 중 공무원이 아닌 위원의 임기는 대통령령으로 정하는 특별한 경우를 제외하고는 3년을 넘지 아니하도록 하여야 한다.
③ 특별지방행정기관으로는 서울지방국세청, 중부지방고용노동청이 있다.
④ 실, 국, 과는 부처 장관을 보조하는 기관으로 계선 기능을 담당하고, 참모 기능은 차관보, 심의관 또는 담당관 등의 조직에서 담당한다.
⑤ 중앙선거관리위원회와 공정거래위원회는 행정위원회에 속한다.

법학

한국전력기술 ▶ 사회법

43 다음 중 사회법에 대한 설명으로 옳지 않은 것은?

① 공법영역에 사법적 요소를 가미하는 제3의 법영역이다.
② 노동법, 경제법, 사회보장법은 사회법에 속한다.
③ 자본주의의 부분적 모순을 수정하기 위한 법이다.
④ 사회적·경제적 약자의 이익 보호를 목적으로 한다.
⑤ 사회주의, 단체주의, 적극국가, 실질적 평등을 원리로 한다.

한국마사회 ▶ 근로기준법

14 다음 중 근로기준법상 근로시간과 휴식에 대한 설명으로 옳지 않은 것은?

① 1일의 근로시간은 휴게시간을 제외하고 8시간을 초과할 수 없다.
② 사용자는 근로자에게 1주에 평균 1회 이상의 유급휴일을 보장하여야 한다.
③ 사용자는 야간근로에 대하여는 통상임금의 100분의 80 이상을 가산하여 근로자에게 지급하여야 한다.
④ 사용자는 8시간 이내의 휴일근로에 대하여는 통상임금의 100분의 50 이상을 가산하여 근로자에게 지급하여야 한다.

한국관광공사 ▶ 법률행위

10 다음 중 제한능력자의 법률행위에 대한 설명으로 옳지 않은 것은?

① 법정대리인이 대리한 피한정후견인의 재산상 법률행위는 유효하다.
② 피성년후견인이 법정대리인의 동의를 얻어서 한 재산상 법률행위는 유효하다.
③ 법정대리인이 범위를 정하여 처분을 허락한 재산은 미성년자가 임의로 처분할 수 있다.
④ 제한능력자가 속임수로써 자기를 능력자로 믿게 한 경우 그 법률행위를 취소할 수 없다.
⑤ 가정법원은 피한정후견인이 한정후견인의 동의를 받아야 하는 행위의 범위를 정할 수 있다.

도서 200% 활용하기 STRUCTURES

전공별 출제 키워드로 출제경향 파악

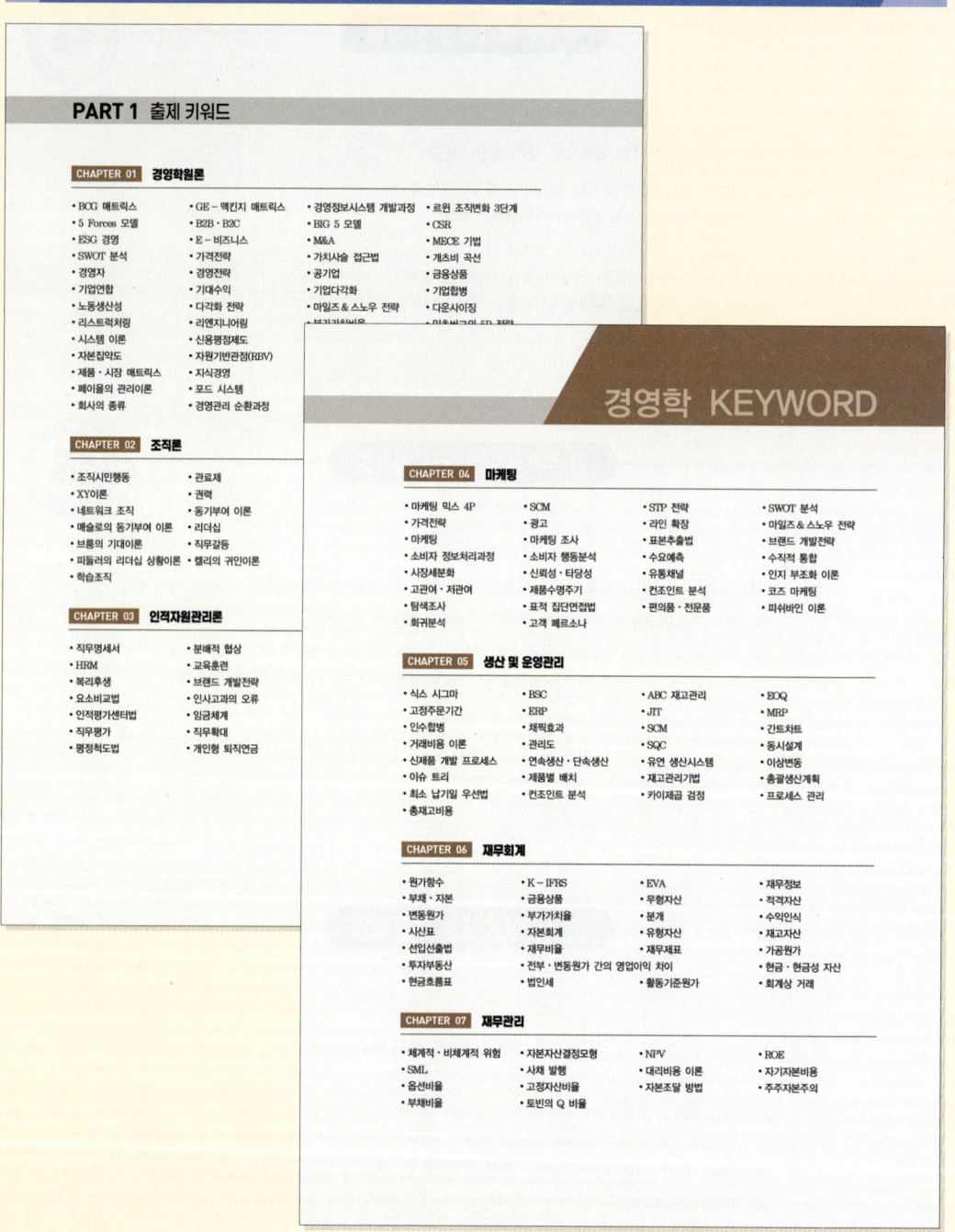

▶ 전공 영역별 출제 키워드를 수록하여 최신 출제경향을 한눈에 파악할 수 있도록 하였다.

7개년 기출복원문제로 빈틈없는 학습

▶ 2025~2019년 경영학/경제학/행정학/법학 과목의 기출문제를 복원하여 공기업별 전공 필기 유형을 익히고 효과적으로 학습할 수 있도록 하였다.

▶ 문제와 정답 및 해설을 함께 수록하여 정답과 오답을 한눈에 이해할 수 있도록 하였다.

이 책의 차례 CONTENTS

PART 1 | 경영학

CHAPTER 01 경영학원론 — 4
CHAPTER 02 조직론 — 51
CHAPTER 03 인적자원관리론 — 73
CHAPTER 04 마케팅 — 99
CHAPTER 05 생산 및 운영관리 — 130
CHAPTER 06 재무회계 — 151
CHAPTER 07 재무관리 — 185

PART 2 | 경제학

CHAPTER 01 경제학의 기초 — 196
CHAPTER 02 소비자 및 생산자이론 — 222
CHAPTER 03 시장이론과 후생경제학 — 245
CHAPTER 04 국민소득결정이론 — 293
CHAPTER 05 소비함수와 투자함수 — 303
CHAPTER 06 화폐금융론 — 314
CHAPTER 07 총수요와 총공급 이론 — 324
CHAPTER 08 인플레이션과 실업 — 334
CHAPTER 09 경기변동과 경제성장 — 349
CHAPTER 10 국제경제학 — 359

PART 3 | 행정학

CHAPTER 01 행정학 기초이론 — 376
CHAPTER 02 정책론 — 393
CHAPTER 03 조직론 — 417
CHAPTER 04 인사행정론 — 439
CHAPTER 05 재무행정론 — 461
CHAPTER 06 행정통제 및 개혁 — 479
CHAPTER 07 지방행정 — 485

PART 4 | 법학

CHAPTER 01 법학 일반 — 500
CHAPTER 02 헌법 — 521
CHAPTER 03 민법 — 540
CHAPTER 04 형법 — 569
CHAPTER 05 상법 — 576
CHAPTER 06 행정법 — 598

PART 1

경영학

CHAPTER 01 경영학원론
CHAPTER 02 조직론
CHAPTER 03 인적자원관리론
CHAPTER 04 마케팅
CHAPTER 05 생산 및 운영관리
CHAPTER 06 재무회계
CHAPTER 07 재무관리

PART 1 출제 키워드

CHAPTER 01 경영학원론

- BCG 매트릭스
- 5 Forces 모델
- ESG 경영
- SWOT 분석
- 경영자
- 기업연합
- 노동생산성
- 리스트럭처링
- 시스템 이론
- 자본집약도
- 제품·시장 매트릭스
- 페이욜의 관리이론
- 회사의 종류
- GE - 맥킨지 매트릭스
- B2B·B2C
- E - 비즈니스
- 가격전략
- 경영전략
- 기대수익
- 다각화 전략
- 리엔지니어링
- 신용평점제도
- 자원기반관점(RBV)
- 지식경영
- 포드 시스템
- 경영관리 순환과정
- 경영정보시스템 개발과정
- BIG 5 모델
- M&A
- 가치사슬 접근법
- 공기업
- 기업다각화
- 마일즈 & 스노우 전략
- 부가가치비율
- 앤소프의 의사결정
- 재무비율
- 켈리의 귀인이론
- 하이더의 균형이론
- 협동조합
- 르윈 조직변화 3단계
- CSR
- MECE 기법
- 개츠비 곡선
- 금융상품
- 기업합병
- 다운사이징
- 민츠버그의 5P 전략
- 인간관계론
- 제도화 이론
- 테일러의 과학적 관리론
- 호손 실험

CHAPTER 02 조직론

- 조직시민행동
- XY이론
- 네트워크 조직
- 매슬로의 동기부여 이론
- 브룸의 기대이론
- 피들러의 리더십 상황이론
- 학습조직
- 관료제
- 권력
- 동기부여 이론
- 리더십
- 직무갈등
- 켈리의 귀인이론
- 강화이론
- 기계적·유기적 조직
- 리더 구성원 교환 이론(LMX)
- 민츠버그의 조직이론
- 집단의사결정
- 블레이크 & 머튼의 관리격자모형
- 목표관리(MBO)
- 기능별 조직
- 앨더퍼의 ERG 이론
- 카리스마적 리더십

CHAPTER 03 인적자원관리론

- 직무명세서
- HRM
- 복리후생
- 요소비교법
- 인적평가센터법
- 직무평가
- 평정척도법
- 분배적 협상
- 교육훈련
- 브랜드 개발전략
- 인사고과의 오류
- 임금체계
- 직무확대
- 개인형 퇴직연금
- 경력 닻 모형
- 인력 공급예측법
- 승진제도
- 인사평가제도
- 생계비
- 집단성과 배분제도
- 확정기여형 퇴직연금
- BARS
- 노사관계관리
- 신뢰성·타당성
- 인적자원관리
- 직무분석
- 커크패트릭의 평가모형
- 후광 효과

경영학 KEYWORD

CHAPTER 04 마케팅

- 마케팅 믹스 4P
- 가격전략
- 마케팅
- 소비자 정보처리과정
- 시장세분화
- 고관여 · 저관여
- 탐색조사
- 회귀분석

- SCM
- 광고
- 마케팅 조사
- 소비자 행동분석
- 신뢰성 · 타당성
- 제품수명주기
- 표적 집단면접법
- 고객 페르소나

- STP 전략
- 라인 확장
- 표본추출법
- 수요예측
- 유통채널
- 컨조인트 분석
- 편의품 · 전문품

- SWOT 분석
- 마일즈 & 스노우 전략
- 브랜드 개발전략
- 수직적 통합
- 인지 부조화 이론
- 코즈 마케팅
- 피쉬바인 이론

CHAPTER 05 생산 및 운영관리

- 식스 시그마
- 고정주문기간
- 인수합병
- 거래비용 이론
- 신제품 개발 프로세스
- 이슈 트리
- 최소 납기일 우선법
- 총재고비용

- BSC
- ERP
- 채찍효과
- 관리도
- 연속생산 · 단속생산
- 제품별 배치
- 컨조인트 분석

- ABC 재고관리
- JIT
- SCM
- SQC
- 유연 생산시스템
- 재고관리기법
- 카이제곱 검정

- EOQ
- MRP
- 간트차트
- 동시설계
- 이상변동
- 총괄생산계획
- 프로세스 관리

CHAPTER 06 재무회계

- 원가함수
- 부채 · 자본
- 변동원가
- 시산표
- 선입선출법
- 투자부동산
- 현금흐름표

- K – IFRS
- 금융상품
- 부가가치율
- 자본회계
- 재무비율
- 전부 · 변동원가 간의 영업이익 차이
- 법인세

- EVA
- 무형자산
- 분개
- 유형자산
- 재무제표
- 활동기준원가

- 재무정보
- 적격자산
- 수익인식
- 재고자산
- 가공원가
- 현금 · 현금성 자산
- 회계상 거래

CHAPTER 07 재무관리

- 체계적 · 비체계적 위험
- SML
- 옵션비율
- 부채비율

- 자본자산결정모형
- 사채 발행
- 고정자산비율
- 토빈의 Q 비율

- NPV
- 대리비용 이론
- 자본조달 방법

- ROE
- 자기자본비용
- 주주자본주의

CHAPTER 01 경영학원론

01 서부발전(2023)/관광(2023)/강원랜드(2023)/한국석유(2022)/국민연금(2022)/부교공(2022)/코레일(2022)/근복(2022)

다음 중 BCG 매트릭스에 대한 설명으로 옳은 것은?

① 횡축은 시장성장률, 종축은 상대적 시장점유율이다.
② 물음표 영역은 시장성장률이 높고, 상대적 시장점유율은 낮아 계속적인 투자가 필요하다.
③ 별 영역은 시장성장률이 낮고, 상대적 시장점유율은 높아 현상유지를 해야 한다.
④ 자금젖소 영역은 현금창출이 많지만, 상대적 시장점유율이 낮아 많은 투자가 필요하다.
⑤ 개 영역은 시장지배적인 위치를 구축하여 성숙기에 접어든 경우이다.

정답 | 해설

[오답분석]
① 횡축은 상대적 시장점유율, 종축은 시장성장률이다.
③ 별 영역은 시장성장률과 상대적 시장점유율이 모두 높다.
④ 자금젖소 영역은 시장점유율이 높아 자금투자보다 자금산출이 많다.
⑤ 개 영역은 시장성장률과 상대적 시장점유율이 낮은 쇠퇴기에 접어든 경우이다.

정답 ②

02 서부발전(2023)/관광(2023)/강원랜드(2023)/한국석유(2022)/국민연금(2022)/부교공(2022)/코레일(2022)/근복(2022)

다음 중 BCG 매트릭스와 GE – 맥킨지 매트릭스의 차이점으로 옳지 않은 것은?

① BCG 매트릭스에서는 단 하나의 측정만 사용되는 반면, GE – 맥킨지 매트릭스에서는 여러 측정이 사용된다.
② BCG 매트릭스의 기반이 되는 요인은 시장 성장과 시장점유율이고, GE – 맥킨지 매트릭스의 기반이 되는 요인은 산업계의 매력과 비즈니스 강점이다.
③ BCG 매트릭스는 기업이 여러 사업부에 자원을 배치하는 데 사용되며, GE – 맥킨지 매트릭스는 다양한 비즈니스 단위 간의 투자 우선 순위를 결정하는 데 사용한다.
④ BCG 매트릭스는 GE – 맥킨지 매트릭스에 비해 더 간단하며, BCG 매트릭스는 4개의 셀로 구성되는 반면, GE – 맥킨지 매트릭스는 9개의 셀로 구성된다.
⑤ BCG 매트릭스는 기업이 그리드에서의 위치에 따라 제품 라인이나 비즈니스 유닛을 전략적으로 선택하는 데 사용하고, GE – 맥킨지 매트릭스는 시장의 성장과 회사가 소유한 시장점유율을 반영한 성장 – 공유 모델로 이해할 수 있다.

| 정답 | 해설 |

GE – 맥킨지 매트릭스는 기업이 그리드에서의 위치에 따라 제품 라인이나 비즈니스 유닛을 전략적으로 선택하는 데 사용되며, 다중 요인 포트폴리오 매트릭스라고도 부른다.

정답 ⑤

서부발전(2023)/관광(2023)/강원랜드(2023)/한국석유(2022)/국민연금(2022)/부교공(2022)/코레일(2022)/근복(2022)

03 다음 중 BCG 매트릭스의 문제점으로 옳지 않은 것은?

① 고성장 사업(제품)이 반드시 더 많은 자본을 필요로 하지 않을 수도 있다.
② 시장점유율과 수익성은 반드시 정비례하지 않는다.
③ 기준점에 따라 시장 정의가 바뀔 수 있다.
④ 시장성장률만이 시장 기회를 결정하지 않는다.
⑤ 외부적 현금흐름보다 사업 내부역량에 집중하여 마케팅 관리자가 시장상황을 쉽게 이해하기 어렵다.

| 정답 | 해설 |

BCG 매트릭스는 마케팅 관리자가 시장상황을 쉽게 이해할 수 있다는 장점이 있지만, 사업 내부역량보다 외부적 현금흐름에만 집중하여 사업부마다 정확한 평가가 어렵다는 단점이 있다.

> **BCG 매트릭스의 문제점**
> 1. 시장점유율과 수익성은 반드시 정비례하지 않는다.
>   경쟁이 치열한 시장에서 출혈경쟁이 일어나 제품의 가격을 원가 가까이 낮출 경우 시장점유율이 상승한다고 하더라도 수익은 감소할 수 있다. 따라서 시장점유율 만능주의에 빠지지 말아야 할 것이다.
> 2. 기준점에 따라 시장 정의가 바뀔 수 있다.
>   시장성장률과 시장점유율이 낮거나 높은 것에 대한 기준점이 절대적이지 않다. 사업이나 경쟁 환경 특성에 따라 그 기준이 변할 수 있고, 그 기준을 잘못 잡으면 BCG 매트릭스를 잘못 적용하게 된다.
> 3. 시장성장률만이 시장 기회를 결정하지 않는다.
>   기술이나 생산효율 등의 요소도 시장의 장래성에 영향을 미친다.
> 4. 고성장 사업(제품)이 반드시 더 많은 자본을 필요로 하지 않을 수도 있다.
>   합리적 경영 등으로 큰 자본의 유입 없이도 성장을 해낼 수 있다.
> 5. 사업 내부역량보다 외부적 현금흐름에 집중한다.
>   사업 내부역량보다 외부적 현금흐름에만 집중하여 사업부마다 정확한 평가가 어렵다는 단점이 있다.

정답 ⑤

| 서부발전(2023)/관광(2023)/강원랜드(2023)/한국석유(2022)/국민연금(2022)/부교공(2022)/코레일(2022)/근복(2022)

04 다음 중 BCG 매트릭스와 GE – 맥킨지 매트릭스에 대한 설명으로 옳지 않은 것은?

① BCG 매트릭스는 총 4칸으로 구성되며, GE – 맥킨지 매트릭스는 총 9칸으로 구성된다.
② BCG 매트릭스에서 현금흐름이 가장 많은 곳은 자금젖소 사업부이다.
③ GE – 맥킨지 매트릭스는 투자수익률(ROI)을 강조한다.
④ BCG 매트릭스에서 시장점유율은 수익성과 비례하여 나타난다.
⑤ BCG 매트릭스는 시장을 시장점유율과 상대적 시장점유율로 분석하고, GE – 맥킨지 매트릭스는 시장을 장기 산업 매력도와 사업단위 경쟁력으로 분석한다.

정답 | 해설

BCG 매트릭스에서 시장점유율과 수익성은 반드시 비례하지 않는다. 경쟁이 심한 시장에서 가격을 낮춰야만 시장점유율을 늘릴 수 있는 경우가 많은데, 이때 시장점유율은 늘어나지만 이익은 감소하기 때문이다.

상대적 시장점유율의 계산식

$$[\text{상대적 시장점유율}(\%)] = \frac{(\text{자사의 시장점유율})}{[\text{시장 내 1위 기업의 시장점유율}(\text{자사 제외})]} \times 100$$

정답 ④

| HUG(2024)/한국석유(2022)/국민연금(2022)/수자원(2022)/부교공(2022)/코레일(2022)/근복(2022)

05 다음 중 GE – 맥킨지 매트릭스에서 시장 지위를 유지하며 집중 투자를 고려해야 하는 위치는?

① 보호 및 재집중　　　　② 구조조정
③ 선택적 집중　　　　　④ 수확 또는 퇴출
⑤ 프리미엄

정답 | 해설

주어진 매트릭스에서 시장 지위를 유지하며 집중 투자를 고려해야 하는 위치는 사업의 강점도 높고 시장의 매력도 또한 높은 프리미엄이다. 프리미엄에서는 성장을 위하여 투자를 적극적으로 하며, 사업 다각화 전략과 글로벌 시장 진출 고려 또한 너무 미래지향적인 전략보다는 적정선에서 타협하고 단기적 수익을 수용하는 전략이 필요하다.

> **GE - 맥킨지 매트릭스**
> 3×3 형태의 매트릭스이며, Y축 시장의 매력도에 영향을 끼치는 요인은 시장 크기, 시장성장률, 시장수익성, 가격, 경쟁 강도, 산업평균 수익률, 리스크, 진입장벽 등이며, X축 사업의 강점에 영향을 끼치는 요인은 자사의 역량, 브랜드 자산, 시장점유율, 고객충성도, 유통 강점, 생산 능력 등이다.

정답 ⑤

| 신보(2022)

06 다음 중 경영정보시스템의 분석 및 설계 과정에서 수행하는 작업이 아닌 것은?

① 입력 자료의 내용, 양식, 형태, 분량 분석
② 출력물의 양식, 내용, 분량, 출력주기 정의
③ 시스템 테스트를 위한 데이터 준비, 시스템 수정
④ 자료가 출력되기 위해 필요한 수식연산, 비교연산, 논리연산 설계
⑤ 데이터베이스 구조 및 특성, 자료처리 분량 및 속도, 레코드 및 파일 구조 명세화

정답 | 해설

시스템 검사 및 유지보수 단계에서 수행하는 작업으로, 분석 및 설계 과정에서 행해지는 작업과는 거리가 있다.

경영정보시스템 개발 프로세스의 핵심활동

구분	핵심활동
시스템 분석 (Systems Analysis)	기존 시스템의 문제점을 분석하여 발견된 문제점을 해소하기 위한 해결책에 요구되는 사항들을 정의하는 단계이다.
시스템 설계 (System Design)	기술적, 조직적 구성요소들의 결합방법을 보여주는 정보시스템 해결책의 명세서를 제공하는 단계이다.
프로그래밍 (Programming)	설계 단계에서 만들어진 시스템 명세서를 소프트웨어 프로그램 코드로 전환하는 단계이다.
검사(Testing)	시스템이 올바른 결과를 산출하는지 확인하는 단계로, 단위검사(Unit Testing), 시스템검사(System Testing), 인수검사(Acceptance Testing)로 구분된다.
전환(Conversion)	기존 시스템에서 새로운 시스템으로 변환하는 단계이다.
가동(Production)	새로운 시스템이 설치되고 전환이 마무리된 후 운영되는 단계이다.
유지보수 (Maintenance)	시스템의 오류 발견 및 수정, 요구사항 부합 여부판단, 처리의 효율성 향상 등을 위해 하드웨어, 소프트웨어, 문서 그리고 절차 등을 변경하는 단계이다.

정답 ③

| 수출입(2022)/부교공(2022)/관광(2021)

07 다음 중 르윈(K. Lewin)의 3단계 변화모형에서 변화과정을 순서대로 바르게 나열한 것은?

① 각성(Arousal) – 해빙(Unfreezing) – 변화(Changing)
② 각성(Arousal) – 실행(Commitment) – 재동결(Refreezing)
③ 해빙(Unfreezing) – 변화(Changing) – 재동결(Refreezing)
④ 해빙(Unfreezing) – 실행(Commitment) – 수용(Acceptance)
⑤ 진단(Diagnosis) – 변화(Changing) – 수용(Acceptance)

정답 | 해설

르윈(K. Lewin)의 3단계 변화모형
1. 해빙(Unfreezing) : 과거의 방식을 타파하여 개인과 집단이 새로운 대체안을 수용할 수 있도록 변화에 대해 준비하는 단계이다.
2. 변화(Changing) : 순응 – 동일화 – 내면화를 거쳐 변화가 일어나는 단계이다.
3. 재동결(Refreezing) : 새로운 지식, 행동 등이 통합, 고착, 지속되는 단계로, 이전의 상태로 돌아가지 않도록 강화 전략을 사용하는 단계이다.

정답 ③

| 수자원(2025)/관광(2023)/코레일(2022)/수자원(2022)/코레일(2021)/도로교통(2020)/LX(2020)

08 다음 중 진입장벽이 높은 경우에 해당하지 않는 것은?

① 초기투자가 많이 필요한 경우
② 제품 차별화가 낮은 경우
③ 법적 규제가 있는 경우
④ 기존 경쟁업체가 많은 경우
⑤ 오랜 기간 축적된 생산 경험이나 공정 노하우가 필요한 경우

정답 | 해설

제품 차별화가 낮은 경우 비슷한 기능과 형태의 제품이 다양하게 시장에 진입할 수 있어 진입장벽이 낮은 경우에 해당한다.

[오답분석]
① 초기투자가 많이 필요한 경우 그만큼 자금력이 뒷받침되어야 하므로 진입장벽이 높다.
③ 법적 규제가 있는 경우 해당 규제에 맞는 제품만 시장에 들어올 수 있어 진입장벽이 높다.
④ 기존 경쟁업체가 많은 경우 시장에 참여해도 성과를 내기 쉽지 않기 때문에 진입장벽이 높다.
⑤ 오랜 기간 축적된 생산 경험이나 공정 노하우가 필요한 경우 신규 기업이 따라가기 어렵기 때문에 진입장벽이 높다.

정답 ②

| 심평원(2025)/관광(2023)/코레일(2022)/수자원(2022)/코레일(2021)/도로교통(2020)/LX(2020)

09 다음 중 마이클 포터(Michael Porter)의 5 Force 모델의 경쟁요인에 해당하지 않는 것은?

① 보완재의 유무
② 기업 간 경쟁
③ 신규진입 위협
④ 구매자 협상력
⑤ 대체재의 위협

정답 | 해설

마이클 포터의 5 Force 모델은 기업이 속한 산업의 경쟁 환경을 5가지 힘(Force)으로 분석하여 경쟁 강도와 수익 가능성을 평가하는 전략 분석 도구로 다음의 다섯 가지 경쟁요인이 있다.
- 신규진입 위협 : 신규기업이 시장에 진입할 가능성이 높은지, 진입장벽은 어느 정도인지 등을 분석
- 기업 간 경쟁 : 산업 내 기업 간 경쟁수준 분석
- 구매자 협상력 : 구매자의 구매규모, 제품 의존성, 교섭력 등을 분석
- 공급자 협상력 : 공급자의 공급력, 제품 의존성 등을 분석
- 대체재의 위협 : 해당 제품 또는 서비스를 대체할 수 있는 것이 있는지와 가격, 품질 등이 어떠한지 분석

정답 ①

| 심평원(2025)/관광(2023)/코레일(2022)/수자원(2022)/코레일(2021)/도로교통(2020)/LX(2020)

10 다음 중 마이클 포터(Michael Porter)의 5 Forces 모델에 대한 설명으로 옳지 않은 것은?

① 정태적 모형이라 동태적(Dynamic) 변화를 반영하지 못한다.
② 진입장벽이 높을수록 잠재적 경쟁자의 진입위협이 낮아지게 되므로 산업의 매력성은 높다.
③ 대체재의 위협이 낮고 공급자의 교섭력이 높을수록 해당 산업의 매력성은 높다.
④ 기존 기업 간의 경쟁이 낮을수록 해당 산업의 매력성은 높다.
⑤ 정부규제 또는 제도적 진입장벽으로 인해 처음부터 시장에 진입 자체가 불가능한 경우 현실 적용이 어려울 수 있다.

정답 | 해설

대체재의 위협과 공급자의 교섭력이 낮을수록 해당 산업의 매력성은 높다.

마이클 포터(Michael Porter)의 5 Forces 모델의 한계점
정태적 모형이기 때문에 동태적인 변화를 반영하지 못하고, 현실적으로 정부규제 또는 제도적 진입장벽으로 인해 처음부터 시장에 진입 자체가 불가능한 경우에는 현실 적용이 어려울 수 있다.

정답 ③

| 코레일(2025)/한수원(2021)

11 다음 중 B2C에 대한 설명으로 옳지 않은 것은?

① 폭넓은 개인 소비자들을 대상으로 하는 비즈니스 모델이다.
② 기업이 다른 기업에게 제품이나 서비스를 판매하는 개념을 포함한다.
③ 기업과 최종소비자 간 직접적인 거래가 이루어진다.
④ 사용자 편의성 제고를 위해 고객 데이터를 활용한 사용자 경험을 개선하는 것이 중요하다.
⑤ 고객에 대한 감정적인 호소와 브랜드 인지도 제고에 초점을 맞춰 마케팅을 진행한다.

> **정답 | 해설**
>
> B2C는 'Business to Customer'를 뜻하는 것으로 기업이 소비자에게 제품이나 서비스를 판매하는 것을 의미한다. 기업이 다른 기업에게 제품이나 서비스를 판매하는 것은 B2B에 해당한다.
>
> 정답 ②

| 코레일(2025)/한수원(2021)

12 다음 중 B2B에 대한 설명으로 옳지 않은 것은?

① B2B는 타깃시장이 비교적 작기 때문에 시장에 진출하기 위해서는 전문성이 강조된다.
② B2B는 기업이 고객이기 때문에 고객별 전략 수립 및 실행이 중요하다.
③ B2B는 고객사와 공급사 간의 지속적인 관계유지가 중요하다.
④ B2B는 판매 사이클이 비교적 길기 때문에 사후관리가 중요하다.
⑤ B2B는 전자상거래 수단이나 관리 및 TV광고 같은 홍보활동이 중요하다.

> **정답 | 해설**
>
> B2B는 영업기회의 발굴에 초점을 두기 때문에 전자상거래 수단이나 관리 및 TV광고와 같은 광범위하고 많은 고객층에게 노출되는 마케팅보다는 작은 타깃시장에 집중하여 시장점유율을 높이는 전략을 택하는 것이 유리하다.
>
> 정답 ⑤

| 도로(2020)

13 다음 중 Big 5 성격모델에서 제시하는 성격요소에 해당하지 않는 것은?

① 개방성(Openness)
② 객관성(Objectivity)
③ 외향성(Extraversion)
④ 성실성(Conscientiousness)
⑤ 수용성(Agreeableness)

정답 | 해설

코스타와 매크레이(Costa & McCrae)는 결합요인분석(Joint Factor Analysis)을 통해 CPI, MBTI, MMPI 등의 인성검사에 공통적인 5요인을 발견하고, 사람들은 공통적으로 5개의 성격인 불안정성(N; Neuroticism) 혹은 정서적 안정성(Emotional Stability), 외향성(E; Extraversion), 개방성(O; Openness to Experience, Culture, Intellect), 수용성(A; Agreeableness), 성실성(C; Conscientiousness, Will to Achieve)이 존재한다고 주장했다.

정답 ②

| 도로(2020)

14 다음 설명에 해당하는 5가지 성격 특성 요소 중 하나는 무엇인가?

> 과제 및 목적 지향성을 촉진하는 속성과 관련된 것으로, 심사숙고, 규준이나 규칙의 준수, 계획 세우기, 조직화, 과제의 준비 등과 같은 특질을 포함한다.

① 개방성(Openness to Experience)
② 성실성(Conscientiousness)
③ 외향성(Extraversion)
④ 수용성(Agreeableness)
⑤ 안정성(Emotional Stability)

정답 | 해설

5가지 성격 특성 요소(Big Five Personality Traits)
1. 개방성(Openness to Experience) : 상상력, 호기심, 모험심, 예술적 감각 등으로 보수주의에 반대하는 성향이다.
2. 성실성(Conscientiousness) : 목표를 성취하기 위해 성실하게 노력하는 성향이다. 과제 및 목적 지향성을 촉진하는 속성과 관련된 것으로, 심사숙고, 규준이나 규칙의 준수, 계획 세우기, 조직화, 과제의 준비 등과 같은 특질을 포함한다.
3. 외향성(Extraversion) : 다른 사람과의 사교, 자극과 활력을 추구하는 성향이다. 사회와 현실 세계에 대해 의욕적으로 접근하는 속성과 관련된 것으로, 사회성, 활동성, 적극성과 같은 특질을 포함한다.
4. 수용성(Agreeableness) : 타인에게 반항적이지 않은 협조적인 태도를 보이는 성향이다. 사회적 적응성과 타인에 대한 공동체적 속성을 나타내는 것으로, 이타심, 애정, 신뢰, 배려, 겸손 등과 같은 특질을 포함한다.
5. 안정성(Emotional Stability) : 스트레스를 견디는 개인의 능력으로, 정서가 안정적인 사람들은 온화하고 자신감이 있다.

정답 ②

| 수자원(2025)/도로교통(2021)

15 다음 중 ISO 26000에 대한 설명으로 옳지 않은 것은?

① 국제표준화기구(ISO)에서 개발한 기업의 사회적 책임에 대한 국제표준이다.
② 2010년에 제정 및 발표되었다.
③ 책임성, 투명성, 윤리적 행동 등 총 7개의 기본원칙으로 구성된다.
④ 기업의 사회적 책임을 위한 기존 방법이나 계획을 대체하는 역할을 한다.
⑤ 기업의 사회적 책임에 대한 공동의 이해를 증진시키는 것을 목표로 한다.

정답 | 해설

ISO 26000은 기업의 사회적 책임을 위한 기존 방법이나 계획을 대체하는 역할을 하는 것이 아니라 보완하는 역할을 하며, 이를 통해 사회적 책임에 대한 공동의 이해를 증진시키는 것을 목표로 한다.

> **ISO 26000**
> 국제표준화기구(ISO)에서 2010년 발표한 기업의 사회적 책임(CSR; Corporate Social Responsibility)에 대한 국제표준이다. 책임성, 투명성, 윤리적 행동, 이해관계자의 이익 존중, 법규 준수, 국제 행동규범 존중, 인권 존중 7개의 기본 원칙을 바탕으로 기업이 사회적 책임을 이행하고 커뮤니케이션을 제고하는 방법과 관련하여 지침을 제공한다.

정답 ④

| 근복(2023)/근복(2022)/보훈복지의료(2021)

16 다음 중 ESG 경영에 대한 설명으로 옳지 않은 것은?

① ESG는 기업의 비재무적 요소인 '환경(Environment), 사회(Social), 지배구조(Governance)'의 약자이다.
② ESG는 기업 재무제표에는 드러나지 않지만, 중장기적 기업 가치에 막대한 영향을 미치는 지속가능성 평가 지표이다.
③ ESG는 기업의 행동이 미치는 영향 등을 구체화하고 그 노력을 측정 가능하도록 지표화하여 투자를 이끌어낸다.
④ ESG 평가가 높을수록 단순히 사회적 평판이 좋은 기업이라기보다 리스크에 강한 기업이라 할 수 있다.
⑤ ESG 경영의 핵심은 이윤 추구를 위한 비용 절감과 효율을 최우선으로 착한 기업을 키워나가는 것을 목적으로 한다.

정답 | 해설

ESG 경영의 주된 목적은 착한 기업을 키우는 것이 아니라 불확실성 시대의 환경, 사회, 지배구조라는 복합적 리스크에 얼마나 잘 대응하고 지속적 경영으로 이어나갈 수 있느냐 하는 것이다.

정답 ⑤

| 코레일(2024)/한수원(2021)

17 다음 중 E - 비즈니스 기업의 장점으로 옳지 않은 것은?

① 빠른 의사결정을 진행할 수 있다.
② 양질의 고객서비스를 제공할 수 있다.
③ 배송, 물류비 등 각종 비용을 절감할 수 있다.
④ 기업이 더 높은 가격으로 제품을 판매할 수 있다.
⑤ 소비자에게 더 많은 선택권을 부여할 수 있다.

정답 | 해설

E - 비즈니스 기업은 비용절감 등을 통해 더 낮은 가격으로 우수한 품질의 상품 및 서비스를 제공할 수 있다는 장점이 있다.

정답 ④

| 코레일(2024)/한수원(2021)

18 다음 중 E - 비즈니스 유형과 관련하여 정부와 기업 간의 상거래로, 기업이 국가사업에 입찰하는 등 전자적으로 참여하는 전자정부 시스템과 관련이 있는 것은?

① B2B   ② B2C
③ C2B   ④ C2C
⑤ B2G

정답 | 해설

B2G란 기업과 정부 간의 전자상거래와 관련하여 정부가 조달 예정상품을 가상 상점에 공시하고, 기업들은 가상 상점을 통해서 공급할 상품을 확인하여 거래를 성사시키는 일련의 과정을 인터넷을 통해 처리하는 것이다.

정답 ⑤

| 코레일(2023)/서교공(2023)/LX(2022)/코레일(2021)/신보(2021)/도로교통(2021)

19 다음 설명에 해당하는 적대적 M&A의 방어법은?

> 상장기업의 주식을 대량매입한 뒤 경영진을 위협하여 적대적인 인수・합병을 포기하는 대가로 자신들이 확보한 주식을 시가보다 높은 값에 되사도록 강요한다. 만약 요구에 불응하면 경영권을 탈취하기도 한다. 그러나 간혹 대주주에게 협박하면서 주식을 매입하라고 강요하는 경우가 있는데, 이런 경우는 블랙메일에 해당된다.

① 그린메일(Green Mail)
② 황금주(Golden Share) 제도
③ 황금 낙하산(Golden Parachute)
④ 백기사(White Knight) 전략
⑤ 고주가 전략

정답 해설

주식을 이용하여 경영권을 위협하며, 해당 주식을 비싸게 파는 행위는 그린메일이다.

오답분석

② 황금주(Golden Share) 제도 : 황금주란 단 1주만으로도 주주총회 의결사항에 대해 거부권을 행사할 수 있는 권리를 가진 주식으로, 주로 공기업이 민영화된 이후에도 공익성을 유지할 수 있도록 정부에게 발행된다.
③ 황금 낙하산(Golden Parachute) : 인수 대상 기업의 CEO가 인수로 인하여 임기 전에 사임하게 될 경우를 대비하여 거액의 퇴직금, 저가에 의한 주식매입권, 일정기간 동안의 보수와 보너스 등을 받을 권리를 사전에 고용계약에 기재하여 안정성을 확보하는 동시에 기업의 인수 비용을 높이는 방법이다.
④ 백기사(White Knight) 전략 : 인수 대상 기업이 적대적 인수세력으로부터 벗어나기 위해 우호적인 제3세력의 자본을 앞세워 경영권을 보호하는 것으로, 이 우호적인 제3세력을 백기사라 한다.
⑤ 고주가 전략 : 기업의 시장가치인 주가가 저평가되고 있다면 단순한 매매차익을 겨냥하는 투자자뿐만 아니라 관련 기업들이나 인수전문가들이 공격적인 투자를 시도할 것이기 때문에 적대적 M&A에 대한 최선의 방어전략으로 기업가치인 주가를 높게 유지하는 것이다.

정답 ①

| 코레일(2023)/서교공(2023)/LX(2022)/코레일(2021)/신보(2021)/도로교통(2021)

20 다음 〈보기〉에서 적대적 인수합병(M&A) 시도에 대한 방어수단을 모두 고르면?

> **보기**
> A. 그린메일
> B. 황금 낙하산
> C. 곰의 포옹
> D. 팩맨
> E. 독약조항

① A, B, C
② A, C, E
③ B, D, E
④ A, B, C, E
⑤ B, C, D, E

정답 해설

B. 황금 낙하산 : 적대적 M&A를 당해 기존 임원이 해임되는 경우 거액의 보상금을 지급하도록 미리 규정해 M&A를 저지하는 전략을 말한다.
D. 팩맨 : 적대적 M&A를 시도하는 공격 기업을 거꾸로 공격하는 방어 전략이다.
E. 독약조항 : M&A 공격을 당했을 때 기존 주주들이 회사 주식을 저가에 매입할 수 있는 권리를 행사할 수 있도록 콜옵션을 부여해 공격 측의 지분 확보를 어렵게 하는 방어법이다.

오답분석

A. 그린메일 : 투기성 자본으로 경영권이 취약한 기업의 지분을 사들인 뒤에 대주주에게 M&A를 포기하는 대가로 보유지분을 되사줄 것을 요구하는 것이다. 초록색인 미국 달러화를 요구하는 편지를 보낸다는 점에서 그린메일이란 이름이 붙여졌다.
C. 곰의 포옹 : 적대적 M&A 전략으로, 예고를 하지 않고 경영진에 매수를 제의하여 빠른 결정을 요구하는 방법이다.

정답 ③

| 코레일(2020)

21 다음 중 맥킨지의 MECE(Mutually Exclusive Collectively Exhaustive) 기법에 대한 설명으로 옳지 않은 것은?

① MECE는 다양한 항목들이 서로 겹치지 않으면서 그 항목들의 모음이 전체가 되는 것을 의미한다.
② 창의적인 문제해결이 필요한 경우에도 MECE를 활용하여 문제를 간략하게 해결할 수 있다.
③ MECE가 기획을 하는 데 있어서 많은 도움이 되는 이유는 명확성과 간결성을 가지는 사고방식이기 때문이다.
④ 사고 자체를 단계적으로 구축하며, 그것을 정리하고 보다 효과적으로 사용할 수 있게끔 하는 데 도움을 준다.
⑤ 수학적으로 풀면 전체집합(U)은 각 A, B, C집합을 포함하며 여집합이 없는 상태이고, 각 A, B, C집합은 교집합이 없어야 하는 상태이다.

정답 해설

창의적인 문제해결이 필요한 경우 MECE는 한계점에 도달한다. MECE는 전체집합 U의 범위 내에서 문제가 다루어짐을 전제로 하므로, 문제해결의 방법이 전체집합인 U 바깥에 있을 경우 MECE는 무용지물이 된다.

정답 ②

| 동서발전(2023)/관광(2023)/강원랜드(2023)/부교공(2022)/코레일(2020)/도로(2020)

22 다음 설명의 기법으로, 미국의 경영 컨설턴트인 앨버트 험프리(Albert Humphrey)가 고안한 것은?

> 기업 내·외부의 환경을 분석해 강점, 약점, 기회, 위협 요인을 규정한 뒤 이를 토대로 경영 전략을 세우는 기법이다.

① 4P
② CRM
③ POS
④ SWOT
⑤ EBITDA

정답 해설

SWOT 분석은 미래의 외부환경 변화에 따른 기회(Opportunities), 위협(Threats) 요인과 기업의 내부능력에서 강점(Strengths), 약점(Weaknesses) 요인 분석을 통해 기업의 강점을 활용하거나 약점을 보완해 기회 요인을 극대화하고, 위협 요인을 극소화하는 등의 미래 전략대안을 개발하기 위한 경영도구이다. 이런 분석을 통해 경영자는 기업이 처한 시장 상황에 대한 인식을 할 수 있으며, 앞으로의 전략을 수립하기 위한 중요한 자료로 삼을 수 있다.

정답 ④

| LX(2021)/코레일(2020)/근복(2020)

23 다음 중 원가우위전략에 대한 설명으로 옳지 않은 것은?

① 원가우위에 영향을 미치는 여러 가지 요소를 활용하여 경쟁우위를 획득한다.
② 경쟁사보다 더 낮은 가격으로 제품이나 서비스를 생산하는 전략이다.
③ 가격과 디자인, 브랜드 충성도 또는 성능 등으로 우위를 점하는 전략이다.
④ 시장점유율 확보에 유리하다.
⑤ 시장에 더 저렴한 제품이 출시되면 기존 고객의 충성도를 기대할 수 없다.

정답 해설

원가우위전략은 경쟁사보다 저렴한 원가로 경쟁하며, 동일한 품질의 제품을 경쟁사보다 낮은 가격에 생산 및 유통한다는 점에 집중되어 있다. 디자인, 브랜드 충성도 또는 성능 등으로 우위를 점하는 전략은 차별화 전략이다.

정답 ③

| 수자원(2025)/코레일(2025)/코레일(2023)/부교공(2023)/도로교통(2023)/수자원(2023)/도로교통(2020)/국민연금(2020)/TS(2020)

24 다음 중 마이클 포터(Michael Porter)가 제시한 가치사슬 분석의 지원적 활동에 해당하는 것은?

① 구매 물류 활동
② 생산 활동
③ 마케팅과 판매 활동
④ R&D 기술 개발 활동
⑤ A/S 활동

정답 해설

가치사슬은 기업 활동에서 부가가치가 생성되는 과정으로, 본원적 활동과 지원적 활동으로 구분된다. 지원적 활동은 구매, 기술 개발, 인사, 재무, 기획 등 현장 활동을 지원하는 제반 업무로 부가가치가 간접적으로 창출되도록 하는 활동이다.

오답분석

①·②·③·⑤ 제품 생산, 운송, 마케팅, 판매, 물류, 서비스 등은 부가가치를 직접 창출하는 본원적 활동에 해당한다.

정답 ④

| 수자원(2025)/코레일(2025)/코레일(2023)/부교공(2023)/도로교통(2023)/수자원(2023)/도로교통(2020)/국민연금(2020)/TS(2020)

25 다음 중 마이클 포터의 가치사슬에서 지원적 활동에 해당하는 것은?

① 인적자원관리
② 생산운영
③ 마케팅
④ 외부물류
⑤ 제조, 생산

정답 해설

포터의 가치사슬에서 인적자원관리, 연구개발, 구입·조달은 지원적 활동에 해당하고, 생산운영, 내부물류, 외부물류, 마케팅, 제조·생산 등은 본원적 활동에 해당한다.

정답 ①

| 수자원(2025)/코레일(2025)/코레일(2023)/부교공(2023)/도로교통(2023)/수자원(2023)/도로교통(2020)/국민연금(2020)/TS(2020)

26 다음 중 빈칸에 들어갈 단어로 옳은 것은?

> 마이클 포터는 _____ 모형을 통해 기업의 경쟁전략을 가장 잘 적용할 수 있고, 정보시스템이 가장 효과적으로 운영될 수 있는 특정 활동을 찾아낼 수 있다고 제시하였다.

① 생산관리
② 조직관리
③ 가치전략
④ 가치사슬
⑤ 벤치마킹

정답 해설

빈칸에 들어갈 단어는 가치사슬(Value Chain)이다. 가치사슬 모형은 마이클 포터가 기업의 모든 활동을 주요 활동(생산, 마케팅, 서비스 등)과 지원 활동(인프라, 인사, 기술개발 등)으로 구분해 경쟁우위 원천을 분석하는 프레임워크다. 이를 통해 기업에서 경쟁전략이 가장 잘 적용될 수 있고, 정보시스템이 가장 큰 영향을 줄 수 있는 특정 활동을 강조할 수 있다.

정답 ④

| 수자원(2025)/코레일(2025)/코레일(2023)/부교공(2023)/도로교통(2023)/수자원(2023)/도로교통(2020)/국민연금(2020)/TS(2020)

27 다음 〈보기〉의 가치사슬 모형 중 지원적 활동(Support Activities)에 해당하는 것을 모두 고르면?

> **보기**
> A. 기업 하부구조　　　　B. 내부 물류
> C. 제조 및 생산　　　　D. 인적자원관리
> E. 기술 개발　　　　　　F. 외부 물류
> G. 마케팅 및 영업　　　H. 서비스
> I. 조달 활동

① A, B, C, D
② A, D, E, I
③ B, C, D, I
④ C, F, G, H
⑤ B, C, F, G, H

정답 | 해설

마이클 포터(Michael Porter)의 가치사슬 모형에서 부가가치를 추가하는 기본 활동은 크게 본원적 활동과 지원적 활동으로 볼 수 있다.
1. 본원적 활동(Primary Activities)
　고객에 대한 가치를 창조하는 기업의 제품과 서비스의 생산과 분배에 직접적으로 관련되어 있다. 유입 물류, 조업, 산출 물류, 판매와 마케팅, 서비스 등이 포함된다.
2. 지원적 활동(Support Activities)
　본원적 활동이 가능하도록 하며 조직의 기반구조(일반관리 및 경영활동), 인적자원관리(직원 모집, 채용, 훈련), 기술(제품 및 생산 프로세스 개선), 조달(자재구매) 등으로 구성된다.

정답 ②

| 경기신용보증(2021)

28 다음 중 위대한 개츠비 곡선(The Great Gatsby Curve)에 대한 설명으로 옳지 않은 것은?

① 지니계수가 낮은 국가일수록 계층이동이 어렵다.
② 소득불평도가 높은 미국에서는 부모의 소득이 대물림되어 계층이동이 어렵게 나타난다.
③ '위대한 개츠비 곡선'은 마일스 코락 캐나다 오타와대 교수가 소득불평등(지니계수)과 소득 대물림 수준의 상관관계를 분석해 도출한 결과이다.
④ 앨런 크루거 전 미국 백악관 경제자문위원장이 지난 2012년 경제적 불평등을 비판하기 위한 목적으로 '위대한 개츠비 곡선'으로 명명하여 발표했다.
⑤ 가난한 농부의 아들로 태어나 맨몸으로 막대한 부를 일군 개츠비가 주인공인 소설 '위대한 개츠비'에서 따왔다.

> **정답 해설**

지니계수가 낮은 국가일수록 소득불평도가 낮고 계층이동이 원활하다.

위대한 개츠비 곡선(GGC; The Great Gatsby Curve) 현상
소득불평등 정도와 세대 간 소득 이동성의 관계를 보여준다. 캐나다 오타와대 교수 마이클 코락 교수는 OECD 자료를 활용하여 국가별 소득불평등도 지니계수와 각국의 세대 간 소득탄력성의 관계를 확인하였는데, 그 결과 소득불평등도가 높은 국가일수록 세대 간 소득 이동성이 낮게 나타나는 현상을 확인하였다. 전 미국 백악관 경제자문위원장 앨런 크루거는 소득불평등과 세대 간 소득탄력성의 양의 상관관계를 '위대한 개츠비 곡선'이라 표현하였다.

정답 ①

| 수자원(2025)/코레일(2025)/코레일(2023)/코레일유통(2023)/수자원(2022)/코레일(2021)/코레일(2020)

29 다음 중 기업에 자본을 출자하고, 동시에 경영 활동을 하여 위험 부담에 대한 대가로 이익을 얻을 수 있지만, 손해를 볼 수도 있어서 책임 경영이 이루어질 수 있는 경영자 유형은?

① 소유경영자
② 고용경영자
③ 전문경영자
④ 중간경영자
⑤ 현장경영자

> **정답 해설**

경영자는 조직의 목표를 달성하는 데 필요한 경영 활동을 책임지고 있는 사람으로, 경영자의 종류에는 크게 소유경영자, 고용경영자, 전문경영자가 있다.

1. 소유경영자 : 기업에 자본을 출자하고, 동시에 경영 활동을 담당하는 사람을 말하며, 흔히 기업가라고도 한다. 소유경영자는 출자와 경영뿐만 아니라 기업 성장에 필수적인 혁신 활동도 한다. 이 경우 기업가는 위험 부담에 대한 대가로 이익을 얻을 수 있지만, 손해를 볼 수도 있어서 책임 경영이 이루어질 수 있다. 소유경영자는 경영 규모가 작은 기업에서 많이 볼 수 있다.
2. 고용경영자 : 기업의 규모가 확대되고, 기업 활동이 복잡하게 되면 소유경영자 혼자서는 기업을 합리적으로 운영할 수 없다. 이때 급여를 지급하고 다른 경영자를 고용하게 되는데, 이처럼 경영의 일부를 위임받아 경영 활동을 담당하는 경영자를 말한다. 의사 결정 권한의 일정 부분이 고용경영자에게 위임되어 있지만, 최종 결정은 소유경영자가 담당하게 된다.
3. 전문경영자 : 기업의 규모가 커지고, 기업 활동이 고도로 복잡하게 되면 기업을 합리적으로 경영할 수 있는 경영자가 필요하게 된다. 이에 따라 전문적인 지식과 능력을 갖춘 사람이 출자자로부터 경영 전권을 위임받아 경영 활동을 담당하게 되는 경영자를 말한다.

정답 ①

| 수자원(2025)/코레일(2025)/코레일(2023)/코레일유통(2023)/수자원(2022)/코레일(2021)/코레일(2020)

30 다음 중 최고경영자, 중간경영자, 하위경영자 모두가 공통적으로 가져야 할 능력은?

① 타인에 대한 이해력과 동기부여를 주는 능력
② 지식과 경험 등을 해당 분야에 적용시키는 능력
③ 복잡한 상황 등 여러 상황을 분석하여 조직 전체에 적용하는 능력
④ 담당 업무를 수행하기 위한 육체적, 지능적 능력
⑤ 한 부서의 변화가 다른 부서에 미치는 영향을 파악하는 능력

정답 | 해설

카츠(Kartz)는 경영자에게 필요한 능력을 크게 인간적 자질, 전문적 자질, 개념적 자질 3가지로 구분하였다. 그중 인간적 자질은 구성원을 리드하고 관리하며, 다른 구성원들과 함께 일을 할 수 있게 하는 것으로, 모든 경영자가 갖추어야 하는 능력이다. 타인에 대한 이해력과 동기부여를 주는 능력은 인간적 자질에 해당한다.

오답분석
②・④ 전문적 자질(현장실무)에 해당한다.
③・⑤ 개념적 자질(상황판단)에 해당한다.

정답 ①

| 수자원(2025)/코레일(2025)/코레일(2023)/코레일유통(2023)/수자원(2022)/코레일(2021)/코레일(2020)

31 다음 중 민츠버그의 경영자 역할 중 의사결정 역할에 해당하는 것은?

① 리더십　　　　　　　　　　② 자원배분
③ 모니터링　　　　　　　　　④ 대변인
⑤ 정보수집

정답 | 해설

민츠버그의 경영자 역할 중 의사결정 역할에는 창업가, 위기관리, 자원배분, 협상이 해당된다. 자원배분은 자금, 인력 등의 자원을 우선순위에 따라 배분하는 역할이다.

오답분석
① 대인관계 역할에 해당되며, 조직대표, 네트워크 활동 등이 해당된다.
③・④・⑤ 정보관리 역할에 해당된다.

정답 ②

| 수자원(2025)/코레일(2025)/코레일(2023)/코레일유통(2023)/수자원(2022)/코레일(2021)/코레일(2020)

32 다음 중 최고경영자, 중간경영자, 일선관리자에 대한 설명으로 옳지 않은 것은?

① 최고경영자는 기업의 비전과 전략을 설정하고, 조직의 전체적인 방향을 제시한다.
② 대표이사, 사장, 부사장 등이 최고경영자에 해당한다.
③ 중간경영자는 현장에서 직접 업무를 감독 및 조정하고, 생산성을 높이는 역할을 한다.
④ 본부장, 팀장, 부서장 등이 중간경영자에 해당한다.
⑤ 일선관리자는 직원들과 직접 소통을 통해 업무를 지시하고, 피드백을 통해 업무를 돕는다.

정답 | 해설

중간경영자는 하위 경영자들을 관리하며, 조직의 효율성을 높이는 역할을 한다. 현장에서 직접 업무를 감독 및 조정하고, 생산성을 높이는 역할을 하는 것은 일선관리자이다.

정답 ③

| 심평원(2024)/HUG(2022)/가스(2021)/한국공항(2021)/LX(2020)/코레일(2020)/국민연금(2020)

33 다음 중 해외시장 진출방법에 대한 설명으로 옳지 않은 것은?

① 라이센싱 : 특허, 상표, 디자인 등의 사용권을 해외에 판매하여 진출하는 방식이다.
② 생산계약 : 현지 기업이 일정한 수준의 품질과 가격으로 제품을 납품하게 하는 방식이다.
③ 프랜차이징 : 표준화된 제품, 시스템 등을 제공하고, 현지에서는 인력, 자본 등을 제공하는 방식이다.
④ 컨소시엄 : 대규모 프로젝트 등의 참여를 위해 자원, 금액 등을 공동으로 마련하는 방식이다.
⑤ 합작투자 : 2개 이상의 기업이 공동의 목표를 달성하기 위해 공동사업체를 설립하여 진출하는 간접투자 방식이다.

정답 | 해설

합작투자는 2개 이상의 기업이 공동의 목표를 달성하기 위해 공동사업체를 설립하여 진출하는 직접투자 방식이다.

정답 ⑤

| 심평원(2024)/HUG(2022)/가스(2021)/한국공항(2021)/LX(2020)/코레일(2020)/국민연금(2020)

34 다음 중 과학적 경영 전략에 대한 설명으로 옳지 않은 것은?

① 호손 실험은 생산성에 비공식적 조직이 영향을 미친다는 사실을 밝혀낸 연구이다.
② 직무특성 이론은 기술된 핵심 직무 특성이 종업원의 주요 심리 상태에 영향을 미치며, 이것이 다시 종업원의 직무 성과에 영향을 미친다고 주장한다.
③ 테일러(Tailor)의 과학적 관리법은 시간연구와 동작연구를 통해 노동자의 심리상태와 보상심리를 적용한 효과적인 과학적 경영 전략을 제시하였다.
④ 목표설정 이론은 인간이 합리적으로 행동한다는 기본적인 가정에 기초하여, 개인이 의식적으로 얻으려고 설정한 목표가 동기와 행동에 영향을 미친다는 이론이다.
⑤ 포드 시스템은 노동자의 이동경로를 최소화하며 물품을 생산하거나, 고정된 생산라인에서 노동자가 계속해서 생산하는 방식 등을 통하여 불필요한 절차와 행동 요소들을 없애 생산성을 향상하였다.

정답 | 해설

테일러(Tailor)의 과학적 관리론은 노동자의 심리상태와 인격은 무시하고, 노동자를 단순한 숫자 및 부품으로 바라본다는 한계점이 있다. 이러한 한계점으로 인해 직무특성 이론과 목표설정 이론이 등장하는 배경이 되었다.

정답 ③

| 심평원(2024)/HUG(2022)/가스(2021)/한국공항(2021)/LX(2020)/코레일(2020)/국민연금(2020)

35 다음 중 기업의 예산통제에 대한 설명으로 옳지 않은 것은?

① 예산을 편성하는 계획기능을 담당하며, 장래 기업운영에 큰 영향을 준다.
② 예산의 작성 실시를 통하여 부문 상호 간의 조정을 도모하는 조정기능을 한다.
③ 장래의 일정기간에 걸친 예산을 편성하고, 이를 바탕으로 하여 경영활동을 종합적으로 통제하는 경영관리의 수단이다.
④ 예산을 편성하고 이를 수단으로 하여 경영활동 전반을 계수에 의하여 종합적으로 관리하는 방법이라고 할 수 있다.
⑤ 기업의 예산은 국가예산과는 달리 그 기업의 장래성에 직결되기 때문에 비탄력적이고 고정적인 통제가 중요하다.

정답 | 해설

기업의 예산은 그 기업의 달성목표이자 평가기준이기 때문에 경영활동의 여러 조건에 알맞은 탄력적 운용이 필요하다.

정답 ⑤

| 심평원(2024)/HUG(2022)/가스(2021)/한국공항(2021)/LX(2020)/코레일(2020)/국민연금(2020)

36 다음 중 기업이 글로벌 전략을 수행하는 이유로 옳지 않은 것은?

① 규모의 경제를 달성하기 위해
② 세계 시장에서의 협력 강화를 위해
③ 현지 시장으로의 효과적인 진출을 위해
④ 기업구조를 개편하여 경영의 효율성을 높이고 리스크를 줄이기 위해
⑤ 저임금 노동력을 활용하여 생산단가를 낮추기 위해

정답 | 해설

기업이 글로벌 전략을 수행하면 외국 현지법인과의 커뮤니케이션 비용이 증가하고, 외국의 법률이나 제도 개편 등 기업 운영상 리스크에 대한 본사 차원의 대응 역량이 더욱 요구되므로, 경영상의 효율성은 오히려 낮아질 수 있다.

오답분석

① 글로벌 전략을 통해 대량생산을 통한 원가절감, 즉 규모의 경제를 이룰 수 있다.
② 글로벌 전략을 통해 세계 시장에서 외국 기업들과의 긴밀한 협력이 가능하다.
③ 외국의 무역장벽이 높으면 국내 생산 제품을 수출하는 것보다 글로벌 전략을 통해 외국에 직접 진출하는 것이 효과적일 수 있다.
⑤ 글로벌 전략을 통해 국내보다 상대적으로 인건비가 저렴한 국가의 노동력을 고용하여 원가를 절감할 수 있다.

정답 ④

| 심평원(2024)/HUG(2022)/가스(2021)/한국공항(2021)/LX(2020)/코레일(2020)/국민연금(2020)

37 다음 중 경영 전략의 수준에 따라 전략을 구분할 때, 해당 전략과 그 예시가 옳지 않은 것은?

	전략 수준	예시
①	기업 전략(Corporate Strategy)	성장 전략
②	기업 전략(Corporate Strategy)	방어 전략
③	기능별 전략(Functional Strategy)	차별화 전략
④	사업 전략(Business Strategy)	집중화 전략
⑤	사업 전략(Business Strategy)	원가우위 전략

정답 | 해설

- 기업 전략(Corporate Strategy) : 조직의 사명(Mission) 실현을 위한 전략으로, 기업의 기본적인 대외경쟁방법을 정의한 것이다.
  [예] 안정 전략, 성장 전략, 방어 전략 등
- 사업 전략(Business Strategy) : 특정 산업이나 시장부문에서 기업이 제품이나 서비스의 경쟁력을 확보하고 개선하기 위한 전략이다.
  [예] 원가우위 전략, 차별화 전략, 집중화 전략 등
- 기능별 전략(Functional Strategy) : 기업의 주요 기능 영역인 생산 및 마케팅, 재무, 인사, 구매 등을 중심으로 상위 전략인 기업 전략 내지 사업 전략을 지원하고 보완하기 위해 수립되는 전략이다.
  [예] R&D 전략, 마케팅 전략, 생산 전략, 재무 전략, 구매 전략 등

정답 ③

| 코레일(2020)

38 다음 중 공기업에 대한 설명으로 옳지 않은 것은?

① 영리성을 목적으로 하지 않는다.
② 창의적이고 시장친화적인 운영에 유리하다.
③ 공공성을 추구한다.
④ 공공서비스를 증대한다.
⑤ 독립채산제 경영 방식이다.

정답 | 해설

공기업은 국가에서 관리하고 규정이 정해져 있기 때문에 창의적 운영을 하기에 불리한 구조이다. 또한 영리성을 목적으로 하지 않기 때문에 시장친화적인 운영이 어렵다는 단점이 있다.

오답분석

①·③·④ 공기업은 사기업과 달리 영리성을 목적으로 하지 않고, 사회공공의 복리향상과 같은 공공성이 요구된다.
⑤ 독립채산제는 기업 내 경영단위가 자기의 수지에 의해 단독으로 사업을 성립시킬 수 있도록 하는 경영관리제도로, 국영 기업의 자립적 운영을 위하여 채택된 경영 방식이다.

정답 ②

| 코레일(2020)

39 다음 중 우리나라 공기업에 대한 설명으로 옳지 않은 것은?

① 공기업의 상임임원과 직원은 그 직무 외의 영리를 목적으로 하는 업무에 종사하지 못한다.
② 공공기관운영법 제4조에 따라 지정된 공공기관은 동법 제5조에 따라 정원, 총수입액, 자산규모, 자체수입비율 기준에 따라 공기업·준정부기관·기타공공기관으로 구분한다.
③ 공기업이란 직원 정원이 50명, 총수입액이 30억 원, 자산규모가 10억 원 이상이면서, 총수입액 중 자체수입액이 차지하는 비중이 50% 이상인 공공기관을 말한다.
④ 공기업은 손익 계산에 근거하여 사업성 여부를 고려하는 민간 부문에 맡겨서는 적정한 수준의 서비스가 이루어지지 않는 공공서비스를 제공하기 위해 필요하다.
⑤ 자산규모가 2조 원 이상이고, 총수입액 중 자체수입액이 85% 이상인 공기업은 준시장형 공기업에 해당한다.

정답 | 해설

자산규모가 2조 원 이상이고, 총수입액 중 자체수입액이 85% 이상인 공기업은 시장형 공기업에 해당한다.

정답 ⑤

| 한수원(2021)/TS(2021)/남동발전(2021)/관광(2020)/시설안전(2020)

40 다음 중 MMF(Money Market Fund)에 대한 설명으로 옳지 않은 것은?

① 상품의 운용기간 만기 설정은 30일 이상 180일 이내이다.
② 법적으로 우량채권에만 투자하도록 되어 있기 때문에 손실에 대한 위험은 매우 낮다.
③ 이자지급방식으로, 확정금리형 상품이다.
④ CMA처럼 수시 입출금이 가능하고 하루만 예치해도 운용 실적에 따른 이익금을 받을 수 있기 때문에 단기자금 운용에 적합하다.
⑤ 언제든지 수시 입출이 가능하나 입금 후 29일 이내에 인출 요청을 할 때는 중도해지수수료를 물어야 하므로 원금 손실이 발생할 수 있다.

정답 | 해설

CMA(Cash Management Account)에 대한 설명으로, MMF는 이자지급방식이 아닌 수익률지급방식으로 투자수익을 지급한다.

정답 ③

| 코레일(2025)/코레일유통(2023)/코레일(2022)/코레일(2021)/LX(2021)/한수원(2021)/코레일(2020)

41 다음 중 카르텔에 대한 설명으로 옳지 않은 것은?

① 기업들이 서로 협력하여 경쟁을 제한하거나 시장을 조작하는 형태의 비합법적인 협력을 일컫는다.
② 카르텔로 인해 구성원들의 위험은 더욱 커지게 된다.
③ 경쟁기업과 소비자 모두에게 불이익을 초래할 수 있다.
④ OPEC의 경우 석유생산국가 간 공식적인 카르텔로 볼 수 있다.
⑤ 기업 간 수평적 결합을 한다.

정답 | 해설

카르텔에 참여하는 구성원은 법적·경제적 위험을 공유함으로써 개별위험을 분산시킬 수 있고, 이를 통해 이윤 극대화를 추구한다.

정답 ③

| 코레일(2025)/코레일유통(2023)/코레일(2022)/코레일(2021)/LX(2021)/한수원(2021)/코레일(2020)

42 다음 중 독일의 콘체른(Konzern)에 대한 설명으로 옳지 않은 것은?

① 콘체른은 생산콘체른, 판매콘체른 및 금융콘체른 등으로 분류할 수 있다.
② 수평적 결합과 수직적 결합 모두 가능하다.
③ 법률적으로 독립되어 있으나, 경제적으로는 독립성을 상실하게 되는 형태의 결합이다.
④ 금융적 방법에 의하여 형성되는 집중형태로, 대부관계와 주식보유 두 가지 방법이 있다.
⑤ 콘체른의 결합형태는 동종업종으로만 결합 가능하다.

정답 | 해설

콘체른(Konzern)은 가입기업이 법률적으로 독립성을 가지고 있으며, 동종업종뿐만 아니라 이종업종 간에도 결합되는 형태이다. 유럽, 특히 독일에 흔한 기업형태로서 법률적으로 독립되어 있으나, 경제적으로는 독립성을 상실하게 되는 형태의 결합이다. 수평적 결합과 수직적 결합 모두 가능하며, 대표적인 예로는 지주회사나 재벌그룹 등을 들 수 있다.

정답 ⑤

| 코레일(2025)/코레일유통(2023)/코레일(2022)/코레일(2021)/LX(2021)/한수원(2021)/코레일(2020)

43 다음 중 트러스트에 대한 설명으로 옳은 것은?

① 동종 상품을 생산하는 기업이 시장통제를 위해 가격, 생산량 등을 담합하여 이익을 확보한다.
② 각 기업 간 합의된 생산량과 가격을 정확히 지켜야 효과가 크다.
③ 동일시장 내 여러 기업이 출자하여 공동판매회사를 설립하고 판매채널을 일원화한다.
④ 강력한 동종 산업 기업집중 형태로 시장 독점을 위하여 각 기업이 독립성을 상실하고 합동한다.
⑤ 법률적으로 독립되어 있는 몇 개의 기업이 출자 등을 통해 지배, 종속 관계를 형성한다.

정답 | 해설

트러스트는 카르텔이나 콘체른보다 더 강력한 기업연합으로 각 기업이 독립성을 상실하고 합동하여 시장을 독점하는 형태를 말한다.

오답분석
① · ② 카르텔에 대한 설명이다.
③ 신디케이트에 대한 설명이다.
⑤ 콘체른에 대한 설명이다.

정답 ④

| 코레일(2025)/코레일유통(2023)/코레일(2022)/코레일(2021)/LX(2021)/한수원(2021)/코레일(2020)

44 다음 대화 중 용어를 바르게 설명한 사람을 모두 고르면?

> 정이 : 얘들아, 이번 회의시간에는 각자 조사한 자료에 대해 간략하게 설명해보자.
> 영웅 : 좋아. 각자 자료조사는 당연히 마쳤지?
> 진욱 : 그럼, 당연하지. 누구부터 시작할까?
> 정이 : 조장인 내가 먼저 발표를 시작할게. 나는 콘체른이라는 용어에 대하여 조사해 봤어. 콘체른이란 유럽, 특히 독일에 흔한 기업형태로서 법률적으로 독립되어 있으나, 경제적으로는 통일된 지배를 받는 기업 집단을 말해. 콘체른에 소속된 회사들은 흔히 계열사라고 불리고 금융적 방법에 의하여 형성되는 집중형태로, 대부관계와 주식참여 형태로 두 가지 형태를 가지고 있어.
> 영웅 : 역시 꼼꼼하게 잘 조사해 왔구나. 그 다음으로는 내가 카르텔에 대하여 발표해 볼게. 카르텔은 오직 한 명의 사람이나 하나의 단체만이 상품이나 서비스를 제공하는 시장을 말해. 이는 경쟁이 실종된 상태로 대체재를 구할 수 없다는 특징이 있어.
> 진욱 : 뭔가 더 자세한 정보가 필요해 보여, 영웅아. 마지막으로 내가 발표할게. 기업 간의 트러스트란 시장의 독점을 위해 동일한 생산단계에 있는 기업체들이 각각의 법률적·독립성을 상실한 채 새로운 하나의 기업체로 합동하는 것을 말해. 하지만 카르텔보다는 결합의 정도가 낮고, 가입 기업의 독립성이 높다는 차이점이 있어.
> 정이 : 좋아. 다들 열심히 조사해 왔구나. 오늘은 여기까지 하고 다음 시간에는 구체적으로 정리해 보자.

① 정이
② 영웅
③ 진욱
④ 정이, 영웅
⑤ 정이, 영웅, 진욱

정답 해설

오답분석
- 영웅 : 카르텔의 설명이 아닌 독점 형태의 시장에 대한 설명이다.
- 진욱 : '기업 간의 트러스트는 카르텔보다 결합의 정도가 높고, 가입 기업의 독립성이 거의 없다.'로 해야 옳은 설명이다.

정답 ①

| 남동발전(2021)

45 H제약회사가 신약개발 R&D에 투자하려고 하고, 이에 담당 임원은 200만 달러를 특정 연구에 쏟아부어야 하는지를 결정해야 한다. 상황이 다음과 같을 때, 당신이 의사결정자라면 어떻게 할 것인가?(단, 기대수익으로 옳은 것을 결정한다)

> 이 연구개발 프로젝트의 성공 여부는 확실하지 않으며, 의사의 결정자는 특허를 받는 기회를 70%로 보고 있다. 만일 특허를 받는다면 이 회사는 2,500만 달러의 기술료를 받아 다른 회사에 넘기거나, 1,000만 달러를 더 투자해 개발품을 직접 판매할 수 있다. 만일 직접 판매할 경우 수요가 몰릴 확률은 25%, 수요가 중간인 경우는 55%, 수요가 낮을 경우는 20%이다. 수요가 높으면 5,500만 달러의 판매 수입이 발생할 것으로 보이며, 수요가 중간인 경우는 3,300만 달러, 수요가 없는 경우에도 1,500만 달러의 수익이 발생할 것으로 예상된다.

① 개발을 그만둔다.
② 개발한 다음 기술료를 받고, 특허를 외부에 판다.
③ 개발한 다음 직접 판매한다.
④ 개발이 된다 하더라도 특허를 받지 않는다.
⑤ 시장의 변화를 좀 더 지켜보고 결정한다.

정답 | 해설

- 연구개발에 착수해야 하는지의 결정
  연구개발 후 예상되는 기대수익은 0.7×2,500만=1,750만 달러이므로 초기 연구개발비 200만 달러보다 훨씬 많으므로 투자를 하는 것이 유리하다.
- 특허를 외부에 팔아야 할지의 결정
  1,000만 달러를 추가 투자해 얻을 수 있는 기대수익은 (0.25×5,500만)+(0.55×3,300만)+(0.20×1,500만)=3,490만 달러이고, 추가 투자비용 1,000만 달러를 빼면 2,490만 달러를 얻을 수 있다. 이는 기술료를 받고 특허를 팔 경우에 얻을 수 있는 수익 2,500만 달러보다 적다(이미 투자한 연구개발비 200만 달러는 이 단계에서 매몰비용이므로 무시한다).
따라서 상품화하는 방안보다 기술료를 받고, 특허를 외부에 판매하는 것이 옳은 선택이다.

정답 ②

| 한수원(2021)

46 다음 중 기업이 다각화(Diversification) 전략을 시행하는 목적으로 옳지 않은 것은?

① 새로운 성장동력을 찾아 기업 자체의 성장성을 키우기 위함이다.
② 개별 사업부문들의 경기순환에 의한 리스크를 줄이기 위함이다.
③ 범위의 경제성 또는 시너지 효과를 통해 실질적으로 기업의 이익을 증대시키기 위함이다.
④ 어떤 한 사업분야에서 가격경쟁이 치열하다면 다른 사업분야에서 나오는 수익으로 가격 경쟁을 가져갈 수 있게 하기 위함이다.
⑤ 하나의 사업분야에 집중화하여 제품이나 서비스의 품질을 향상시켜 소비자들로부터 프리미엄이라는 인식을 심어 한 분야에서 독보적인 자리를 유지하기 위함이다.

| 정답 | 해설 |

하나의 사업분야에 집중화하여 제품이나 서비스의 품질을 향상시켜 소비자들로부터 프리미엄이라는 인식을 심어 한 분야에서 독보적인 자리를 유지하기 위한 전략은 탈다각화 전략 또는 집중화 전략의 목적으로 볼 수 있다.

정답 ⑤

| 마사회(2023)/한수원(2021)

47 A회사는 B회사를 합병하고 합병대가로 30,000,000원의 현금을 지급하였다. 합병 시점 B회사의 재무상태표상 자산총액은 20,000,000원이고 부채총액은 11,000,000원이다. B회사의 재무상태표상 장부금액은 토지를 제외하고는 공정가치와 같다. 토지는 장부상 10,000,000원으로 기록되어 있으나, 합병 시점에 공정가치는 18,000,000원인 것으로 평가되었다. 이 합병으로 A회사가 인식할 영업권은?

① 9,000,000원
② 10,000,000원
③ 13,000,000원
④ 21,000,000원
⑤ 25,000,000원

| 정답 | 해설 |

(영업권) = 30,000,000 − (9,000,000 + 8,000,000) = 13,000,000원

정답 ③

| 마사회(2023)/한수원(2021)

48 다음 중 기업합병에 대한 설명으로 옳지 않은 것은?

① 기업합병이란 두 독립된 기업이 법률적, 실질적으로 하나의 기업실체로 통합되는 것이다.
② 기업매각은 사업부문 중의 일부를 분할한 후 매각하는 것으로, 기업의 구조를 재편성하는 것이다.
③ 기업인수는 한 기업이 다른 기업의 지배권을 획득하기 위하여 주식이나 자산을 취득하는 것이다.
④ 기업합병에는 흡수합병과 신설합병이 있으며, 흡수합병은 한 회사는 존속하고 다른 회사의 주식은 소멸하는 형태의 합병이다.
⑤ 수평적 합병은 기업의 생산이나 판매과정 전후에 있는 기업 간의 합병으로, 주로 원자재 공급의 안정성 등을 목적으로 한다.

| 정답 | 해설 |

기업의 생산이나 판매과정 전후에 있는 기업 간의 합병으로, 주로 원자재 공급의 안정성 등을 목적으로 하는 것은 수직적 합병이다. 반대로 수평적 합병은 동종 산업에서 유사한 생산단계에 있는 기업 간의 합병으로, 주로 규모의 경제적 효과나 시장지배력을 높이기 위해서 이루어진다.

정답 ⑤

| 코레일(2020)

49 다음 〈조건〉을 참고하여 A국가의 부가가치 노동생산성을 바르게 구한 것은?(단, 단위는 시간당이며, USD를 기준으로 한다)

> **조건**
> - A국가의 2020년 1분기 GDP는 USD 기준 약 3,200억이다(단, 분기 공시이며, 연산 환산값은 4이다).
> - A국가의 2020년 1분기 노동인구수는 5천만 명이다.
> - A국가의 2020년 1분기 평균노동시간은 40시간이다.

① 100달러　　　　　　　　　② 120달러
③ 130달러　　　　　　　　　④ 140달러
⑤ 160달러

정답 | 해설

부가가치 노동생산성은 국내에서 생산된 부가가치의 총합인 국내총생산(GDP)을 전체 고용자 수로 나눠 산출한다(단순화하면 노동자 한 명이 얼마를 버느냐를 확인하는 척도이다). 이 때문에 노동자의 능력과 관계없이 해당 노동에 대한 대가가 낮게 책정되어 있다면 노동생산성은 떨어질 수밖에 없다.

- (노동생산성) = $\dfrac{(GDP)}{(노동인구수) \times (평균노동시간)}$
- (A국가 노동생산성) = $\dfrac{3,200}{40 \times 0.5} = \dfrac{3,200}{20} = 160$

따라서 A국가의 노동생산성은 시간당 160달러이고, A국가는 고임금 노동자가 많은 국가로 볼 수 있다.

정답 ⑤

| 한국공항(2021)

50 다음 중 다각화 전략의 장점으로 옳지 않은 것은?

① 새로운 성장동력을 찾아 기업 자체의 성장성을 잃지 않을 수 있다.
② 개별 사업부문들의 경기순환에 의한 리스크를 줄일 수 있다.
③ 범위의 경제성 또는 시너지 효과는 실질적으로 기업의 이익을 증대시킬 수 있다.
④ 글로벌경쟁이 심화될수록 경쟁력이 높아질 수 있다.
⑤ 복합기업들이 여러 시장에 참여하고 있기 때문에 어떤 한 사업 분야에서 가격경쟁이 치열하다면, 다른 사업 분야에서 나오는 수익으로 가격경쟁을 가져갈 수 있다.

정답 | 해설

글로벌경쟁이 심화될수록 해당 사업의 경쟁력이 낮아지며, 다각화 전략보다 집중화 현상이 심해진다.

> **다각화(Diversification)**
> 한 기업이 다른 여러 산업에 참여하는 것이다. 제품이나 판매지역 측면에서 관련된 산업에 집중하는 관련 다각화, 서로 연관되지 않은 사업에 참여하여 영위하는 전략(한국식 재벌기업의 형태)인 비관련 다각화로 나뉜다.

정답 ④

| 코레일(2021)/가스(2021)

51 다음 중 마일즈 & 스노우 전략(Miles & Snow Strategy)에서 방어형에 대한 설명으로 옳은 것은?

① 기존 제품을 활용하여 기존 시장을 공략하는 전략이다.
② Fast Follower 전략으로, 리스크가 낮다는 장점이 있다.
③ 시장상황에 맞추어 반응하는, 아무런 전략을 취하지 않는 무전략 상태이다.
④ 새로운 기술에 관심도가 높으며, 열린 마인드와 혁신적 마인드가 중요하다.
⑤ 새로운 시도에 적극적이며, 업계의 기술ㆍ제품ㆍ시장 트렌드를 선도하는 업체들이 주로 사용하는 전략이다.

정답 | 해설

마일즈 & 스노우 전략(Miles & Snow Strategy)의 4유형
1. 방어형(Defender)
   - 기존 제품으로 기존 시장 공략
   - 현상 유지 전략
   - 비용 및 효용성 확보가 관건
2. 혁신형(Prospector)
   - 신제품 또는 신시장 진출
   - M/S 확보, 매출액 증대 등 성장 전략
   - Market Insight 및 혁신적 마인드가 필요
3. 분석형(Analyzer)
   - 방어형과 혁신형의 중간
   - Fast Follower가 이에 해당
   - Market Insight가 관건
4. 반응형(Reactor)
   - 무반응ㆍ무전략 상태
   - 시장도태상태

정답 ①

| 코레일(2021)/가스(2021)

52 마일즈 & 스노우 전략(Miles & Snow Strategy)의 4유형 중 다음 글에서 설명하는 전략으로 옳은 것은?

> 새로운 제품을 먼저 시장에 진입시키기보다는 선도 전략을 취하는 경쟁기업들을 뒤따라가면서 이를 분석하고 일정 정도의 불확실성이 해소되기를 기다렸다가 제품이나 서비스의 시장에 진입한다. 이는 혁신성에서 선도 전략보다는 낮고, 보수 전략보다는 높은 전략적 위치에 있는 것이라고 볼 수 있다.

① 공격형 전략 ② 분석형 전략
③ 방어형 전략 ④ 반응형 전략
⑤ 다각형 전략

정답 | 해설

제시문은 경쟁자나 다른 기업보다 먼저 시작하기보다는 기존 제품 및 시장에서의 지위는 유지하면서 방어형과 혁신형 전략의 중간 형태로 보이는 전략에 대하여 설명하였다. 따라서 해당 설명에 적합한 전략은 분석형 전략이다.

정답 ②

| 도로교통(2021)/경기교통(2021)

53 다음은 지난 2018년 이마트의 사업방향성을 나타낸 기사이다. 빈칸에 들어갈 용어로 옳은 것은?

> 이마트는 지난해 학성점(울산), 부평점(인천), 시지점(대구) 그리고 하남과 평택 부지를 매각했다. 그리고 지난달 26일에는 이마트 일산 덕이점을 매각했다. 덕이점은 내년 상반기까지 운영되고 폐점될 예정이다. 이와 같은 _____(으)로 전국 이마트 점포 수는 점점 줄어들고 있다. 2016년 147개였던 이마트는 2017년 145개로 줄었다. 부회장이 "올해 추가로 2~3곳의 오프라인 매장을 정리할 계획"이라고 말한 것을 감안하면 올해 이마트 매장은 143개까지 감소할 전망이다.
> 이에 대해 국내 유통업계는 두 가지 해석을 내놓고 있다. 첫 번째는 이커머스 확장을 앞둔 '비용절감' 차원의 오프라인 매장 정리다. 신세계는 이커머스 사업 확장을 위한 법인 설립과 주식시장 상장 조건으로 해외 투자업체들에게 약 1조 원의 투자금을 유치했다. 1조 원이 적은 돈은 아니지만, 기존 이커머스 전문 업체들과의 경쟁을 고려하면 충분한 수준은 아니라는 것이 업계의 의견이다. 이 때문에 실적이 부진한 오프라인 업체들을 줄여 경영을 효율화한다는 것이다.

① 다각화(Diversification) ② 시스템화(System)
③ 전략 도메인(Domain) ④ 현지화(Localization)
⑤ 다운사이징(Downsizing)

정답 | 해설

해당 전략은 기업의 규모를 축소하여 비용절감과 기회도모를 목표로 하는 '다운사이징(Downsizing)'에 대한 설명이다. 이마트는 대대적인 오프라인 매장감축을 실행하여 다운사이징을 통한 비용절감을 실현하였다.

오답분석

① 다각화(Diversification) : 기존사업의 운영기반 이외에 별도로 다른 사업(산업)에 신규 참여하는 것을 말하는데, 기존 사업 관련 다각화(Related Diversification)와 비관련 다각화(Unrelated Diversification)로 나누어 볼 수 있다.
② 시스템화(System) : 조직내부의 업무효율을 혁신하고, 조직의 고기능화를 촉진시키기 위한 가장 중요한 전략이다.
③ 전략 도메인(Domain) : 인상적인 도메인 등으로 이미지 메이킹 등을 하는 전략이다.
④ 현지화(Localization) : 사업을 수행하는 국가와 지역의 사회, 문화, 관습과 언어, 관행들을 잘 아는 현지에 동화되는 경영방법이다.

정답 ⑤

| 도로교통(2021)/경기교통(2021)

54 다음 기사의 빈칸에 공통으로 들어갈 용어로 옳은 것은?

> _____은/는 일반적으로 '소형화'를 말하는 것으로, 종래의 제품 프레임보다 작으면서도 성능은 뛰어나게 만드는 것을 말한다. _____은/는 IBM 왓슨연구소 직원의 이름에서 따온 것으로 알려졌다. 그는 1980년대 초 메인프레임보다 작으면서 보다 우수하고, 유연하면서도 빠르며 더욱 신뢰성 있는 컴퓨터의 개발을 추구했다. 비즈니스에서 _____은/는 조직을 야위게 만드는 기법을 말하는 것으로, 슬림화를 통해 능률의 증진을 추구한다. 일반적으로 비즈니스 _____와/과 정보시스템 _____(으)로 나뉜다. 비즈니스 _____은/는 기업체의 관료화에 따른 불필요한 낭비조직을 제거하는 것이다. 이를 통해 불필요하고 불합리한 본사의 임원이나 지원부서가 축소되고 기업의 계층구조가 줄어들며 중간 관리층이 대폭 감소하게 된다. 이를 위한 조직개편 수단이 팀 제도이다.

① 권고사직
② 다운사이징(Downsizing)
③ 구조조정
④ 스와핑(Swapping)
⑤ 정리해고

> 정답 | 해설

다운사이징(Downsizing)은 기업의 업무, 조직의 인원 등의 규모를 축소하는 것을 말한다.

> 오답분석

① 권고사직 : 기업이 직원에게 사직을 권고하고, 근로자가 사직서를 제출하여 근로관계가 종료되는 것을 말한다.
③ 구조조정 : 효율을 높이기 위해 조직의 내부구조를 변화시키는 것이다. 구조조정의 일환으로 다운사이징이 가능하나, 내부구조를 사업부별 증원 혹은 인사개편 발령 등의 조정도 포함하여 다운사이징보다 포괄적인 의미를 지닌다.
④ 스와핑 : 경제・경영학문에서 통상적으로 통화 스와프(Currency Swap)를 지칭한다.
⑤ 정리해고 : 기업이 경쟁력 강화 등을 위해 구조조정을 진행할 때, 직원을 해고하는 것을 말한다.

정답 ②

| 부교공(2023)/코레일(2020)

55 다음 중 기업의 경쟁력 강화와 비전달성을 목표로 미래사업구조를 근본적으로 구체화하는 기업혁신방안을 의미하는 것은?

① 벤치마킹(Benchmarking)
② 학습조직(Learning Organization)
③ 리엔지니어링(Re-Engineering)
④ 리스트럭처링(Restructuring)
⑤ 기업 아이덴티티(企業 Identity)

> 정답 | 해설

리스트럭처링(Restructuring)은 미래의 모습을 설정하고 그 계획을 실행하는 기업혁신방안으로, 기존 사업 단위를 통폐합하거나 축소 또는 폐지하여 신규 사업에 진출하기도 하고, 기업 전체의 경쟁력 제고를 위해 사업 단위들을 어떻게 통합해 나갈 것인가를 결정한다.

> 오답분석

① 벤치마킹(Benchmarking) : 기업에서 경쟁력을 제고하기 위한 방법의 일환으로, 타사에서 배워오는 혁신 기법이다.
② 학습조직(Learning Organization) : 조직의 지속적인 경쟁우위를 확보하기 위한 근본적이고 총체적이며 지속적인 경영혁신전략이다.
③ 리엔지니어링(Re-Engineering) : 전면적으로 기업의 구조와 경영방식을 재설계하여 경쟁력을 확보하고자 하는 혁신기법이다.
⑤ 기업 아이덴티티(企業 Identity) : 기업이 다른 기업과의 차이점을 나타내기 위하여 기업의 이미지를 통합하는 작업이다.

정답 ④

| 코레일(2023)/부교공(2023)/코바코(2022)/코레일(2020)

56 다음 중 리엔지니어링(Re-Engineering)에 대한 설명으로 옳은 것은?

① 기계 장비의 고장이나 정비 때문에 작업이 불가능해진 시간을 총칭한다.
② 흑자를 내기 위해 기구를 축소·폐쇄하거나 단순화하는 등 단기적 전략이 아닌 장기적인 경영전략이다.
③ 기업이 환경변화에 능동적으로 대처하기 위해 비대해진 조직을 팀제로 개편하는 경영혁신을 나타낸다.
④ 제품의 주요한 부분을 세트 부품 내지 조립하여 부품의 형태로 수출하여 현지에서 최종제품으로 조립하는 방식이다.
⑤ 정보기술을 통해 기업경영의 핵심적 과정을 전면 개편함으로써 경영성과를 향상시키려는 경영기법이다.

정답 | 해설

리엔지니어링은 해머와 챔피(Hammer & Champy)에 의해 제시된 것으로, 정보기술을 통해 기업경영의 핵심적 과정을 전면 개편함으로써 경영성과를 향상시키려는 경영기법이다. 결국 리엔지니어링은 기존의 관리패턴을 근본적으로 바꾸어 기업경영의 질을 높이려는 것이다. 나아가 이 이론은 철학이나 사고방식, 더 나아가 문명의 전환까지 염두에 두고 있다.

오답분석

① 다운타임(Downtime)에 대한 설명이다.
②·③ 다운사이징(Downsizing)에 대한 설명이다.
④ CKD(Complete Knock Down)에 대한 설명이다.

정답 ⑤

| 한수원(2021)

57 A사는 지난 분기 매출액 2,000억 원을 달성하였고, 그중 매입액은 700억 원을 차지하였다. A사의 지난 분기 부가가치율은?

① 50% ② 55%
③ 60% ④ 65%
⑤ 70%

정답 | 해설

$$[부가가치율(\%)] = \frac{(매출액) - (매입액)}{(매출액)} \times 100$$

$$\therefore \frac{2,000 - 700}{2,000} \times 100 = 65\%$$

따라서 A사의 지난 분기 부가가치율은 65%이다.

정답 ④

| 강원랜드(2023)/수자원(2022)/한국공항(2021)

58 다음은 민츠버그(Mintzberg)의 5P 전략 중 하나에 대한 설명이다. 이 전략은 무엇인가?

> 기존의 패러다임, 사업의 방식을 변형하는 것을 말한다. 예를 들어 환자가 내원하는 것이 병원의 주된 사업 논리라고 한다면, 환자가 원할 때 내원하지 않고 병원의 의사가 직접 방문하여 의료서비스를 제공하는 것이다.

① Ploy
② Plan
③ Pattern
④ Position
⑤ Perspective

정답 | 해설

기존의 패러다임을 바꾸는 것은 5P 전략 중 Perspective에 해당한다.

민츠버그(Mintzberg)의 5P 전략

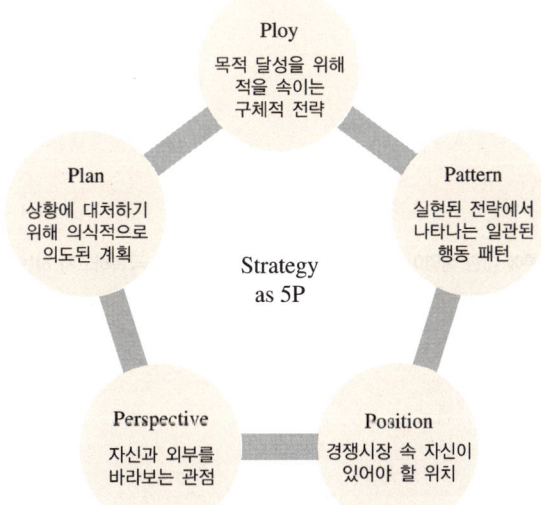

정답 ⑤

59 다음 대화 중 시스템 이론에 대해 바르지 않게 설명한 사람은?

> 창민 : 시스템 이론이란 자연과학에서 보편화되어 온 일반 시스템 이론을 경영학 연구에 응용한 것이다.
> 철수 : 시스템은 외부환경과 상호작용이 일어나느냐의 여부에 따라 개방시스템과 폐쇄시스템으로 나누어지는데, 일반적으로 시스템 이론은 개방시스템을 의미한다.
> 영희 : 시스템의 기본구조에 의하면 투입은 각종 자원을 뜻하는데, 인적자원과 물적자원, 재무자원, 정보 등 기업이 목적달성을 위해 투입하는 모든 에너지가 여기에 속한다.
> 준수 : 시스템 이론에서 조직이라는 것은 각종 상호의존적인 요인들의 총합체이므로, 관리자는 조직의 목표를 달성하기 위해 조직 내의 모든 요인들이 적절히 상호작용하고 조화로우며 균형을 이룰 수 있게 해야 한다.
> 정인 : 시스템 이론은 모든 상황에 동일하게 적용될 수 있는 이론은 없다고 보면서, 상황과 조직이 어떠한 관계를 맺고 있으며 이들 간에 어떠한 관계가 성립할 때 조직 유효성이 높아지는가를 연구하는 이론이다.

① 창민
② 철수
③ 영희
④ 준수
⑤ 정인

정답 | 해설

정인은 시스템 이론에 대한 설명이 아닌 시스템적 접근의 추상성을 극복하고자 하는 상황 이론에 대한 설명을 하고 있다.

정답 ⑤

60 다음 중 시스템 이론(System Theory)에 대한 설명으로 옳지 않은 것은?

① 시스템 이론의 가장 핵심적인 원리는 전체 혹은 부분을 볼 때 서로의 상호 연관성을 관련지어 생각하지 않고는 둘 다 제대로 이해할 수 없다는 것이다.
② 시스템 이론은 1차 대전 이후 독일의 생물학자인 베르탈란피(L. von Bertalanffy)가 여러 학문 분야의 통합을 위한 공통적인 사고와 연구의 틀을 찾으려는 노력으로 발표된 이론이다.
③ 시스템의 구성요소는 첫째는 전체, 둘째는 이를 구성하고 있는 부분, 셋째는 부분들 사이 및 부분들과 개체와의 상호 연관성들로 구성된다.
④ 시스템 이론은 외부환경과 상호작용하지 않는 폐쇄시스템과 외부환경과 상호작용하는 개방시스템으로 분류된다.
⑤ 시스템 이론은 경영활동을 기술활동, 상업활동, 재무활동, 회계활동, 관리활동, 보호활동으로 구분한다.

정답 해설

경영활동을 기술활동, 상업활동, 재무활동, 회계활동, 관리활동, 보호활동으로 구분한 것은 페이욜의 관리이론이다.

정답 ⑤

| 한수원(2021)

61 기업신용평가등급표의 평가요소는 양적 평가요소와 질적 평가요소로 구성된다. 다음 중 양적 평가요소에 해당하는 것은?

① 진입장벽
② 시장점유율
③ 재무비율 평가항목
④ 경영자의 경영능력
⑤ 은행거래 신뢰도

정답 해설

양적 평가요소는 재무비율 평가항목으로 구성된 안정성, 수익성, 활동성, 생산성, 성장성 등이 있고, 질적 평가요소는 시장점유율, 진입장벽, 경영자의 경영능력, 은행거래 신뢰도, 광고활동, 시장규모, 신용위험 등이 있다.

정답 ③

| 관광(2023)/근복(2022)/LX(2021)

62 다음 중 앤소프의 의사결정에 대한 설명으로 옳지 않은 것은?

① 앤소프의 의사결정은 전략적, 운영적, 관리적 의사결정으로 분류된다.
② 단계별 접근법을 따라 체계적으로 분석 가능하다.
③ 단계별로 피드백이 이루어진다.
④ 분석결과에 따라 초기 기업 목적, 시작 단계에서의 평가수정이 불가능하다.
⑤ 단계별 의사결정과정은 기업의 위상과 목표 간의 차이를 줄이는 과정이다.

정답 해설

분석결과에 따라 초기 기업 목적, 시작 단계에서의 평가수정이 가능하다는 것이 앤소프 의사결정의 장점이다.

앤소프의 세 가지 의사결정 유형

전략적 의사결정	운영적 의사결정	관리적 의사결정
• 기업의 목표 목적을 설정하고 그에 따른 각 사업에 효율적인 자원배분을 전략화한다. • 비일상적이며, 일회적 의사결정이라는 특징이 있다.	• 기업 현장에서 일어나는 생산 판매 등 구체적인 행위와 관련된 의사결정이다. • 일상적이면서 반복적이다.	• 결정된 목표와 전략을 가장 효과적으로 달성하기 위한 활동들과 관련되어 있다. • 전략적 의사결정과 운영적 의사결정의 중간 지점이다.

정답 ④

| 근복(2023)/코레일(2022)/한국공항(2021)

63 다음 중 인간관계론에 대한 설명으로 옳지 않은 것은?

① 1930년대 대공황 이후 과학적 관리론의 한계로부터 발전된 이론이다.
② 인간을 기계적으로만 취급할 것이 아니라 조직구성원들의 사회적·심리적 욕구와 조직 내 비공식 집단 등을 중시한다.
③ 메이요(G. Elton Mayo) 등 하버드 대학의 경영학 교수들이 진행한 호손 실험에 의해 본격적으로 이론적 틀이 마련되었다.
④ 행정조직이나 민간조직을 단순한 기계적인 구조로만 보고, 오직 시스템의 개선만으로 능률성을 추구하려 하였다.
⑤ 조직구성원의 생산성은 물질적인 요인으로만 자극받는 것이 아니라 감정, 기분과 같은 사회·심리적 요인에 의해서도 크게 영향을 받는다.

정답 | 해설

인간관계론은 행정조직이나 민간조직을 단순한 기계적인 구조로만 보고, 오직 시스템의 개선만으로 능률성을 추구하려 하였다는 과거의 과학적 관리론과 같은 고전적 조직이론의 개념을 탈피하여 한계점을 수용하고, 노동자들의 감정과 기분 같은 사회·심리적 요인과 비경제적 보상을 고려하며 인간 중심적 관리를 중시하였다.

정답 ④

| 한수원(2021)

64 다음 중 자본집약도가 높은 사업에 해당하지 않는 것은?

① 자동차 생산공장   ② 화학비료 생산공장
③ 신소재 생산공장   ④ 반도체 생산공장
⑤ 의류 생산공장

정답 | 해설

의류 생산공장은 자본집약도가 상대적으로 낮으며 노동집약적인 산업으로, 경쟁산업으로 많은 노동량이 투여되었는데도 낮은 가격으로 팔리는 저부가가치 상품을 생산한다. 선진국이 아닐 경우 노동집약적 산업이 지배적이다.

오답분석

①·②·③·④ 노동력 또는 생산량에 비해서 자본의 투입비율이 상대적으로 높은 기술이 생산요소로 채용되고 있는 산업이다. 생산요소의 결합상태가 상이한 점에 중점을 두고 산업을 분류할 경우 노동자 1인당 설비투자액, 즉 노동의 자본장비율이 높다.

정답 ⑤

65 다음 중 자원기반관점(RBV)에 대한 설명으로 옳지 않은 것은?

① RBV 관점에서 인적자원은 기업의 지속적인 경쟁력 확보의 주요한 원천이라 말할 수 있다.
② RBV 관점에서 기업의 전략과 성과의 주요결정요인은 기업내부의 자원과 핵심역량의 보유이다.
③ 경쟁우위의 원천이 되는 자원은 이질성(Heterogeneous)과 비이동성(Immobile)을 가정한다.
④ RBV 관점에서 주요결정요인은 진입장벽, 제품차별화 정도, 사업들의 산업집중도 등이다.
⑤ 기업이 보유한 가치(Value), 희소성(Rareness), 모방불가능(Inimitability), 대체불가능성(Non-Substitutability) 자원들은 경쟁우위를 창출할 수 있다.

정답 | 해설

자원기반관점(RBV; Resource Based View)은 기업 경쟁력의 원천을 기업의 외부가 아닌 내부에서 찾는다. 진입장벽, 제품차별화 정도, 사업들의 산업집중도 등은 산업구조론(I.O)의 핵심요인이다.

정답 ④

---

66 다음 중 자원기반관점(RBV)에 대한 설명으로 옳지 않은 것은?

① 기업이 경쟁우위를 획득하고 장기간의 탁월한 성과를 이끌어내는 것은 기업이 보유한 자원이다.
② 자원기반관점은 기업경쟁력의 원천을 기업의 내부가 아닌 외부에서 찾는다.
③ 경쟁우위를 제공하는 자원들을 VRIN 자원이라고 부르기도 한다.
④ 경쟁우위의 원천이 되는 자원은 이질성(Heterogeneous)과 비이동성(Immobile)을 가진다.
⑤ 기업이란 여러 생산적인 경영자원(인적·물적자원)의 집약체이며, 좋은 기업은 양질의 자원집약체라고 볼 수 있다.

정답 | 해설

자원기반관점(Resource Based View)은 기업을 자원집합체로 보며, 기업경쟁력의 원천을 기업의 외부가 아닌 내부에서 찾는다.

정답 ②

| 동서발전(2021)/한수원(2021)/코레일(2020)/가스(2020)

67 다음 경영학의 지도원리 중 수익성의 원리로 옳은 것은?

① (이익)÷(투자자본)
② (수익)÷(비용)
③ (성과)÷(비용)
④ 경제상의 효율성
⑤ 최소한의 희생으로 최대한의 성과를 얻는 행위

> **정답 | 해설**
>
> 경영학의 지도원리에는 수익성, 경제성, 생산성이 있다. 수익성의 원리는 '자본에 의한 이익이 크면 클수록 좋다.'라는 원칙으로, 수익성은 시장에서 형성된 이익의 기업자본에 대한 비율이다. 따라서 수익성은 '(이익)÷(투자자본)'이다.
>
> **오답분석**
> ④ 경제성의 원리에 해당한다.
> ⑤ 생산성의 원리에 해당한다.
>
> **정답 ①**

| 시설안전(2020)

68 다음 글의 설명에 해당하는 이론은?

> • 조직의 생존을 위해 이해관계자들로부터 정당성을 얻는 것이 중요하다.
> • 동일 산업 내의 조직 형태 및 경영 관행 등이 유사성을 보이는 것은 조직들이 서로 모방하기 때문이다.

① 대리인 이론
② 제도화 이론
③ 자원의존 이론
④ 전략적 선택 이론
⑤ 조직군 생태학 이론

> **정답 | 해설**
>
> 제도화 이론은 조직이 생존하기 위해서는 이해관계자들로부터 정당성을 획득하는 것이 중요하다고 주장한다. 즉, 환경에서 어떤 조직의 존재가 정당하다고 인정될 때에만 조직이 성공할 수 있다는 것이다. 또한 다른 조직을 모방하려는 모방적 힘이나 규제와 같은 강압적 힘 등이 작용하기 때문에 유사한 산업에 속한 조직들이 서로 간에 유사한 시스템을 구축한다고 본다.
>
> **오답분석**
> ① 대리인 이론 : 기업과 관련된 이해관계자들의 문제는 기업 내의 계약관계에 의하여 이루어진다는 이론이다.
> ③ 자원의존 이론 : 자원을 획득하고 유지할 수 있는 능력을 조직생존의 핵심요인으로 보는 이론이다.
> ④ 전략적 선택 이론 : 조직구조는 재량을 지닌 관리자들의 전략적 선택에 의해 결정된다는 이론이다.
> ⑤ 조직군 생태학 이론 : 환경에 따른 조직들의 형태와 그 존재 및 소멸 이유를 설명하는 이론이다.
>
> **정답 ②**

| 한국석유(2022)/코레일유통(2022)/코레일(2020)

69 다음 중 제품 – 시장 매트릭스에서 기존시장에 그대로 머물면서 신제품으로 매출을 늘려 시장점유율을 한층 높여가는 성장전략은?

① 시장침투 전략
② 신제품개발 전략
③ 시장개발 전략
④ 다각화 전략
⑤ 신시장 전략

정답 해설

제품 – 시장 매트릭스

구분	기존제품	신제품
기존시장	시장침투 전략	신제품개발 전략
신시장	시장개발 전략	다각화 전략

정답 ②

| 도로교통(2023)/부교공(2022)/코레일(2022)/가스(2021)/자산관리(2021)/환경(2021)/한수원(2021)

70 다음 중 지식근로자에 대한 특징으로 옳지 않은 것은?

① 지식근로자는 주로 반복적인 작업으로 인해 쉽게 피로감을 느낄 수 있으며, 이러한 업무특성을 고려하여 순환근무와 같은 제도의 도입을 통해 생산성을 향상시킬 수 있다.
② 지식근로자는 협업하고 공유하는 태도를 기본으로 혁신적인 능력을 소유하고 있으며, 지식마인드를 창출할 줄 안다.
③ 지식근로자는 업무수행에 있어 객관적 사실과 자신이 경험한 것을 바탕으로 논리적으로 판단하여 사고할 줄 아는 능력을 지녔으며, 새로운 지식에 대해 스스로 능동적으로 학습한다.
④ 지식근로자는 정보를 활용하고 사고하며 부가가치를 변화시킬 것을 권유하는 업무를 맡으며, 주로 평가하고 감독하며 의사결정하고 일정을 수립하는 활동을 한다.
⑤ 지식근로자는 일상 업무수행에서 IT를 사용하며 직접적으로 직무작업 프로세스의 효율성과 효과성에 영향을 미치는 사람으로, 지식을 창출하고 가공·분배하며 지식을 적용하여 기업의 제품과 서비스를 추가한다.

정답 해설

반복적인 작업을 하는 근로자는 흔히 단순노동직으로 구분한다. 따라서 전문적이고 비반복적인 업무를 담당하는 지식근로자에 대한 특징으로는 옳지 않다.

정답 ①

71 다음 중 노나카(のなか)의 지식경영이론에 대한 설명으로 옳지 않은 것은?

① 표출화 단계는 암묵적 지식을 형식적 지식으로 변환하는 과정이다.
② 지식습득과정은 '공동화 – 내면화 – 표출화 – 연결화'를 통해 개인에서 집단으로 확산된다.
③ 내면화 단계는 형식적 지식을 암묵적 지식으로 변환하는 과정이다.
④ 암묵적 지식이란 기업의 지적자본으로, 조직구성원들의 머릿속에 존재하며 기업 경쟁우위 창출을 위한 핵심요소이다.
⑤ 명시적 지식이란 체계화된 지식으로서 고객목록, 법률계약, 비즈니스 프로세스 등 명확한 체계를 갖추고 있다.

정답 | 해설

암묵적 지식과 명시적 지식은 서로 상호작용하면서 '공동화 – 표출화 – 연결화 – 내면화' 단계의 지식순환으로 개인의 지식이 집단으로 확산될 수 있다.

정답 ②

72 다음 중 지식경영시스템(KMS)에 대한 설명으로 옳지 않은 것은?

① 지식관리시스템은 지식베이스, 지식스키마, 지식맵의 3가지 요소로 구성되어 있다.
② KMS는 'Knowledge Management System'의 약자로, 지식경영시스템 또는 지식관리시스템을 나타낸다.
③ 지식베이스가 데이터베이스에 비유된다면, 지식스키마는 원시데이터에 대한 메타데이터를 담고 있는 데이터사전 또는 데이터베이스에 비유될 수 있다.
④ 지식스키마 내에는 개별 지식의 유형, 중요도, 동의어, 주요 인덱스, 보안단계, 생성 – 조회 – 갱신 – 관리부서 정보 등과 전사적인 지식분류체계 등이 들어 있다.
⑤ 조직에서 필요한 지식과 정보를 창출하는 연구자, 설계자, 건축가, 과학자, 기술자 등은 필수적으로 포함되어야 한다.

정답 | 해설

지식경영시스템은 조직 안의 지식자원을 체계화하고 공유하여 기업 경쟁력을 강화하는 기업정보시스템으로, 조직에서 필요한 지식과 정보를 창출하는 연구자, 설계자, 건축가, 과학자, 기술자 등을 반드시 포함하는 것과는 관련이 없다.

정답 ⑤

| 도로교통(2023)/부교공(2022)/코레일(2022)/가스(2021)/자산관리(2021)/환경(2021)/한수원(2021)

73 다음 중 지식관리에 대한 설명으로 옳지 않은 것은?

① 형식적 지식은 쉽게 체계화할 수 있는 특성이 있다.
② 암묵적 지식은 조직에서 명시적 지식보다 강력한 힘을 발휘하기도 한다.
③ 형식적 지식은 경쟁기업이 쉽게 모방하기 어려운 지식으로, 경쟁우위 창출에 기반이 된다.
④ 암묵적 지식은 사람의 머릿속에 있는 지식으로, 지적자본(Intellectual Capital)이라고도 한다.
⑤ 기업에서는 구성원의 지식공유를 활성화하기 위하여 인센티브(Incentive)를 도입한다.

정답 해설

형식적 지식은 정형화 혹은 문서화되어 있는 지식으로, 경쟁기업이 쉽게 모방하거나 유출되기 쉽다. 따라서 경쟁우위를 유지하기 위해서는 지식보안에도 각별히 신경써야 한다.

정답 ③

| 코레일(2021)/한국공항(2021)

74 다음 글의 빈칸에 들어갈 용어로 옳은 것은?

_____에 의하면 자기와 타인의 행동에 대해 그 원인을 추론하려는 성향을 행동의 특이성, 합의성, 일관성에 의하여 결정된다고 한다. 이상의 세 가지 결정요인으로 원인의 귀착을 설명한 까닭에 그의 이론을 큐빅모델이라고 하기도 한다.

① 맥그리거의 XY이론
② 매슬로의 욕구 5단계 이론
③ 마이클 포터의 5요인 이론
④ 막스 베버의 합리화 이론
⑤ 켈리의 귀인 이론

정답 해설

켈리의 귀인 이론은 자신이나 타인의 행동 원인을 찾아내기 위해 추론하는 과정을 설명하는 이론으로, 타인이나 관심집단의 행동을 일관성, 특이성, 합의성이라는 세 가지 결정요인에 맞추어 보고 난 후, 그 행동원인이 그 사람 자신에게 있는지, 타인에게 있는지, 또는 상황이나 운에 있는지를 판단한다.

정답 ⑤

| 코레일(2021)/한국공항(2021)

75 다음 중 켈리(Kelly)의 공변(입방체)모형에서 내적 귀인에 해당하는 경우는?

① 특이성이 높다.
② 합치성이 높다.
③ 일관성이 높다.
④ 합의성과 일관성이 낮다.
⑤ 특이성과 합치성이 높다.

정답 | 해설

일관성이 높으면 내적 귀인에 해당한다.

켈리(Kelly)의 공변(입방체)모형

특이성	이 사건에만 해당하는가?	높다	외적 귀인
		낮다	내적 귀인
합치성(합의성)	다른 사람에도 해당하는가?	높다	외적 귀인
		낮다	내적 귀인
일관성	다른 시점에도 해당하는가?	높다	내적 귀인
		낮다	외적 귀인

정답 ③

| 서교공(2025)/코레일(2024)/서부발전(2023)/코바코(2022)/코레일(2022)/코레일(2020)/TS(2020)

76 다음 중 테일러의 과학적 관리법에 해당하지 않는 것은?

① 시간연구
② 동작연구
③ 동등 성과급제
④ 과업관리
⑤ 표준 작업조건

정답 | 해설

테일러의 과학적 관리법은 하루 작업량을 과학적으로 설정하고 과업 수행에 따른 임금을 차별적으로 설정하는 차별적 성과급제를 시행한다.

오답분석
①·② 시간연구와 동작연구를 통해 표준 노동량을 정하고 해당 노동량에 따라 임금을 지급하여 생산성을 향상시킨다.
④ 각 과업을 전문화하여 관리한다.
⑤ 근로자가 노동을 하는 데 필요한 최적의 작업조건을 유지한다.

정답 ③

| 서교공(2025)/코레일(2024)/서부발전(2023)/코바코(2022)/코레일(2022)/코레일(2020)/TS(2020)

77 다음 중 테일러의 과학적 관리법에 대한 설명으로 옳지 않은 것은?

① 현대의 경영학과 산업공학의 근본 이론으로 볼 수 있다.
② 노동자와 관리자가 비슷한 수준의 분업과 책임감을 가지도록 한다.
③ 객관적인 지표에 따라 노동자의 훈련방식을 선택하여 훈련한다.
④ 노동자의 작업요소를 기존 경험을 토대로 분석하여 판단한다.
⑤ 노동자의 성과창출을 위해 적절한 인센티브와 임금을 지급한다.

정답 | 해설

과학적 관리법은 노동자의 작업요소를 기존 경험에 의존하지 않고 과학적인 분석을 통해 판단한다.

정답 ④

| 코레일(2022)/도로교통(2021)

78 다음 중 프랑스의 사업가 페이욜(Fayol)의 관리 5요소론에 해당하지 않는 것은?

① 계획
② 조직
③ 분업
④ 지휘
⑤ 통제

정답 | 해설

페이욜은 경영활동을 크게 기술활동, 상업활동, 재무활동, 보호활동, 회계활동, 관리활동으로 구분하였다. 그중 관리활동을 계획, 조직, 지휘, 조정, 통제로 하여 관리 5요소론을 정립하였다. 분업은 14가지 관리일반원칙에 해당한다.

정답 ③

| 코레일(2020)

79 다음 중 포드 시스템(Ford System)에 대한 설명으로 옳지 않은 것은?

① 동시 관리
② 차별적 성과급제
③ 이동조립시스템
④ 저가격 고임금
⑤ 연속생산공정

정답 해설

포드 시스템은 생산의 표준화와 이동조립법(Moving Assembly Line)을 실시한 생산시스템으로, 차별적 성과급이 아닌 일급제 급여 방식이다.

테일러 시스템과 포드 시스템

구분	테일러 시스템	포드 시스템
통칭	과업관리	동시관리
중점	개별 생산	계속 생산
원칙	고임금·저노무비	고임금·저가격
방법	직능직 조직 차별적 성과급제	컨베이어 시스템(이동조립법, 연속생산공정) 일급제 급여
표준	작업의 표준화	제품의 표준화

정답 ②

| 코레일(2020)

80 다음 중 포드 시스템(Ford System)에 대한 설명으로 옳지 않은 것은?

① 작업시스템 유동화로 인한 작업속도 강제화로 작업자의 인간성이 무시된다는 결점이 존재한다.
② 대량생산방식으로 자동차의 이동조립법을 확립한 시스템이다.
③ 포드 시스템의 주요한 수단은 이동식조립법과 생산표준화 3S(단순화, 표준화, 전문화)라 할 수 있다.
④ 동일한 제품을 대량 생산함으로써 고객들의 요구에 부응하고 생산원가는 낮추며 임금은 올려줄 수 있는 생산방법이다.
⑤ 설비에 대한 투자비가 낮아져 제품생산 단가를 낮출 수 있었으며, 조업도는 숙련된 노동자 중심으로 생산 표준화 3S를 실현하였다.

정답 해설

설비에 대한 투자비가 높아져 손익분기점까지 걸리는 시간이 장기화될 가능성이 높아 사업진입장벽을 형성하며, 이에 따라 조업도가 낮아지면서 제조원가가 증가한다는 단점이 있다.

정답 ⑤

| 가스안전(2022)/코레일(2021)

81 다음 중 하이더(Heider)의 균형이론에 대한 설명으로 옳지 않은 것은?

① 일반적으로 사람들은 불균형 상태보다는 안정적인 상태를 선호한다고 가정한다.
② 각 관계에 주어진 값을 곱하여 +이면 불균형 상태, -이면 균형 상태로 본다.
③ 심리적 평형에 대한 이론 중의 하나로, 자신과 상대방 그리고 두 사람에게 관련된 사물, 이 세 요소가 내부적으로 일치되어 있는 것처럼 보이는 상태를 말한다.
④ 균형 상태는 인간 누구나 원하는 것으로, 만약 이러한 균형이 깨지면 자신의 태도를 바꾸거나 상대방의 태도를 무시하는 등의 태도를 보인다.
⑤ 세 가지 요소만으로 태도 변화를 설명하기에 지나치게 단순하고, 그 관계의 좋고 싫음의 강도를 고려하지 못한다는 한계를 갖는다.

정답 해설

균형이론은 개인, 태도 대상, 관련 대상 3가지 삼각관계에 대한 이론으로, 이 관계들에 대한 값(-1 또는 +1)을 곱한 결과 양의 값이 나오면 균형 상태이고, 음의 값이 나오면 불균형 상태이다. 값이 음일 경우 사람은 심리적 불균형 상태가 되어 균형으로 맞추려고 하는 경향이 있다고 본다.

정답 ②

| 코레일(2025)/부교공(2023)/근복(2023)/주택금융(2022)/HUG(2022)/한국공항(2021)/코레일(2020)

82 다음 중 호손(Hawthorn) 실험에 대한 설명으로 옳지 않은 것은?

① 총 4단계로 실험을 나누어 진행하였다.
② 테일러의 과학적 관리론을 근거로 하여 실험이 진행되었다.
③ 비공식 집단의 중요성이 대두된 계기를 마련했다.
④ 노동자들이 해당 실험 사실을 알게 됨에 따라 발생한 심리학 효과를 호손 효과라 한다.
⑤ 좋은 근무조건 등의 물질적 요인이 노동자의 생산성 증대에 가장 큰 영향을 미친다는 것을 규명하였다.

정답 해설

호손 실험은 1924 ~ 1932년 미국 웨스턴일렉트릭사의 호손공장에서 수행된 실험으로, 조직 내 인간행동의 비합리적·감정적 측면을 규명한 실험이다. 이 실험을 통해 좋은 근무조건 같은 물질적 요인보다 사회적·심리적 요인이 생산성에 큰 영향을 준다는 것을 파악하여 과학적 관리론의 한계점을 규명하고, 조직 관리에서의 비물질적 요소의 중요성을 인지하였다.

정답 ⑤

| 코레일(2025)/부교공(2023)/근복(2023)/주택금융(2022)/HUG(2022)/한국공항(2021)/코레일(2020)

83 다음 중 호손(Hawthorne) 실험의 주요 결론에 대한 설명으로 옳지 않은 것은?

① 심리적 요인에 의해서 생산성이 좌우될 수 있다.
② 작업자의 생산성은 작업자의 심리적 요인과 사회적 요인과 관련이 크다.
③ 비공식 집단이 자연적으로 발생하여 공식 조직에 영향을 미칠 수 있다.
④ 노동환경과 생산성 사이에 반드시 비례관계가 존재하는 것은 아니다.
⑤ 일반 관리론의 이론을 만드는 데 가장 큰 영향을 미쳤다.

정답 | 해설

테일러(Tailor)의 과학적 관리법에 해당하는 내용으로, 호손 실험으로 인간관계론이 등장하였다. 일반 관리론은 앙리 페이욜이 경영관리를 경영자와 경영실무자의 입장에서 주장한 것이다.

정답 ⑤

| 코레일(2025)/부교공(2023)/근복(2023)/주택금융(2022)/HUG(2022)/한국공항(2021)/코레일(2020)

84 다음 중 메이요(Mayo) 등 하버드 대학의 교수들이 진행한 실험으로, 과학적 관리법의 한계를 벗어나 비공식 조직에 대한 중요성을 강조한 경영이론은?

① 관료제 이론   ② 리더십 상황이론
③ 시스템 이론   ④ 인간관계론
⑤ 욕구단계 이론

정답 | 해설

인간관계론은 인간을 기계적으로만 취급할 것이 아니라 조직구성원들의 사회적·심리적 욕구와 조직 내 비공식집단 등을 중시하며, 조직의 목표와 조직구성원들의 목표 간의 균형 유지를 지향하는 민주적·참여적 관리 방식을 처방하는 조직이론을 말한다. 최초로 인간관계론에 공헌한 사람은 행동과학 이론의 폴레트(Follett)이지만, 메이요(Mayo) 등 하버드 대학의 경영학 교수들이 진행한 호손 실험에 의해 본격적으로 이론적 틀이 마련되었다.

정답 ④

| 코레일(2025)/코레일(2023)/중부발전(2022)/가스(2021)/경기교통(2021)/경기도통합(2021)

85 다음 중 회사에 대한 용어와 개념을 설명한 것으로 옳지 않은 것은?

① 주식회사 : 주식을 소유하고 있는 주주가 그 회사의 주인이 되는 형태이다.
② 협동조합 : 경제활동으로 지역사회에 이바지하기 위해 설립된 단체이다.
③ 합명회사 : 무한책임사원으로 이루어지는 회사로, 무한책임사원이 경영하고 사업으로부터 생기는 이익의 분배에 참여한다.
④ 합자회사 : 유한책임사원과 무한책임사원으로 이루어지는 회사로, 유한책임사원이 사업을 경영하고 집행하며, 양도 시 유한책임사원의 동의가 필요하다.
⑤ 유한회사 : 유한회사의 주인은 사원으로, 이때 사원은 출자액의 한도 내에서만 회사의 채무에 대해 변제책임을 진다.

정답 | 해설

합자회사(合資會社)는 무한책임사원과 유한책임사원으로 이루어지는 회사로, 무한책임사원이 사업을 경영하고 집행하며, 양도 시 무한책임사원의 동의가 필요하다.

정답 ④

| 코레일(2025)/코레일(2023)/중부발전(2022)/가스(2021)/경기교통(2021)/경기도통합(2021)

86 다음 〈보기〉에서 주식회사에 대한 설명으로 옳지 않은 것을 모두 고르면?

보기
ㄱ. 주식회사의 최고 의사결정기구는 이사회가 담당한다.
ㄴ. 주식회사를 설립할 때 정관 작성은 발기인이 한다.
ㄷ. 주식회사의 채무가 과다할 경우 주주가 회사의 채권자에게 변제할 의무가 발생한다.
ㄹ. 우리나라에서 주식회사에 대한 사무업무는 금융감독원과 한국예탁결제원에서 맡고 있다.

① ㄱ, ㄴ ② ㄱ, ㄷ
③ ㄱ, ㄹ ④ ㄴ, ㄷ
⑤ ㄴ, ㄹ

정답 | 해설

ㄱ. 주식회사는 주식의 소유비율에 따라 주주들이 의사결정권한을 나누어 가지며, 주주총회가 최고 의사결정기구의 역할을 한다.
ㄷ. 주주는 주식회사에 대하여 본인이 투자한 금액만큼의 출자의무를 가지며, 그 이상의 금액에 대해서는 어떠한 책임이나 의무도 갖지 않는다.

정답 ②

| 코레일(2025)

87 다음 중 경영관리 순환과정에 대한 설명으로 옳지 않은 것은?

① 계획 : 미래에 기업에 발생할 문제를 사전에 예측하여 해결방안을 결정하는 과정이다.
② 조직 : 수립된 계획을 실천하는데 필요한 자원들을 필요에 맞게 배분하는 과정이다.
③ 지휘 : 구체적인 업무수행을 위해 지시하는 과정이다.
④ 조정 : 지휘가 잘 이뤄질 수 있도록 업무, 조직 등을 수정하는 과정이다.
⑤ 통제 : 계획과 결과를 비교하여 발생한 차이를 수정하고 다음 계획에 반영하는 과정이다.

정답 | 해설
조정은 목표를 달성하기 위해 자원의 중복, 부족 등을 보완하는 과정을 말한다.

정답 ④

| 서교공(2025)

88 다음 중 협동조합에 대한 설명으로 옳지 않은 것은?

① 비슷한 목적을 가진 생산자 또는 소비자로 구성된다.
② 협동조합에 가입하려면 출자금이 필요하다.
③ 조합의 이윤 추구를 최우선 목표로 한다.
④ 조합원은 주식회사의 주주와 동일하게 유한책임만 진다.
⑤ 발기인은 최소 5명 이상이어야 한다.

정답 | 해설
협동조합은 조합의 이윤추구보다 조합원 간 협동을 통한 편익 증진을 최우선 목표로 한다.

오답분석
② 출자금을 납부하여 조합원이 될 수 있으며, 출자금 제한은 별도로 없다.
④ 조합원은 유한책임만 부담하므로 조합이 파산하는 등의 문제가 발생해도 출자금만큼만 손실을 입는다.
⑤ 협동조합기본법에 따라 최소 5명 이상의 발기인이 있어야 협동조합을 결성할 수 있다.

정답 ③

CHAPTER 02 조직론

코레일(2024)

01 다음 중 조직시민행동에 대한 설명으로 옳지 않은 것은?

① 조직구성원이 수행하는 행동에 대해 의무나 보상이 존재하지 않는다.
② 조직구성원의 자발적인 참여가 바탕이 되며, 대부분 강제적이지 않다.
③ 조직구성원의 처우가 좋지 않을수록 조직시민행동은 자발적으로 일어난다.
④ 조직 내 바람직한 행동을 유도하고, 구성원의 조직 참여도를 제고한다.
⑤ 조직의 리더가 구성원으로부터 신뢰를 받을 때 구성원의 조직시민행동이 크게 증가한다.

정답 해설

조직시민행동(OCB; Organizational Citizenship Behavior)은 조직구성원의 내재적 만족으로 인해 촉발되므로 구성원에 대한 처우가 합리적일수록 자발적으로 일어난다.

정답 ③

코레일(2024)

02 다음 중 조직시민행동에서 예의성에 대한 설명으로 옳은 것은?

① 직무수행과 관련하여 갈등이 발생할 수 있는 가능성을 미리 막으려고 노력하는 행동이다.
② 도움이 필요한 구성원을 아무런 대가 없이 자발적으로 도와주는 행동이다.
③ 조직구성원이 양심에 따라 조직의 규칙 등을 성실히 지키는 행동이다.
④ 조직 또는 구성원에 대해 불만이 있더라도 긍정적으로 이해하고자 노력하는 행동이다.
⑤ 조직의 공식적 또는 비공식적 행사에 적극적으로 참여하고자 하는 행동이다.

정답 해설

조직시민행동은 조직의 원활한 운영을 위해 공식적으로 주어진 임무 외에 구성원들이 자발적으로 수행하는 부차적인 행동을 의미하며, 이 중 예의성은 조직 내 구성원 간 갈등이 발생할 가능성을 미리 막으려고 노력하는 행동이다.

오답분석

② 이타성에 대한 설명이다.
③ 양심성에 대한 설명이다.
④ 스포츠맨십에 대한 설명이다.
⑤ 시민정신에 대한 설명이다.

정답 ①

| 부교공(2023)/국민연금(2022)/인천교통(2020)

03 다음 중 관료제의 특징으로 옳지 않은 것은?

① 계층적인 권한체계
② 문서에 의한 직무집행 및 기록
③ 직무활동을 수행하기 위한 기본적인 훈련
④ 명확하게 규정된 권한 및 책임의 범위
⑤ 직무상의 공사분리

정답 | 해설

관료제는 직무활동을 수행하기 위한 전문적인 훈련이다.

정답 ③

| 수자원(2025)/KPS(2022)

04 다음 중 강화이론에 대한 설명으로 옳지 않은 것은?

① 조직행동에 영향을 미치는 단계는 '자극 → 반응 → 결과' 순서로 이루어진다.
② 긍정적 강화에서 보상과 강화가 반드시 일치하지는 않는다.
③ 긍정적 강화는 부정적인 결과를 제거하여 긍정적인 행동을 유도하는 것이다.
④ 강화 수단에는 긍정적 강화, 부정적 강화, 회피, 소거가 해당된다.
⑤ 부정적 강화는 바람직하지 않은 결과를 회피시켜 줌으로써 바람직한 행동의 빈도를 늘리는 것이다.

정답 | 해설

부정적인 행동을 제거하여 긍정적인 행동을 유도하는 것은 부정적 강화에 대한 설명이다. 긍정적 강화는 긍정적인 행동에 따른 보상을 제공하여 긍정적인 행동을 유도하는 것을 말한다.

정답 ③

| LX(2020)/코레일(2020)/국민연금(2020)

05 다음 중 목표관리(MBO)에 대한 설명으로 옳지 않은 것은?

① 유연성이 높고 환경변화에 적응이 쉽다.
② 효과적으로 목표를 관리한다.
③ 목표를 명확하게 한다.
④ 상급자와 하급자가 참여하여 목표를 세운다.
⑤ 계획적 수행을 위해 피드백 역할을 한다.

정답 | 해설

목표관리는 환경과 상황의 변동 요인을 제대로 반영하기 어렵기 때문에 외부환경의 변화에 대응이 어렵다.

오답분석
② · ③ MBO는 효과적인 목표관리를 위해 SMART 원칙인 구체적인 목표(S), 측정 가능한 목표(M), 달성 가능한 목표(A), 결과지향적인 목표(R), 정해진 시간 내의 목표(T)를 고려한다.
④ MBO는 조직 내 상하의 조직원들이 함께 목표를 정하고 업무를 수행하기 때문에 동기부여가 되고 일체감을 높일 수 있다.
⑤ MBO는 피드백 개선을 통한 관리계획의 개선을 추구한다.

정답 ①

| LX(2020)/코레일(2020)/국민연금(2020)

06 다음 중 목표설정 이론 및 목표관리(MBO)에 대한 설명으로 옳지 않은 것은?

① 목표설정 이론에 따르면 목표는 구체적이고 어렵게 설정하는 것이 바람직하다.
② 목표설정 이론에 따르면 목표는 지시적 목표, 자기설정 목표, 참여적 목표로 구분된다.
③ 목표관리를 도입하면 목표를 설정하는 과정에 부하직원이 함께 참여한다.
④ 목표관리를 도입하면 조직의 목표를 구체적인 부서별 목표로 전환하게 된다.
⑤ 목표관리 도입 후 성과는 경영진이 평가하여 부하직원 개개인에게 통보한다.

정답 | 해설

목표관리는 목표의 설정뿐 아니라 성과평가 과정에도 부하직원이 참여하는 관리기법이다.

오답분석
① 목표설정 이론은 명확하고 도전적인 목표가 성과에 미치는 영향을 분석한다.
② 목표는 지시적 목표, 자기설정 목표, 참여적 목표로 구분되고, 이 중 참여적 목표가 종업원의 수용성이 가장 높다.
③ 조직의 상하 구성원이 모두 협의하여 목표를 설정한다.
④ 조직의 목표를 부서별, 개인별 목표로 전환하여 조직구성원 각자의 책임을 정하고, 조직의 효율성을 향상시킬 수 있다.

정답 ⑤

LX(2020)/코레일(2020)/국민연금(2020)

07 다음 중 목표관리(MBO)에 대한 설명으로 옳지 않은 것은?

① 목표달성 정도를 정기적으로 확인
② 목표설정 과정에 구성원 참여
③ 목표달성 방법의 자율적 결정
④ 상급자들만 목표설정에 참여
⑤ 결과 중시의 목표관리

정답 해설

목표관리(MBO)는 조직의 상하 구성원들이 참여를 통해 조직 단위와 구성원의 목표를 명확하게 설정하고 그에 따라 업무를 수행하며, 업적을 평가하는 결과 중시 관리기법이다.

정답 ④

LX(2020)/코레일(2020)/국민연금(2020)

08 다음 중 목표관리(MBO)의 SMART 기법에 대한 설명으로 옳지 않은 것은?

① Specific : 목표는 커다란 범위에서 추상적이어야 한다.
② Measurable : 목표는 그 결괏값이 측정 가능해야 한다.
③ Achievable : 목표는 적당히 도전적이어야 한다.
④ Result – Oriented : 목표는 결과지향적이어야 한다.
⑤ Time – Bound : 목표는 통상 6개월에서 1년 내에 달성이 가능해야 한다.

정답 해설

MBO의 실행절차 중 목표에 대한 합의는 가장 중요한 단계이다. 그 이유는 평가자와 피평가자가 합의를 도출하여 목표가 확정되는 과정이기 때문이다. 이러한 과정에서 드러커(Drucker)는 로크(Locke)의 좋은 목표의 조건을 발전시켜 SMART 기법을 개발하였다.

> **SMART 기법**
> - Specific : 목표는 최대한 상세하고 구체적이어야 한다.
> - Measurable : 목표는 그 결괏값이 측정 가능해야 한다.
> - Achievable : 목표는 적당히 도전적이어야 한다(로크에 따르면 성공 확률이 0.5~0.75% 정도일 때 가장 높은 동기가 부여된다고 하였다).
> - Result – Oriented : 목표는 결과지향적이어야 한다.
> - Time – Bound : 목표는 통상 6개월에서 1년 내에 달성이 가능해야 한다.

정답 ①

| 가스기술(2023)/코바코(2022)/보훈복지의료(2021)

09 다음 중 맥그리거의 XY이론을 나누는 기준에 해당되는 것은?

① 조직구조
② 조직문화
③ 조직규모
④ 인간관
⑤ 리더십

정답 | 해설

맥그리거(McGregor)는 X·Y이론을 통해 두 가지의 상반된 인간관을 제시하며 인간관에 따라 조직관리 전략이 달라져야 한다고 주장하였다. 그의 이론은 인간을 단순히 통제의 대상이 아닌 자율적·창의적 존재로 볼 수 있음을 경영학에 확산시킨 중요한 전환점이 되었다.

정답 ④

| 가스기술(2023)/코바코(2022)/보훈복지의료(2021)

10 다음 〈보기〉에서 맥그리거(McMgregor)의 XY이론 중 X이론적 인간관과 동기부여 전략에 해당하는 것을 모두 고르면?

보기

A. 천성적 나태
B. 변화지향적
C. 자율적 활동
D. 민주적 관리
E. 어리석은 존재
F. 타율적 관리
G. 변화에 저항적
H. 높은 책임감

① A, B, C, D
② A, B, D, E
③ A, E, F, G
④ B, C, D, H
⑤ B, E, F, G

정답 | 해설

맥그리거(McGregor)는 다음 두 가지의 상반된 인간관 모형을 제시하고, 이에 따라 조직관리 전략이 달라져야 한다고 주장하였다.
• X이론 : 소극적·부정적 인간관을 바탕으로 한 전략이다.
  – 천성적 나태, 어리석은 존재, 타율적 관리, 변화에 저항적
• Y이론 : 적극적·긍정적 인간관을 특징으로 한 전략이다.
  – 변화지향적, 자율적 활동, 민주적 관리, 높은 책임감

정답 ③

| 한국공항(2021)

11 다음 사례에서 리더가 보인 권력의 종류로 옳은 것은?

> 평소 자신의 팀원들과 돈독한 친분을 유지하며 팀원들로부터 충성심과 존경을 한몸에 받는 A팀장이 얼마 전 진행하던 프로젝트의 최종 마무리 작업을 앞두고 뜻밖에 사고를 당해 병원에 입원하게 되었다. 해당 프로젝트의 마무리가 시급한 시점에 다급히 자신의 팀원들에게 업무를 인계하게 되었고, 팀원들은 모두가 한마음 한뜻이 되어 늦은 시간까지 자발적으로 근무하여 무사히 프로젝트를 마무리할 수 있었다.

① 합법적 권력
② 보상적 권력
③ 강압적 권력
④ 전문적 권력
⑤ 준거적 권력

정답 | 해설

A팀장은 평소 팀원들과 돈독한 관계를 통한 충성심과 존경을 바탕으로 부하들로부터 헌신과 동일화, 내재화를 이끌어내고 있어 준거적 권력의 사례로 보는 것이 적절하다.

> **준거적 권력(Reference Power)**
> 개인적인 매력과 존경심 등을 바탕으로 한 준거적 권력은 부하들로부터 헌신과 동일화, 내재화를 지속적으로 이끌어낼 수 있는 가장 훌륭한 권력의 원천이 된다. 자신이 알고 있는 지식이나 기술 노하우 등은 업무가 바뀌거나 환경이 바뀌면 그 가치가 없어질 수도 있지만, 개인적 특성은 상황에 따라 변하거나 사라지는 성질이 아니다. 따라서 장기적이고 지속적으로 부하나 주위 사람들에게 영향력을 행사하고 싶다면 준거적 권력이 전문적 권력보다 더 바람직하다.

정답 ⑤

| 코레일(2024)/자산관리(2022)/코레일(2020)/서울시설(2020)/근복(2020)

12 다음 중 유기적 조직에 대한 설명으로 옳지 않은 것은?

① 상사와 부하 간의 활발한 의사소통을 통한 분권화가 이루어진다.
② 규칙이나 절차 등에 대해 융통성을 발휘할 수 있다.
③ 부서 간의 업무가 상호 의존적이라 할 수 있다.
④ 구성원 관리의 폭이 좁아 적극적인 관리가 가능하다.
⑤ 의사결정과정을 간소화하여 조직의 효율성을 높일 수 있다.

정답 | 해설

유기적 조직의 경우 부서 간, 구성원 간 유기적인 의존관계가 이루어지기 때문에 관리의 폭이 넓다.

정답 ④

┃ 코레일(2024)/자산관리(2022)/코레일(2020)/서울시설(2020)/근복(2020)

13 다음 중 경영조직론 관점에서 기계적 조직과 유기적 조직에 대한 설명으로 옳지 않은 것은?

① 기계적 조직은 효율성과 생산성 향상을 목표로 한다.
② 기계적 조직에서는 공식적 커뮤니케이션이 주로 이루어지고, 상급자가 조정자 역할을 한다.
③ 유기적 조직에서는 주로 분권화된 의사결정이 이루어진다.
④ 유기적 조직은 고객의 욕구 및 환경이 안정적이고, 예측가능성이 높은 경우에 효과적이다.
⑤ 기계적 조직은 수직적인 의사소통이 이루어진다.

정답 | 해설

고객의 욕구 및 환경이 안정적이고 예측가능성이 높은 경우에는 효율성이 높은 기계적 조직이 효과적이다.

정답 ④

┃ 코레일(2024)/자산관리(2022)/코레일(2020)/서울시설(2020)/근복(2020)

14 다음 중 기계적 조직과 유기적 조직에 대한 설명으로 옳지 않은 것은?

① 기계적 조직은 공식화 정도가 낮고, 유기적 조직은 공식화 정도가 높다.
② 기계적 조직은 경영관리 위계가 수직적이고, 유기적 조직은 경영관리 위계가 수평적이다.
③ 기계적 조직은 직무 전문화가 높고, 유기적 조직은 직무 전문화가 낮다.
④ 기계적 조직은 수직적 의사소통이고, 유기적 조직은 수평적 의사소통이다.
⑤ 기계적 조직은 의사결정권한이 집중화되어 있고, 유기적 조직은 의사결정권한이 분권화되어 있다.

정답 | 해설

기계적 조직과 유기적 조직

구분	전문화	공식화	집권화
기계적 조직	고	고	고
유기적 조직	저	저	저

정답 ①

| 코레일(2024)/자산관리(2022)/코레일(2020)/서울시설(2020)/근복(2020)

15 다음 중 유기적 조직구조의 특징으로 옳지 않은 것은?

① 높은 전문화
② 많은 권한위양
③ 넓은 통제 범위
④ 수평적 의사소통
⑤ 팀 위주의 운영

정답 | 해설

유기적 구조는 적은 규칙과 규정, 분권화, 광범위한 직무, 넓은 통솔 범위, 높은 팀워크를 특징으로 하는 조직구조로, 많은 권한이 위양되고 융통이 높으며 절차와 규칙이 적은 편이다. 또한 의사소통은 수평적 관계에 있다.

정답 ①

| 서교공(2023)/근복(2022)/경기교통(2021)

16 B회사는 철물과 관련한 사업을 하는 중소기업이다. 이 회사는 수요가 어느 정도 안정된 소모품을 다양한 거래처에 납품하고 있으며, 내부적으로는 부서별 효율성을 추구하고 있다. 이러한 회사의 조직구조로 옳은 유형은?

① 기능별 조직
② 사업부제 조직
③ 프로젝트 조직
④ 매트릭스 조직
⑤ 다국적 조직

정답 | 해설

기능별 조직은 전체 조직을 기능별 분류에 따라 형성시키는 조직의 형태이다. B회사는 수요가 비교적 안정된 소모품을 납품하는 업체이기 때문에 환경적으로도 안정되어 있으며, 부서별 효율성을 추구하므로 기능별 조직이 B회사의 조직구조에 해당한다.

기능별 조직

구분	내용
적합한 환경	• 조직구조 : 기능조직 • 환경 : 안정적 • 기술 : 일상적이며 낮은 상호의존성 • 조직규모 : 작거나 중간 정도 • 조직목표 : 내적 효율성, 기술의 전문성과 질
장점	• 기능별 규모의 경제 획득 • 기능별 기술개발 용이 • 기능 목표 달성 가능 • 중간 이하 규모의 조직에 적합 • 소품종 생산에 유리
단점	• 환경변화에 대한 대응이 늦음 • 최고경영자의 의사결정이 지나치게 많음 • 부문 간 상호조정 곤란 • 혁신이 곤란 • 전체 조직목표에 대한 제한된 시각

정답 ①

17 다음 중 네트워크 조직(Network Organization)의 장점으로 옳지 않은 것은?

① 정보 공유의 신속성 및 촉진이 용이하다.
② 광범위한 전략적 제휴로 기술혁신이 가능하다.
③ 개방성 및 유연성이 뛰어나 전략과 상품의 전환이 빠르다.
④ 전문성이 뛰어난 아웃소싱 업체의 전문성 및 핵심역량을 활용하기 용이하다.
⑤ 더 많은 층위에서 다수 관리자의 관리감독이 이루어진다.

정답 | 해설

네트워크 구조의 특징은 다수의 다른 장소에서 이루어지는 프로젝트들을 관리·통솔할 때 다른 구조보다 훨씬 더 많은 층위에서의 감독이 필요하며, 이러한 다수의 관리감독자들은 구성원들에게 혼란을 야기한다는 것이다. 따라서 다수의 관리자가 존재하는 네트워크 조직은 프로젝트 진행을 심각하게 방해할 수 있다. 이에 따른 단점을 상쇄하기 위해 최근 많은 기업들은 공동 프로젝트 통합관리 시스템 개발의 필요성을 강조하며 효율적인 네트워크 조직운영을 목표로 하고 있다.

> **네트워크 조직(Network Organization)**
> 독립된 사업 부서들 혹은 독립된 각 사업 분야 기업들이 각자의 전문 분야를 추구하면서도 제품을 생산하거나, 프로젝트의 수행을 위한 관계를 형성하여 상호 협력하는 조직을 의미한다.

정답 ⑤

| 수자원(2025)/코레일(2024)/한수원(2023)/기보(2022)/코레일(2022)/한국공항(2021)/환경(2021)/신보(2021)/TS(2020)

18 다음 중 동기부여 이론에 대한 설명으로 옳지 않은 것은?

① 로크(Locke)의 목표설정 이론은 추후 목표에 의한 관리(MBO)의 이론적 기반이 되었다.
② 허즈버그(Herzberg)의 2요인 이론에 따르면 임금수준이 높아지면 직무에 대한 만족도 또한 높아진다.
③ 애덤스(Adams)의 공정성 이론은 다른 사람과의 상대적인 관계에서 동기요인이 작용한다는 것을 강조한다.
④ 브룸(Vroom)의 기대이론에 따르면 유의성은 결과에 대한 개인의 선호도를 나타내는 것으로, 동기를 유발시키는 힘 또는 가치를 뜻한다.
⑤ 조직의 관점에서 동기부여는 목표달성을 위한 종업원의 지속적 노력을 효과적으로 발생시키는 것을 의미한다.

정답 | 해설

허즈버그(Herzberg)는 직무만족에 영향을 주는 요인을 동기요인(Motivator)으로, 직무불만족에 영향을 주는 요인을 위생요인(Hygiene Factor)으로 분류했다. 동기요인에는 성취, 인정, 책임소재, 업무의 질 등이 있으며, 위생요인에는 회사의 정책, 작업조건, 동료직원과의 관계, 임금, 지위 등이 있다. 그리고 인간이 자신의 일에 만족감을 느끼지 못하게 되면 위생요인에 관심을 기울이게 되고, 이에 만족하지 못할 경우에는 일의 능률이 크게 저하된다고 주장했다.

정답 ②

| 수자원(2025)/코레일(2024)/한수원(2023)/기보(2022)/코레일(2022)/한국공항(2021)/환경(2021)/신보(2021)/TS(2020)

19 다음 중 동기부여의 내용이론에 해당하지 않는 것은?

① 맥클리랜드(McClelland)의 동기이론
② 앨더퍼(Alderfer)의 ERG 이론
③ 매슬로(Maslow)의 욕구계층이론
④ 브룸(Vroom)의 기대이론
⑤ 맥그리거(McGregor)의 XY이론

정답 | 해설

브룸의 기대이론은 동기부여의 과정이론에 해당하며, 어떤 특정 행동이 주어진 행동과 그에 따른 기대결과에 의해 선택된다고 본다.

오답분석
① 작업 환경에 성취욕구, 권력욕구, 친화욕구에 존재하며 이를 통해 성취동기가 부여된다고 본다.
② 고차원욕구와 저차원욕구를 기본적으로 구별하고, 매슬로의 욕구계층 이론을 새로운 범주로 구분하였다.
③ 개인이 5가지의 욕구를 가지고 있으며, 이러한 욕구를 통해 특정계층이 형성되어 있다고 본다.
⑤ X, Y 두 가지의 상반된 인간관 모형을 제시하고, 인간모형에 따라 조직관리 전략이 달라져야 한다고 주장하였다.

정답 ④

| 수자원(2025)/코레일(2024)/한수원(2023)/기보(2022)/코레일(2022)/한국공항(2021)/환경(2021)/신보(2021)/TS(2020)

20 다음 중 동기부여 이론에서 과정이론에 해당하는 이론은?

① 매슬로(Maslow)의 욕구단계 이론
② 앨더퍼(Alderfer)의 ERG 이론
③ 브룸(Vroom)의 기대이론
④ 허즈버그(Herzberg)의 2요인 이론
⑤ 맥그리거(McGregor)의 XY이론

정답 | 해설

동기부여 이론

내용이론	과정이론
• 매슬로(Maslow)의 욕구단계 이론 • 앨더퍼(Alderfer)의 ERG 이론 • 허즈버그(Herzberg)의 2요인 이론 • 맥그리거(McGregor)의 XY이론 • 맥클리랜드(McClelland)의 성취동기 이론	• 브룸(Vroom)의 기대이론 • 포터(Porter)와 로울러(Lawler)의 기대이론 • 애덤스(Adams)의 공정성 이론

정답 ③

수자원(2025)/코레일(2024)/한수원(2023)/기보(2022)/코레일(2022)/한국공항(2021)/환경(2021)/신보(2021)/TS(2020)

21 다음은 욕구와 관련된 이론에 대한 설명이다. 빈칸에 들어갈 내용을 순서대로 바르게 나열한 것은?

> _____의 _____
> - 인간의 욕구는 성취욕구, 권력욕구, 친교욕구로 구분되고, 그중에서 성취욕구가 가장 중요하다.
> - 국가의 경제성장은 국민의 평균적 성취동기수준에 따라 달라진다.
> - 생존욕구를 제외하고 모든 욕구는 학습 가능하며, 개인별로 욕구수준이 다르다.
> - 권력욕이 강한 사람은 타인의 권력이 미치는 직무에 배치하기보다 자신이 타인의 행동을 통제하는 업무에 배치하는 것이 동기부여가 된다.

① 맥클리랜드(McClelland) – 성취동기 이론
② 허즈버그(Herzberg) – 2요인 이론
③ 매슬로(Maslow) – 욕구단계 이론
④ 노나카(のなか) – 지식경영 이론
⑤ 브룸(Vroom) – 기대이론

정답 | 해설

맥클리랜드(McClelland)의 성취동기 이론
- 인간의 욕구는 성취욕구, 권력욕구, 친교욕구로 구분되고, 그중에서 성취욕구가 가장 중요하다.
- 국가의 경제성장은 국민의 평균적 성취동기수준에 따라 달라진다.
- 생존욕구를 제외한 모든 욕구는 학습 가능하고, 개인별로 욕구수준이 다르다.
- 종업원을 알맞은 직무에 배치함으로써 업무에 이용할 수 있다.
  - 권력욕이 강한 사람은 타인의 권력이 미치는 직무에 배치하기보다는 자신이 타인의 행동을 통제하는 업무에 배치하는 것이 동기부여가 된다.
  - 친교욕구가 강한 사람은 독립적으로 직무를 수행하는 곳에 배치하기보다는 다른 사람과 밀접한 관계를 유지할 수 있는 직무에 배치하는 것이 효과적이다.
  - 성취욕이 강한 사람은 도전할 가치가 없거나 우연에 의해서 목표를 달성할 수 있는 직무보다는 개인에게 많은 책임과 권한이 주어지는 도전적인 직무에 배치하는 것이 동기부여가 된다.

정답 ①

코레일(2020)

22 다음 중 리더의 구성원 교환 이론(LMX)에 대한 설명으로 옳지 않은 것은?

① 구성원들의 업무와 관련된 태도나 행동들은 리더가 그들을 다루는 방식에 달려 있다.
② 리더가 여러 구성원을 동일하게 다루지 않는다고 주장한다.
③ LMX 이론의 목표는 구성원, 팀, 조직에 리더십이 미치는 영향을 설명하는 것이다.
④ 조직의 모든 구성원들은 동일한 차원으로 리더십에 반응한다.
⑤ 리더는 팀의 구성원들과 강한 신뢰감, 감정, 존중이 전제된 관계를 형성한다.

정답 | 해설

LMX(Leader Member Exchange Theory)는 리더 – 구성원 간의 관계에 따라 리더십 결과가 다르다고 본다.

정답 ④

| 코레일(2025)/관광(2023)/코레일(2023)/수자원(2023)/근복(2022)/코레일(2021)/한수원(2020)

23 다음 중 매슬로(Maslow)의 욕구체계 이론과 앨더퍼(Alderfer)의 ERG 이론의 차이점으로 옳지 않은 것은?

① 욕구체계 이론은 추구하는 욕구가 얼마나 절실하며 기초적인가에 따라 구분하였지만, ERG 이론은 욕구충족을 위한 행동의 추상성에 따라 분류하였다.
② 욕구체계 이론은 가장 우세한 하나의 욕구에 의해 하나의 행동이 유발된다고 보았지만, ERG 이론은 두 가지 이상의 욕구가 복합적으로 작용하여 행동을 유발한다고 보았다.
③ 욕구체계 이론은 만족진행법에 입각하고 있고, ERG 이론은 만족진행법을 인정하지만 상위욕구 불충족 시 하위 욕구로 되돌아온다는 좌절퇴행접근법 또한 인정하고 있다.
④ 욕구체계 이론은 인간이 처한 상태에 따라 단 하나의 욕구를 추구하는 것으로 보는 것과 달리, ERG 이론은 어떤 시점에 있어서나 한 가지 이상의 욕구가 작동한다는 사실을 주장하고 있다.
⑤ 욕구체계 이론은 인간의 욕구를 동기부여 요인으로 보고 대상으로 삼아왔지만, ERG 이론은 인간의 욕구를 동기부여 대상으로 생각하지 않고 다양한 요인을 동시에 고려한다.

정답 | 해설

ERG 이론과 욕구체계 이론은 인간의 욕구를 동기부여 요인의 대상으로 보고 있으며, ERG 이론은 욕구체계 이론을 바탕으로 존재의 욕구, 관계적 욕구, 성장의 욕구를 기준으로 재정립하였다.

정답 ⑤

| 코레일(2025)/관광(2023)/코레일(2023)/수자원(2023)/근복(2022)/코레일(2021)/한수원(2020)

24 다음 중 매슬로(Maslow)의 욕구단계 이론에서 하위 단계의 욕구가 충족된다면 다음 단계의 욕구가 출현한다는 원리를 나타낸 특징으로 옳은 것은?

① 하위욕구(저차욕구)와 상위욕구(고차욕구)
② 결핍 – 지배의 원리
③ 충족 – 출현의 원리
④ 하위욕구와 상위욕구의 충족원인
⑤ 자아실현 욕구에서 충족과 욕구의 비례성

정답 | 해설

매슬로(Maslow)의 욕구단계 이론의 5가지 특징
• 매슬로는 5가지의 욕구가 한꺼번에 나타나는 것이 아니라 위계적이라 여기며, 생리적 욕구가 가장 하위에 위치하고 자기실현 욕구가 가장 상위에 존재하는 것으로 보았다.
• 결핍 – 지배의 원리 : 순서에 의하여 어떤 특정한 욕구가 결핍되어 있으면 그 욕구가 개인의 의식을 지배하게 되며, 한순간에 개인의 의식을 지배하는 욕구는 하나이다.
• 충족 – 출현의 원리 : 아래 단계의 욕구가 충족되면 다음 단계의 욕구가 출현한다는 원리이다. 이는 한 단계를 건너뛰어 그 위의 욕구가 나타나는 경우는 없다.
• 생리적 욕구와 안전 욕구를 포함하는 하위욕구는 주로 외부요인(임금, 고용기간) 등에 의해서 충족되는 반면, 나머지 세 욕구를 포함하는 상위욕구는 자신의 내부요인에 의해 충족된다.
• 자아실현 욕구는 다른 욕구와는 달리 충족되면 될수록 욕구의 크기가 커진다.

정답 ③

| 코레일(2025)/관광(2023)/코레일(2023)/수자원(2023)/근복(2022)/코레일(2021)/한수원(2020)

25 다음 중 매슬로 욕구단계 중 관계 욕구 이하에 해당하는 것은?

① 자아실현 욕구, 존경 욕구
② 자아실현 욕구, 사랑과 소속 욕구
③ 자아실현 욕구, 생리적 욕구
④ 생리적 욕구, 사랑과 소속 욕구
⑤ 생리적 욕구, 안전 욕구

정답 | 해설

매슬로의 욕구 5단계는 아래부터 생리적 욕구 → 안전 욕구 → 사랑과 소속 욕구(관계 욕구) → 존경 욕구 → 자아실현 욕구이다. 따라서 관계 욕구 이하의 욕구는 생리적 욕구와 안전 욕구이다.

> **매슬로의 욕구 5단계**
> - 1단계(생리적 욕구) : 음식, 물, 잠 등 생존에 필요한 최소한의 욕구
> - 2단계(안전 욕구) : 신체적, 경제적 안전에 대한 욕구
> - 3단계(사랑과 소속 욕구) : 가족, 친구, 동료 등으로부터 갖는 소속감, 애정 욕구
> - 4단계(존경 욕구) : 자신을 존중하고 타인에게 존중받고 싶어 하는 욕구
> - 5단계(자아실현 욕구) : 자신의 잠재력을 끌어내어 의미 있는 삶을 살고 싶어 하는 욕구

정답 ⑤

| 코레일(2025)/관광(2023)/근복(2023)/서교공(2022)/가스(2021)/한수원(2021)

26 다음 중 슈퍼 리더십(Super Leadership)에 대한 설명으로 옳지 않은 것은?

① 슈퍼 리더는 구성원 개인의 능력을 중시해 인재를 영입하고 육성하는 조직문화를 만든다.
② 슈퍼 리더십은 부하에게 지적자극을 일으키고, 카리스마를 통한 비전을 제시하는 리더십이다.
③ 자기 밑에 뛰어난 인재가 없다고 말하는 리더는 무능하며, 성공적인 리더가 되기 위해서는 평범한 사람을 인재로 키울 수 있는 능력이 있어야 한다.
④ 슈퍼 리더십은 부하로 하여금 자발적으로 리더십을 발휘할 수 있도록 부하의 능력개발 및 이를 발휘할 수 있는 여건을 조성하는 리더의 행위를 강조한다.
⑤ 진정한 리더십은 구성원의 자각에서 비롯되기 때문에 구성원의 잠재력을 발현할 수 있게 하는 것이 리더의 역할이라고 생각한다.

정답 | 해설

변혁적 리더십의 특징이다. 변혁적 리더십의 요인으로는 카리스마, 지적자극, 이상적인 역할모델, 개인화된 배려가 있으며, 부하가 가지는 욕구보다 더 높은 수준의 욕구를 활성화시킴으로써 기대하는 것보다 훨씬 높은 성과를 부하로 하여금 올리도록 하는 리더십이다.

정답 ②

| 코레일(2025)/관광(2023)/근복(2023)/서교공(2022)/가스(2021)/한수원(2021)

27 다음 중 변혁적 리더십의 특징으로 옳지 않은 것은?

① 리더는 구성원들에게 명확한 비전을 제시하여 존경과 신뢰를 형성한다.
② 각 구성원의 개인적인 성장을 도와 긍정적인 관계를 형성한다.
③ 리더로서 각 구성원의 의사결정에 적극 참여하여 신속한 결정을 이끌어낸다.
④ 구성원의 변화를 끊임없이 지원하여 새로운 도전을 제공한다.
⑤ 구성원이 창의성을 발휘하여 새로운 아이디어를 적극 받아들이도록 장려한다.

정답 | 해설

변혁적 리더십은 구성원들에게 자율성과 권한을 부여하여 스스로 의사결정 및 책임을 질 수 있게 한다.

정답 ③

| 코레일(2025)/관광(2023)/근복(2023)/서교공(2022)/가스(2021)/한수원(2021)

28 다음 사례에 해당하는 리더십 이론으로 옳은 것은?

서비스 마스터는 세계 최대 청소업체로서 이 기업의 윌리엄 폴라드 전 회장은 1999년 부사장으로 부임하면서 처음으로 한 일은 고객사인 한 병원의 계단과 화장실의 변기를 부하직원과 함께 청소하라는 임무를 수행한 것이다. 폴라드는 직원들과 같이 청소하는 과정에 직원들이 서비스 일을 하면서 겪게 되는 어려움을 몸소 체험하고 고객을 섬기는 일이 어떠한 것인지 분명히 알게 되었다.

① 변혁적 리더십　　　　　　　② 거래적 리더십
③ 서번트 리더십　　　　　　　④ 셀프 리더십
⑤ 감성 리더십

정답 | 해설

제시문은 서번트 리더십에 대한 대표적인 사례이다. 서번트 리더십이란 구성원들의 자발적 희생은 리더의 자기희생에서 비롯됨을 말하며, 제시된 사례는 자기희생을 통해 현장을 체험한 리더가 직접적으로 직원들이 고충을 몸소 겪으며 직원들의 적극적 행동을 유발하여 조직의 환경 변화에 대한 적응력을 높인 사례로 볼 수 있다.

정답 ③

| 수자원(2025)/강원랜드(2023)/수자원(2022)/한국공항(2021)

29 다음 설명에 해당하는 민츠버그의 조직유형은?

- 전문화된 명확한 역할을 토대로 정해진 절차를 준수하는 것을 중요시한다.
- 사회적 변화, 상품 변화 등 외부 환경요인에 대한 적응력이 떨어질 수 있다.
- 의사결정 프로세스가 간소화되어 효율성이 높으나, 수평적인 의사결정은 제한적이다.

① 단순 구조
② 사업부제 구조
③ 임시조직 구조
④ 기계적 관료제 구조
⑤ 전문적 관료제 구조

정답 | 해설

[오답분석]
① 소규모 조직에서 일반적으로 나타나는 조직유형으로 대부분의 의사결정이 관리자의 지시와 감독으로 이루어진다.
② 제품, 서비스, 지역 등에 따라 부서가 독립적으로 운영되는 형태의 조직유형으로 각 부서가 자율적으로 운영되는 것이 특징이다.
③ 각 분야의 전문가들이 모여 프로젝트 팀을 구성하고, 혁신을 강조하는 창의적인 형태의 조직유형이다.
⑤ 운영핵심층에 의한 기술의 표준화가 특징으로 전문가의 자율성이 강조되는 조직유형이다.

민츠버그의 5가지 조직유형
- 단순 구조 : 최고관리층에 의한 직접 감독이 특징으로 권한이 최고경영자에 집중된 구조이다.
- 기계적 관료제 구조 : 기술구조층에 의한 작업 과정의 표준화가 특징으로 절차와 규칙에 따라 움직이는 안정된 조직이다.
- 전문적 관료제 구조 : 운영핵심층에 의한 기술의 표준화가 특징으로 전문가의 자율성이 강조되는 조직이다.
- 사업부제 구조 : 중간관리층에 의한 산출물의 표준화가 특징으로 각 부서가 독립적으로 성과책임을 가지는 조직이다.
- 임시조직 구조 : 특별위원회에 의한 상호 조정이 특징으로 창의적이고 유연한 프로젝트 중심 조직이다. 애드호크라시라고도 부른다.

정답 ④

| 수자원(2023)/가스안전(2022)/경기도통합(2021)

30 다음 중 앨더퍼(Alderfer)의 ERG 이론에 대한 설명으로 옳지 않은 것은?

① 인간의 욕구를 존재욕구, 관계욕구, 성장욕구로 나누었다.
② 하위욕구가 충족될수록 상위욕구에 대한 욕망이 커진다고 주장하였다.
③ 상위욕구의 행위에 영향을 미치기 전에 하위욕구가 먼저 충족되어야만 한다.
④ 매슬로(Maslow)의 욕구단계 이론의 한계점을 극복하고자 제시되었다.
⑤ 앨더퍼에 의해 주장된 욕구단계 이론으로, 한 가지 이상의 욕구가 동시에 작용될 수도 있다고 주장하였다.

정답 | 해설

앨더퍼(Alderfer)의 ERG 이론은 매슬로의 욕구단계 이론을 발전시킨 이론이다. 이 이론에서는 상위욕구가 개인의 행동과 태도에 영향을 미치기 전에 하위욕구가 먼저 충족되어야 한다는 매슬로 이론의 가정을 배제한 것이 특징이다.

정답 ③

| 국민연금(2020)

31 다음 상황을 참고하여 브룸(Vroom)의 기대이론에 따른 A대리의 동기유발력의 값을 구하면?(단, 유인성은 ±10점으로 구성된다)

> K기업에서는 분기마다 인재개발 프로그램을 실시하고 있다. A대리는 프로그램 참여를 고민하고 있는 상태이다. A대리가 생각하기에 자신이 프로그램에 참여하면 성과를 거둘 수 있을 것이라는 주관적 확률이 70%, 그렇지 않을 확률은 30%, 만약 훈련성과가 좋을 경우 승진에 대한 가능성은 80%, 그 반대의 가능성은 20%라고 생각한다. 그리고 A대리는 승진에 대해 극히 좋게 평가하며 10점을 부여하였다.
>
> - 기대치(E) : 인재개발 프로그램에 참여하여 성과를 거둘 수 있는가?
> - 수단성(I) : 훈련성과가 좋으면 승진할 수 있을 것인가?
> - 유인성(V) : 승진에 대한 선호도는 어느 정도인가?

① 1.0
② 2.3
③ 3.4
④ 4.8
⑤ 5.6

정답 해설

[동기유발력(MF)]= $\sum VIE$

상황별로 VIE의 값을 구하면 유인성(V)은 10점, 수단성(I)은 80%이며, 기대치(E)는 70%이다. 브룸의 기대이론에 따르면 동기유발력은 유인성과 기대치, 수단성을 서로 곱한 결과를 모두 합한 값이므로 동기유발력은 $VIE=10\times0.8\times0.7=5.6$이다.

정답 ⑤

| 한국공항(2021)

32 다음 중 조직 내 갈등에 대한 설명으로 옳지 않은 것은?

① 갈등은 조직 내 문제의 인식과 문제해결 방안을 모색하도록 도와주는 순기능이 있다.
② 갈등의 정도가 너무 높을 경우 조직 내 혼란과 분열이 초래되어 조직의 생산성이 낮아진다.
③ 갈등이 심화될 경우 개인의 심리상태에 부정적 영향을 미치고, 불안정과 혼돈을 초래하는 역기능이 있다.
④ 갈등에 대한 전통적 견해는 조직과 개인에게 악영향을 미치는 요인으로 보고 갈등은 회피하여야 하는 것으로 간주한다.
⑤ 행동주의적 견해에 따르면 갈등은 조직의 성과를 향상시키는 데 절대적으로 필요하다고 강조한다.

정답 해설

갈등이 절대적으로 필요하다고 강조하는 것은 상호작용적 견해로, 1970년대 중반 이후 등장한 견해이다. 행동주의적 견해는 1940년대에서 1970년에 다루어진 견해로, 갈등은 모든 집단에서 자연스럽게 발생하는 것이기에 완전히 회피할 수 없으므로 조직의 성과에 도움이 되도록 갈등을 관리하는 데 초점을 둔다.

정답 ⑤

| 수자원(2025)/코레일(2025)/가스(2021)/도로(2020)/국민연금(2020)

33 다음 중 명목집단법에 대한 설명으로 옳지 않은 것은?

① 참여자들이 서로 문제나 이슈 등을 분석하고 순위를 정하는 가중서열화 방법이다.
② 참여자 간 대화를 통한 의사소통을 금지하고 서면으로 아이디어를 작성한다.
③ 참여자의 다양한 생각을 제약조건 없이 짧은 시간에 끄집어낼 수 있다.
④ 최종 선정 아이디어는 투표를 통하여 결정한다.
⑤ 자유분방하게 다양한 아이디어를 비판 없이 제시하는 자유연상법이다.

정답 | 해설

명목집단법(NGT; Nominal Group Technique)은 참여자들이 서로 문제나 이슈 등을 분석하고 순위를 정하는 가중서열화 방법으로 의사결정 과정 동안 토론이나 대인 커뮤니케이션을 제한하고, 서면을 통해 아이디어를 작성해서 투표를 통해 결정한다. 명목집단법은 참여자가 마음속에 생각하고 있는 아이디어를 제약조건 없이 빠르게 끄집어낼 수 있다. 반면 자유분방하게 다양한 아이디어를 비판 없이 제시하는 자유연상법은 브레인스토밍에 해당한다.

정답 ⑤

| 수자원(2025)/코레일(2025)/가스(2021)/도로(2020)/국민연금(2020)

34 다음이 설명하는 의사결정방법은?

- 사회자만 주제를 알고 나머지 참가자들은 토론 주제를 알지 못한다.
- 고정관념이나 습관적인 사고에서 벗어나 창의적인 아이디어가 제시될 수 있다.
- 다양한 아이디어를 토론주제와 연결시켜야 하기 때문에 사회자의 능력이 중요하다.

① 고든법　　　　　　　　　② 롤스토밍법
③ 직관상기법　　　　　　　④ 집단토론법
⑤ 브레인스토밍

정답 | 해설

고든법은 브레인스토밍의 단점을 개선하기 위해 고안된 것으로 브레인스토밍이 테마를 구체적으로 제시하는 데 비해 고든법은 해당 테마의 키워드만을 제공하며, 참가자들이 자유롭게 발언하여 다양한 아이디어를 제시하도록 하고, 나중에 주제를 공개하여 아이디어를 구체화하여 문제해결에 활용하는 방법이다.

오답분석
② 롤스토밍법 : 참가자가 아이디어를 떠올리기 위해 다른 사람의 역할을 맡아 아이디어를 연기하는 방법
③ 직관상기법 : 참가자들이 토론주제에 대한 의도를 각자 조용히 생각하고, 이후 논의를 진행하는 방법
④ 집단토론법 : 토론주제를 여러 개의 세부주제로 나누고 각각의 주제를 해결하기 위해 여러 팀으로 나누는 방법
⑤ 브레인스토밍 : 참가자들이 자유분방하게 다양한 아이디어를 비판 없이 제시하는 방법

정답 ①

35 다음 글은 집단의사결정의 문제점과 문제점에 대한 해결방안에 대한 내용이다. 빈칸에 들어갈 용어를 순서대로 바르게 나열한 것은?

- 집단의사결정의 문제점
  _____ : 대립이나 토론의 상황에 놓여 있는 양 집단이 서로 간의 상호작용을 거치면서 점차 극단적인 입장과 태도를 취하게 되는 현상이다. 집단구성원들이 상대집단과 상호작용하며 스스로 소속감을 재확인받는 외적경로와 집단 내부에서 발생하는 몰입의 심화현상으로 서로의 주장만을 강화해 주는 의견만을 선택적으로 청취하는 내적경로를 통해 발현한다.
- 해결방안
  _____ : 전문가들에 의해 행해지는 비대면적 무기명 토론방식으로, 문제나 이슈에 대해 각 전문가들이 생각하는 바를 각자가 작성하여 토론진행자에게 송부한다. 진행자가 코멘트를 정리하여 다시 각 당사자에게 보내면 각 당사자는 이를 다시 읽어보고 자신의 견해를 덧붙이는 방법이다. 이는 보통 최적의 대안이 도출될 때까지 반복하며 많은 실증연구에 의해서 효과성이 검증된 기법이나 전문가들이 중간에 탈락하는 것(사망, 무응답)을 통제하기 어려우며 토론진행자의 역량에 크게 효과성이 좌우된다.

	집단의사결정의 문제점	해결방안
①	집단사고	브레인스토밍
②	집단사고	명목집단법
③	책임소재의 부재	델파이법
④	집단양극화	델파이법
⑤	집단양극화	캔미팅

정답 | 해설

집단의사결정의 문제점에 들어갈 용어는 집단양극화이며, 해결방안에 들어갈 용어는 델파이법이다. 집단의사결정의 문제점에는 집단사고, 집단양극화, 많은 시간의 소요, 책임소재의 부재, 동조발생, 사회적 압력과 순응에 의한 문제발생 등이 해당한다. 그에 따른 대표적인 해결방안으로는 브레인스토밍, 명목집단법, 델파이법, 변증법적 토의, 캔미팅, 프리모텀기법 등이 있다.

정답 ④

공무원연금(2020)

36 다음 〈보기〉에서 카리스마적 리더십에 대한 설명으로 옳은 것을 모두 고르면?

> **보기**
> ㄱ. 개인적 야망을 우선시하는 리더의 경우 구성원들을 목표달성을 위한 수단으로 이용하기도 한다.
> ㄴ. 리더는 외적 보상을 통해 구성원들에게 내재되어 있는 동기를 유발시킨다.
> ㄷ. 리더는 부하에게 높은 자신감을 보이며 매력적인 비전을 제시하지만, 위압적이고 충성심을 요구하는 측면이 있다.
> ㄹ. 리더가 구성원들에 대한 하인의 역할을 담당한다.

① ㄱ, ㄴ
② ㄱ, ㄷ
③ ㄴ, ㄷ
④ ㄴ, ㄹ
⑤ ㄷ, ㄹ

정답 해설

ㄱ. 카리스마적 리더십을 발휘하는 리더가 조직의 목표보다 개인적 야망을 우선시하는 경우, 구성원들을 목표달성을 위한 수단으로 이용하기도 한다.
ㄷ. 카리스마적 리더십을 발휘하는 리더는 부하에게 높은 자신감을 보이며 매력적인 비전을 제시한다.

오답분석

ㄴ. 카리스마적 리더십을 발휘하는 리더는 외적 보상보다 내적 보상을 통해 구성원들의 동기를 유발시킨다.
ㄹ. 리더가 구성원들에 대한 하인의 역할을 하는 봉사적 리더십에 대한 설명이다.

정답 ②

코레일유통(2023)/코바코(2022)/도로교통(2020)/도로(2020)

37 다음 중 피들러(Fiedler)의 리더십 상황이론에 대한 설명으로 옳지 않은 것은?

① 리더 및 부하의 관계, 과업과 집단구조, 리더의 직위권한을 상황변수로 본다.
② 과업구조가 구조화되어 있으면 리더에게 호의적인 상황이다.
③ 리더 및 부하의 관계가 비호의적인 상황에는 관계지향적 리더가 적합하다.
④ 피들러는 LPC 점수에 따라 리더를 과업지향적 리더와 관계지향적 리더로 분류한다.
⑤ 피들러는 리더십 효과가 리더의 스타일과 리더십 상황의 적합성에 달려 있다는 전제에서 시작하였다.

정답 해설

피들러(Fiedler)는 LPC(Least Preferred Coworker) 척도를 개발하여 리더십의 유형을 분류하려고 시도하였다. LPC 척도는 과거 또는 현재의 '가장 함께 일하기 싫은 동료'를 생각하면서 동료의 등급을 매기는 것으로, 합산된 점수에 따라 리더의 특성을 과업지향적 리더와 관계지향적 리더로 분류한다. 리더 및 부하의 관계가 호의적이거나 비호의적인 상황에는 과업지향적 리더가 적합하다.

정답 ③

| 코레일유통(2023)/코바코(2022)/도로교통(2020)/도로(2020)

38 다음 〈보기〉에서 피들러(Fiedler)의 리더십 상황이론에 대한 설명으로 옳지 않은 것을 모두 고르면?

> **보기**
> ㉠ 과업지향적 리더십과 관계지향적 리더십을 모두 갖춘 리더가 가장 높은 성과를 달성한다.
> ㉡ 리더의 특성을 LPC 설문에 의해 측정하였다.
> ㉢ 상황변수로서 리더 – 구성원 관계, 과업구조, 부하의 성숙도를 고려하였다.
> ㉣ 리더가 처한 상황이 호의적인 경우, 관계지향적 리더십이 적합하다.
> ㉤ 리더가 처한 상황이 비호의적인 경우, 과업지향적 리더십이 적합하다.

① ㉠, ㉢　　　　　　　　　　　　② ㉠, ㉣
③ ㉡, ㉣　　　　　　　　　　　　④ ㉠, ㉢, ㉣
⑤ ㉢, ㉣, ㉤

정답 │ 해설

㉠ 피들러(Fiedler)의 리더십 상황이론에 따르면 리더십 스타일은 리더가 가진 고유한 특성으로, 한 명의 리더가 과업지향적 리더십과 관계지향적 리더십을 모두 가질 수 없다. 그렇기 때문에 어떤 상황에 어떤 리더십이 어울리는가를 분석한 것이다.
㉢ 상황이 호의적인지, 비호의적인지를 판단하는 상황변수로서 리더 – 구성원 관계, 과업구조, 리더의 직위권력을 고려하였다.
㉣ 상황변수들을 고려하여 총 8가지 상황을 분류하였고, 이를 다시 호의적인 상황, 보통의 상황, 비호의적인 상황으로 구분하였다. 상황이 호의적이거나 비호의적인 경우, 과업지향적 리더십이 적합하다. 그리고 상황이 보통인 경우에는 관계지향적 리더십이 적합하다.

오답분석
㉡ LPC 설문을 통해 리더의 특성을 측정하였다. LPC 점수가 낮으면 과업지향적 리더십, 높으면 관계지향적 리더십으로 정의한다.
㉤ 리더가 처한 상황이 호의적이거나 비호의적인 경우, 과업지향적 리더십이 적합하다.

정답 ④

| KPS(2022)/코레일(2021)/한국공항(2021)

39 다음 귀인이론의 사례를 읽고 귀인의 차원을 순서대로 바르게 나열한 것은?

> 지난 2020년 X기업 입사시험에 지원한 A군은 그동안 매일 꾸준히 공부를 하여 모의시험에서 우수한 성적을 거둘 만큼 유망한 실력을 갖추고 있었다. 하지만 입사시험을 응시하는 당일 아침에 횡단보도를 건너던 중 갑작스러운 교통사고를 당해 급히 병원으로 후송되었고, 다행히 목숨에는 지장이 없지만 시험에는 응시하지 못하여 불합격하게 되었다.

	귀인방향	심리상태	통제성
①	내적	안정적	통제 불가능
②	내적	안정적	통제 가능
③	내적	불안정	통제 불가능
④	외적	안정적	통제 가능
⑤	외적	불안정	통제 불가능

정답 해설

제시된 사례는 통제 불가능한 외부 환경요인으로 인한 원인의 귀착이 이뤄지는 것이 적절하며, 사례 속 주인공은 심리적으로 불안정하다고 볼 수 있다.

> **귀인이론(Attribution Theory)**
> 사람들이 자신 또는 타인의 행동의 원인을 설명하는 방식에 대한 이론이다. 귀인은 '원인의 귀착'의 줄임말로, 한 개인이 타인의 행동이나 사건의 원인을 어떻게 설명하느냐와 관련이 있는 말이다.
> • 외적 요인 또는 환경적 요인으로 원인을 돌리는 것(날씨 등)
> • 내적 요인 또는 기질적 요인으로 원인을 돌리는 것(지능 수준, 발생한 사건에 대한 책임 등)

정답 ⑤

| 코레일(2025)

40 다음 중 블레이크 & 머튼의 관리격자모형에 대한 설명으로 옳지 않은 것은?

① 리더의 유형을 5가지(인기형, 이상형, 관리형, 무관심형, 과업형)로 분류하였다.
② 인기형 리더는 직원들의 사기 및 조직목표를 이상적으로 조합하여 성과를 추구하는 리더이다.
③ 생산 중심적 리더는 공식적인 권한에 의존하여 생산 및 절차 등에 관심을 갖는다.
④ 인간 중심적 리더는 팀워크와 직원 만족도 등에 관심을 갖는다.
⑤ 팀워크를 중시하는 경영방식에 적합한 모형으로 활용할 수 있다.

정답 해설

인기형 리더는 직원들에 대한 관심은 매우 높으나, 업무성과는 좋지 않은 리더를 의미한다. 직원들의 사기 및 조직목표를 이상적으로 조합하여 성과를 추구하는 리더는 관리형 리더이다.

정답 ②

| 코레일(2021)

41 다음 중 학습조직(LO; Learning Organization)에 대한 설명으로 옳지 않은 것은?

① 학습조직의 구조는 조직기본 단위를 개인으로 구성하고, 물질적 보상과 결과를 중시한다.
② 학습조직은 문제지향적 학습과정, 집단적 학습의 강조, 의식적 학습의 자극과 규칙, 통찰력과 병렬적 학습을 강조한다.
③ 학습의 기본단위는 정보이고, 조직적 차원에서 정보는 공유되어야 하기 때문에 조직은 정보관리시스템을 건설하고 정보의사소통을 지원해야 한다.
④ 학습조직을 위한 다섯 가지 훈련(Senge)은 자기완성, 사고의 틀, 공동의 비전, 집단적 학습, 시스템 중심의 사고로 볼 수 있다.
⑤ Garvin은 학습조직을 '지식을 창출하고 획득하여 전달하는 데 능숙하며, 새로운 지식과 통찰력을 경영에 반영하기 위하여 기존의 행동방식을 바꾸는 데 능숙한 조직'으로 정의했다.

정답 | 해설

학습조직은 구성원들에게 권한 강화(Empowerment)를 강조한다. 따라서 개인보다는 팀 단위로 조직을 구성하고, 문제해결에 창의성과 혁신을 유도하기 위하여 권한을 부여하며, 조직의 수평화 네트워크화를 유도하기에 개인보다는 팀 단위가 적절하다. 학습조직은 결과만을 중시하는 성과중심의 관리나 물질적 보상을 중시하는 전통적 관리와는 다르다.

정답 ①

| 코레일(2021)

42 다음 중 학습조직에 대한 설명으로 옳지 않은 것은?

① 학습조직이란 일상적으로 학습을 계속 진행하며, 스스로 발전하여 환경변화에 빠르게 적응할 수 있는 조직이다.
② 학습을 통해 스스로 진화하는 특성을 가진 집단이며, 기업에서는 이를 업무에 적용함으로써 집단의 역량 제고를 유도할 수 있다.
③ 조직학습 행위의 일상화·습관화로 인해 언제라도 새로운 환경에 적합한 자기변신을 할 수 있는 조직을 말한다.
④ 학습조직을 조직 내에 도입하기 위해서는 순환의 개념이 학습조직 구축의 핵심개념으로 정착되어야 한다.
⑤ 학습조직을 정착시키기 위한 구체적인 실행방안으로는 일과 학습의 명확한 구분점이 존재하여야 하며, 이는 지속적인 학습을 촉진시키는 역할을 한다.

정답 | 해설

학습조직의 구축을 위한 구체적인 실행방안으로는 전략적 자각의식을 높이고 학습을 생활의 일부분으로 동기화시켜야 한다. 이는 일과 학습의 구분점을 없애고 개인, 팀, 전체조직의 지속적인 학습을 촉진하는 역할을 수행하며 일과 학습의 완전한 통합시스템 구축이 관건으로 존재한다. 또한 자기조직화와 팀 학습을 향상시켜 보다 효과적인 학습조직을 만들어 나가야 한다.

정답 ⑤

CHAPTER 03 인적자원관리론

| 강원랜드(2023)/수자원(2023)

01 다음 중 직무를 수행하는 데 필요한 기능, 능력, 자격 등 직무수행요건(인적요건)에 초점을 두어 작성한 직무분석의 결과물은?

① 직무명세서
② 직무표준서
③ 직무기술서
④ 직무지침서
⑤ 직무제안서

정답 해설

직무분석의 결과물 가운데 직무수행요건, 즉 기능, 능력, 자격 등에 초점을 맞추고 있는 것은 직무명세서이다.

정답 ①

| 코레일(2024)

02 다음 중 분배적 협상의 특징으로 옳지 않은 것은?

① 상호 목표 배치 시 자기의 입장을 명확히 주장한다.
② 협상을 통해 공동의 이익을 확대(Win – Win)한다.
③ 정보를 숨겨 필요한 정보만 선택적으로 활용한다.
④ 협상에 따른 이익을 정해진 비율로 분배한다.
⑤ 간부회의, 밀실회의 등을 통한 의사결정을 주로 진행한다.

정답 해설

협상을 통해 공동의 이익을 확대(Win – Win)하는 것은 통합적 협상에 대한 설명이다.

분배적 협상과 통합적 협상의 비교
- 분배적 협상
  - 고정된 자원을 대상으로 합리적인 분배를 위해 진행하는 협상이다.
  - 한정된 자원량으로 인해 제로섬 원칙이 적용되어 갈등이 발생할 가능성이 많다.
  - 당사자 간 이익 확보를 목적으로 하며, 협상 참여자 간 관계는 단기적인 성격을 나타낸다.
- 통합적 협상
  - 당사자 간 이해관계를 조율하여 더 큰 이익을 추구하기 위해 진행하는 협상이다.
  - 협상을 통해 확보할 수 있는 자원량이 변동될 수 있어 갈등보다는 문제해결을 위해 노력한다.
  - 협상 참여자의 이해관계, 우선순위 등이 달라 장기적인 관계를 가지고 통합적인 문제해결을 추구한다.

정답 ②

| 코레일(2024)

03 다음 중 분배적 협상 진행 시 고려해야 하는 사항으로 옳지 않은 것은?

① 상대방의 이해관계나 제약사항 등에 대한 사전조사가 필요하다.
② 상대방에 대한 최초 제안목표는 높게 설정하는 것이 유리하다.
③ 풍부한 자원을 대상으로 창의적인 가치창출 전략을 제시한다.
④ 상대방이 주어진 조건에서 크게 벗어나지 않는 결정을 하도록 유도한다.
⑤ 협상이 실패했을 때를 대비하여 최선의 대안을 확보한다.

정답 | 해설

분배적 협상은 희소하거나 한정적인 자원을 대상으로 진행하는 협상 방식이다. Win – Win 등 창의적인 가치창출 전략을 제시하는 것은 통합적 협상에서 고려해야 하는 사항이다.

오답분석
① 분배적 협상은 상호 배타적인 방식의 협상이므로 자신의 이익을 최대화하기 위해 상대방과의 이해관계나 제약사항 등에 대한 사전조사가 필요하다.
② 목표치를 높게 잡되 상대방이 수긍할 수 있는 합리적인 수준이어야 한다.
④ 상대방이 주어진 조건을 기준으로 결정할 수 있도록 유도하며, 앵커링 전략이라고도 한다.
⑤ 최선의 대안을 확보하고 있을 경우 상대방의 불리한 제안을 충분히 거절할 수 있다.

정답 ③

| 수자원(2022)

04 다음 중 샤인(Schein)이 제시한 경력 닻의 내용으로 옳지 않은 것은?

① 전문역량 닻 : 일의 실제 내용에 주된 관심이 있으며, 전문분야에 종사하기를 원한다.
② 관리역량 닻 : 특정 전문영역보다 관리직에 주된 관심이 있다.
③ 안정성 닻 : 소속된 조직과 일치감을 통해 만족을 얻고 연공기준 승진체계를 선호한다.
④ 자율성·독립성 닻 : 조직의 규칙과 제약조건에서 벗어나려는 데 주된 관심이 있으며, 스스로 결정할 수 있는 경력을 선호한다.
⑤ 기업가 닻 : 타인을 돕는 직업에서 일함으로써 타인의 삶을 향상시키고 사회를 위해 봉사하는 데 주된 관심이 있다.

정답 | 해설

샤인(Schein)의 경력 닻 모형
- 닻Ⅰ : 관리적 능력 – 복잡한 경영문제 분석, 해결 선호
- 닻Ⅱ : 전문적 능력 – 일 자체에 흥미, 승진 거절, 일반적 관리와 기업정치를 싫어함
- 닻Ⅲ : 안전성 – 직무안전성과 장기적 경력에 의해 동기부여됨, 지리적 재배치를 싫어함, 조직가치와 규범에 순응
- 닻Ⅳ : 창의성 – 자기사업의 시작을 선호, 소규모의 유망기업 선호
- 닻Ⅴ : 자율성·독립성 – 조직의 제약으로부터 벗어나고자 함, 자신의 일을 스스로 하고자 함, 대기업과 공무원직 회피

정답 ⑤

| 부교공(2022)/도로(2020)

05 다음 중 행동기준고과법(BARS)에 대한 설명으로 옳지 않은 것은?

① 다양하고 구체적인 직무에 적용이 가능하다는 장점이 있다.
② 어떤 행동이 목표달성과 관련이 있는지 인식하여 목표관리의 일환으로 사용이 가능하다.
③ 전통적인 인사평가 방법에 비해 행동기준고과법은 피평가자의 실제 행동을 관찰하여 평가하는 방식으로 인해 평가의 공정성이 증가하는 장점이 있다.
④ 행동기준고과법은 평정척도법과 중요사건기록법을 혼용하여 평가직무에 직접 적용되는 행동패턴을 척도화하여 평가하는 방법이다.
⑤ 점수를 통해 등급화하기보다는 개별행위를 빈도를 나눠서 측정하기 때문에 풍부한 정보를 얻을 순 있지만, 종업원의 행동변화를 유도하기 어렵다는 단점이 있다.

정답 | 해설

행동기준고과법은 평가직무에 적용되는 행동패턴을 측정하여 점수화하고 등급을 매기는 방식으로 평가한다. 따라서 등급화하지 않고 개별행위 빈도를 나눠서 측정하는 기법은 옳지 않다. 또한 행동기준고과법은 구체적인 행동의 기준을 제시하고 있으므로, 향후 종업원의 행동변화를 유도하는 데 도움이 된다.

정답 ⑤

| LX(2020)

06 다음 중 인적자원관리(HRM)에 대한 설명으로 옳지 않은 것은?

① 직무평가 방법으로는 서열법, 요소비교법, 질문지법 등이 있다.
② 직무분석의 방법으로 면접법, 관찰법, 중요사건법 등이 있다.
③ 직무분석의 결과로 직무기술서와 직무명세서가 만들어진다.
④ '동일노동 동일임금'의 원칙을 실현하는 직무급을 도입하기 위한 기초작업으로 직무평가가 실시된다.
⑤ 직무분석이란 적재적소의 인적자원을 배치하기 위해 직무에 관한 정보를 얻기 위한 절차를 의미한다.

정답 | 해설

질문지법은 직무분석 방법으로, 구조화된 설문지를 이용하여 직무에 대한 정보를 얻는 방법이다.

정답 ①

LX(2020)

07 다음 중 교육훈련 방법으로 옳지 않은 것은?

① OJT(On-the-Job Training)
② 역할연기법(Role Playing)
③ 델파이법(Delphi Method)
④ 집단구축 기법(Team Building)
⑤ 인바스켓 훈련(In-Basket Training)

정답 | 해설

델파이법(Delphi Method)은 문제해결 또는 미래 예측을 위해 전문가들에게 개별적으로 익명의 의견을 받아서 진행하는 의사결정 기법으로, 교육훈련 방법은 아니다.

오답분석

① OJT(On-the-Job Training) : 현장에 근무하는 감독자의 지도에서 현장 실무에 대한 지식과 기술을 배우는 훈련이다.
② 역할연기법(Role Playing) : 주어진 상황에서 어떻게 행동할 것인지를 연기해 보고, 이상적인 행동은 무엇인지 참가자들끼리 토의하는 방식의 훈련이다.
④ 집단구축 기법(Team Building) : 집단 정체성을 구축하고 대인관계를 이해하며 참가자들이 서로의 경험을 공유하는 훈련이다.
⑤ 인바스켓 훈련(In-Basket Training) : 가상의 상황들을 바구니에 담아 참가자들로 하여금 해당 상황들에 대한 대처 능력을 제고하게 하는 훈련이다.

정답 ③

코레일(2024)/한수원(2021)

08 다음 글에서 설명하는 인력 공급예측 기법은?

- 시간의 흐름에 따라 직원의 직무이동확률을 파악하는 방법이다.
- 장기적인 인력공급의 미래예측에 용이하다.
- 조직 및 경영환경이 매우 안정적일 때 측정이 가능하다.

① 자격요건 분석
② 기능목록 분석
③ 마코브 체인
④ 대체도
⑤ 외부공급 예측

정답 | 해설

마코브 체인이란 미래의 조건부 확률분포가 현재 상태에 의해서 결정되는 마코브 특성을 이용하는 것으로, 현재의 안정적인 인력상황, 조직환경 등을 측정하여 미래에 예상되는 인력공급, 직무이동확률 등을 예측하는 방법이다.

오답분석

① 자격요건 분석 : 현재 직무에 대한 직무기술서 및 직무명세서를 토대로 특정 시점의 직무명세서와 직무기술서를 예측하는 방법이다.
② 기능목록 분석 : 근로자가 보유하고 있는 기능, 경험, 교육수준 등을 정리 및 분석하는 방법이다.
④ 대체도 : 조직 내 특정직무에 대한 공석을 가정하여 대체할 수 있는 인력에 대한 연령, 성과 등을 표시하는 방법이다.
⑤ 외부공급 예측 : 경제활동인구, 실업률 등의 외부정보를 활용해 인력공급을 예측하는 방법이다.

정답 ③

| 코레일(2024)/한수원(2021)

09 다음 글에서 설명하는 내부인력 공급예측 방법은?

> 인적자원의 필요에 대비해 기업의 인적자원의 이용가능성을 평가하기 위하여 만들어진 종업원의 기본적인 정보를 입력한 데이터베이스이다.

① 기능목록
② 대체도
③ 마코브분석
④ 추세분석
⑤ 광고모집

정답 | 해설

기능목록이란 인적자원의 필요에 대비하여 기업의 현재 인적자원의 이용가능성을 평가하기 위하여 만들어진 종업원의 기본적인 정보를 입력한 데이터베이스를 의미한다. 기능목록에는 종업원의 인적사항이나 보유기능, 능력, 훈련 여부 등이 포함되어 있다.

정답 ①

| 수자원(2025)/코레일(2023)/코레일(2022)/LX(2021)/근복(2020)

10 다음 설명에 해당하는 노동조합 숍 제도로 옳은 것은?

> • 노동조합 가입을 고용의 조건으로 삼아 모든 노동자를 노동조합에 가입시킨다.
> • 노사 간 단체협약 조항으로 노동조합 측에 가장 유리한 제도이다.
> • 기업별 노동조합을 단위로 하는 우리나라에서는 활성화되어 있지 않은 제도이다.

① 에이전시 숍
② 유니온 숍
③ 오픈 숍
④ 클로즈드 숍
⑤ 프리퍼렌셜 숍

정답 | 해설

클로즈드 숍은 노동조합에 가입해야만 고용될 수 있으며, 모든 직원이 조합원이므로 조합의 단결력이 가장 강하다. 우리나라의 경우 「노동조합 및 노동관계조정법」에서 특정 노동조합 가입을 고용 조건으로 삼는 행위를 원칙적으로 금지하고 있다.

오답분석
① 에이전시 숍 : 근로자에게 노동조합 가입이 강제되지 않으나 조합가입 대신 조합비는 납부하도록 하는 제도이다.
② 유니온 숍 : 고용된 근로자는 일정 기간 내에 노동조합에 가입하여 조합원 자격을 가져야 하고 노동조합에 가입하지 않는 경우 해고하도록 정하는 제도이다.
③ 오픈 숍 : 사용자가 조합원 또는 비조합원 여부와 상관없이 아무나 채용할 수 있으며, 근로자도 노동조합 가입이나 탈퇴가 자유로운 제도이다.
⑤ 프리퍼렌셜 숍 : 노조원이 채용·승진 등에서 우선권을 갖는 형태로, 노동조합 가입이 강제는 않으나, 조합원이 비조합원보다 유리한 대우를 받는 경우가 있다.

정답 ④

| 수자원(2025)/코레일(2023)/코레일(2022)/LX(2021)/근복(2020)

11 다음 중 빈칸에 공통으로 들어갈 용어로 옳은 것은?

> [질문]
> 당사는 _____ 설치대상이나 현재 미설치된 상태로 _____ 미설치 시 처벌받는다고 하는데 어떠한 처벌조항이 있는지요? 또한 _____을/를 언제 설치해야 하는지 궁금합니다.
> [답변]
> 근로자참여 및 협력증진에 관한 법률에 의하면, _____(이)란 근로자와 사용자가 참여와 협력을 통하여 근로자의 복지증진과 기업의 건전한 발전을 도모하기 위하여 구성하는 협의기구를 말합니다. 동법 제4조 제1항에 의거 _____은/는 근로조건에 대한 결정권이 있는 상시 30명 이상을 사용하는 사업이나 사업장 단위로 설치하여야 하고, 동법 제12조 제1항에 의거 _____은/는 3개월마다 정기적으로 회의를 개최하여야 합니다. 처벌조항으로는 동법 제32조에 의하면, 사용자가 제12조 제1항을 위반하여 _____을/를 정기적으로 개최하지 아니하면 200만 원 이하의 벌금이 부과되며, 동법 제33조는 사용자가 제18조를 위반하여 _____ 규정을 제출하지 아니한 때에는 200만 원 이하의 과태료가 부과된다고 규정하고 있습니다.

① 위기대책대응부서
② 소비자권익보호부서
③ 안전방화시설
④ 노무법률상담부서
⑤ 노사협의회

정답 | 해설

제시문은 근로자와 사용자의 이해 및 협력을 위한 기구인 노사협의회에 관한 문답기록지이다.

정답 ⑤

| 서교공(2025)

12 다음 중 복리후생에 대한 설명으로 옳지 않은 것은?

① 기업이 직원과 직원가족 등의 생활 및 건강관리 등을 지원하는 제도이다.
② 복리후생은 임금에 포함하지 않고 별도로 운영된다.
③ 상여금은 법정 복리후생에 해당한다.
④ 복리후생 중에는 기업이 의무적으로 실시해야 하는 복리후생도 있다.
⑤ 퇴직자의 재취업을 지원하는 것도 복리후생에 해당한다.

정답 | 해설

상여금, 점심식대 지원, 경조사 지원 등은 법정 외 복리후생에 해당한다.

오답분석
①·② 복리후생은 임금에 포함하지 않고 별도로 운영되므로 적절한 복리후생 제도는 직원과 직원가족 등의 애사심을 높이고 생활환경 향상을 통한 성과창출에 기여할 수 있다.
④ 사회보험, 퇴직금, 유급휴일 및 휴가 등 기업이 의무적으로 실시해야 하는 복리후생을 법정 복리후생이라 한다.
⑤ 퇴직자의 재취업 또는 창업을 지원하는 것도 복리후생에 해당한다.

정답 ③

인천항만(2021)/국민연금(2020)/농어촌(2020)

13 다음 글은 브랜드 확장 전략에 대한 설명이다. 이에 해당하는 브랜드 확장의 종류로 옳은 것은?

> 이탈리아의 명품브랜드 구찌(GUCCI)는 라이프스타일을 전달하고자 밀라노의 두오모성당 근처 비토리오 엠마누엘레 갤러리아의 구찌 매장 안에 구찌 카페를 오픈했다. 이탈리아 특유의 진한 카푸치노 등 고급스러운 커피와 밀라노 최고의 쇼콜라티에인 어니스트 크남(Ernest Knam)이 오직 구찌만을 위해 만든 G로고 프린팅 초콜릿도 판매된다.
> 카페에 앉아 구찌 커피와 초콜릿을 입으로 삼키는 것만으로도 몸 안에 구찌가 가득해진다. 전 세계 210여 개 매장 중 밀라노와 긴자에서만 만날 수 있다는 점도 카페를 찾은 사람을 매혹한다.

① 라인 확장(Line Extension)
② 복수브랜드 전략(Multi Brand Strategy)
③ 카테고리 확장(Category Extension)
④ 공급망 확장(Supply Chain Extension)
⑤ 공동상표전략(Co - Brand Strategy)

정답 | 해설

브랜드 확장의 유형은 크게 라인 확장과 카테고리 확장으로 볼 수 있는데, 제시된 사례는 모(母) 브랜드의 제품군과 전혀 다른 범주의 제품군으로 진입할 때 모 브랜드를 적용하여 확장하는 것으로, '구찌'라는 명품브랜드가 기존의 자사가 가지고 있던 고객 충성도와 프리미엄을 활용하여 카테고리 확장을 실행한 사례이다.

정답 ③

HUG(2022)/한수원(2021)/가스(2021)

14 다음 중 능력주의 인사관리제도의 도입 필요성이 증가하게 된 사회적 배경으로 옳지 않은 것은?

① 조직의 유연성을 추구하며 이러한 유연성이 업무처리에 효율성을 증가시킨다는 점을 강조한다.
② 공정하고 보수적인 성향의 인사관리인 연공주의식 인사관리가 생산성 증가에 영향을 미치고 있다.
③ 진취적인 기업문화를 통해 선진문화를 회사 내에 적용하고자 하는 사회적 분위기가 형성되고 있다.
④ 기업의 혁신적인 인사조정의 필요성이 강조되고 이러한 인사관리제도의 변화가 조직 내 생산성을 증가시킨다는 연구가 이를 받쳐주고 있다.
⑤ 많은 전문지식과 능력을 요구하는 직무가 많이 등장하여 개인과 조직의 유연성이 전보다 많이 요구되고 있다.

정답 | 해설

전통적 사회의 인사관리인 연공주의식 인사관리는 기존기업의 무사안일주의적 풍토와 보수적이고 편리함을 추구하는 현상과 함께 생산성 저하와 능력 있는 인력자원의 적시 활용 부족이 단점으로 지적되었다. 이로 인해 기존 방식에 대한 대응방안으로 능력주의 인사관리제도가 등장하게 되었다.

정답 ②

15 다음 중 역직승진에 대한 설명으로 옳은 것은?

① 책임, 직무의 승진 없이 보수와 지위만 승진하는 형식적 승진으로, 인사체증과 사기저하를 방지하기 위해 활용된다.
② 직무에 따른 승진이라기보다는 조직운영의 원리에 의한 승진방식으로, 이 경우 직무내용의 전문성이나 높은 수준의 직무를 추구하려는 노력이 상실될 위험이 있다.
③ 종업원이 갖추고 있는 직무수행능력을 기준으로 승진시키는 것으로 '직능자격제도'라고도 하며, 종업원의 능력신장을 인정하여 승진정체로 인한 유능한 인재의 이직을 막기 위하여 도입되었다.
④ 직무 중심적 능력주의에 입각하여 종업원이 상위직급으로 이동하는 것으로 승진정체현상이 발생될 우려가 있다.
⑤ 승진대상에 비해 직위가 부족한 경우, 조직변화를 통해 구성원의 활동영역을 확대하여 승진시키는 제도이다.

정답 해설

역직승진은 주임, 계장, 과장, 부장 등으로 승진하는 것으로, 직무에 따른 승진이 아닌 조직운영의 원리에 의한 승진방식이다. 이 경우 직무내용의 전문성이나 높은 수준의 직무를 추구하려는 노력이 상실될 위험이 있다.

오답분석
① 대용승진에 대한 설명이다.
③ 자격승진에 대한 설명이다.
④ 직무승진에 대한 설명이다.
⑤ 조직변화승진에 대한 설명이다.

정답 ②

16 다음 중 역직승진의 특징에 대한 설명으로 옳은 것은?

① 종업원이 갖추고 있는 자격에 따라 승진시키는 방식이다.
② 구성원들의 능력신장을 유도하고 승진정체 현상을 감소시키는 데 유용하다.
③ 상위직책 자리가 공석 또는 신설되어야 한다는 점에서 승진정체현상이 발생할 가능성이 높다.
④ 종업원의 근속연수, 연령 등 개인적인 연공과 신분에 따라 자동적으로 승진시키는 방식이다.
⑤ 직무내용상 실질적 변화 없이 직위 명칭 또는 자격 호칭 등의 상승만 이뤄지게 하는 형식적 승진을 시키는 경우에 해당된다.

정답 해설

역직승진이란 구성원이 상위의 직책으로 이동하는 것을 말한다. 직책 또는 역직이란 조직구조의 편성과 조직운영 원리에 의해 설치된 것으로, 조직 단위별 소속 구성원을 효율적으로 지휘, 통제하기 위해 두어진다. 직책승진 제도는 관리체계로서의 직위, 즉 라인직위 계열상의 승진을 말하며, 이런 승진이 가능하기 위해서는 상위직책 자리가 공석 또는 신설되어야 한다.

정답 ③

| 코레일(2021)/코레일(2020)/도로(2020)/시설안전(2020)

17 다음 중 인사평가 측정결과의 검증기준에서 타당성에 대한 설명으로 옳은 것은?

① 얼마나 일관되게 측정하였는가를 나타낸다.
② 평가제도에 대한 구성원들의 신뢰도를 나타낸다.
③ 직무성과와 관련성이 있는 내용을 측정한다.
④ 평가항목을 구체적이고 명확하게 구성하였는지를 평가한다.
⑤ 평가제도의 도입 및 운영비용보다 그로 인해 얻는 효익이 더 큰지를 나타낸다.

정답 | 해설

[오답분석]
① 신뢰성에 대한 설명이다.
② 수용성에 대한 설명이다.
④ 구체성에 대한 설명이다.
⑤ 실용성에 대한 설명이다.

정답 ③

| 도로교통(2021)

18 다음 중 요소비교법(Factor Comparison Method)에 대한 설명으로 옳은 것은?

① 직무를 평가요소별로 분해하여 점수를 배정함으로써 각 직무를 구체적으로 결정하는 방법이다.
② 사전에 분류할 직무의 등급(숙련, 반숙련, 미숙련 등)을 결정해 두고, 각각의 직무를 적절히 판정하여 해당 등급에 삽입하는 방법이다.
③ 직무의 상대적 가치를 결정함으로써 기업 내부의 임금격차를 합리적으로 결정하고, 직무급 성립과 직계제도(직무별 계층제도)를 확립하며, 나아가 인사관리 전반을 합리화한다.
④ 기업 내의 각 직무를 그 상대적인 훈련, 노력, 책임, 작업조건 등과 같은 요소를 기준으로 종합적으로 판단하여, 높은 가치의 직무에서 낮은 가치의 직무순으로 배열하는 방법이다.
⑤ 직무를 평가요소별로 분해하고, 점수 대신 임률로 기준직무를 평가한 후, 타 직무를 기준직무에 비교하여 각각의 임률을 결정하는 방법이다.

정답 | 해설

요소비교법은 기업이나 직무의 핵심이 되는 기준직무를 선정하여 각 직무를 평가요소별로 분해하고, 점수 대신 임률로 기준직무를 평가한 후, 타 직무를 기준직무에 비교하여 각각의 임률을 결정하는 방법이다.

[오답분석]
① 점수법(Point Rating Method)에 대한 설명이다.
② 분류법(Classification Method)에 대한 설명이다.
③ 직무평가의 목적성에 대한 설명이다.
④ 서열법(Ranking Method)에 대한 설명이다.

정답 ⑤

| 수자원(2025)/코레일(2023)/HUG(2022)/코레일(2022)/근복(2022)/코레일(2021)/한수원(2021)/도로교통(2021)

19 다음 글은 인사고과와 관련된 사례이다. 이와 가장 밀접한 오류는 무엇인가?

> 지난 2020년 C그룹 상반기 인사고과회의에 A팀 고과담당자로 참가한 A팀장은 자신의 팀원 중 B대리의 고과를 진행하다가 B대리가 이성적으로 훌륭한 성과가 많았지만, 평소 자신과 성격이 맞지 않는 이유로 인해 무의식적으로 저평가를 하게 되었다.

① 후광 효과(Halo Effect)
② 유사 효과(Similarity Effect)
③ 대비 오류(Contrast Error)
④ 최근 효과(Recency Effect)
⑤ 초두 효과(First Impression)

정답 | 해설

대비 오류(Contrast Error)는 피평가자가 자신과 다르거나 자신이 좋아하는 사람과 다를 경우 더 낮게 평가하는 것으로, 제시된 사례는 고과자인 A팀장이 무의식적으로 자신과 다른 피평가자를 더 낮게 평가한 대비 오류에 해당한다.

오답분석

① 후광 효과(Halo Effect) : 단일한 특성(긍정 혹은 부정적 특성)에 의해 지나치게 영향을 받는다.
② 유사 효과(Similarity Effect) : 자신과 비슷한 사람들을 더 좋게 평가한다.
④ 최근 효과(Recency Effect) : 최근 발생한 사건에만 근거하여 평가한다.
⑤ 초두 효과(First Impression) : 긍정적이거나 부정적인 첫 인상에 근거하여 피평가자를 판단하며, 추후의 정보는 무시한다.

정답 ③

| 수자원(2025)/코레일(2023)/HUG(2022)/코레일(2022)/근복(2022)/코레일(2021)/한수원(2021)/도로교통(2021)

20 다음 중 귀인오류에 해당하지 않는 것은?

① 근본적 귀인오류
② 외부요인 귀인
③ 자존적 편견
④ 행위자 – 관찰자 편견
⑤ 투사

정답 | 해설

귀인오류(Attribution Error)란 사람들이 타인의 행동 원인을 판단할 때 일관되지 않거나 왜곡된 방식으로 귀인(원인 해석)하는 오류로 실제 원인과 다르게 해석하는 심리적 경향이다. 외부요인 귀인은 행동의 원인을 환경, 상황 등 외부 요인으로 판단하는 객관적 귀인 방식이므로 귀인오류가 아니다.

오답분석

① 근본적 귀인오류 : 다른 사람의 행동원인을 찾을 때 외부요인은 배제하고 내부요인으로만 귀인하려는 오류
③ 자존적 편견 : 자신의 행동원인을 찾을 때 좋은 쪽으로 귀인하려는 오류
④ 행위자 – 관찰자 편견 : 자신의 행동과 타인의 행동원인을 다르게 보는 오류
⑤ 투사 : 자신의 불만이나 불안을 해소하기 위해 그 원인을 다른 사람에게 뒤집어씌우는 심리적 오류

정답 ②

| 수자원(2025)/코레일(2023)/HUG(2022)/코레일(2022)/근복(2022)/코레일(2021)/한수원(2021)/도로교통(2021)

21 다음 중 관대화 경향(Leniency Tendency)에 대한 설명으로 옳은 것은?

① 대상자에 대한 평가점수가 보통 또는 척도상의 중심점에 집중하는 경향이다.
② 대상자가 어느 한 면을 기준으로 다른 것까지 함께 평가해 버리는 경향이다.
③ 대상자의 능력이나 성과를 실제보다 더 높게 평가하는 경향이다.
④ 대상자의 능력이나 성과를 실제보다 더 낮게 평가하는 경향이다.
⑤ 대상자와 평가자의 가치관, 행동패턴 그리고 태도 면에서 유사한 정도에 따라 평가되는 경향이다.

정답 | 해설

관대화 경향은 대상자의 능력이나 성과를 실제보다 더 높게 평가하는 것으로, 대상자에게 부정적인 평가를 하여 평가자 혹은 다수에게 긍정적일 것이 없다는 판단에 주로 이러한 평가 경향을 보인다.

오답분석

① 중심화 경향(Central Tendency) : 대상자에 대한 평가점수가 보통 또는 척도상의 중심점에 집중하는 경향이다.
② 후광 효과(Halo Effect) : 대상자가 어느 한 면을 기준으로 다른 것까지 함께 평가해 버리는 경향이다.
④ 가혹화 현상(Harsh Tendency) : 대상자의 능력이나 성과를 실제보다 더 낮게 평가하는 경향이다.
⑤ 유사성 오류(Similar – to – Me) : 대상자와 평가자의 가치관, 행동패턴 그리고 태도 면에서 유사한 정도에 따라 평가하는 경향이다.

정답 ③

| 수자원(2025)/코레일(2023)/HUG(2022)/코레일(2022)/근복(2022)/코레일(2021)/한수원(2021)/도로교통(2021)

22 다음 중 인과의 오류(Post Hoc Fallacy)에 대한 설명으로 옳지 않은 것은?

① 오비이락(烏飛梨落)
② 케인스(Keynes)의 절약의 역설
③ 시계 A가 시간을 알리고 이어서 시계 B도 땡땡땡 종을 울린다면, 시계 A가 원인이 되어서 시계 B가 종을 친 것이다.
④ 남자 아이들의 지능과 바지 길이 사이에 아주 높은 상관관계가 있으며, 남자 아이들의 지능을 높일 수 있는 손쉬운 방법은 바지 길이를 늘리는 것이다.
⑤ 스커트의 길이가 무릎 위로 올라갈수록 경기가 좋아지고, 반대로 무릎 아래로 내려 갈수록 경기가 나빠질 것이라고 예측한다.

정답 | 해설

인과의 오류는 인과 관계의 조건 중 하나가 '원인은 결과에 앞서서 발생한다.'라는 것이다. 그러나 이것은 여러 조건 중 하나일 뿐이며, 이 조건을 만족한다고 하더라도 인과 관계가 있다고 단정 지을 수는 없다. 즉, A가 일어난 다음 B가 일어났다고 해서 A가 B의 원인이라고 결론짓는 것은 명백한 오류이며, 이를 전후 인과의 오류라고 한다.
케인스가 주장한 '절약의 역설'은 개인이 절약을 하는 행위는 좋으나, 사회 전체가 절약을 하면 오히려 경제가 안 돌아간다는 것이므로 인과의 오류라고 볼 수 없다.

정답 ②

| 수자원(2025)/코레일(2023)/HUG(2022)/코레일(2022)/근복(2022)/코레일(2021)/한수원(2021)/도로교통(2021)

23 다음 중 피평가자들이 속한 집단의 한 가지 범주에 따라 판단할 때 나타날 수 있는 오류로, 그들이 속한 집단의 특성에 근거하여 사람을 판단하는 경향을 뜻하는 용어는?

① 현혹 효과(Halo Effect)
② 상동적 태도(Stereotyping)
③ 관대화 경향(Leniency Tendency)
④ 중심화 경향(Central Tendency Errors)
⑤ 논리적 오류(Logical Errors)

정답 해설

상동적 태도(Stereotyping)는 피평가자들이 속한 집단의 한 가지 범주에 따라 판단할 때 나타날 수 있는 오류이다. 예를 들면 미국인은 개인주의적이고, 한국인은 매우 부지런하며, 흑인은 운동에 소질이 있고, 이탈리아인은 정열적이라고 하는 것 등이다.

정답 ②

| 도로(2022)/가스(2021)

24 인사평가제도는 평가목적을 어디에 두느냐에 따라 상대평가와 절대평가로 구분된다. 다음 중 상대평가에 해당하는 기법은?

① 평정척도법
② 체크리스트법
③ 중요사건기술법
④ 연공형 승진제도
⑤ 강제할당법

정답 해설

1. 상대평가 : 선별형 인사평가
   - 상대평가의 개념
     피평가자들 간에 비교를 통하여 피평가자를 평가하는 방법으로, 피평가자들의 선별에 초점을 두는 인사평가이다.
   - 평가기법 : 서열법, 쌍대비교법, 강제할당법 등
     - 서열법 : 피평가자의 능력·업적 등을 통틀어 그 가치에 따라 서열을 매기는 기법
     - 쌍대비교법 : 두 사람씩 쌍을 지어 비교하면서 서열을 정하는 기법
     - 강제할당법 : 사전에 범위와 수를 결정해 놓고 피평가자를 일정한 비율에 맞추어 강제로 할당하는 기법
2. 절대평가 : 육성형 인사평가
   - 절대평가의 개념
     피평가자의 실제 업무수행 사실에 기초한 평가방법으로, 피평가자의 육성에 초점을 둔 평가방법이다.
   - 평가기법 : 평정척도법, 체크리스트법, 중요사건기술법 등
     - 평정척도법 : 피평가자의 성과, 적성, 잠재능력, 작업행동 등을 평가하기 위하여 평가요소들을 제시하고, 이에 따라 단계별 차등을 두어 평가하는 기법
     - 체크리스트법 : 직무상 행동들을 구체적으로 제시하고 평가자가 해당 서술문을 체크하는 기법
     - 중요사건기술법 : 피평가자의 직무와 관련된 효과적이거나 비효과적인 행동을 관찰하여 기록에 남긴 후 평가하는 기법

정답 ⑤

| 수자원(2025)/코레일(2020)/공무원연금(2020)

25 다음 중 기업의 장래 인적자원 수요를 예측하여 기업전략의 실현에 필요한 인적자원을 확보하기 위해 실시하는 일련의 활동으로 옳은 것은?

① 회계관리 ② 마케팅관리
③ 물류관리 ④ 인적자원관리
⑤ 창고관리

정답 | 해설

인적자원관리는 조직의 목표를 이루기 위해 사람의 확보, 개발, 활용, 보상 및 유지를 하며, 이와 더불어 계획, 조직, 지휘, 통제 등의 관리체제를 이룬다.

정답 ④

| 수자원(2025)/코레일(2020)/공무원연금(2020)

26 다음 중 인력 선발도구의 신뢰도를 측정하는 방법으로 옳지 않은 것은?

① 대체형식법 ② 양분법
③ 시험 – 재시험법 ④ 동시법
⑤ 내적 합치법

정답 | 해설

인력 선발도구의 신뢰도를 측정하는 방법은 대체형식법, 양분법, 시험 – 재시험법, 내적 합치법 등이 있으며, 동시법은 관계가 없다.

[오답분석]
① 한 종류의 항목으로 구성된 시험을 실시한 후 비슷한 항목으로 구성된 시험을 추가로 실시하여 각각의 결과를 비교하는 방법
② 시험의 내용을 반으로 나누어 측정한 결과를 비교하는 방법
③ 동일한 사람에게 같은 내용의 시험을 시기를 다르게 하여 실시한 후 결과를 비교하는 방법
⑤ 검사 내 문항들이 같은 개념을 얼마나 일관되게 측정하는지 비교하는 방법

정답 ④

| 수자원(2025)/코레일(2020)/공무원연금(2020)

27 다음 설명에 해당하는 면접법은?

- 면접관마다 각각 다른 평가요소를 중심으로 질문 및 평가를 한다.
- 다수의 면접관이 한 명이나 소수의 지원자를 면접한다.
- 한 명의 면접관에게 질문을 받아도 답변은 전체 면접관에게 하듯이 하는 것이 좋다.

① 집단 면접 ② 스트레스 면접
③ 상황 면접 ④ 패널 면접
⑤ 토론 면접

정답 | 해설

패널 면접은 한 명 또는 소수의 지원자에게 번갈아가며 질문을 던지고, 지원자의 태도, 역량, 사고력, 문제해결능력 등을 종합적으로 평가하는 면접 형태이다.

오답분석

① 다수의 면접관이 다수의 지원자를 한 번에 평가하는 방식으로 짧은 시간에 능률적으로 면접을 진행할 때 사용하는 방식이다.
② 면접관이 특정 정답이 없는 질문을 하여 지원자를 압박하는 면접방식으로 지원자는 본인이 가진 생각을 논리적으로 말하는 것이 중요하다.
③ 면접관이 특정한 상황을 주고 그에 대한 의견을 지원자가 답하는 면접방식으로 면접관의 의도를 잘 파악하여 합리적인 답변을 하는 것이 중요하다.
⑤ 주어진 주제에 대해 다른 지원자들과 함께 토론하면서 자신의 사고력, 의사소통능력, 협동심 등을 평가받는 면접 방식이다.

정답 ④

| 코레일(2020)

28 다음 중 인적평가센터법에 대한 설명으로 옳지 않은 것은?

① 한 번에 1명의 피평가자를 다수의 평가자들이 평가한다.
② 피평가자에게 주어지는 조건들은 가급적 동등하며, 보통 피평가자의 행동을 주로 평가한다.
③ 평가의 기준이 사전에 정해져 있어, 평가자의 주관적 판단을 감소시킨다.
④ 실용성을 최대화하기 위해 평가자와 피평가자가 모두 사전에 철저한 훈련을 받는다.
⑤ 실제로 담당할 직무와 관련성이 높은 행동 위주로 평가하기 때문에 예측타당성이 큰 편이다.

정답 | 해설

인적평가센터법이란 주로 관리자들의 선발(Selection), 개발(Development), 적성·능력 등의 진단(Inventory)을 위하여 실시된 평가방법 중 하나이다. 일반적으로 2~3일 동안 외부와 차단된 별도의 교육장소에서 다수의 평가자(인사분야 전문가, 교수, 실무 담당자 등)가 일정한 기준을 가지고 평가를 실시하며, 평가를 실행함에 있어 시간과 비용이 크기 때문에 한 번에 다수의 피평가자들이 참여하며 다수의 평가자들이 평가한다.

정답 ①

▌부교공(2022)/코레일(2020)/도로(2020)/공무원연금(2020)

29 다음 임금 산정 방법 중 성격이 비슷한 유형을 바르게 나열한 것은?

① 시간급, 변동급, 직무급
② 시간급, 고정급, 직무급
③ 성과급, 고정급, 연공급
④ 성과급, 연공급, 직무급
⑤ 성과급, 변동급, 직무급

정답 | 해설

성과급은 성과에 따라 임금을 산정하는 제도이므로 성과나 직무 가치 등의 직무적 요소를 기본으로 임금을 결정하는 직무급에 해당한다. 또한 성과급의 임금 수령액은 각자의 성과에 따라 증감하므로 변동급에 해당한다.

오답분석
③·④ 연공급은 성별, 학력 등의 고정적 속인적 요소를 기준으로 임금을 결정하는 제도이다.

정답 ⑤

▌부교공(2022)/코레일(2020)/도로(2020)/공무원연금(2020)

30 다음 중 종업원의 최저생계비에 대한 설명으로 옳지 않은 것은?

① 생계비는 하한선을 정하는 기준이다.
② 생계비를 정하는 방법에는 이론생계비와 실태생계비가 있다.
③ 종업원의 라이프 사이클을 고려해야 한다.
④ 종업원 개인만이 아니라 가족의 생계까지 고려해야 한다.
⑤ 실태생계비는 이론상으로는 합리적이지만, 실질적이지 않다는 한계가 있다.

정답 | 해설

이론상으로 합리적이지만, 실질적이지 않다는 한계가 있는 것은 이론생계비이다.

오답분석
① 생계비는 인간이 생활하기 위한 비용으로 최저임금제나 최저생활비 수준을 결정하는 데 이용된다.
② 생계비에는 실제 조사결과로 나타난 지출 비용을 나타내는 실태생계비와 이론적으로 산출한 최저생계비나 표준생계비인 이론생계비가 있다.
③·④ 생계비는 종업원의 라이프 사이클이나 가족의 생계 등 개인 환경과 사회 환경 등의 조건을 고려해야 한다.

정답 ⑤

| 코레일(2024)/수자원(2023)/KPS(2022)/가스(2022)/부교공(2022)/코레일(2020)/도로(2020)/공무원연금(2020)

31 다음 설명에 해당하는 직무분석 방법은?

> 직무행동 중 보다 중요한 가치가 있는 점에 대해 정보를 수집하는 것으로, 주로 감독자에 의해 수행된다. 중요 사건이 포착되고 전체로서 직무에 대한 난이도, 빈도, 중요성 또는 기여도가 평가된다. 체크리스트의 기초가 되기도 한다.

① 면접법
② 관찰법
③ 중요사건 서술법
④ 워크 샘플링법
⑤ 질문지법

정답 해설

중요사건 서술법은 직무행동 중 보다 중요한 가치가 있는 점에 대해 정보를 수집하는 것으로, 주로 감독자에 의해 수행된다. 중요사건이 포착되고 전체로서 직무에 대한 난이도, 빈도, 중요성 또는 기여도가 평가된다. 중요사건 서술법은 효율 또는 비효율적인 성과의 체크리스트의 기초가 되기도 한다. 관찰 가능한 직무행동의 이익과 용도를 충분히 인식할 수 있는 반면, 수집, 추상화, 분류에 많은 시간이 소모되고 직무행동이나 직무 전체의 모습이 기술되지 않는다는 단점이 있다.

정답 ③

| 코레일(2024)/수자원(2023)/KPS(2022)/가스(2022)/부교공(2022)/코레일(2020)/도로(2020)/공무원연금(2020)

32 다음 글에서 설명하는 직무분석 방법은?

> • 여러 직무활동을 동시에 기록할 수 있다.
> • 직무활동 전체의 모습을 파악할 수 있다.
> • 직무성과가 외형적일 때 적용이 가능하다.

① 관찰법
② 면접법
③ 워크 샘플링법
④ 질문지법
⑤ 연구법

정답 해설

워크 샘플링법은 전체 작업과정에서 무작위로 많은 관찰을 실시하여 직무활동에 대한 정보를 얻는 방법이다. 여러 직무활동을 동시에 기록하므로 전체 직무의 모습을 파악할 수 있다.

오답분석
① 관찰법 : 조사자가 직접 조사대상과 생활하면서 관찰을 통해 자료를 수집하는 방법이다.
② 면접법 : 조사자가 조사대상과 직접 대화를 통해 자료를 수집하는 방법이다.
④ 질문지법 : 설문지로 조사내용을 작성하고 자료를 수집하는 방법이다.
⑤ 연구법 : 기록물, 통계자료 등을 토대로 자료를 수집하는 방법이다.

정답 ③

| 코레일(2024)/수자원(2023)/KPS(2022)/가스(2022)/부교공(2022)/코레일(2020)/도로(2020)/공무원연금(2020)

33 다음 중 직무분석의 방법에 해당하지 않는 것은?

① 중요사건 서술법
② 요소비교법
③ 워크 샘플링법
④ 면접법
⑤ 작업기록법

정답 | 해설

요소비교법은 직무평가의 방법이다.

직무분석방법
- 관찰법
- 면접법
- 질문지법
- 중요사건 서술법
- 워크 샘플링법
- 작업기록법

정답 ②

| 코레일(2024)/수자원(2023)/KPS(2022)/가스(2022)/부교공(2022)/코레일(2020)/도로(2020)/공무원연금(2020)

34 다음 중 직무분석 방법으로 옳지 않은 것은?

① 관찰법
② 면접법
③ 질문지법
④ 요소비교법
⑤ 워크 샘플링법

정답 | 해설

요소비교법은 직무의 공통된 조건을 비교·평가하여 직무의 중요성을 결정하는 직무평가 방식의 하나로, 기업 내 전체 직무 또는 내용이 유사한 직무들의 상대적 가치를 평가하는 데 용이하다.

오답분석
① 관찰법 : 직무분석자가 직무수행자인 작업자 옆에서 직무수행을 관찰하는 방법이다.
② 면접법 : 직무분석자가 직무수행자에게 면접을 실시하여 직접 정보를 얻는 방법이다.
③ 질문지법 : 직무에 대한 설문지를 작성하여 작업자가 이에 응답하도록 해 직무분석에 필요한 자료를 수집하는 방법이다.
⑤ 워크 샘플링법 : 전체 작업과정 동안 무작위적인 간격으로 관찰을 많이 행하여 직무행동에 관한 정보를 얻는 방법이다.

정답 ④

| 코레일(2024)/수자원(2023)/KPS(2022)/가스(2022)/부교공(2022)/코레일(2020)/도로(2020)/공무원연금(2020)

35 다음 중 직무평가에 있어서 미리 규정된 등급 또는 어떠한 부류에 대해 평가하려는 직무를 배정함으로써 직무를 평가하는 방법은?

① 서열법
② 분류법
③ 점수법
④ 요소비교법
⑤ 순위법

정답 | 해설

분류법은 직무평가의 방법 중 정성적 방법으로 등급법이라고도 하며, 직무의 가치를 단계적으로 구분하는 등급표를 만들고 평가직무를 이에 맞는 등급으로 분류한다.

오답분석

① 서열법 : 직원들의 근무성적을 평정함에 있어서 평정 대상자들을 서로 비교해서 서열을 정하는 평정 방법이다.
③ 점수법 : 직무를 그 구성요소별로 나누고 각 요소에 점수를 매겨 평가하는 직무평가의 방법이다.
④ 요소비교법 : 직무를 몇 개의 중요 요소로 나누고 이들 요소를 기준직위의 평가 요소와 비교하여 평가하는 직무평가의 방법이다.
⑤ 순위법 : 근무성적 평정에 있어 서열법은 피평정자의 근무성적을 서로 비교해서 그들 간의 서열을 정하여 평정하는 방법이다.

정답 ②

| 코레일(2024)/수자원(2023)/KPS(2022)/가스(2022)/부교공(2022)/코레일(2020)/도로(2020)/공무원연금(2020)

36 다음 중 직무평가 방법에 대한 설명으로 옳지 않은 것은?

① 서열법은 전체적이고 포괄적인 관점에서 각 직무를 상호비교하여 순위를 결정하는 방법이다.
② 직무평가란 직무별 보상수준을 결정하기 위해 직무의 상대적인 가치를 비교 분석하는 일련의 평가 과정으로, 주로 서열법, 직무분류법, 점수법, 요소비교법을 활용한다.
③ 직무분류법은 서로 다른 직무를 함께 묶어서 직무를 분류하고, 그 분류된 직무의 난이도와 책임정도에 따라 등급을 매긴 후 그 등급에 맞는 급료를 정하는 것이다.
④ 요소비교법은 기준직무가치를 합리적으로 설정해 놓으면 한 직무를 다른 직무와 객관적으로 평가 비교할 수 있다는 장점이 있다.
⑤ 점수법은 평가요소 종목의 선택과 각 항목에 점수를 배정하는 방법에서 중요도를 설정하는 데 어려움이 있다.

정답 | 해설

직무분류법은 서로 유사한 직무를 함께 묶어 직무를 분류하여야 정확한 분류가 가능하며, 직무 수가 많아지고 내용이 복잡해지면 정확한 분류를 할 수 없다.

정답 ③

| 신보(2021)

37 다음 중 직무확대에 대한 설명으로 옳지 않은 것은?

① 한 직무에서 수행되는 과업의 수를 증가시키는 것을 말한다.
② 다양한 업무를 진행하며 종업원의 능력이 개발되고 종합적인 시각을 가질 수 있다는 이점이 있다.
③ 기업이 직원들의 능력을 개발하고 여러 가지 업무를 할 수 있도록 하여 인적자원의 운용 효율을 증가시킨다.
④ 근로자가 스스로 계획하고 실행하여 그 결과에 따른 피드백을 수집하고 수정해 나가며, 일의 자부심과 책임감을 가지고 자발성을 높이는 직무의 수직적 확대 기법이다.
⑤ 종업원으로 하여금 중심과업에 다른 관련 직무를 더하여 수행하게 함으로써 개인의 직무를 넓게 확대한다.

정답 | 해설

근로자가 스스로 계획하고 실행하여 그 결과에 따른 피드백을 수집하고 수정해 나가며, 일의 자부심과 책임감을 가지고 자발성을 높이는 기법은 직무충실화 이론에 해당한다. 직무충실화 이론은 직무확대보다 더 포괄적으로 구성원들에게 더 많은 책임과 더 많은 선택의 자유를 요구하기 때문에 수평적 측면으로는 질적 개선에 따른 양의 증가, 수직적 측면으로는 본래의 질적 개선의 증가로 볼 수 있다.

정답 ④

| 서교공(2025)/코레일(2024)/수자원(2022)/코레일(2021)/가스(2021)/한국공항(2021)/시설안전(2020)

38 다음 임금 분배방식 중 위원회가 있고, 판매가치를 기준으로 성과급을 분배하는 방식은?

① 임프로쉐어 플랜
② 러커 플랜
③ 스캔런 플랜
④ 링컨 플랜
⑤ 카이저 플랜

정답 | 해설

스캔런 플랜은 종업원의 참여의식을 높이기 위해 위원회제도를 통해 종업원의 경영참여와 개선된 생산품의 판매가치를 기준으로 성과급을 분배하는 방식이다.

오답분석

① 임프로쉐어 플랜 : 단위당 소요되는 표준 노동시간과 실제 노동시간을 비교하여 절약된 시간만큼 분배하는 것이다.
② 러커 플랜 : 스캔런 플랜을 개선한 방식으로, 노동비용을 판매가치에서 재료비, 간접비 등을 제외한 부가가치로 나누는 것이다.
④ 링컨 플랜 : 근로자의 생산성 향상을 위한 방식으로, 성과급제와 이윤분배제를 결합한 것이다.
⑤ 카이저 플랜 : 재료, 노무 등에서 발생하는 비용을 절약한 만큼 분배하는 것이다.

정답 ③

39 다음 중 스캔런 플랜(Scanlon Plan)에 대한 설명으로 옳은 것은?

① 보너스 산정 비율은 생산액에 있어서 재료 및 에너지 등을 포함하여 계산한다.
② 노동비용을 판매액에서 재료 및 에너지, 간접비용을 제외한 부가가치로 나누어 계산한다.
③ 종업원의 참여는 거의 고려되지 않고 산업공학기법을 이용한 공식을 활용하여 계산한다.
④ 성과측정의 기준으로서 노동비용이나 생산비용, 생산 이외에도 품질향상, 소비자 만족 등 각 기업이 중요성을 부여하는 부분에 초점을 둔 새로운 지표를 사용하여 계산한다.
⑤ 생산단위당 표준노동시간을 기준으로 노동생산성 및 비용 등 산정 조직의 효율성을 보다 직접적으로 측정하여 계산한다.

정답 | 해설

스캔런 플랜은 보너스 산정방식에 따라 3가지로 분류된다. 단일비율 스캔런 플랜은 노동비용과 제품생산액의 산출 과정에서 제품의 종류와 관계없이 전체 공장의 실적을 보너스 산출에 반영한다. 또한 분할비율 스캔런 플랜은 노동비용과 제품생산액을 산출할 때 제품별로 가중치를 둔다. 그리고 다중비용 스캔런 플랜은 노동비용뿐만 아니라 재료비와 간접비의 합을 제품생산액으로 나눈 수치를 기본비율로 사용한다. 이러한 모든 공식에는 재료 및 에너지 등을 포함하여 계산한다.

오답분석

② 러커 플랜(Rucker Plan) : 러커(Rucker)는 스캔런 플랜에서의 보너스 산정 비율은 생산액에 있어서 재료 및 에너지 등 경기 변동에 민감한 요소가 포함되어 있기 때문에 종업원의 노동과 관계없는 경기 변동에 따라 비효율적인 수치 변화가 발생할 수 있는 문제점이 있다고 제시하면서, 노동비용을 판매액에서 재료 및 에너지, 간접비용을 제외한 부가가치로 나누는 것을 공식으로 하였다.
③ 임프로쉐어 플랜(Improshare Plan) : 회계처리 방식이 아닌 산업공학의 기법을 사용하여 생산단위당 표준노동시간을 기준으로 노동생산성 및 비용 등을 산정하여 조직의 효율성을 보다 직접적으로 측정하며, 집단성과급제들 중 가장 효율성을 추구한다.
④·⑤ 커스터마이즈드 플랜(Customized Plan) : 집단성과 배분제도를 각 기업의 환경과 상황에 맞게 수정하여 사용하는 방식으로, 성과측정의 기준으로서 노동비용이나 생산비용, 생산 이외에도 품질향상, 소비자 만족도 등 각 기업이 중요성을 부여하는 부분에 초점을 둔 새로운 지표를 사용한다. 성과를 측정하는 항목으로 제품의 품질, 납기준수실적, 생산비용의 절감, 산업 안전 등 여러 요소를 정하고, 매 분기별로 각 사업부서의 성과를 측정하고 성과가 목표를 초과하는 경우에 그 부서의 모든 사원들이 보너스를 지급받는 제도이다.

정답 ①

| 서교공(2025)/코레일(2024)/수자원(2022)/코레일(2021)/가스(2021)/한국공항(2021)/시설안전(2020)

40 다음 중 스캔런 플랜(Scanlon Plan)에 대한 설명으로 옳지 않은 것은?

① 스캔런 플랜은 1930년대에 스캔런(Scanlon)에 의해 가장 먼저 개발된 집단성과 배분제도이다.
② 스캔런 플랜은 판매가치에 대한 인건비 비율로 성과를 배분하는 제도이다.
③ 종업원의 노력으로 작업능률의 향상은 비용절감을 가져오고, 비용절감은 동일한 매출액에서도 기업이익의 증가를 가져온다.
④ 스캔런 플랜의 목적은 종업원들의 잠재력을 극대화한 후 작업능률을 향상시켜 경영성과를 높일 수 있는 기회를 제공하는 것이다.
⑤ 산업공학기법을 이용한 공식을 통해 보너스를 산정한다는 점에서 다른 제도들과 큰 차이점을 갖는다.

정답 해설

집단성과 배분제도에는 스캔런 플랜, 러커 플랜, 임프로쉐어 플랜 등이 있다. 최근에는 여러 플랜을 각 기업에 맞게 수정해서 사용하는 커스터마이즈드 플랜이 있으며, 그중 산업공학기법을 이용한 공식을 통해 보너스를 산정하는 기법은 임프로쉐어 플랜이다.

정답 ⑤

| 서교공(2025)/코레일(2024)/수자원(2022)/코레일(2021)/가스(2021)/한국공항(2021)/시설안전(2020)

41 다음 중 집단성과 배분제도에 대한 설명으로 옳지 않은 것은?

① 집단성과 배분제도 중 생산이윤 분배제도에는 스캔런 플랜, 임프로쉐어 플랜 등이 있다.
② 스캔런 플랜은 판매가치에 대한 인건비 비율로 성과를 배분하는 방법이다.
③ 재무적 목표를 초과 달성했을 경우 받게 되는 집단성과 배분제도는 성과이윤 분배제도이다.
④ 부가가치에 대한 인건비율로 성과를 배분하는 러커 플랜은 성과이윤 분배제도이다.
⑤ 표준작업시간과 비교하여 절약된 노동시간을 기준으로 보너스를 지급하는 방식은 임프로쉐어 플랜 방식이다.

정답 해설

부가가치에 대한 인건비율로 성과를 배분하는 러커 플랜은 성과이윤 분배제도(Profit Sharing)가 아닌 생산이윤 분배제도(Gain – Sharing)이다.

정답 ④

| 서교공(2025)/코레일(2024)/수자원(2022)/코레일(2021)/가스(2021)/한국공항(2021)/시설안전(2020)

42 다음 중 성과급제 종류가 다른 하나는 무엇인가?

① 복률성과급
② 생산량 비례급
③ 비도우식 할증급
④ 할시식 할증급
⑤ 맨체스터 플랜

> **정답 | 해설**
>
> 생산량 비례급은 생산량에 따라 임금이 결정되는 단순성과급 방식이다.
>
> **오답분석**
> ① 작업성과에 따라 적용임금률을 다르게 산정하는 복률성과급 방식
> ③ 성과달성을 기준으로 임금을 일정 비율로 할증 지급하는 복률성과급 방식
> ④ 일정 작업에 대하여 표준시간을 단축할 경우 임금의 일부를 할증급으로 지급하는 복률성과급 방식
> ⑤ 미숙련 근로자가 성과를 달성하지 못해도 최저수준의 임금을 보장하는 복률성과급 방식
>
> **정답 ②**

| 서교공(2025)/코레일(2024)/수자원(2022)/코레일(2021)/가스(2021)/한국공항(2021)/시설안전(2020)

43 다음 중 집단성과 배분제도(Gain-Sharing)의 특징으로 옳지 않은 것은?

① 집단성과 배분제도는 보너스의 산정단위가 집단이다.
② 집단성과 배분제도는 기업의 이익을 성과배분 몫의 산정기초로 삼고 있다.
③ 생산성 향상이나 비용절감이 발생한 바로 당시에 보너스 지급이 이루어진다.
④ 집단성과 배분제도의 재원은 생산성 향상이나 비용의 절감이기 때문에 별도의 재원이 필요하지 않는 경우가 대부분이다.
⑤ 집단성과 배분제도는 회사와 종업원 간의 약속에 의해 이루어지는 것이며, 경영자가 사후에 자의적인 판단에 의해 보너스를 결정하는 것이 아니다.

> **정답 | 해설**
>
> 집단성과 배분제도는 매출액이나 생산성 향상을 기초로 하고 있으며, 이에 따라 비용절감을 출처로 보너스 지급이 이루어진다. 기업의 이익을 성과배분 몫 산정기초로 삼고 있는 것은 단순이익 배분제도(Profit-Sharing)의 특징이다.
>
> **정답 ②**

공항철도(2021)/농어촌(2020)

44 다음은 커크패트릭(Kirkpatrick)의 4단계 평가모형이다. 빈칸에 들어갈 단계별 평가를 순서대로 바르게 나열한 것은?

평가단계		4 Levels	정보가치	중점대상	사용빈도	분석 난이도
1단계	( )	Reaction	적음 ↕ 많음	참여자 ↕ 관리자	높음 ↕ 낮음	쉬움 ↕ 어려움
2단계	( )	Learning				
3단계	( )	Behavior				
4단계	( )	Results				

	1단계	2단계	3단계	4단계
①	반응도 평가	적용도 평가	기여도 평가	성취도 평가
②	성취도 평가	기여도 평가	적용도 평가	반응도 평가
③	기여도 평가	적용도 평가	성취도 평가	반응도 평가
④	반응도 평가	성취도 평가	적용도 평가	기여도 평가
⑤	적용도 평가	반응도 평가	기여도 평가	성취도 평가

> **정답 | 해설**
>
> HRD에서 대표적으로 사용되는 평가모델인 커크패트릭의 4단계 평가모형이다.
> 1. 반응도 평가
>   교육 후 만족도 평가이다. 인터뷰나 관찰을 통해서도 진행되지만, 보통 설문지로 진행된다.
> 2. 성취도 평가
>   교육생이 교육내용을 잘 숙지하고 이해했는지 학습목표의 달성여부를 평가한다.
> 3. 적용도 평가
>   교육을 통해 배운 것들이 현업에서 얼마나 잘 적용되었는지 평가한다.
> 4. 기여도 평가
>   현업에 대한 적용도까지 평가한 상태에서 진행되었던 교육이 궁극적으로 기업과 조직에 어떤 공헌을 했는지를 평가한다.
>
> **정답 ④**

공항철도(2021)/농어촌(2020)

45 다음 중 커크패트릭(Kirkpatrick)의 교육훈련 평가모형과 관련이 없는 것은?

① 인식
② 반응
③ 학습
④ 행동
⑤ 결과

> **정답 | 해설**
>
> **커크패트릭의 교육훈련 평가모형**
> - 1단계 반응평가 : 학습자, 교육자 등을 대상으로 교육 프로그램에 대한 만족도 평가
> - 2단계 학습평가 : 교육훈련에서 교육훈련을 통해 무엇을 배웠는지 평가
> - 3단계 행동평가 : 교육훈련 후 직무로 돌아온 학습자의 행동변화 평가
> - 4단계 결과평가 : 교육훈련의 결과로 나타나는 효과에 대한 평가
>
> **정답 ①**

| 국민연금(2020)

46 다음 중 평정척도법에 대한 장점으로 옳지 않은 것은?

① 평정척도법은 양식 작성이 간단하며, 평가하기 용이하다.
② 다양한 대상 범위의 행동특성관찰에 적용할 수 있다.
③ 체크리스트와 달리 행동의 질도 평가할 수 있다.
④ 관찰 자료를 정량화할 수 있어 개체 간 비교가 가능하다.
⑤ 관찰자는 평가하고자 하는 요소를 정확하고 객관적으로 개발할 수 있다.

정답 | 해설

평정척도법은 관찰자가 평가하고자 하는 점을 정확하게 표현하기 어렵다는 단점이 있다. 또한 척도마다 관찰 값이 달라진다는 점에서 측정에 대한 객관성 증빙이 어렵다.

정답 ⑤

| 수자원(2025)/HUG(2022)

47 다음 중 퇴직연금제도에 대한 설명으로 옳지 않은 것은?

① 퇴직연금제도에는 확정급여형과 확정기여형이 있다.
② 퇴직연금 운용기간 중 발생하는 운용수익에 대해 과세이연 혜택을 제공한다.
③ 퇴직연금을 수령할 때 퇴직소득세가 감면된다.
④ 회사가 파산할 경우 근로자의 퇴직금은 보호받을 수 없다.
⑤ IRP계좌는 입출금이 자유롭지 못하다는 단점이 있다.

정답 | 해설

퇴직연금제도는 근로자의 퇴직금을 별도로 관리하여 회사가 파산하는 경우에도 퇴직금을 안전하게 보호할 수 있다.

정답 ④

| 서교공(2025)/경기신용보증(2021)

48 다음 중 확정기여형 퇴직연금에 대한 설명으로 옳지 않은 것은?

① 사용자는 매년 근로자의 연간 임금총액의 1/12 이상을 납입하여야 한다.
② 적립금의 운용주체는 근로자이다.
③ 적립금과 운용수익을 합한 금액을 일시금 또는 연금으로 받을 수 있다.
④ 가입자 추가 부담금에 대하여 연간 900만 원의 세액공제 한도를 부여한다.
⑤ 중도인출이 불가능하다.

정답 | 해설

확정기여형 퇴직연금은 회사가 부담금을 납입하고, 근로자가 직접 적립금을 운용하여 퇴직 시 적립금과 운용 수익을 퇴직급여로 지급받는 제도로 주택 구입, 의료비, 파산 등 법에서 정한 요건에 해당할 경우 중도인출이 가능하다.

정답 ⑤

| 코레일(2022)/LX(2021)/근복(2020)

49 다음 사례에 해당하는 용어는?

> 여러 기업과 광고 업계에서는 대부분 대중에게 평판이 좋은 연예인을 광고 모델로 선호한다. 연예계에서도 성실함, 호감적 성품으로 대중에게 평판이 나 있는 연예인이 광고 모델로 사용할 때 기업은 높은 효과를 창출할 수 있다.

① 후광 효과(Halo Effect)
② 채찍 효과(Bullwhip Effect)
③ 펀 마케팅(Fun Marketing)
④ 위약 효과(Placebo Effect)
⑤ 고백 효과(Confession Effect)

정답 | 해설

후광 효과란 일반적으로 어떤 사물이나 사람에 대해 평가를 할 때, 그 일부의 긍정적·부정적 특성에 주목해 전체적인 평가에 영향을 주어 대상에 대한 비객관적인 판단을 하게 되는 인간의 심리적 특성을 말한다. 제시된 사례는 소비자들이 모델의 긍정적 특성에 주목해 상품에 대한 전체적인 평가에 영향을 주어 긍정적인 마케팅 성과를 거둘 수 있다는 것을 알 수 있으며, 후광 효과를 응용한 사례라는 것을 알 수 있다.

정답 ①

| 코레일(2022)/LX(2021)/근복(2020)

50 다음 글의 빈칸에 들어갈 용어로 옳은 것은?

> 한 상품이 인기를 끌면 같은 브랜드의 다른 상품까지 영향을 준다. 명품으로 널리 알려진 루이비통 여행용 가방의 역사는 1858년부터 시작하지만, 시계나 다른 패션 아이템은 상대적으로 최근에 태어났다. 그럼에도 불구하고 루이비통 상표를 단 상품은 프랑스 전통을 자랑하는 최고급 명품으로 취급된다. 한번 브랜드에 대한 신뢰가 쌓이면 소비자는 일단 신뢰하기 때문이다. 이 경우 소비자의 입장에서는 한 가지 주된 특징에 대한 평가 때문에 다른 모든 평가가 객관성을 잃게 될 위험이 존재하니 합리적인 판단력이 필요하다. 이러한 효과를 _____라고 한다.

① 미소 효과
② 후광 효과
③ 초두 효과
④ 자존감 효과
⑤ 허위 합의 효과

정답 | 해설

후광 효과란 대상에 대한 인식과 판단이 일부분에서 출발하여 전체적인 인상을 만드는 것을 말한다. 후광 효과의 본질은 일부를 가지고 전체를 평가하는 것이고, 점을 면으로 확대하여 평가하는 경향이며, 개인의 주관적 판단이 일반화되고 확장된 결과로 나타난다. 후광 효과가 작용하면 대상의 장점 또는 단점이 일단 확대되어 과장되면서, 다른 장점이나 단점이 그 뒤로 감춰진다.

오답분석

① 이 효과는 '미소는 황금과 바꿀 수 있다.'는 말로 요약할 수 있다. 그만큼 미소가 인간관계의 윤활제 역할을 하고, 긍정적 감정의 전염성과 심리적 안정, 사회적 유대 강화 등 다양한 긍정적 효과를 가져온다는 의미이다. 미소가 인간관계와 심리에 미치는 긍정적 영향을 강조하는 개념으로, 미국의 작가 오그 만디노(Og Mandino)가 처음 제기했다.
③ 초두 효과 : 미국의 심리학자 루친시(Luchins)가 가장 먼저 제기한 것으로, 인상을 형성하는 데 처음에 들어온 정보가 나중에 들어온 정보보다 중요한 역할을 한다는 것을 증명했다.
④ 자존감 효과 : 다른 사람의 자존감이 큰 만족을 얻게 되면 다른 사람 역시 우리를 인정한다는 것이다. 자존감을 얻는 방식은 사람마다 다르지만, 다른 사람들로부터 인정을 받는다는 법칙을 따른다.
⑤ 허위 합의 효과 : 사람들은 종종 자신의 신념, 판단 및 행위의 보편성을 과장하거나 과대평가하고, 자신의 특성을 다른 사람에게 강요하기 좋아하며, 자신과 타인이 서로 비슷할 거라고 가정해 버리기도 한다. 즉, 남들도 내 생각과 같을 거라고 착각하는 것이다.

정답 ②

CHAPTER 04 마케팅

| 서교공(2023)/부교공(2023)/대구도시개발(2022)/코레일유통(2022)

01 다음 중 마케팅 믹스 4P에 해당하지 않는 것은?

① Picture
② Price
③ Promotion
④ Place
⑤ Product

정답 | 해설

4P란 제품(Product), 경로(Place), 가격(Price), 촉진(Promotion)이다.

정답 ①

| HUG(2022)/코레일(2020)/도로(2020)/시설안전(2020)

02 다음 중 공급사슬관리(SCM)의 목적으로 옳은 것은?

① 제품 생산에 필요한 자재의 소요량과 소요시기를 결정한다.
② 기업 내 모든 자원의 흐름을 정확히 파악하여 자원을 효율적으로 배치한다.
③ 자재를 필요한 시각에 필요한 수량만큼 조달하여 낭비 요소를 근본적으로 제거한다.
④ 자재의 흐름을 효과적으로 관리하여 불필요한 시간과 비용을 절감한다.
⑤ 조직의 인적 자원이 축적하고 있는 개별적인 지식을 체계화하고 공유한다.

정답 | 해설

공급사슬관리(SCM)란 공급자로부터 최종 고객에 이르기까지 자재 조달, 제품 생산, 유통, 판매 등의 흐름을 적절히 관리하는 것으로, 이를 통해 자재의 조달 시간을 단축하고, 재고 비용이나 유통 비용 등을 절감할 수 있다.

[오답분석]
① 자재소요량계획(MRP)에 대한 설명이다.
② 업무재설계(BPR)에 대한 설명이다.
③ 적시생산방식(JIT)에 대한 설명이다.
⑤ 지식관리시스템(KMS)에 대한 설명이다.

정답 ④

| 관광(2023)/서교공(2023)/코레일(2021)/코레일(2020)

03 다음 중 비누, 샴푸와 같이 물리적 특성이나 용도가 비슷한 것을 지칭하는 용어는?

① 소비재
② 제품계열
③ 제품믹스
④ 제품집단
⑤ 브랜드집단

> **정답 | 해설**
>
> 제품계열은 동일한 욕구를 충족시키거나 기능·고객·유통경로·가격범위 등이 유사한 제품품목을 말한다.
>
> **오답분석**
> ① 소비재 : 인간이 욕망을 충족시키기 위하여 일상생활에서 직접 소비하는 재화를 말한다.
> ③ 제품믹스 : 한 기업이 생산·공급하는 모든 제품의 배합을 말한다.
> ⑤ 브랜드집단 : 동일 브랜드 제품을 말한다.
>
> 정답 ②

| 관광(2023)/서교공(2023)/코레일(2021)/코레일(2020)

04 다음 중 STP 전략의 목표시장선정(Targeting) 단계에서 집중화 전략에 대한 설명으로 옳지 않은 것은?

① 세분시장 내 소비자욕구의 변화에 민감하게 반응하여야 위험부담을 줄일 수 있다.
② 자원이 한정되어 있을 때 자원을 집중화하고 시장 안에서의 강력한 위치를 점유할 수 있다.
③ 대량생산 및 대량유통, 대량광고 등을 통해 규모의 경제로 비용을 최소화할 수 있다.
④ 단일제품으로 단일화된 세부시장을 공략하여 니치마켓에서 경쟁력을 가질 수 있는 창업 기업에 적합한 전략이다.
⑤ 대기업 경쟁사의 진입이 쉬우며 위험이 분산되지 않을 경우 시장의 불확실성으로 높은 위험을 감수해야 한다.

> **정답 | 해설**
>
> 대량생산·대량유통으로 규모의 경제를 실현하여 비용절감을 하는 전략은 비차별화 전략으로, 단일제품으로 단일 세분시장을 공략하는 집중화 전략과는 반대되는 전략이다.
>
> 정답 ③

| 동서발전(2023)/관광(2023)/부교공(2022)/코레일(2020)/도로(2020)

05 다음 중 SWOT 분석 관점과 다른 관점은?

① 시장에서의 기술 우위
② 기업상표의 명성 증가
③ 해외시장의 성장
④ 기업이 보유한 자원 증가
⑤ 고품질 제품 보유

정답 | 해설

SWOT 분석은 기업을 Strength(강점), Weakness(약점), Opportunities(기회), Threats(위협)의 4가지 요인으로 분석하여 마케팅 전략을 세우는 방법이다. 해외시장의 성장은 Opportunities(외부환경에서 유리한 기회요인), Threats(외부환경에서 불리한 위협요인)에 해당된다.

오답분석

①·②·④·⑤ Strength(경쟁기업과 비교하여 소비자로부터 강점으로 인식되는 것이 무엇인지)에 해당한다.

정답 ③

| 코레일(2023)/코바코(2022)/LX(2021)/코레일(2020)/근복(2020)

06 다음 중 소비자에게 제품의 가격이 낮게 책정되었다는 인식을 심어주기 위해 이용하는 가격설정방법은?

① 단수가격(Odd Pricing)
② 준거가격(Reference Pricing)
③ 명성가격(Prestige Pricing)
④ 관습가격(Customary Pricing)
⑤ 기점가격(Basing-Point Pricing)

정답 | 해설

오답분석

② 준거가격 : 소비자의 과거의 경험이나 기억, 정보 등을 바탕으로 제품의 구매를 결정할 때 기준이 되는 가격이다.
③ 명성가격 : 소비자가 가격에 의하여 품질을 평가하는 경향이 특히 강하여 비교적 고급 품질이 선호되는 상품에 설정되는 가격이다.
④ 관습가격 : 일용품의 경우처럼 장기간에 걸친 소비자의 수요로 인해 관습적으로 형성되는 가격이다.
⑤ 기점가격 : 제품을 생산하는 공장의 입지 조건 등을 막론하고 특정 기점에서 공장까지의 운임을 일률적으로 원가에 더하여 형성되는 가격이다.

정답 ①

| 코레일(2023)/코바코(2022)/LX(2021)/코레일(2020)/근복(2020)

07 다음 〈보기〉에서 가격책정 방법에 대한 설명으로 옳은 것을 모두 고르면?

> **보기**
> ㉠ 준거가격이란 구매자가 어떤 상품에 대해 지불할 용의가 있는 최고가격을 의미한다.
> ㉡ 명성가격이란 가격 – 품질 연상관계를 이용한 가격책정 방법이다.
> ㉢ 단수가격이란 판매가격을 단수로 표시하여 가격이 저렴한 인상을 소비자에게 심어주어 판매를 증대시키는 방법이다.
> ㉣ 최저수용가격이란 심리적으로 적당하다고 생각하는 가격 수준을 의미한다.

① ㉠, ㉡
② ㉠, ㉢
③ ㉡, ㉢
④ ㉡, ㉣
⑤ ㉢, ㉣

정답 | 해설

㉡ 명성가격은 가격이 높으면 품질이 좋다고 판단하는 경향으로 인해 설정되는 가격이다.
㉢ 단수가격은 가격을 단수(홀수)로 적어 소비자에게 싸다는 인식을 주는 가격이다(예 9,900원).

오답분석

㉠ 구매자가 어떤 상품에 대해 지불할 용의가 있는 최고가격은 유보가격이다.
㉣ 심리적으로 적당하다고 생각하는 가격 수준은 준거가격이라고 한다. 최저수용가격이란 소비자들이 품질에 대해 의심 없이 구매할 수 있는 가장 낮은 가격을 의미한다.

정답 ③

| 코레일(2023)/코바코(2022)/LX(2021)/코레일(2020)/근복(2020)

08 다음 중 침투가격전략의 경우로 옳지 않은 것은?

① 수요탄력성이 작을 때
② 규모의 경제가 가능할 때
③ 원가 경쟁력이 있을 때
④ 가격 민감도가 높을 때
⑤ 낮은 가격으로 잠재경쟁자들의 진입을 막을 수 있을 때

정답 | 해설

침투가격전략은 기업이 신제품을 출시할 때 처음에는 경쟁제품보다 낮은 가격을 제시한 후 점차적으로 가격을 올리는 전략이다. 이는 수요탄력성이 클 때, 규모의 경제가 가능할 때, 원가 경쟁력이 있을 때, 가격 민감도가 높을 때, 낮은 가격으로 잠재경쟁자들의 진입을 막거나 후발 주자가 기존 경쟁제품으로부터 저가 정책으로 고객을 가져오고 시장점유율을 확보할 수 있을 때 등에 적절하다.

정답 ①

| 코레일(2020)/한국공항(2020)

09 다음 중 인간의 감각이 느끼지 못할 정도의 자극을 주어 잠재의식에 호소하는 광고는?

① 애드버커시 광고 ② 서브리미널 광고
③ 리스폰스 광고 ④ 키치 광고
⑤ 티저 광고

정답 | 해설

서브리미널 광고는 자각하기 어려울 정도의 짧은 시간 동안 노출되는 자극을 통하여 잠재의식에 영향을 미치는 현상을 의미하는 서브리미널 효과를 이용한 광고이다.

오답분석

① 애드버커시 광고 : 기업과 소비자 사이에 신뢰관계를 회복하려는 광고이다.
③ 리스폰스 광고 : 광고 대상자에게 직접 반응을 얻고자 메일, 통신 판매용 광고전단을 신문·잡지에 끼워 넣는 광고이다.
④ 키치 광고 : 설명보다는 기호와 이미지를 중시하는 광고이다.
⑤ 티저 광고 : 소비자의 흥미를 유발시키기 위해 처음에는 상품명 등을 명기하지 않다가 점점 대상을 드러내어 소비자의 관심을 유도하는 광고이다.

정답 ②

| 코레일(2020)/한국공항(2020)

10 A사는 자사 제품을 K신문에 광고하려고 한다. K신문의 구독자 수가 10만 명이고, CPM 기준으로 5천 원을 요구하고 있을 경우에 K신문의 요구대로 광고계약이 진행된다면 광고비 금액은 얼마인가?

① 1,200,000원 ② 750,000원
③ 600,000원 ④ 500,000원
⑤ 350,000원

정답 | 해설

CPM이란 천 명의 소비자들에게 도달하는 데 필요한 광고비로, 구하는 식은 다음과 같다.
CPM=(광고비용)×[1,000÷(구독자 수)] → (광고비용)=(CPM÷1,000)×(구독자 수)
∴ (광고비용)=(5,000÷1,000)×100,000=500,000원

정답 ④

11 다음 글에서 알 수 있는 브랜드 개발전략은?

> 바나나맛 우유는 1974년 출시된 이후 꾸준히 인기를 끌고 있는 장수 제품이다. 빙그레는 최근 기존의 바나나맛 우유에서 벗어나 멜론의 달콤하고 상큼한 향을 더하여 메론맛 우유를 내놓았는데, 그로 인해 사람들은 기존 제품에서 벗어난 신선함에 관심을 가졌고, 바나나맛 우유라는 상표를 다시금 사람들의 머릿속에 기억시키는 전략적 성과를 거두었다.

① 카테고리 확장　　　　② 라인 확장
③ 시장침투 전략　　　　④ 생산라인 확대
⑤ 푸시(Push) 전략

정답 | 해설

라인 확장(Line Extension)이란 기존 상품을 개선한 신상품에 기존의 상표를 적용하는 '브랜드 확장'의 유형이다. 라인 확장은 적은 마케팅 비용으로 매출과 수익성 모두 손쉽게 높일 수 있고, 제품의 타깃이 아닌 소비자층을 타깃팅함으로써 소비자층을 확대할 수 있다는 장점이 있다. 하지만 무분별한 라인 확장은 브랜드 이미지가 약해지는 희석효과나 신제품이 기존제품 시장에 침범하는 자기잠식효과를 유발하는 등 역효과를 일으킬 수도 있기 때문에 주의해야 한다.

정답 ②

12 다음 기사를 읽고 해당 기업이 제시하는 전략으로 옳은 것은?

> 라면산업은 신제품을 꾸준히 출시하고 있다. 이는 소비자의 눈길을 잡기 위해서, 정통라면에 대적할 만한 새로운 제품을 만들어 내기 위해서이다. 각 라면브랜드에서는 까르보붉닭, 양념치킨라면, 미역국라면 등 소비자의 호기심을 불러일으킬 수 있는 이색 라면을 지속적으로 출시하고 있다.
> 당연 성공했다고 말할 수 있는 제품은 가장 많은 소비자의 마음을 사로잡은 불닭시리즈이다. 이는 다른 라면과 차별화하여, 볶음면 그리고 극강의 매운맛으로 매운맛을 좋아하는 매니아 층을 타깃팅으로 잡은 것이다. 그 후로도 기존에 불닭 소스(컨셉)를 기준으로 까르보, 짜장, 핵불닭 등을 지속적으로 신제품으로 출시하고 있으며, '영국남자'를 통해 전 세계적으로 불닭볶음면의 존재를 알리게 되어 중국, 태국 등으로 해외수출에 박차를 가하고 있다고 한다.

① 대의명분 마케팅(Cause Related Marketing)
② 카테고리 확장(Category Extension)
③ 구전 마케팅(Word of Mouth Marketing)
④ 귀족 마케팅(Noblesse Marketing)
⑤ 라인 확장(Line Extension)

> 정답 | 해설

라인 확장은 기존 제품 카테고리에서 새로운 세분시장으로 진입할 때, 새롭게 개발된 제품에 모 브랜드를 적용하여 확장하는 것이다. 제시된 기사는 불닭볶음면이라는 브랜드 라인을 적용하여 확장한 대표적인 사례이다.

> 오답분석

① 대의명분 마케팅(Cause Related Marketing) : 기업이나 상표(브랜드)를 자선이나 대의명분과 연관지어 이익을 도모한다는 전략적 위치설정의 도구이다.
② 카테고리 확장(Category Extension) : 모 브랜드의 제품군과 전혀 다른 범주의 제품군으로 진입할 때, 모 브랜드를 적용하여 확장하는 것이다. 라인 확장 전략과 함께 이분법으로 구분된다.
③ 구전 마케팅(Word of Mouth Marketing) : 구전 마케팅은 소비자 또는 그 관련인의 입에서 입으로 전달되는 제품, 서비스, 기업 이미지 등에 대한 마케팅을 말한다.
④ 귀족 마케팅(Noblesse Marketing) : VIP 고객을 대상으로 차별화된 서비스를 제공하는 것을 말한다.

정답 ⑤

| 코레일(2021)/가스(2021)

13 다음 중 마일즈(Miles)와 스노우(Snow)의 전략유형에서 방어형의 특징으로 옳은 것은?

① 위험을 감수하고 혁신과 모험을 추구하는 적극적 전략이다.
② 성과지향적 인사고과와 장기적인 결과를 중시하는 전략이다.
③ 먼저 진입하지 않고 혁신형을 관찰하다가 성공 가능성이 보이면 신속하게 진입하는 전략이다.
④ 조직의 안정적 유지를 추구하는 소극적 전략이다.
⑤ 진입장벽을 돌파하여 시장에 막 진입하려는 기업들이 주로 활용하는 전략이다.

> 정답 | 해설

마일즈(Miles)와 스노우(Snow)의 전략유형
• 공격형
  새로운 제품과 시장기회를 포착 및 개척하려는 전략이다. 진입장벽을 돌파하여 시장에 막 진입하려는 기업들이 주로 활용하며, 신제품과 신기술의 혁신을 주요 경쟁수단으로 삼는다.
  – 위험을 감수하고 혁신과 모험을 추구하는 적극적 전략
  – 분권화(결과)에 의한 통제
  – 충원과 선발은 영입에 의함
  – 보상은 대외적 경쟁성과 성과급 비중이 큼
  – 인사고과는 성과지향적이고, 장기적인 결과를 중시함
• 방어형
  효율적인 제조를 통해 기존 제품의 품질을 높이거나 가격을 낮춰 고객의 욕구를 충족시키며, 가장 탁월한 전략으로 여겨진다.
  – 조직의 안정적 유지를 추구하는 소극적 전략. 틈새시장(니치)을 지향하고, 그 밖의 기회는 추구하지 않음
  – 기능식 조직
  – 중앙집권적 계획에 의한 통제
  – 보상은 대내적 공정성을 중시하고, 기본급 비중이 큼
  – 인사고과는 업무과정 지향적이고, 단기적인 결과를 중시함
• 분석형
  먼저 진입하지 않고 혁신형을 관찰하다가 성공 가능성이 보이면 신속하게 진입하는 전략이다. 공정상의 이점이나 마케팅상의 이점을 살려서 경쟁하며, '공격형 전략과 방어형 전략의 결합형'으로서 한편으로 수익의 기회를 최대화하면서 다른 한편으로 위험을 최소화하려는 전략이다.

정답 ④

| 코레일(2025)/코레일(2024)/코레일(2023)/부교공(2023)/국민연금(2021)/도로교통(2021)/가스(2021)/신보(2021)/국민연금(2020)

14 다음 중 데이터베이스 마케팅에 대한 설명으로 옳지 않은 것은?

① 기업 규모와 관계없이 모든 기업에서 활용이 가능하다.
② 기존 고객의 재구매를 유도하며, 장기적인 마케팅 전략 수립이 가능하다.
③ 인구통계, 심리적 특성, 지리적 특성 등을 파악하여 고객별 맞춤 서비스가 가능하다.
④ 고객자료를 바탕으로 고객 및 매출 증대에 대한 마케팅 전략을 실행하는 데 목적이 있다.
⑤ 단방향 의사소통으로 고객과 1 : 1 관계를 구축하여 즉각적으로 반응을 확인할 수 있다.

정답 | 해설

데이터베이스 마케팅(DB 마케팅)은 고객별로 맞춤화된 서비스를 제공하기 위해 정보 기술을 이용하여 고객의 정보를 데이터베이스로 구축하여 관리하는 마케팅 전략이다. 이를 위해 고객의 성향, 이력 등 관련 정보가 필요하므로 기업과 고객 간 양방향 의사소통을 통해 1 : 1 관계를 구축하게 된다.

정답 ⑤

| 코레일(2025)/코레일(2024)/코레일(2023)/부교공(2023)/국민연금(2021)/도로교통(2021)/가스(2021)/신보(2021)/국민연금(2020)

15 다음 중 디마케팅(Demarketing)에 대한 설명으로 옳지 않은 것은?

① 디마케팅은 소비를 억제하고자 하는 마케팅 기법이다.
② 휴면계정을 삭제하거나, 우량고객에게만 별도의 제작선물을 보내는 것도 디마케팅 전략의 예이다.
③ 디마케팅은 초과수요의 상황에서 수요를 감소시키기 위한 방법으로도 사용된다.
④ 디마케팅 전략은 이익추구활동과 연관이 있을 뿐 공익활동과는 전혀 관계가 없다.
⑤ 디마케팅의 목적 중 하나는 무분별하게 고객을 늘리기보다 실제로 수익에 도움이 되는 고객에게만 집중적인 서비스를 제공하여 수익을 증대하는 것이다.

정답 | 해설

디마케팅은 기업이 고객의 수요를 의도적으로 줄이는 마케팅 기법을 말하며, 공익활동을 위해서 사용되기도 한다. 게임중독을 방지하기 위해 부모님과 동의를 얻은 시간 내에서만 온라인 게임을 할 수 있도록 하거나 전력량이 많은 여름철에 소비전력을 줄이기 위해 한국전력공사에서 펼치는 소비 절약 캠페인도 하나의 디마케팅 전략이라고 볼 수 있다.

정답 ④

| 코레일(2025)/코레일(2024)/코레일(2023)/부교공(2023)/국민연금(2021)/도로교통(2021)/가스(2021)/신보(2021)/국민연금(2020)

16 다음 사례에 해당하는 마케팅 기법은?

> 올해 8월 무더운 더위 속 팀원 모두가 휴가를 떠난 사이 홀로 사무실에 남아 업무를 보고 있는 A씨는 휴가를 떠나지 못했다고 해서 전혀 아쉽지 않다. 모두가 직장에 복귀하여 열심히 업무에 매진하는 9월에 A씨는 애인과 함께 갈 제주도 여행을 저렴한 가격으로 예약했기 때문이다.

① 디마케팅(Demarketing) ② 니치 마케팅(Niche Marketing)
③ 그린 마케팅(Green Marketing) ④ 노이즈 마케팅(Noise Marketing)
⑤ 동시화 마케팅(Synchro Marketing)

정답 | 해설

동시화 마케팅은 불규칙적 수요 상태에서 바람직한 수요의 시간 패턴에 실제 수요의 시간 패턴을 맞추기 위한 마케팅 기법으로, 모두가 휴가에서 돌아오는 비수기인 9월에 여행산업에서 요금을 할인하여 저렴한 가격에 예약을 한 A씨의 사례에서 찾아볼 수 있다.

정답 ⑤

| 코레일(2025)/코레일(2024)/코레일(2023)/부교공(2023)/국민연금(2021)/도로교통(2021)/가스(2021)/신보(2021)/국민연금(2020)

17 다음 중 비슷한 성향을 지닌 소비자들과 다른 성향을 가진 소비자들을 분리해 하나의 그룹으로 묶는 과정은?

① 프로모션(Promotion) ② 타깃팅(Targeting)
③ 포지셔닝(Positioning) ④ 시장세분화
⑤ 이벤트(Event)

정답 | 해설

시장세분화는 수요층별로 시장을 분할해 각 층에 대해 집중적인 마케팅 전략을 펴는 것을 말한다.

[오답분석]
① 프로모션(Promotion) : 제품 판매를 위한 선전이나 판촉활동
② 타깃팅(Targeting) : 전체 시장을 세분화한 후, 하나 혹은 복수의 소비자 집단을 목표시장으로 선정하는 마케팅 전략
③ 포지셔닝(Positioning) : 소비자의 마음속에 자사제품이나 기업을 가장 유리한 포지션에 있도록 노력하는 과정
⑤ 이벤트(Event) : 기업에서 신제품 출시나 제품 홍보를 위해 개최하는 행사

정답 ④

| 코레일(2025)/코레일(2024)/코레일(2023)/부교공(2023)/국민연금(2021)/도로교통(2021)/가스(2021)/신보(2021)/국민연금(2020)

18 다음 중 고객이 먼저 관심을 가지고 오도록 끌어당기는 것을 의미하는 마케팅 개념은?

① 인바운드 마케팅
② 아웃바운드 마케팅
③ 프로모션 마케팅
④ 소셜미디어 마케팅
⑤ 콘텐츠 마케팅

정답 | 해설

인바운드 마케팅은 고객이 제품이나 서비스 등에 관심을 가지고 먼저 오도록 하여 잠재고객을 유치하고 구매를 유도하는 마케팅 전략이다.

오답분석

② 아웃바운드 마케팅 : 기업이 고객에게 찾아가 적극적으로 상품 및 서비스를 판매하는 마케팅
③ 프로모션 마케팅 : 할인, 사은품 등 프로모션을 통해 고객을 유도하고 판매를 촉진하는 마케팅
④ 소셜미디어 마케팅 : 인스타그램, 페이스북 등 소셜미디어를 활용하는 마케팅
⑤ 콘텐츠 마케팅 : 제품, 서비스 등에 대한 콘텐츠를 제작하여 고객참여 및 브랜드이미지를 제고하는 마케팅

정답 ①

| 코레일(2025)/코레일(2024)/코레일(2023)/부교공(2023)/국민연금(2021)/도로교통(2021)/가스(2021)/신보(2021)/국민연금(2020)

19 다음 중 마케팅의 푸시(Push) 전략에 대한 설명으로 옳지 않은 것은?

① 푸시 전략은 채널 파트너에게 마케팅 노력의 방향을 포함하는 전략이다.
② 고객에게 제품이나 브랜드에 대해 알릴 수 있다.
③ 영업 인력이나 중간상 판촉 등을 활용하여 수행한다.
④ 최종 소비자에게 마케팅 노력을 홍보하는 전략이다.
⑤ 브랜드 충성도가 낮은 경우에 적합한 전략이다.

정답 | 해설

최종 소비자에게 마케팅 노력을 홍보하는 전략은 풀(Pull) 전략에 해당한다.

푸시 전략과 풀 전략

구분	푸시 전략	풀 전략
의미	채널 파트너에게 마케팅 노력의 방향을 포함하는 전략	최종 소비자에게 마케팅 노력을 홍보하는 전략
목표	고객에게 제품이나 브랜드에 대해 알릴 수 있음	고객이 제품이나 브랜드를 찾도록 권장
용도	영업 인력, 중간상 판촉, 무역 진흥 등	광고, 소비자 판촉 및 기타 의사소통 수단
강조	자원 할당	민감도
적당	브랜드 충성도가 낮을 때	브랜드 충성도가 높을 때
리드타임	긺	짧음

정답 ④

| 코레일(2025)/코레일(2024)/코레일(2023)/부교공(2023)/국민연금(2021)/도로교통(2021)/가스(2021)/신보(2021)/국민연금(2020)

20 다음 중 마케팅에 대한 설명으로 옳지 않은 것은?

① 거시적 마케팅이란 사회적 입장에서 유통기구와 기능을 분석하는 마케팅 활동을 의미한다.
② 미시적 마케팅이란 개별 기업이 기업의 목표를 달성하기 위한 수단으로 수행하는 마케팅 활동을 의미한다.
③ 선행적 마케팅이란 생산이 이루어지기 이전의 마케팅 활동을 의미하는 것으로, 대표적인 활동으로는 경로, 가격, 판촉 등이 해당한다.
④ 마케팅이란 소비자의 필요와 욕구를 충족시키기 위해 시장에서 교환이 일어날 수 있도록 계획하고 실행하는 과정이다.
⑤ 고압적 마케팅이란 소비자의 욕구에 관계없이 기업의 입장에서 생산 가능한 제품을 생산하여 강압적으로 판매하는 형태를 의미한다.

정답 | 해설

미시적 마케팅은 선행적 마케팅과 후행적 마케팅으로 구분되며, 생산이 이루어진 이후의 마케팅 활동을 의미한다. 대표적인 활동으로 경로, 가격, 판촉 등이 이루어지는 것은 후행적 마케팅이다.

정답 ③

| 코레일(2025)/코레일(2024)/코레일(2023)/부교공(2023)/국민연금(2021)/도로교통(2021)/가스(2021)/신보(2021)/국민연금(2020)

21 다음 중 시장지향적 마케팅에 대한 설명으로 옳지 않은 것은?

① 고객지향적 사고의 장점을 포함하면서, 그 한계점을 극복하기 위한 포괄적 마케팅이다.
② 기업이 최종고객들과 원활한 교환을 통하여 최상의 가치를 제공하기 위함을 목표로 한다.
③ 오직 기존 사업시장에 집중하여 경쟁우위를 점하기 위한 마케팅이다.
④ 다양한 시장 구성요소들이 원만하게 상호작용하며 마케팅 전략을 구축한다.
⑤ 기존 사업시장뿐만 아닌 외부사업 시장이나 이익 기회들을 확인하며, 때에 따라 기존사업 시장을 포기하기도 한다.

정답 | 해설

시장지향적 마케팅이란 고객지향적 마케팅의 장점을 포함하면서 그 한계점을 극복하기 위한 포괄적 마케팅이며, 기업이 최종 고객들과 원활한 교환을 통하여 최상의 가치를 제공해 주기 위해 기업 내외의 모든 구성요소들 간 상호작용을 관리하는 총체적 노력이 수반되기도 한다. 그에 따른 노력 중에는 외부사업이나 이익 기회들을 확인해 다양한 시장 구성요소들이 완만하게 상호작용하도록 관리하며, 외부시장의 기회에 대해 적시하고 정확하게 대응한다. 때에 따라 기존 사업시장을 포기하며, 전혀 다른 사업부분으로 진출하기도 한다.

정답 ③

| 코레일(2025)/코레일(2024)/코레일(2023)/부교공(2023)/국민연금(2021)/도로교통(2021)/가스(2021)/신보(2021)/국민연금(2020)

22 다음 중 문자 등 짧은 메시지를 고객에게 지속적으로 보내는 마케팅 방법은?

① 드립 마케팅
② 뉴로 마케팅
③ 애드네트워크
④ SMS 마케팅
⑤ PPL 마케팅

정답 | 해설

SMS마케팅은 휴대폰 문자메시지(SMS; Short Message Service)를 활용해 상품・서비스 홍보, 이벤트 안내 등을 하는 모바일 마케팅 기법으로 저비용으로 고객에게 간결한 핵심 정보를 즉각적으로 전달하는 특징이 있다.

오답분석

① 미리 작성된 마케팅 메시지를 일정 시간 이후에 고객 또는 잠재고객에게 발송하는 마케팅
② 소비자의 무의식적 반응과 뇌 활동을 분석하여 적용하는 마케팅
③ 광고 지면을 수집 및 중개하여 수수료를 받고 광고주에게 판매하는 마케팅
⑤ 각종 콘텐츠 속에 기업제품을 소품이나 배경으로 등장시켜 소비자들에게 홍보하는 마케팅

정답 ④

| 국민연금(2021)/도로교통(2021)/가스(2021)/신보(2021)/국민연금(2020)/도로(2020)

23 다음 중 패널조사와 같이 다시점 조사방법으로 옳은 것은?

① FGI 설문법
② 탐색조사
③ 서베이법
④ 종단조사
⑤ 횡단조사

정답 | 해설

종단조사는 동일한 대상을 일정 시간을 두고 반복적으로 측정하여 조사 대상의 변화를 정기적으로 측정하는 조사로, 다시점 조사라고도 불린다.

오답분석

① FGI 설문법 : 표준화된 질문이나 설문지를 통한 조사가 아닌 질문방식이나 응답 방법 등이 비교적 자유로운 질적조사이다.
② 탐색조사 : 질문에 있어서 약간의 지식이 있을 때 본 조사에 앞서 수행하는 소규모의 조사이다.
③ 서베이법 : 다수의 조사자에게 직접 묻거나 설문지, 컴퓨터 등을 통해 자료를 조사하는 방법이다.
⑤ 횡단조사 : 특정 시점을 기준으로 여러 샘플을 조사함으로써 상이한 집단 간의 차이를 규명하고자 하는 조사 방법이다.

정답 ④

| 코레일(2023)/코레일(2021)/자산관리(2021)

24 다음 〈보기〉에서 확률 표본추출법에 해당하는 것을 모두 고르면?

> **보기**
> ㉠ 단순무작위 표본추출법　　㉡ 체계적 표본추출법
> ㉢ 편의 표본추출법　　㉣ 판단 표본추출법
> ㉤ 할당 표본추출법　　㉥ 층화 표본추출법
> ㉦ 군집 표본추출법　　㉧ 눈덩이 표본추출법

① ㉠, ㉡, ㉥, ㉦
② ㉠, ㉡, ㉦, ㉧
③ ㉢, ㉣, ㉤, ㉥
④ ㉢, ㉣, ㉥, ㉧
⑤ ㉤, ㉥, ㉦, ㉧

정답 | 해설

모집단에 대한 관찰과 통계적 추론을 위해 관심 모집단의 부분 집합(표본)을 선택하는 통계학적 과정을 표본추출(Sampling)이라고 한다.
1. 확률 표본추출(Probability Sampling)법
   모집단에 속한 모든 단위가 표본으로 선택받을 확률을 동일하게 가지고 있는 경우이다. 그리고 이 과정에서 무작위(랜덤)로 추출되어야만 한다. 단순무작위 표본추출법, 체계적(계통) 표본추출법, 층화 표본추출법, 군집 표본추출법 등이 이에 해당한다.
2. 비확률 표본추출(Non-Probability Sampling)법
   모집단에 속한 모든 단위가 표본으로 선택받을 확률이 정확하게 결정되지 않은 상황의 표집 기법이다. 따라서 이 방법은 표집 편향에 영향을 받을 수 있으며, 모집단을 일반화하기 어렵다는 단점이 있다. 편의 표본추출법, 판단 표본추출법, 할당 표본추출법, 눈덩이 표본추출법 등이 이에 해당한다.

정답 ①

| 코레일(2023)/코레일(2021)/자산관리(2021)

25 다음 글은 비확률 표본추출(Non-Probability Sampling)에 해당하는 표본추출법에 대한 설명이다. 이에 해당하는 표본추출법으로 옳은 것은?

> 조사자의 주관에 따라 표본의 대상을 선정하며, 이때 표본은 모집단의 특성을 반영할 수 있는 사람들로 구성이 되어야 하고, 이를 위해서 조사자의 주관적 견해가 중요한 기준으로 작용한다. 적은 수의 표본만으로도 모집단의 특성을 대표할 수 있다는 장점이 있다.

① 단순무작위 표본추출법
② 층화 표본추출법
③ 편의 표본추출법
④ 판단 표본추출법
⑤ 할당 표본추출법

정답 | 해설

제시문에 해당하는 표본추출법은 판단 표본추출법이다. 비확률 표본추출(Non-Probability Sampling)은 모집단에 속한 모든 단위가 표본으로 선택받을 확률이 정확하게 결정되지 않은 상황의 표집기법이다. 따라서 이 방법은 표집 편향에 영향 받을 수 있고, 모집단을 일반화하기 어렵다는 단점이 있다.

정답 ④

| 강원랜드(2022)/인천항만(2021)/국민연금(2020)/농어촌(2020)

26 다음 중 브랜드에 대한 설명으로 옳지 않은 것은?

① 브랜드 인지도란 브랜드가 소비자들에게 알려진 정도를 의미한다.
② 기존 브랜드와 상이한 신제품에 기존 브랜드를 사용하는 것은 라인 확장 전략이다.
③ 브랜드 회상(Brand Recall)이란 특정 범주 내에서 마음속에 떠오르는 브랜드를 파악하는 방법이다.
④ 브랜드 재인(Brand Recognition)이란 여러 브랜드를 들려준 후 들어본 적이 있는 브랜드를 파악하는 방법이다.
⑤ 복수 브랜드 전략(Multi Brand Strategy)이란 기존 제품범주와 유사한 제품범주류의 신제품에 새로운 상표를 사용하는 전략이다.

정답 | 해설

라인 확장 전략은 기존 브랜드 류의 신제품에 기존 브랜드를 사용하는 전략이며, 기존 브랜드와 상이한 신제품에 기존 브랜드를 사용하는 전략은 카테고리 확장 전략이다.

정답 ②

| 강원랜드(2022)/인천항만(2021)/국민연금(2020)/농어촌(2020)

27 다음 중 브랜드 전략에 대한 설명으로 옳지 않은 것은?

① 하향 확장의 경우 기존 브랜드의 고급 이미지를 희석시키는 희석효과를 초래할 수 있다.
② 같은 브랜드의 상품이 서로 다른 유통경로로 판매될 경우 경로 간의 갈등은 발생하지 않는다.
③ 브랜드 확장은 기존 브랜드와 다른 상품범주에 속하는 신상품에 기존 브랜드를 붙이는 것으로, 카테고리 확장이라고도 한다.
④ 신규 브랜드 전략은 새로운 제품 범주에서 출시하고자 하는 신제품을 대상으로 새로운 브랜드를 개발하는 경우이다.
⑤ 라인 확장 전략이란 동일한 제품 범주 내에서 새로운 제품을 추가시키면서 기존의 브랜드를 이용하는 전략이다.

정답 | 해설

같은 브랜드의 상품이 서로 다른 유통경로로 판매될 경우 경로 간의 갈등을 일으킬 위험이 있다.

정답 ②

| 강원랜드(2022)/인천항만(2021)/국민연금(2020)/농어촌(2020)

28 다음 중 복수 브랜드 전략(Multi Brand Strategy)에 대한 설명으로 옳지 않은 것은?

① 동일한 제품 범주 내에서 서로 경쟁하는 다수의 브랜드이다.
② 제품에 대한 충성도를 이끌 수 있다.
③ 동일한 제품 범주에서 시장을 세분화하여 운영한다.
④ 소비자들의 욕구와 동질성을 파악한 후 각각의 세분 시장마다 별도의 개별 브랜드를 도입한다.
⑤ 회사의 제품믹스를 공통점으로 가진 몇 개의 제품집단을 나누어, 집단마다 공통요소가 있는 개별의 상표를 적용한다.

정답 | 해설

혼합 브랜드 전략(Mixed Brand Strategy)에 대한 설명이다. 복수 브랜드 전략은 동일한 제품 범주에서 시장을 세분화하여 소비자들의 기대와 욕구의 동질성을 파악한 후, 각각의 세분 시장마다 별도의 개별 브랜드를 도입하는 것으로, 대표적으로 농심 신라면, 농심 너구리, 농심 짜파게티 등을 예시로 들 수 있다.

정답 ⑤

| 코레일(2020)

29 다음 설명에 해당하는 소비자 정보처리 과정으로 옳은 것은?

> 소비자의 정보처리의 첫 단계로 개인이 마케팅 자극에 물리적으로 접근하여 감각 기관이 활성화된 준비 상태가 되었음을 의미한다.

① 노출
② 주의
③ 이해
④ 기억
⑤ 행동

정답 | 해설

소비자 정보처리과정이란 소비자가 우연적 또는 의도적으로 마케팅 자극에 노출되어 주의를 기울이고, 그 내용을 이해하여 새로운 신념과 태도를 형성하는 과정을 의미한다. 정보처리과정은 '노출 – 주의 – 이해(지각) – 기억'으로 구성되며, 제시문은 4가지 단계 중 첫 번째인 노출에 대한 설명이다.

정답 ①

| 도로교통(2021)

30 다음 사례에서 소비자의 구매행동에 영향을 미친 요인으로 옳은 것은?

> 최근 카메라에 대한 관심이 생긴 철수는 얼마 전 카메라 관련 동호회에 가입할 만큼 열정이 커졌다. 동호회 회원들과 이곳저곳 촬영을 다니고 기술도 배우다 보니 점점 회원들과 가까워졌고 만남도 잦아졌다. 그러던 중 자신의 카메라 장비를 업그레이드해야 할 필요성을 느꼈고, 이곳저곳 비교해볼 것 없이 주변 회원들과 같은 장비로 구매하게 되었다.

① 태도
② 라이프스타일
③ 사회계층
④ 준거집단
⑤ 인구통계적 특성

정답 | 해설

소비자의 구매행동을 분석하기 위해서는 어떠한 요인들이 영향을 미치는지 파악해야 한다. 소비자의 구매행동에 영향을 미치는 심리적·개인적 요인으로 태도, 동기, 욕구, 가치, 자아, 개성, 라이프스타일, 인구통계적 특성 등이 있고, 사회적·문화적 요인으로 준거집단, 가족, 문화, 사회 계층 등이 있다. 제시된 사례와 같은 경우는 준거집단에서 영향을 받은 대표적 예시이다. 준거집단이란 가족, 친구, 직장 동료와 같이 개인의 행동에 직간접적으로 영향을 미치는 사람들을 의미한다. 이들은 개인의 생각이나 행동에 기준을 제시하거나 가치를 제공하는 방식으로 영향을 미치며, 등산 동호회, 마라톤 동호회, 오토바이 동호회 등에서는 장비와 패션이 비슷한 것을 알 수 있는데, 이는 준거집단이 영향을 주기 때문이다.

정답 ④

| 코레일(2023)/도로교통(2021)/한국공항(2021)/코레일(2020)/농어촌(2020)/국민연금(2020)/도로(2020)

31 다음 수요예측기법 중 성격이 다른 하나는?

① 델파이 기법
② 역사적 유추법
③ 시계열 분석 방법
④ 시장조사법
⑤ 라이프사이클 유추법

정답 | 해설

수요예측기법은 수치를 이용한 계산방법 적용 여부에 따라 정성적 기법과 정량적 기법으로 구분할 수 있다. 정성적 기법은 개인의 주관이나 판단 또는 여러 사람의 의견에 의하여 수요를 예측하는 방법으로, 델파이 기법, 역사적 유추법, 시장조사법, 라이프사이클 유추법 등이 있다. 정량적 기법은 수치로 측정된 통계자료에 기초하여 계량적으로 예측하는 방법으로, 사건에 대하여 시간의 흐름에 따라 기록한 시계열 데이터를 바탕으로 분석하는 시계열 분석 방법이 이에 해당한다.

오답분석
① 델파이 기법 : 여러 전문가의 의견을 되풀이해 모으고 교환하고 발전시켜 미래를 예측하는 방법이다.
② 역사적 유추법 : 수요 변화에 관한 과거 유사한 제품의 패턴을 바탕으로 유추하는 방법이다.
④ 시장조사법 : 시장에 대해 조사하려는 내용의 가설을 세운 뒤 소비자 의견을 조사하여 가설을 검증하는 방법이다.
⑤ 라이프사이클 유추법 : 제품의 라이프사이클을 분석하여 수요를 예측하는 방법이다.

정답 ③

| 코레일(2023)/도로교통(2021)/한국공항(2021)/코레일(2020)/농어촌(2020)/국민연금(2020)/도로(2020)

32 다음 중 수요예측기법(Demand Forecasting Technique)에 대한 설명으로 옳은 것은?

① 지수평활법은 평활상수가 클수록 최근 자료에 더 높은 가중치를 부여한다.
② 시계열 분석법으로는 이동평균법과 회귀분석법이 있다.
③ 수요예측과정에서 발생하는 예측오차들의 합이 영(Zero)에 수렴하는 것은 옳지 않다.
④ 이동평균법은 이동평균의 계산에 사용되는 과거자료의 개수가 많을수록 수요예측의 정확도가 높아진다.
⑤ 회귀분석법은 실제치와 예측치의 오차를 자승한 값의 총 합계가 최대가 되도록 회귀계수를 추정한다.

정답 | 해설

지수평활법은 가장 최근 데이터에 가장 큰 가중치가 주어지고 시간이 지남에 따라 가중치가 기하학적으로 감소되는 가중치 이동 평균 예측 기법으로, 평활상수가 클수록 최근 자료에 더 높은 가중치를 부여한다.

오답분석
② 회귀분석법은 인과관계 분석법에 해당한다.
③ 수요예측과정에서 발생하는 예측오차들의 합이 영(Zero)에 수렴하는 것은 바람직하다.
④ 이동평균법에서 과거자료 개수를 증가시키면 예측치를 평활하는 효과는 크지만, 예측의 민감도는 떨어뜨려서 수요예측의 정확도는 오히려 낮아진다.
⑤ 회귀분석법은 실제치와 예측치의 오차를 자승한 값의 총 합계가 최소화가 되도록 회귀계수를 추정한다.

정답 ①

| 코레일(2023)/도로교통(2021)/한국공항(2021)/코레일(2020)/농어촌(2020)/국민연금(2020)/도로(2020)

33 시계열(Time Series) 분석법은 시계열 변동을 4가지 구성요소로 분해하여 수요를 예측하는 방법이다. 다음 중 4가지 구성요소에 해당하지 않는 것은?

① 계절(Seasonal) 변동
② 인과(Causal) 변동
③ 불규칙(Irregular) 변동
④ 순환(Cyclical) 변동
⑤ 추세(Trend) 변동

정답 | 해설

시계열 분석법은 20세기 초 경제학자들의 경기변동 예측 시도에서 발전한 것으로, 시계열을 구성하는 성분들이 결정적이고 서로 독립적이라는 가정에 기반한 이론이다.

> **시계열 분해 구성요소**
> - 불규칙 성분(Irregular Component)
> - 체계적 성분(Systematic Component)
>   - 추세 성분(Trend Component)
>   - 계절 성분(Seasonal Component)
>   - 순환 성분(Cyclical Component)

정답 ②

| 코레일(2023)/도로교통(2021)/한국공항(2021)/코레일(2020)/농어촌(2020)/국민연금(2020)/도로(2020)

34 다음 중 시계열 분석법(Time Series Analysis)에 대한 설명으로 옳지 않은 것은?

① 시계열 예측 기법은 과거의 수요를 분석하여 시간에 따른 수요의 패턴을 파악하고, 이의 연장선상에서 미래의 수요를 예측하는 방법이다.
② 과거의 수요 흐름으로부터 미래의 수요를 투영하는 방법으로, 과거의 수요 패턴이 미래에도 지속된다는 시장의 안정성이 기본적인 가정으로 필요하다.
③ 목측법, 이동평균법, 지수평활법, 최소자승법, 박스-젠킨스(Box-Jenkins)법, 계절지수법, 시계열 회귀분석법 등이 있다.
④ 시계열 자료수집이 용이하고 변화하는 경향이 뚜렷하여 안정적일 때 이를 기초로 미래의 예측치를 구할 수 있다.
⑤ 과거의 수요 패턴이 항상 계속적으로 유지된다고 할 수 없으므로 시계열 예측 기법은 주로 중장기 예측에 이용되며, 비교적 적은 자료로도 정확한 예측이 가능하다.

정답 | 해설

시계열 분석법은 시계열 자료수집이 용이하고 변화하는 경향이 뚜렷하여 안정적일 때 이를 기초로 미래의 예측치를 구하지만, 과거의 수요 패턴이 항상 계속적으로 유지된다고 할 수 없으므로 주로 중단기 예측에 이용되며, 비교적 적은 자료로도 정확한 예측이 가능하다.

정답 ②

| 코레일(2023)/도로교통(2021)/한국공항(2021)/코레일(2020)/농어촌(2020)/국민연금(2020)/도로(2020)

35 A 재화의 3월 판매예측치가 20,000단위이고, 실제 판매량은 21,000단위라고 가정한다면, 단순지수평활법에 의한 4월의 예측치는 얼마인가?(단, 평활상수는 0.3이다)

① 20,000단위
② 20,100단위
③ 20,200단위
④ 20,300단위
⑤ 20,400단위

정답 해설

$F_t = a \times D_{t-1} + (1-a) \times F_{t-1}$
(t=현재시간, F_t=예측값, a=평활상수, D_{t-1}=전기의 실측값, F_{t-1}=전기의 예측값)
따라서 $F_t = F_{t-1} + (21,000 - 20,000) \times 0.3 = 20,300$단위이다.

정답 ④

| 코레일(2023)/도로교통(2021)/한국공항(2021)/코레일(2020)/농어촌(2020)/국민연금(2020)/도로(2020)

36 다음 〈보기〉에서 시스템을 활용한 수요예측기법으로 옳은 것을 모두 고르면?

보기

㉠ 컨조인트 분석   ㉡ 정보 예측 시장
㉢ 시스템 다이나믹스   ㉣ 시계열 분석
㉤ 회귀 분석   ㉥ 확산 모형
㉦ 인덱스 분석   ㉧ 인공 신경망

① ㉠, ㉡, ㉢
② ㉡, ㉢, ㉤
③ ㉡, ㉢, ㉧
④ ㉣, ㉤, ㉦
⑤ ㉤, ㉥, ㉦

정답 해설

수요예측기법의 종류

정성적	정량적	시스템
전문가 의견 활용	시계열 분석	정보 예측 시장
컨조인트 분석	회귀 분석	시스템 다이나믹스
인덱스 분석	확산 모형	인공 신경망

정답 ③

| 코레일(2023)/도로교통(2021)/한국공항(2021)/코레일(2020)/농어촌(2020)/국민연금(2020)/도로(2020)

37 다음은 A사의 상반기 매출액 실적치이다. 지수 평활 계수 a가 0.1일 때, 단순지수평활법으로 6월 매출액 예측치를 바르게 구한 것은?(단, 1월의 예측치는 220만 원이며, 모든 예측치는 소수점 둘째 자리에서 반올림한다)

(단위 : 만 원)

1월	2월	3월	4월	5월
240	250	230	220	210

① 222만 원
② 223.3만 원
③ 224.7만 원
④ 224.8만 원
⑤ 225.3만 원

정답 | 해설

단순지수평활법 $Ft = Ft-1 + a[(At-1)-(Ft-1)] = a \times (At-1) + (1-a) \times (Ft-1)$
[Ft=차기 예측치, ($Ft-1$)=당기 예측치, ($At-1$)=당기 실적치]이므로 다음과 같다.
• 2월 예측치 : $220 + 0.1 \times (240-220) = 222$만 원
• 3월 예측치 : $222 + 0.1 \times (250-222) = 224.8$만 원
• 4월 예측치 : $224.8 + 0.1 \times (230-224.8) = 225.32 ≒ 225.3$만 원
• 5월 예측치 : $225.3 + 0.1 \times (220-225.3) = 224.77 ≒ 224.8$만 원
• 6월 예측치 : $224.8 + 0.1 \times (210-224.8) = 223.32 ≒ 223.3$만 원
따라서 6월 매출액 예측치는 223.3만 원이다.

정답 ②

| 서울시설(2020)

38 다음 중 수직적 통합의 이유로 옳은 것은?

① 대기업이 시장점유율을 높여 가격선도자 역할을 하기 위해
② 중소기업이 생산규모를 확대하고, 판매망을 강화하기 위해
③ 원료부터 제품까지의 기술적 일관성을 위해
④ 대규모 구조조정을 통한 경영혁신을 위해
⑤ 규모의 경제 확보를 위해

정답 | 해설

수직적 통합은 원료를 공급하는 기업이 생산기업을 통합하는 등의 전방 통합과 유통기업이 생산기업을 통합하거나 생산기업이 원재료 공급기업을 통합하는 등의 후방 통합이 있다. 이는 원료 독점으로 경쟁자 배제, 원료 부문에서의 수익, 원료부터 제품까지의 기술적 일관성 등의 장점이 있다.

[오답분석]
①·②·⑤ 수평적 통합은 동일 업종의 기업이 동등한 조건에서 합병·제휴하는 일로, 수평적 통합의 장점에 해당된다.
④ 대규모 구조조정은 수직적 통합의 이유와 관련이 없다.

정답 ③

| 코레일유통(2023)/코바코(2022)/코레일(2021)/LX(2020)/국민연금(2020)

39 다음 중 시장세분화에 대한 설명으로 옳은 것은?

① 시장포지셔닝은 세분화된 시장의 좋은 점을 분석한 후 진입할 세분시장을 선택하는 것이다.
② 행동적 세분화는 구매자의 사회적 위치, 생활습관, 개인성격 등을 바탕으로 시장을 나누는 것이다.
③ 시장표적화는 시장경쟁이 치열해졌거나 소비자의 욕구가 급격히 변할 때 저가격으로 설정하는 전략방법이다.
④ 인구통계적 세분화는 나이, 성별, 가족규모, 소득, 직업, 종교, 교육수준 등을 바탕으로 시장을 나누는 것이다.
⑤ 사회심리적 세분화는 추구하는 편익, 사용량, 상표애호도, 사용여부 등을 바탕으로 시장을 나누는 것이다.

정답 해설

시장세분화는 수요층별로 시장을 분할해 각 층에 대해 집중적인 마케팅 전략을 펴는 것으로, 인구통계적 세분화는 나이, 성별, 라이프사이클, 가족 수 등을 세분화하여 소비자 집단을 구분하는 데 많이 사용한다.

오답분석

① 시장포지셔닝은 소비자들의 마음속에 자사제품의 바람직한 위치를 형성하기 위하여 제품 효익을 개발하고 커뮤니케이션하는 활동을 의미한다.
② 행동적 세분화는 구매자의 사용상황, 사용경험, 상표애호도 등으로 시장을 나누는 것이다.
③ 시장표적화는 포지셔닝할 고객을 정하는 단계이다.
⑤ 사회심리적 세분화는 사회계층, 준거집단, 라이프 스타일, 개성 등으로 시장을 나누는 것이다.

정답 ④

| 코레일유통(2023)/코바코(2022)/코레일(2021)/LX(2020)/국민연금(2020)

40 다음 중 시장세분화 전략(STP)에 대한 설명으로 옳지 않은 것은?

① STP는 세분화(Segmentation), 목표시장선정(Targeting), 포지셔닝(Positioning)을 의미한다.
② 인구통계적 변수, 심리분석적 변수, 추구편익은 고객특성 변수에 구분한 것이다.
③ 소비자 행동과 직접적 관련성이 가장 높은 세분화 변수는 고객행동 변수이다.
④ 세분시장의 차이를 무시하고 하나의 제공물로 전체시장을 공략하는 방법은 비차별적 마케팅이다.
⑤ 포지셔닝이란 표적시장의 소비자들 마음속에 차별적인 위치를 차지하도록 기업의 제공물과 이미지를 설계하는 활동이다.

정답 해설

시장세분화 변수 가운데 추구편익은 고객행동 변수에 해당한다. 인구통계적 변수와 심리분석적 변수는 고객특성 변수이다.

정답 ②

| 코레일유통(2023)/코바코(2022)/코레일(2021)/LX(2020)/국민연금(2020)

41 다음 〈보기〉에서 시장세분화와 관련된 고객 행동변수로 옳지 않은 것을 모두 고르면?

> **보기**
> 가. 사용상황　　　　　　　　나. 상표 애호도
> 다. 가족생활주기　　　　　　라. 라이프 스타일
> 마. 추구하는 편익

① 가, 나　　　　　　② 가, 다
③ 나, 다　　　　　　④ 다, 라
⑤ 라, 마

정답 | 해설

시장세분화 변수는 크게 고객 행동변수와 고객 특성변수로 구분된다. 그리고 고객 특성변수는 다시 인구통계적 변수와 심리분석적 변수로 구분되는데, 가족생활주기는 인구통계적 변수에, 라이프 스타일은 심리분석적 변수에 포함된다.

오답분석

사용상황, 상표 애호도, 추구하는 편익, 사용량, 고객 생애 가치 등은 모두 시장세분화와 관련된 고객 행동변수에 포함된다.

정답 ④

| 코레일유통(2023)/코바코(2022)/코레일(2021)/LX(2020)/국민연금(2020)

42 다음 중 시장세분화에 대한 설명으로 옳지 않은 것은?

① 제품사용상황 및 사용량은 행동적 세분화 기준변수에 속한다.
② 효과적인 시장세분화를 위해서는 시장의 규모가 측정 가능해야 한다.
③ 시장세분화를 통해 소비자들의 다양한 욕구를 보다 잘 만족시킬 수 있다.
④ 하나의 특정한 시장세분화 기준변수가 모든 상황에서 가장 효과적인 것은 아니다.
⑤ 시장세분화에서는 동일한 세분시장 내에 있는 소비자들의 이질성이 극대화되도록 해야 한다.

정답 | 해설

동일한 세분시장 내에서는 소비자들의 동질성이 극대화되도록 하여야 마케팅 믹스를 개발할 수 있다.

정답 ⑤

| 코레일(2021)/도로(2020)

43 다음 중 연구조사방법론에서 사용하는 타당성(Validity)에 대한 설명으로 옳지 않은 것은?

① 내용 타당성(Content Validity)은 측정도구를 구성하는 측정지표 간의 일관성이다.
② 구성 타당성(Construct Validity)은 연구에서 이용된 이론적 구성개념과 이를 측정하는 측정수단 간에 일치하는 정도를 의미한다.
③ 기준 타당성(Criterion Related Validity)은 하나의 측정도구를 이용하여 측정한 결과와 다른 기준을 적용하여 측정한 결과를 비교했을 때 도출된 연관성의 정도이다.
④ 수렴적 타당성(Convergent Validity)은 동일한 개념을 다른 측정 방법으로 측정했을 때 측정된 값 간의 상관관계를 의미한다.
⑤ 차별적 타당성(Discriminant Validity)은 서로 다른 이론적 구성개념을 나타내는 측정지표 간의 관계를 의미하며, 서로 다른 구성개념을 측정하는 지표 간의 상관관계가 낮을수록 차별적 타당성이 높다.

정답 해설

측정도구를 구성하는 측정지표(측정문항) 간의 일관성은 신뢰도를 의미한다. 내용 타당성이란 처치와 결과 사이의 관찰된 관계로부터 도달하게 된 인과적 결론의 적합성 정도를 말한다.

정답 ①

| 코레일(2021)/도로(2020)

44 다음 중 제품의 마케팅조사에 있어서 신뢰성에 대한 설명으로 옳지 않은 것은?

① 마케팅 조사의 신뢰도를 측정하는 방법으로 크론바흐 알파계수를 이용하기도 한다.
② 신뢰도를 측정하는 방법으로는 재검사법, 동형 검사법이 있다.
③ 내적 일관성법은 가능한 모든 반분 신뢰도의 평균값으로 신뢰성을 추정하는 방법이다.
④ 신뢰성이란 동일한 조건에서, 동일한 대상에게, 동일한 개념에 대하여 반복 측정하였을 때, 같은 값을 나타내는 정도를 의미한다.
⑤ 체계적인 오차는 측정도구와 관계없이 측정상황에 따라 발생하는 오차이며, 오차가 적다는 것은 신뢰성이 높다고 볼 수 있다.

정답 해설

측정도구와 관계없이 측정상황에 따라 발생하는 오차는 비체계적 오차이다. 비체계적 오차가 적다는 것은 신뢰성이 높다고 볼 수 있다.

정답 ⑤

| 코레일(2023)/시설안전(2020)

45 다음 중 집약적 유통채널에 대한 설명으로 옳은 것은?

① 특정 지역에서 단일의 유통업자와만 거래한다.
② 주로 과자나 저가 소비재 등 소비자들이 구매의 편의성을 중시하는 품목에서 채택한다.
③ 고도의 상품지식을 필요로 하는 전문 품목에서 채택한다.
④ 제조업자의 통제력이 매우 높다.
⑤ 유통 비용이 비교적 저렴하다.

정답 해설

집약적 유통은 가능한 많은 중간상들에게 자사의 제품을 취급하도록 하는 것으로, 과자, 저가 소비재 등과 같이 소비자들이 구매의 편의성을 중시하는 품목에서 채택한다.

오답분석

①·④ 전속적 유통채널에 대한 설명이다.
③·⑤ 선택적 유통채널에 대한 설명이다.

정답 ②

| 서부발전(2023)/코레일(2021)/코레일(2020)

46 다음 중 페스팅거(Festinger)의 인지 부조화 이론에 대한 설명으로 옳지 않은 것은?

① 구매 후 부조화를 줄이기 위한 방안으로 긍정적인 정보는 더욱 검색하고, 부정적인 정보는 차단한다.
② 제품을 반품할 수 없을 때의 경우, 구매 후 부조화는 더욱 커지게 된다.
③ 가격이 높은 제품일수록 구매 후 부조화는 더욱 작아지게 된다.
④ 구매 후 부조화란 제품을 구매, 소비, 처분한 후에 그러한 의사결정이 올바른 것이었는가에 대해 확신하지 못하는 경험을 의미한다.
⑤ 안내 책자를 제공하거나 피드백을 통한 구매자의 선택이 훌륭하였음을 확인시키는 활동의 경우 등은 구매 후 부조화를 감소시키기 위한 것이다.

정답 해설

인지 부조화 이론은 페스팅거에 의해 제시된 이론으로, 자신이 가진 내적 신념이나 태도에 일치하지 않을 때 긴장상태, 즉 불편한 상태가 발생되는 상황으로 소비 맥락에서 일어나는 인지 부조화를 구매 후 부조화라고 한다. 따라서 자신의 기대를 낮추거나 다른 정당성을 부여함으로써 구매 후 부조화를 해소한다. 가격이 높은 제품일수록 구매 후 부조화는 더욱 커지게 된다.

정답 ③

| 서부발전(2023)/코레일(2021)/코레일(2020)

47 다음 중 소비자의 인지 부조화 감소행동이 가장 크게 일어나는 상황으로 옳은 것은?

① 고관여이고, 상품 차이가 작을 때
② 고관여이고, 상품 차이가 클 때
③ 저관여이고, 상품 차이가 작을 때
④ 저관여이고, 상품 차이가 클 때
⑤ 상관 없음

정답 해설

인지 부조화는 우리의 신념 간에 또는 신념과 실제로 보는 것 간에 불일치나 비일관성이 있을 때 생기는 것이다. 고관여이고, 고가의 상품이 상품의 차이가 작아 대체재가 많아질 때 인지 부조화가 커지면서 인지 부조화 감소행동도 커진다. 반대로 저관여이고, 상품 차이가 클 때는 인지 부조화는 덜 발생한다.

정답 ①

| 가스(2021)

48 다음 중 소비자가 A상품에 대해 '고관여' 상태일 때 발생하는 구매행동으로 옳지 않은 것은?

① 복잡한 구매행동을 보인다.
② 제품에 대한 지식을 습득하기 위해 자발적으로 노력한다.
③ 가장 합리적인 방안을 스스로 찾아 구매한다.
④ 부조화가 감소한 구매행동을 보인다.
⑤ 다양성 추구 구매를 하기 위해서 잦은 상표전환을 하게 된다.

정답 해설

고관여와 저관여

고관여	저관여
• 복잡한 구매행동 • 제품지식에 근거한 주관적 신념의 형성 • 제품에 대한 호불호 태도 형성 • 합리적인 선택지 모색 • 부조화 감소 구매행동 • 구매 후 불만사항을 발견하거나 구입하지 않은 제품에 대한 호의적인 정보를 얻으면 구매 후 부조화를 경험 • 소비자들이 구매 후 확신을 갖게 하는 촉진활동 전개가 효과적	• 습관적 구매행동 • 소비자들이 어떤 상표에 대한 확신이 없음 • 가격할인, 판촉 등이 효과적 작용 • 다양성 추구 구매행동 • 제품의 상표 간 차이가 명확한 경우, 다양성 추구 구매를 하기 위해서 잦은 상표전환

정답 ⑤

| 코레일(2025)/강원랜드(2023)/코레일유통(2023)/코바코(2022)/코레일(2022)/코레일(2021)/한국공항(2020)

49 다음 중 전형적인 제품수명주기(PLC)에 대한 설명으로 옳지 않은 것은?

① 도입기, 성장기, 성숙기, 쇠퇴기의 4단계로 나누어진다.
② 성장기에는 제품선호형 광고에서 정보제공형 광고로 전환한다.
③ 도입기에는 제품인지도를 높이기 위해 광고비가 많이 소요된다.
④ 성숙기에는 제품의 매출성장률이 점차적으로 둔화되기 시작한다.
⑤ 쇠퇴기에는 매출이 떨어지고 순이익이 감소하기 시작한다.

정답 | 해설

성장기에는 신제품을 인지시키기 위한 정보제공형 광고에서 제품선호형 광고로 전환한다.

정답 ②

| 코레일(2025)/강원랜드(2023)/코레일유통(2023)/코바코(2022)/코레일(2022)/코레일(2021)/한국공항(2020)

50 다음 중 제품수명주기(PLC)에서 성숙기에 대한 설명으로 옳은 것은?

① 제품이 어느 정도 인지도를 얻게 됨에 따라 판매가 급속도로 증가하는 시기이다.
② 좋은 품질의 제품을 내놓는 것과 동시에 제품 인지도를 높이기 위한 마케팅, 세일즈 프로모션에 많은 투자가 필요한 시기이다.
③ 경쟁 심화로 인한 과도한 가격인하나 판매촉진 비용의 증대로 이윤이 감소하기도 하며, 경쟁에서 밀린 업체들은 시장을 떠나기도 한다.
④ 제품의 인지도가 낮고 잠재 구매고객이 정확하게 파악되지 않는 경우가 많기 때문에 이익이 많이 창출되지 않는다.
⑤ 제품은 시간이 지남에 따라 과도한 경쟁, 트렌드의 변화, 기술혁신에 따른 기존 제품의 불필요, 열악한 시장환경과 같은 여러 가지 요소들이 작용한다.

정답 | 해설

경쟁 심화로 인한 과도한 가격인하나 판매촉진 비용의 증대로 이윤이 감소하기도 하며, 경쟁에서 밀린 업체들은 시장을 떠나기도 한다는 내용으로 쉽게 쇠퇴기를 생각할 수 있지만, 제품의 성숙기에 해당한다.

오답분석

① 성장기에 대한 설명이다.
②·④ 도입기에 대한 설명이다.
⑤ 쇠퇴기에 대한 설명이다.

정답 ③

51 다음 중 제품수명주기에서 매출이 점점 하락하고 판매량이 빠르게 감소하는 시기는?

① 개발기
② 도입기
③ 성장기
④ 성숙기
⑤ 쇠퇴기

정답 | 해설

제품수명주기(PLC; Product Life Cycle)
- 개발기 : 제품수명주기의 첫 번째 단계로 제품 출시 전 제품컨셉을 잡고 테스트 등을 거치는 단계로 매출은 발생하지 않으나 비용이 많이 소요된다.
- 도입기 : 제품 판매가 완만히 상승세를 타기 시작하나, 생산량이 적고 생산원가는 높아 적자상태가 지속된다.
- 성장기 : 제품 판매가 급속히 증가하여 이익이 크게 발생하고, 생산량도 크게 증가한다.
- 성숙기 : 제품 판매가 체감적으로는 증가하나 안정된 상태를 유지하고, 경쟁이 심화됨에 따라 이익이 차츰 감소하게 된다.
- 쇠퇴기 : 제품 판매가 빠르게 감소하여 매출이 감소하고 경쟁 제품들이 시장에서 철수하게 된다.

정답 ⑤

52 다음은 제품수명주기(Product Life Cycle)에 대한 설명이다. 빈칸에 해당하는 단계로 옳은 것은?

> _____ 단계는 판매 증가율이 감소하기 시작하면서 판매량이 일정 수준에서 꾸준히 유지되는 시기이다. 이 시기에는 경쟁 심화로 인해 과도한 가격인하나 판매촉진 비용의 증대로 이윤이 감소하기도 한다.

① 도입기(Introduction Stage)
② 성장기(Growth Stage)
③ 성숙기(Maturity Stage)
④ 쇠퇴기(Decline Stage)
⑤ 과도기(Transition Stage)

정답 | 해설

성숙기(Maturity Stage)는 판매 증가율이 감소하기 시작하면서 판매량이 일정 수준에서 꾸준히 유지되는 시기이다. 이 시기에는 경쟁 심화로 인한 과도한 가격인하나 판매촉진 비용의 증대로 이윤이 감소하기도 하며, 경쟁에서 밀린 업체들은 시장을 떠나기도 한다. 이 단계에서 기업의 목표는 자사 제품의 경쟁 우위를 점하고 고정 고객을 꾸준히 관리하는 데 있다.

정답 ③

| 가스(2021)/시설안전(2020)

53 다음 글에서 설명하는 마케팅 분석 방법으로 옳은 것은?

> 소비자가 제품을 구매할 때 중요시하는 제품의 속성과 속성 수준에 부여하는 가치를 산출해냄으로써 최적의 신제품 개발을 지원하는 분석 방법이다.

① SWOT 분석
② 시계열 분석(Time Series Analysis)
③ 컨조인트 분석(Conjoint Analysis)
④ 상관관계 분석(Correlation Analysis)
⑤ 다차원척도 분석(Multidimensional Analysis)

정답 | 해설

컨조인트 분석은 고객이 상품에 부여하는 가치와 효용을 추정하여 소비자의 구매 패턴을 분석하는 방법이다.

오답분석
① SWOT 분석 : 기업의 환경 분석을 통해 강점, 약점, 기회, 위협 요인을 규정하고, 이를 바탕으로 마케팅 전략을 수립하는 기법이다.
② 시계열 분석(Time Series Analysis) : 어떤 사건에 대하여 시간의 흐름에 따라 기록한 시계열 데이터를 바탕으로 분석하는 방법이다.
④ 상관관계 분석(Correlation Analysis) : 변수 간의 밀접한 정도인 상관관계를 분석하는 통계적 분석 방법이다.
⑤ 다차원척도 분석(Multidimensional Analysis) : 변수를 이용하여 개체들 사이의 거리 또는 비유사성을 측정한 뒤 개체들을 2차원 또는 3차원 공간상의 점으로 표현하는 통계적 분석 방법이다.

정답 ③

| 한수원(2023)/시설안전(2020)

54 다음 중 기업이 상품을 판매할 때마다 수익의 일부를 기부하는 마케팅은?

① 그린 마케팅(Green Marketing)
② 앰부시 마케팅(Ambush Marketing)
③ 니치 마케팅(Niche Marketing)
④ 코즈 마케팅(Cause Marketing)
⑤ 프로보노(Pro Bono)

정답 | 해설

기업이 일방적으로 기부나 봉사활동을 하는 것에서 나아가 기업이 공익을 추구하면서도 이를 통해 실질적인 이익을 얻을 수 있도록 공익과의 접점을 찾는 것을 코즈 마케팅이라 한다.

오답분석
① 그린 마케팅(Green Marketing) : 자연환경을 보전하고 생태계 균형을 중시하는 기업 판매 전략이다.
② 앰부시 마케팅(Ambush Marketing) : 교묘히 규제를 피해가는 마케팅 기법이다.
③ 니치 마케팅(Niche Marketing) : 특정한 성격을 가진 소규모 소비자를 대상으로 판매하는 전략이다.
⑤ 프로보노(Pro Bono) : 각 분야의 전문가들이 사회적 약자를 돕는 활동이다.

정답 ④

| 코레일(2020)

55 다음 중 탐색조사에 해당하는 조사법으로 옳지 않은 것은?

① 문헌조사
② 전문가의견조사
③ 심층면접법
④ 패널조사법
⑤ 표적 집단면접법

정답 | 해설

마케팅조사는 마케터가 의사결정에 필요한 정보를 제공하는 것을 목적으로 자료를 체계적으로 수집, 분석, 해석하여 불확실성을 감소시키는 과정이며, 이러한 조사과정은 크게 탐색조사, 기술조사와 인과관계조사로 구분할 수 있다. 패널조사법은 기술조사에 해당하는 방법이다.

정답 ④

| 한국공항(2021)

56 다음 중 표적 집단면접법(FGI)의 진행 순서를 바르게 나열한 것은?

ㄱ. 가이드라인 작성
ㄴ. 조사기획
ㄷ. 리쿠르팅
ㄹ. 결과분석
ㅁ. FGI 진행

① ㄱ - ㄴ - ㄷ - ㄹ - ㅁ
② ㄴ - ㄱ - ㄷ - ㅁ - ㄹ
③ ㄷ - ㄴ - ㄱ - ㅁ - ㄹ
④ ㄹ - ㄴ - ㄱ - ㅁ - ㄷ
⑤ ㅁ - ㄹ - ㄷ - ㄴ - ㄱ

정답 | 해설

표적 집단면접법(Focus Group Interview)은 전문지식을 보유한 조사자가 소수의 응답자 집단을 대상으로 특정한 주제를 가지고 자유로운 토론을 벌여 필요한 정보를 획득하는 방법으로, 마케팅 조사자가 가장 많이 이용하는 탐색조사 방법 중의 하나이다.

표적 집단면접법(FGI)의 진행 순서

조사기획	• 조사 목적을 확인하고 문제의 파악과 가설을 정립 • 조사방법 및 비용을 결정하고 조사 대상자의 특성, 그룹 수를 결정하는 조사 디자인을 실시
가이드라인 작성	• 담당 연구원이 Client와 협의하여 참석자 자격조건을 결정하고, 참석자 선정 질문지(Screening Questionnaire)를 작성
리쿠르팅	• 프로젝트 전담 팀장의 지휘에서 Recruiting 전문 Assistant Supervisor가 참석자 자격을 참석자 소개자(전문 Recruiter)들에게 알려 자격조건에 맞는 적합한 대상자를 추천받은 후 선정 질문지(Screening Questionnaire)를 완성하여 FGI 참석자를 선정
FGI 진행	• 담당연구원이 사전에 Client와 협의하여 준비된 FGI 가이드라인에 따라 진행 토의 내용을 전문 모니터가 녹음하고 속기
결과분석	• 전문모니터가 녹음된 내용을 그룹별로 자세하게 분석 • 결과 분석보고서 및 제안 도출

정답 ②

57 다음 중 전문품에 대한 설명으로 옳지 않은 것은?

① 가구, 가전제품 등이 해당된다.
② 제품의 가격이 상대적으로 비싼 편이다.
③ 특정 브랜드에 대한 높은 충성심이 나타난다.
④ 충분한 정보 제공 및 차별화가 중요한 요소로 작용한다.
⑤ 소비자가 해당 브랜드에 대한 충분한 지식이 있는 경우가 많다.

정답 | 해설

가구, 가전제품 등은 선매품에 해당한다. 전문품에는 명품제품, 자동차, 아파트 등이 해당한다.

정답 ①

58 다음 중 편의품에 대한 설명으로 옳지 않은 것은?

① 제품을 구매할 때 시간이나 노력을 많이 들이지 않는 제품으로서 쉽고 편리하게 구입할 수 있다.
② 가격이 비교적 저렴해 빈번히 구매하는 제품이다.
③ 비교적 많은 대체품이 존재한다.
④ 폭 넓은 유통망 체계를 구축하고 있다.
⑤ 소수의 대리점이 넓은 상권을 포괄하여 운영한다.

정답 | 해설

편의품의 경우 고객의 쉽고 빈번한 접근성이 중요하다. 따라서 소수의 대리점이 넓은 상권을 포괄하여 운영하는 접근 방식은 편의품이 아닌 전문품 판매 방식에 해당한다.

정답 ⑤

| 코레일(2023)/한국석유(2022)/코레일(2021)/코레일(2020)/도로(2020)

59 다음 중 피쉬바인(Fishbein)의 다속성 태도모형에 대한 설명으로 옳지 않은 것은?

① 속성에 대한 신념이란 소비자가 제품 속성에 대하여 가지고 있는 정보와 의견 등을 의미한다.
② 다속성 태도모형은 소비자의 태도와 행동을 동일시한다.
③ 다속성 태도모형은 신념의 강도와 제품속성에 대한 평가로 표현된다.
④ 다속성 태도모형은 구매대안 평가방식 중 비보완적방식에 해당한다.
⑤ 속성에 대한 평가란 각 속성이 소비자들의 욕구 충족에 얼마나 기여하는가를 나타내는 것으로, 전체 태도 형성에 있어서 속성의 중요도(가중치)의 역할을 한다.

| 정답 | 해설 |

소비자들은 자신이 탐색한 정보를 평가하여 최종적인 상표를 선택함에 있어 보완적 방식과 비보완적 방식에 따라 접근한다. 피쉬바인(Fishbein)의 다속성 태도모형은 보완적 방식에 해당한다. 비보완적 방식에는 사전적 모형, 순차적 제거 모형, 결합적 모형, 분리적 모형 등이 있다.

| 오답분석 |

② 다속성 태도모형은 소비자의 태도와 행동을 동일시함으로 인해 소비자 행동의 설명력이 낮은 한계점이 있다. 이를 보완한 이론이 피쉬바인(Fishbein)의 확장모델인 이성적 행동이론이다. 이성적 행동이론을 통해 구매행동에 대한 동기와 주관적 규범으로 소비자 행동을 설명한다.

정답 ④

| 코레일(2023)/한국석유(2022)/코레일(2021)/코레일(2020)/도로(2020)

60 다음은 소비자 A씨의 D컴퓨터 선택과 관련된 속성 및 평가에 대한 내용이다. 다속성 태도모형에 의하여 소비자 A씨의 D컴퓨터에 대한 평과결과는 어떻게 되는가?

속성	가중치	평가
가격	30%	60
성능	20%	80
디자인	30%	70
A/S	20%	50

① 62점 ② 65점
③ 69점 ④ 72점
⑤ 88점

| 정답 | 해설 |

다속성 태도모형에 의해 각각의 속성의 가중치와 평가점수를 곱하여 합한 값으로 나타낸다. 따라서 60×30%+80×20% +70×30%+50×20%=65점이다.

정답 ②

| 코레일(2020)

61 다음 중 수요예측기법에서 회귀분석법이 속하는 예측기법 유형은?

① 인과관계 분석
② 상관관계 분석
③ 요인 분석
④ 컨조인트 분석
⑤ 분산 분석

정답 | 해설

회귀분석법에서는 변수 간에 서로 영향을 주는지에 대해 확인하는 분석 방법으로, 수요예측기법 중 인과관계 분석이 해당한다.

오답분석

② 상관관계 분석 : 변수 간 관계의 밀접한 정도, 즉 상관관계를 분석하는 통계적 분석 방법이다.
③ 요인 분석 : 알지 못하는 특성을 규명하기 위하여 문항이나 변인들 간의 상호관계를 분석하여 상관이 높은 문항이나 변인들을 묶어서 몇 개의 요인으로 규명하고 그 요인의 의미를 부여하는 통계 방법이다.
④ 컨조인트 분석 : 어떤 제품 또는 서비스가 갖고 있는 속성 하나하나에 고객이 부여하는 가치(효용)를 추정함으로써 그 고객이 어떤 제품을 선택할지를 예측하는 기법이다.
⑤ 분산 분석 : 두 집단 이상의 평균 간의 차이를 검증하는 분석이다.

정답 ①

| 코레일(2025)

62 다음 중 고객 페르소나에 대한 설명으로 옳지 않은 것은?

① 기업의 제품 또는 서비스를 구매할 가능성이 높은 고객을 가상의 인물로 설정한다.
② 유사한 특징을 가진 고객을 그룹으로 분류한다.
③ 인구통계, 행동패턴, 라이프스타일 등 다양한 데이터로 전략을 수립한다.
④ 설문조사, 인터뷰 등을 통해 고객 정보를 파악한다.
⑤ 설정된 고객 페르소나와 실제 고객이 얼마나 일치하는지 검증이 필요하다.

정답 | 해설

유사한 특징을 가진 고객을 그룹으로 분류하는 것은 고객 세그먼트에 대한 설명이다. 고객 페르소나는 특정 고객 그룹을 대표하는 가상의 프로필을 생성하여 행동 패턴, 니즈, 라이프스타일 등 다양한 데이터로 전략을 수립하는 고객 맞춤형 마케팅 전략이다.

정답 ②

CHAPTER 05 생산 및 운영관리

|코레일(2023)/도로(2022)

01 다음 중 식스 시그마(6-Sigma)에 대한 설명으로 옳지 않은 것은?

① 프로그램의 최고 단계 훈련을 마치고, 프로젝트 팀 지도를 전담하는 직원은 마스터 블랙벨트이다.
② 프로세스에서 불량과 변동성을 최소화하면서 기업의 성과를 최대화하려는 종합적이고 유연한 시스템이다.
③ 통계적 프로세스 관리에 크게 의존하며, '정의 – 측정 – 분석 – 개선 – 통제(DMAIC)'의 단계를 걸쳐 추진된다.
④ 제조프로세스에서 기원하였지만 판매, 인적자원, 고객서비스, 재무서비스 부문으로 확대되고 있다.
⑤ 사무부분을 포함한 모든 프로세스의 질을 높이고 업무 비용을 획기적으로 절감하여 경쟁력을 향상시키는 것을 목표로 한다.

정답 | 해설

프로그램의 최고 단계 훈련을 마치고, 프로젝트 팀 지도를 전담하는 직원은 블랙벨트이다. 마스터 블랙벨트는 식스 시그마 최고과정에 이른 사람으로, 블랙벨트가 수행하는 프로젝트를 전문적으로 관리한다.

정답 ①

|가스기술(2023)/국민연금(2022)/코레일(2021)/LX(2021)/시설안전(2020)

02 다음 중 균형성과표(BSC)와 관련이 없는 것은?

① 재무
② 고객
③ 외부 환경
④ 학습 및 성장
⑤ 내부프로세스

정답 | 해설

균형성과표는 조직의 비전과 전략목표 실현을 위해 재무, 고객, 내부프로세스, 학습 및 성장 4가지 관점의 성과지표를 도출하여 성과를 관리하는 성과관리 시스템이다.

정답 ③

| 가스기술(2023)/국민연금(2022)/코레일(2021)/LX(2021)/시설안전(2020)

03 다음은 A기업의 균형성과평가제도를 적용한 평가기준표이다. (A) ~ (D)에 들어갈 용어를 순서대로 바르게 나열한 것은?

구분	전략목표	주요 성공요인	주요 평가지표	목표	실행계획
(A) 관점	매출 확대	경쟁사 대비 가격 및 납기우위	평균 분기별 총매출, 전년 대비 총매출	평균 분기 10억 원 이상, 전년 대비 20% 이상	영업 인원 증원
(B) 관점	부담 없는 가격, 충실한 A/S	생산성 향상, 높은 서비스품질	전년 대비 재구매 비율, 고객 만족도	전년 대비 10포인트 향상, 만족도 80% 이상	작업 순서 준수, 서비스 품질 향상
(C) 관점	작업 순서 표준화 개선 제안 및 실행	매뉴얼 작성 및 준수	매뉴얼 체크 회수 개선 제안 수 및 실행횟수	1일 1회 연 100개 이상	매뉴얼 교육 강좌개선, 보고회의 실시
(D) 관점	경험이 부족한 사원 교육	실천적 교육 커리큘럼 충실	사내 스터디 실시 횟수, 스터디 참여율	연 30회, 80% 이상	스터디 모임의 중요성 및 참여 촉진

	(A)	(B)	(C)	(D)
①	고객	업무 프로세스	학습 및 성장	재무
②	고객	학습 및 성장	업무 프로세스	재무
③	재무	고객	업무 프로세스	학습 및 성장
④	학습 및 성장	고객	재무	업무 프로세스
⑤	업무 프로세스	재무	고객	학습 및 성장

정답 | 해설

균형성과표(Balanced Score Card)는 과거의 성과에 대한 재무적인 측정지표에 추가하여 미래성과를 창출하는 동안에 대한 측정지표인 재무, 고객, 업무 프로세스 및 혁신, 종업원의 학습 및 성장에 대한 지표를 통하여 미래가치를 창출하도록 관리하는 시스템이다.

정답 ③

| 가스기술(2023)/국민연금(2022)/코레일(2021)/LX(2021)/시설안전(2020)

04 다음 중 균형성과표(BSC)에 대한 설명으로 옳지 않은 것은?

① 고객 관점에서 회사는 재무적 목표에서 수익의 원천이 되는 고객 및 시장을 파악해야 한다.
② 재무적 관점에서 사업조직별 재무 성과지표 설정 시 사업조직의 전략에 대한 고려가 필수적이다.
③ 균형성과표에서 균형이란 재무적 지표와 비재무적지표, 단기적 지표와 장기적 지표, 후속 지표와 선행 지표 간의 균형을 의미한다.
④ 내부 프로세스 관점은 고객 관점을 만족시키기 위하여 경영관리 측면에서 필요한 프로세스 의사 결정 및 조직을 통한 지표들로 구성되어 있다.
⑤ 학습과 성장 관점에서는 기존의 관점들과 관련없이 조직의 현재 역량을 파악하고, 필요한 역량을 개발하는 데 집중하여야 한다.

정답 | 해설

학습과 성장 관점에서는 기존의 재무 고객 프로세스 측면의 관점과 연관하여 조직의 현재 역량을 파악하고, 필요한 역량을 끌어올리는 데 집중하여야 한다.

정답 ⑤

| 도로교통(2023)/강원랜드(2022)/도로(2020)

05 다음 중 재고품목을 가치나 상대적 중요도에 따라 차별화하여 관리하는 ABC 재고관리에 대한 설명으로 옳은 것은?

① A등급에는 재고가치가 낮은 품목들이 속한다.
② A등급 품목은 로트 크기를 크게 유지한다.
③ 가격, 사용량 등을 기준으로 등급을 구분한다.
④ 등급 분석을 위해 롱테일(Long Tail) 법칙을 활용한다.
⑤ 주로 재고관리 품목 수가 적을 때 사용한다.

정답 | 해설

ABC 재고관리에서는 재고품목을 연간 사용금액에 따라 A등급, B등급, C등급으로 나눈다.
• A등급 : 상위 15% 정도, 연간 사용금액이 가장 큰 항목, 아주 엄격한 재고 통제
• B등급 : 35% 정도, 연간 사용금액이 중간인 항목, 중간 정도의 재고 통제
• C등급 : 50% 정도, 연간 사용금액이 작은 항목, 느슨한 재고 통제

오답분석
① A등급에는 재고가치가 높은 품목들이 속한다.
② A등급 품목은 로트 크기를 작게 유지한다.
④ ABC 등급 분석을 위해 파레토(Pareto) 법칙을 활용한다.
⑤ ABC 재고관리는 백화점과 같이 재고관리 품목 수가 많은 경우에 유용하게 사용된다.

정답 ③

| 코레일(2023)/인국공(2022)/코레일(2021)/환경(2021)/도로교통(2021)/한국공항(2021)

06 K기업은 A상품을 연간 20,000개 정도 판매할 수 있을 것으로 예상하고 있다. A상품의 1회당 주문비가 200원, 연간 재고유지비용은 상품당 32원이라고 할 때, 경제적 주문량(EOQ)으로 옳은 것은?(단, 소수점 아래는 버린다)

① 500개 ② 535개
③ 565개 ④ 600개
⑤ 635개

정답 | 해설

$$EOQ = \sqrt{\frac{2 \times D \times S}{H}}$$

(D=연간 수요량, S=1회 주문비, H=연간 단위당 재고유지비용)

∴ $D=20,000$, $S=200$, $H=32$

따라서 $EOQ = \sqrt{\dfrac{2 \times 20,000 \times 200}{32}} = \sqrt{\dfrac{8,000,000}{32}} = \sqrt{250,000} = 500$개이다.

정답 ①

| 코레일(2023)/인국공(2022)/코레일(2021)/환경(2021)/도로교통(2021)/한국공항(2021)

07 외판원 B는 1년에 보일러 100대를 팔며 1년에 재고유지비용으로 보일러 1대당 보일러 가격의 10%에 추가적으로 5천 원을 더 부담한다. 보일러 주문 비용은 1번에 5만 원이고, 보일러 가격은 1대당 20만 원이라면, 경제적 주문량(EOQ)은?

① 10대 ② 20대
③ 30대 ④ 40대
⑤ 50대

정답 | 해설

$$EOQ(경제적\ 주문량) = \sqrt{\frac{2 \times (주문당\ 소요비용) \times (연간\ 수요량)}{(연간\ 단위당\ 재고유지비용)}} = \sqrt{\frac{2 \times 50,000 \times 100}{25,000}} = 20대$$

※ (연간 단위당 재고유지비용)=200,000×10%+5,000=25,000원

정답 ②

| 코레일(2023)/인국공(2022)/코레일(2021)/환경(2021)/도로교통(2021)/한국공항(2021)

08 단위당 주문원가는 100원, 연간 수요는 10,000단위, 연간 재고유지비용은 20%, 재고 한 단위의 가치는 200원이라고 할 때, 경제적 주문량(EOQ) 모형을 이용한 경제적 주문량에 가장 근접한 것은?

① 210
② 224
③ 264
④ 320
⑤ 360

정답 | 해설

$$EOQ = \sqrt{\frac{2 \times 100(\text{단위당 주문원가}) \times 10,000(\text{연간 수요})}{200(\text{재고 한 단위의 가치}) \times 20\%(\text{연간 재고유지비용})}} = \sqrt{\frac{2,000,000}{40}} = \sqrt{50,000} \fallingdotseq 223.6$$

따라서 경제적 주문량에 가장 근접한 것은 224이다.

정답 ②

| 코레일(2023)/인국공(2022)/코레일(2021)/환경(2021)/도로교통(2021)/한국공항(2021)

09 한 유통업체에서는 A상품을 연간 19,200개 정도 판매할 수 있을 것으로 예상하고 있다. A상품의 1회 주문비가 150원, 연간 재고유지비는 상품당 16원이라고 할 때, 경제적 주문량(EOQ)은?

① 800개
② 750개
③ 700개
④ 650개
⑤ 600개

정답 | 해설

$$EOQ = \sqrt{\frac{2 \times D \times S}{H}}$$

(D=연간 수요량, S=1회 주문비, H=연간 재고유지비용)

∴ D=19,200, S=150, H=16

$$EOQ = \sqrt{\frac{2 \times 19,200 \times 150}{16}} = \sqrt{\frac{5,760,000}{16}} = \sqrt{360,000} = 600개$$

정답 ⑤

| 코레일(2023)/인국공(2022)/코레일(2021)/환경(2021)/도로교통(2021)/한국공항(2021)

10 A전자의 K부품의 연간 수요량이 20개이고 주문 1회당 주문비용이 10원이며, 재고 1단위당 가격은 10원, 연간 단위당 재고유지비율이 0.4일 경우, 경제적 주문량(EOQ)은?

① 5
② 8
③ 10
④ 12
⑤ 15

정답 | 해설

$$EOQ = \sqrt{\frac{2 \times (\text{연간 수요량}) \times (1\text{회 주문비})}{(\text{재고유지비용})}}$$

(재고유지비용)=(단위당 단가)×(재고유지비율)이므로, A전자의 재고유지비용은 $10 \times 0.4 = 4$이다.

$$\therefore EOQ = \sqrt{\frac{2 \times 20 \times 10}{4}} = 10$$

정답 ③

| 코레일(2023)/인국공(2022)/코레일(2021)/환경(2021)/도로교통(2021)/한국공항(2021)

11 다음 중 경제적 주문량(EOQ) 모형이 성립하기 위한 가정으로 옳지 않은 것은?

① 단위당 재고유지비용과 1회당 재고주문비용은 주문량과 관계없이 일정하다.
② 주문량은 한 번에 모두 도착한다.
③ 연간 재고 수요량을 정확히 파악하고 있다.
④ 구입단가는 주문량과 관계없이 일정하다.
⑤ 재고 부족현상이 발생할 수 있으며, 주문 시 정확한 리드타임이 적용된다.

정답 | 해설

재고 부족현상이 발생하게 되면 EOQ 모형을 적용하기 어렵다. 하지만 실제 상황에서는 갑작스러운 수요 상승으로 인한 재고 부족현상이 나타날 수 있고, 이러한 단점으로 인해 실제로는 추가적으로 여러 가지 요소들을 함께 고려해야 EOQ 모형을 적절하게 사용할 수 있다. 따라서 EOQ 모형을 사용하기 위해서는 재고 부족현상은 발생하지 않고, 주문 시 정확한 리드타임이 적용된다는 것을 가정으로 계산한다.

정답 ⑤

| 코레일(2020)

12 다음 중 최대재고와 현재재고 간의 차이를 통해서 주문량을 결정하는 모형으로, 수요변동이 급격하거나 저가인 제품의 재고를 통제하는 관리시스템은?

① ABC 관리
② ERP
③ MRP
④ 고정주문기간 모형
⑤ 고정주문량 모형

정답 | 해설

고정주문기간 모형은 일정한 시점이 되면 정기적으로 필요한 만큼의 양을 주문하는 형태의 주문시스템 모형으로, 주문량이 매번 달라질 수 있어 수요변동이 크지만 주문 기간과 간격은 일정하다. 또한 재고의 수시파악이 어려운 다품종 저가 품목 용도로 사용된다.

오답분석

① ABC 관리 : 재고 부품을 A, B, C의 세 종류로 분류하여 관리함으로써 재고 비용을 감소시키려는 재고 관리 방식이다.
② ERP(전사적 자원관리) : 기업의 경쟁력을 강화하기 위하여 경영 활동에 쓰이는 기업 내의 모든 자원을 효율적으로 관리하는 통합 정보 시스템이다.
③ MRP(자재소요량계획) : 컴퓨터를 이용하여 최종제품의 생산계획에 따라 그에 필요한 부품 소요량의 흐름을 종합적으로 관리하는 생산관리 시스템이다.
⑤ 고정주문량 모형 : 현재 재고수준이 미리 정한 재주문점(ROP)에 도달하면 미리 정해 놓은 주문량을 발주하는 시스템이다.

정답 ④

| 경기교통(2021)/LX(2020)

13 다음 중 ERP 프로젝트 진행 단계를 순서대로 바르게 나열한 것은?

① 분석 – 설계 – 구축 – 이행 – 테스트
② 분석 – 구축 – 설계 – 이행 – 테스트
③ 분석 – 설계 – 구축 – 테스트 – 이행
④ 설계 – 분석 – 구축 – 테스트 – 이행
⑤ 설계 – 구축 – 분석 – 이행 – 테스트

정답 | 해설

ERP 프로젝트 진행 단계

단계	내용
분석	고객의 기준 프로세스 설정을 위해 현행 업무 및 프로세스를 조사, ERP 표준프로세스와 비교, Gap을 도출하여 대응 방안을 수립, 신규 프로세스를 정의
설계	분석 단계에서 프로세스별 매핑의 결과를 기초로 하여 도출된 추가 개발분을 설계
구축	현업의 실제 업무를 ERP 시스템으로 시범 운영하여 문제점을 도출하고, 보안 T/F팀에서는 신규 업무처리절차를 기술한 운영 매뉴얼 작성
테스트	추가 개발된 부분과 표준 프로그램과의 인터페이스 등의 정상 작동 여부 테스트
이행	프로젝트의 완료를 공식적으로 확인하기 위해 고객으로부터 완료서명을 받고, 고객사에게 완료보고를 통해 프로젝트의 공식적인 종료 선언 착수 단계 절차 진행

정답 ③

| 경기교통(2021)/LX(2020)

14 다음 대화의 빈칸에 공통으로 들어갈 용어로 옳은 것은?

> 김이사 : 이번에 우리 회사에서도 _____ 시스템을 도입하려고 합니다. _____는 기업 전체의 의사결정권자와 사용자 모두가 실시간으로 정보를 공유할 수 있게 합니다. 또한 제조, 판매, 유통, 인사관리, 회계 등 기업의 전반적인 운영 프로세스를 통합하여 자동화할 수 있지요.
> 박이사 : 맞습니다. _____ 시스템을 통하여 기업의 자원관리를 보다 효율적으로 할 수 있어서 조직 전체의 의사결정도 보다 신속하게 할 수 있을 것입니다.

① JIT
② MRP
③ MPS
④ ERP
⑤ APP

정답 | 해설

오답분석
① JIT(Just-in-Time, 적자생산시스템) : 과잉생산이나 대기시간 등의 낭비를 줄이고 재고를 최소화하여 비용 절감과 품질 향상을 달성하는 생산 시스템이다.
② MRP(Material Requirement Planning, 자재소요계획) : 최종제품의 제조과정에 필요한 원자재 등의 종속수요 품목을 관리하는 재고관리기법이다.
③ MPS(Master Production Schedule, 주생산계획) : MRP의 입력자료 중 하나로, APP를 분해하여 제품이나 작업장 단위로 수립한 생산계획이다.
⑤ APP(Aggregate Production Planning, 총괄생산계획) : 제품군별로 향후 약 1년여 간의 수요예측에 따른 월별 생산목표를 결정하는 중기계획이다.

> **ERP(Enterprise Resource Planning : 전사적 자원관리)의 특징**
> • 기업의 서로 다른 부서 간의 정보 공유를 가능하게 한다.
> • 의사결정권자와 사용자가 실시간으로 정보를 공유하게 한다.
> • 보다 신속한 의사결정과 보다 효율적인 자원 관리를 가능하게 한다.

정답 ④

| 동서발전(2023)/코레일(2023)/코레일(2022)/코레일(2020)/근복(2020)

15 생산시스템이란 제조기업 전반의 경쟁우위를 좌우하는 절대적인 부문이다. 다음 중 제품생산에 요구되는 부품 등 자재를 필요한 시기에 필요한 수량만큼 적기에 생산, 조달하여 낭비요소를 근본적으로 제거하려는 시스템으로 옳은 것은?

① 개별생산시스템
② 연속생산시스템
③ 자동화생산시스템
④ 적시생산시스템
⑤ 모듈생산시스템

정답 | 해설

JIT(적시생산시스템)은 1970년대부터 일본기업들이 적용하고 있었으며, 낭비요소가 최소화된 효율적인 생산의 운영 및 통제시스템을 지칭하는 용어로서 1980년대 이후 미국을 비롯한 서양국가에서 활발하게 연구되고 도입되었다.

정답 ④

┃ 동서발전(2023)/코레일(2023)/코레일(2022)/코레일(2020)/근복(2020)

16 다음 중 JIT(Just – in – Time) 시스템의 특징으로 옳지 않은 것은?

① 푸시(Push) 방식이다.
② 필요한 만큼의 자재만을 생산한다.
③ 공급자와 긴밀한 관계를 유지한다.
④ 가능한 소량 로트(Lot) 크기를 사용하여 재고를 관리한다.
⑤ 생산지시와 자재이동을 가시적으로 통제하기 위한 방법으로 칸반(Kanban)을 사용한다.

정답 | 해설

JIT 시스템은 무재고 생산방식 또는 도요타 생산방식이라고도 하며, 필요한 것을 필요한 양만큼 필요한 때에 만드는 생산방식이다. 재고가 생산의 비능률을 유발하는 원인이기 때문에 이를 없애야 한다는 사고방식에 의해 생겨난 기법이다. 고품질, 저원가, 다양화를 목표로 한 철저한 낭비제거 사상을 수주로부터 생산, 납품에 이르기까지 적용하는 것으로서 풀(Pull) 시스템을 도입하고 있다.

정답 ①

┃ 동서발전(2023)/코레일(2023)/코레일(2022)/코레일(2020)/근복(2020)

17 다음 글의 밑줄 친 내용을 토대로 알 수 있는 도요타의 재고관리기법은?

> 도요타 생산방식은 '이상이 발생할 경우 기계가 즉시 정지하여 불량을 만들지 않는다.'라는 사고와 '각 공정에서는 필요한 것만을 흐르도록 하고 정체 없이 생산한다.'라는 사고에 의해 좋은 제품만을 짧은 리드 타임으로 고객에게 공급하자는 방식으로 오랜 기간 동안에 걸쳐 만드는 방법에 개선을 거듭하여 확립하였다.

① DRP(Distribution Resource Planning)
② MRP(Material Requirements Planning)
③ EOQ(Economic Order Quantity)
④ JIT(Just – in – Time)
⑤ SCM(Supply Chain Management)

정답 | 해설

JIT(Just – in – Time) 시스템은 무재고 시스템 또는 Lean 생산방식의 용어로도 사용되며, 이는 생산공정에서 비생산적인 시간과 낭비를 제거함으로써 원가를 낮추고 품질을 개선하기 위함이다.

정답 ④

| 부교공(2023)/도로교통(2021)/코레일(2020)

18 다음 중 자재소요계획(MRP)에 대한 설명으로 옳은 것은?

① MRP는 풀 생산방식(Pull System)의 전형적인 예로, 시장 수요가 생산을 촉발시키는 시스템이다.
② MRP는 독립수요를 갖는 부품들의 생산수량과 생산시기를 결정하는 방법이다.
③ 자재명세서의 부품별 계획 주문 발주시기를 근거로 MRP를 수립한다.
④ MRP는 필요할 때마다 요청해서 생산하는 방식이다.
⑤ 생산 일정계획의 완제품 생산일정(MPS)과 자재명세서(BOM), 재고기록철(IR)에 관한 정보를 근거로 MRP를 수립한다.

> 정답 | 해설

자재소요계획은 생산 일정계획의 완제품 생산일정(MPS)과 자재명세서(BOM), 재고기록철(IR)에 관한 정보를 근거로 MRP를 수립하여 재고 관리를 모색한다.

> 오답분석

① MRP는 푸시 생산방식(Push System)이다.
② MRP는 종속수요를 갖는 부품들의 생산수량과 생산시기를 결정하는 방법이다.
③ 부품별 계획 주문 발주시기는 MRP의 결과물이다.
④ 필요할 때마다 요청해서 생산하는 방식은 풀 생산방식(Pull System)이다.

정답 ⑤

| 수자원(2025)

19 다음 중 제품생산에 대한 계약방식이 아닌 것은?

① 라이센스
② 하청생산
③ 계약생산
④ 인수합병
⑤ 프렌차이즈

> 정답 | 해설

인수합병은 한 기업이 다른 기업의 경영권을 획득하거나 합치는 것으로, 제품생산 계약과는 관계가 없다.

> 오답분석

① 라이센스 : 원 제작업체와 라이센스 계약을 맺어 허가를 받고 제품을 생산하는 방식이다.
② 하청생산 : 원 제작업체가 제3자에게 제품생산을 맡겨 생산하는 방식이다.
③ 계약생산 : 주문자 상표부착(OEM), 제조자 개발생산(ODM) 같은 생산방식이다.
⑤ 프렌차이즈 : 본사가 브랜드와 운영 매뉴얼을 제공하고, 가맹점이 생산·판매를 담당하는 방식이다.

정답 ④

| 코레일(2020)/시설안전(2020)/도로(2020)

20 다음 중 목표 달성과 새로운 가치창출을 위해 공급업체들과 자원 및 정보를 협력하여 하나의 기업처럼 움직이는 생산시스템은?

① 공급사슬관리(SCM)
② 적시생산시스템(JIT)
③ 유연생산시스템(FMS)
④ 컴퓨터통합생산(CIM)
⑤ 전사적품질경영(TQM)

정답 | 해설

공급사슬관리(SCM)는 공급업체, 구매기업, 유통업체 그리고 물류회사들이 주문, 생산, 재고수준과 제품 및 서비스의 배송에 관한 정보를 공유하도록 하여 제품과 서비스를 효율적으로 구매, 생산, 배송할 수 있도록 지원하는 시스템이다.

오답분석

② 적시생산시스템(JIT) : 모든 프로세스에 걸쳐 필요할 때, 필요한 것을, 필요한 만큼만 생산하는 생산시스템이다.
③ 유연생산시스템(FMS) : 다양한 제품을 높은 생산성으로 유연하게 제조하는 것을 목적으로 생산을 자동화한 시스템이다.
④ 컴퓨터통합생산(CIM) : 제조, 개발, 판매로 연결되는 과정을 일련의 정보시스템으로 통합한 생산관리시스템이다.
⑤ 전사적품질경영(TQM) : 고객 만족을 달성하기 위해 주로 제품과 서비스 품질 관리에만 주력했던 기존 방식에서 벗어나, 기업 활동의 전반적인 분야의 품질을 높이는 데 주력하는 경영 방식이다.

정답 ①

| 코레일(2020)/시설안전(2020)/도로(2020)

21 다음 중 채찍효과의 발생 원인으로 옳지 않은 것은?

① 공급망의 단계별로 이루어지는 수요예측
② 일정기간 예상되는 물량에 대한 일괄주문방식
③ 전자 자료 교환(EDI)의 시행
④ 공급을 초과하는 수요에 따른 구매자간 힘겨루기
⑤ 판매 촉진 행사 등으로 인한 가격 변동

정답 | 해설

채찍효과란 고객의 수요가 상부단계 방향으로 전달될수록 단계별 수요의 변동성이 증가하는 현상으로, 발생 원인으로는 자사 주문량에 근거하는 예측, 일괄주문처리, 가격 변동, 결품 예방 경쟁 등이 있다. 전자 자료 교환(EDI)의 시행은 리드타임을 단축시킴으로써 채찍효과를 제거할 수 있는 방안에 해당한다.

정답 ③

| 코레일(2020)

22 다음 중 간트차트(Gantt Chart)에 대한 설명으로 옳지 않은 것은?

① 간트차트는 프로젝트 일정관리를 위한 바(Bar) 형태의 도구이다.
② 업무별로 일정의 시작과 끝을 그래픽으로 표시하여 전체 일정을 파악하기에 용이하다.
③ 변화 또는 변경이 필요한 경우에 취약하다.
④ 일정계획에 있어서 정밀성을 기대하기에 부족하다.
⑤ 작업시간을 정성적으로 기록하여 진행상황을 파악하기에 용이하다.

정답 | 해설

간트차트는 가장 오래되고 보편화된 일정계획 기법으로서 프로젝트 일정관리를 위한 바(Bar) 형태의 도구이며, 업무별로 일정의 시작과 끝을 그래픽으로 표시하여 전체 일정을 한눈에 볼 수 있다. 또한 각 업무(Activities) 사이의 관계를 보여줄 수도 있고, 작업시간을 정량적으로 기록하여 진행상황을 파악하기에 용이하다.

정답 ⑤

| 코레일(2021)

23 다음 중 거래비용 이론에 대한 설명으로 옳지 않은 것은?

① 거래비용 이론은 기업과 시장 사이의 효율적인 경계를 설명하는 이론이다.
② 기업의 생산 활동은 경제적인 거래의 연속으로 정의될 수 있다.
③ 자산의 고정성이 높을 경우 거래에 소요되는 비용이 상대적으로 감소한다.
④ 거래 당사자들은 자기중심적인 이기적 성향을 가지므로 거래의 당사자들이 거래를 성실하게 수행할 수 있도록 하는 감독비용이 발생한다.
⑤ 거래비용 이론이 설명하는 조직 내부적 거래란 곧 조직의 관료적 체계를 통해 이루어지는 거래의 조정과 관리를 의미한다.

정답 | 해설

거래비용 이론에 따르면 거래의 당사자가 거래의 성립을 위해 지불해야 할 비용은 크게 세 가지 관점에서 발생한다. 그중 거래에 투자되는 거래 당사자들의 자산이 그 특정 거래에 국한될 경우, 즉 자산의 고정성(Asset Specificity)이 높을 경우 거래에 소요되는 비용이 상대적으로 증가한다.

정답 ③

| 국민연금(2020)

24 다음 중 관리도(Control Chart)에 대한 설명으로 옳지 않은 것은?

① 정규분포의 어느 구간을 취할 때 그 속에 포함된 전체에 대한 비율을 알 수 있다.
② 관리도는 1개의 중심선과 3개의 관리한계선으로 구성되어 있다.
③ 공정이 안정상태에 있는 경우에 계량치의 데이터를 취하여 히스토그램을 그리면 좌우대칭의 정규분포(Normal Distribution)를 이룬다.
④ 관리도는 품질의 산포를 관리하기 위하여 하나의 중심선과 두 개의 관리한계선(관리 상한선, 하한선)을 설정한 그래프를 말한다.
⑤ 가령 평균치(m)로부터 양측에 표준편차의 1배(1σ), 2배(2σ), 3배(3σ)로 구간의 폭을 취하면, 그 구간 내에 들어갈 부분의 전체에 대한 비율은 각각 68.26%, 95.46%, 99.73%가 된다.

정답 | 해설

관리도는 1개의 중심선과 2개의 관리한계선으로 구성되어 있다.

정답 ②

| 코레일(2021)

25 다음은 통계적 품질관리(SQC)에 대한 대화 내용이다. 바르게 설명한 사람은 모두 몇 명인가?

> 진영 : 원자재 불량, 공구 마모, 작업자의 부주의 등 특별한 원인에 의하여 발생하는 변동은 우연변동이라고 해.
> 준호 : 우연변동은 통계적 공정관리에서는 제거의 대상으로 여기지 않지만, 이상변동은 반드시 그 원인을 찾아서 제거해야 하는 대상이야.
> 민영 : 관리한계선의 폭을 좁게 할수록 1종 오류가 커지고, 폭을 넓게 할수록 2종 오류가 증가해.
> 아현 : 관리도의 독립성에서 데이터들 사이는 서로 부분 집단적이어야 해.

① 1명　　　　　　　　　② 2명
③ 3명　　　　　　　　　④ 4명
⑤ 없음

정답 | 해설

통계적 품질관리에 대해 바르게 설명한 사람은 준호, 민영 총 2명이다.

오답분석
- 진영 : 원자재 불량, 공구 마모, 작업자의 부주의 등 특별한 원인에 의하여 발생하는 변동은 이상변동이라고 한다.
- 아현 : 관리도의 독립성 속성의 가정으로 데이터들 사이는 서로 부분 집단적이 아닌 서로 독립적이어야 한다.

정답 ②

| 전기안전(2023)/도로교통(2021)

26 다음 중 동시설계(Concurrent Engineering, 동시공학)에 대한 설명으로 옳지 않은 것은?

① 전반적인 제품개발과정을 단축시킨다.
② 제품의 설계, 기술, 생산, 마케팅, 서비스 등의 전 과정을 거쳐, 서로 다른 부서로부터 다기능팀(Multi-Functional Team)을 구성한다.
③ 동시설계는 제품개발공정만이 아니라 기업의 경영관리 활동을 개선하는 접근 방법으로 이용되어 경영프로세스혁신과 경영혁신의 핵심수단이 되었고, 가시적인 성과가 이미 입증되었다.
④ 동시설계는 모든 프로세스를 동시에 진행하여 기간을 단축시키는 방법이지만, 비용절감과 품질향상이 어렵다는 단점이 있다.
⑤ 동시설계는 팀-관리 기법, 정보 시스템, 통합 데이터베이스 환경, 제품 또는 서비스의 정보 교환을 위한 표준으로 구성된다.

정답 | 해설

동시설계는 제품과 서비스 설계, 생산, 인도, 지원 등을 통합하는 체계적이고 효율적인 접근 방법이다. 동시설계는 팀-관리 기법, 정보 시스템, 통합 데이터베이스 환경, 제품 또는 서비스의 정보 교환을 위한 표준으로 구성된다. 즉, 시장의 소비자, 소비 형태와 기호를 분석하고, 설계, 생산하며 이를 유통하고 판매하는 모든 프로세스를 거의 동시에 진행한다. 또한 정부, 기업 등의 조직이 동시설계에 의한 민첩한 생산 및 서비스 활동을 통하여 경쟁력을 강화할 수 있고, 모든 프로세스를 동시에 진행하여 기간을 단축시키는 방법이면서, 비용절감과 품질향상을 동시에 달성하고자 하는 설계방식이다.

정답 ④

| 국민연금(2020)

27 다음 중 생산시스템 측면에서 신제품 개발 프로세스를 순서대로 바르게 나열한 것은?

ㄱ. 아이디어 창출	ㄴ. 제품 선정
ㄷ. 예비설계	ㄹ. 설계의 평가 및 개선
ㅁ. 제품원형 개발 및 시험마케팅	ㅂ. 최종설계

① ㄱ-ㄴ-ㄷ-ㄹ-ㅁ-ㅂ
② ㄱ-ㄷ-ㅁ-ㄹ-ㄴ-ㅂ
③ ㄴ-ㄱ-ㄷ-ㅁ-ㄹ-ㅂ
④ ㄴ-ㅁ-ㄹ-ㄱ-ㄷ-ㅂ
⑤ ㄷ-ㄹ-ㄴ-ㅁ-ㄱ-ㅂ

정답 | 해설

ㄱ. 아이디어 창출 - ㄴ. 제품 선정 - ㄷ. 예비설계 - ㄹ. 설계의 평가 및 개선 - ㅁ. 제품원형 개발 및 시험마케팅 - ㅂ. 최종설계

정답 ①

| 코레일(2024)/코레일(2021)

28 다음 중 연속생산에 대한 설명으로 옳은 것은?

① 단위당 생산원가가 낮다.
② 운반비용이 많이 소요된다.
③ 제품의 수명이 짧은 경우 적합한 방식이다.
④ 제품의 수요가 다양한 경우 적합한 방식이다.
⑤ 작업자의 숙련도가 떨어질 경우 작업에 참여시키지 않는다.

정답 해설

연속생산은 동일제품을 대량생산하기 때문에 규모의 경제가 적용되어 여러 가지 제품을 소량생산하는 단속생산에 비해 단위당 생산원가가 낮다.

오답분석

② 연속생산의 경우, 표준화된 상품을 대량으로 생산함에 따라 운반에 따른 자동화 비율이 매우 높고, 속도가 빨라 운반비용이 적게 소요된다.
③·④ 제품의 수요가 다양하거나 제품의 수명이 짧은 경우 단속생산 방식이 적합하다.
⑤ 연속생산은 작업자의 숙련도와 관계없이 작업에 참여가 가능하다.

정답 ①

| 코레일(2024)/코레일(2021)

29 다음 중 단속생산 방식의 경우로 옳은 것은?

① 제품의 납품일이 가까워 신속하고 빠르게 생산하여야 하는 경우
② 단위당 생산원가를 낮게 책정하여야 하는 경우
③ 공장에 구비된 기계설비가 특수목적인 전용설비인 경우
④ 분기별로 거래처에서 동일한 품목을 일정량 주문하는 암묵적 패턴이 존재하는 경우
⑤ 다양한 품종을 주문이 들어오는 시점부터 소량만 생산하는 경우

정답 해설

연속생산과 단속생산의 특징

구분	연속생산	단속생산
생산방식	예측생산	주문생산
품종, 생산량	소품종 다량생산	다품종 소량생산
생산속도	빠르다	느리다
단위당 생산원가	낮다	높다
운반설비	고정경로형	자유경로형
기계설비	전용설비	범용설비
설비투자액	많다	적다
마케팅 활동	수요예측에 따라 전개	주문 위주로 전개

정답 ⑤

| 코레일(2020)

30 다음 중 특정 작업계획으로 여러 부품을 생산하기 위해 컴퓨터에 의해 제어 및 조절되며, 자재취급 시스템에 의해 연결되는 작업장들의 조합은?

① 유연 생산시스템 ② 컴퓨터통합 생산시스템
③ 적시 생산시스템 ④ 셀 제조시스템
⑤ 지능형 생산시스템

정답 | 해설

유연 생산시스템(FMS)은 소량의 다품종 제품을 짧은 납기로 해서 수요변동에 대한 재고를 지니지 않고 대처하면서 생산 효율의 향상 및 원가절감을 실현할 수 있는 생산시스템이다.

정답 ①

| 국민연금(2020)

31 다음 글은 관리도에 대한 설명이다. 공정상황에서 해당하는 변동요인으로 옳은 것은?(단, 동일제품을 생산하며, 작업자 수와 총 작업시간은 동일하다)

> A공장은 전자제품을 생산하는 공장으로 비교적 상태가 좋은 X생산라인과 그에 비해 노후한 Y생산라인을 운영하고 있다. 금일 현 시간 기준 A공장에 생산라인 X와 Y는 각각 시간당 제품 생산율 65%와 35%, 불량품 비율은 각각 5%와 10%를 기록하였다.

① 우연변동 ② 이상변동
③ 가격변동 ④ 수요변동
⑤ 속도변동

정답 | 해설

제시문의 공정상황은 X와 Y 생산라인 중 동일한 제품을 생산함에도 시간당 제품 생산율의 차이가 X가 Y에 비해 약 2배가량 속도가 빠르고 불량품 비율도 2배로 낮으므로 X보다 Y의 생산라인이 작업자의 실수나 생산설비의 이상이 의심된다. 그러므로 우연원인으로 인한 우연변동보다는 이상변동이 적절하다.

정답 ②

| 코레일(2020)

32 다음 중 이슈 트리(Issue Tree)의 장점으로 옳지 않은 것은?

① 문제해결을 위해 세분화가 이루어지면 업무에서 감당 가능한 단위가 된다.
② 누락과 중복을 미연에 확인하고 대처 가능하다.
③ 원인이나 해결책을 구체적으로 찾아낼 수 있다.
④ 이슈 간의 논리적 구조를 통해 문제해결의 완성도를 높인다.
⑤ 개인과 이해관계자의 서로 다른 차별화된 개념정리를 가능하게 하여 조직 전체에 업무처리 효율이 증가한다.

정답 | 해설

이슈 트리는 초기가설이 옳은지 아닌지를 MECE 식에 따라 나무 형태로 정리한 것이다. 팀원과 공통된 이해관계를 구축할 수 있으며, 주요 용어에 대한 공통된 개념정리를 가능하게 하여 조직의 업무처리 효율이 증가한다.

정답 ⑤

| 부교공(2023)/국민연금(2021)

33 다음 중 제품별 배치에 대한 설명으로 옳지 않은 것은?

① 높은 설비이용률을 가진다.
② 낮은 제품단위당 원가로 경쟁우위를 점할 수 있다.
③ 수요 변화에 적응하기 어렵다.
④ 설비 고장에 큰 영향을 받는다.
⑤ 다품종 생산이 가능하다.

정답 | 해설

다품종 생산이 가능한 것은 공정별 배치에 해당한다.

제품별 배치와 공정별 배치

구분	제품별 배치	공정별 배치
장점	• 높은 설비이용률 • 노동의 전문화 • 낮은 제품단위당 원가	• 다품종 생산이 가능 • 저렴한 범용설비 • 장려임금 실시 가능
단점	• 수요 변화에 적응이 어려움 • 설비 고장에 영향을 받음 • 장려임금 실시 불가 • 단순작업	• 낮은 설비이용률 • 높은 제품단위당 원가 • 재공품 재고 증가 • 경로와 일정계획의 문제

정답 ⑤

| 코레일(2020)/한국공항(2020)

34 다음 글의 설명이 나타내는 재고관리기법은?

- 원자재, 부품, 구성품, 중간 조립품 등과 같은 종속수요품목의 주문량과 주문시기를 결정하는 컴퓨터시스템으로, 원자재 등의 재고관리가 주목적이다.
- 상위품목의 생산계획이 변경되면, 부품의 수요량과 재고 보충시기를 자동적으로 갱신하여 효과적으로 대응할 수 있다.
- 종속수요품 각각에 대하여 수요예측을 별도로 할 필요가 없다.

① DRP(Distribution Resource Planning)
② MRP(Material Requirements Planning)
③ Postponement
④ JIT(Just-in-Time)
⑤ SCM(Supply Chain Management)

정답 | 해설

오답분석
① DRP(Distribution Resource Planning) : 생산이 완성된 제품에 대한 판매관리시스템으로 고객의 수요에 대한 정보를 생산계획의 수립에 빠르게 반영한다. 즉, 제조업체 이후의 유통망 상의 재고를 줄이는 것으로, 고객과 가장 가까운 곳에서 수요를 예측하여 이를 생산계획의 수립에 빠르게 반영하는 것을 목적으로 한다.
③ Postponement : 고객의 욕구가 정확히 알려질 때까지는 되도록 생산을 연기하다가 욕구가 확실해졌을 때 생산하는 것으로, 제품의 설계부터 고객에 인도되기까지의 총비용을 최소화시키는 것을 의미한다.
④ JIT(Just-in-Time) : 생산부문의 공정별로 작업량을 조정함으로써 중간 재고를 최소한으로 줄이는 관리체계이다.
⑤ SCM(Supply Chain Management) : 공급망 관리는 부품 제공업자로부터 생산자 배포자 고객에 이르는 물류의 흐름을 하나의 가치사슬 관점에서 파악하고 정보가 원활히 흐르도록 지원하는 시스템을 말한다.

정답 ②

| 코레일(2020)

35 다음 중 총괄생산계획에 대한 설명으로 옳지 않은 것은?

① 총괄생산계획에 대일정계획이 포함된다.
② 수요 예측에 의해 총괄생산계획을 수립한다.
③ 총괄생산계획 기반으로 주생산계획을 수립한다.
④ 수요 변동이 생길 때마다 즉시 생산수준에 반영해야 한다.
⑤ 생산과 투입이 불일치하기 때문에 계획을 수립한다.

정답 | 해설

총괄생산계획은 제품의 재고량, 생산 능력, 고용 인원 따위를 고려하여 전체적인 생산량과 품목, 일정을 계획하는 일이다. 단기, 중기, 장기(대일정계획) 계획을 세우고 총괄생산계획을 주단위나 일단위로 운영할 수 있도록 한다. 이는 예측하고 계획하는 것으로, 수요 변동이 생긴다고 즉시 생산수준에 반영하지는 않는다.

정답 ④

| 코레일(2020)

36 5가지 주문작업을 1대의 기계에서 처리하고자 한다. 납기일과 남은 시간, 잔여처리시간이 다음과 같을 때, 최소 납기일 우선법(EDD; Earlist Due Date)을 기준으로 작업순서를 결정하면 최우선적으로 시작할 작업은?

주문작업	납기일	남은 시간	잔여처리시간
A	20일	19일	10일
B	31일	30일	5일
C	18일	17일	3일
D	15일	14일	6일
E	12일	11일	9일

① A ② B
③ C ④ D
⑤ E

정답 해설

최소 납기일 우선법은 주문받은 작업 가운데서 가장 납기일이 빠른 작업을 최우선 순서로 정하는 방법으로, 단순하지만 주문의 긴급도와 작업지연을 고려하지 않기 때문에 합리성이 부족한 방법이다.

정답 ⑤

| 가스(2021)/시설안전(2020)

37 A사는 당해 하반기 신제품을 출시할 예정이다. 다음 중 소비자들이 제품구매 시 중요하게 생각하는 제품 속성과 그 속성 수준을 파악하려고 할 때, 분석기법으로 옳은 것은?

① 설문조사 ② 산업 구조 분석
③ SWOT 분석 ④ 컨조인트 분석(Conjoint Analysis)
⑤ 히트맵(Heat Map)

정답 해설

컨조인트 분석은 제품의 각 속성에 고객이 부여하는 효용(Utility)을 추정하여 소비자의 효용 분석을 통해 고객이 선택할 제품을 예측하는 기법이다. 컨조인트 분석은 시장에 출시된 제품의 속성이 다양하지 않더라도 선호도에 근거하여 하나의 속성이 미치는 영향을 추정할 수 있고, 신제품이나 리포지셔닝을 할 제품을 위한 잠재시장을 평가하는 데 유용하게 사용할 수 있다.

오답분석
① 설문조사 : 시장 설문조사를 통해 선호도와 관여도를 조사하는 데 유용하다.
② 산업 구조 분석 : 산업 구조를 분석하기 위한 모델로 경쟁우위를 위한 전략수립에 유용하다.
③ SWOT 분석 : 마케팅 전략을 검토할 때 우선 자사 제품과 서비스의 강점과 약점을 알고, 나아가 시장의 상황과 경쟁사의 움직임 등을 파악하는 데 유용하다.
⑤ 히트맵(Heat Map) : 주로 웹사이트의 방문자를 분석하는 웹로그 분석에 많이 사용하는 분석 기법이다.

정답 ④

38 다음 글의 밑줄 친 (A) ~ (C)에 들어갈 단어를 순서대로 바르게 나열한 것은?

- 카이제곱 검정(Chi-Squared Test)은 카이제곱 분포에 기초한 통계적 방법으로 관찰된 빈도가 기대되는 빈도와 의미 있게 다른지의 여부를 검정하기 위해 사용되는 검정방법이다.
- 카이제곱 검정은 크게 동질성 검정과 __(A)__ 검정 두 가지 유형으로 구분할 수 있는데, 동질성 검정은 '변인의 분포가 이항분포나 정규분포와 __(B)__.'라는 가정을 전제로 하며, __(A)__ 검정은 변인이 두 개 이상일 때 사용되며, 기대빈도와 __(C)__ 와의 차이를 통해 기대빈도의 진위여부를 밝힌다.

	(A)	(B)	(C)
①	유사성	상이하다	고차빈도
②	성장성	상이하다	고차빈도
③	성장성	동일하다	정밀빈도분포
④	독립성	동일하다	관찰빈도
⑤	독립성	유사하다	관찰빈도

정답 | 해설

카이제곱 검정은 크게 동질성 검정과 독립성 검정 두 가지 유형으로 구분 가능하며, 동질성 검정은 '변인의 분포가 이항분포나 정규분포와 동일하다.'라는 가설을 설정한다. 이는 어떠한 모집단의 표본이 그 모집단을 대표하고 있는지를 검증하는 데 사용한다. 독립성 검정은 변인이 두 개 이상일 때 사용되며, 기대빈도는 '두 변인이 서로 상관이 없고 독립적'이라고 기대하는 것을 의미하며, 관찰빈도와의 차이를 통해 기대빈도의 진위여부를 밝힌다.

정답 ④

39 다음 중 프로세스 관리에 대한 설명으로 옳은 것은?

① 개별작업 프로세스(Job-Shop Process)에서는 생산하는 모든 제품이 표준화된 공정을 거친다.
② 개별작업 프로세스(Job-Shop Process)는 산출물의 변동성이 낮은 편이다.
③ 라인 프로세스(Line Process)는 많은 종류의 제품을 소량으로 생산하는 경우에 사용된다.
④ 연속 프로세스(Continuous Process)는 설비의 유연성이 높은 편이다.
⑤ 연속 프로세스(Continuous Process)는 효율성이 높고, 생산량이 많은 편이다.

정답 해설

연속 프로세스는 가장 효율성이 높은 프로세스로, 많은 산출물을 생산할 수 있다는 것이 장점이다.

오답분석
① 개별작업 프로세스(Job-Shop Process)에서는 제품마다 각기 다른 공정이 요구된다.
② 개별작업 프로세스(Job-Shop Process)는 다품종 소량생산에 적합하다. 즉, 산출물의 변동성이 매우 크다.
③ 라인 프로세스(Line Process)는 표준화된 제품을 생산하는 방식으로 산출물의 표준화 정도는 개별작업 프로세스, 뱃치 프로세스, 라인 프로세스, 연속 프로세스 순으로 높아진다. 다품종 소량생산은 개별작업 프로세스에 적합하다.
④ 연속 프로세스(Continuous Process)는 산출물의 표준화가 매우 높고, 설비의 유연성이 매우 낮아서 가장 효율성이 높은 생산방식이다.

정답 ⑤

40 다음 〈조건〉을 토대로 경제적 주문량(EOQ)을 고려한 연간 총재고비용을 구한 것은?[단, 기준은 (총재고비용)=(주문비)+(재고유지비)이다]

조건
- 연간 부품 수요량 : 1,000개
- 1회 주문비 : 200원
- 단위당 재고 유지비 : 40원

① 500원 ② 1,000원
③ 2,000원 ④ 3,000원
⑤ 4,000원

정답 해설

$$EOQ = \sqrt{\frac{2 \times (\text{연간 수요량}) \times (1회 주문비)}{(재고유지비용)}} = \sqrt{\frac{2 \times 1,000 \times 200}{40}} = 100$$

(연간 재고유지비용) $= \frac{EOQ}{2} \times (\text{단위당 연간 재고유지비}) = \frac{100}{2} \times 40 = 2,000$원

(연간 주문비용) $= \frac{(\text{연간수요})}{EOQ} \times (\text{단위당 주문비}) = \frac{1,000}{100} \times 200 = 2,000$원

∴ (총재고비용)=(연간 주문비용)+(연간 재고유지비용)=2,000+2,000=4,000원

정답 ⑤

CHAPTER 06 재무회계

| 코레일(2022)

01 다음 〈조건〉의 원가함수 형태를 보유한 기업의 손익분기점 매출수량은?

> **조건**
> • 원가함수 : $y = 10,000,000 + 5,000x$
> • 단위당 판매가격 : 10,000원

① 3,000개 ② 2,500개
③ 2,000개 ④ 1,500개
⑤ 1,000개

정답 | 해설

고정비 10,000,000원이고, 단위당 판매가격은 10,000원이며, 단위당 변동비가 5,000원이므로 변동비율은 0.5이다.

• (손익분기점의 매출액) = $\dfrac{(고정비)}{(공헌이익률)} = \dfrac{(고정비)}{1-(변동비율)} = \dfrac{10,000,000}{1-0.5} = 20,000,000원$

• (손익분기점 매출수량) = $\dfrac{(고정비)}{(단위당 공헌이익)} = \dfrac{(고정비)}{(단위당 판매가격) - (단위당 변동비)} = \dfrac{10,000,000}{10,000 - 5,000} = 2,000개$

정답 ③

| 한수원(2021)/농어촌(2020)

02 다음 중 반드시 K-IFRS를 적용해야 하는 기업이 아닌 것은?

① 코스닥에 상장된 주권상장법인 ② IPO 예정 기업
③ 은행법에 따른 은행 ④ 보험업법에 따른 보험회사
⑤ 외부감사대상이 아닌 중소기업

정답 | 해설

K-IFRS 적용 기업은 주권상장법인 및 금융회사로, 주권상장법인은 유가증권시장 및 코스닥시장에 상장된 법인을 말한다. 그 외 외부감사대상 기업은 일반기업회계기준을 따르고, 외부감사대상이 아닌 기업은 중소기업회계기준을 따른다.

정답 ⑤

| 한수원(2021)/농어촌(2020)

03 다음 중 K-IFRS에 따른 재고자산에 대한 설명으로 옳지 않은 것은?

① 매입운임은 재고자산의 취득원가에 포함된다.
② 재고자산은 취득원가와 순실현가능가치 중 낮은 금액으로 측정한다.
③ 통상적인 영업과정에서 판매를 위하여 보유 중인 자산은 재고자산이다.
④ 통상적으로 상호 교환될 수 없는 재고자산항목의 원가와 특정 프로젝트별로 생산되고 분리되는 재화 또는 용역의 원가는 평균법을 사용하여 결정한다.
⑤ 원가측정방법으로 표준원가법이나 소매재고법 등은 그러한 방법으로 평가한 결과가 실제 원가와 유사한 경우에 편의상 사용할 수 있다.

정답 | 해설

통상적으로 상호 교환될 수 없는 재고자산항목의 원가와 특정 프로젝트별로 생산되고 분리되는 재화 또는 용역의 원가는 개별법을 사용하여 결정한다(K-IFRS 1002 재고자산 23).

정답 ④

| 코레일유통(2022)

04 다음 글에서 설명하는 용어로 옳은 것은?

- 기업이 영업 활동을 통해 창출한 순가치의 증가분이다.
- 영업이익에서 법인세와 자본비용을 차감한 이익을 말한다.

① EVA(경제적부가가치)   ② ROE(자기자본이익률)
③ ROA(자산수익률)   ④ ROI(투자자본수익률)
⑤ BPS(주당순자산)

정답 | 해설

오답분석
② ROE : 기업의 자기자본에서 어느 정도의 이익을 창출하는가를 나타내는 값이다.
③ ROA : 기업 총자산[(자본)+(부채)]에서 어느 정도의 이익을 창출하는가를 나타내는 값이다.
④ ROI : 기업의 순이익을 투자액으로 나눈 값이다.
⑤ BPS : 기업의 순자산을 발행 주식수로 나눈 값이다.

정답 ①

| 보훈복지의료(2021)/TS(2021)

05 다음 중 유용한 재무정보의 질적 특성에 대한 설명으로 옳지 않은 것은?

① 유용한 재무정보의 질적 특성에는 근본적 질적 특성과 보강적 질적 특성이 있다.
② 목적적합성 특성에는 예측가치, 확인가치, 중요성이 있다.
③ 충실한 표현의 특성은 완전하고 중립적이며, 서술에 오류가 없어야 한다.
④ 이해가능성은 의사결정자가 정보를 필요할 때 이용이 가능하게 하여 의사결정에 영향을 미칠 수 있도록 하는 것을 말한다.
⑤ 검증가능성은 둘 이상의 회계담당자가 동일한 경제적 사건에 대하여 동일한 측정방법으로 각각 독립적으로 측정하더라도 각각 유사한 측정치에 도달하게 되는 속성을 말한다.

정답 | 해설

의사결정자가 정보를 필요할 때 이용이 가능하게 하여 의사결정에 영향을 미칠 수 있도록 하는 것은 적시성이다. 이해가능성은 정보이용자가 이해가 가능하게 하는 것을 말한다.

재무정보의 질적 특성

근본적 질적 특성	보강적 질적 특성
• 목적적합성(예측가치, 확인가치, 중요성) • 충실한 표현(완전한, 중립적, 오류 없는 서술)	• 비교가능성 • 검증가능성 • 적시성 • 이해가능성

정답 ④

| 보훈복지의료(2021)/TS(2021)

06 재무정보가 유용하기 위해 갖추어야 할 주요 속성으로는 크게 근본적인 질적 특성인 목적적합성과 충실한 표현, 즉 표현의 충실성이 있다. 다음 중 이러한 근본적 질적 특성을 보강해 주는 보강적 질적 특성에 해당하는 것이 아닌 것은?

① 비교가능성
② 검증가능성
③ 적시성
④ 생산성
⑤ 이해가능성

정답 | 해설

보강적 질적 특성으로는 비교가능성, 검증가능성, 적시성, 이해가능성이 있다.

정답 ④

| 심평원(2024)/관광(2023)/서교공(2023)/동서발전(2021)/보훈복지의료(2021)/도로교통(2020)/공무원연금(2020)

07 다음 중 자본, 자산, 부채의 계정항목이 바르게 연결되지 않은 것은?

① 당좌자산 : 현금 및 현금성자산, 매출채권
② 투자자산 : 만기보유금융자산, 투자부동산
③ 유동부채 : 단기차입금, 퇴직급여충당부채
④ 자본잉여금 : 주식발행초과금, 자기주식처분이익
⑤ 이익잉여금 : 이익준비금, 임의적립금

정답 | 해설

퇴직급여충당부채는 비유동부채에 해당한다. 유동부채에는 단기차입금, 매입채무, 미지급법인세 등이 해당된다.

오답분석
① 당좌자산(유동자산) : 현금 및 현금성자산, 매출채권, 단기매매금융자산 등
② 투자자산(비유동자산) : 만기보유금융자산, 투자부동산, 매도가능금융자산 등
④ 자본잉여금(자본) : 주식발행초과금, 자기주식처분이익, 감자차익 등
⑤ 이익잉여금(자본) : 이익준비금, 임의적립금, 당기순이익, 당기순손실 등

정답 ③

| 심평원(2024)/관광(2023)/서교공(2023)/동서발전(2021)/보훈복지의료(2021)/도로교통(2020)/공무원연금(2020)

08 다음 중 기업잉여현금흐름(FCFF)에 대한 설명으로 옳지 않은 것은?

① 기업잉여현금흐름은 주주, 채권자 모두에게 귀속되는 현금흐름이다.
② 기업의 자본구조를 반영하지 않아 레버리지가 없는 잉여현금흐름이다.
③ 회사의 배당금 지급, 채무자의 상환 능력 등을 나타낸다.
④ 급격하게 성장하는 사업 초기 기업일수록 FCFF는 양수로 나타난다.
⑤ 영업외 항목은 고려하지 않기 때문에 부채에 따른 이자비용 등은 고려하지 않는다.

정답 | 해설

급격하게 성장하는 사업 초기 기업일수록 FCFF는 음수로 나타난다. 일반적으로 급격하게 성장하는 초기 기업의 경우 외부 자금조달 등을 통해 성장을 지속하는 경우가 많아 잉여현금흐름이 안정기에 도달할 때까지는 음수로 나타난다.

정답 ④

| 심평원(2024)/관광(2023)/서교공(2023)/동서발전(2021)/보훈복지의료(2021)/도로교통(2020)/공무원연금(2020)

09 다음 중 자기자본에 해당하지 않는 것은?

① 자본금 ② 자본잉여금
③ 이익잉여금 ④ 차입금
⑤ 기타포괄손익누계액

정답 | 해설

자기자본은 재무상태표를 구성하는 요소 중 하나로, 흔히 소유자지분 혹은 주주지분으로 칭한다. 회계적으로는 전체 자산 중 부채를 제외한 나머지 금액이고 주주들 소유이다. 이러한 자기자본의 계정과목으로는 자본금, 자본잉여금, 이익잉여금, 자본조정, 기타포괄손익누계액이 해당한다. 차입금은 부채계정 중 유동부채에 해당한다.

정답 ④

| 심평원(2024)/관광(2023)/서교공(2023)/동서발전(2021)/보훈복지의료(2021)/도로교통(2020)/공무원연금(2020)

10 다음 중 채권에 들어갈 계정과목으로 옳지 않은 것은?

구분	채권	채무
영업관련	A. 외상매출금	외상매입금
	B. 받을 어음	지급 어음
영업외	C. 미수금	미지급금
	D. 차입금	대여금
계약	E. 선급금	선수금

① A ② B
③ C ④ D
⑤ E

정답 | 해설

대여금은 자금을 빌려준 경우 발생하는 채권이며 자산에 해당하고, 차입금은 자금을 빌린 경우 발생하는 확정된 채무이며 부채에 해당한다. 따라서 채권에 들어갈 계정과목은 차입금이 아닌 대여금이다.

정답 ④

11 다음 〈보기〉에서 비유동부채에 해당하는 것은 모두 몇 개인가?

> **보기**
> A. 매입채무　　　　　B. 예수금
> C. 미지급금　　　　　D. 장기차입금
> E. 임대보증금　　　　F. 선수수익
> G. 단기차입금　　　　H. 선수금
> I. 장기미지급금　　　J. 유동성장기부채

① 1개　　　　② 3개
③ 5개　　　　④ 7개
⑤ 10개

> **정답 | 해설**
> 부채는 유동부채와 비유동부채로 구분되며, 그중 비유동성 부채는 장기차입금, 임대보증금, 퇴직급여충당부채, 장기미지급금 등이 있다. 따라서 D, E, I가 비유동부채에 해당된다.
>
> **정답 ②**

12 K기업이 2020년 중에 취득하여 2020년 말에 보유하고 있는 금융자산(주식)은 다음과 같다. 동 금융자산의 기말평가가 2020년 포괄손익계산서상 당기순이익에 미치는 영향은?

구분	취득원가	공정가치(20×1년 말)
당기손익 – 공정가치 측정	69,000원	89,000원
기타포괄손익 – 공정가치 측정	36,000원	46,000원

① 영향 없음　　　　② 10,000원 감소
③ 10,000원 증가　　④ 20,000원 감소
⑤ 20,000원 증가

> **정답 | 해설**
> • 당기손익 – 공정가치 측정 : 장부금액 69,000원＜공정가치 89,000원 → 평가이익(FVPL) 20,000원(순이익 증가)
> • 기타포괄손익 – 공정가치 측정 : 금융자산 평가손익은 당기손익에 영향을 미치지 않는다.
>
> **정답 ⑤**

| 한수원(2021)/TS(2021)/남동발전(2021)/시설안전(2020)/관광(2020)

13 다음 〈보기〉의 용어 중 금융자산과 금융부채로 바르게 분류한 것은?

보기
ㄱ. 매입채무 ㄴ. 차입금
ㄷ. 미지급금 ㄹ. 현금
ㅁ. 사채 ㅂ. 타사에 관한 지분증권

	금융자산	금융부채
①	ㄱ, ㄴ, ㄷ	ㄹ, ㅁ, ㅂ
②	ㄷ, ㅁ	ㄱ, ㄴ, ㄹ, ㅂ
③	ㄹ, ㅂ	ㄱ, ㄴ, ㄷ, ㅁ
④	ㄷ, ㄹ, ㅁ, ㅂ	ㄱ, ㄴ
⑤	ㄱ, ㄴ, ㄷ, ㅁ	ㄹ, ㅂ

정답 해설

금융자산과 금융부채

금융자산	금융부채
• 현금 • 다른 기업의 지분상품(지분증권) • 거래상대방에게서 현금 등 금융자산을 수취할 계약상 권리 • 잠재적으로 유리한 조건으로 거래상대방과 금융부채를 교환하기로 한 계약상 권리 • 수취할 자기 지분 상품의 수량이 변동가능한 비파생상품 계약	• 매입채무 • 미지급금 • 차입금 • 사채 • 부채의 정의를 충족하는 확정계약의무가 있는 현금이나 그 밖의 금융자산으로 결제되는 부채

정답 ③

| 한수원(2021)/TS(2021)/남동발전(2021)/시설안전(2020)/관광(2020)

14 다음 〈조건〉은 2020년 초에 설립된 기업의 당기 중 발생거래의 기말 상황이다. 이 기업의 2020년 말 금융부채는?

조건
- 3월 1일 : 은행으로부터 현금 1,000원 차입(만기 3년)
- 4월 1일 : 거래처 A에게 내년 초 신제품을 공급하는 대가로 미리 현금 500원 수령
- 7월 1일 : 거래처 B에게 재고자산 매입대금으로 어음(만기 1년) 800원 발행
- 11월 1일 : 거래처 C로부터 자금을 차입하면서, 어음(만기 3개월) 800원 발행
- 12월 1일 : 사무용비품 구입대금 900원 중 300원은 어음(만기 3개월) 발행, 나머지는 5개월 후에 지급약정

① 3,000원 ② 3,100원
③ 3,300원 ④ 3,500원
⑤ 3,700원

정답 | 해설

(금융부채)=1,000(장기차입금)+800(지급어음)+800(단기차입금)+300(어음)+600(미지급금)=3,500원
※ 선급비용, 선급금, 선수수익, 선수금은 현금이나 다른 금융자산의 수취·지급이 아닌 재화 또는 용역의 수취·제공을 가져오게 되므로 금융상품이 아니다.

정답 ④

| 한수원(2021)/TS(2021)/남동발전(2021)/시설안전(2020)/관광(2020)

15 다음 〈보기〉는 장단기투자자산에 관련된 계정이다. 단기투자자산과 장기투자자산으로 구분할 때, 각각 해당하는 내용으로 바르게 분류한 것은?

보기
a. FVOCI 금융자산   b. AC 금융자산
c. CMA   d. 장기성 예금
e. 유가증권   f. 단기대여금

	단기투자자산	장기투자자산
①	a, b, c	d, e, f
②	b, c, d	a, e, f
③	a, e, f	b, c, d
④	c, e, f	a, b, d
⑤	b, c, f	a, d, e

정답 해설

단기투자자산과 장기투자자산

단기투자자산	장기투자자산
• 단기금융상품(CD, RP, CMA, CP 등) • 단기대여금 • 유가증권	• 기타포괄손익 공정가치측정, 금융자산(FVOCI 금융자산) • 상각후원가측정 금융자산(AC 금융자산) • 장기성 예금(장기금융상품)

※ 자산관리계좌(CMA; Cash Management Account) : 본래 어음관리계좌로 부르는 실적배당형 상품과 자유 입출금식 보통예금 계좌를 접목한 것으로, 단기투자자산의 단기금융상품에 해당한다.

정답 ④

| 한수원(2021)/TS(2021)/남동발전(2021)/시설안전(2020)/관광(2020)

16 2020년 초 A사는 매년 말 이자를 지급하는 조건으로 액면금액이 1,000,000원, 액면이자율이 7%, 3년 만기인 회사채를 발행하고, 상각후원가측정 금융부채로 분류하였다. 발행 당시 시장이자율은 10%였고, 시장이자율로 할인한 현재가치는 925,394원이다. A사는 2020년 말 이자 지급과 관련하여 다음과 같은 분개를 하였다. 빈칸 (A), (B)에 들어갈 금액을 바르게 나열한 것은?

(차) 이자비용	(A)	(대) 현금	(B)
		사채할인발행차금	×××

	(A)	(B)
①	64,778원	30,000원
②	92,539원	30,000원
③	92,539원	70,000원
④	100,000원	70,000원
⑤	100,000원	92,539원

정답 해설

제시된 자료에 따르면 기초 사채발행시점의 분개는 다음과 같다.

(차) 현금	925,394	(대) 사채	1,000,000
사채할인발행차금	74,606		

따라서 기말 이자비용 인식액(A)은 925,394(사채발행가액)×10%(시장이자율)=92,539원이고, 이때 지급하는 현금(B)은 1,000,000(사채액면금액)×7%(액면이자율)=70,000원이다. 대변의 사채할인발행차금 상각액은 22,539원이 된다.

정답 ③

| 서교공(2025)/HUG(2022)/예금보험(2021)/신보(2021)/가스(2020)

17 다음 중 무형자산에 해당하지 않는 것은?

① 인적 자원
② 영업권
③ 토지
④ 저작권
⑤ 라이센스

정답 | 해설

무형자산은 기업의 영업활동 과정에서 사용되어 미래의 경제적 이익이 기대되는 물리적 실체가 없는 자산으로 인적 자원, 영업권, 저작권, 라이센스, 개발비 등이 해당한다. 반면 유형자산은 기업이 영업 활동에 사용하기 위해 보유하고 있는 물리적 형태를 가진 자산으로 토지, 건물, 기계장치, 차량, 선박, 건설 중인 자산 등이 해당한다.

정답 ③

| 서교공(2025)/HUG(2022)/예금보험(2021)/신보(2021)/가스(2020)

18 다음 중 무형자산의 회계처리에 대한 설명으로 옳지 않은 것은?

① 무형자산을 최초로 인식할 때에는 원가로 측정한다.
② 내용연수가 비한정인 무형자산에 대해서는 상각을 하지 않는다.
③ 최초에 비용으로 인식한 무형항목에 대한 지출은 그 이후에 무형자산의 원가로 인식할 수 없다.
④ 내부적으로 창출한 영업권은 자산으로 인식한다.
⑤ 무형자산의 상각방법은 자산의 경제적 효익이 소비되는 형태를 반영한 방법이어야 한다.

정답 | 해설

내부적으로 창출한 영업권은 자산으로 인식하지 아니한다. 미래경제적효익을 창출하기 위하여 발생한 지출 중에는 이 기준서의 인식기준을 충족하는 무형자산을 창출하지 않는 경우가 있다. 그러한 지출은 대부분 내부적으로 창출한 영업권에 기여한다. 내부적으로 창출한 영업권은 원가를 신뢰성 있게 측정할 수 없고 기업이 통제하고 있는 식별 가능한 자원이 아니기 때문에, 즉 분리 가능하지 않고 계약상 또는 기타 법적 권리로부터 발생하지 않기 때문에 자산으로 인식하지 아니한다.

정답 ④

| 서교공(2025)

19 다음 중 적격자산에 해당하지 않는 것은?

① 금융자산
② 재고자산
③ 제조설비자산
④ 무형자산
⑤ 투자부동산

정답 해설

적격자산은 계획된 용도로 사용하거나 판매 가능한 상태로 만들기 위해 상당한 기간이 소요되는 자산을 의미하며 재고자산, 제조설비자산, 유형자산, 무형자산, 투자부동산 등이 해당한다.

정답 ①

| TS(2021)

20 다음 중 변동원가에 대한 설명으로 옳지 않은 것은?

① 생산량의 변동에 직접 비례하여 증가하는 원가이다.
② 임차료, 감가상각비, 광고비, 보험료 등이 있다.
③ 단위당 변동원가는 관련 범위 내에서 생산량이 증가할 때는 변하지 않는다.
④ 고정 재료비와 노무비, 생산량에 따라 변하는 간접비를 합한 값이다.
⑤ 가변비라고도 불린다.

정답 해설

임차료, 감가상각비, 광고비, 보험료 등은 고정원가이다. 변동원가는 제품 생산에 직접적으로 사용한 원가로 정 재료비와 노무비, 생산량에 따라 변하는 간접비를 더하여 구한다. 생산량의 변동에 따라 원가가 크게 변하므로 가변비라고도 하며, 원재료, 임금, 연료비, 전기료 등이 이에 속한다.

정답 ②

| 한수원(2021)

21 K기업의 2020년의 매입액이 150,000원이었고, 부가가치율이 25%라면 해당 연도의 매출액은 얼마인가?

① 180,000원
② 200,000원
③ 220,000원
④ 240,000원
⑤ 260,000원

정답 해설

$$(부가가치율) = \frac{(매출액) - (매입액)}{(매출액)} \times 100$$

$$25\% = \frac{r - 150,000}{r} \times 100$$

∴ $r = 200,000$원

정답 ②

| TS(2021)/가스(2021)/남동발전(2020)/관광(2020)

22 해당 분기에 A사가 거래처인 B사로부터 기존에 외상매출금 5,000,000원을 보통예금으로 계좌이체 받았을 때, 차변과 대변에 들어갈 거래를 순서대로 바르게 나열한 것은?

① (차) 자산의 증가   (대) 부채의 증가
② (차) 자산의 증가   (대) 자산의 감소
③ (차) 자본의 감소   (대) 부채의 증가
④ (차) 부채의 감소   (대) 자산의 감소
⑤ (차) 부채의 감소   (대) 수익의 발생

정답 해설

(차) 보통예금 5,000,000원(자산의 증가)
(대) 외상매출금 5,000,000원(자산의 감소)

정답 ②

| TS(2021)/가스(2021)/남동발전(2020)/관광(2020)

23 다음 중 건물을 2년간 임대하고 임대보증금 30,000,000원을 현금으로 받았을 때, 차변과 대변에 들어갈 거래를 순서대로 바르게 나열한 것은?(단, 임대료는 아직 받지 않았다)

① (차) 자산의 증가   (대) 부채의 증가
② (차) 자산의 증가   (대) 자산의 감소
③ (차) 자본의 감소   (대) 부채의 증가
④ (차) 부채의 감소   (대) 자산의 감소
⑤ (차) 부채의 감소   (대) 수익의 발생

정답 해설

(차) 현금 30,000,000원 증가(자산의 증가)
(대) 장기부채(임차보증금) 30,000,000원 증가(부채의 증가)

정답 ①

| TS(2021)/가스(2021)/남동발전(2020)/관광(2020)

24 결산 시 현금의 장부금액 200,000원과 실제금액 180,000원의 차이가 발생한 것을 발견하였으나, 그 원인을 알 수 없었다. 다음 중 분개로 옳은 것은?

① (차) 현금 20,000원 (대) 잡이익 20,000원
② (차) 현금 20,000원 (대) 현금과부족 20,000원
③ (차) 잡손실 20,000원 (대) 현금 20,000원
④ (차) 광고비 20,000원 (대) 현금 20,00원
⑤ 아무런 분개도 하지 않음

정답 | 해설

결산 시 원인을 알 수 없는 현금의 부족 시에는 잡손실로 처리한다.

정답 ③

| TS(2021)/가스(2021)/남동발전(2020)/관광(2020)

25 포괄손익계산서의 보험료가 300원이고, 기말의 수정 분개가 다음과 같을 때, 수정 전 시산표와 기말 재무상태표의 선급보험료 금액으로 가능한 것은?

〈수정 분개〉

(차변) 보험료 300원   (대변) 선급보험료 300원

	수정 전 시산표의 선급보험료	기말 재무상태표의 선급보험료
①	7,600원	7,500원
②	7,500원	7,200원
③	7,400원	7,200원
④	7,300원	6,900원
⑤	7,200원	6,800원

정답 | 해설

대변에 선급보험료 300원이 수정(감소)되었기 때문에 수정 전 시산표의 선급보험료가 기말 재무상태표의 선급보험료보다 300원 더 많은 것을 선택하면 된다.

정답 ②

| 한수원(2021)

26 다음 중 K - IFRS 제1151호 따른 '고객과의 계약에서 생기는 수익'에 대한 설명으로 옳지 않은 것은?

① 계약변경이란 계약 당사자들이 승인한 계약의 범위나 계약가격(또는 둘 다)의 변경을 말한다.
② 계약은 둘 이상의 당사자 사이에 집행 가능한 권리만이 생기게 하는 합의이다. 계약상 권리와 의무의 집행 가능성은 경제적인 문제이다.
③ 계약 당사자 중 어느 한 편이 계약을 수행했을 때, 기업의 수행 정도와 고객의 지급과의 관계에 따라 그 계약을 계약자산이나 계약부채로 재무상태표에 표시한다. 대가를 받을 무조건적인 권리는 수취채권으로 구분하여 표시한다.
④ 거래가격을 상대적 개별 판매가격에 기초하여 각 수행의무에 배분하기 위하여 계약 개시시점에 계약상 각 수행의무의 대상인 구별되는 재화나 용역의 개별 판매가격을 산정하고 이 개별 판매가격에 비례하여 거래가격을 배분한다.
⑤ 고객에게 약속한 재화나 용역, 즉 자산을 이전하여 수행의무를 이행할 때(또는 기간에 걸쳐 이행하는 대로) 수익을 인식한다. 자산은 고객이 그 자산을 통제할 때(또는 기간에 걸쳐 통제하게 되는 대로) 이전된다.

정답 해설

계약은 둘 이상의 당사자 사이에 집행 가능한 권리와 의무가 생기게 하는 합의이다. 계약상 권리와 의무의 집행 가능성은 법률적인 문제이다(고객과의 계약에서 생기는 수익 기준서 10).

오답분석

① 계약변경이란 계약 당사자들이 승인한 계약의 범위나 계약가격(또는 둘 다)의 변경을 말한다(고객과의 계약에서 생기는 수익 기준서 18).
③ 계약 당사자 중 어느 한 편이 계약을 수행했을 때, 기업의 수행 정도와 고객의 지급과의 관계에 따라 그 계약을 계약자산이나 계약부채로 재무상태표에 표시한다. 대가를 받을 무조건적인 권리는 수취채권으로 구분하여 표시한다(고객과의 계약에서 생기는 수익 기준서 105).
④ 거래가격을 상대적 개별 판매가격에 기초하여 각 수행의무에 배분하기 위하여 계약 개시시점에 계약상 각 수행의무의 대상인 구별되는 재화나 용역의 개별 판매가격을 산정하고 이 개별 판매가격에 비례하여 거래가격을 배분한다(고객과의 계약에서 생기는 수익 기준서 76).
⑤ 고객에게 약속한 재화나 용역, 즉 자산을 이전하여 수행의무를 이행할 때(또는 기간에 걸쳐 이행하는 대로) 수익을 인식한다. 자산은 고객이 그 자산을 통제할 때(또는 기간에 걸쳐 통제하게 되는 대로) 이전된다(고객과의 계약에서 생기는 수익 기준서 31).

정답 ②

| 도로(2021)

27 다음 중 시산표에 기입하는 거래로 옳은 것은?

① 해외에서 기계를 수입하기 위해 주문한 경우
② 단기차입금에 대한 이자를 수표로 지급한 경우
③ 건물의 매각을 위해 계약한 경우
④ 거래처와 물품 공급 계약을 체결한 경우
⑤ 건물을 임차하기로 임대인과 계약한 경우

정답 | 해설

기업에서 회계상 거래가 발생하면 변동된 자산이나 부채 등의 내역을 계정별로 마련된 장부에 기록하고 특정 시점에 모든 계정별 금액을 하나의 표로 옮기는데, 이를 시산표라 한다. 이때 회계상에서의 거래는 회사의 재산 상태에 영향을 미쳐야 하고, 그 영향을 금액으로 측정할 수 있어야 한다. 따라서 시산표에 기입하는 거래에 해당하는 것은 ②이다.

정답 ②

| 코레일유통(2023)/수자원(2022)/보훈복지의료(2021)/LX(2021)/한수원(2021)/한수원(2020)

28 K기업은 2020년 7월 1일 내용연수 5년의 기계장치를 1,000,000원에 취득하였다. 잔존가치는 100,000원이고, 연수합계법에 의해 상각한다. 이 기계장치와 관련해 K기업이 2020년에 인식할 감가상각비는 얼마인가?

① 90,000원　　　　　　　　② 100,000원
③ 150,000원　　　　　　　　④ 166,667원
⑤ 200,000원

정답 | 해설

(연수합계법에 의한 1년분 감가상각비)=[(취득원가)−(잔존가치)]×$\frac{(잔존내용연수)}{(내용연수의 합)}$

감가상각방법이 연수합계법이므로, 분모에 총 감가상각 대상년수의 합계인 1+2+3+4+5=15를, 분자에 잔여 내용연수인 5를 적용한다. 그리고 기계장치 취득일이 2020년 7월 1일이므로 이 날부터 2020년 12월 31일까지 6개월분을 감가상각하면 $(1,000,000-100,000) \times \left(\frac{5}{15}\right) \times \left(\frac{6}{12}\right) ≒ 150,000$원이다.

정답 ③

| 코레일유통(2023)/수자원(2022)/보훈복지의료(2021)/LX(2021)/한수원(2021)/한수원(2020)

29 K기업은 2020년 초 10,000원을 지급하고 토지와 건물을 일괄취득하였다. 취득 과정에서 발생한 수수료는 100원이며, 취득일 현재 토지와 건물의 공정가치는 각각 6,000원으로 동일하다. 취득한 건물을 계속 사용할 경우(ㄱ)와 취득한 건물을 철거하고 새로운 건물을 신축하는 경우(ㄴ)의 토지 취득원가는 각각 얼마인가?(단, ㄴ의 경우 철거비용이 500원 발생했고, 철거 시 발생한 폐기물의 처분수익은 100원이다)

	ㄱ	ㄴ
①	5,000원	10,400원
②	5,000원	10,500원
③	5,050원	10,400원
④	5,050원	10,500원
⑤	6,000원	6,000원

정답 | 해설

ㄱ. 건물을 계속 사용할 경우 : 두 종류 이상의 자산을 일괄구입가격으로 동시에 취득하는 경우, 개별자산의 원가는 개별자산의 상대적 공정가치의 비율로 배분한다.
- (토지 취득원가)$=10,100\times\dfrac{6,000}{12,000}=5,050$원
- (건물 취득원가)$=10,100\times\dfrac{6,000}{12,000}=5,050$원

ㄴ. 건물을 신축할 경우 : 토지와 건물의 원가를 포함하여 인식한다.
(토지 취득원가)$=10,000+100+500-100$(폐자재 수입)$=10,500$원

정답 ④

| 코레일유통(2023)/수자원(2022)/보훈복지의료(2021)/LX(2021)/한수원(2021)/한수원(2020)

30 2020년 초 K기업은 상환의무가 없는 정부 보조금 2,500원을 수령하여 10,000원의 영업용 차량(내용연수 5년, 잔존가치 0원, 정액법으로 감가상각)을 구입하였다. 정부 보조금은 자산의 장부금액에서 차감하는 방법으로 회계처리할 때, 2020년 포괄손익계산서에 인식할 감가상각비는 얼마인가?

① 1,000원　　　　　　② 1,200원
③ 1,500원　　　　　　④ 1,700원
⑤ 2,000원

정답 | 해설

- 기계장치 감가상각비 : $\dfrac{10,000-0}{5년}=2,000$원
- 정부보조금 상각액 : $2,500\times\dfrac{2,000}{10,000}=500$원 → (정부보조금)$\times\dfrac{(감가\ 상각액)}{(감가상각\ 대상금액)}$

따라서 정부보조금을 자산의 장부금액에서 차감하는 경우에는 정부보조금 상각액을 감가상각비와 상계하여야 하므로 당기에 감가상각비를 인식할 금액은 1,500원이다.

정답 ③

| 코레일유통(2023)/수자원(2022)/보훈복지의료(2021)/LX(2021)/한수원(2021)/한수원(2020)

31 다음 중 유형자산에 대한 설명으로 옳은 것은?

① 유형자산의 공정가치가 장부금액을 초과하면 감가상각액을 인식하지 아니한다.
② 기계장치는 감가상각의 대상이지만, 토지는 감가상각의 대상이 아니다.
③ 자산의 장부금액이 재평가로 인하여 증가된 경우에 그 증가액은 당기손익으로 인식하고, 재평가잉여금의 과목으로 자산에 가산한다.
④ 유형자산별로 선택적 재평가를 하거나 서로 다른 기준일의 평가금액이 혼재된 재무보고를 하는 것을 방지하기 위하여 동일한 유형 내의 유형자산은 분기별로 재평가한다.
⑤ 유형자산이 손상된 경우 장부금액과 회수가능액의 차액은 기타포괄손익으로 처리하고, 유형자산에서 직접 차감한다.

정답 | 해설

토지를 제외한 유형자산은 감가상각의 대상이 된다.

오답분석

①·⑤ 유형자산의 공정가치가 장부금액을 초과하면 기타포괄손익 및 정상적인 감가상각을 하며, 손상금액은 손상차손 및 손상차손누계액에서 회계처리를 한다.
③ 자산의 장부금액이 재평가로 인하여 증가된 경우에 그 증가액은 기타포괄손익으로 인식하고 재평가잉여금의 과목으로 자본에 가산한다. 그러나 동일한 자산에 대하여 이전에 당기손익으로 인식한 재평가감소액이 있다면, 그 금액을 한도로 재평가증가액만큼 당기손익으로 인식한다.
④ 유형자산별로 선택적 재평가를 하거나 서로 다른 기준일의 평가금액이 혼재된 재무보고를 하는 것을 방지하기 위하여 동일한 유형 내의 유형자산은 동시에 재평가한다.

정답 ②

| 코레일유통(2023)/수자원(2022)/보훈복지의료(2021)/LX(2021)/한수원(2021)/한수원(2020)

32 다음 중 유형자산인 건설 중인 건물에 사용되는 감가상각법은?

① 정액법
② 정률법
③ 연수합계법
④ 생산량 비례법
⑤ 없음

정답 | 해설

유형자산의 감가상각법에는 정액법, 정률법, 연수합계법, 생산량 비례법이 있다. 단, 토지와 건설 중인 건물(자산)에 대해서는 감가상각을 하지 않는다.

정답 ⑤

| 수자원(2022)/동서발전(2021)/LX(2021)/도로(2021)/한수원(2021)/LX(2020)/농어촌(2020)

33 다음 〈조건〉은 K기업의 거래내용이다. 2021년 10월 1일 거래에 대한 회계처리과정에서 나타나는 계정과 금액으로 옳은 것은?(단, 자기주식의 회계처리는 원가법을 적용한다)

> **조건**
> - 2021년 1월 1일 보통주자본금은 10,000원이고, 주식발행초과금은 2,000원이며, 이익잉여금은 1,000원이다.
> - 2021년 5월 1일 자기주식 10주를 주당 700원에 취득하였고, 취득한 자기주식은 주당 600원(주당액면금액 500원)에 발행한 보통주였다.
> - 2021년 10월 1일 당해 연도 5월 1일에 취득한 자기주식 5주를 소각하였다.

① 자기주식처분손실 1,000원
② 감자차익 600원
③ 감자차손 500원
④ 자기주식처분이익 1,000원
⑤ 자기주식처분손실 1,500원

정답 | 해설

2021년 5월 1일	(차) 자기주식	7,000	(대) 현금	7,000
2021년 10월 1일	(차) 자본금	2,500	(대) 자기주식	3,500
	주식발행초과금	500		
	감자차손	500		

따라서 자기주식에 대하여 원가법을 적용하여 회계처리하면, 2021년 10월 1일 감자차손 500원이 발생한다는 것을 알 수 있다.

정답 ③

| 수자원(2022)/동서발전(2021)/LX(2021)/도로(2021)/한수원(2021)/LX(2020)/농어촌(2020)

34 다음은 K기업의 2019년 및 2020년 말 부분재무제표이다. 2020년 중에 K기업은 3,000원을 유상증자하였고, 현금배당을 4,000원, 주식배당을 1,000원 하였다. 그렇다면 K기업의 2020년 포괄손익계산서상 기타포괄손익은?

구분	2019년	2020년
자산 총계	50,000원	60,000원
부채 총계	15,000원	12,000원
당기순이익	4,000원	2,000원

① 10,000원
② 11,000원
③ 12,000원
④ 13,000원
⑤ 14,000원

> **정답 | 해설**

자료를 토대로 기초자본은 35,000원이고, 기말자본은 48,000원이다.
(기타포괄손익)=[(기말자본)−(기초자본)]−(유상증자)+(현금배당)−(당기순이익)이다. 단, 주식배당은 자본총액의 변동이 없기에 계산에서 제외된다.
∴ (48,000−35,000)−3,000+4,000−2,000=12,000원

정답 ③

| 수자원(2022)/동서발전(2021)/LX(2021)/도로(2021)/한수원(2021)/LX(2020)/농어촌(2020)

35 B회사는 2019년 1월 1일에 내용연수 5년, 잔존가치 200,000원으로 추정되는 제빵기 1대를 2,000,000원에 구입하였다. 제빵기는 1차 연도에 10,000개의 빵을 생산한 이후 매년 1,000개씩 생산량이 감소한다고 할 때, 생산량비례법을 이용하여 1차 연도의 감가상각비를 계산하면 얼마인가?

① 340,000원
② 360,000원
③ 420,000원
④ 450,000원
⑤ 500,000원

> **정답 | 해설**

1차 연도 이후부터 매년 1,000개씩 생산량이 감소하므로 추정 총생산량은 10,000(1차 연도)+9,000(2차 연도)+8,000(3차 연도)+7,000(4차 연도)+6,000(5차 연도)=40,000개이다.

(생산량 단위당 감가상각비)=$\frac{(취득원가)-(잔존가치)}{(추정\ 총생산량)}=\frac{2,000,000-200,000}{40,000}=45$이므로, 1차 연도의 감가상각비는 450,000원이다.

정답 ④

36 다음 자료를 이용하여 구한 매출원가는?(단, 재고자산평가손실과 재고자산감모손실은 없다)

			(단위 : 원)
기초제품재고액	17,000	기말제품재고액	15,000
기초재공품재고액	3,000	기말재공품재고액	6,000
당기제품제조원가	280,000	-	-

① 272,000원
② 274,000원
③ 280,000원
④ 282,000원
⑤ 284,000원

정답 | 해설

1) 매출원가를 계산하는 문제에서 당기제품제조원가가 주어진 경우
   280,000(당기제품제조원가)+17,000(기초제품재고액)−15,000(기말제품재고액)=282,000원
2) 다음과 같이 제품계정을 이용하는 방법도 있다.

제품			
기초제품재고액	17,000	매출원가	282,000
당기제품제조원가	280,000	기말제품재고액	15,000

정답 ④

---

37 K기업의 2020년 기초재고자산은 300,000원이고, 기중에 750,000원의 재고자산을 매입하였다. 다음은 기말 재고실사 결과 파악된 재고자산의 수량 및 단가에 대한 자료이다. 2020년의 재고자산 감모손실 해당액은 얼마인가?

장부상 수량	실제수량	개당 취득원가	개당 순실현가치
1,000개	900개	200원	180원

① 18,000원
② 20,000원
③ 38,000원
④ 870,000원
⑤ 888,000원

정답 | 해설

재고자산의 감모손실은 [(장부수량)−(실제수량)]×(개당 취득원가)이다. 따라서 2020년의 재고자산 감모손실은 (1,000−900)×200=20,000원이다.

정답 ②

| 수자원(2022)/동서발전(2021)/LX(2021)/도로(2021)/한수원(2021)/LX(2020)/농어촌(2020)

38 다음 〈조건〉을 이용하여 계산한 매출원가는 얼마인가?(단, 계산의 편의상 1년은 360일이며, 평균 재고자산은 기초와 기말의 평균이다)

조건
- 기초 재고자산　　　　　　　　　　　90,000원
- 기말 재고자산　　　　　　　　　　　210,000원
- 재고자산 보유(회전)기간　　　　　　120일

① 350,000원　　　　　　　　② 400,000원
③ 450,000원　　　　　　　　④ 500,000원
⑤ 550,000원

정답 | 해설

- (평균 재고자산)$=\dfrac{90,000+210,000}{2}=150,000$원

- (재고자산 회전율)$=\dfrac{(매출원가가\ 일어난\ 기간)}{(재고자산\ 회전일\ 수)}=\dfrac{360일}{120일}=3$회

∴ (매출원가)=(평균 재고자산)×(재고자산 회전율)=150,000×3=450,000원

정답 ③

| 수자원(2022)/동서발전(2021)/LX(2021)/도로(2021)/한수원(2021)/LX(2020)/농어촌(2020)

39 다음 〈조건〉을 이용하여 계산한 재고자산평가손익은?(단, 재고자산감모손실은 없다)

조건
- 기초재고액　　　　　　　　　　　　9,000원
- 당기매입액　　　　　　　　　　　　42,000원
- 매출원가　　　　　　　　　　　　　45,000원
- 기말재고(순실현가능가치)　　　　　4,000원

① 평가손실 2,000원　　　　　② 평가손실 3,000원
③ 평가이익 2,000원　　　　　④ 평가이익 3,000원
⑤ 평가이익 4,000원

정답 | 해설

- (매출원가)=(기초재고액)+(당기매입액)-(기말재고액)=9,000+42,000-6,000=45,000원

재고자산

| 기초재고액 | 9,000 | 매출원가 | 45,000 |
| 순매입액 | 42,000 | 기말재고액(기말장부액) | (6,000) |

∴ 6,000(기말장부)-4,000(기말순실현가능가치)=2,000원(평가손실)

정답 ①

| 수자원(2022)/동서발전(2021)/LX(2021)/도로(2021)/한수원(2021)/LX(2020)/농어촌(2020)

40 다음 중 재고자산에 대한 설명으로 옳은 것은?(단, 재고자산감모손실과 재고자산평가손실은 없다)

① 재고자산 매입 시 부담한 매입운임은 운반비로 구분하여 비용처리한다.
② 선입선출법 적용 시 물가가 지속적으로 상승한다면, 계속기록법에 의한 기말재고자산금액이 실지재고조사법에 의한 기말재고자산 금액보다 크다.
③ 선입선출법 적용 시 물가가 지속적으로 상승한다면, 계속기록법에 의한 기말재고자산금액이 실지재고조사법에 의한 기말재고자산 금액보다 작다.
④ 부동산 매매기업이 정상적인 영업과정에서 판매를 목적으로 보유하는 건물은 재고자산으로 구분한다.
⑤ 재고자산을 순실현가능가치로 감액한 평가손실과 모든 감모손실은 감액이나 감모가 발생한 다음 기간에 매출원가로 인식한다.

정답 해설

증권회사의 상품인 유가증권과 부동산 매매회사가 정상적 영업과정에서 판매를 목적으로 취득한 토지·건물 등은 재고자산으로 처리된다.

오답분석
① 매입운임은 매입원가에 포함한다.
②·③ 선입선출법의 경우에는 계속기록법을 적용하든 실지재고조사법을 적용하든 기말재고자산, 매출원가, 매출총이익 모두 동일한 결과가 나온다.
⑤ 재고자산을 순실현가능가치로 감액한 평가손실과 모든 감모손실은 감액이나 감모가 발생한 기간에 비용으로 인식한다.

정답 ④

| 중소벤처기업진흥(2022)/동서발전(2021)/LX(2021)/도로(2021)/한수원(2021)/LX(2020)

41 다음 중 선입선출법에 대한 설명으로 옳은 것은?

① 원가법이나 시가법에 의하여 평가한 가액 중 낮은 쪽의 가액을 재고상품가액으로 계산한다.
② 인플레이션 때에 이익이 과대계상되지 않는다.
③ 먼저 구입한 상품이 먼저 사용되거나 판매된 것으로 가정한다.
④ 가장 최근에 입고한 재고부터 판매 또는 제조에 사용된다고 가정한다.
⑤ 일정기간의 매입합계액을 동일기간의 매입수량의 합계로 나누어 단가를 계산한다.

정답 해설

선입선출법이란 물량의 실제흐름과 관계없이 먼저 구입한 상품이 먼저 사용되거나 판매된 것으로 가정하여 기말재고액을 결정한다.

오답분석
① 저가법에 대한 설명이다.
② 디플레이션 때에는 이익이 과대계상되지 않으나, 인플레이션 때에는 과대이익을 계상한다.
④ 후입선출법에 대한 설명이다.
⑤ 총평균법에 대한 설명이다.

정답 ③

| 동서발전(2021)/LX(2021)/도로(2021)/한수원(2021)/LX(2020)/농어촌(2020)/TS(2020)

42 K기업의 2020년 총매출액과 이에 대한 총변동원가는 각각 200,000원과 150,000원이다. K기업의 손익분기점 매출액이 120,000원일 때, 총고정원가는 얼마인가?

① 15,000원
② 20,000원
③ 25,000원
④ 30,000원
⑤ 35,000원

정답 해설

손익분기점매출액이 주어진 경우 총고정원가를 구하는 문제에서는 손익분기점매출액 공식을 활용하여 문제를 해결한다.

$$(고정원가) = \frac{(고정비)}{(공헌이익률)}$$

- (공헌이익률) : $\frac{200,000 - 150,000}{200,000} = 25\%$
- (고정원가) : $\frac{[고정원가(x)]}{25\%} = 120,000원(매출액) \rightarrow [고정원가(x)] = 30,000원$

정답 ④

| 동서발전(2021)/LX(2021)/도로(2021)/한수원(2021)/LX(2020)/농어촌(2020)/TS(2020)

43 다음 글의 빈칸 ㉠, ㉡에 들어갈 용어를 순서대로 바르게 나열한 것은?

- _____㉠_____ 은 상품을 구입할 때마다 상품계정에 기록하며, 상품을 판매하는 경우에 판매시점마다 매출액만큼을 수익으로 기록하고, 동시에 상품원가를 매출원가로 기록하는 방법이다.
- _____㉡_____ 은 기말실사를 통해 기말재고수량을 파악하고, 판매가능수량[(기초재고수량)+(당기매입수량)]에서 실사를 통해 파악된 기말재고수량을 차감하여 매출수량을 결정하는 방법이다.

	㉠	㉡
①	기초재고조사법	기말재고조사법
②	계속기록법	기말재고조사법
③	계속기록법	실지재고조사법
④	기초재고조사법	실지재고조사법
⑤	기말재고조사법	실지재고조사법

정답 해설

㉠ 계속기록법(Perpetual Inventory System)은 상품을 구입할 때마다 상품계정에 기록하며, 상품을 판매하는 경우에 판매시점마다 매출액만큼을 수익으로 기록하고, 동시에 상품원가를 매출원가로 기록하는 방법이다.
㉡ 실지재고조사법(Periodic Inventory System)은 기말실사를 통해 기말재고수량을 파악하고, 판매가능수량[(기초재고수량)+(당기매입수량)]에서 실사를 통해 파악된 기말재고수량을 차감하여 매출수량을 결정하는 방법이다.

정답 ③

| 도로교통(2023)/동서발전(2021)/가스(2021)/한수원(2021)/TS(2021)/시설안전(2021)

44 다음은 A사의 간이재무제표이다. 해당 재무제표에서 2019년과 2020년 중 이자보상비율이 더 높은 연도와 그 비율을 바르게 나열한 것은?(단, 이자보상비율은 소수점 둘째 자리에서 반올림한다)

(단위 : 억 원)

구분		2019년	2020년
재무상태표	유동자산	1,400	1,700
	유동부채	160	200
	자산총계	5,000	5,200
	부채총계	3,000	3,700
	자본총계	2,000	1,500
손익계산서	영업이익	485	525
	이자비용	320	540
	당기순이익	125	10

	연도	비율
①	2019년	152%
②	2019년	126%
③	2020년	152%
④	2020년	126%
⑤	2020년	97%

| 정답 | 해설 |

$[이자보상비율(\%)] = \dfrac{(영업이익)}{(이자비용)} \times 100$

- 2019년 : (이자보상비율) $= \dfrac{485}{320} \times 100 ≒ 152\%$
- 2020년 : (이자보상비율) $= \dfrac{525}{540} \times 100 ≒ 97\%$

정답 ①

| 도로교통(2023)/동서발전(2021)/가스(2021)/한수원(2021)/TS(2021)/시설안전(2021)

45 다음 〈조건〉은 A기업의 재무상태이다. 이를 활용하여 A기업의 총자산회전율을 바르게 구한 것은?

조건
- 자본 : 200억 원
- 부채 : 100억 원
- 매출액 : 600억 원

① 2.0
② 2.5
③ 3.0
④ 3.5
⑤ 4.0

정답 해설

$$(총자산회전율)=\frac{(매출액)}{(총자산)} \quad [(총자산)=(부채와 자본의 합)]$$

$$\therefore \frac{600}{200+100}=2.0$$

정답 ①

| 도로교통(2023)/동서발전(2021)/가스(2021)/한수원(2021)/TS(2021)/시설안전(2021)

46 다음 중 재무제표에 대한 설명으로 옳지 않은 것은?

① 재무제표는 재무상태표, 포괄손익계산서, 자본변동표, 현금흐름표 그리고 주석으로 구성된다.
② 재무제표는 적어도 1년에 한 번은 작성한다.
③ 현금흐름에 관한 정보를 제외하고는 발생기준의 가정에서 작성한다.
④ 기업이 경영활동을 청산 또는 중단할 의도가 있더라도, 재무제표는 계속기업의 가정에서 작성한다.
⑤ 재무제표 요소의 측정기준은 역사적원가와 현행가치 등으로 구분된다.

정답 해설

계속기업의 가정이란 보고기업이 예측 가능한 미래에 영업을 계속하여 영위할 것이라는 가정이다. 기업이 경영활동을 청산 또는 중단할 의도가 있다면, 계속기업의 가정이 아닌 청산가치 등을 사용하여 재무제표를 작성한다.

오답분석
① 재무제표는 재무상태표, 포괄손익계산서, 자본변동표, 현금흐름표 그리고 주석으로 구성된다. 법에서 이익잉여금처분계산서 등의 작성을 요구하는 경우 주석으로 공시한다.
② 원칙적으로 최소 1년에 한 번씩은 작성해야 한다.
③ 현금흐름표 등 현금흐름에 관한 정보는 현금주의에 기반한다.
⑤ 역사적원가는 측정일의 조건을 반영하지 않고, 현행가치는 측정일의 조건을 반영한다. 현행가치는 다시 현행원가, 공정가치, 사용가치(이행가치)로 구분된다.

정답 ④

| 도로교통(2023)/동서발전(2021)/가스(2021)/한수원(2021)/TS(2021)/시설안전(2021)

47 A기업의 기초 재무상태표상 자본은 200,000원이다. 올해 30,000원을 신규로 차입하였고, 당기순이익이 50,000원 발생하였다. 기말 재무상태표상 부채가 90,000원일 때, 기말 재무상태표상 자산과 자본을 바르게 나열한 것은?

	자산	자본
①	290,000원	200,000원
②	290,000원	250,000원
③	320,000원	200,000원
④	320,000원	280,000원
⑤	340,000원	250,000원

정답 | 해설

(자산)=(부채)+(자본)이라는 대차평형의 원리를 이용한다. 기초자본이 200,000원이고, 당기순이익이 50,000원 발생하였으므로 기말자본은 250,000원이다. 당기 중 30,000원의 신규차입이 있었으나, 이를 반영한 기말부채가 90,000원으로 제시되었으므로 30,000원을 추가로 고려할 필요는 없다. 따라서 기말자산은 90,000+250,000=340,000원이 된다.

정답 ⑤

| 도로교통(2023)/동서발전(2021)/가스(2021)/한수원(2021)/TS(2021)/시설안전(2021)

48 다음 중 재무제표 표시에 대한 설명으로 옳지 않은 것은?

① 중요하지 않은 항목은 성격이나 기능이 유사한 항목과 통합하여 표시할 수 있다.
② 재무상태표의 자산과 부채는 유동과 비유동으로 구분하여 표시하거나 유동성 순서에 따라 표시할 수 있다.
③ 수익과 비용의 어느 항목도 당기손익과 기타 포괄손익을 표시하는 보고서에 특별손익 항목으로 표시할 수 없다.
④ 당기손익의 계산에 포함된 비용항목에 대해 성격별 또는 기능별 분류방법 중에서 신뢰성 있고 더욱 목적 적합한 정보를 제공할 수 있는 방법을 적용하여 표시한다.
⑤ 재고자산의 판매 또는 매출채권의 회수시점이 보고기간 후 12개월을 초과한다면 유동자산으로 분류하지 못한다.

정답 | 해설

재무제표란 기업의 재무 상태를 구성하는 자산, 부채, 자본에 대한 정보를 제공하는 회계 장표이다. 자산은 1년을 기준으로 유동자산과 비유동자산으로 분류하지만, 정상적인 영업주기 내에 판매되거나 사용되는 재고자산과 회수되는 매출채권 등은 보고기간 종료일로부터 1년 이내에 실현되지 않더라도 유동자산으로 분류한다. 이 경우 유동자산으로 분류한 금액 중 1년 이내에 실현되지 않을 금액을 주석으로 기재한다. 또한 장기미수금이나 투자자산에 속하는 매도가능증권 또는 만기보유증권 등의 비유동자산 중 1년 이내에 실현되는 부분은 유동자산으로 분류한다.

정답 ⑤

| 도로교통(2023)/동서발전(2021)/가스(2021)/한수원(2021)/TS(2021)/시설안전(2021)

49 주당 액면금액이 5,000원인 보통주 100주를 주당 8,000원에 현금 발행한 경우 재무제표에 미치는 영향으로 옳지 않은 것은?

① 자산 증가
② 자본 증가
③ 수익 불변
④ 부채 불변
⑤ 이익잉여금 증가

정답 | 해설

주식을 할증발행(액면금액을 초과하여 발행)하면 자본잉여금인 주식발행초과금이 발생한다. 즉, 주식발행초과금은 주식발행가액이 액면가액을 초과하는 경우 그 초과하는 금액으로, 자본전입 또는 결손보전 등으로만 사용이 가능하다. 따라서 자산과 자본을 증가시키지만, 이익잉여금에는 영향을 미치지 않는다.

이익잉여금의 증감 원인

증가 원인	감소 원인
• 당기순이익 • 전기오류수정이익(중대한 오류) • 회계정책 변경의 누적효과(이익)	• 당기순손실 • 배당금 • 전기오류수정손실(중대한 오류) • 회계정책 변경의 누적효과(손실)

정답 ⑤

| TS(2020)

50 A기업은 선입선출법의 종합원가계산을 사용하고 있으며, 가공원가는 공정 전반에 걸쳐 균등하게 발생한다. 당기 생산관련 자료는 다음 〈조건〉과 같다. 기말재공품에 포함된 가공원가가 320,000원일 때, 당기에 발생한 가공원가는?

조건
• 기초제공품(완성도 60%)   2,000단위
• 당기착수량   2,000단위 → 8,000단위
• 당기완성량   8,000단위
• 기말재공품(완성도 40%)   2,000단위

① 2,964,000원
② 3,040,000원
③ 3,116,000원
④ 3,192,000원
⑤ 3,268,000원

정답 | 해설

• 단위당 가공원가 : 320,000 ÷ (2,000 × 0.4) = 400원
• 가공원가 완성품 환산량 : 2,000 × (1 − 0.6) + 6,000 + 2,000 × 0.4 = 7,600개
• 당기발생 가공원가 : 7,600 × 400 = 3,040,000원

정답 ②

51 다음 중 투자부동산에 대한 설명으로 옳지 않은 것은?

① 투자부동산은 임대수익이나 시세차익을 얻기 위하여 보유하는 부동산을 말한다.
② 본사 사옥으로 사용하고 있는 건물은 투자부동산이 아니다.
③ 운용리스로 제공하기 위하여 보유하는 미사용건물은 투자부동산이다.
④ 투자부동산에 대해 공정가치모형을 적용할 경우 공정가치 변동으로 발생하는 손익은 발생한 기간의 기타 포괄손익에 반영한다.
⑤ 최초 인식 후 예외적인 경우를 제외하고 원가모형과 공정가치모형 중 하나를 선택하여 모든 투자부동산에 적용한다.

정답 | 해설

공정가치모형은 최초 측정 시 원가로 기록한 후 감가상각을 하지 않고, 회계연도 말에 공정가치로 평가하여 평가손익을 '당기손익'에 반영하는 방법이다. 즉, 투자부동산에 대해 공정가치모형을 적용할 경우 공정가치 변동으로 발생하는 손익은 발생한 기간의 당기손익에 반영한다.

정답 ④

52 K건설은 2020년 초 건물(내용연수 10년, 잔존가치 0원, 정액법으로 감가상각)을 210,000원에 구입하여 투자부동산으로 분류(공정가치모형 선택)하였다. 이후 2022년 초 이 건물을 외부에 185,000원에 처분하였을 때 인식할 손익은?

구분	2020년 말	2021년 말
건물의 공정가치	260,000원	295,000원

① 손실 110,000원   ② 손실 80,000원
③ 이익 50,000원   ④ 이익 30,000원
⑤ 없음

정답 | 해설

투자부동산을 공정가치모형으로 평가하는 경우에는 감가상각을 실시하지 않는다. 2021년 말 장부가액은 295,000원이므로, (처분이익)=185,000−295,000=11만 원 손실이다.

정답 ①

| 한수원(2021)

53 2021년 초에 설립된 K기업의 2021년 영업활동에 대한 자료는 〈조건〉과 같다. 2021년에 제품을 8,000단위 생산하여 6,500단위 판매하였을 경우, 전부원가계산에 의한 영업이익과 변동원가계산에 의한 영업이익의 차이는?(단, 기말재공품은 없다)

조건
- 단위당 판매가격　　　　　　　　1,500원
- 단위당 직접재료원가　　　　　　 700원
- 단위당 직접노무원가　　　　　　 350원
- 단위당 변동제조간접원가　　　　 100원
- 단위당 변동판매관리비　　　　　 50원
- 고정제조간접원가　　　　　　　800,000원
- 고정판매관리비　　　　　　　　400,000원

① 100,000원　　　　　② 120,000원
③ 150,000원　　　　　④ 180,000원
⑤ 200,000원

정답 해설

전부원가계산에 의한 영업이익과 변동원가계산에 의한 영업이익의 차이는 고정제조간접원가의 포함 여부이다. 생산량이 판매량보다 크므로 영업이익 차이, 즉 고정제조간접원가의 차이는 다음과 같다.

(영업이익 차이)=(총고정제조원가)×$\dfrac{(기말재고량)}{(총생산량)}$=800,000×$\dfrac{8,000-6,500}{8,000}$=150,000원

전부원가계산과 변동원가계산
- 전부원가계산 : 제품생산과 관련하여 실제 발생된 모든 원가를 제품원가에 포함시키는 방법
  (제조원가)=(직접재료원가)+(직접노무원가)+(변동제조간접원가)+(고정제조간접원가)
- 변동원가계산 : 변동원가만 제품원가에 포함하고 고정제조간접원가는 제품원가에 포함하지 않는 방법
  (제조원가)=(직접재료원가)+(직접노무원가)+(변동제조간접원가)

정답 ③

| 코레일유통(2023)/TS(2021)/가스(2021)/관광(2020)

54 다음 자료를 이용할 경우 재무상태표에 표시될 현금 및 현금성 자산은?

(단위 : 원)

당좌예금	1,000	당좌개설보증금	350
배당금지급통지표	455	수입인지	25
임차보증금	405	우편환증서	315
차용증서	950	타인발행수표	200

① 1,655원
② 1,970원
③ 2,375원
④ 2,400원
⑤ 2,650원

정답 | 해설

현금 및 현금성 자산은 기업이 보유하고 있는 통화 및 통화대용증권과 당좌예금이나 보통예금 등 요구불예금 및 현금성 자산으로 차용증서(단기대여금), 임차보증금(비유동자산), 당좌개설보증금(장기금융상품), 수입인지(소모품비) 등은 제외된다. 따라서 (현금 및 현금성 자산)=1,000(당좌예금)+455(배당금지급통지표)+315(우편환증서)+200(타인발행수표)=1,970원이다.

통화와 통화대용증권

통화	지폐, 주화 등 사용가능한 화폐(외국화폐 포함)
통화대용증권	국고지급통지서, 가계수표, 타인발행수표, 자기앞수표, 여행자수표, 대체저금환급증서, 공사채만기이자표, 일람출급어음, 배당금지급통지표, 우편환증서, 우표수표, 송금수표, 만기도래 약속어음, 환어음 등

정답 ②

| 코레일유통(2023)/TS(2021)/가스(2021)/관광(2020)

55 다음은 A기업의 계정별 자료이다. A기업의 현금 및 현금성 자산이 3,940원일 때, 자료의 빈칸에 들어갈 A기업의 당좌예금은 얼마인가?

(단위 : 원)

당좌예금	( )	당좌개설보증금	950
배당금지급통지표	910	수입인지	670
임차보증금	1,200	우편환증서	1,260
차용증서	1,550	타인발행수표	890

① 840원 ② 880원
③ 910원 ④ 930원
⑤ 1,050원

정답 | 해설

(당좌예금)+(배당금지급통지표)+(우편환증서)+(타인발행수표)=3,940원
(당좌예금)+910+1,260+890=3,940원
∴ (당좌예금)=880원

정답 ②

| 보훈복지의료(2021)/도로(2021)/관광(2021)/도로교통(2020)/에너지(2020)

56 다음 중 현금흐름표의 재무활동 현금흐름에 포함되는 항목은?

① 이자수익으로 인한 현금유입 ② 건물의 취득 및 처분
③ 현금의 대여 및 회수 ④ 유가증권의 취득 및 처분
⑤ 차입금의 차입 및 상환

정답 | 해설

재무활동 현금흐름은 자본을 만들고 상환하는 과정에서 나타나는 현금의 유입 및 유출로, 차입금의 차입 및 상환 등을 포함한다.

오답분석

①·②·③ 투자활동에 해당된다.
④ 유가증권 중 당기손익 - 공정가치 측정 금융자산은 영업활동으로 분류하고, 기타 유가증권은 투자활동으로 분류한다.

정답 ⑤

| 보훈복지의료(2021)/도로(2021)/관광(2021)/도로교통(2020)/에너지(2020)

57 다음 중 현금흐름표에 대한 설명으로 옳지 않은 것은?

① 현금흐름표는 한 회계기간 동안의 현금흐름을 영업활동과 투자활동으로 나누어 보고한다.
② 재화의 판매와 관련한 현금 유입은 영업활동 현금흐름에 해당한다.
③ 유형자산의 취득과 관련한 현금 유출은 투자활동 현금흐름에 해당한다.
④ 영업활동 현금흐름을 표시하는 방식에는 직접법과 간접법 모두 인정된다.
⑤ 직접법은 현금유출입액에 대하여 각각의 원천별로 표시하므로 정보이용자의 이해가능성이 높다.

정답 | 해설

현금흐름표는 한 회계기간 동안의 현금흐름을 영업활동, 투자활동과 재무활동으로 나누어 보고한다.

오답분석
② 재화의 판매, 구입 등 기업의 주요 수익활동에 해당하는 항목들은 영업활동으로 분류된다.
③ 유형자산의 취득, 처분 및 투자자산의 취득, 처분 등은 투자활동으로 분류된다.
④ 한국채택국제회계기준에서는 직접법과 간접법 모두 인정한다.
⑤ 직접법으로 표기하는 방식은 정보이용자가 이해하기 쉽고, 미래 현금흐름을 추정하는 데 보다 유용한 정보를 제공한다.

정답 ①

| 보훈복지의료(2021)/도로(2021)/관광(2021)/도로교통(2020)/에너지(2020)

58 다음 중 현금흐름표에 대한 설명으로 옳지 않은 것은?

① 단기매매 목적으로 보유하는 유가증권의 취득과 판매에 따른 현금흐름은 투자활동으로 분류한다.
② 현금흐름표는 회계기간 동안 발생한 영업활동, 투자활동 및 재무활동으로 분류하여 보고한다.
③ 영업활동 현금흐름은 직접법과 간접법을 선택적으로 적용할 수 있으나, 기업회계기준서에서는 직접법을 사용할 것을 권장한다.
④ 직접법이나 간접법 중 어느 방법으로 작성하더라도 투자활동으로 인한 현금흐름은 동일하게 표시된다.
⑤ 현금 및 현금성자산을 구성하는 항목 간 이동은 영업활동, 투자활동 및 재무활동의 일부가 아닌 현금관리의 일부이므로 이러한 항목 간의 변동은 현금흐름에서 제외한다.

정답 | 해설

단기매매 목적으로 보유하는 유가증권과 관련된 현금흐름은 영업활동으로 분류한다.

정답 ①

| 보훈복지의료(2021)/도로(2021)/관광(2021)/도로교통(2020)/에너지(2020)

59 다음 중 현금흐름표상 영업활동 현금흐름에 대한 설명으로 옳은 것은?

① 일반적으로 법인세로 납부한 현금은 영업활동으로 인한 현금유출에 포함되지 않는다.
② 직접법은 당기순이익의 조정을 통해 영업활동 현금흐름을 계산한다.
③ 영업활동 현금흐름은 직접법 또는 간접법 중 하나의 방법으로 보고할 수 있으나, 한국채택국제회계기준에서는 직접법을 사용할 것을 권장하고 있다.
④ 단기매매 목적으로 보유하는 유가증권의 판매에 따른 현금은 영업활동으로부터의 현금유입에 포함되지 않는다.
⑤ 영업활동 현금흐름의 감소와 관계없이 기업의 순현금이 증가한다면 기업은 안정적으로 현금을 창출할 수 있다.

정답 | 해설

영업활동 현금흐름은 직접법 또는 간접법 중 하나의 방법으로 보고할 수 있다. 직접법이란 총현금유입과 총현금유출을 주요 항목별로 구분하여 표시하는 방법으로, 간접법에서 파악할 수 없는 정보를 제공하고, 미래 현금흐름을 추정하는 데 보다 유용한 정보를 제공하기 때문에 한국채택국제회계기준에서는 직접법을 사용할 것을 권장하고 있다.

오답분석
① 일반적으로 법인세로 납부한 현금은 영업활동으로 인한 현금유출에 포함된다.
② 당기순이익의 조정을 통해 영업활동 현금흐름을 계산하는 방법은 간접법이다.
④ 단기매매 목적으로 보유하는 유가증권의 취득과 판매에 따른 현금흐름은 영업활동으로 분류한다.
⑤ 기업의 순현금이 증가하였다고 해도 영업활동 현금흐름이 감소하고 있다면 해당 기업은 현재 사업에 어려움을 겪고 있으며, 안정적으로 현금을 창출할 능력이 낮다고 판단할 수 있다.

정답 ③

| 서교공(2025)

60 다음 중 법인세에 대한 설명으로 옳지 않은 것은?

① 법인세는 국세에 해당하며, 근거 법률은 법인세법이다.
② 법인세법은 연 1회 정기적으로 개정되는 것이 원칙이며, 수시로 개정되는 경우도 있다.
③ 법인세법의 계산 방식에는 직접법과 간접법이 있다.
④ 법인세법을 통해 배당세액공제제도를 도입하여 시행하고 있다.
⑤ 자기자본에 대한 기회비용은 법인세상 비용처리로 별도의 세액공제를 인정하지 않는다.

정답 | 해설

배당세액공제제도는 법인세법이 아닌 소득세법에 규정된 제도이다.

정답 ④

| TS(2021)

61 다음 중 활동기준원가계산에 대한 설명으로 옳지 않은 것은?

① 전통적인 원가계산에 비해 배부기준의 수가 많다.
② 활동이 자원을 소비하고 제품이 활동을 소비한다는 개념을 이용한다.
③ 제조원가뿐만 아니라 비제조원가도 원가동인에 의해 배부할 수 있다.
④ 직접재료원가 이외의 원가를 고정원가로 처리한다.
⑤ 투입자원이 제품이나 서비스로 변환되는 과정을 명확히 해서 제품이나 서비스의 원가를 계산하는 방식이다.

정답 | 해설

원가동인의 변동에 의하여 활동원가가 변화하는가에 따라 활동원가는 고정원가와 변동원가로 구분된다. 고정원가는 고정제조간접비와 같이 원가동인의 변화에도 불구하고 변화하지 않는 원가이며, 변동원가는 원가동인의 변화에 따라 비례적으로 변화하는 원가로서 직접재료비, 직접노무비 등이 해당된다. 일반적으로 활동기준원가계산에서는 전통적인 고정원가, 변동원가의 2원가 분류체계 대신 단위기준, 배치기준, 제품기준, 설비기준 4원가 분류체계를 이용한다.

활동기준원가계산
수익 창출 과정에서 원가가 발생하는 원인을 체계적으로 분석하여 자원과 활동 및 제품 사이의 인과 관계에 따라 원가를 배분함으로써 개별 제품의 정확한 원가를 계산하는 방법이다.

정답 ④

| 관광(2023)/한수원(2021)

62 다음 중 회계상 거래에 해당되지 않는 것은?

① 20억 원 상당의 비업무용 토지를 매입하다.
② 5,000만 원 상당의 기계장치를 기증받다.
③ 100억 원 상당의 매출계약을 체결하다.
④ 1년분 보험료 60만 원을 미리 지급하다.
⑤ 3억 원 상당의 채무를 면제받다.

정답 | 해설

기업의 다양한 경제 활동 중에서 재무상태의 변화를 수반하는 활동을 회계상 거래라고 한다. 회계상 거래는 재무상태표의 구성요소인 자산, 부채, 자본와 손익계산서의 구성요소인 수익, 비용에 변화를 가져오는 활동이다.
따라서 100억 원 상당의 매출계약을 체결하는 것은 회계상 거래가 아니다.

정답 ③

CHAPTER 07 재무관리

> 한국석유(2022)/HUG(2022)

01 다음 중 체계적 위험과 비체계적 위험에 대한 설명으로 옳은 것은?

① 투자자는 포트폴리오를 구성할 때 하나의 자산만 편입시켜 위험을 상쇄한다.
② 아무리 분산투자를 하여도 제거할 수 없는 위험을 비체계적 위험이라고 한다.
③ 2개 이상의 자산으로 포트폴리오를 구성했을 때 기대수익률은 유지하면서 위험만 줄일 수 있는데 이를 포트폴리오 효과 또는 분산효과라고 한다.
④ 어느 특정 기업만이 가질 수 있는 사건이나 상황의 변동 등에서 발생되는 위험을 체계적 위험이라고 한다.
⑤ 체계적 위험은 베타값으로 측정할 수 있는데 베타는 시장포트폴리오의 위험을 공분산으로 나눈 값이다.

정답 해설

오답분석
① 하나의 자산이 아닌 다양한 자산을 편입시켜 위험을 상쇄한다.
② 체계적 위험에 대한 설명이다.
④ 비체계적 위험에 대한 설명이다.
⑤ 베타는 공분산을 시장포트폴리오의 위험으로 나눈 값이다.

정답 ③

> 주택금융(2024)/신보(2022)/코바코(2022)

02 다음 〈조건〉을 통해 자본자산가격결정모형($CAPM$)을 이용하여 A주식의 기대수익률을 바르게 구한 것은?

조건
- 시장무위험수익률 : 5%
- 시장기대수익률 : 18%
- 베타 : 0.5

① 9.35% ② 10.25%
③ 10.45% ④ 11.5%
⑤ 12.45%

정답 해설

[자본자산가격결정모형($CAPM$)] $= rf + [E(rm) - rf] \times \sigma m = 0.05 + (0.18 - 0.05) \times 0.5 = 11.5\%$

정답 ④

03 K기업은 가격이 800만 원인 기계의 구입 여부를 검토하고 있는데, 만약 오늘 기계를 구입하면 구입시점으로 1년 뒤 1,100만 원, 2년 뒤 1,210만 원의 수입이 예상된다. 이자율이 10%라면 기계를 구입할 때 순현재가치는 얼마인가?(단, 기계의 잔존가치는 0원이며, 소수점 아래는 버린다)

① 800만 원
② 900만 원
③ 1,000만 원
④ 1,100만 원
⑤ 1,200만 원

정답 | 해설

$NPV = \sum_{t=1}^{t} \frac{C_t}{(1+r)^t} - C_0$ (C_t=프로젝트를 위한 자본유입, C_0=프로젝트에 인한 지출금액)

$NPV = \frac{1,100}{(1+0.1)^1} + \frac{1,210}{(1+0.1)^2} - 800 = 1,200$

따라서 순현재가치는 1,200만 원이다.

정답 ⑤

---

04 다음은 K기업의 요약 재무제표이다. 2020년 매출액은 600,000원이고, 당기순이익은 240,000원일 때, 2020년 자기자본이익률을 계산하면 얼마인가?(단, 소수점 아래는 버린다)

(단위 : 원)

구분	2019년	2020년
자산총계	2,000,000	3,300,000
유동부채	300,000	900,000
단기차입금	400,000	700,000
자본금	1,200,000	1,300,000
이익잉여금	100,000	400,000
부채와 자본총계	2,000,000	3,300,000

① 8%
② 12%
③ 14%
④ 20%
⑤ 24%

정답 | 해설

[자기자본이익률(%)] = $\frac{(당기순이익)}{(자본총액)} \times 100$

∴ $\frac{240,000}{(1,300,000 + 400,000)} \times 100 = 14.1176 ≒ 14\%$

정답 ③

| 신보(2022)/동서발전(2021)/한수원(2021)/코레일(2020)/가스(2020)

05 다음은 증권시장선(SML)에 대한 그래프이다. SML에 대한 설명으로 옳지 않은 것은?

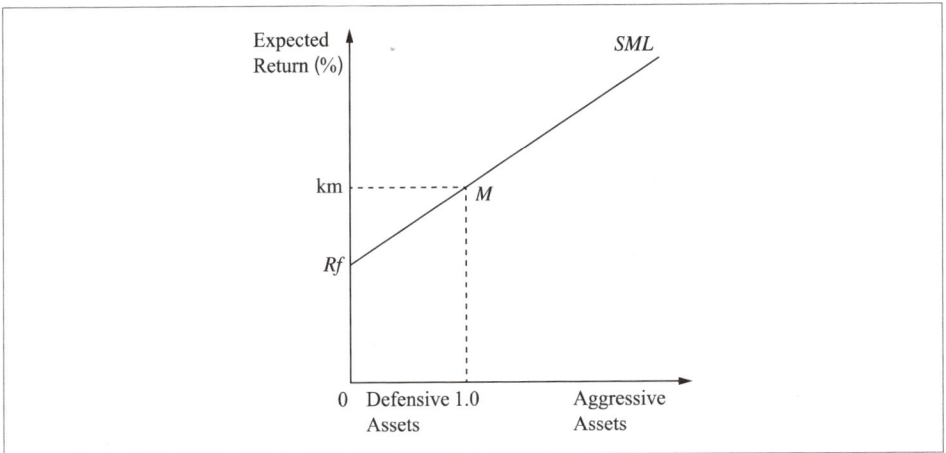

① SML을 통해 주식이 균형인지 불균형인지 판단할 수 있다.
② 개별주식이 SML 선상 위에 위치하면 과소평가, SML 선상 아래에 위치하면 과대평가된 것이다.
③ SML은 CML과 달리 모든 개별 주식이 표현되어 있다.
④ SML상에 있는 주식의 경우 체계적 위험은 존재하지 않는다.
⑤ 개별주식과 시장포트폴리오와 상관계수가 1이면 CML과 SML은 같다.

정답 해설

SML상에 있는 주식의 경우 비체계적 위험은 존재하지 않을 수 있지만, 체계적 위험은 존재할 수 있다.

> **증권시장선(SML)**
> 위험은 체계적 위험으로, 자본시장선(CML)은 총위험으로 계산한다. (총위험)=[체계적 위험(베타)]+(비체계적 위험)이지만, 비체계적 위험은 시장포트폴리오(M)를 구성하면 없어지는 분산 가능한 위험으로, 예를 들면 파업이나 화재 등을 들 수 있다. 체계적 위험은 시장포트폴리오(M)를 구성하여도 없어지지 않는 분산 불가능한 위험으로, 예를 들면 인플레이션 위험이나 이자율 변동 위험이 있다. 이러한 체계적 위험과 비체계적 위험을 더한 것이 총위험으로 분산 또는 표준편차로 나타낼 수 있다.

정답 ④

| 한국장학(2022) / HUG(2022) / 환경(2021)

06 다음 중 회사가 자금조달의 방법으로 회사채를 발행할 때, 얻게 되는 효과에 대한 설명으로 옳지 않은 것은?

① 사채를 발행하면 재무구조가 악화될 우려가 높아진다.
② 사채를 발행하면 회사에 적자가 발생해도 이자를 지급해야 한다.
③ 사채를 발행하면 경영진의 입장에서는 배당압력을 더 크게 받는다.
④ 사채는 경영권에 대한 위험 없이 장기자금을 일시에 조달할 수 있다.
⑤ 사채 발행회사가 은행이나 증권사 등과 계약을 체결, 사채 총액을 모두 인수하게 하는 방식을 총액인수라 한다.

정답 | 해설

사채 발행은 부채비율을 높여 재무구조를 악화시키는 요인이다. 적자가 나더라도 사채 발행 시 약속한 이자는 지급해야 하는데, 회사가 사채가 아니라 주식을 발행해 자금을 조달하면 그 주식에 투자한 주주들에게 이자가 아니라 배당을 지급한다. 따라서 사채를 발행하면 배당압력이 작아진다. 주식을 발행하면 타인의 지분율이 높아지므로 경영권에 대한 위험을 고려해야 하지만, 사채 발행에는 이런 위험이 없다.

정답 ③

| 서울시설(2020) / 시설안전(2020)

07 다음 중 주식회사의 대리인 문제에서 발생하는 감시비용에 해당하지 않는 것은?

① 성과급 제도　　　　　　② 잔여손실
③ 사외이사 제도　　　　　④ 외부회계감사 제도
⑤ 주식옵션

정답 | 해설

대리인 문제와 관련된 비용에는 감시비용, 확증비용, 잔여손실이 있다. 감시비용이란 주주들이 경영자를 감시하는 데 사용되는 비용으로서 성과급 제도, 사외이사 제도, 주식옵션, 외부회계감사 제도 등의 제도 운영에 들어가는 직간접적인 비용이 모두 포함된다.

정답 ②

| 서울시설(2020)/시설안전(2020)

08 다음 중 대리비용 이론에 대한 설명으로 옳지 않은 것은?

① 위임자와 대리인 간의 정보비대칭 상황을 전제한다.
② 대리비용의 발생원천에 따라 자기자본 대리비용과 부채 대리비용으로 구분된다.
③ 자기자본 대리비용은 외부주주의 지분율이 높을수록 커진다.
④ 부채 대리비용은 부채비율이 낮을수록 커진다.
⑤ 대리비용이 최소화되는 지점에서 최적 자본구조가 결정된다.

정답 | 해설

부채 대리비용은 채권자와 주주의 이해상충관계에서 발생하며, 부채비율이 높을수록 부채 대리비용은 커진다.

오답분석

① 위임자는 기업 운영을 위임한 투자자 등을 의미하고, 대리인은 권한을 위임받아 기업을 경영하는 경영자를 의미한다. 대리인은 위임자에 비해 기업 운영에 대한 정보를 더 많이 얻게 되어 정보비대칭 상황이 발생한다.
② 기업의 자금조달의 원천인 자기자본과 부채 각각에서 대리비용이 발생할 수 있다.
③ 자기자본 대리비용은 외부주주와 소유경영자(내부주주)의 이해상충관계에서 발생한다. 지분이 분산되어 있어서 외부주주의 지분율이 높을수록 자기자본 대리비용은 커진다.
⑤ 대리비용 이론에 따르면 최적 자본구조가 존재하는데, 이는 전체 대리비용의 합이 최소화되는 지점을 의미한다.

정답 ④

| 도로교통(2020)

09 부채비율이 100%인 A기업의 세전타인자본비용은 8%이고, 가중평균자본비용은 10%이다. A기업의 자기자본비용은 얼마인가?(단, 법인세율은 25%이다)

① 6% ② 8%
③ 10% ④ 12%
⑤ 14%

정답 | 해설

자기자본비용(k_e)과 타인자본비용(k_d)이 주어졌을 때의 가중평균자본비용($WACC$) 공식을 이용한다. 제시된 부채비율이 100%이므로, 자기자본 대비 기업가치의 비율$\left(\dfrac{S}{V}\right)$과 타인자본 대비 기업가치의 비율$\left(\dfrac{B}{V}\right)$은 $\dfrac{1}{2}$임을 알 수 있다.

$$WACC = k_e \times \dfrac{S}{V} + k_d(1-t) \times \dfrac{B}{V}$$

$$\rightarrow 10\% = k_e \times \dfrac{1}{2} + 8\%(1-0.25) \times \dfrac{1}{2}$$

$$\therefore k_e = 14\%$$

정답 ⑤

| 수자원(2023)/동서발전(2021)

10 외환시장에서 원·달러 환율이 1,100원/달러이고, 수출업체인 K기업은 환율이 하락할 것으로 예상하여 행사가격이 달러당 1,100원인 풋옵션 1,000계약을 계약당 30원에 매수했다. 옵션 만기일에 원·달러 환율이 1,200원/달러가 됐다고 가정할 경우, 옵션거래에 따른 K기업의 손익은?

① 이익 3만 원
② 손실 3만 원
③ 이익 7만 원
④ 손실 7만 원
⑤ 이익 13만 원

정답 | 해설

옵션(Option)은 파생상품의 하나로서 미래의 일정 기간 내에 특정 상품이나 외환, 유가증권 등의 자산을 미리 정한 가격에 사거나 팔 수 있는 권리로, 풋옵션과 콜옵션이 있다. 풋옵션은 미리 정한 가격으로 팔 수 있는 권리이고, 콜옵션은 미리 정한 가격으로 살 수 있는 권리이다. 옵션 매수자는 꼭 사거나 팔아야 하는 거래 이행의 의무는 없으며, 불리할 경우 옵션을 포기할 수 있다.
K기업은 환율 하락을 예상해 풋옵션 1,000계약을 계약당 30원에 매수했으므로 옵션 매수비용으로 3만 원을 지출했다. 옵션 만기일에 원·달러 환율이 예상과 달리 1,200원으로 상승했으므로 풋옵션을 행사하지 않는다. 따라서 옵션거래에 따른 손익은 풋옵션 매수비용인 3만 원이다.

정답 ②

| 동서발전(2021)/한수원(2021)/코레일(2020)/가스(2020)

11 다음 중 기업의 안정성 측정을 위하여 사용되는 지표로, 고정자산(비유동자산)을 자기자본으로 나눈 값의 백분율로 계산하여 자본의 유동성을 나타내는 것은?

① 고정자산비율(Fixed Assets Ratio)
② 활동성비율(Activity Ratio)
③ 자본회전율(Turnover Ratio of Capital)
④ 유동비율(Current Ratio)
⑤ 부채비율(Debt Ratio)

정답 | 해설

고정자산비율은 비유동비율이라고도 하며, 자기자본 중에 비유동자산에 투입되어 있는 비율을 의미한다. 고정자산비율이 낮을수록 고정설비투자가 많지 않음을 의미한다.

오답분석

② 활동성비율(Activity Ratio) : 기업들이 보유한 자산을 얼마나 효율적으로 활용하고 있느냐를 판단할 수 있는 지표이다. 이 비율이 100%를 밑돌면 기업이 자산을 100% 활용하지 않고 일부가 잠자고 있다는 의미이다.
③ 자본회전율(Turnover Ratio of Capital) : 자기자본과 순매출액과의 관계를 표시하는 비율로, 자기자본의 회전속도를 표시한다.
④ 유동비율(Current Ratio) : 회사가 1년 안에 현금으로 바꿀 수 있는 '유동자산'을 1년 안에 갚아야 할 '유동부채'로 나눈 값이다. 통상 유동비율이 150%를 넘으면 기업의 재무 상태가 안정적이라고 평가한다.
⑤ 부채비율(Debt Ratio) : 어떤 기업의 재정상태나 재무건전성을 분석할 때 대표적으로 활용되는 지표 중 하나로, 기업이 가진 자산 중에 부채가 어느 정도의 비중을 차지하는지를 나타내는 비율이다. 부채비율을 구하는 방법은 부채총액을 자본총계(자기자본)로 나눈 뒤 100을 곱해 산출한다.

정답 ①

| 보훈복지의료(2021)

12 다음 중 직접금융에 해당하는 자본조달 방법으로 옳은 것은?

① 불특정 다수인으로부터 사채발행을 통한 자금조달 방법
② 장기 혹은 단기 차입금을 통한 자금조달 방법
③ 정부 각 부처에서 실시 중인 정책금융을 통한 자금조달 방법
④ 기업이 일정금액을 나타내는 증권을 발행한 후 증권시장에서 일반 투자자들에게 판매하여 장기자금을 조달하는 방법
⑤ 경영활동의 결과 발생한 순이익에서 배당금으로 사외에 유출된 부분을 제외하고 기업 내부에 유보된 이익잉여금을 통한 자금조달 방법

정답 | 해설

자기자본에 의한 자금조달 방법으로는 크게 주식발행을 통한 자금조달법과 유보이익을 통한 자금조달법이 있다. ⑤는 유보이익을 통한 직접금융에 해당하는 자기조달법이다.

정답 ⑤

| 경기도통합(2021)

13 다음 중 기업이 주주자본주의를 실현하는 방법으로 옳지 않은 것은?

① 자사주 매입
② 주주총회 활성화
③ 영업이익금 일부 또는 전부를 주주에게 분배
④ 투자 확대
⑤ 기업실적 증가

정답 | 해설

주주자본주의란 회사의 주식을 가진 주주에 경영 초점을 맞춘 미국식 자본주의 형태를 일컫는 말이다. 기업은 주주들이 주식을 사들인 투자금을 기반으로 기업을 운영하고 수익을 낸다. 이에 따라 이윤극대화가 아닌 주주 가치, 즉 주식의 가치를 높여 자기 회사에 투자를 해준 주주들에게 보상을 해주는 것을 기업경영의 최고 가치로 삼는 이론이다. 기업의 투자활동 확대는 주주들에게 보상을 해주는 기업가치와 다르게 기업의 이윤극대화 추구에 목적을 우선으로 두기에 주주자본주의에 해당하지 않는다.

오답분석
① 주주 가치를 높이는 방법으로는 자사주 매입을 통해 시장에 유통되는 주식 수를 줄여 주식 가격을 상승시키는 방안이 있다.
②・③ 주주총회 활성화를 통해 이해관계자들과 경영진들의 의사소통을 원활히 하고 주주들의 의결권을 강화하여 주주들이 이익을 실현하거나 일정기간 동안 영업활동을 통해 얻은 이익의 일부 또는 전부를 주주들에게 분배, 즉 배당을 통해 직접적인 주주 가치를 높일 수 있다.
⑤ 거시적으로는 기업실적이 증가하여 주가를 상승시켜 주주자본주의를 실현할 수도 있다.

정답 ④

| 동서발전(2021)/한수원(2021)/코레일(2020)/가스(2020)

14 K기업의 당기 말 타인자본은 2,000억 원이고 자기자본은 1,000억 원이다. 전년 말 기준 부채비율은 300%를 기록하였다고 할 때, 당기 말 기준 전년 대비 부채비율의 변동률로 옳은 것은?(단, 소수점 아래는 버린다)

① 25% 상승
② 25% 하락
③ 33% 상승
④ 33% 하락
⑤ 55% 하락

정답 | 해설

$$[부채비율(\%)] = \frac{(타인자본)}{(자기자본)} \times 100$$

당기 말 K기업의 부채비율은 200%이고, 전년 대비 부채비율은 100% 하락하였다.
따라서 전년 대비 부채비율의 변동률은 33.33% 하락하였다.

정답 ④

| 도로교통(2023)/한수원(2021)

15 다음 중 토빈의 Q 비율에 대한 설명으로 옳지 않은 것은?(단, 다른 조건은 동일하다)

① 특정 기업이 주식 시장에서 어떤 평가를 받고 있는지 판단할 때 종종 토빈의 Q 비율을 활용한다.
② 한 기업의 Q 비율이 1보다 높을 경우 투자를 증가하는 것이 바람직하다.
③ 한 기업의 Q 비율이 1보다 낮을 경우 투자를 감소하는 것이 바람직하다.
④ 이자율이 상승하면 Q 비율은 하락한다.
⑤ 토빈의 Q 비율은 실물자본의 대체비용을 주식시장에서 평가된 기업의 시장가치로 나눠서 구한다.

정답 | 해설

토빈의 Q 비율은 주식시장에서 평가된 기업의 시장가치(분자)를 기업의 실물자본의 대체비용(분모)으로 나눠서 도출할 수 있다.

오답분석
① 특정 기업이 주식 시장에서 받는 평가를 판단할 때 토빈의 Q 비율을 활용한다.
② Q 비율이 1보다 높은 것은 시장에서 평가되는 기업의 가치가 자본량을 늘리는 데 드는 비용보다 더 큼을 의미하므로 투자를 증가하는 것이 바람직하다.
③ 1보다 낮을 경우에는 기업의 가치가 자본재의 대체비용에 미달함을 의미하므로 투자를 감소하는 것이 바람직하다.
④ 이자율이 상승하면 주가가 하락하여 Q 비율 또한 하락한다. 이에 따라 투자를 감소시켜야 하는 것이 바람직하다.

정답 ⑤

PART 2

경제학

CHAPTER 01 경제학의 기초
CHAPTER 02 소비자 및 생산자이론
CHAPTER 03 시장이론과 후생경제학
CHAPTER 04 국민소득결정이론
CHAPTER 05 소비함수와 투자함수
CHAPTER 06 화폐금융론
CHAPTER 07 총수요와 총공급 이론
CHAPTER 08 인플레이션과 실업
CHAPTER 09 경기변동과 경제성장
CHAPTER 10 국제경제학

PART 2 출제 키워드

CHAPTER 01 경제학의 기초

- PCC곡선
- 수요곡선·공급곡선
- 탄력성
- 가격상한제·가격하한제
- 생산가능곡선
- 경제일반
- 수요·공급이론
- 기회비용·매몰비용

CHAPTER 02 소비자 및 생산자이론

- 비용함수
- 위험프리미엄
- 소비자선호
- 규모의 경제
- 콥-더글라스 생산함수
- 보통·보상수요곡선
- 기대효용 이론
- 무차별곡선
- 엥겔법칙
- 한계효용이론
- 소득소비곡선
- 레온티예프 함수
- 한계생산
- 이윤극대화
- 효용극대화
- 투자
- 리카도의 대등정리
- 생산자이론
- 조업 중단점

CHAPTER 03 시장이론과 후생경제학

- 조세
- 게임이론
- 공공재 곡선
- 독점적 경쟁시장
- 물가지수
- 시장실패
- 역선택
- 코즈의 정리
- 소득 불평등
- 가격차별
- 지대
- 쿠르노 경쟁
- 러너의 조건
- 리카도의 등가정리
- 분위분배율
- 완전경쟁시장
- 파레토 균형
- 후생경제학
- 이윤극대화
- 공공재
- 독점도
- 러너지수
- 부분·일반균형분석
- 아모로소-로빈슨 공식
- 외부효과
- 피구세
- 내쉬균형
- 과점시장
- 독점시장·독점기업
- 롤스의 사회후생함수
- 생산요소시장
- 앳킨슨지수
- 재화의 종류
- 효율성임금

CHAPTER 04 국민소득결정이론

- 통화정책
- 대부자금시장
- 정부정책의 효과
- 케인스의 단순모형
- 고전학파
- 이자율
- 균형국민소득
- 균형국민소득 계산
- 균형재정승수

경제학 KEYWORD

CHAPTER 05 소비함수와 투자함수

- 소비함수·투자함수
- 가중평균자본비용
- 소비이론
- 증권시장선
- 케인스의 소비함수
- 가속도원리
- 영구채
- 항상소득가설
- 소비성향·저축성향
- 리카도의 대등정리
- 유동성 선호설
- 항상소득이론
- NPV
- 생애주기이론
- 이자율

CHAPTER 06 화폐금융론

- 통화승수
- 지급준비율
- 실질경제성장률
- 기준금리
- 통화공급
- 신용창조
- 통화지표
- 중앙은행
- 화폐수량방정식

CHAPTER 07 총수요와 총공급 이론

- IS곡선
- 고전학파
- 유동성 선호이론
- 새고전학파
- 구축효과
- 새케인스학파
- 학파별 비교
- IS – LM 모형
- 통화주의

CHAPTER 08 인플레이션과 실업

- 인플레이션
- 실질임금
- 필립스곡선
- 디플레이션
- 오쿤의 법칙
- 실업률·취업률
- 자연실업률
- 실업
- 테일러의 법칙

CHAPTER 09 경기변동과 경제성장

- GDP
- 소비자물가지수
- 쿠즈네츠 곡선
- AK 모형
- 내생적 성장이론
- GDP 디플레이터
- 솔로우 모형
- 궁핍화 성장
- 경기종합지수

CHAPTER 10 국제경제학

- 삼불원칙
- 고정환율제도
- 헥셔–올린 정리
- 비교우위론
- 정부지출
- 개방경제
- 메츨러의 역설
- 산업 간 무역
- 멘델–플레밍 모형
- 관세효과
- 무역의 효과
- 무역수지 계산
- IS – LM – BP 모형
- 구매력·이자율평가
- 이자율평가설
- 환율이론

CHAPTER 01 경제학의 기초

| 서교공(2023)/자산관리(2022)

01 효용을 극대화하는 소비자 A는 X재와 Y재, 두 재화의 소비에 자신의 소득을 모두 지출한다. 다음 글의 빈칸 ㉠, ㉡에 들어갈 내용이 바르게 나열된 것은?

> A의 X재에 대한 수요는 가격 비탄력적이다. 다른 조건이 일정할 때 X재의 가격이 상승하는 경우, A의 Y재 소비량은 ㉠ 하고, X재 가격에 대한 Y재 수요의 교차탄력성은 ㉡ 이다.

	㉠	㉡
①	감소	음(-)
②	감소	양(+)
③	증가	음(-)
④	증가	양(+)
⑤	불변	영(0)

정답 | 해설

제시문에서 X재 수요의 가격탄력도가 비탄력적이므로 PCC곡선이 우상향하여 X재와 Y재는 보완관계에 있다. 따라서 X재의 가격상승으로 Y재의 소비량이 감소하고 교차탄력도는 음수가 된다. 통상적인 무차별곡선을 갖는 소비자가 X, Y 두 재화의 구입에 소득을 배분한 결과 가격소비곡선(PCC)이 X축에 수평이면 X재는 가격탄력성이 1이다. 왜냐하면 Y재 수요량에는 변화가 없고 Y재에 대한 지출비중도 일정하며, X재에 대한 지출비중도 동일하기 때문이다. 따라서 가격하락으로 인한 수요량이 모두 X재 수요량의 증가로 나타나므로 X재 수요곡선은 직각쌍곡선이고 가격탄력성은 1이다. 우상향하면 X재 수요량의 증가속도가 느리므로 1보다 작고, 우하향하면 1보다 크다.

정답 ①

| 서교공(2023)/자산관리(2022)

02 기업의 자본과 노동의 한계생산성은 각각 50단위와 80단위이며, 자본과 노동의 가격은 각각 200만 원과 400만 원이다. 기업의 이윤극대화를 달성하고자 할 때, 다음 중 이 기업의 행동으로 옳은 것은?

① 노동의 투입을 감소시키고, 자본의 투입을 증가시킨다.
② 노동의 투입을 증가시키고, 자본의 투입을 감소시킨다.
③ 노동과 자본의 투입량을 모두 변화시키지 않는다.
④ 노동과 자본의 투입량을 모두 감소시킨다.
⑤ 노동과 자본의 투입량을 모두 증가시킨다.

> 정답 해설

기업의 이윤극대화는 등량곡선과 등비용곡선이 접하는 생산자균형점에서 달성된다. 즉, 한계생산물균등의 법칙인 $\frac{MP_L}{w} = \frac{MP_K}{r}$ 을 따라야 한다. 이 문제에서는 $\frac{80}{400} = \frac{1}{5} = \frac{MP_L}{w} < \frac{MP_K}{r} = \frac{1}{4} = \frac{50}{200}$ 이므로, 노동의 투입을 감소시키고, 자본의 투입을 증가시켜야 한다.

정답 ①

| 수자원(2022)/국민연금(2021)/남동발전(2021)/도로(2021)/국민연금(2020)/동서발전(2019)

03 다음은 어떤 재화의 수요와 공급을 나타내는 그림이다. 정부가 이 재화에 대하여 P_0로 최고가격제를 실시한다고 할 때, 이에 대한 설명으로 옳지 않은 것은?(단, 수요곡선과 공급곡선은 모두 선형이다)

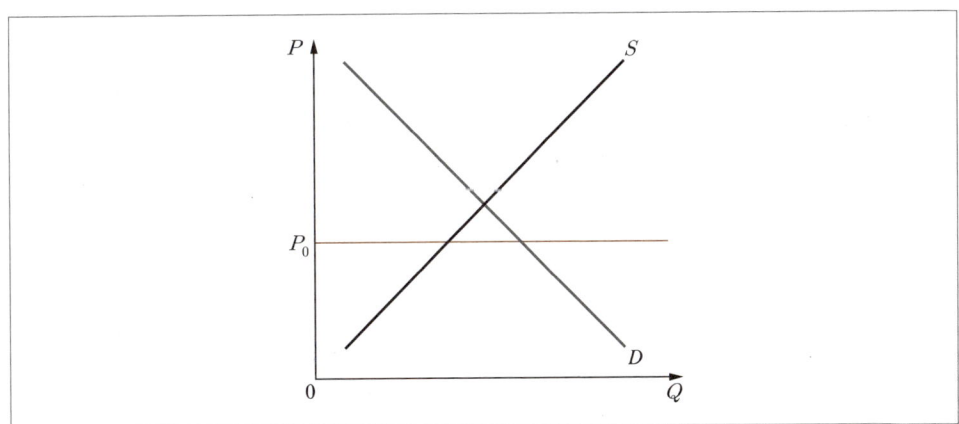

① 최고가격제를 실시하지 않는다면, 시장 가격은 P_0 이하에서 결정된다.
② 최고가격제를 실시하면 암시장이 형성될 수 있다.
③ 최고가격제를 실시하면 시장에서는 공급량이 줄어든다.
④ 초과수요가 발생하여 추첨이나 선착순과 같은 방식이 실시될 수 있다.
⑤ 이 재화를 구매한 소비자는 실제로 지불한 가격보다 더 높은 가격을 지불할 의향이 있다.

> 정답 해설

시장가격은 수요와 공급의 교차하는 점에서 결정된다. 따라서 P_0보다 높다.

정답 ①

| 수자원(2022)/국민연금(2021)/남동발전(2021)/도로(2021)/국민연금(2020)/동서발전(2019)

04 A국은 아파트시장의 높은 전세 가격을 규제하기 위해 가격상한제를 시행하고자 한다. 이 경우 단기적·장기적 관점에서 바라본 아파트시장에 대한 설명으로 옳은 것은?

① 아파트물량에 대한 초과수요가 단기적으로 크고 장기적으로도 작다.
② 아파트물량에 대한 초과수요가 단기적으로 작으나 장기적으로는 크다.
③ 아파트물량에 대한 초과공급이 단기적으로 크고 장기적으로는 작다.
④ 아파트물량에 대한 초과공급이 단기적으로 작으나 장기적으로는 크다.
⑤ 아파트물량에 대한 아무런 변화 없다.

정답 | 해설

가격상한제는 정부가 직접 시장에 개입하여 가격규제를 하는 것으로, 시장에서 약자를 보호하기 위해서 실시하는 정책이다. 대표적으로 임대료 규제 등이 있으며, 균형가격보다 낮은 수준에서 전세 가격을 설정하게 되면 초과수요가 발생하게 된다. 아파트시장의 경우 단기적으로는 공급량이 고정이므로 수직에 가까운 기울기를 하고 있지만, 장기적으로는 공급량이 신축적이므로 우상향하는 기울기를 가지고 있어 초과수요는 더욱 커지게 된다.

정답 ②

| 수자원(2022)/국민연금(2021)/남동발전(2021)/도로(2021)/국민연금(2020)/동서발전(2019)

05 스마트폰 시장수요함수는 $4Q = 1,000 - 2P$이고, 시장공급함수는 $12Q = 100 + 4P$로 주어져 있을 때, 정부가 스마트폰 가격을 245로 규제하였을 경우 후생손실은 얼마인가?

① 588.5
② 562.5
③ 520
④ 480
⑤ 420

정답 | 해설

최고가격제가 시행되기 전의 스마트폰 가격은 P_0, 생산량은 Q_0이다. 최고가격을 P_1으로 설정하였을 경우 후생손실은 삼각형 $(A+B)$만큼 발생한다.
따라서 위에서 주어진 식을 연립하면 최고가격제 시행 전 가격은 $290(P_0)$이며, 생산량은 $105(Q_0)$이다. 최고가격제가 시행되고 난 뒤의 수요량은 $127.5(Q_1)$이며, 공급량은 $90(Q_2)$이다. 가격은 소비자가 지불할 의향이 있는 가격이 P_2이므로 수요곡선에 90 (Q_2)을 대입하면 P_2는 320임을 구할 수 있다. 따라서 최고가격제 실시 이후 발생하는 후생손실은 $(320-245) \times (105-90) \times \frac{1}{2} = 562.5$이다.

정답 ②

| 수자원(2022)/국민연금(2021)/남동발전(2021)/도로(2021)/국민연금(2020)/동서발전(2019)

06 현재 A국은 물가가 상승하고 있다. 이에 따라 A국 정부는 소비자를 보호하고 물가를 안정시키기 위해 가격상한제를 도입하려고 할 때, 이 정책의 효과로 옳지 않은 것은?

① 소비자에게 반드시 이득이 되는 것은 아니다.
② 물가는 안정될 수 있지만 제품의 질이 하락할 수 있다.
③ 최고가격이 시장가격보다 높게 설정되어야 효과가 있다.
④ 수요가 공급보다 많아져서 물량부족현상이 나타난다.
⑤ 암시장이 발생할 가능성이 있다.

정답 | 해설

가격상한제를 실시하게 될 경우 최고가격은 시장가격보다 낮게 설정되어야 효과가 있다.

정답 ③

| 수자원(2022)/국민연금(2021)/남동발전(2021)/도로(2021)/국민연금(2020)/동서발전(2019)

07 A국가의 정부는 규제가 없는 노동시장에서 균형임금보다 높은 수준의 최저임금제를 도입하려고 한다. 이에 따라 기업은 예전에 사람이 하던 일을 기계로 대체하려고 할 때, 노동시장의 변화에 대한 설명으로 옳은 것은?

① 최저임금제로 인해 실업이 발생하나, 노동수요의 증가로 실업규모는 작아진다.
② 최저임금제는 실업을 발생시키지 않지만, 노동수요의 감소로 실업이 증가한다.
③ 최저임금제로 인해 실업이 발생하나, 노동공급의 증가로 실업규모는 작아진다.
④ 최저임금제는 실업을 발생시키지 않지만, 노동공급의 감소로 실업이 증가한다.
⑤ 최저임금제는 실업을 발생시키며, 노동수요의 감소로 실업규모는 더욱 증가한다.

정답 | 해설

최저가격제란 정부가 공급자를 보호하기 위하여 정부가 설정한 최저가격 이하로 재화를 구입하는 것을 금지하는 제도로, 농산물가격지지제도와 최저임금제 등이 있다. 최저임금제는 장기적으로 노동을 자본으로 대체하여 노동수요(기업)는 더욱 감소시키므로 실업규모는 더욱 증가한다.

오답분석
① 최저임금제로 인해 단기적 실업이 증가하며, 노동수요의 감소로 장기적 실업규모는 더욱 증가한다.
② 최저임금제는 실업을 증가시키며, 노동수요의 감소로 실업이 더욱 증가한다.
③ 최저임금제로 인해 단기적 실업이 증가하고, 노동공급의 증가로 실업규모는 더욱 증가한다.
④ 최저임금제는 단기적 실업을 발생시키며, 노동공급의 증가로 실업률이 증가한다.

정답 ⑤

| 수자원(2022)/국민연금(2021)/남동발전(2021)/도로(2021)/국민연금(2020)/동서발전(2019)

08 다음 설명에 해당하는 시장가격 조절 정책은?

> 정부가 특정가격을 설정하고, 설정된 가격 이상을 받지 못하도록 하는 제도로서 이자율 규제, 임대료 규제, 아파트분양가 규제 등을 그 예로 들 수 있다.

① 최고가격제
② 위임가격제
③ 실질가격제
④ 초과부담제
⑤ 명목가격제

정답 | 해설

최고가격제란 인플레이션에 대한 규제 및 소비자 보호 등을 목적으로 정부가 균형가격보다 낮은 가격선에서 통제를 하여 그 이상의 가격으로 거래가 이루어지는 것을 제한하는 제도이다.

정답 ①

| 수자원(2022)/국민연금(2021)/남동발전(2021)/도로(2021)/국민연금(2020)/동서발전(2019)

09 다음 중 최저임금제에 대한 설명으로 옳은 것은?

① 시장균형가격 이하로 최저임금이 설정되어야 효과가 있다.
② 최저임금제에서는 초과수요가 존재한다.
③ 시장균형가격 이하로 노동을 제공하기 위한 암시장이 형성될 수 있다.
④ 생산자잉여가 감소하고 사회적 총잉여도 감소한다.
⑤ 최저임금과 유사한 예로는 도시지역의 임대료 규제가 있다.

정답 | 해설

[오답분석]
① 시장균형가격 이상으로 최저임금이 설정되어야 효과가 있다.
② 최저임금제에서는 초과공급이 존재한다.
④ 생산자잉여가 감소하고 사회적 총잉여도 감소하는 것은 최고가격제에 대한 설명이다.
⑤ 도시지역의 임대료 규제는 최고가격제의 사례이다.

정답 ③

| 한수원(2023)/가스기술(2023)/수자원(2022)/근복(2022)/전력기술(2021)/신보(2021)/HUG(2020)

10 다음 중 경제학에서 이야기하는 희소성과 선택에 대한 설명으로 옳지 않은 것은?

① 재화의 유형 중 경제재는 자유재가 될 수는 있지만, 자유재는 경제재가 될 수 없다.
② 재화란 음식, 운동화 등과 같이 사람들이 소비함으로써 만족을 얻을 수 있는 것을 의미한다.
③ 재화의 소비, 생산, 분배의 과정에서 발생하는 문제들은 자원의 희소성으로 인해 발생한다.
④ 경제적 자원은 넓은 의미로는 인간의 생활에 도움이 되는 재화나 물자를 의미하며, 좁은 의미로는 생산요소를 의미한다.
⑤ 희소성의 법칙이란 인간의 욕망은 무한하나, 이를 충족시켜 줄 수 있는 경제적 자원이 상대적으로 제한되어 있음을 의미한다.

정답 | 해설

경제재란 존재량이 희소함으로 인해 반드시 대가를 지불해야 얻을 수 있는 재화를 말하며, 자유재란 햇빛, 공기와 같이 아무런 대가를 지불하지 않고 얻을 수 있는 재화를 말한다. 시대와 환경이 바뀌면 자유재도 경제재로 바뀔 수 있다. 예를 들면 깨끗한 물은 과거에는 자유재였다면, 환경오염으로 인해 공급이 감소하고 재화의 유용성이 커지며 수요가 증가하여 대가를 지불해야 얻을 수 있는 경제재가 되었다.

정답 ①

| 한수원(2023)/가스기술(2023)/수자원(2022)/근복(2022)/전력기술(2021)/신보(2021)/HUG(2020)

11 다음 사례와 공통적으로 관련된 경제적 개념은?

- 한정판 명품가방
- 옛날 화폐 및 우표
- 명화

① 지대 ② 매몰비용
③ 희소성 ④ 자유재
⑤ 카르텔

정답 | 해설

제시된 사례는 모두 희소성과 관련된 사례들이다. 경제문제는 자원의 희소성으로 인하여 발생하는데, 인간의 욕망은 무한하나, 이를 충족시켜 줄 수 있는 경제적 자원이 상대적으로 제한되어 있음을 희소성의 법칙이라고 한다.

오답분석
① 지대 : 공급이 고정된 요소에 대한 보수이다.
② 매몰비용 : 이미 지출이 이루어져 다시 회수가 불가능한 비용이다.
④ 자유재 : 아무런 대가 없이 얻을 수 있는 재화이다.
⑤ 카르텔 : 과점기업들이 담합을 통하여 마치 독점기업과 같이 행동하는 것이다.

정답 ③

12 다음 〈보기〉의 경제변수 중 저량(Stock)변수가 아닌 것을 모두 고르면?

> **보기**
> ㉠ 수요량 ㉡ 자본량
> ㉢ 외채   ㉣ 노동량
> ㉤ 소비

① ㉠, ㉡
② ㉠, ㉤
③ ㉡, ㉣
④ ㉢, ㉣
⑤ ㉢, ㉤

정답 해설

경제변수는 일정기간에 측정되는 유량(Flow)과 일정시점에서 측정되는 저량(Stock)으로 구분된다.

경제변수

구분	개념	예시
유량(Flow)	일정기간을 명시해야 측정할 수 있는 변수	수입, 소비, 투자, 국민소득, 수요량, 공급량, 국제수지
저량(Stock)	일정시점에서 측정할 수 있는 변수	통화량, 외채, 국부, 자본량, 노동량

정답 ②

13 다음 〈보기〉에서 저량(Stock)변수에 해당하는 것을 모두 고르면?

> **보기**
> A. GDP   B. 국제수지
> C. 외환보유액   D. 인구수
> E. 생산량   F. 재무상태표
> G. 손익계산서   H. 통화량

① A, B, C, D
② A, B, E, G
③ C, D, E, G
④ C, D, F, H
⑤ E, F, G, H

정답 해설

- 유량변수 : GDP, 국제수지, 생산, 소득, 소비, 저축 등과 같이 '일정 기간' 동안 측정하는 변수이다.
- 저량변수 : 외환보유액, 통화량, 인구수, 부(Wealth), 자산(Asset), 부채(Debt) 등과 같이 '일정 시점'에 측정하는 변수이다.

정답 ④

| 한수원(2023)/가스기술(2023)/수자원(2022)/근복(2022)/전력기술(2021)/신보(2021)/HUG(2020)

14 다음 중 가치의 역설(Paradox of Value)에 대한 설명으로 옳은 것은?

① 다이아몬드의 한계효용은 물의 한계효용보다 크다.
② 다이아몬드는 필수재이고, 물은 사치재이다.
③ 물의 가격은 항상 다이아몬드의 가격보다 싸다.
④ 상품의 가격은 총효용에 의해 결정된다.
⑤ 총효용이 낮아지면 상품의 가격도 낮아진다.

정답 해설

가치의 역설은 사용가치가 높은 재화가 더 낮은 교환가치를 가지는 역설적인 현상이다. 예를 들어 희소가치가 높은 다이아몬드의 한계효용이 물의 한계효용보다 크기 때문에 다이아몬드의 가격이 물의 가격보다 비싸다고 설명할 수 있다.

오답분석

② 물은 필수재이고, 다이아몬드는 사치재이다.
③ 물의 가격은 장소, 상황 등에 따라 가격이 달라지기 때문에 항상 다이아몬드의 가격보다 싸다고 할 수 없다.
④·⑤ 상품의 가격은 총효용이 아닌 한계효용에 의해 결정되기 때문에 한계효용이 높아지면 가격도 비싸진다.

정답 ①

| 한수원(2023)/가스기술(2023)/수자원(2022)/근복(2022)/전력기술(2021)/신보(2021)/HUG(2020)

15 다음은 철수와 영희의 시간당 최대 생산량을 나타낸 것이다. 이에 대한 설명으로 옳은 것은?

구분	철수	영희
A재화	4	2
B재화	4	3

① 영희는 B생산에 비교우위가 있다.
② 철수는 B생산에만 절대우위가 있다.
③ 영희는 A생산에 비교우위가 있다.
④ 철수는 A생산에만 절대우위가 있다
⑤ B생산은 철수가 담당하는 것이 합리적이다.

정답 해설

절대우위는 다른 생산자에 비해 더 적은 생산요소를 투입해 같은 상품을 생산할 수 있는 능력이고, 비교우위는 다른 생산자보다 더 적은 기회비용으로 생산할 수 있는 능력이다.
철수는 영희보다 A, B 모두 시간당 최대 생산량이 많으므로 A와 B에 절대우위가 있다.
비교우위는 상대적인 기회비용 크기를 비교하므로 철수의 B생산 기회비용은 A생산 1개이지만, 영희의 B생산 기회비용은 A생산 $\frac{2}{3}$개이다. 따라서 영희는 B생산에 비교우위가 있다.

정답 ①

| 한수원(2023)/가스기술(2023)/수자원(2022)/근복(2022)/전력기술(2021)/신보(2021)/HUG(2020)

16 다음 글은 비합리적 소비에 대한 설명이다. 빈칸 ㉠, ㉡에 들어갈 효과를 바르게 연결한 것은?

> - ㉠ 효과는 유행에 따라 상품을 구입하는 소비현상으로, 특정 상품에 대한 어떤 사람의 수요가 다른 사람들의 수요에 의해 영향을 받는다.
> - ㉡ 효과는 다른 보통사람과 자신을 차별하고 싶은 욕망으로 나타나는데, 가격이 아닌 다른 사람의 소비에 직접 영향을 받는다.

	㉠	㉡
①	외부불경제	베블런(Veblen)
②	외부불경제	밴드왜건(Bandwagon)
③	베블런(Veblen)	외부불경제
④	밴드왜건(Bandwagon)	외부불경제
⑤	밴드왜건(Bandwagon)	베블런(Veblen)

정답 | 해설

㉠ 밴드왜건 효과(편승 효과) : 유행에 따라 상품을 구입하는 소비현상으로, 특정 상품에 대한 어떤 사람의 수요가 다른 사람들의 수요에 의해 영향을 받는다.
㉡ 베블런 효과 : 다른 보통사람과 자신을 차별하고 싶은 욕망으로 나타나는데, 가격이 아닌 다른 사람의 소비에 직접 영향을 받는다.

오답분석

①·②·③·④ 외부불경제 효과 : 시장실패와 관련된 효과로, 자원이 비효율적으로 배분되는 것을 의미한다. 자가용 운전자가 주변 사람들에게 배출가스 피해를 입히는 것도 하나의 예이다.

정답 ⑤

| 한수원(2023)/가스기술(2023)/수자원(2022)/근복(2022)/전력기술(2021)/신보(2021)/HUG(2020)

17 다음 설명에 해당하는 M&A 용어로 옳은 것은?

> 단 한 주만으로도 합병·이사해임 등 경영권에 직결되는 중요 의사결정에 대해 절대적인 권한을 행사할 수 있는 특별 주식이다.

① 황금주
② 백기사제도
③ 곰의 포옹
④ 그린메일
⑤ 역매수전략

| 정답 | 해설 |

황금주란 단 한 주만으로도 합병·이사해임 등 경영권에 직결되는 중요 의사결정에 대해 절대적인 권한을 행사할 수 있는 특별 주식으로, 적대적 M&A에 방어권을 행사할 수 있는 방법이다.

[오답분석]
② 백기사제도 : 기업 간 적대적 인수합병(M&A)이 진행될 때 현재 경영진의 경영권 방어를 돕는 우호적인 주주를 통한 방어 전략이다.
③ 곰의 포옹 : 사전 예고 없이 경영진에 매수를 제의하고, 빠른 의사결정을 요구하는 공개매수전략 방법이다.
④ 그린메일 : 주식매수사실을 해당기업에 통보해 공개매수 위협을 가함으로써 매입한 주식을 프리미엄을 받고 높은 가격에 다시 매도하는 방법이다.
⑤ 역매수전략 : 적대적 기업이 공개매수를 실시하는 경우, 대상기업이 오히려 적대적 인수기업의 주식을 매수해 정면으로 대립하는 적대적 M&A 방어 전략이다.

정답 ①

| 한수원(2023)/가스기술(2023)/수자원(2022)/근복(2022)/전력기술(2021)/신보(2021)/HUG(2020)

18 다음 글의 경제이론과 관련이 있는 것은?

> 1980년대 말 버블경제의 붕괴 이후 지난 10여 년간 일본은 장기침체를 벗어나지 못하고 있다. 이에 대한 대책의 하나로 일본 정부는 극단적으로 이자율을 낮추는 사실상 제로금리정책을 시행하고 있으나, 투자 및 소비의 활성화 등 의도했던 수요확대 효과가 전혀 나타나지 않고 있다.

① 화폐 환상
② 유동성 함정
③ 구축 효과
④ J커브 효과
⑤ 대체 효과

| 정답 | 해설 |

유동성 함정은 금리가 한계금리 수준까지 낮아져 통화량을 늘려도 소비·투자 심리가 살아나지 않는 현상을 말한다.

[오답분석]
① 화폐 환상 : 화폐의 실질적 가치에 변화가 없는데도 명목단위가 오르면 임금이나 소득도 올랐다고 받아들이는 현상을 말한다.
③ 구축 효과 : 정부의 재정적자 또는 확대 재정정책으로 이자율이 상승하여 민간의 소비와 투자활동이 위축되는 현상을 말한다.
④ J커브 효과 : 환율의 변동과 무역수지와의 관계를 나타낸 것으로, 무역수지 개선을 위해 환율상승을 유도하면 초기에는 무역수지가 오히려 악화되다가 상당기간이 지난 후에야 개선되는 현상을 말한다.
⑤ 대체 효과 : 상품의 가격이 오르거나 내릴 때, 그 대체재의 수요량이 늘어나거나 줄어들어 수요와 공급의 균형이 맞춰지는 현상을 말한다.

정답 ②

| 한수원(2023)/가스기술(2023)/수자원(2022)/근복(2022)/전력기술(2021)/신보(2021)/HUG(2020)

19 다음 중 한계효용이론에 대한 설명으로 옳지 않은 것은?

① 효용이란 소비자들이 재화 혹은 서비스를 소비할 때 느끼는 객관적인 만족을 의미한다.
② 효용은 소비자의 행동원리를 분석하는 데 있어서 사용되는 가장 기본적인 개념이다.
③ 기수적 효용이란 측정치의 절대적인 수치가 의미를 갖는 효용을 의미한다.
④ 효용함수란 재화소비량과 효용의 관계를 함수형태로 나타낸 것을 의미한다.
⑤ 총효용이 감소하는 구간에서는 반드시 한계효용은 음(−)이다.

정답 | 해설

효용이란 소비자들이 재화 혹은 서비스를 소비할 때 느끼는 주관적인 만족을 의미한다.

정답 ①

| 가스기술(2023)/남동발전(2020)/동서발전(2019)

20 A병원은 연간 임대료가 200만 원인 의료기기를 임대하여 사용하고 있다. 이 기기를 다른 용도에 사용할 수도 없고 계약기간 만료 전에 반환할 수도 없을 경우, 이 의료기기 사용에 따른 경제적 비용과 매몰비용, 명시적 비용을 순서대로 바르게 나열한 것은?

	경제적 비용	매몰비용	명시적 비용
①	0원	100만 원	100만 원
②	0원	200만 원	0원
③	100만 원	100만 원	0원
④	100만 원	200만 원	0원
⑤	100만 원	200만 원	100만 원

정답 | 해설

경제적 비용이란 생산에 소요된 모든 비용을 기회비용의 관점에서 측정한 것으로, 명시적 비용 및 암묵적 비용과 정상이윤을 포함한다. 명시적 비용과 암묵적 비용 모두 기회비용으로 측정하며, 문제는 기회비용과는 다른 매몰비용에 대한 설명이다. 매몰비용은 과거에 이미 지출된 금액으로, 현 시점에서 기업의 의사결정에 아무런 영향을 미치지 않는 비용을 의미한다. 따라서 연간 임대료 200만 원은 A병원의 매몰비용이며, 다른 포기해야 하는 것의 가장 큰 가치인 기회비용은 주어지지 않았기 때문에 경제적 비용은 존재하지 않는다. 따라서 명시적 비용과 경제적 비용 모두 0원이다.

정답 ②

| 가스기술(2023)/남동발전(2020)/동서발전(2019)

21 다음 글의 빈칸 ㉠, ㉡에 들어갈 내용이 바르게 나열된 것은?

> ___㉠___ 이란 하나의 재화를 선택했을 때 그로 인해 _____㉡_____ 의 가치를 의미한다.

	㉠	㉡
①	매몰비용	포기한 것들 중 가장 작은 것
②	매몰비용	포기한 것들 중 가장 큰 것
③	기회비용	포기한 것들 중 가장 작은 것
④	기회비용	포기한 것들 중 가장 큰 것
⑤	한계비용	포기한 것들 중 가장 작은 것

정답 | 해설

기회비용이란 하나의 재화를 선택했을 때 그로 인해 포기한 것들 중 가장 큰 것의 가치를 의미한다.

오답분석
①·② 매몰비용이란 이미 지출해서 회수할 수 없는 비용을 의미한다.
⑤ 한계비용이란 생산물 한 단위를 추가로 생산할 때 필요한 총비용의 증가분을 의미한다.

정답 ④

| 가스기술(2023)/남동발전(2020)/동서발전(2019)

22 다음 〈보기〉에서 기회비용에 대한 설명으로 옳은 것을 모두 고르면?

> **보기**
> ㄱ. 기회비용은 모두에게 객관적이다.
> ㄴ. 기회비용을 최소화하는 것이 합리적인 선택이다.
> ㄷ. 기회비용에는 선택적으로 인해 포기된 대안의 가치는 포함되지 않는다.
> ㄹ. 기회비용은 암묵적 비용과 명시적 비용의 합이다.

① ㄱ, ㄴ
② ㄱ, ㄷ
③ ㄴ, ㄷ
④ ㄴ, ㄹ
⑤ ㄷ, ㄹ

정답 | 해설

ㄴ. 경제학에서 기회비용을 최소화하는 것이 '최소 비용, 최대 만족'이므로 합리적인 선택이다.
ㄹ. 기회비용은 암묵적 비용과 명시적 비용의 합으로 구할 수 있다.

오답분석
ㄱ. 어떤 선택을 할 때, 포기해야 하는 대안의 가치는 당사자만이 알 수 있으므로 기회비용은 주관적이다.
ㄷ. 기회비용은 어떤 대안을 선택하기 위해 포기하거나 희생해야 하는 여러 다른 대안 중 가치가 가장 큰 것을 의미한다.

정답 ④

TS(2024)/서부발전(2023)/동서발전(2023)/에너지(2022)/농어촌(2022)/도로(2022)/중부발전(2022)/광주시통합(2021)

23 다음은 A재 시장과 A재 생산에 특화된 노동시장의 상황을 나타낸 그래프이다. 〈보기〉에서 이에 대한 분석으로 옳은 것을 모두 고르면?

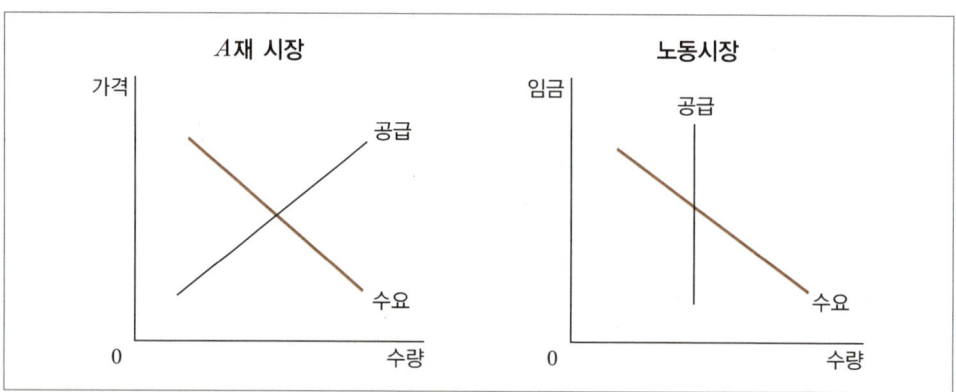

보기

가. A재에 대한 수요가 증가하면 고용량이 늘어난다.
나. A재에 대한 수요가 증가하면 임금이 상승한다.
다. 노동공급이 증가하면 A재 가격이 상승한다.
라. 노동공급이 증가하면 A재 거래량이 증가한다.
마. 노동공급이 감소하면 A재 수요곡선이 이동한다.

① 가, 다
② 나, 라
③ 가, 나, 라
④ 가, 라, 마
⑤ 다, 라, 마

정답 │ 해설

오답분석

가. A재에 대한 수요가 증가하면 A재의 생산량이 증가하므로 A재에 특화된 노동에 대한 수요가 증가한다. 그러나 노동공급곡선이 수직선이므로 노동수요가 증가하더라도 고용량은 변하지 않고 임금만 상승하게 된다.
다. 노동공급이 증가하면 임금이 하락하므로 A재의 생산비용이 낮아진다. 이로 인해 A재 시장에서 공급곡선이 오른쪽으로 이동하므로 A재의 가격은 하락하고 거래량은 증가한다.
마. 노동공급이 감소하면 임금이 상승하므로 A재 생산비용이 상승하여 A재의 공급곡선이 왼쪽으로 이동한다.

정답 ②

| TS(2024)/서부발전(2023)/동서발전(2023)/에너지(2022)/농어촌(2022)/도로(2022)/중부발전(2022)/광주시통합(2021)

24 다음 중 완전경쟁시장에서 기업의 장기적 시장공급곡선에 대한 설명으로 옳지 않은 것은?

① 완전경쟁시장의 장기적 시장공급곡선의 도출은 단기공급곡선과 달리 진입과 퇴출을 고려한다.
② 장기적 시장공급곡선은 비용 증가 산업, 비용 불변 산업, 비용 감소 산업으로 분류한다.
③ 시장의 총생산량과 장기 균형 가격의 궤적을 이은 곡선이 장기공급곡선이다.
④ 비용 증가 산업은 산업 전체의 총생산량이 증가함에 따라 비용곡선이 하향 이동한다.
⑤ 비용 불변 산업은 장기 공급곡선이 수평선으로 그려진다.

정답 해설

장기에서는 모든 생산요소를 탄력적으로 조절할 수 있게 되어 장기 한계비용곡선과 가격이 일치하는 생산량에서 생산한다. 이에 대한 예시로 완전경쟁시장에서 기술우위를 점한 기업을 들 수 있다. 단기에서와 달리 장기에서는 비용 증가 산업, 비용 불변 산업, 비용 감소 산업마다 그 형태가 다르게 나타나므로, 비용 증가 산업에서는 산업 전체의 총생산량이 증가함에 따라 비용곡선은 상향하며, 반대로 비용 감소 산업에서는 하향 이동한다.

정답 ④

| TS(2024)/서부발전(2023)/동서발전(2023)/에너지(2022)/농어촌(2022)/도로(2022)/중부발전(2022)/광주시통합(2021)

25 어떤 시장에서의 X재의 수요곡선이 $P=280-4Q$이고, 공급곡선이 $P=40+4Q$일 때, 소비자 잉여의 크기로 옳은 것은?

① 1,400
② 1,600
③ 1,800
④ 2,000
⑤ 2,200

정답 해설

수요곡선과 공급곡선을 서로 연립하면 균형가격은 160이고, 균형거래량은 30이다. 소비자잉여는 P축과 균형점을 빗변으로 하는 직각삼각형이므로 소비자잉여의 크기는 다음과 같다.

$\therefore (280-160) \times 30 \times \dfrac{1}{2} = 1,800$

정답 ③

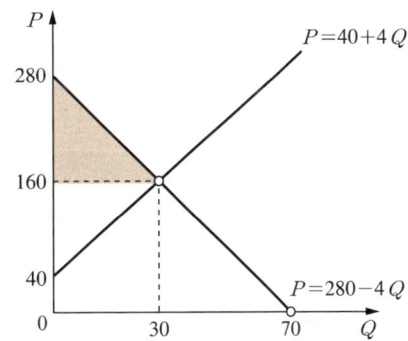

| TS(2024)/서부발전(2023)/동서발전(2023)/에너지(2022)/농어촌(2022)/도로(2022)/중부발전(2022)/광주시통합(2021)

26 다음 〈조건〉은 X재에 대한 시장수요곡선과 시장공급곡선을 나타낸 것이다. 이를 이용하여 계산한 생산자잉여의 크기로 옳은 것은?

> **조건**
> - 시장수요곡선 $P=340-4X$
> - 시장공급곡선 $P=100+4X$

① 6,600
② 3,300
③ 2,200
④ 1,800
⑤ 1,500

정답 | 해설

시장수요곡선과 시장공급곡선을 통해 시장균형량을 구하면 다음과 같다.
$340-4X=100+4X$
$\therefore X=30$
시장균형량이 30일 때, 시장균형가격 $P=220$이다. 따라서 생산자잉여는 $(220-100)\times30\times0.5=1,800$이다.

정답 ④

| TS(2024)/서부발전(2023)/동서발전(2023)/에너지(2022)/농어촌(2022)/도로(2022)/중부발전(2022)/광주시통합(2021)

27 재화 X의 수요곡선이 $P=270-3Q$이고, 공급곡선이 $P=90+6Q$일 때, 소비자잉여의 크기로 옳은 것은?(단, 단위는 무시한다)

① 120
② 210
③ 600
④ 900
⑤ 1,240

정답 | 해설

재화 X의 균형가격은 210이고, 균형거래량은 20이다. 소비자잉여는 P축과 균형점을 빗변으로 하는 직각삼각형이므로 소비자잉여의 크기는 다음과 같다.
$\therefore (270-210)\times20\times\frac{1}{2}=600$

정답 ③

28 다음은 A국가의 생산가능곡선을 나타낸 그림이다. 〈보기〉에서 이에 대한 설명으로 옳지 않은 것을 모두 고르면?

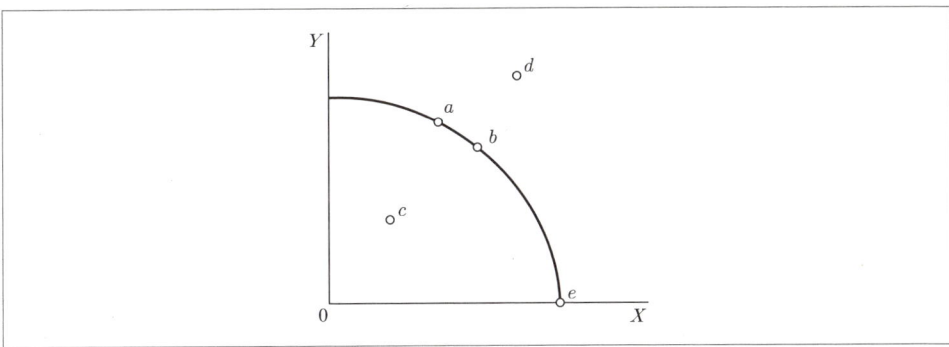

보기

A. a점과 b점의 한계변환율은 동일하다.
B. 기술혁신을 통해서 생산가능곡선이 d점으로 이동할 수 있다.
C. 생산가능곡선은 국민경제의 모든 생산요소를 효율적으로 활용하였을 때 나타나는 생산물의 조합이다.
D. c점과 e점은 생산에서의 비효율성이 달성되고 있는 점이다.

① A, B
② A, D
③ B, C
④ B, D
⑤ C, D

정답 | 해설

A. 한계변환율이란 X재 생산량을 1단위 증가시키기 위하여 감소시켜야 하는 Y재 수량으로 생산가능곡선의 접선의 기울기를 의미한다. a점과 b점의 기울기는 서로 다르므로 한계변환율은 동일하지 않다.
D. c점의 경우에는 생산이 비효율적으로 이루어지는 점으로, 노동의 일부가 실업상태에 있거나 자본이 일부 유휴상태에 있는 점이다. 그러나 e점은 생산이 효율적으로 이루어지고 있는 점이다.

정답 ②

29 다음은 K국의 생산가능곡선(PPC)을 나타낸 그림이다. 현재 K국이 A점에서 생산을 하고 있고 현재 생산되는 자본재의 양이 고정자본 소모보다 높을 경우, K국이 계속해서 A점에서 생산할 때 생산가능곡선의 변화로 옳은 것은?

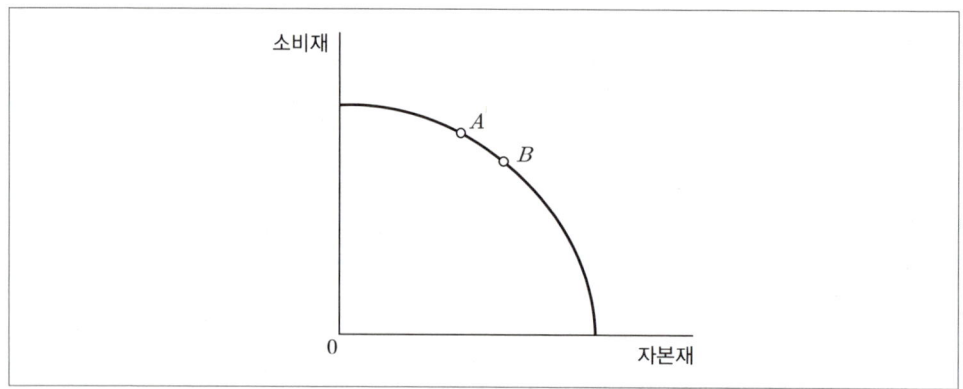

① 생산가능곡선 자체가 안쪽으로 이동하게 된다.
② 생산가능곡선 자체가 바깥쪽으로 이동하게 된다.
③ 생산가능곡선도 이동하지 않고, 생산점도 변화하지 않는다.
④ 생산가능곡선은 이동하지 않고, 생산점은 A점에서 B점으로 이동하게 된다.
⑤ 생산가능곡선은 이동하지 않고, 생산점은 A점에서 내부의 한 점으로 이동하게 된다.

정답 | 해설

현재 생산되는 자본재의 양이 고정자본 소모보다 높을 경우, 고정자본의 감가상각보다 자본재생산량이 더 높으므로, 결국 전체 경제의 자본량이 증가함을 의미한다. 따라서 자본량이 증가하면 K국 경제의 생산능력이 커지므로 생산가능곡선 자체가 바깥쪽으로 이동하게 된다.

정답 ②

30 다음 중 X재를 가로축, Y재를 세로축에 표시한 일반적인 생산가능곡선에 대한 설명으로 옳지 않은 것은?

① 일반적으로 우하향하면서 원점에 대하여 오목한 형태를 가진다.
② 생산가능곡선상에 존재하는 점들은 모두 생산의 효율성을 만족한다.
③ 생산가능곡선의 접선의 기울기는 기회비용을 의미한다.
④ X재 생산의 기술 진보가 일어나면 생산가능곡선이 X재 쪽으로 확장된다.
⑤ 실업이 감소하면 생산가능곡선이 바깥쪽으로 이동한다.

> [정답] 해설

생산가능곡선 내부의 점은 비효율적인 생산점, 선상의 점은 효율적인 생산점, 외부의 점은 현재 능력으로는 생산을 달성할 수 없는 점을 뜻한다. 현재 실업이 발생하고 있다는 것은 비효율적인 생산점에 있음을 의미한다. 따라서 실업의 감소는 생산가능곡선 내부의 점에서 생산가능곡선상의 점으로의 이동에 해당한다.

> [오답분석]

① 생산가능곡선은 일반적으로 우하향하고, 원점에 오목한 형태를 가진다.
② 생산가능곡선상의 점들은 모두 생산측면의 파레토 효율을 만족한다.
③ 생산가능곡선의 접선의 기울기는 한계변환율(MRT)을 의미한다. X재를 가로축, Y재를 세로축에 표기할 때 MRT_{XY}는 'X재 한 단위를 생산하기 위해 포기해야 하는 Y재의 수량', 즉 X재 생산의 기회비용을 뜻한다.
④ 기술의 진보는 생산가능곡선을 바깥쪽으로 이동시킨다. X재 생산에서 기술진보가 발생하면 생산가능곡선이 X재 방향으로 확장된다. 이것은 생산가능곡선의 기울기가 감소하는 것이고, X재 생산의 기회비용이 감소함을 뜻한다.

정답 ⑤

| 전력기술(2021)/LX(2020)/남동발전(2020)/동서발전(2019)

31 다음 〈보기〉에서 생산가능곡선이 이동하는 요인은 모두 몇 개인가?

> 보기

ㄱ. 노동력의 증가   ㄴ. 자본량의 증가
ㄷ. 천연자원의 발견 ㄹ. 기술진보
ㅁ. 가격하락

① 1개   ② 2개
③ 3개   ④ 4개
⑤ 5개

> [정답] 해설

ㄱ. 노동력이 증가하면 생산가능한 재화의 양이 증가하므로 생산가능곡선이 바깥쪽으로 이동한다.
ㄴ. 경제 전체의 자본량이 증가하면 생산능력이 커져 더 많은 재화와 서비스의 생산이 가능해진다.
ㄷ. 새로운 천연자원의 발견이 이루어지면 생산가능한 재화의 수량이 증가하므로 생산가능곡선은 바깥쪽으로 이동한다.
ㄹ. 생산요소 부존량이 일정하더라도 기술진보가 이루어지면 생산가능한 X재와 Y재의 수량이 증가한다.

> [오답분석]

ㅁ. 가격하락은 생산가능곡선을 이동시키지 않는다.

정답 ④

32 최근 A국의 원유가격이 급변함에도 불구하고 거래량의 변화가 없는 것으로 나타났다. 다음 〈보기〉에서 수요공급이론에 따른 이 현상의 원인으로 옳은 것을 모두 고르면?

> **보기**
> ㉠ 공급이 감소했지만, 수요가 완전비탄력적이다.
> ㉡ 수요가 감소했지만, 공급이 완전비탄력적이다.
> ㉢ 수요가 증가하고, 공급이 증가하였다.
> ㉣ 공급이 증가했지만, 수요가 탄력적이다.

① ㉠, ㉡
② ㉠, ㉢
③ ㉡, ㉢
④ ㉡, ㉣
⑤ ㉢, ㉣

정답 | 해설

㉠ 가격은 증가하고, 거래량은 변화가 없다.
㉡ 가격은 감소하고, 거래량은 변화가 없다.

오답분석
㉢ 가격은 알 수 없지만, 거래량은 증가한다.
㉣ 가격은 감소하면서 거래량은 증가한다.

정답 ①

33 어떤 X재의 수요와 공급이 모두 가격에 대해 탄력적이다. 이때 수요와 공급이 모두 감소할 때의 변화로 옳은 것은?

① 거래량 소폭 감소, 가격 하락
② 거래량 소폭 감소, 가격 상승
③ 거래량 대폭 감소, 가격 변화 불분명
④ 거래량 대폭 증가, 가격 변화 불분명
⑤ 거래량 소폭 증가, 가격 상승

정답 | 해설

수요와 공급이 감소하면 수요곡선과 공급곡선이 모두 좌측으로 이동하므로 시장거래량은 감소하고 가격변화는 불분명해진다. 또한 수요와 공급이 모두 가격탄력적이므로 시장거래량은 대폭 감소하게 된다.

정답 ③

| 수자원(2022)/전력기술(2021)/LX(2020)/동서발전(2019)

34 다음 중 일반적인 형태의 수요곡선과 공급곡선을 가지는 재화 X의 가격이 상승하고 생산량이 감소하였을 때, 그 원인으로 옳은 것은?(단, 다른 조건은 동일하다고 가정한다)

① 수요곡선이 하방이동하였다.
② 공급곡선이 하방이동하였다.
③ 수요곡선이 상방이동하였다.
④ 공급곡선이 상방이동하였다.
⑤ 수요곡선과 공급곡선이 동시에 하방이동하였다.

> 정답 | 해설
>
> 수요곡선, 공급곡선의 일반적인 형태란 우하향하는 수요곡선과 우상향하는 공급곡선을 의미한다. 공급곡선이 상방으로 이동하면 생산량(Q)이 감소하고 가격(P)이 상승한다.
>
> 오답분석
> ① 수요곡선이 하방으로 이동하면 생산량이 감소하고 가격도 하락한다.
> ② 공급곡선이 하방으로 이동하면 생산량이 증가하고 가격이 하락한다.
> ③ 수요곡선이 상방으로 이동하면 생산량이 증가하고 가격도 상승한다.
> ⑤ 수요곡선과 공급곡선이 모두 하방으로 이동하면 가격은 하락한다. 이때 생산량은 두 곡선의 하방이동폭에 따라 증가할 수도, 불변일 수도, 감소할 수도 있다.
>
> 정답 ④

| 에너지(2022)/농어촌(2022)/신보(2022)/자산관리(2022)/광주시통합(2021)/가스기술(2021)

35 Y재의 시장수요함수가 $P=380-2Q$이고, 시장공급함수가 $P=-100+4Q$이다. 정부가 최고가격제를 실시하여 가격을 200으로 규제할 경우, 수요를 충족시키기 위해 생산자에게 지급해야 할 Y재 1단위당 보조금액으로 옳은 것은?

① 40 ② 60
③ 80 ④ 100
⑤ 120

> 정답 | 해설
>
> 시장수요함수와 시장공급함수를 연립하여 최고가격제 시행 전 가격과 생산량을 구하면 $P=220$, $Q=80$이다. 최고가격제를 시행하게 되면 시장에는 90의 수요량과 75의 공급량이 존재하게 되어 15의 초과수요가 발생하게 된다. 초과수요를 해소하기 위해 단위당 S원의 보조금을 지급하면 공급곡선이 S원만큼 하방으로 이동하므로 시장공급함수식은 $P=-(100+S)+4Q$로 바뀌게 된다. 따라서 가격이 200일 때 공급량이 90이 되는 단위당 보조금의 크기를 계산하기 위해 변경된 공급함수 식에 $P=200$, $Q=90$을 대입하면 $200=-(100+S)+360$, $S=60$이다. 따라서 Y재 1단위당 보조금액은 60이다.
>
> 정답 ②

| 에너지(2022)/농어촌(2022)/신보(2022)/자산관리(2022)/광주시통합(2021)/가스기술(2021)

36 수직의 수요곡선과 우상향하는 일반적인 공급곡선을 가지는 재화 Y가 있다. 다음 중 생산자에게 조세(종량세)가 부과될 경우 나타나는 변화로 옳은 것은?

① 생산자잉여가 증가한다.
② 부과된 조세가 소비자와 생산자에게 절반씩 귀착된다.
③ 공급곡선이 하방이동한다.
④ 시장 거래량이 감소한다.
⑤ 부과된 조세만큼 시장가격이 상승한다.

정답 해설

수직의 수요곡선이란 수요가 완전비탄력적임을 의미한다. 또한 공급곡선은 일반적인 형태라고 하였으므로, 조세를 소비자가 모두 부담하게 되어 부과된 조세만큼 시장가격이 상승한다.

오답분석
① 생산자 가격은 조세 부과 후에도 동일하다. 따라서 생산자잉여는 불변이다.
② 부과된 조세는 모두 소비자에게 귀착된다.
③ 조세 부과로 인해 공급곡선은 상방이동한다.
④ 수요곡선이 수직이므로, 공급곡선이 이동해도 시장거래량은 불변이다.

정답 ⑤

| 에너지(2022)/농어촌(2022)/신보(2022)/자산관리(2022)/광주시통합(2021)/가스기술(2021)

37 장례식장에서 사용되는 화환에 대한 수요는 $P=200-4Q$, 공급은 $P=100+6Q$라 한다. 빈곤층을 돕기 위해 시 당국은 화환 한 단위당 40원을 소비세로 부과하기로 하였다. 이때 소비자잉여 감소분으로 옳은 것은?(단, P는 화환의 시장가격, Q는 화환의 수를 나타낸다)

① 256　　　　　　　　　　② 128
③ 64　　　　　　　　　　　④ 32
⑤ 16

정답 해설

수요함수와 공급함수를 연립하여 풀면 $200-4Q=100+6Q$ → $10Q=100$이므로 균형거래량 $Q=10$이고, 이를 수요함수 혹은 공급함수에 대입하면 $P=160$이다.
단위당 40원의 소비세가 부과되면 공급곡선이 40만큼 상방으로 이동하여 공급함수는 $140+6Q$가 된다. 조세부과 후의 거래량을 재계산하면 $Q=6$, $P=176$이다.
소비자잉여는 P축과 균형점을 빗변으로 하는 직각삼각형이므로 소비세 부과 이전의 소비자잉여는 $(200-160)\times10\div2=200$이고, 소비세 부과 이후의 소비자잉여는 $(200-176)\times6\div2=72$이다.
따라서 소비자잉여 감소분은 $200-72=128$이다.

정답 ②

| 에너지(2022)/농어촌(2022)/신보(2022)/자산관리(2022)/광주시통합(2021)/가스기술(2021)

38 수요함수가 $P=400-Q$이고, 공급함수가 $P=250+1.5Q$일 때, 정부가 단위당 일정액의 보조금을 X원 지급한 이후 재화가격이 50원 하락하였을 때, 정부가 지급한 단위당 보조금의 크기는 얼마인가?

① 80원
② 95원
③ 105원
④ 115원
⑤ 125원

정답 해설

보조금 지급 이전의 균형가격과 거래량을 계산하면, $400-Q=250+1.5Q$ → $Q=60$, $P=340$이다.
공급함수에 보조금 X원을 지급하면 공급함수가 하방으로 이동하므로 $P=(250-X)+1.5Q$가 된다. 따라서 X원의 보조금을 지급한 이후 가격이 50원 하락하였으므로 균형가격 P는 290원이다. 균형가격을 수요함수에 대입하면, 균형거래량은 110이다. 균형가격 290과 균형거래량 110을 보조금 지급 이후의 공급함수에 대입하면 $290=(250-X)+1.5\times110$이므로 보조금 X는 125원이다.

정답 ⑤

| 에너지(2022)/농어촌(2022)/신보(2022)/자산관리(2022)/광주시통합(2021)/가스기술(2021)

39 어떤 재화의 수요곡선은 우하향하고 공급곡선은 우상향한다. 이 재화의 공급자에 대해 재화 단위당 일정액의 세금을 부과했을 때의 효과에 대한 분석으로 옳은 것은?

① 단위당 부과하는 세금액이 커지면 자중적 손실(Deadweight Loss)은 세금액 증가와 동일하다.
② 다른 조건이 일정할 때 수요가 가격에 탄력적일수록 소비자가 부담하는 세금의 비중은 더 커진다.
③ 세금부과 후에 시장가격은 세금부과액과 동일한 금액만큼 상승한다.
④ 다른 조건이 일정할 때 수요가 가격에 탄력적일수록 세금부과에 따른 자중적 손실(Deadweight Loss)은 작아진다.
⑤ 과세부과에 따른 자중적 손실(Deadweight Loss)의 최소화를 기하는 것은 효율성 측면과 관련이 있다.

정답 해설

[오답분석]
① 수요곡선이 우하향하고 공급곡선이 우상향하는 경우 물품세가 부과되면 조세부과에 따른 자중적 손실의 크기는 세율의 제곱에 비례한다.
②·④ 다른 조건이 일정할 때 수요가 가격에 탄력적일수록 소비자 부담은 작아지고 자중적 손실은 커진다.
③ 단위당 조세액 중 일부만 소비자에게 전가되므로 세금부과 후에 시장가격은 단위당 조세액보다 작게 상승한다.

정답 ⑤

| 심평원(2024)/근복(2023)/수자원(2022)/전력기술(2021)/지난방(2021)/신보(2021)/남동발전(2021)/도로(2021)

40 다음 중 수요공급의 가격탄력성에 대한 설명으로 옳지 않은 것은?

① 수요가 탄력적일수록 수요의 가격탄력성은 1보다 커진다.
② 수요곡선이 비탄력적일수록 기울기는 더 가파르게 된다.
③ 대체재가 존재하는 경우 수요의 가격탄력성이 커지게 된다.
④ 장기공급의 가격탄력성이 단기공급의 가격탄력성보다 작다.
⑤ 수요의 가격탄력성이 1인 경우 가격이 상승해도 총지출은 변하지 않는다.

정답 | 해설

공급은 수요에 비해 가격변화에 대응하는 데 더 많은 시간이 소요되며 장기일수록 시설구축, 신규기업 진입 등 변수가 많아지기 때문에 가격탄력성이 단기보다 더 크게 나타난다.

오답분석

① 가격탄력성은 1을 기준으로 1보다 크면 탄력적, 1보다 작으면 비탄력적이라고 한다.
② 수요곡선이 비탄력적이라는 것은 가격(Y축)이 크게 변동해도 수요(X축)의 변동폭이 작다는 의미이므로 기울기는 더 가파르게 나타난다.
③ 대체재가 존재하는 경우 가격변화에 대해 수요는 더 민감하게 반응하게 되므로 수요의 가격탄력성이 더 커지게 된다.
⑤ 수요의 가격탄력성이 1인 경우는 가격이 상승해도 그만큼 수요량이 감소하므로 총지출은 변하지 않는다.

정답 ④

| 심평원(2024)/근복(2023)/수자원(2022)/전력기술(2021)/지난방(2021)/신보(2021)/남동발전(2021)/도로(2021)

41 다음 중 수요의 탄력성에 대한 설명으로 옳은 것은?

① 두 재화가 서로 대체재의 관계에 있다면 수요의 교차탄력성은 음(−)의 값을 갖는다.
② 우하향하는 직선의 수요곡선상에 위치한 두 점에서 수요의 가격탄력성은 동일하다.
③ 수요의 가격탄력성이 '1'이면 가격변화에 따른 판매총액은 증가한다.
④ 수요곡선이 수직선일 때 모든 점에서 수요의 가격탄력성은 '0'이다.
⑤ 재화의 분류범위가 좁을수록 수요의 가격탄력성은 비탄력적이다.

정답 | 해설

수요곡선이 수직선일 경우 가격탄력성은 '0'으로 완전비탄력적이 된다. 반대로 수요곡선이 수평선일 경우 가격탄력성은 '∞'으로 완전탄력적이 된다.

오답분석

① 두 재화가 서로 대체재의 관계에 있다면 수요의 교차탄력성은 양(+)의 값을 갖는다.
② 우하향하는 직선의 수요곡선상에 위치한 점에서 수요의 가격탄력성은 다르다. 가격하락 시 소비자 총 지출액이 증가하는 점에서는 수요의 가격탄력성이 1보다 크고, 소비자 총지출액이 극대화되는 점에서는 수요의 가격탄력성이 1, 가격하락 시 소비자 총지출액이 감소하는 점에서는 수요의 가격탄력성은 1보다 작다.
③ 수요의 가격탄력성이 1이면 판매자의 총수입이 극대화되는 점이며, 가격변화에 따라 판매액이 증가하는 구간은 수요의 가격탄력성이 1보다 클 때이다.
⑤ 재화의 분류범위가 좁을수록 수요의 가격탄력성은 탄력적이다.

정답 ④

| 심평원(2024)/근복(2023)/수자원(2022)/전력기술(2021)/지난방(2021)/신보(2021)/남동발전(2021)/도로(2021)

42 A지역의 자동차 공급은 가격에 대해 매우 탄력적인 반면, B지역의 자동차 공급은 가격에 대해 상대적으로 비탄력적이라고 한다. 다음 중 두 지역의 자동차 수요가 동일하게 증가하였을 경우에 대한 설명으로 옳은 것은?

① A지역의 자동차 가격이 B지역 자동차 가격보다 더 크게 상승한다.
② B지역의 자동차 가격이 A지역 자동차 가격보다 더 크게 상승한다.
③ A지역의 자동차 가격은 상승하지만, B지역 자동차 가격은 상승하지 않는다.
④ B지역의 자동차 가격은 상승하지만, A지역 자동차 가격은 상승하지 않는다.
⑤ 두 지역 모두 자동차 가격이 상승하지 않는다.

정답 | 해설

가격에 대한 공급의 반응 속도가 빠를수록 공급이 가격에 대해 탄력적이라고 표현한다. 즉, 공급이 빨리 증가하면 가격은 상대적으로 적게 상승한다. 일반적으로 수요가 동일하게 증가할 경우 공급이 가격에 대해 비탄력적일수록 가격이 큰 폭으로 증가한다.

정답 ②

| 심평원(2024)/근복(2023)/수자원(2022)/전력기술(2021)/지난방(2021)/신보(2021)/남동발전(2021)/도로(2021)

43 다음 중 수요의 탄력성에 대한 설명으로 옳은 것은?

① 수요곡선의 기울기가 −1인 직선일 경우 수요곡선상의 어느 점에서나 가격탄력성은 동일하다.
② 수요의 가격탄력성이 탄력적이라면 가격인하는 총수입을 증가시키는 좋은 전략이다.
③ 수요의 소득탄력성이 비탄력적인 재화는 열등재이다.
④ 가격이 올랐을 때 시간이 경과될수록 적응이 되기 때문에 수요의 가격탄력성은 작아진다.
⑤ X재의 가격이 5% 인상되자 Y재 수요가 10% 상승했다면, 수요의 교차탄력성은 $\frac{1}{2}$이고 두 재화는 보완재이다.

정답 | 해설

수요의 가격탄력성이 1보다 크다면 가격이 1% 하락할 때, 판매량은 1%보다 크게 증가하므로 판매자의 총수입은 증가한다. 따라서 수요의 가격탄력성이 탄력적이라면 가격인하는 총수입을 증가시키는 좋은 전략이다.

오답분석

① 수요곡선이 우하향하는 직선이면 수요곡선상에서 우하방으로 이동할수록 수요의 가격탄력성이 점점 작아진다.
③ 열등재는 수요의 소득탄력성이 1보다 작은 재화가 아니라 수요의 소득탄력성이 음수(−)인 재화이다.
④ 시간이 경과될수록 대체재가 생겨날 가능성이 크기 때문에 수요의 가격탄력성이 커진다.
⑤ 두 재화 수요의 교차탄력성은 $\varepsilon_{XY} = \dfrac{\dfrac{\triangle Q_Y}{Q_Y}}{\dfrac{\triangle P_X}{P_X}} = \dfrac{10\%}{5\%} = 2$이고, 두 재화는 대체재이다.

정답 ②

| 심평원(2024)/근복(2023)/수자원(2022)/전력기술(2021)/지난방(2021)/신보(2021)/남동발전(2021)/도로(2021)

44 X재의 가격이 100원에서 120원으로 상승하였을 때, X재의 공급량은 200개에서 220개로 증가하였다. 다음 중 X재 공급의 가격탄력성은 얼마인가?

① 0.2
② 0.25
③ 0.5
④ 1.0
⑤ 1.5

정답 해설

$$e_p = \frac{\frac{\Delta Q}{Q}}{\frac{\Delta P}{P}} = \frac{\frac{20}{200}}{\frac{20}{100}} = \frac{10}{20} = 0.5$$

정답 ③

| 심평원(2024)/근복(2023)/수자원(2022)/전력기술(2021)/지난방(2021)/신보(2021)/남동발전(2021)/도로(2021)

45 다음은 소비자인 갑의 맥주 수요함수이다. 가격이 2% 상승할 때, 갑의 맥주 구입량 변화로 옳은 것은?

$$Q = \frac{100}{P^4}$$

① 2% 감소
② 4% 감소
③ 6% 감소
④ 8% 감소
⑤ 10% 감소

정답 해설

가격이 2% 상승할 때, 구입량 변화를 구하기 위해서는 수요의 가격탄력성을 통해 도출할 수 있다. 주어진 수요함수 $Q = \frac{100}{P^4}$ $= 100P^{-4}$를 P에 대하여 미분할 경우 $\frac{dQ}{dP} = -400P^{-5} = -\frac{400}{P^5}$이므로, 수요의 가격탄력성 공식 $\left(\varepsilon = -\frac{dQ}{dP} \times \frac{P}{Q}\right)$에 의해 $\varepsilon = -\frac{dQ}{dP} \times \frac{P}{Q} = \frac{400}{P^5} \times \frac{P}{\frac{100}{P^4}} = \frac{400}{P^5} \times \frac{P^5}{100} = 4$로 구할 수 있다. 따라서 수요의 가격탄력성이 4이므로 맥주 가격이 2% 상승하면 맥주 구입량은 8% 감소한다.

정답 ④

| 심평원(2024)/근복(2023)/수자원(2022)/전력기술(2021)/지난방(2021)/신보(2021)/남동발전(2021)/도로(2021)

46 다음 사례를 볼 때, A, B기업의 총수익 변화를 바르게 나열한 것은?(단, 다른 조건을 일정하다)

> ㉠ 수요의 가격탄력성이 0.5인 X재를 생산하고 있는 A기업은 최근 X재의 가격을 1,000원에서 2,000원으로 인상하였다.
> ㉡ 수요의 가격탄력성이 2인 Y재를 생산하고 있는 B기업은 최근 Y재의 가격을 3,000원에서 5,500원으로 인상하였다.

	A기업	B기업
①	증가	감소
②	증가	일정
③	일정	일정
④	감소	증가
⑤	감소	감소

정답 | 해설

수요의 가격탄력성(ε)이란 가격이 변화할 때, 수요량의 변화 정도를 나타낸다.

가격탄력성(ε)의 크기	의미
$\varepsilon=0$	완전비탄력적
$0<\varepsilon<1$	비탄력적
$\varepsilon=1$	단위탄력적
$1<\varepsilon<\infty$	탄력적
$\varepsilon=\infty$	완전탄력적

㉠의 경우 비탄력적인 재화이다. 비탄력적인 재화의 경우 다른 조건이 일정할 때, 가격 상승 시 기업의 총수입은 증가한다.
㉡의 경우 탄력적인 재화이다. 탄력적인 재화의 경우 다른 조건이 일정할 때, 가격 상승 시 기업의 총수입은 감소한다.

가격탄력성의 크기	판매자의 총수입	
	가격 인상 시	가격 인하 시
$0<\varepsilon<1$	증가	감소
$\varepsilon=1$	불변	불변
$\varepsilon>1$	감소	증가

정답 ①

CHAPTER 02 소비자 및 생산자이론

| SH(2022)/자산관리(2022)

01 다음 중 A기업의 비용함수가 $TC(Q)=50+25Q$로 주어져 있을 때, 이 비용함수에 대한 설명으로 옳지 않은 것은?

① 규모의 경제가 존재한다.
② 평균비용은 생산량이 늘어날수록 증가한다.
③ 한계비용은 항상 일정하다.
④ 생산활동에 고정비용이 소요된다.
⑤ 생산량이 10일 때, 평균비용은 30이다.

정답 | 해설

비용함수는 생산량과 비용 사이의 관계를 나타내는 함수이다. 주어진 비용함수에서 생산량(Q)이 늘어날수록 총비용은 증가한다. 하지만 평균비용[(총비용)÷(생산량)]은 줄어든다. 예를 들어 생산량이 1, 2, 3개로 늘어날 경우 총비용(TQ)은 75, 100, 125로 증가하지만 평균비용은 75, 50(=100÷2), 41.6(=125÷3)으로 감소한다. 이는 생산량이 늘어날수록 평균고정비[(고정비)÷(생산량)]가 줄어들기 때문이다. 고정비는 생산량과 관계없이 들어가는 비용으로 문제의 함수에서는 50이다. 이처럼 생산량이 늘어날 때 평균비용이 줄어드는 것을 규모의 경제가 존재한다고 한다. 한계비용은 생산량이 하나 더 늘어날 때 들어가는 비용으로, 문제에서는 25로 일정하다.

정답 ②

| SH(2022)/자산관리(2022)/남동발전(2019)

02 다음 〈보기〉에서 마샬(Mashall)의 보통수요곡선과 힉스(Hicks)의 보상수요곡선에 대한 설명으로 옳은 것을 모두 고르면?

보기

㉠ 소득효과가 0인 경우 보통수요곡선과 보상수요곡선은 동일하다.
㉡ 대체효과가 0인 경우 보통수요곡선과 보상수요곡선은 동일하다.
㉢ 열등재의 보통수요곡선과 보상수요곡선은 일치한다.
㉣ 가격효과가 0인 경우 보통수요곡선은 수직선이다.

① ㉠, ㉡
② ㉠, ㉣
③ ㉡, ㉢
④ ㉡, ㉣
⑤ ㉢, ㉣

정답 해설

오답분석
ⓒ 소득효과가 0인 경우에만 보통수요곡선과 보상수요곡선은 일치한다.
ⓒ 열등재의 경우 대체효과에 의해서는 구입량이 증가하나 소득효과에 의해서는 구입량이 감소하므로, 가격효과에 의해 도출된 보통수요곡선은 보상수요곡선보다 더 급경사의 형태로 나타난다.

정답 ②

| 수자원(2022)

03 다음 소득소비곡선을 토대로 할 때, X재의 소득탄력성 ε_M^X의 크기로 옳은 것은?

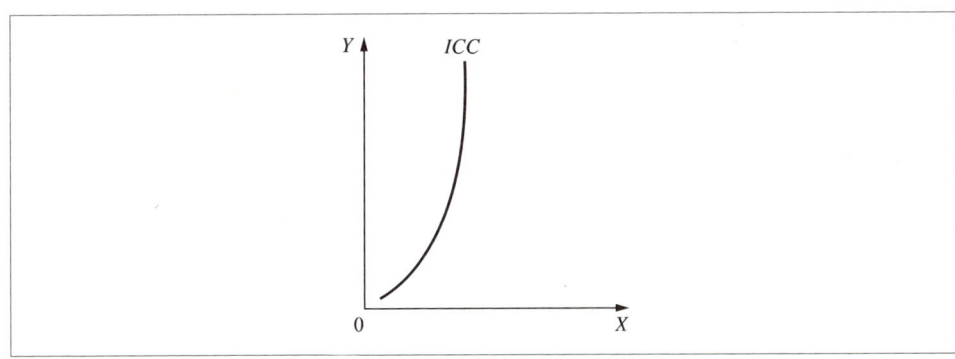

① $0 < \varepsilon_M^X < 1$
② $1 < \varepsilon_M^X$
③ $\varepsilon_M^X = 1$
④ $\varepsilon_M^X = 0$
⑤ $\varepsilon_M^X < 0$

정답 해설

그래프는 X재와 Y재에 대한 소득소비곡선이다. 그래프의 ICC는 초기에 소득이 증가함에 따라 X재와 Y재의 소비가 단위탄력적($\varepsilon_M^X = 1$)으로 증가하다가 일정 지점 이후로 X재에 대한 소비가 더 이상 증가하지 않고, Y재의 소비만 증가하는 형태를 보여준다. 따라서 문제의 ICC를 통해 X재화의 소득탄력성은 비탄력적이라고 볼 수 있다($0 < \varepsilon_M^X < 1$).

정답 ①

| 전력기술(2021)/광주시통합(2021)

04 다음 중 위험선호적인 투자성향을 가지고 있는 투자자 A가 다른 조건이 일정할 때, 선호하는 일반적인 투자형태의 순서로 옳은 것은?

① 국채＞주식＞회사채
② 국채＞회사채＞주식
③ 회사채＞주식＞국채
④ 주식＞국채＞회사채
⑤ 주식＞회사채＞국채

정답 해설

위험선호적인 투자성향을 가지고 있는 사람은 위험도가 가장 높은 주식, 회사채, 국채의 순으로 투자를 할 것이다.

정답 ⑤

| 농어촌(2022)/SH(2022)/자산관리(2022)/전력기술(2021)/광주시통합(2021)

05 다음 상황에서 투자자 A가 지출할 용의가 있는 위험프리미엄으로 옳은 것은?

> 투자자 A는 1,600만 원 가치의 자동차를 가지고 있으며, 이 자동차가 화재로 전소될 확률은 20%이고, 투자자 A의 효용함수는 $u=\sqrt{x}$ 이다.
> ※ x는 보석의 가치임

① 256만 원
② 320만 원
③ 1,024만 원
④ 1,280만 원
⑤ 1,600만 원

정답 해설

- [기대소득 $E(X)$]=(0.8×1,600)+(0.2×0)=1,280만 원
- [기대효용 $EU(X)$]=(0.8×$\sqrt{1,600}$)+(0.2×$\sqrt{0}$)=32만 원
- [확실성등가액 CEQ]=32^2=1,024만 원
- [공정한 보험료]=1,600만(손실이 없을 때 소득)-1,280(기대소득)=320만 원
- ∴ [위험프리미엄]=1,280만-1,024만=256만 원

정답 ①

| 자산관리(2022)/전력기술(2021)/광주시통합(2021)

06 다음 중 기대효용 이론에 대한 설명으로 옳지 않은 것은?

① 위험기피자는 불확실성이 내포된 자산보다 동액의 확실한 자산을 더 선호하는 개인을 의미한다.
② 기대치란 불확실한 상황에서 얻을 것으로 예상되는 효용의 기대치를 의미한다.
③ 위험프리미엄이란 불확실한 자산을 확실한 자산으로 교환하기 위하여 지불할 용의가 있는 금액이다.
④ 확실성등가란 불확실한 상태에서 기대되는 효용의 크기인 기대효용과 동일한 효용을 주는 확실한 현금의 크기를 말한다.
⑤ 불확실성에서의 의사결정에 대한 분석은 노이만(Neumann)과 모르겐슈테른(Morgenstern)에 의해 본격적으로 이루어졌다.

정답 | 해설

불확실한 상황에서 얻을 것으로 예상되는 효용의 기대치는 기대효용이다.

정답 ②

| 국가철도(2022)/자산관리(2022)/공항철도(2021)/국민연금(2021)/신보(2021)/자산관리(2020)

07 X재와 Y재에 대한 효용함수가 $U=\min[X,\ Y]$인 소비자가 있다. 소득이 100이고, Y재의 가격(P_Y)이 10일 때, 이 소비자가 효용극대화를 추구한다면 X재의 수요함수는?(단, P_X는 X재의 가격이다)

① $X=\dfrac{10+100}{P_X}$ ② $X=\dfrac{100}{P_X+10}$

③ $X=\dfrac{100}{P_X}$ ④ $X=\dfrac{50}{P_X+10}$

⑤ $X=\dfrac{10}{P_X}$

정답 | 해설

문제의 효용함수는 두 재화가 완전보완재일 때이다. 효용함수가 $U=\min[X,\ Y]$이므로 효용을 극대화하려면 X재와 Y재를 항상 1 : 1로 소비해야 한다.
소득이 100이고 Y재의 가격이 10일 때, X재와 Y재의 양은 항상 같으므로 두 재화를 같은 양 X라고 설정하고 예산선식($M=P_X X+P_Y Y$)에 대입해 보면 $100=P_X\times X+10\times X$이다. 이를 정리하면 $X=\dfrac{100}{P_X+10}$임을 알 수 있다.

정답 ②

| 국가철도(2022)/자산관리(2022)/공항철도(2021)/국민연금(2021)/신보(2021)/자산관리(2020)

08 효용을 극대화하는 A의 효용함수는 $U(x, y)=\min[x, y]$이다. 소득이 1,800이고, X재와 Y재의 가격이 각각 10이며, X재의 가격만 8로 하락할 때, 다음 〈보기〉에서 옳은 것을 모두 고르면? (단, x는 X재의 소비량, y는 Y재의 소비량이다)

> **보기**
> ㄱ. X재의 소비량 변화 중 대체효과는 0이다.
> ㄴ. X재의 소비량 변화 중 소득효과는 10이다.
> ㄷ. 한계대체율은 하락한다.
> ㄹ. X재 소비는 증가하고, Y재 소비는 감소한다.

① ㄱ, ㄴ ② ㄱ, ㄷ
③ ㄴ, ㄷ ④ ㄴ, ㄹ
⑤ ㄷ, ㄹ

정답 해설

레온티예프 효용함수는 항상 소비비율이 일정하게 유지되는 완전보완재적인 효용함수이므로, X재의 가격이 변화해도 소비량은 일정하게 유지된다. 그러므로 대체효과는 0이고, 효용극대화점에서 효용함수가 ㄴ자형으로 꺾인 형태이기 때문에 한계대체율은 정의되지 않는다. 따라서 ㄱ은 옳고, ㄷ은 옳지 않다. 또한 소비비율이 일정하게 유지되는 특성으로 가격변화 시 두 재화의 소비방향은 항상 같은 방향으로 변화하므로 ㄹ도 옳지 않다.
효용극대화 모형을 풀면 MAX $U(x, y)=\min[x, y]$, $10x+10y=M$에서 효용극대화 조건 $x=y$를 제약식에 대입하면
$x=\dfrac{M}{P_x+P_y}$, $y=\dfrac{M}{P_x+P_y}$이다.
$P_x=P_y=10$, $M=1,800$을 대입하면 $x=y=90$이고,
$P_x=8$, $P_y=10$, $M=1,800$을 대입하면 $x=y=100$이므로, 소득효과는 10이다.
따라서 옳은 것은 ㄱ, ㄴ이다.

정답 ①

| 국가철도(2022)/자산관리(2022)/공항철도(2021)/국민연금(2021)/신보(2021)/자산관리(2020)

09 X재를 생산하고 있는 S사의 생산함수는 $Q=\min[L, 2K]$이다. 고정비용은 없으며, 현재 노동과 자본의 단위당 가격이 각각 4원과 2원일 때, S사가 100단위의 상품을 생산하기 위한 총비용은?

① 600 ② 500
③ 400 ④ 300
⑤ 200

정답 해설

주어진 생산함수는 레온티예프 생산함수로, 비용극소화는 $Q=L=2K$에서 이루어진다.
100단위의 상품을 생산할 경우 $100=L=2K$에서 L은 100, K는 50이다.
이를 비용함수에 대입하면 TC(총비용)$=wL+rK=4L+2K=(4\times100)+(2\times50)=500$이다.
※ $w=$노동의 단위당 가격, $r=$자본의 단위당 가격

정답 ②

| 국가철도(2022)/자산관리(2022)/공항철도(2021)/국민연금(2021)/신보(2021)/자산관리(2020)

10 소비자 A의 X재와 Y재의 효용함수는 다음 〈조건〉과 같다. 소비자 A는 현재 10,000원의 소득이 있으며, X재의 가격은 100원, Y재의 가격은 100원일 때, 소비자 A의 효용을 극대화하는 X재와 Y재의 소비량은 얼마인가?

조건

$$U = \min\left[\frac{X}{2}, \frac{Y}{2}\right]$$

	X재	Y재		X재	Y재
①	40	60	②	50	50
③	55	45	④	60	50
⑤	60	40			

정답 해설

효용함수가 $U = \min\left[\frac{X}{2}, \frac{Y}{2}\right]$으로 나타나 있는 경우, 레온티예프 함수임을 알 수 있다. 따라서 두 재화는 완전보완재 관계이다. 그러므로 X재와 Y재는 2 : 2의 비율로 소비한다. 따라서 X재와 Y재의 단위당 가격이 100원으로 동일하기 때문에 각각 절반의 X재와 Y재를 소비하게 된다.

정답 ②

| 국가철도(2022)/인국공(2022)/수자원(2021)/도로(2020)

11 다음 중 리카도의 대등정리에 대한 설명으로 옳지 <u>않은</u> 것은?

① 리카도의 대등정리는 공채중립성정리라고도 한다.
② 국민들이 근시안적인 의사결정으로 사고한다면 리카도의 대등정리의 설명력은 낮아진다.
③ 리카도에 따르면 국채가 발행되면 민간저축이 증가한다.
④ 리카도의 대등정리에 의하면 사람들이 유동성제약에 놓여 있는 경우 국채 발행 시 소비가 감소하게 된다.
⑤ 리카도에 따르면 정부지출이 고정된 상태에서 조세를 감면하고 국채를 발행하더라도 경제의 실질 변수에는 아무런 영향을 미칠 수 없다.

정답 해설

유동성제약이 존재할 경우 차입이 불가능하여 소비를 증가시킬 수 없기 때문에 현재의 가처분 소득에 의해 소비가 결정된다. 따라서 이 경우 국채가 발행됨에 따라 조세감면이 이루어지면 사람들의 가처분소득이 증가하므로 소비가 증가하게 된다.

정답 ④

| 자산관리(2022)/TS(2021)/신보(2021)/수자원(2021)/수자원(2020)

12 다음 중 소비자의 행동을 체계적으로 분석하기 위해 필요한 소비자선호 체계에 해당하지 않는 것은?

① 단조성(Monotonicity)
② 이행성(Transivity)
③ 연속성(Continuity)
④ 완비성(Completeness)
⑤ 비볼록성(Non-Convexity)

정답 | 해설

소비자선호의 기본공리

완비성(Completeness)	소비자는 임의의 두 재화묶음 간의 선호 순서를 판단할 수 있다.
이행성(Transivity)	재화묶음 A가 B보다 선호되고, B가 C보다 선호되면 A가 C보다 더 선호된다.
연속성(Continuity)	어떤 재화의 소비량이 조금씩 변하는 경우 효용도 조금씩 증가한다.
단조성(Monotonicity)	재화소비량이 증가할수록 효용도 지속적으로 증가한다.
볼록성(Convexity)	소비자는 극단적인 재화묶음보다 여러 가지 재화를 고루 소비할 수 있는 재화묶음을 더 선호한다.

정답 ⑤

| 근복(2023)/수자원(2022)/KDN(2022)/자산관리(2022)/TS(2021)/신보(2021)/수자원(2021)

13 다음 중 소비자 A가 완전보완재 관계인 X재와 Y재만을 소비할 경우, 이때의 무차별곡선의 형태로 옳은 것은?

① 알 수 없다.
② 무차별곡선은 우하향하는 직선이 된다.
③ 무차별곡선은 L자 모양이 된다.
④ 무차별곡선은 원점에 대해 볼록한 형태를 가진다.
⑤ 무차별곡선은 원점에 대해 오목한 형태를 가진다.

정답 | 해설

두 재화가 완전보완재이면 한계대체율체감의 법칙이 적용되지 않으므로 무차별곡선은 L자 형태를 가진다.

정답 ③

| 근복(2023)/수자원(2022)/KDN(2022)/자산관리(2022)/TS(2021)/신보(2021)/수자원(2021)

14 다음 〈보기〉는 예외적인 무차별곡선의 함수를 나타낸 것이다. 〈보기〉의 ㉠, ㉡과 연결되는 무차별곡선의 모양이 바르게 나열된 것은?(단, 효용이 커질수록 I_i도 커진다)

> **보기**
> ㉠ $U(X, Y) = X - Y^2$
> ㉡ $U(X, Y) = U(Y) = aY$

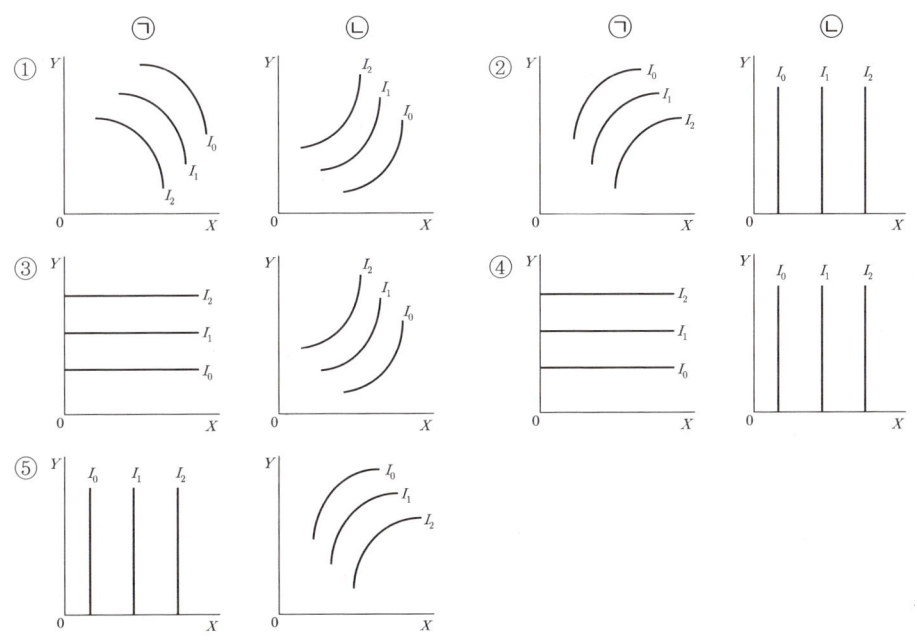

정답 | 해설

㉠ $U(X, Y) = X - Y^2$는 Y재가 비재화일 때의 무차별곡선의 모양이다. Y재의 한계효용이 음(−)이므로 Y재 소비량이 증가할 때 효용이 동일하게 유지되려면 X재 소비량이 증가해야 한다.

㉡ $U(X, Y) = U(Y) = aY$는 Y재가 중립재일 때의 무차별곡선의 모양이다. Y재가 한계효용이 0인 중립재라면 X재 소비량이 증가하더라도 효용이 전혀 증가하지 않으므로 무차별곡선이 수직선인 모양을 띤다.

정답 ②

| 근복(2023)/수자원(2022)/KDN(2022)/자산관리(2022)/TS(2021)/신보(2021)/수자원(2021)

15 J사원은 점심을 먹으면 효용이 감소하지만, 낮잠을 취하면 효용이 증가한다. 가로축에 점심식사, 세로축에 낮잠을 표시한 평면에서 J사원의 무차별곡선의 방향으로 옳은 것은?

① 우상향한다. ② 우하향한다.
③ 수직이다. ④ 수평이다.
⑤ 알 수 없다.

정답 | 해설

J사원에게 있어서 낮잠은 재화이지만, 점심식사는 비재화이다. 가로축에 점심식사, 세로축에 낮잠을 표시한 평면에서 가로축이 비재화이므로 무차별곡선은 우상향하고, 효용증가방향은 좌상방이다.

정답 ①

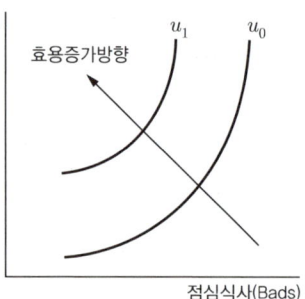

| 근복(2023)/수자원(2022)/KDN(2022)/자산관리(2022)/TS(2021)/신보(2021)/수자원(2021)

16 다음 중 일반적인 무차별곡선의 특징에 대한 설명으로 옳은 것은?

① 동일한 사람의 무차별곡선은 서로 교차할 수 있다.
② 원점에서 멀어질수록 더 낮은 효용수준을 나타낸다.
③ 원점에 대하여 오목하다.
④ 두 재화가 완전대체재인 경우 무차별곡선은 우상향하는 직선의 형태이다.
⑤ 무차별곡선은 동일한 효용을 얻을 수 있는 점들을 연결한 선이다.

정답 | 해설

무차별곡선이란 어떤 개인이 동일한 효용을 얻을 수 있는 점들을 연결한 선이다.

[오답분석]
① 무차별곡선이 서로 교차하면 이행성의 공리를 위배하는 것이다.
② 원점에서 멀어질수록 X재와 Y재의 소비량이 더 많아지므로, 더 높은 효용수준을 나타낸다.
③·④ 무차별곡선이란 소비자의 효용이 같은 재화의 조합을 연결한 선으로, 원점에 대해 볼록하고, 우하향하는 기울기를 가진다. 두 재화가 완전대체재인 경우 우하향하는 직선의 형태이다.

정답 ⑤

| 근복(2023)/수자원(2022)/KDN(2022)/자산관리(2022)/TS(2021)/신보(2021)/수자원(2021)

17 다음 〈보기〉에서 무차별곡선에 대한 설명으로 옳은 것을 모두 고르면?

> **보기**
> ㉠ 서수적 효용의 개념에 기초한 효용함수는 무차별곡선으로 표현할 수 없다.
> ㉡ 일반적인 무차별곡선의 경우 원점에 대하여 볼록한 형태를 가지며 원점에서 멀어질수록 효용수준이 더 높다.
> ㉢ 무차별곡선이란 소비자가 동일한 효용을 얻을 수 있는 X재와 Y재의 조합을 나타낸 선이다.
> ㉣ 어떤 재화의 소비량이 조금씩 변하는 경우 효용도 조금씩 증가하는 것은 소비자 선호에 대한 기본가정 중 이행성에 대한 설명이다.

① ㉠, ㉡
② ㉠, ㉢
③ ㉡, ㉢
④ ㉡, ㉣
⑤ ㉢, ㉣

정답 해설

㉡ 일반적으로 무차별곡선은 원점에 대하여 볼록한 형태이며, 원점에서 멀어질수록 효용수준이 높다.
㉢ 무차별곡선이란 소비자가 동일한 효용을 얻을 수 있는 X재와 Y재의 조합을 나타낸 선으로, 서수적 효용개념을 이용하여 소비자이론을 설명할 수 있다.

오답분석

㉠ 서수적 효용의 개념에 기초한 효용함수를 그림으로 나타낸 것이 무차별곡선이다.
㉣ 어떤 재화의 소비량이 조금씩 변하는 경우 효용도 조금씩 증가하는 것은 소비자 선호에 대한 기본가정 중 연속성에 대한 설명이다. 이행성이란 소비자의 선호에 일관성이 있다는 뜻이다. 예를 들면 재화 A가 B보다 선호되고, B가 C보다 선호되면 A가 C보다 선호되는 것이다.

정답 ③

| 신보(2021)/수자원(2021)/농어촌(2020)/TS(2020)/동서발전(2019)

18 다음 〈조건〉은 S사의 생산함수와 단위당 생산요소의 가격을 나타낸 자료이다. S사가 40단위의 재화를 생산하기 위한 최소비용으로 옳은 것은?(단, Q는 생산량, K는 자본, L은 노동이다)

> **조건**
> • $Q=\min[4K, 2L]$ • 단위당 L의 가격 : 1 • 단위당 K의 가격 : 3

① 20
② 30
③ 40
④ 50
⑤ 60

정답 해설

생산함수가 $Q=\min[4K, 2L]$이므로 생산자균형에서는 항상 $Q=2L=4K$가 성립한다. 그러므로 40단위의 재화를 생산하기 위해서는 노동 20단위, 자본 10단위가 투입되어야 한다.
따라서 최소생산비용을 계산하면 (1×20단위)+(3×10단위)=50이다.

정답 ④

| 신보(2021)/수자원(2021)/농어촌(2020)/TS(2020)/동서발전(2019)

19 다음 중 노동(L)과 자본(K)을 생산요소로 투입하여 비용을 최소화하는 기업의 생산함수가 $Q=L^{0.5}K$일 때, 옳지 않은 것은?(단, Q는 생산량을 의미한다)

① 노동투입량이 증가할수록 노동의 한계생산은 감소한다.
② 노동투입량이 증가할수록 자본의 한계생산은 증가한다.
③ 노동과 자본의 단위당 가격이 동일할 때 자본투입량은 노동투입량의 2배이다.
④ 자본투입량이 증가할수록 자본의 한계생산은 증가한다.
⑤ 위 기업의 생산함수는 콥 – 더글라스 함수(Cobb – Douglas Function)이다.

정답 해설

자본의 한계생산은 $MP_K = \dfrac{\partial Q}{\partial K} = L^{0.5}$이므로 자본투입량이 증가하여도 자본의 한계생산에는 변함이 없다.

오답분석

① 노동의 한계생산은 $MP_L = \dfrac{\partial Q}{\partial L} = 0.5L^{-0.5}K$가 된다. 이때 노동을 늘릴수록 노동의 한계생산은 감소한다.
② 자본의 한계생산은 $MP_K = \dfrac{\partial Q}{\partial K} = L^{0.5}$가 된다. 이때 노동을 늘릴수록 자본의 한계생산은 증가한다.
③ • 최적상태의 도출 : $\min C = wL + rK$, $st\ L^{0.5}K = Q$
  • 비용극소화 조건 : $MRTS_{LK} = \dfrac{MP_L}{MP_K} = \dfrac{0.5L^{-0.5}K}{L^{0.5}} = \dfrac{K}{2L} = \dfrac{w}{r} \to 2Lw = rK$
  노동과 자본의 단위당 가격이 동일하다면 $2L = K$이므로 자본투입량은 노동투입량의 2배가 된다.
⑤ $Q = L^{0.5}K$는 콥 – 더글라스 함수이다.

정답 ④

| 신보(2021)/수자원(2021)/농어촌(2020)/TS(2020)/동서발전(2019)

20 다음 중 생산요소를 노동(L)과 자본(K)만을 사용하는 생산물시장에서 독점기업의 등량곡선과 등비용선에 대한 설명으로 옳지 않은 것은?(단, MP_L은 노동의 한계생산, w는 노동의 가격, MP_K는 자본의 한계생산, r은 자본의 가격이다)

① 등량곡선과 등비용선만으로 이윤극대화 생산량을 구할 수 있다.
② 등비용선 기울기의 절대값은 두 생산요소 가격의 비율이다.
③ 한계기술 대체율은 두 생산요소의 한계생산물 비율이다.
④ 한계기술 대체율은 등량곡선의 기울기를 의미한다.
⑤ 한계기술 대체율이 체감하는 경우, $\dfrac{MP_L}{w} > \dfrac{MP_K}{r}$인 기업은 노동투입을 증가시키고 자본투입을 감소시켜야 생산비용을 감소시킬 수 있다.

정답 해설

등량곡선과 등비용선으로 알 수 있는 것은 비용제약에서 산출량이 극대화되는 지점, 또는 주어진 생산량을 최소의 비용으로 생산할 수 있는 지점이다. 따라서 이윤극대화 생산량을 구할 수 없다.

정답 ①

| 신보(2021)/수자원(2021)/농어촌(2020)/TS(2020)/동서발전(2019)

21 다음 중 한계기술 대체율에 대한 설명으로 옳지 않은 것은?

① 총생산함수가 $Q=AL^{0.5}K^{0.5}$이면 한계기술 대체율은 체감한다.
② 한계기술 대체율이 체감하는 것은 등량곡선이 우하향하기 때문이다.
③ 한계기술 대체율은 등량곡선 접선의 기울기로 측정된다.
④ 한계기술 대체율은 노동의 한계생산물을 자본의 한계생산물로 나눈 값으로 구할 수 있다.
⑤ 한계기술 대체율은 동일한 생산량을 유지하면서 노동을 추가로 1단위 더 고용하기 위하여 감소시켜야 하는 자본의 수량을 의미한다.

정답 | 해설

한계기술 대체율이 체감하는 것은 등량곡선이 우하향하기 때문이 아니라 원점에 대하여 볼록하기 때문이다.

오답분석

① 총생산함수가 $Q=AL^{0.5}K^{0.5}$이면 $MRTS_{LK}=\dfrac{K}{L}$이므로, 등량곡선의 우하방으로 이동함에 따라 노동투입량이 증가하고 자본투입량이 감소하면 한계기술 대체율이 체감한다.
③ 한계기술 대체율은 등량곡선 접선의 기울기로 측정된다.
④ $MRTS_{LK}=\dfrac{MP_L}{MP_K}$로 구할 수 있다.
⑤ 한계기술 대체율은 동일한 생산량을 유지하면서 노동을 추가로 1단위 더 고용하기 위하여 감소시켜야 하는 자본의 수량을 의미한다.

정답 ②

| 국민연금(2021)

22 다음 중 생산자이론에 대한 설명으로 옳지 않은 것은?

① 고정된 생산요소는 단기에만 존재한다.
② 노동의 한계생산물(MP_L)은 총생산물곡선의 한 점에서의 접선의 기울기를 의미한다.
③ 확장선이란 소비자이론의 소득소비곡선과 대응되는 개념이다.
④ 규모수익불변(CRS)은 1차 동차함수이다.
⑤ 무차별곡선은 기수적인 개념인 것에 반해 등량곡선은 서수적인 개념이다.

정답 | 해설

무차별곡선은 서수적인 개념인 것에 반해 등량곡선은 기수적인 개념이다.

정답 ⑤

| 근복(2022)

23 다음 중 규모의 경제에 대한 설명으로 옳지 않은 것은?

① 규모의 경제는 생산량과 비용 간의 관계를 나타내는 개념이다.
② 생산량이 증가할 때 장기평균비용이 감소하는 경우를 규모의 경제라고 한다.
③ 규모의 경제에서의 장기평균비용곡선은 U자 형태로 도출된다.
④ 최적시설규모 중 가장 작은 단기평균비용의 시설규모를 최소효율규모(MES)라고 한다.
⑤ 규모의 경제는 규모에 대한 수익체증과는 별개의 개념이다.

정답 | 해설

규모에 대한 수익체증은 모든 생산요소를 동일한 비율로 변화시킬 때 사용되는 개념이고, 규모의 경제는 기업이 생산량을 증가시킬 때, 생산요소의 투입비율이 변하는 경우까지 포함해서 장기평균비용이 낮아지는 것을 의미하는 개념이다. 따라서 규모의 경제는 규모에 대한 수익체증을 포함하는 보다 일반적인 개념이다.

정답 ⑤

| 근복(2023)/국민연금(2021)/국민연금(2020)

24 다음 중 X재와 Y재만을 소비하는 소비자 A의 한계대체율이 $MRS_{XY} = \dfrac{Y}{3X}$ 일 때, 소비자 A의 X재 엥겔곡선의 기울기와 수요의 소득탄력성, 수요의 가격탄력성을 순서대로 바르게 나열한 것은?

	엥겔곡선	수요의 소득탄력성	수요의 가격탄력성
①	$\dfrac{1}{3}P_X$	0	0
②	$\dfrac{1}{3}P_X$	0	1
③	$3P_X$	1	1
④	$4P_X$	1	1
⑤	$4P_X$	1	∞

정답 | 해설

예산제약에서의 효용극대화의 소비자균형조건은 $MRS_{XY} = \dfrac{P_X}{P_Y}$ 이다.

A의 한계대체율을 효용극대화 조건에 대입하면 $MRS_{XY} = \dfrac{Y}{3X} = \dfrac{P_X}{P_Y}$, $3P_X X = P_Y Y$이다.

그러므로 예산제약식($M = P_X X + P_Y Y$)에 대입하면 X재의 수요함수는 $X = \dfrac{M}{4P_X}$ 임을 알 수 있다.

따라서 소비자 A는 소득의 $\dfrac{1}{4}$을 X재 소비에 지출하고 있으며, 특정재화에 소득의 일정비율을 지출하고 있으므로 수요의 소득탄력성과 가격탄력성은 1이고, 수요함수를 소득에 대해 정리하면 $X = \dfrac{M}{4P_X}$, $M = 4P_X X$이므로 엥겔곡선의 기울기는 $4P_X$이다.

정답 ④

| 근복(2023)/국민연금(2021)/국민연금(2020)

25 직장인 A의 월 소득이 3,000,000원일 때, 엥겔지수가 28%이었다면, 직장인 A가 월마다 지출하는 음식비는 얼마인가?(단, 직장인 A는 소득의 전부를 가계소비지출로 사용한다)

① 560,000원
② 600,000원
③ 840,000원
④ 920,000원
⑤ 1,020,000원

정답 해설

엥겔의 법칙이란 소득이 증가함에 따라 가계의 총지출 중에서 음식비에 대한 지출비율이 점차 감소한다는 법칙을 의미하며, 엥겔지수는 가계의 소비지출 중 식음료의 비율을 나타낸 수치이다. 일반적으로 소득 수준이 낮으면 엥겔지수는 높아지고, 소득 수준이 높으면 엥겔 지수는 낮아진다.
[엥겔지수(%)]=[(식료품비 지출액)÷(가계소비지출)]×100
28%=[(식료품비 지출액)÷3,000,000]×100%
∴ (식료품비 지출액)=840,000원

정답 ③

| 심평원(2024)/신보(2021)/남동발전(2019)

26 다음 〈조건〉을 참고하여 최적생산량을 구하면 얼마인가?

조건
• 총비용 : $50+Q^2$
• 총수입 : $60Q-Q^2$

① 10
② 15
③ 20
④ 25
⑤ 30

정답 해설

최적생산량은 한계비용과 한계수입이 일치하는 지점에서 구할 수 있다. 한계비용과 한계수입은 각각 총비용과 총수입을 미분하여 구할 수 있으며, $50+Q^2$를 Q에 대하여 미분하면 $2Q$이고, $60Q-Q^2$를 Q에 대하여 미분하면 $60-2Q$이다. 따라서 $2Q=60-2Q$이므로 $Q=15$이다.

정답 ②

| 심평원(2024)/신보(2021)/남동발전(2019)

27 초콜릿을 생산하는 H기업의 생산량에 따른 총비용(TC)이 다음과 같다. 초콜릿의 시장 가격이 15,000원일 때, H기업의 이윤을 극대화하는 생산량에서 이윤(π)은 얼마인가?(단, 초콜릿 시장은 완전경쟁적이라고 가정한다)

생산량	0	1	2	3	4	5
총비용(천 원)	6	10	16	23	38	52

① 20,000원
② 22,000원
③ 23,000원
④ 38,000원
⑤ 52,000원

정답 | 해설

완전경쟁시장의 이윤극대화 조건인 $P=MC$를 만족하는 생산량은 4이다.
총수입(TR) : $4 \times 15,000 = 60,000$원
총비용(TC) : 38,000원
(총수입)$-$(총비용)$=22,000$원
$\therefore$ [이윤(π)]$=22,000$원

정답 ②

| 심평원(2024)/신보(2021)/남동발전(2019)

28 G기업은 두 개의 공장을 가지고 있으며, 각 공장의 총비용함수는 $TC_1 = Q^2 + 2Q$, $TC_2 = 2Q^2$이다. 만약 생산물 가격이 12라고 한다면, G기업이 이윤극대화를 위한 총생산량은?

① 5
② 6
③ 7
④ 8
⑤ 9

정답 | 해설

각 공장의 총비용함수를 미분하면 각각의 한계비용은 $MC_1 = 2Q+2$, $MC_2 = 4Q$이다. 이윤극대화 조건은 $MR=MC_1=MC_2$이므로, $MC_1=12$, $2Q+2=12 \rightarrow Q_1=5$, $MC_2=12$, $4Q=12 \rightarrow Q_2=3$이다.
따라서 이윤극대화를 위한 두 공장의 총생산량은 8이다.

정답 ④

| 심평원(2024)/신보(2021)/남동발전(2019)

29 완전경쟁시장에서 자동차를 판매하고 있는 기업 A의 한계비용함수와 가격이 다음 〈조건〉과 같다. 이때 기업 A의 이윤을 극대화할 수 있는 생산량은?(단, MC는 한계비용, Q는 생산량을 나타낸다)

> **조건**
> - $MC = 16Q + 600$
> - [생산품의 가격(P)] $= 2,200$

① 100 ② 110
③ 120 ④ 130
⑤ 140

정답 | 해설

완전경쟁시장에서 이윤극대화 생산량은 $P = MC$가 일치하는 점에서 결정된다.
따라서 $P = MC \rightarrow 2,200 = 16Q + 600$이므로 이윤극대화 생산량은 $Q = 100$이다.

정답 ①

| SH(2022)/전력기술(2021)

30 다음 사례를 읽고 완전경쟁시장에서 이윤극대화를 추구하는 생산자 A의 빵집이 단기에는 가게를 운영하지만 장기에는 폐업을 해야 하는 경우, 식빵 1개의 가격(P)의 구간으로 옳은 것은?

> 생산자 A는 현재 빵집을 운영하고 있으며 하루에 식빵 1,000개의 매출을 올리고 있다. 빵집 운영에 필요한 하루 고정비용은 1,000,000원이며, 총비용은 5,000,000원이다.

① 1,000원 < P < 2,000원 ② 2,000원 < P < 3,000원
③ 3,000원 < P < 4,000원 ④ 4,000원 < P < 5,000원
⑤ 5,000원 < P < 6,000원

정답 | 해설

하루당 총비용이 5,000,000원이고 총고정비용이 1,000,000원이므로, 총가변비용은 4,000,000원이다. 생산량이 1,000개이므로 평균비용은 5,000원, 평균가변비용은 4,000원이다. 단위당 가격(P)은 평균가변비용과 평균비용 사이에 존재해야 된다.

정답 ④

| 국가철도(2022)/도로(2022)/광주시통합(2021)/남동발전(2021)/도로(2020)

31 합리적 소비자인 A는 두 개의 상품 X재와 Y재를 소비한다. A의 효용함수는 $U=X^2Y^2$이고, 소득이 80,000원이다. X재의 가격이 400원이고, Y재의 가격이 800원일 경우, Y재의 최적소비량은 얼마인가?

① 25
② 50
③ 60
④ 80
⑤ 100

정답 해설

최적소비량을 구하기 위해서는 효용극대화 조건식과 예약제약식이 서로 일치해야 한다.

예산제약에서 소비자의 효용극대화의 조건식은 $MRS_{XY} = \dfrac{MU_X}{MU_Y} = \dfrac{P_X}{P_Y}$ 이다.

주어진 조건을 따라 정리하면 $\dfrac{MU_X}{MU_Y} = \dfrac{2XY^2}{2X^2Y} = \dfrac{Y}{X}$ 이며, $\dfrac{P_X}{P_Y} = \dfrac{400}{800} = 0.5$ 이므로 $X=2Y$이다.

주어진 조건을 기초로 예산제약식으로 나타내면 $80,000 = 400X + 800Y$이고, 효용극대화 조건식과 예산제약식 두 식을 연립하여 풀면 $X=100$, $Y=50$이 된다.

따라서 Y재의 최적소비량은 50이다.

정답 ②

| 국가철도(2022)/도로(2022)/광주시통합(2021)/남동발전(2021)/도로(2020)

32 민수는 소득 100,000원 전부를 콜라와 팝콘에만 소비한다. 민수의 효용함수가 $U=콜라^{0.7}팝콘^{0.3}$일 때, 민수가 콜라에 소비하는 금액은 얼마인가?

① 0원
② 21,000원
③ 30,000원
④ 70,000원
⑤ 100,000원

정답 해설

콥-더글라스 생산함수의 특징은 다음과 같다.
• $U=AX^\alpha Y^\beta$
• $\alpha = X$재의 지출비중
• $\beta = Y$재의 지출비중

따라서 민수는 소득 100,000원의 70%인 70,000원을 콜라에 소비한다.

정답 ④

33 다음 〈조건〉의 생산함수에 대한 설명으로 옳은 것은?

> **조건**
> • 생산함수 : $Q=4L^{0.4}K^{0.6}$
> • Q, L, K는 각각 생산량, 노동 투입량, 자본 투입량을 나타낸다.

① 한계기술 대체율은 L, K 값과 무관하게 일정하다.
② 규모에 대한 수익불변함수이다.
③ 제시된 생산함수는 3차 동차함수이다.
④ 생산요소의 대체탄력성은 항상 0이다.
⑤ 등량곡선의 기울기는 모든 점에서 동일하다.

정답 | 해설

주어진 함수는 콥 – 더글라스 생산함수($Q=AL^{\alpha}K^{\beta}$)이다. 콥 – 더글라스 생산함수($Q=AL^{\alpha}K^{\beta}$)는 $\alpha+\beta$차 동차함수로, 조건의 함수는 0.4+0.6=1인 1차 동차함수이다. 1차 동차함수의 경우 규모에 대한 수익불변함수이다.

오답분석
① 한계기술 대체율은 L, K 값의 크기에 따라 변화한다.
③ 주어진 함수는 0.4+0.6=1인 1차 동차함수이다.
④ 규모에 대한 수익에 관계없이 콥 – 더글라스 생산함수의 대체탄력성은 항상 1이다.
⑤ 주어진 콥 – 더글라스 생산함수의 등량곡선은 직선이 아니라 원점에 대해 볼록한 곡선이다. 따라서 기울기는 모든 점에서 다르다.

정답 ②

34 | 국가철도(2022)/도로(2022)/광주시통합(2021)/남동발전(2021)/도로(2020)

어느 기업의 생산함수는 $Q=L^2K^2$이다. 단위당 임금과 단위당 자본비용은 각각 4원, 6원으로 주어져 있다. 이 기업의 총 사업자금이 120원일 때, 노동의 최적 투입량은?(단, Q는 생산량, L은 노동투입량, K는 자본투입량이며, 두 투입요소 모두 가변투입요소이다)

① 13
② 14
③ 15
④ 16
⑤ 17

정답 | 해설

콥-더글라스 생산함수인 $Q=L^2K^2$를 미분하여 계산한 한계기술 대체율($MRTS_{LK}$)은 $\frac{K}{L}$이다.

$MRTS_{LK}=\frac{K}{L}$에 등량곡선과 등비용선이 접하는 점에서 비용극소화가 달성되므로

$MRTS_{LK}=\frac{w}{r} \rightarrow \frac{w}{r}=\frac{4}{6}=\frac{K}{L}$이다.

식을 정리하면 $K=\frac{4}{6}L$이며, 예산제약식인 $TC=wL+rK=4L+6K$에 대입하면

$120=4L+6K$

$120=4L+6\times\frac{4}{6}L$

$120=8L$

∴ $L=15$

- $MRTS_{LK}$: 한계기술 대체율
- K : 자본
- w : 임금비용
- $\frac{w}{r}$: 등비용선의 기울기
- L : 노동
- r : 자본비용

정답 ③

| 근복(2023)/SH(2022)/전력기술(2021)

35 다음은 재화 X의 생산량에 따른 총비용을 나타낸 자료이다. 생산량이 1일 때 고정비용이 15이며, 그 이후로는 증감이 없다. X재의 생산이 3단위에서 4단위로 증가할 경우, 3단위와 4단위 생산 시의 한계비용과 고정비용을 합한 값으로 옳은 것은?

생산량	1	2	3	4	5
총비용	20	27	32	37	45
한계비용	7	5	?	8	10

① 20
② 25
③ 27
④ 28
⑤ 30

정답 해설

생산량이 3단위에서 4단위로 추가적으로 증가하는 한계비용은 4단위의 총비용에서 3단위의 총비용을 차감하여 알 수 있다. 그러므로 37−32=5이므로 X재 3단위 생산 시의 한계비용은 5이며, 총고정비용은 X재 1단위 생산 시에 15였으며, 그 이후로 증감이 없음을 통해 총고정비용은 15임을 알 수 있다. 따라서 5+15=20이다.

정답 ①

| 국민연금(2022)/전력기술(2021)/근복(2021)/신보(2021)/수자원(2021)/수자원(2020)

36 두 재화를 소비하는 소비자 A의 효용함수가 다음 〈조건〉과 같다. 소비자 A의 소득이 1,500이고, 각 재화의 가격이 30, 10일 경우 효용극대화 소비량은?

조건

$$U(X_1,\ X_2) = \min[X_1,\ 3X_2]$$

① $X_1=15,\ X_2=45$
② $X_1=20,\ X_2=25$
③ $X_1=45,\ X_2=15$
④ $X_1=30,\ X_2=10$
⑤ $X_1=25,\ X_2=20$

정답 해설

효용함수가 $U(X_1,\ X_2)=\min[X_1,\ 3X_2]$이므로, 이 함수는 완전보완재의 효용함수이다.
소비자균형에서는 $X_1=3X_2$가 성립하고, 예산제약식에서는 $30X_1+10X_2=1,500$이 동시에 성립해야 한다.
따라서 예산제약식에 $X_1=3X_2$를 대입하면 $90X_2+10X_2=1,500$, $100X_2=1,500$이므로 $X_1=45,\ X_2=15$이다.

정답 ③

| 국민연금(2022)/전력기술(2021)/근복(2021)/신보(2021)/수자원(2021)/수자원(2020)

37 소비자 A의 효용함수는 $U=4X+2Y$이다. X재의 가격은 2원이고, Y재 가격은 6원일 때, 소비자 A는 두 재화에 총 200원을 지출하려고 한다. 이 경우 소비자 A가 얻을 수 있는 최대 효용은 얼마인가?(단, X는 X재의 소비량, Y는 Y재의 소비량이다)

① 0
② 100
③ 200
④ 300
⑤ 400

정답 | 해설

소비자 A의 효용극대화의 조건은 $MRS_{XY}=\dfrac{MU_X}{MU_Y}=\dfrac{P_X}{P_Y}$이다.

현재 소비자 A의 MRS_{XY}는 2로 일정하고, 예산선의 기울기 $\dfrac{P_X}{P_Y}$는 $\dfrac{1}{3}$이므로 X재만 소비하는 구석해가 나타난다.

따라서 소비자 A는 총 200원을 지출하여 X재 100개를 소비하는 것이 가장 합리적인 소비이다. 그러므로 소비자 A의 최대효용은 다음과 같이 계산된다.
$U=4X=4\times100=400$

정답 ⑤

| 국민연금(2022)/전력기술(2021)/근복(2021)/신보(2021)/수자원(2021)/수자원(2020)

38 소비자 A는 현재 50,000원의 예산으로 재화 X와 재화 Y를 구매하려 한다. 재화 X의 가격이 500원이고, 재화 Y의 가격이 1,000원일 때, 재화 X가 주는 효용(MU_X)은 2이고, 재화 Y가 주는 효용(MU_Y)은 1이다. 주어진 예산으로 소비자 A가 구매하는 재화 Y의 구매량은 얼마인가?(단, 소비자 A의 무차별곡선은 우하향한다고 가정한다)

① 0개
② 10개
③ 20개
④ 30개
⑤ 50개

정답 | 해설

효용극대화의 균형조건은 $MRS_{XY}=\dfrac{MU_X}{MU_Y}=\dfrac{P_X}{P_Y}$이다. 문제에 제시된 값을 대입해보면 $\dfrac{2}{1}>\dfrac{500}{1,000}$으로, Y재에 지출된 1원의 한계효용이 X재에 지출된 1원의 한계효용보다 작다. 따라서 소비자 A는 주어진 예산으로는 Y재는 구매하지 않으며, X재만 구매한다.

정답 ①

| 국민연금(2022)/전력기술(2021)/근복(2021)/신보(2021)/수자원(2021)/수자원(2020)

39 효용극대화를 추구하는 소비자 A는 빵과 김밥만 소비한다. A가 빵과 김밥의 소비로부터 얻는 한계효용은 소비량에 관계없이 각각 25, 15로 일정하다. $P_X=5$, $P_Y=5$, $M=20$일 때, A의 최적소비조합$(X,\ Y)$으로 옳은 것은?(단, P_X는 빵의 가격, P_Y는 김밥의 가격, M은 소득을 나타낸다)

① (1, 3) ② (0, 4)
③ (3, 1) ④ (4, 0)
⑤ (2, 2)

정답 | 해설

빵의 한계효용이 25로 일정하고 빵의 가격이 5이므로 $\dfrac{MU_\text{빵}}{P_\text{빵}}=\dfrac{25}{5}=5$로 일정하다.

김밥의 한계효용이 15로 일정하고 김밥의 가격이 5이므로 $\dfrac{MU_\text{김밥}}{P_\text{빵}}=\dfrac{15}{5}=3$으로 일정하다.

김밥 1원어치의 한계효용이 빵 1원어치의 한계효용보다 작으므로 소득전부를 빵 구입에 지출해야 한다.
따라서 소득이 20이라면 소비자 A는 빵만 4단위를 구입해야 한다.

정답 ④

| 국민연금(2022)/전력기술(2021)/근복(2021)/신보(2021)/수자원(2021)/수자원(2020)

40 다음 〈조건〉은 소비자 갑의 효용함수와 소득, X재와 Y재의 가격을 나타낸 것이다. X재와 Y재의 가격이 각각 5, 20만큼 상승하였을 경우, 소비자 갑의 최적소비에 따른 효용의 크기로 옳은 것은?(단, 소득은 변하지 않으며, X는 X재의 소비량, Y는 Y재의 소비량이다)

조건

$$U=X+Y,\ M=500,\ P_X=20,\ P_Y=10$$

① 10 ② 15
③ 20 ④ 25
⑤ 50

정답 | 해설

- 가격상승 전 소비자 갑의 MRS_{XY}는 1이며, 예산선의 기울기는 2이다. $MRS_{XY}<\dfrac{P_X}{P_Y}$이므로 소비자 갑은 Y재만을 소비한다.

- 가격상승 후 소비자 갑의 MRS_{XY}는 1이며, 예산선의 기울기는 $\dfrac{25}{30}=\dfrac{5}{6}$이다. $MRS_{XY}>\dfrac{P_X}{P_Y}$이므로 소비자 갑은 X재만을 소비한다.

따라서 소득 500을 가격이 25인 X재에만 소비하므로 총 20단위의 X재를 소비한다.
∴ $U=X+Y \rightarrow 20+0=20 \rightarrow U=20$

정답 ③

41 다음 〈조건〉은 소비자 A와 소비자 B의 소득과 각 재화의 소비량에 대한 자료이다. 이에 대한 설명으로 옳은 것은?(단, 두 소비자의 무차별곡선은 우하향하고, 원점에 대하여 볼록하며, MU_X는 X재의 한계효용이며, MU_Y는 Y재의 한계효용이다)

| 국민연금(2022)/전력기술(2021)/근복(2021)/신보(2021)/수자원(2021)/수자원(2020)

조건
- 소비자 A의 소득 : 20,000원
- 소비자 B의 소득 : 50,000원
- X재의 가격 : 2,000원
- Y재의 가격 : 5,000원
- 소비자 A의 $MRS_{XY}^A = 2$
- 소비자 B의 $MRS_{XY}^B = 0.1$

① 소비자 A는 X재 소비를 증가시킬 것이다.
② 소비자 A는 Y재 소비를 증가시킬 것이다.
③ 소비자 B는 X재 소비를 증가시킬 것이다.
④ 소비자 B는 소비의 아무런 변화가 없을 것이다.
⑤ 두 소비자 모두 효용극대화가 된 상태이다.

정답 | 해설

$2 = MRS_{XY}^A = \dfrac{MU_X}{MU_Y} < \dfrac{P_X}{P_Y} = \dfrac{2,000}{5,000} = 0.4$ 이므로, 소비자 A는 효용극대화를 위해서 X재 소비를 증가시키고, Y재 소비를 감소시킬 것이다.

$0.1 = MRS_{XY}^B = \dfrac{MU_X}{MU_Y} < \dfrac{P_X}{P_Y} = \dfrac{2,000}{5,000} = 0.4$ 이므로, 소비자 B는 효용극대화를 위해서 Y재 소비를 증가시키고, X재 소비를 감소시킬 것이다.

또한 두 소비자 모두 효용극대화를 아직 달성하지 못한 상태이다.

정답 ①

CHAPTER 03 시장이론과 후생경제학

도로(2022)/인국공(2022)/신보(2021)

01 다음 〈보기〉에서 환경오염 대책인 교정적 조세(피구세)와 오염배출권 거래제도에 대한 설명으로 옳은 것을 모두 고르면?

> **보기**
> 가. 오염배출권 거래제도를 이용하면 최초에 오염배출권이 기업들에게 어떻게 배분되는가와 관계없이 오염배출량은 효율적인 수준이 된다.
> 나. 교정적 조세는 시장에서 거래될 수 있는 오염배출권이라는 희소자원을 창조한다.
> 다. 교정적 조세를 이용하든 오염배출권 제도를 이용하든 오염배출량은 항상 동일한 수준에서 결정된다.
> 라. 교정적 조세를 부과할 때에 오염배출권의 공급은 가격에 대해 완전비탄력적이다.
> 마. 시장에서 자유롭게 거래될 수 있는 오염배출권 거래제도는 오염배출권만 있으면 오염물질을 방출할 수 있으므로 환경문제를 심화시킨다.

① 가, 라
② 가, 마
③ 나, 다
④ 나, 라
⑤ 다, 마

정답 | 해설

교정적 조세(Corrective taxation)란 피구세와 같이 외부성에 따른 자원배분의 효율성을 시정하기 위해 부과하는 조세를 의미한다.

오답분석

나. 오염배출권은 오염배출권 제도가 시행될 때 만들어지는 것이지, 피구세가 부과될 때 생겨나는 것은 아니다.
다. 피구세의 세율이 어떻게 정해지느냐에 따라 오염배출량이 달라지므로 피구세와 오염배출권 제도에서 오염배출량이 반드시 동일하다는 보장은 없다.
마. 오염배출권이 자유로이 거래될 수 있다면 오염을 줄이는 데 비용이 적게 드는 당사자는 오염배출권을 매각하고 직접 오염을 줄일 것이고, 오염을 줄이는 데 비용이 많이 드는 당사자는 오염면허를 매입하고 오염을 배출할 것이다. 그러므로 오염배출권이 자유로이 거래될 수 있다면 적은 비용으로 오염을 줄일 수 있는 당사자가 오염을 줄이게 된다. 오염배출권 제도는 환경문제와 같은 외부성을 해결하는 데 있어 시장유인을 사용하는 방법이다.

정답 ①

| 근복(2022)/TS(2021)/국민연금(2021)/가스기술(2020)/국민연금(2020)

02 다음 〈보기〉에서 가격차별이 성립하기 위한 조건으로 옳은 것을 모두 고르면?

> **보기**
> ㉠ 시장의 분리가 가능하여야 한다.
> ㉡ 시장 간 재판매가 가능하여야 한다.
> ㉢ 시장분리비용이 시장분리에 따른 이윤증가분보다 커야 한다.
> ㉣ 각 시장의 수요의 가격탄력성이 서로 달라야 한다.
> ㉤ 기업이 독점력을 갖고 있어야 한다.

① ㉠, ㉡, ㉣
② ㉠, ㉢, ㉣
③ ㉠, ㉣, ㉤
④ ㉡, ㉢, ㉤
⑤ ㉢, ㉣, ㉤

정답 | 해설

가격차별이란 동일한 재화를 구매자에 따라 서로 다른 가격을 매기거나 동일한 구매자라도 각기 다른 평균가격을 설정하는 것을 말한다. 일반적으로 가격차별이라고 하면 제3급 가격차별을 의미하는데, 가격차별이 이루어지기 위한 성립조건은 다음과 같다.
- 기업이 독점력을 갖고 있어야 한다.
- 시장의 분리가 가능하여야 한다.
- 각 시장의 수요의 가격탄력성이 서로 달라야 한다.
- 시장 간 재판매가 불가능하여야 한다.
- 시장분리비용이 시장분리에 따른 이윤증가분보다 작아야 한다.

정답 ③

| 근복(2022)/TS(2021)/국민연금(2021)/가스기술(2020)/국민연금(2020)

03 다음 중 가격차별 행위로 옳지 않은 것은?

① 대출 최고 이자율 제한
② 학생과 노인을 대상으로 한 영화예매권 할인
③ 수출품과 내수품의 상이한 가격 책정
④ 전력 사용량에 따른 단계별 가격 적용
⑤ 관광지 명소의 지역주민 대상 입장료 할인

정답 | 해설

가격차별(Price Discrimination)은 동일한 상품에 대해 구입자 혹은 구입량에 따라 다른 가격을 받는 행위를 의미한다. 노인이나 청소년 할인, 수출품과 내수품의 상이한 가격 책정 등은 구입자에 따라 가격을 차별하는 대표적인 사례이다. 한편, 물건을 대량으로 구매할 경우 할인이 적용되거나 전력 사용량에 따라 다른 가격이 적용되는 것은 구입량에 따른 가격차별에 해당한다. 반면, 대출 최고 이자율 제한 제도는 가격의 법정 최고치를 제한하는 가격상한제(Price Ceiling)에 해당한다.

정답 ①

| 근복(2022)/TS(2021)/국민연금(2021)/가스기술(2020)/국민연금(2020)

04 다음 〈보기〉에서 독점기업의 제3급 가격차별에 대한 설명으로 옳지 않은 것을 모두 고르면?

보기
㉠ 가격차별을 하기 위해서는 시장분리비용이 시장분리에 따른 이윤증가분보다 작아야 한다.
㉡ 상품의 소비자 간 재판매가 가능해야 가격차별이 가능하다.
㉢ 생산량에 관계없이 한계비용이 일정할 경우, 독점기업이 이윤극대화를 위해서는 차별화된 각 시장에서의 한계수입이 동일하도록 판매량을 결정해야 한다.
㉣ 제3급 가격차별의 경우 수요의 가격탄력성이 높은 집단에게 높은 가격을, 가격탄력성이 낮은 집단에게 낮은 가격을 설정해야 한다.

① ㉠, ㉡
② ㉠, ㉢
③ ㉡, ㉢
④ ㉡, ㉣
⑤ ㉢, ㉣

정답 | 해설

㉡ 가격차별을 하기 위해서는 상품의 소비자 간 재판매가 불가능해야 한다.
㉣ 제3급 가격차별의 경우, 가격차별을 하는 독점기업은 수요의 가격탄력성이 상대적으로 높은 집단에게는 낮은 가격을, 가격탄력성이 상대적으로 낮은 집단에게는 높은 가격을 설정해야 한다.

정답 ④

| 울산항만(2022)/근복(2022)/TS(2021)/국민연금(2021)/가스기술(2020)

05 어떤 A국의 상품시장과 생산요소 시장이 완전경쟁시장일 때, MP_L은 20, 생산물의 가격은 20, 임금은 400이다. 다음 중 단기 이윤을 극대화하려는 기업의 행동으로 옳은 것은?

① 고용을 현 상태로 유지한다.
② 추가적으로 고용을 증가시킨다.
③ 고용상태를 현재 수준보다 감소시킨다.
④ 자본을 늘리고 고용을 감소시킨다.
⑤ 자본을 줄이고 고용을 증가시킨다.

정답 | 해설

이윤을 극대화하기 위해서는 $MP_L \times P = w$를 만족해야 한다.
$MP_L = 20$, $P = 20$, $w = 400$이고 $MP_L \times P = w$를 만족하므로 고용을 현 상태로 유지해야 한다.

정답 ①

| 울산항만(2022)/근복(2022)/TS(2021)/국민연금(2021)/가스기술(2020)

06 완전경쟁시장에서 수요곡선은 $Q_d = 8 - 0.5P$이고, 공급곡선은 $Q_s = P - 4$라고 할 때, 균형가격(P)과 소비자잉여(CS)의 크기는?(단, Q_d는 수요량, Q_s는 공급량이다)

	P	CS			P	CS
①	4	8		②	4	16
③	8	8		④	8	16
⑤	10	8				

정답 해설

- 수요곡선 : $P = 16 - 2Q$(수요함수를 가격으로 정리)
- 공급곡선 : $P = 4 + Q$(공급함수를 가격으로 정리)
- 균형조건 : (수요량)=(공급량)
 → $8 - 0.5P = P - 4$
 → $1.5P = 12$
 ∴ $P = 8$, $Q = 4$
- 소비자잉여(CS) : $\frac{1}{2} \times 4 \times (16-8) = 16$

따라서 균형가격 $P=8$, 소비자잉여 $CS=16$이다.

정답 ④

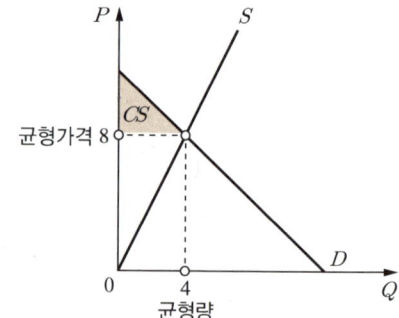

| 울산항만(2022)/근복(2022)/TS(2021)/국민연금(2021)/가스기술(2020)

07 최근 개관한 A박물관은 연령을 기준으로 입장료를 다르게 산정하는 가격차별 정책을 실시하고 있다. 다음은 나이에 따른 수요의 가격탄력성과 입장료를 나타낸 것이다. A박물관의 이윤을 극대화할 수 있는 성인의 입장료(P_1)는 얼마인가?

구분	수요의 가격탄력성	입장료
성인(만 20세 이상)	2	P_1
청소년(만 20세 미만)	6	24,000원

① 14,000원 ② 18,000원
③ 24,000원 ④ 35,000원
⑤ 40,000원

정답 해설

이윤극대화 조건으로부터 $MR_1 = MR_2$이므로 $P_1\left(1-\dfrac{1}{\varepsilon_1}\right) = P_2\left(1-\dfrac{1}{\varepsilon_2}\right)$을 활용한다.

$P_1\left(1-\dfrac{1}{2}\right) = 24,000\left(1-\dfrac{1}{6}\right)$이므로 $P_1 = 40,000$원이다.

- $MR_1 =$ (성인) 한계수입
- $\varepsilon_1 =$ (성인) 수요의 가격탄력성
- $P_1 =$ (성인) 입장료
- $MR_2 =$ (청소년) 한계수입
- $\varepsilon_2 =$ (청소년) 수요의 가격탄력성
- $P_2 =$ (청소년) 입장료

정답 ⑤

| 울산항만(2022)/근복(2022)/TS(2021)/국민연금(2021)/가스기술(2020)

08 A국의 이동통신 시장은 하나의 기업만 존재하는 완전독점시장이다. 이 기업의 총비용함수와 시장수요가 〈조건〉과 같을 때, 이 기업이 이부가격(Two-part Tariff) 설정을 통해 이윤을 극대화하고자 한다면, 고정요금(가입비)은 얼마인가?

조건
- $TC = 40 + 4Q$ (총비용함수)
- $P = 20 - Q$ (시장수요)

① 16
② 32
③ 48
④ 64
⑤ 128

정답 해설

이부가격 설정을 통해 이윤을 극대화하고자 한다면 사용요금은 한계비용과 일치시키고, 소비자잉여에 해당하는 만큼 고정요금으로 설정한다. 따라서 총비용함수(TC)를 미분하면 한계비용(MC)은 4이므로, 사용요금(P)은 4가 된다. 이를 수요함수에 대입하면 $4 = 20 - Q$, 소비자의 구입량(Q)은 16으로 계산된다. 따라서 고정요금으로 받을 수 있는 최대금액은 소비자잉여에 해당하는 직각삼각형인 $(20-4) \times 16 \times \dfrac{1}{2} = 128$이다.

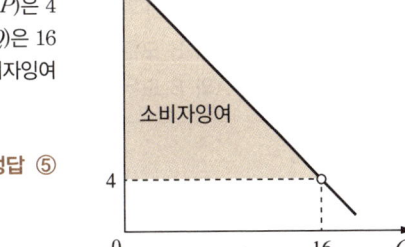

정답 ⑤

| 울산항만(2022)/근복(2022)/TS(2021)/국민연금(2021)/가스기술(2020)

09 다음 〈조건〉을 통해 이부가격 설정 시 A기업의 이윤극대화를 위한 고정요금으로 옳은 것은?

> **조건**
> - A기업(독점)의 총비용(TC)함수 : $TC=50+5Q$
> - 시장수요함수 : $P=20-2Q$

① 100 ② 125
③ 225 ④ 350
⑤ 450

정답 | 해설

이부가격 설정을 통해 이윤을 극대화하고자 한다면 사용요금은 한계비용(MC)과 일치해야 한다. 즉, 소비자잉여에 해당하는 만큼을 고정요금으로 설정해야 한다. 총비용(TC)함수를 미분하면 한계비용을 구할 수 있다. 그러므로 한계비용(MC)은 5이므로 사용요금(P)도 5이다. 사용요금을 수요함수에 대입하면 구입량(Q)은 10으로 계산된다. 따라서 고정요금으로 받을 수 있는 최대금액은 소비자잉여에 해당하는 $225\left(=10\times 45\times \dfrac{1}{2}\right)$이다.

정답 ③

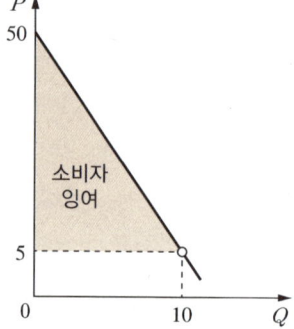

| 관광(2023)/수자원(2022)/광주시통합(2021)/신보(2021)/도로(2021)/도로(2020)/환경(2020)

10 다음은 기업 A와 기업 B의 해외진출 전략에 따른 각각의 시장점유율을 나타낸 자료이다. 〈보기〉에서 이에 대한 설명으로 옳은 것을 모두 고르면?(단, 괄호 안의 왼쪽 숫자는 기업 A의 점유율, 오른쪽 숫자는 기업 B의 점유율이다)

기업 A \ 기업 B	전략 (가)	전략 (나)
전략 (가)	(3, 3)	(1, 5)
전략 (나)	(5, 1)	(2, 2)

> **보기**
> ㄱ. 기업 A의 전략 (나)는 우월전략이다.
> ㄴ. 기업 A와 B 모두 전략 (가)를 선택하는 것이 내쉬균형이다.
> ㄷ. 기업 A와 B 모두 전략 (나)를 선택하는 것이 내쉬균형이다.

① ㄱ ② ㄴ
③ ㄷ ④ ㄱ, ㄷ
⑤ ㄴ, ㄷ

정답 해설

내쉬균형은 상대방의 전략이 주어졌을 때, 각 경기자가 자신에게 가장 유리한 전략을 선택하였을 때 도달하는 균형을 의미한다.
- 기업 A의 경우 : 기업 B가 전략 (가)를 선택하든 전략 (나)를 선택하든 전략 (나)를 하는 것이 유리하다.
- 기업 B의 경우 : 기업 A가 전략 (가)를 선택하든 전략 (나)를 선택하든 전략 (나)를 하는 것이 유리하다.

따라서 내쉬균형은 둘 다 (나)를 선택하는 것이다.

정답 ④

| 관광(2023)/수자원(2022)/광주시통합(2021)/신보(2021)/도로(2021)/도로(2020)/환경(2020)

11 다음은 A와 B의 거주지 근처 가로수등 설치를 위한 비용 분담 전략과 설치된 가로수등을 이용할 때의 만족감을 나타낸 자료이다. 'A의 비용 분담 전략, B의 비용 분담 전략'으로 표현되는 우월 내쉬균형으로 옳은 것은?(단, 괄호 안의 왼쪽 숫자는 A의 만족감, 오른쪽 숫자는 B의 만족감이다)

구분		B	
		$\frac{1}{2}$ 비용 분담	$\frac{1}{3}$ 비용 분담
A	$\frac{1}{2}$ 비용 분담	(50, 50)	(20, 60)
	$\frac{1}{3}$ 비용 분담	(60, 20)	(30, 30)

① $\frac{1}{2}$ 비용 분담, $\frac{1}{2}$ 비용 분담
② $\frac{1}{2}$ 비용 분담, $\frac{1}{3}$ 비용 분담
③ $\frac{1}{3}$ 비용 분담, $\frac{1}{2}$ 비용 분담
④ $\frac{1}{3}$ 비용 분담, $\frac{1}{3}$ 비용 분담
⑤ 존재하지 않음

정답 해설

A가 $\frac{1}{2}$ 비용을 부담할 경우 B는 $\frac{1}{3}$ 비용을 부담하려고 하며, B가 $\frac{1}{2}$ 비용을 부담하려고 하면 A는 $\frac{1}{3}$ 비용을 부담하려고 한다. 또한 A가 $\frac{1}{3}$ 비용을 부담할 경우에도 B는 $\frac{1}{3}$ 비용을 부담하려고 하며, B가 $\frac{1}{3}$ 비용을 부담할 경우에도 A는 $\frac{1}{3}$ 비용을 부담하려고 한다. 따라서 A와 B 모두 $\frac{1}{3}$ 을 분담하는 것이 우월전략이므로 둘 다 $\frac{1}{3}$ 비용을 부담해야 한다.

정답 ④

| 관광(2023)/수자원(2022)/광주시통합(2021)/신보(2021)/도로(2021)/도로(2020)/환경(2020) |

12 다음은 기업 A와 기업 B의 전략에 따라 발생하는 이윤을 나타낸 것이다. 이 경우 순수전략에 의한 내쉬균형의 개수는 몇 개인가?(단, 괄호 안의 왼쪽 숫자는 기업 A의 이윤, 오른쪽 숫자는 기업 B의 이윤이다)

구분		기업 A	
		전략 (가)	전략 (나)
기업 B	전략 (다)	(2, 3)	(3, 0)
	전략 (라)	(4, 2)	(0, 4)

① 없음 ② 1개
③ 2개 ④ 3개
⑤ 4개

정답 | 해설

순수전략이란 참여자가 여러 가지 전략 중에서 특정한 한 가지의 전략만을 사용하는 것을 의미한다. 기업 B가 전략 (다)를 선택하면 기업 A는 전략 (나)를 선택하고, 기업 B가 전략 (라)를 선택하면 기업 A는 전략 (가)를 선택한다. 기업 A가 전략 (가)를 선택하면 기업 B는 전략 (다)를 선택하고, 기업 A가 전략 (나)를 선택하면 기업 B는 전략 (라)를 선택한다. 따라서 이 경우는 순수전략 내쉬균형이 존재하지 않는다.

정답 ①

| 관광(2023)/수자원(2022)/광주시통합(2021)/신보(2021)/도로(2021)/도로(2020)/환경(2020) |

13 다음 〈보기〉에서 내쉬균형에 대한 설명으로 옳지 않은 것을 모두 고르면?

보기

㉠ 혼합전략 내쉬균형은 모든 경기자가 각 순수전략을 사용할 확률(혼합전략)을 더 이상 변경할 유인이 없는 상태를 의미한다.
㉡ 순수전략 내쉬균형은 존재하지 않을 수도 있으나, 혼합전략 내쉬균형은 항상 존재한다.
㉢ 내쉬균형은 항상 파레토 효율적인 자원배분을 보장한다.
㉣ 내쉬균형일 경우 항상 우월전략균형이다.

① ㉠, ㉡ ② ㉠, ㉢
③ ㉡, ㉢ ④ ㉡, ㉣
⑤ ㉢, ㉣

정답 | 해설

㉢ 내쉬균형이 항상 파레토 효율적인 자원배분을 보장하는 것은 아니다. 대표적으로 죄수의 딜레마는 비효율적인 우월전략균형의 사례이다.
㉣ 우월전략균형은 내쉬균형이지만, 내쉬균형이라고 해서 우월전략균형인 것은 아니다.

정답 ⑤

| 한수원(2023)/금감원(2022)/광주시통합(2021)/신보(2021)/도로(2021)/도로(2020)/환경(2020)

14 다음 설명을 읽고 게임이론을 이해한 것으로 옳지 않은 것은?

> A사와 B사는 서로 전략적 제휴 의사를 가지고 있는데, 전략적 제휴를 할지 아니면 개별전략을 취할지 고민하고 있다. 전략적 제휴를 요청하는 데 30의 비용이 들며, 이 경우는 두 기업 모두 특정 사업에 점유율이 올라가 각각 100의 효용을 얻을 수 있다. 하지만 두 기업이 개별전략을 취한다면 기술유출 방지를 통해 각각 30의 효용만을 얻을 뿐이다.

① A기업이 전략적 제휴를 요청한다면, B기업은 현상을 유지하는 것이 이익을 극대화하는 전략이다.
② 해당 상황에서 내쉬균형은 2개이다.
③ A기업과 B기업이 서로 전략적 제휴를 요청하는 것이 우월전략이다.
④ 게임이론 측면으로 이 상황에서 내쉬균형은 파레토 최적 상태이다.
⑤ 둘 중 한 기업이 제휴를 요청하고 그 상황에 다른 기업이 현상을 유지하여 이익을 극대화하는 전략을 취한다면, 이는 내쉬균형을 말한다.

정답 해설

A기업이 전략적 제휴를 요청한다면 B기업은 현상유지보다 전략적 제휴를 승인하고 동시에 요청하는 것이 이익을 극대화하는 전략이다. 따라서 제시된 상황에서 우월전략은 동시에 전략적 제휴를 요청하는 것이며, 내쉬균형에서는 상대방의 전략이 주어진 것으로 전제하므로, A기업이 전략적 제휴를 요청하면 B기업은 이를 승인하는 것을 선택해 100의 효용을 얻는다. 또한 A기업이 개별전략을 선택하면 B기업은 전략적 제휴를 요청해 70의 효용을 받는다. 따라서 내쉬균형은 2개이며, 내쉬균형에서는 상대방의 효용 손실 없이는 자신의 효용을 증가시킬 수 없기 때문에 파레토 최적을 이룬다.

정답 ①

| 한수원(2023)/금감원(2022)/광주시통합(2021)/신보(2021)/도로(2021)/도로(2020)/환경(2020)

15 다음 〈보기〉에서 게임이론에서 사용되는 전략에 대한 설명으로 옳지 않은 것을 모두 고르면?

> **보기**
> ㉠ 내쉬균형은 모두 우월전략이다.
> ㉡ 내쉬균형은 항상 파레토 효율적인 자원배분을 보장한다.
> ㉢ 상대방의 전략을 주어진 것으로 보고 각 경기자가 자신에게 가장 유리한 전략을 선택하였을 때 도달하는 균형을 내쉬균형이라고 한다.
> ㉣ 순수전략이란 경기자가 여러 가지 전략 중에서 특정한 한 가지 전략을 선택하는 것을 의미한다.

① ㉠, ㉡
② ㉠, ㉢
③ ㉡, ㉢
④ ㉡, ㉣
⑤ ㉢, ㉣

정답 해설

㉠ 우월전략균형은 내쉬균형이지만, 내쉬균형이라고 해서 모두 우월전략균형인 것은 아니다.
㉡ 죄수의 딜레마와 같이 내쉬균형이 항상 파레토 효율적인 자원배분을 보장하지 않는다.

정답 ①

| 한수원(2023)/금감원(2022)/광주시통합(2021)/신보(2021)/도로(2021)/도로(2020)/환경(2020)

16 다음 중 게임이론에서 사용되는 전략에 대한 설명으로 옳은 것은?

① 순수전략이란 경기자가 여러 가지 전략 중에서 특정한 두 가지 전략을 선택하는 것을 말한다.
② 내쉬균형은 항상 파레토 효율적인 자원배분을 보장한다.
③ 혼합전략이란 각 경기자가 둘 이상의 전략을 일정한 비율로 혼합해서 사용하는 경우를 말한다.
④ 내쉬균형은 모두 우월전략이다.
⑤ 상대방의 전략을 주어진 것으로 보고 각 경기자가 자신에게 가장 불리한 전략을 선택하였을 때 도달하는 균형을 내쉬균형이라고 한다.

정답 | 해설

혼합전략은 어떤 조건에서 전술이 한 개뿐인 순수전략과는 달리, 여러 전술이 채용되는 전략이다.

오답분석
① 순수전략이란 경기자가 여러 가지 전략 중에서 특정한 한 가지 전략을 선택하는 것을 말한다.
② 내쉬균형은 항상 파레토 효율적인 자원배분을 보장하지 않는다.
④ 우월전략균형은 내쉬균형이지만, 내쉬균형이라고 해서 모두 우월전략균형인 것은 아니다.
⑤ 상대방의 전략을 주어진 것으로 보고 각 경기자가 자신에게 가장 유리한 전략을 선택하였을 때 도달하는 균형을 내쉬균형이라고 한다.

정답 ③

| 한수원(2023)/금감원(2022)/광주시통합(2021)/신보(2021)/도로(2021)/도로(2020)/환경(2020)

17 다음 중 게임이론의 균형에 대한 설명으로 옳은 것은?

① 내쉬균형은 혼합전략을 고려할 경우 존재하지 않는다.
② 우월전략균형은 우월전략이 존재하지 않아도 성립된다.
③ 강열등전략을 계속 소거하는 방식으로 구한 균형은 항상 유일하다.
④ 내쉬균형은 순수전략만을 고려할 경우 반드시 1개 이상 존재한다.
⑤ 균형이란 모든 경기자들이 현재의 결과에 만족하여 더 이상 자신의 전략을 바꿀 유인이 없는 상태를 의미한다.

정답 | 해설

게임의 균형이란 외부적인 충격이 가해지지 않은 한 모든 경기자들의 전략이 계속 유지되는 상태로, 모든 경기자들이 현재의 결과에 만족하여 더 이상 자신의 전략을 바꿀 유인이 없는 상태를 의미한다.

오답분석
① 내쉬균형은 혼합전략을 고려할 경우 모든 게임에 있어서 내쉬균형은 반드시 존재한다.
② 우월전략균형은 우월전략이 존재하지 않으면 성립될 수 없다.
③ 강열등전략을 계속 소거하는 방식으로 균형을 구할 때 소거가 되지 않으면 유일하지 않은 균형들이 존재할 수 있다.
④ 내쉬균형은 순수전략만을 고려할 경우 존재하지 않을 수도 있다.

정답 ⑤

| 국민연금(2021)/국민연금(2020)

18 다음 중 경제적지대와 준지대에 대한 설명으로 옳지 않은 것은?

① 경제적지대란 생산요소 공급자가 얻는 잉여분을 말한다.
② 준지대란 단기적으로 고정된 생산요소에 대한 보수이다.
③ 준지대는 총수입에서 총고정비용을 차감하여 계산할 수 있다.
④ 경제적지대는 단기와 장기 모두 발생 가능하다.
⑤ 준지대는 재화가격이 높을수록, 총가변비용이 작을수록 커진다.

정답 | 해설

준지대는 공장설비 등과 같이 단기적으로 고정된 생산요소에 대한 보수로 '(총수입)−(총가변비용)' 또는 '(총고정비용)+[초과이윤(혹은 손실)]'으로 계산된다. 또한 경제적지대와는 달리 준지대는 단기에만 발생하는 특징이 있다.

정답 ③

| 국민연금(2021)/국민연금(2020)

19 다음 중 지대에 대한 설명으로 옳지 않은 것은?

① 일반적으로 노동공급이 탄력적일수록 경제적지대가 차지하는 비중이 커진다.
② 리카도(Ricardo)에 따르면 지대는 일종의 불로소득에 해당한다.
③ 준지대란 공장설비 등과 같이 단기적으로 고정된 생산요소에 대한 보수를 의미한다.
④ 경제적지대란 생산요소가 얻는 소득 중에서 이전수입을 초과하는 부분을 말한다.
⑤ 지대란 토지와 같이 공급이 고정된 생산요소가 생산과정에서 제공한 서비스에 대한 대가로 지불되는 보수를 의미한다.

정답 | 해설

경제적지대는 생산요소가 얻는 소득 중에 이전수입을 초과하는 부분으로, 노동시장에서의 경제적지대는 노동공급의 임금탄력성에 따라 달라진다. 일반적으로 노동공급이 비탄력적일수록 경제적지대가 차지하는 비중이 커진다. 왜냐하면 비탄력적이란 것은 요소공급이 어느 정도 제한되어 있음을 의미하기 때문이다. 요소공급이 제한되어 있는 경우에는 희소성을 갖기 때문에 경제적지대는 요소공급자가 추가로 얻는 소득으로 볼 수 있으므로 비탄력적일수록 수요에 비해 공급이 부족하기 때문에 수요−공급의 원리에 의해 공급곡선이 수직에 가까워질수록 이전수입의 면적은 작아지고, 경제적지대의 면적은 커진다.

정답 ①

| 인국공(2022)/농어촌(2021)/TS(2021)/국민연금(2021)/수자원(2021)/공무원연금(2020)

20 다음 중 공공재의 특성에 대한 설명으로 옳은 것은?

① 한 사람의 소비가 다른 사람의 소비를 감소시킨다.
② 소비에 있어서 경합성 및 배제성의 원리가 작용한다.
③ 무임승차의 문제로 과소 생산의 가능성이 있다.
④ 공공재는 민간이 생산·공급할 수 없다.
⑤ 공공재는 시장실패의 원인에 해당하지 않는다.

정답 | 해설

공공재란 재화와 서비스에 대한 비용을 지불하지 않더라도 모든 사람이 공동으로 이용할 수 있는 재화 또는 서비스를 말한다. 공공재는 비경합성과 비배제성을 동시에 가지고 있으며, 재화와 서비스에 대한 비용을 지불하지 않더라도 누구나 공공재의 이익을 얻을 수 있으므로 '무임승차의 문제'가 발생한다. 이는 결국 시장실패의 원인이 된다. 그러나 공공재라도 민간이 생산·공급할 수는 있다.

정답 ③

| 인국공(2022)/농어촌(2021)/TS(2021)/국민연금(2021)/수자원(2021)/공무원연금(2020)

21 다음 중 공공재에 대한 설명으로 옳지 않은 것은?

① 특정 소비자를 공공재의 소비로부터 배제할 수 없다.
② 공공재에 대한 시장수요함수는 개별수요함수를 수직으로 합하여 얻어진다.
③ 공공재는 비배제성은 충족되지 않으나, 비경합성은 충족된다.
④ 공공재 한 단위를 추가로 공급하는 사회적 한계편익은 그 한 단위를 소비하는 모든 소비자의 한계편익의 합과 일치한다.
⑤ 두 사람만 존재하는 경우 두 사람의 한계편익의 합이 한계비용과 일치하는 수준에서 최적 산출량이 결정된다.

정답 | 해설

공공재는 모든 사람들이 공동으로 이용할 수 있는 재화나 서비스이다. 시장의 가격 원리가 적용될 수 없고, 그 대가를 지불하지 않고도 재화나 서비스를 이용할 수 있는 비배제성, 사람들이 소비를 위해 서로 경합할 필요가 없는 비경합성을 가지고 있다.

정답 ③

22 다음 〈보기〉에서 과점시장(Oligopoly)의 특징에 대한 설명으로 옳은 것을 모두 고르면?

> **보기**
> ㉠ 특허권이나 정부 허가에 의해 형성되기도 한다.
> ㉡ 정부는 공정거래위원회를 통해 공정한 경쟁을 유도한다.
> ㉢ 카르텔을 형성하여 부당한 이득을 취하기도 한다.
> ㉣ 기업이 제품 가격을 높일수록 이윤도 증가한다.

① ㉠
② ㉢
③ ㉠, ㉢
④ ㉡, ㉢
⑤ ㉠, ㉡, ㉢, ㉣

정답 | 해설

과점시장은 유사하거나 동일한 상품을 공급하는 소수의 공급자가 존재하는 시장구조이다. 공급자 수가 많지 않은 까닭에 소수의 기업 대표가 담합해 판매 가격을 일치시키거나 생산량을 서로 할당하여 이윤을 극대화하는 사례가 발생한다. 과점시장은 가격이 경직적이므로 광고·제품 차별화 등 비가격경쟁이 치열하다. 정부는 과점시장의 폐해를 막기 위해 공정거래위원회를 통해 공정한 경쟁을 유도한다.

오답분석

㉠ 독점시장(Monopoly)은 시장에 유일한 생산자가 존재하는 시장으로, 특허권이나 정부 허가, 규모의 경제가 발생하는 경우 등에 의해 형성된다.
㉣ 과점시장의 수요곡선은 우하향하므로 제품 가격을 높일수록 판매량이 줄어 기업 이윤은 감소하게 된다.

정답 ④

23 다음 중 공공재의 공급모형에 대한 설명으로 옳지 않은 것은?

① 린달(Lindahl) 모형은 각 개인이 진정한 공공재 수요를 표출한다는 비현실적인 가정을 전제한다.
② 린달(Lindahl) 모형과 보웬(Bowen) 모형은 소득재분배의 문제를 고려하지 않는다.
③ 사무엘슨(Samuelson) 모형은 사용재와 공공재 간의 파레토 효율적인 배분조건을 제시한다.
④ 공공재의 시장수요곡선은 개별수요의 수평합으로 도출된다.
⑤ 사무엘슨(Samuelson) 모형은 각 개인의 한계대체율의 합과 한계전환율의 합이 일치하도록 공급한다.

정답 | 해설

공공재의 시장수요곡선은 소비자들이 소비하는 수량이 동일하지만, 지불하는 가격이 상이하므로 개별수요의 수직합으로 도출된다.

정답 ④

| 인국공(2022)/농어촌(2021)/TS(2021)/국민연금(2021)/수자원(2021)/TS(2020)

24 공공재 수요자 3명이 있는 시장에서 구성원 A~C의 공공재에 대한 수요함수는 〈조건〉과 같다. 공공재의 한계비용이 30으로 일정할 때, 공공재의 최적공급량에서 각 구성원이 지불해야 하는 가격을 순서대로 바르게 나열한 것은?(단, P는 가격, Q는 수량이다)

조건
- A : $P_a = 10 - Q_a$
- B : $P_b = 20 - Q_b$
- C : $P_c = 20 - 2Q_c$

	P_a	P_b	P_c		P_a	P_b	P_c
①	5	15	10	②	5	10	10
③	10	10	15	④	10	15	5
⑤	15	15	5				

정답 | 해설

- 공공재 적정공급모형 : 사무엘슨(Samuelson) 모형
- 공공재 시장수요곡선 : 개별수요곡선의 수직합

공공재 시장균형에 따라 가격이 결정되면 각 수요자의 수요함수(곡선)에 따라 개별소비자들이 분담한다. 공공재 시장수요곡선은 개별수요곡선의 수직합으로 도출된다.

$\sum P = (10-Q) + (20-Q) + (20-2Q) = 50 - 4Q$

- 공공재 시장균형 : [시장가격(P_M)]=[한계비용(MC)] → $50 - 4Q = 30$ → $Q = 5$
- 개별소비자 지불가격 : $P_a = 10 - 5 = 5$, $P_b = 20 - 5 = 15$, $P_c = 20 - 2 \times 5 = 10$

정답 ①

| 인국공(2022)/농어촌(2021)/TS(2021)/국민연금(2021)/수자원(2021)/TS(2020)

25 두 명의 주민이 거주하는 지역이 있다. 이 지역에 공용자전거에 대한 개별 주민의 수요함수가 $P = 15 - 3Q$로 동일하다. 공용자전거 설치에 따르는 한계비용이 6일 경우, 이 지역에 설치할 공용자전거의 수량은?(단, Q는 공용자전거의 수량이며, 공용자전거는 공공재이다)

① 6대 ② 5대
③ 4대 ④ 3대
⑤ 2대

정답 | 해설

공공재의 경우 시장수요함수는 개별수요함수를 수직으로 합쳐서 계산한다. 따라서 개별수요함수가 $P = 15 - 3Q$로 주어져 있으므로 시장수요함수는 $P = 30 - 6Q$가 된다. 한계비용이 6이므로 $P = 30 - 6Q = MC = 6$으로 설치할 공용자전거의 수량 Q는 4대이다.

정답 ③

26 다음 〈조건〉은 Z재에 대한 소비자 A와 소비자 B의 수요 곡선과 Z재 생산에 따른 한계비용을 나타낸 것이다. Z재가 공공재일 경우, 파레토 효율적인 Z재 생산량은?(단, Z재는 소비자 A와 소비자 B만 소비한다)

> **조건**
> - A의 수요곡선 : $Q=3{,}000-P$
> - B의 수요곡선 : $3Q=2{,}000-P$
> - 한계비용 : 800
> ※ P, Q는 Z재의 가격과 수량을 나타냄

① 950　　　　　　② 1,000
③ 1,050　　　　　　④ 1,100
⑤ 1,150

정답 | 해설

공공재의 시장수요곡선은 개별수요곡선의 수직합이므로 두 소비자의 개별수요곡선을 수직으로 합하면 $P=5{,}000-4Q$이다. 공공재의 효율적인 최적생산량을 구하기 위해 $P=MC$로 두면 $5{,}000-4Q=800$, $Q=1{,}050$이다.
따라서 파레토효율적인 Z재의 생산량은 1,050단위이다.

정답 ③

---

27 다음 글의 빈칸 ㉠, ㉡에 들어갈 용어를 바르게 나열한 것은?

> - 공공재의 시장수요곡선은 개별수요곡선을 ㉠ 으로 합하여 도출한다.
> - 공공재는 ㉡ 이며 다른 사람의 소비를 배제할 수 없는 재화나 서비스이다.

	㉠	㉡
①	수평	비경합적
②	수평	경합적
③	수평	비배제적
④	수직	비경합적
⑤	수직	경합적

정답 | 해설

- 공공재의 시장수요곡선은 개별수요곡선을 수직으로 합하여 도출한다.
- 공공재는 비경합적이며 다른 사람의 소비를 배제할 수 없는 재화나 서비스이다.

정답 ④

| 인국공(2022)/농어촌(2021)/TS(2021)/국민연금(2021)/수자원(2021)/TS(2020)

28 어느 공공재에 대한 두 명의 소비자 A와 B의 수요함수가 각각 $Q_A=30-P_A$, $Q_B=24-P_B$일 때, 이 공공재의 한계비용은 8로 일정하다. 사회적으로 효율적인 공공재의 공급량은?(단, Q는 수요량, P는 소비자가격이다)

① 21   ② 22
③ 23   ④ 24
⑤ 25

정답 | 해설

공공재의 시장수요곡선은 개별수요곡선을 수직으로 합하여 구한다. 따라서 개별수요함수를 P에 대해 정리하면 $P_A=30-Q_A$, $P_B=24-Q_B$이므로, 시장수요함수는 $P=54-2Q$이다. 공공재의 최적생산은 사회적 한계편익과 한계비용이 일치하는 점이므로 최적생산량을 $P=MC$로 두면 $54-2Q=8$, $2Q=46$, $Q=23$이다.

정답 ③

| 심평원(2022)/울산항만(2022)/중부발전(2022)/자산관리(2021)/신보(2021)/남동발전(2019)

29 어떤 상품 X에 대한 시장수요함수가 $P=80-4Q$로 주어져 있으며, 상품 X를 생산하는 기업 A와 기업 B가 서로 쿠르노 경쟁(Cournot Competition)을 하고 있다. 두 기업의 한계비용은 20으로 일정하며 고정비용은 없을 때, 이 상품의 총생산량으로 옳은 것은?

① 10   ② 12
③ 15   ④ 20
⑤ 25

정답 | 해설

시장수요함수가 $P=80-4Q$이고 두 기업의 한계비용은 20으로 동일할 때, 쿠르노 총생산량은 완전경쟁 생산량의 $\frac{2}{3}$로 생산한다. 완전경쟁은 $P=MC$ 수준에서 생산량을 결정하므로 $20=80-4Q$ → $Q=15$이다.

따라서 완전경쟁 생산량은 15이고, 쿠르노 총생산량은 $\frac{2}{3}$만큼인 10이다.

정답 ①

30 한 지역에서 동질의 바나나를 판매하는 두 과일 가게 A, B가 쿠르노 경쟁(Cournot Competition)을 하고 있다. 이 지역의 바나나에 대한 시장수요함수는 $Q=8,000-2P$이고, A와 B의 한계비용은 1,000원으로 일정하며 고정비용은 없다. 이윤극대화를 추구하는 A와 B의 균형 판매량은?(단, P는 가격, $Q=Q_A+Q_B$이며, Q_A, Q_B는 각각 A와 B의 판매량이다)

① $Q_A=1,500$, $Q_B=1,500$
② $Q_A=1,500$, $Q_B=2,000$
③ $Q_A=2,000$, $Q_B=2,000$
④ $Q_A=2,000$, $Q_B=1,500$
⑤ $Q_A=2,500$, $Q_B=2,500$

정답 | 해설

수요함수가 $P=4,000-\frac{1}{2}Q$이고, 한계비용 $MC=1,000$으로 일정하므로 $P=MC$로 두면 $4,000-\frac{1}{2}Q=1,000$, $Q=6,000$이다. 즉, 완전경쟁시장일 경우 6,000단위의 재화가 생산된다. 쿠르노 모형에서 두 기업의 비용함수가 동일하면 각 기업의 생산량은 완전경쟁일 때의 $\frac{1}{3}$ 만큼이므로 A와 B의 생산량은 모두 2,000단위이다.

정답 ③

31 완전경쟁시장[(총생산량)$=C$]에서 쿠르노 균형 상태를 이루는 A와 B기업이 있다. A기업과 B기업의 총생산량은 $\frac{2}{3}C$이며, 완전경쟁시장의 가격은 $P=-3Q+45$라고 했을 때, 쿠르노 시장 전체 생산량은?(단, $MC=0$, $P=MC$이다)

① 0
② 1
③ 5
④ 10
⑤ 15

정답 | 해설

먼저 완전경쟁시장의 수요를 계산해야 한다. 완전경쟁시장의 이윤극대화는 $MC=0$, $P=MC$이므로 P에 0을 대입하면 $Q=15$이다. 따라서 쿠르노 경쟁 시장의 전체 생산량은 $15\times\frac{2}{3}=10$이다.

정답 ④

| 심평원(2022)/울산항만(2022)/중부발전(2022)/자산관리(2021)/신보(2021)/남동발전(2019)

32 X재 산업의 시장수요함수는 $P=-4Q+220$이며, 기업 A와 B의 한계비용은 $MC_1=MC_2=40$이다. 이 경우 쿠르노 균형(Cournot Equilibrium)에서의 두 기업의 생산량의 합(Q)과 균형가격(P)의 합으로 옳은 것은?

① 100
② 120
③ 130
④ 145
⑤ 155

정답 | 해설

이윤극대화 조건은 $P=MR=MC$이므로 $40=-4Q+220 \rightarrow Q=45$이다. 쿠르노 균형에서는 각 기업이 완전경쟁의 $\frac{1}{3}$씩 생산하므로 두 기업의 생산량의 합은 $Q=30$이다. 따라서 생산량이 30일 때의 균형가격은 $P=100$이다.
∴ $30+100=130$

정답 ③

| 광주시통합(2021)

33 독점기업인 A기업이 제품의 가격을 4% 올렸더니 수요량이 16% 감소하였다. 다음 중 A기업의 독점도는?

① 0.10
② 0.15
③ 0.20
④ 0.25
⑤ 0.30

정답 | 해설

가격탄력성 : $16 \div 4 = 4\%$
독점도란 독점에 따른 후생손실을 측정하는 척도로, $dm = \frac{P-MC}{P} = \frac{1}{\varepsilon}$ 로 나타낼 수 있다.
따라서 A기업의 독점도는 $1 \div 4 = 0.25$이다.

정답 ④

| 자산관리(2024)/울산항만(2022)/자산관리(2022)/광주시통합(2021)/수자원(2021)/지난방(2021)/국민연금(2020)

34 다음 〈보기〉에서 시장구조에 대한 설명으로 옳은 것을 모두 고르면?

> **보기**
> ㉠ 자연독점은 규모의 경제가 존재할 때 발생한다.
> ㉡ 독점적 경쟁시장은 기업들의 제품차별화와 관련이 깊다.
> ㉢ 독점기업의 이윤을 극대화하는 생산량은 한계비용과 한계수입이 일치하는 수준에서 결정된다.
> ㉣ 완전경쟁시장의 장기균형상태에 기술능력이 동일한 기업들의 초과이윤은 0이다.
> ㉤ 완전경쟁시장에서는 시장의 진입과 퇴출이 자유롭기 때문에 기업들이 가격을 자유롭게 결정할 수 있다.

① ㉠, ㉡, ㉢
② ㉡, ㉢, ㉣
③ ㉢, ㉣, ㉤
④ ㉠, ㉡, ㉢, ㉣
⑤ ㉠, ㉡, ㉢, ㉣, ㉤

정답 | 해설

오답분석
㉤ 완전경쟁시장은 같은 상품을 취급하는 수많은 공급자와 수요자로 구성되어 있어 기업들은 시장가격을 수용할 뿐 결정하지는 못한다.

> **시장구조**
> • 자연독점 : 상품의 특성상 여러 기업이 생산하는 비용보다 한 기업이 독점적으로 생산할 때 비용이 적게 들어 자연스럽게 생겨난 독점시장이다.
> • 독점시장 : 한 산업을 하나의 기업이 지배하는 시장 형태이다.
> • 독점적 경쟁시장 : 시장에 다수의 기업들이 참여하고 있지만, 참여 기업들은 각기 디자인, 품질, 포장 등에 있어 어느 정도 차이가 있는 유사 상품을 생산, 공급하여 상호 경쟁하고 있는 시장 형태이다.
> • 완전경쟁시장 : 상품의 공급자와 수요자가 영세하고 다수이며, 동질적인 상품이 거래되고, 생산 요소의 이동이 자유로운 시장 형태이다.

정답 ④

| 자산관리(2024)/울산항만(2022)/자산관리(2022)/광주시통합(2021)/수자원(2021)/지난방(2021)/국민연금(2020)

35 다음 〈보기〉의 설명을 독점시장과 독점적 경쟁시장으로 바르게 나열한 것은?

> **보기**
> ㉠ 비가격경쟁이 치열하다.
> ㉡ 시장에서 가격설정자로 행동한다.
> ㉢ 규모의 경제에 의해 발생하기도 한다.
> ㉣ 미용실, 커피전문점, 식당 등이 해당된다.
> ㉤ 장기에 초과이윤을 획득한다.

　　　　독점시장　　　독점적 경쟁시장
① ㉠, ㉡, ㉢　　　　㉣, ㉤
② ㉠, ㉣, ㉤　　　　㉡, ㉢
③ ㉡, ㉢, ㉣　　　　㉠, ㉤
④ ㉡, ㉢, ㉤　　　　㉠, ㉣
⑤ ㉢, ㉣, ㉤　　　　㉠, ㉡

정답 | 해설

독점시장은 시장지배력을 갖는 1개의 기업에 의해 이루어지는 시장 형태로, 시장에서 가격설정자로 행동하며 규모의 경제에 의해 자연독점이 발생하기도 한다. 또한 장기에 완전경쟁기업과 독점적 경쟁시장과 달리 초과이윤을 획득한다. 독점적 경쟁시장은 진입과 퇴거가 자유롭고 다수의 기업이 존재하며 차별화된 재화를 생산하는 시장형태로, 재화들이 서로 대체성이 높기 때문에 비가격경쟁이 치열하다. 미용실, 커피전문점, 식당 등이 해당되며, 장기에는 정상이윤만 얻게 되는 특징이 있다.

정답 ④

| 자산관리(2024)/울산항만(2022)/자산관리(2022)/광주시통합(2021)/수자원(2021)/지난방(2021)/국민연금(2020)

36 다음 중 독점시장에 대한 설명으로 옳지 않은 것은?

① 독점기업의 경우 시장별로 서로 다른 가격을 매기는 가격차별이 불가능하다.
② 수요의 가격탄력성이 1일 때 독점기업의 한계수입은 0이다.
③ 독점기업의 경우 장기에도 여전히 초과이윤을 획득한다.
④ 독점시장의 경우 가격이 한계비용을 초과하므로 사회적인 후생손실이 발생한다.
⑤ 독점으로 인한 폐해를 시정하기 위한 방법으로는 가격규제, 조세부과, 경쟁촉진 등이 있다.

정답 | 해설

독점시장의 경우 시장지배력을 갖고 있으므로 가격설정자로 행동한다. 따라서 완전경쟁시장과 달리 독점기업은 시장별로 서로 다른 가격을 매기는 가격차별이 가능하다.

정답 ①

| 자산관리(2024)/울산항만(2022)/자산관리(2022)/광주시통합(2021)/수자원(2021)/지난방(2021)/국민연금(2020)

37 다음 중 독점기업의 일반적인 특징으로 옳은 것은?

① 독점기업은 수요의 가격탄력성이 0과 1 사이 구간에서 생산한다.
② 독점기업은 가격수용자로서 행동한다.
③ 완전경쟁시장에 비해 가격은 높고 생산량은 많다.
④ 독점기업의 경우 공급곡선은 존재하지 않는다.
⑤ 단기에는 초과이윤이 발생하지만, 장기에는 초과이윤이 발생하지 않는다.

정답 | 해설

독점기업의 경우 완전경쟁기업과 달리 수요곡선이 주어지면 이윤이 극대가 되도록 수요곡선상의 한 점을 선택하여 가격과 생산량을 결정한다. 따라서 이윤극대화를 위한 공급량과 가격을 동시에 결정하므로 공급곡선 자체가 존재하지 않는다.

오답분석

① 독점기업은 수요의 가격탄력성이 1보다 큰 구간에서 생산하며, 예외적으로 독점기업이 고정비용만으로 생산하는 경우 수요의 가격탄력성이 1인 점에서 생산할 수도 있다.
② 독점기업은 가격설정자로서 가격설정능력이 있다.
③ 완전경쟁시장에 비해 가격은 높고 생산량은 적다.
⑤ 장기에는 항상 초과이윤이 발생하지만, 단기에는 초과이윤의 발생여부는 불분명하다.

정답 ④

| 자산관리(2024)/울산항만(2022)/자산관리(2022)/광주시통합(2021)/수자원(2021)/지난방(2021)/국민연금(2020)

38 다음 중 독점기업의 가격차별행위에 대한 설명으로 옳지 않은 것은?

① 수요의 가격탄력성이 시장마다 서로 달라야 한다.
② 시장분리비용이 시장분리에 따른 이윤증가분보다 작아야 한다.
③ 시장의 분리가 가능하여야 한다.
④ 수요의 교차탄력성과 소득탄력성에 따라 가격차별을 한다.
⑤ 시장 사이에 재판매가 불가능해야 가격차별이 성립한다.

정답 | 해설

가격차별은 수요의 가격탄력성에 따라 이루어지며, 수요의 교차탄력성, 소득탄력성과는 무관하다.

가격차별의 성립조건
- 기업이 독점력을 갖고 있어야 한다.
- 시장의 분리가 가능하여야 한다.
- 각 시장의 수요의 가격탄력성이 서로 달라야 한다.
- 시장 간 재판매가 불가능하여야 한다.
- 시장분리비용이 시장분리에 따른 이윤증가분보다 작아야 한다.

정답 ④

39 | 자산관리(2024)/울산항만(2022)/자산관리(2022)/광주시통합(2021)/수자원(2021)/지난방(2021)/국민연금(2020)

어느 독점기업의 비용함수가 $TC=70+Q^2$이며, 이 기업이 직면하고 있는 수요함수가 $P=48-2Q$이다. 독점기업의 균형 생산량(Q)과 가격(P)의 숫자의 합으로 옳은 것은?

① 10
② 20
③ 30
④ 40
⑤ 50

정답 해설

독점기업 생산량은 $MR=MC$가 만나는 지점이므로 $48-4Q=2Q$, $48=6Q$, $Q=8$이다. 균형생산량을 수요함수에 대입하면 $P=32$이므로 독점기업의 생산량과 가격의 숫자의 합은 40이다.

정답 ④

---

40 | 자산관리(2024)/울산항만(2022)/자산관리(2022)/광주시통합(2021)/수자원(2021)/지난방(2021)/국민연금(2020)

다음 중 독점시장에 대한 설명으로 옳지 않은 것은?

① 독점이란 대부분 혹은 모든 재화의 공급이 1개의 기업에 의해 이루어지는 시장형태를 의미한다.
② 독점기업의 경우 직접적인 대체재가 존재하지 않는다.
③ 독점기업의 경우 판매량을 증가시키기 위해서는 반드시 가격을 인하해야 한다.
④ 독점기업의 경우 가격과 판매량 모두 원하는 수준으로 결정할 수 있다.
⑤ 독점기업이 직면하는 수요곡선은 우하향하는 시장전체의 수요곡선이다.

정답 해설

독점기업이 가격을 설정하면 얼마만큼의 재화를 구입할지는 소비자들이 결정하기 때문에 독점기업은 가격과 판매량 모두 원하는 수준으로 결정할 수는 없다.

정답 ④

---

41 | 가스기술(2023)/자산관리(2022)/신보(2021)/LX(2020)/수자원(2020)/도로(2020)

다음 〈보기〉에서 독점적 경쟁기업에 대한 설명으로 옳은 것을 모두 고르면?

보기

가. 제품차별화의 정도가 클수록 수요의 가격탄력도는 작아진다.
나. 제품차별화의 정도가 클수록 초과설비규모가 작아진다.
다. 경쟁이 심하기 때문에 기술혁신이 가장 잘 이루어지는 시장이다.
라. 독점적 경쟁의 경우 장기에는 생산자잉여와 이윤이 모두 0이다.
마. 제품차별화를 위해 기업들은 광고 등을 이용해 자사 제품의 브랜드화를 추구할 수 있다.

① 가, 나
② 가, 라
③ 나, 마
④ 가, 라, 마
⑤ 나, 다, 라

정답 | 해설

오답분석
나. 독점적 경쟁기업이 생산하는 재화의 이질성이 높아지면 수요가 더 비탄력적이 되므로 독점적 경쟁기업이 보유하는 초과설비규모는 점점 커진다.
다. 독점적 경쟁기업은 기술혁신에 대해 가장 부정적인 시장이다.

정답 ④

| 가스기술(2023)/자산관리(2022)/신보(2021)/LX(2020)/수자원(2020)/도로(2020)

42 다음 중 독점적 경쟁시장의 특징으로 옳지 않은 것은?

① 시장 내에 다수의 기업이 존재하며, 개별기업은 독립적으로 행동한다.
② 기업은 장기 이윤극대 생산량에서 규모의 경제가 발생한다.
③ 수요곡선이 우하향하며, 단기에는 정상이윤만 획득한다.
④ 진입과 퇴거가 자유롭고 비가격경쟁이 치열하다.
⑤ 독점적 경쟁시장의 예로는 미용실, 커피전문점, 식당 등이 해당한다.

정답 | 해설

독점적 경쟁시장의 단기에는 손실, 정상이윤, 초과이윤이 모두 발생 가능하며, 장기에는 정상이윤만을 얻게 된다.

정답 ③

| 가스기술(2023)/자산관리(2022)/신보(2021)/LX(2020)/수자원(2020)/도로(2020)

43 다음 중 독점적 경쟁시장에 대한 설명으로 옳지 않은 것은?

① 시장에 다수의 기업이 존재한다.
② 상품의 형태나 모양으로는 차별화할 수 없다.
③ 장기균형에서 초과생산설비가 존재한다.
④ 장기균형에서 경제적 이윤이 발생하지 않는다.
⑤ 디자인, 광고 등 비가격경쟁이 발생한다.

정답 | 해설

독점적 경쟁시장은 진입과 퇴거가 대체로 자유롭고 다수의 기업이 존재하며 개별기업들은 대체성이 높지만, 차별화된 재화를 생산하는 시장형태를 말한다. 따라서 상품의 형태나 모양으로 재화를 차별화할 수 있다.

정답 ②

| 가스기술(2023)/자산관리(2022)/신보(2021)/LX(2020)/수자원(2020)/도로(2020)

44 다음 중 독점적 경쟁시장의 장기균형에 대한 설명으로 옳지 않은 것은?(단, P는 가격, SAC는 단기평균비용, LAC는 장기평균비용, SMC는 단기한계비용을 의미한다)

① $P=SAC$가 성립한다.
② $P=LAC$가 성립한다.
③ $P=SMC$가 성립한다.
④ 균형생산량은 SAC가 최소화되는 수준보다 작다.
⑤ 기업의 장기 초과이윤은 0이다.

정답 | 해설

독점적 경쟁시장의 장기균형에서 $P>SMC$가 성립한다.

오답분석
①·② 독점적 경쟁시장의 장기균형은 수요곡선과 단기평균비용곡선, 장기평균비용곡선이 접하는 점에서 달성된다.
④ 균형생산량은 단기평균비용의 최소점보다 왼쪽에서 달성된다.
⑤ 가격과 평균비용이 같은 지점에서 균형이 결정되므로 장기 초과이윤은 0이다.

정답 ③

| 가스기술(2023)/자산관리(2022)/신보(2021)/LX(2020)/수자원(2020)/도로(2020)

45 다음 〈보기〉에서 독점적 경쟁시장의 특징으로 옳지 않은 것을 모두 고르면?

보기
ㄱ. 시장 내 재화 간 대체가능성이 낮다.
ㄴ. 장기적으로 초과이윤은 0이다.
ㄷ. 독점적 경쟁기업이 생산하는 재화는 서로 동질적인 재화들이 공급된다.
ㄹ. 독점적 경쟁시장의 진입이나 탈퇴가 독점시장보다 자유롭다.
ㅁ. 기술혁신의 가능성이 높다.

① ㄱ, ㄷ, ㅁ
② ㄱ, ㄹ, ㅁ
③ ㄴ, ㄷ, ㅂ
④ ㄷ, ㄹ, ㅁ
⑤ ㄹ, ㅁ, ㅂ

정답 | 해설

ㄱ. 독점적 경쟁시장은 재화 간 대체가능성이 높다.
ㄷ. 독점적 시장은 제품차별화가 이루어지기 때문에 독점적 경쟁기업이 생산하는 재화는 서로 이질적이다.
ㅁ. 독점적 경쟁시장은 차별화된 재화의 공급으로 인해 기업 간 기술혁신의 가능성이 낮으며, 소비자의 다양한 욕구 충족이 가능한 시장이다.

정답 ①

| 가스기술(2023)/자산관리(2022)/신보(2021)/LX(2020)/수자원(2020)/도로(2020)

46 다음 〈보기〉에서 독점적 경쟁시장에 대한 설명으로 옳지 않은 것을 모두 고르면?

> **보기**
> ㄱ. 한계수입과 한계비용이 일치하는 점에서 이윤극대화가 달성된다.
> ㄴ. 비가격경쟁으로 인해 재화의 생산비가 높아지는 문제점이 있다.
> ㄷ. 경쟁이 심하지 않기 때문에 기술혁신이 가장 잘 이루어진다.
> ㄹ. 진입과 퇴거가 자유롭기 때문에 독점적 경쟁기업은 장기적으로 초과이윤을 얻는다.

① ㄱ, ㄷ
② ㄱ, ㄹ
③ ㄴ, ㄷ
④ ㄴ, ㄹ
⑤ ㄷ, ㄹ

정답 | 해설

ㄷ. 독점적 경쟁시장에서는 광고경쟁과 같은 비가격경쟁에 자원을 소모하므로 생산비가 높아지는 문제점이 있으며, 기술혁신이 잘 이루어지지 않는다.
ㄹ. 진입과 퇴거가 자유롭기 때문에 독점적 경쟁기업은 장기적으로 정상이윤을 얻는다.

정답 ⑤

| 관광(2023)/수자원(2022)/근복(2021)

47 어느 독점기업의 수요의 가격탄력성은 2, 가격은 5,000일 때, 러너(Lerner)의 독점도와 이 기업의 한계수입(MR)을 순서대로 바르게 나열한 것은?

	독점도	한계수입		독점도	한계수입
①	2	5,000	②	2	2,500
③	1	5,500	④	0.5	5,500
⑤	0.5	2,500			

정답 | 해설

러너(Lerner)의 독점도란 독점에 따른 후생손실을 측정하는 척도로, 다음과 같이 정의된다.

$$[독점도(dm)] = \frac{P - MR}{P} = \frac{1}{\varepsilon}$$

따라서 위에서 주어진 자료를 정리하면 $\frac{5,000 - MR}{5,000} = \frac{1}{2}$ 이므로 독점도는 0.5이다. 또한 독점도가 0.5가 되기 위한 한계수입(MR)은 2,500임을 알 수 있다.

정답 ⑤

| 수자원(2022)/동서발전(2019)

48 수소전지의 시장가격이 400달러이고, 생산 시 한계비용이 300달러였는데, 최근 가격인하 경쟁이 발생하여 시장가격이 300달러이고, 생산 시 한계비용이 200달러인 것으로 관찰되었다. 다음 중 러너지수(Lerner Index)를 통한 수소전지에 대한 독점력의 증가율로 옳은 것은?

① $\dfrac{1}{3}$ ② $\dfrac{1}{4}$

③ $\dfrac{1}{5}$ ④ $\dfrac{1}{6}$

⑤ $\dfrac{1}{7}$

정답 해설

독점력지수 중 러너지수 $\left(L=\dfrac{P-MC}{P}\right)$를 사용하면, 가격인하 이전에는 $\dfrac{1}{4}$이고 가격인하 이후에는 $\dfrac{1}{3}$이 된다. 따라서 독점력 증가율은 $\left(\dfrac{1}{3}-\dfrac{1}{4}\right)\div\dfrac{1}{4}=\dfrac{1}{3}$이다.

정답 ①

| 인국공(2022)/경남개발(2021)

49 다음은 사회후생함수에 따른 사회무차별곡선의 형태를 나타낸 것이다. 빈칸 ㉠~㉢에 들어갈 내용이 바르게 나열된 것은?

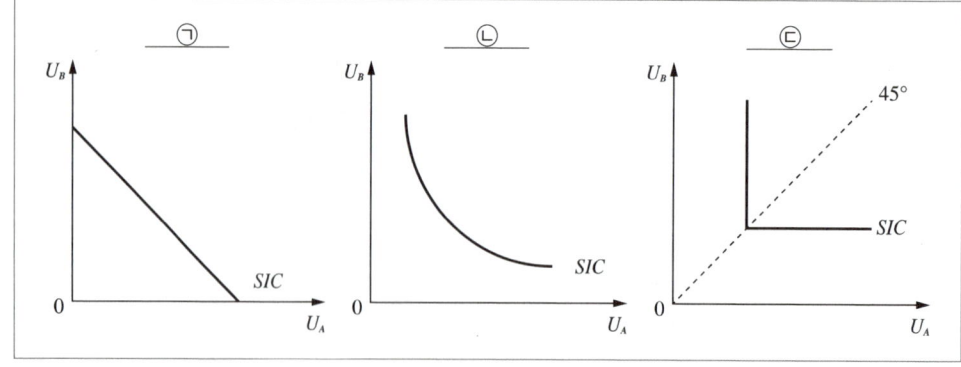

	㉠	㉡	㉢
①	평등주의 후생함수	롤스 사회후생함수	공리주의 사회후생함수
②	평등주의 후생함수	공리주의 사회후생함수	롤스 사회후생함수
③	롤스 사회후생함수	평등주의 후생함수	공리주의 사회후생함수
④	공리주의 사회후생함수	롤스 사회후생함수	평등주의 후생함수
⑤	공리주의 사회후생함수	평등주의 후생함수	롤스 사회후생함수

정답 | 해설

사회무차별곡선(SIC)은 동일한 사회후생수준을 나타내는 U_A와 U_B의 조합을 연결한 선을 의미한다.
㉠ 공리주의 사회후생함수 : 사회후생이 각 개인의 효용의 합으로 결정되는 함수 $W = U_A + U_B$
㉡ 평등주의 사회후생함수 : 저소득층에 대해서는 보다 높은 가중치를 그리고 고소득층에 대해서는 보다 낮은 가중치를 부여하는 일반적인 사회후생함수 $W = U_A \times U_B$
㉢ 롤스 사회후생함수 : 사회구성원 중 가난한 계층의 후생수준에 의하여 사회후생이 결정되는 함수 $W = \min[U_A, U_B]$

정답 ⑤

---

50 다음 중 물가지수에 대한 설명으로 옳지 않은 것은?

① 물가지수를 구할 때 모든 상품의 가중치를 동일하게 반영한다.
② 소비자 물가지수는 상품가격 변화에 대한 소비자의 반응을 고려하지 않는다.
③ 물가 수준 그 자체가 높다는 것과 물가상승률이 높다는 것은 다른 의미를 가진다.
④ GDP 디플레이터는 국내에서 생산된 상품만을 조사 대상으로 하기 때문에 수입상품의 가격동향을 반영하지 못한다.
⑤ 소비자 물가지수는 소비재를 기준으로 측정하고, 생산자 물가지수는 원자재 혹은 자본재 등을 기준으로 측정하기 때문에 두 물가지수는 일치하지 않을 수 있다.

정답 | 해설

물가지수는 개별상품 거래액을 가중치로 하여 측정하므로 거래액 비중에 따라 가중치가 다르다.

정답 ①

---

51 다음 중 소비자 물가지수에 대한 설명으로 옳지 않은 것은?

① 한 국가의 소비자가 구입하는 재화 및 용역의 평균가격을 측정한 지수이다.
② 명목 GDP를 실질 GDP로 나눈 값에 100을 곱하여 계산할 수 있다.
③ 소비자 물가지수의 변동률로 인플레이션을 측정할 수 있다.
④ 통계청에서 작성한다.
⑤ 가계에서 일상생활을 영위하기 위하여 구입하는 재화와 서비스의 종합적인 가격수준을 측정하여 지수화한 것이다.

정답 | 해설

소비자 물가지수(CPI; Consumer Price Index)는 통계청에서 일정 기간 동안 일반 소비자들이 구매하는 재화와 서비스의 가격 변동을 측정한 지표로 가계의 소비생활 수준을 파악하고 인플레이션율 계산의 기준으로 사용된다. 반면 명목 GDP를 실질 GDP로 나눈 값에 100을 곱하여 계산하는 것은 GDP 디플레이터이다.

정답 ②

52 다음은 리카도의 대등정리(Ricardian Equivalence Theorem)에 따라 어느 경제가 조세를 감면하고, 국채발행을 통해 지출재원을 조달하려고 할 때의 제1기와 제2기의 개인의 소비점과 부존점을 나타낸 그래프이다. 현재 제1기에 T_1만큼의 조세를 징수하여 재원을 조달할 때, 어떤 개인의 부존점이 A, 소비점이 E일 때, 제1기에 조세 T_1을 감면하고 국채발행을 통해 재원을 조달한 다음 제2기에 조세를 징수하여 충당하는 경우의 최적소비점으로 옳은 것은?(단, C는 소비, Y는 소득, T는 조세를 나타내며, 등가정리가 성립한다고 가정한다)

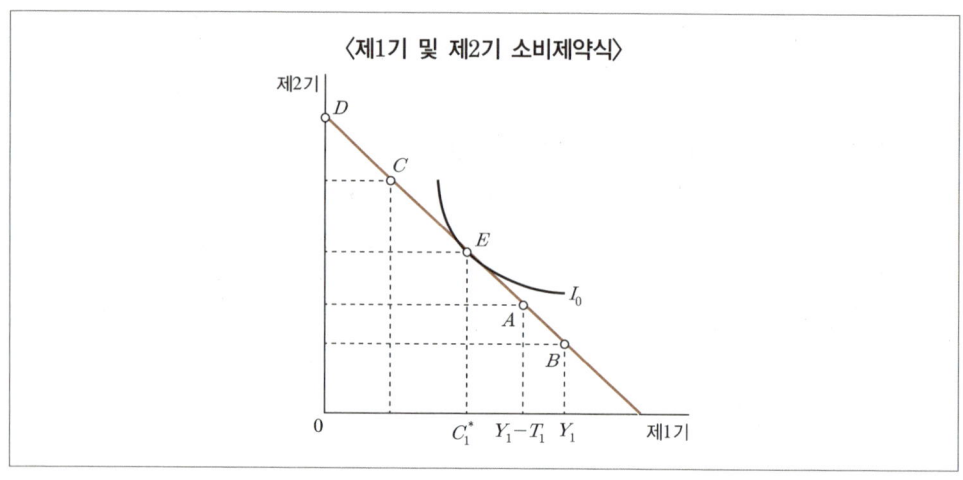

① A
② B
③ C
④ D
⑤ E

정답 | 해설

리카도의 대등정리란 정부지출이 고정된 상태에서 조세를 감면하고, 국채발행을 통해 지출재원을 조달하더라도 경제의 실질변수에는 아무런 영향을 미칠 수 없음을 의미한다. 따라서 제1기에 조세를 감면하고 국채발행을 통해 재원을 조달한다 하더라도, 합리적인 소비는 저축을 증가시켜 미래의 조세증가에 대비하므로 국채발행은 민간저축에 영향을 미칠 뿐, 소비에는 영향을 주지 않기 때문에 제2기에 최적소비점은 E가 되어 변하지 않는다.

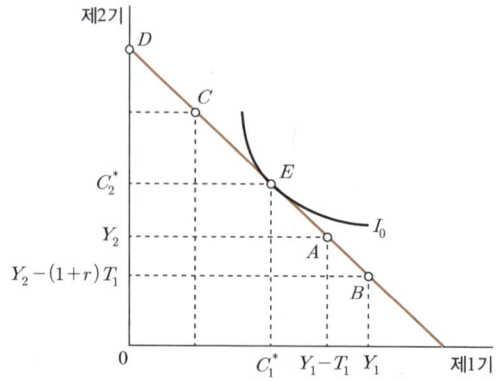

정답 ⑤

| 환경(2020)

53 다음 중 부분균형분석과 비교한 일반균형분석에 대한 설명으로 옳지 않은 것은?

① 경제 내의 모든 시장을 동시에 고려하여 분석하는 방법이다.
② 시장 간 상호의존성이 매우 높을 때 주로 이용한다.
③ 분석이 상대적으로 간단하다.
④ 교차탄력성이 0이 되는 경우가 없으며, 모든 재화가 관련재이다.
⑤ 특정시장에서 발생한 불균형의 파급효과분석이 가능하다.

정답 | 해설

부분균형분석과 일반균형분석

구분	부분균형분석	일반균형분석
분석방법	특정시장만 부분적으로 분석	경제 내의 모든 시장을 동시에 고려하여 분석
독립재의 존재 유무	교차탄력성이 0이면 X재와 Y재는 서로 독립재	교차탄력성이 0이 되는 경우가 없음 모든 재화가 관련재
사용 시기	시장 간의 상호의존성이 낮을 때 주로 이용	시장 간의 상호의존성이 높을 때 주로 이용
장점	분석이 비교적 간단하고 대부분의 경우 분석결과가 현실경제를 잘 설명하고 있음	특정시장에서 발생한 불균형의 파급효과분석이 가능
단점	경제부문 간 상호의존관계를 고려하지 않기 때문에 오류가 발생할 가능성이 존재	분석이 상대적으로 복잡함

정답 ③

| 국가철도(2022)/농어촌(2021)/TS(2021)

54 다음 〈보기〉에서 단기의 예상물가수준이 상승할 경우 생산이 증가하는 이유로 옳지 않은 것을 모두 고르면?

보기
A. 노동자가 기업에 비해 물가상승을 과소 예측하면 노동공급이 감소한다.
B. 물가상승에도 불구하고 메뉴비용이 커서 가격을 올리지 않는 기업의 상품 판매량이 증가한다.
C. 명목임금이 경직적이면 물가상승에 따라 고용이 감소한다.
D. 물가가 상승하면 자기 상품의 상대가격이 상승하였다고 오인하여 기업들이 생산을 증가시킨다.

① A, B
② A, C
③ A, D
④ B, C
⑤ B, D

정답 | 해설

A. 노동자가 기업에 비해 물가상승을 과소 예측하면 노동공급이 증가한다.
C. 명목임금이 경직적이면 물가상승에 따라 고용이 증가한다.

정답 ②

| 국가철도(2022)/농어촌(2021)/TS(2021)

55 다음 〈보기〉에서 단기 총공급곡선이 우상향하는 이유, 즉 물가 상승 시 생산이 증가하는 경우를 모두 고르면?

> **보기**
> ㄱ. 물가상승 시 기업들은 자사제품의 상대가격이 상승했다 오인하여 생산을 늘린다.
> ㄴ. 노동자가 기업에 비해 물가상승을 과소예측하면 노동공급은 증가한다.
> ㄷ. 물가상승에도 불구하고 메뉴비용이 커서 가격을 올리지 않는 기업의 상품 판매량이 증가한다.
> ㄹ. 명목임금이 경직적이면 물가상승에 따라 고용이 증가한다.

① ㄴ, ㄷ
② ㄱ, ㄴ, ㄷ
③ ㄱ, ㄷ, ㄹ
④ ㄴ, ㄷ, ㄹ
⑤ ㄱ, ㄴ, ㄷ, ㄹ

정답 해설

단기 총공급곡선이 우상향하게 되는 것은 케인스(Keynes)의 시각을 반영한 것이다. 단기 총곡선이 우상향하는 것은 노동시장과 생산물 시장에서의 불완전정보로 인한 경우와 임금과 가격의 경직성으로 인한 두 가지 측면에서 설명이 가능하다.

구분	불완전정보	가격경직성
노동시장	노동자 오인모형(ㄴ)	비신축적 임금모형(ㄹ)
생산물 시장	불완전 정보모형(ㄱ)	비신축적 가격모형(ㄷ)

ㄱ. 불완전 정보모형 : 루카스의 섬모형으로 개별생산자는 물가상승이 전반적인 물가상승에 기인한 것인지 아닌지 자신의 상품만 가격이 상승한 것인지를 정보의 불완전성으로 알지 못한다는 것이다.
ㄴ. 노동자 오인모형 : 노동자들은 기업에 비해서 정보가 부족하여 명목임금의 변화를 실질임금의 변화로 오인하여 화폐환상에 빠지게 되어 총공급곡선이 우상향하게 된다.
ㄷ. 비신축적 가격모형 : 메뉴비용으로 대표적으로 설명되는 것으로, 가격을 신축적으로 조정하지 않는 기업이 많을수록 총공급곡선은 수평에 가까워진다.
ㄹ. 비신축적 임금모형 : 명목임금이 계약기간 내에는 경직적이므로 물가상승은 실질임금 하락으로 이어져 노동고용량의 증가로 이어진다.

정답 ⑤

| 울산항만(2024)/동서발전(2019)

56 다음 〈보기〉에서 시장실패의 원인에 해당하는 것은 모두 몇 개인가?

> **보기**
> ㉠ 공공재
> ㉡ 실업
> ㉢ 비대칭적 정보
> ㉣ 관료제도의 문제
> ㉤ 불완전한 경쟁산업

① 없음
② 1개
③ 2개
④ 3개
⑤ 4개

| 정답 | 해설 |

시장실패란 시장의 가격기구에 의해 효율적인 자원배분 및 공평한 소득분배가 실현되지 못하는 것이다.

| 오답분석 |
ⓔ 관료제도의 문제는 정부실패의 원인에 해당한다.

정답 ⑤

| 울산항만(2022)/근복(2022)/TS(2021)

57 다음 중 A국의 80% 국민은 소득이 전혀 없고 나머지 20% 국민에게 전체 소득의 100%가 집중되어 있다고 가정하는 경우, 십분위분배율은 얼마인가?

① 0
② 0.25
③ 0.50
④ 0.75
⑤ 1

| 정답 | 해설 |

(십분위분배율) = $\dfrac{(최하위\ 40\%\ 계층의\ 소득)}{(최상위\ 20\%\ 계층의\ 소득)} = \dfrac{0}{100} = 0$

정답 ①

| 동서발전(2019)

58 A국의 자동차시장의 독점기업인 B기업의 한계수입(MR)이 225, 수요의 가격탄력성이 4일 때, 다음 중 B기업이 판매하는 자동차의 1단위당 가격(P)은 얼마인가?

① 400
② 350
③ 300
④ 250
⑤ 200

| 정답 | 해설 |

한계수입과 수요의 가격탄력성이 주어져 있으므로, 아모로소 – 로빈슨(Amoroso – Robinson) 공식을 이용하여 자동차 가격을 구할 수 있다.

아모로소 – 로빈슨 공식 : $MR = P\left(1 - \dfrac{1}{\varepsilon}\right)$

$225 = P\left(1 - \dfrac{1}{4}\right)$

∴ $P = 300$

정답 ③

| 신보(2021)

59 공리주의적 후생함수의 경제를 가진 국가가 있다. 이 국가에는 구성원 A와 B만 존재한다. A와 B의 소득은 각각 2,500과 4,900이고, 이들의 효용함수는 $U=\sqrt{m}$ (U = 효용, m = 소득)이다. 이 경우 이 국가의 앳킨슨지수에 따른 균등분배등가소득은 얼마인가?

① 400
② 900
③ 1,600
④ 2,500
⑤ 3,600

정답 해설

A의 효용은 $\sqrt{2,500}=50$이고, B의 효용은 $\sqrt{4,900}=70$이므로, 후생은 $50+70=120$이 된다. 여기서 A와 B가 균등분배등가소득 e를 가진다고 가정하면 각각의 효용은 $\sqrt{e}$가 되고, 후생은 $2\sqrt{e}$가 된다.
따라서 $2\sqrt{e}=120$이 되기 위한 균등분배등가소득 e는 3,600이다.

정답 ⑤

| 인국공(2022)/농어촌(2021)/경기신용보증(2021)/국민연금(2020)/공무원연금(2020)

60 다음 중 정보가 갖는 경제적 의미에 대한 설명으로 옳지 않은 것은?

① 역선택과 도덕적 해이는 모두 정보의 비대칭성으로 인해 발생한다.
② 주인 – 대리인 문제에서 도덕적 해이 현상이 자주 발생한다.
③ 일반적으로 역선택은 거래발생 이전, 도덕적 해이는 거래발생 이후에 생기는 현상이다.
④ 품질보증이나 광고는 신호발송(Signaling) 수단으로 이용된다.
⑤ 중고차시장에서 종종 품질이 나쁜 차가 거래되는 이유는 도덕적 해이 때문이다.

정답 해설

중고차시장에서 종종 품질이 나쁜 차가 거래되는 이유는 도덕적 해이가 아닌 역선택 때문이다.
• 역선택 : 거래를 할 때 정보 비대칭으로 인해 부족한 정보를 가지고 있는 쪽이 불리한 선택을 하는 상황이다.
• 도덕적 해이 : 감추어진 행동이 문제가 되는 상황에서 정보를 가진 측이 정보를 가지지 못한 측의 이익에 반하는 행동을 취하는 경향이다.

정답 ⑤

| 인국공(2022)/농어촌(2021)/경기신용보증(2021)/국민연금(2020)/공무원연금(2020)

61 다음 중 역선택에 대한 설명으로 옳은 것은?

① 자동차보험에 가입한 운전자일수록 안전 운전을 하려 한다.
② 화재보험에 가입한 건물주가 화재예방을 위한 비용 지출을 줄인다.
③ 소득이 증가할수록 소비 중에서 식료품비가 차지하는 비중이 감소한다.
④ 사고 위험이 높은 사람일수록 상해보험에 가입할 가능성이 높아진다.
⑤ 가로등과 같은 재화의 공급을 시장에 맡긴다면, 효율적인 양보다 적게 공급된다.

> 정답 | 해설

역선택은 정보가 없는 쪽에서 볼 때 관찰할 수 없는 속성이 바람직하지 않게 작용하는 경향이다. 이 현상이 나타나는 전형적 시장은 중고차 시장으로, 중고차 판매자는 차량 결점을 잘 알지만 구매자는 잘 모르는 경우가 많기 때문이다. 구매자는 양질의 중고차 판매자와 거래하고 싶으나, 정보 부족으로 불량한 판매자를 거래 상대방으로 선택(역선택)하는 경우가 생긴다. 보험 가입도 가입자가 보험회사보다 더 많은 정보를 갖고 있기 때문에 보험회사로선 건강한 사람보다 그렇지 않은 사람과 거래하는 역선택이 발생하기 쉽다.

정답 ④

| 인국공(2022)/농어촌(2021)/경기신용보증(2021)/국민연금(2020)/공무원연금(2020)

62 다음 중 역선택에 대한 설명으로 옳은 것은?

① 주인 – 대리인(Principal – Agent) 문제는 역선택 현상을 일반화한 것이다.
② 그레셤의 법칙(Gresham's Law)은 악화가 양화를 구축한다는 의미로 역선택과 관련이 없다.
③ 효율성임금은 도덕적 해이의 해결방안에는 해당하지만, 역선택이 문제에는 해당되지 않는다.
④ 기업이 자사 제품브랜드에 대한 명성을 쌓으려고 노력하는 것은 역선택 문제를 해결하는 방법일 수 있다.
⑤ 선별이란 정보를 갖고 있는 측에서 충분하게 주어진 자료를 이용하여 상대방의 특성을 파악하려고 하는 것을 의미한다.

> 정답 | 해설

명성은 일종의 신호이기 때문에 정보를 갖고 있는 측에서 적극적으로 정보를 알려서 역선택 문제를 해결하는 하나의 방안에 해당한다.

오답분석
① 주인 – 대리인 문제는 도덕적 해이 현상과 관련이 있다.
② 그레셤의 법칙은 악화가 양화를 구축한다는 의미로 역선택 문제를 설명한다.
③ 효율성임금은 노동시장에서의 도덕적 해이를 방지하는 하나의 해결방안이면서도, 역선택을 해결하는 방안에도 해당된다.
⑤ 선별이란 정보를 갖지 못한 측에서 불충분하지만, 주어진 자료를 이용하여 상대방의 특성을 파악하려고 하는 것을 의미한다.

정답 ④

| 인국공(2022)/농어촌(2021)/경기신용보증(2021)/국민연금(2020)/공무원연금(2020)

63 다음 〈보기〉에서 도덕적 해이와 역선택에 대한 설명으로 옳은 것은 모두 몇 개인가?

보기
ㄱ. 도덕적 해이란 정보를 더 많이 가진 쪽이 정보의 비대칭성을 이용해 이득을 취하는 행동을 하는 것이다.
ㄴ. 자동차보험 가입으로 사고발생 가능성이 높은 행동을 보이는 것은 역선택의 문제이다.
ㄷ. 역선택은 구체적인 계약 이전의 선택의 문제이고, 도덕적 해이는 계약 이후의 행동의 문제이다.
ㄹ. 중고차시장은 도덕적 해이가 심각한 대표적인 시장이다.
ㅁ. 건강에 문제가 있는 사람이 이를 숨기고 보험에 가입하려 하는 것은 도덕적 해이의 문제이다.

① 1개　　　　　　　　　　② 2개
③ 3개　　　　　　　　　　④ 4개
⑤ 5개

정답 | 해설

오답분석
ㄴ. 자동차보험 가입으로 사고발생 가능성이 높은 행동을 보이는 것은 도덕적 해이의 문제이다.
ㄹ. 중고차시장은 역선택 문제가 심각한 대표적인 시장이다.
ㅁ. 건강에 문제가 있는 사람이 이를 숨기고 보험에 가입하려 하는 것은 역선택의 문제이다.

정답 ②

| 인국공(2022)/농어촌(2021)/경기신용보증(2021)/국민연금(2020)/공무원연금(2020)

64 다음 〈보기〉의 사례를 역선택(Adverse Selection)과 도덕적 해이(Moral Hazard)의 개념에 따라 바르게 구분한 것은?

보기
가. 자동차보험 가입 후 더 난폭하게 운전한다.
나. 건강이 좋지 않은 사람이 민간 의료보험에 더 많이 가입한다.
다. 실업급여를 받게 되자 구직 활동을 성실히 하지 않는다.
라. 사망 확률이 낮은 건강한 사람이 주로 종신연금에 가입한다.
마. 의료보험제도가 실시된 이후 사람들의 의료수요가 현저하게 증가하였다.

	역선택	도덕적 해이
①	가, 나	다, 라, 마
②	나, 라	가, 다, 마
③	다, 마	가, 나, 라
④	나, 다, 라	가, 마
⑤	다, 라, 마	가, 나

| 정답 | 해설 |

역선택이란 감추어진 특성의 상황에서 정보 수준이 낮은 측이 사전적으로 바람직하지 않은 상대방을 만날 가능성이 높아지는 현상을 의미한다. 반면, 도덕적 해이는 감추어진 행동의 상황에서 어떤 거래 이후에 정보를 가진 측이 바람직하지 않은 행동을 하는 현상을 의미한다.

정답 ②

| 울산항만(2022)/자산관리(2022)/광주시통합(2021)/인천항만(2021)/남동발전(2021)/수자원(2021)

65 다음 〈조건〉은 완전경쟁시장에서 이윤극대화를 추구하는 G기업의 총비용함수와 재화의 가격이다. G기업의 생산자잉여는 얼마인가?(단, TC는 총비용, Q는 생산량이다)

조건
- $TC = Q^2 + 6Q + 10$
- $P = 26$

① 50 ② 75
③ 100 ④ 150
⑤ 200

| 정답 | 해설 |

생산자잉여를 구하기 위하여 조건의 TC를 미분하여 MC를 구하면 $MC = 2Q + 6$이다. 완전경쟁시장에서 이윤극대화 조건은 $P = MC$이므로 $26 = 2Q + 6$으로 두면 $Q = 10$이다. 가격이 26원이고 생산량이 10단위이므로 TR(총수입)은 260이다. $TVC = Q^2 + 6Q$이므로 $Q = 10$을 총가변비용함수에 대입하면 $TVC = 160$이다. '(총수입)−(총가변비용)=(생산자잉여)'이므로 생산자잉여는 100이다.

오른쪽의 그림에서 총수입은 $A + B$의 면적이고, 한계비용곡선 하방에 있는 B의 면적이 총가변비용이므로 생산자잉여는 A의 면적인 $\frac{1}{2} \times 20 \times 10 = 100$이다.

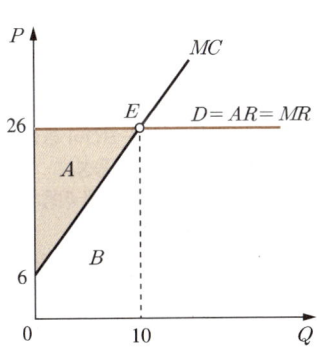

정답 ③

| 울산항만(2022)/자산관리(2022)/광주시통합(2021)/인천항만(2021)/남동발전(2021)/수자원(2021)

66 완전경쟁시장의 시장수요함수가 $Q=200-2P$이고, 장기균형에서 총비용함수가 $TC=2Q^3-2Q^2+20Q$일 때, 시장수요량은 얼마인가?

① 140
② 160
③ 180
④ 200
⑤ 220

정답 | 해설

평균비용함수는 $AC=2Q(Q-1)+20$이기 때문에 생산량이 1일 때 최소평균비용이 20이다. 완전경쟁시장의 장기균형에서 이윤은 0이기 때문에 가격은 20이 된다. 따라서 시장수요함수에 대입하면 시장수요량은 $200-2\times20=160$이다.

정답 ②

| 울산항만(2022)/자산관리(2022)/광주시통합(2021)/인천항만(2021)/남동발전(2021)/수자원(2021)

67 다음 〈보기〉에서 완전경쟁시장의 특징으로 옳은 것을 모두 고르면?

보기
㉠ 모든 기업은 완전히 동질적인 재화를 생산한다.
㉡ 공급자는 장기 시장균형에서 초과이윤을 획득한다.
㉢ 일물일가의 법칙이 성립한다.
㉣ 공급자는 가격설정자로 행동한다.
㉤ 기존의 생산요소를 이용해서 다른 재화를 생산하는 것이 가능하다.

① ㉠, ㉡, ㉢
② ㉠, ㉡, ㉣
③ ㉠, ㉢, ㉤
④ ㉡, ㉢, ㉣
⑤ ㉢, ㉣, ㉤

정답 | 해설

완전경쟁시장의 특징
- 다수의 수요자와 공급자
  다수의 공급자와 수요자가 존재하므로 개별수요자와 공급자는 가격에 영향을 미칠 수 없다. 따라서 개별수요자와 공급자는 시장에서 결정된 가격을 주어진 것으로 받아들이는 가격수용자로 행동한다.
- 재화의 동질성
  모든 기업은 완전히 동질적인 재화를 생산하며 품질뿐만 아니라 판매조건, A/S 조건 등 모든 것이 동일하다.
- 자원의 완전이동성
  기존의 생산요소를 이용해서 다른 재화를 생산하는 것이 가능하며, 특정산업으로의 진입과 퇴거가 자유롭게 이루어진다.
- 완전한 정보
  일물일가의 법칙이 성립하며, 미래에 대한 불확실성은 없다.
- $P=LMC=LAC$
  장기균형에서는 가격, 한계비용, 평균비용이 동일하므로 개별기업은 정상이윤만을 획득한다.

정답 ③

| 울산항만(2022)/자산관리(2022)/광주시통합(2021)/인천항만(2021)/남동발전(2021)/수자원(2021)

68 다음 〈조건〉은 완전경쟁시장에 있는 A기업의 단기생산함수를 나타낸 것이다. 현재 노동(L) 50단위를 고용하고 있으며, 노동 한 단위당 임금은 2,000일 때, A기업이 이윤을 극대화하고 있다면 생산물의 가격(P)으로 옳은 것은?(단, 노동시장은 완전경쟁적이다)

> **조건**
> A기업의 생산함수 : $f(L)=300L-L^2$

① 50 ② 35
③ 20 ④ 15
⑤ 10

정답 해설

재화가격을 P로 두고 A기업의 이윤극대화 조건을 나타내면 다음과 같다.
$\pi = P \times Q - w \times L = P(300L-L^2) - 2,000L$
이윤극대화 노동고용량을 구하기 위해 L에 대해 미분한 후 0으로 두면 $300P-2PL=2,000$이다. 노동을 50단위 고용하고 있으므로 $L=50$을 위의 식에 대입하면 $300P-100P=2,000$, $200P=2,000$이다. 따라서 $P=10$이다.

정답 ⑤

| 울산항만(2022)/자산관리(2022)/광주시통합(2021)/인천항만(2021)/남동발전(2021)/수자원(2021)

69 완전경쟁시장에서 기업이 모두 동일한 장기평균비용함수 $LAC(q)=40-6q+\frac{1}{3}q^2$와 장기한계비용함수 $LMC(q)=40-12q+q^2$을 가진다. 시장수요곡선은 $D(P)=2,200-100P$일 때, 장기균형에서 시장에 존재하는 기업의 수는?(단, q는 개별기업의 생산량, P는 가격을 의미한다)

① 12 ② 24
③ 50 ④ 100
⑤ 200

정답 해설

완전경쟁시장의 장기균형에서 $LAC=LMC$의 관계가 성립하며, 그때의 LAC 값이 시장균형가격이다. $LAC(q)=40-6q+\frac{1}{3}q^2=LAC(q)=40-12q+q^2$에서 $q=9$이고, 그때의 $LAC=13$이므로 시장균형가격은 $P=13$이다. 이를 시장수요곡선에 대입하면 $Q=900$이다. 동일한 비용구조를 가진 기업은 동일한 가격에서 동일한 양을 생산하므로 $Q=n \times q$가 성립한다. 따라서 $900=n \times 9$에서 기업의 수 $n=100$이다.

정답 ④

| 울산항만(2022)/자산관리(2022)/광주시통합(2021)/인천항만(2021)/남동발전(2021)/수자원(2021)

70 완전경쟁시장에 참여하는 기업과 독점기업의 이윤극대화 조건은 동일하지만, 독점기업의 생산량은 완전경쟁시장의 생산량보다 작다. 다음 중 그 이유에 대한 설명으로 옳은 것은?

① 완전경쟁시장의 기업들은 이윤극대화가 아닌 매출(수입)극대화를 추구하기 때문이다.
② 독점기업은 혼자 생산하기 때문에 한계비용이 더 빨리 상승하기 때문이다.
③ 독점기업의 평균비용이 완전경쟁시장의 기업들보다 높기 때문이다.
④ 독점기업이 진입장벽을 유지하기 위해 많은 비용을 지출하기 때문이다.
⑤ 완전경쟁시장의 기업과 달리 독점기업이 추가로 판매하기 위해서는 종전 판매량의 가격도 함께 낮춰야 하기 때문이다.

정답 | 해설

완전경쟁시장의 기업은 시장의 정의상 주어진 가격수준에서 원하는 만큼 물건을 생산해서 팔 수 있다. 즉, 수평인 수요곡선에 직면한다. 그러므로 추가적으로 물건을 생산해서 판매하는 경우 기존의 가격과 동일한 가격으로 팔 수 있고, 한계수입과 가격이 일치하고 일정하다. 하지만 독점기업의 경우 직면하는 수요곡선이 시장수요곡선이기 때문에 수요곡선이 우하향 한다. 따라서 더 많은 물건을 판매하고 싶다면 종전 판매량에 대한 가격도 같이 낮춰야 한다.

오답분석

① 경제학에서 시장의 형태와 상관없이 기업은 이윤극대화를 추구하는 주체로 간주한다.
② 비용함수와 공급함수가 나타나 있지 않기 때문에 알 수 없다. 또한 한계비용이 더 빨리 상승한다고 단정 지을 수 없다.
③ 독점기업은 공급곡선이 존재하지 않으며, 비용함수와 공급함수가 주어져 있지 않기 때문에 알 수 없다.
④ 진입장벽 유지비용은 생산량 결정 이후에 고려해야 할 사항이다.

정답 ⑤

| 울산항만(2022)/자산관리(2022)/광주시통합(2021)/인천항만(2021)/남동발전(2021)/수자원(2021)

71 완전경쟁시장에서 이윤극대화를 추구하는 A기업의 총비용함수가 $TC=4Q^2+6Q+8$일 때, 상품의 판매 가격이 30이면 A기업의 최적생산량은?

① 1 ② 2
③ 3 ④ 4
⑤ 5

정답 | 해설

$TC=4Q^2+6Q+8$을 미분하면 $MC=\dfrac{dTC}{dQ}=8Q+6$이다(TC : 총비용, MC : 한계비용, P : 가격, Q : 생산량).

따라서 이윤극대화 조건인 $P=MC$로 두고 식을 정리하면 $30=8Q+6$, $8Q=24$ → $Q=3$이다.

정답 ③

| 울산항만(2022)/자산관리(2022)/광주시통합(2021)/인천항만(2021)/남동발전(2021)/수자원(2021)

72 다음 중 완전경쟁기업이 이윤을 극대화하기 위한 필요조건으로 옳은 것은?

① 한계수입이 한계비용보다 커야 한다.
② 생산물의 시장가격보다 한계비용이 작아야 한다.
③ 실질임금이 노동의 한계생산보다 커야 한다.
④ 총수입이 총비용보다 커야 한다.
⑤ 한계이윤이 0이다.

정답 | 해설

완전경쟁에서는 한계이윤이 0이다.

오답분석
① 한계수입과 한계비용이 일치해야 한다.
② 생산물의 시장가격과 한계비용이 일치해야 한다.
③ 실질임금과 노동의 한계생산이 일치해야 한다.
④ 완전경쟁기업의 이윤극대화 조건은 $MR=MC$이므로 총수입이 총비용보다 크다고 하더라도 이윤극대화가 보장되지는 않는다.

정답 ⑤

| 국민연금(2021)/도로(2021)/수자원(2021)/국민연금(2020)

73 다음 중 외부효과가 발생하는 경우에 대한 설명으로 옳지 않은 것은?

① 소비의 외부불경제가 존재할 경우, SMB는 PMB보다 하방에 위치한다.
② 생산의 외부경제가 존재할 경우, SMC는 PMC보다 하방에 위치한다.
③ 외부불경제가 존재할 경우, 경제적 순손실(자중손실)이 발생한다.
④ 외부경제가 존재할 경우, 경제적 순손실(자중손실)은 발생하지 않는다.
⑤ 외부효과는 한 사람의 행위가 제3자의 경제적 후생에 영향을 미치고, 그에 대한 보상이 이루어지지 않을 때 발생한다.

정답 | 해설

외부불경제이든 외부경제든 외부성이 발생하면 시장기구에 의해 과잉생산 혹은 과소생산이 이루어지므로, 자원배분의 비효율성이 초래되어 경제적 순손실이 발생한다.

외부성

구분	생산	소비
외부불경제	$SMC > PMC$	$SMB < PMB$
외부경제	$SMC < PMC$	$SMB > PMB$

정답 ④

74 다음은 플라스틱 시장의 사적 한계비용(PMC)과 사회적 한계비용(SMC), 수요곡선(D)을 나타낸 것이다. 이 시장이 완전경쟁시장일 때, 옳은 것은?(단, P는 플라스틱 가격, Q는 플라스틱 생산량이다)

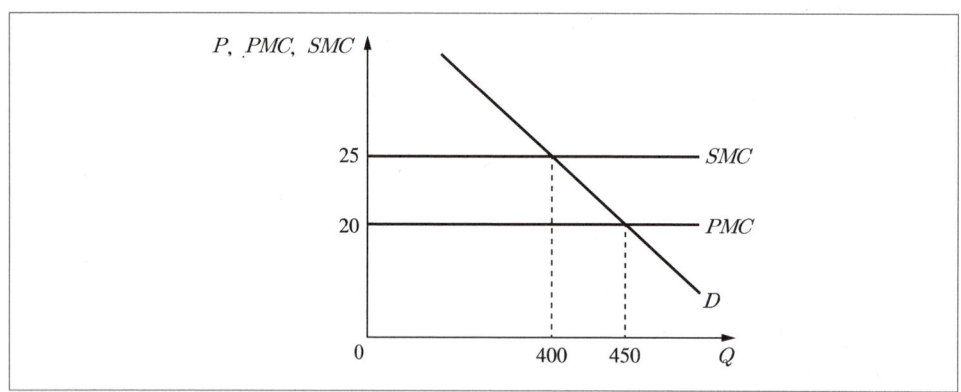

① 한 단위당 5의 조세를 부과하면 생산자잉여는 감소한다.
② 한 단위당 5의 조세를 부과하면 생산량은 450이 된다.
③ 정부개입이 없는 경우 균형생산량은 400이다.
④ 정부개입이 없는 경우 균형에서의 총외부비용은 2,250이다.
⑤ 사회적 최적생산량은 450이다.

정답 | 해설

정부개입이 없는 경우 외부한계비용은 25-20=5이고, 450단위의 생산이 이루어지므로 균형에서의 총외부비용은 2,250이다.

오답분석
① 현재처럼 공급곡선(MC곡선)이 수평선인 경우에는 생산자잉여가 0이다. 따라서 생산자잉여는 감소하지 않는다.
② 한 단위당 5의 조세를 부과하면 공급곡선이 상방으로 이동하여 생산량은 400이 된다.
③ 정부개입이 없는 경우 균형생산량은 PMC와 수요곡선(D)이 만나는 450이다.
⑤ 사회적 최적생산량은 수요곡선(D)과 SMC가 만나는 400이다.

정답 ④

| 국민연금(2021)/도로(2021)/수자원(2021)/국민연금(2020)

75 다음은 화석연료 시장의 수요곡선과 사회적 한계비용곡선, 사적 한계비용곡선을 나타낸 그래프이다. 화석연료 시장에 대한 설명으로 옳지 않은 것은?(단, 수요곡선은 화석연료 소비의 한계편익곡선과 일치한다)

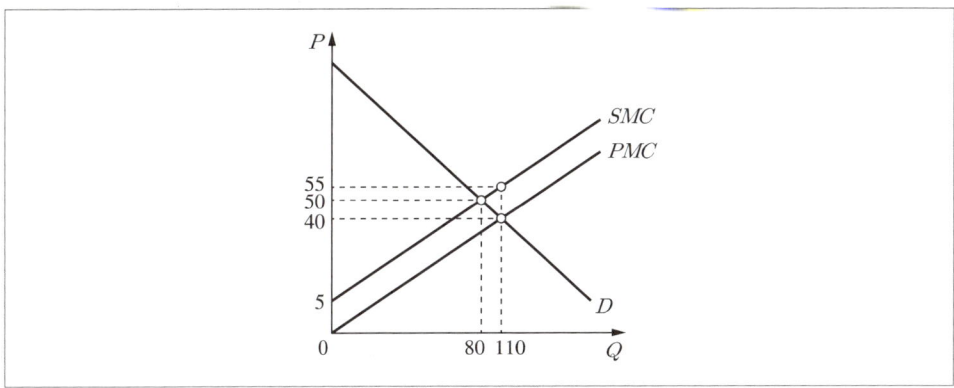

① 현재 화석연료 시장은 외부불경제가 존재한다.
② 사회적 최적 화석연료 가격은 50이다.
③ 화석연료 소비량이 110에서 80으로 감소하면, 외부비용이 사회적인 최적수준까지 감소하게 된다.
④ 시장기구에 맡길 경우 화석연료 생산량은 110이다.
⑤ 사회적 최적생산량이 달성하기 위해선 화석연료에 단위당 10의 세금을 부과해야 한다.

> **정답 | 해설**
> 현재 사회적 한계비용(SMC)이 사적 한계비용(PMC)보다 크다. $SMC > PMC$일 경우 외부불경제가 존재하는 상태이며, 시장기구에 맡길 경우 화석연료 생산량은 110, 가격은 40이다. 단위당 15의 세금을 부과하게 되면 SMC는 SMB가 만나는 사회적 최적생산량인 80에서 달성되며, 가격은 50으로 결정된다.
>
> **정답 ⑤**

| 동서발전(2023)/동서발전(2019)

76 다음 글의 빈칸에 들어갈 용어를 순서대로 바르게 나열한 것은?

> 재화를 _____과 경합성을 기준으로 사적 재화, _____, 공유자원, _____로 유형화할 수 있는데, _____을/를 통해 공유자원을 사적재화로 조정할 수 있다.

① 비경합성 – 자유재 – 클럽재 – 재산권 강화
② 비경합성 – 자유재 – 클럽재 – 외부성
③ 배제성 – 경제재 – 열등재 – 외부성
④ 배제성 – 클럽재 – 공공재 – 재산권 강화
⑤ 비배제성 – 클럽재 – 정상재 – 재산권 강화

정답 | 해설

재화를 배제성과 경합성을 기준으로 사적 재화, 클럽재, 공유자원, 공공재로 유형화할 수 있는데, 재산권 강화를 통해 공유자원을 사적재화로 조정할 수 있다.

정답 ④

| 인국공(2022)/도로(2022)/근복(2022)/국민연금(2021)/공무원연금(2020)/국민연금(2020)

77 다음 〈보기〉에서 코즈의 정리(Coase Theorem)에 대한 설명으로 옳은 것을 모두 고르면?

> **보기**
> ㉠ 외부효과를 발생시키는 재화에 대해 시장을 따로 개설해 주면 시장의 문제가 해결된다.
> ㉡ 외부효과를 발생시키는 재화에 대해 조세를 부과하면 시장의 문제가 해결된다.
> ㉢ 외부효과를 발생시키는 재화의 생산을 정부가 직접 통제하면 시장의 문제가 해결된다.
> ㉣ 외부효과를 발생시키는 재화에 대해 소유권을 인정해 주면 이해당사자들의 협상을 통하여 시장의 문제가 해결된다.
> ㉤ 코즈의 정리와 달리 현실에서는 민간주체들이 외부효과 문제를 항상 해결할 수 있는 것은 아니다.

① ㉠, ㉢
② ㉣, ㉤
③ ㉠, ㉡, ㉣
④ ㉡, ㉢, ㉤
⑤ ㉢, ㉣, ㉤

정답 | 해설

코즈의 정리란 재산권(소유권)이 명확하게 확립되어 있고, 거래비용 없이도 자유롭게 매매할 수 있다면 권리가 어느 경제주체에 귀속되는가와 상관없이 당사자 간의 자발적 협상에 의한 효율적인 자원배분이 가능해진다는 이론이다. 그러나 현실적으로는 거래비용의 존재, 외부성 측정 어려움, 이해당사자의 모호성, 정보의 비대칭성, 협상능력의 차이 등으로 인해 코즈의 정리로 문제를 해결하는 데는 한계가 있다.

정답 ②

| 인국공(2022)/도로(2022)/근복(2022)/국민연금(2021)/공무원연금(2020)/국민연금(2020)

78 다음 중 외부효과와 코즈의 정리(Coase Theorem)에 대한 설명으로 옳지 않은 것은?

① 코즈의 정리에 따른 해결에는 이해당사자들 간의 법적 권리의 소유권과는 무관하다.
② 외부불경제 현상은 완전경쟁시장에서는 발생하지 않는다.
③ 피구세는 외부불경제 현상을 해결하기 위한 하나의 방안이다.
④ 외부효과는 자원이 효율적으로 배분되지 못하게 만드는 시장실패의 원인이 된다.
⑤ 코즈의 정리에 따르면 거래비용이 클 경우에는 민간주체들 간의 외부효과 해결이 어렵다.

정답 | 해설

외부불경제 현상은 완전경쟁시장과 불완전경쟁시장 모두에서 발생한다.

정답 ②

| 인국공(2022)/도로(2022)/근복(2022)/국민연금(2021)/공무원연금(2020)/국민연금(2020)

79 다음 중 코즈의 정리(Coase Theorem)에 대한 설명으로 옳은 것은?

① 물건에 소유권이 분명하게 설정되고 그 소유권 거래에서 비용이 들지 않는다면, 그 권리를 누가 가지든 효율적 배분에는 영향을 받지 않는다.
② 비교우위의 원인을 각국의 생산요소 부존량의 차이에서 설명하고, 생산요소의 상대가격이 국제 간에 균등화하는 경향이 있다.
③ 주어진 정부 지출을 현재의 조세로 충당하든 같은 금액의 공채 발행을 통한 적자 재정으로 조달하든 경제에 미치는 효과는 같다.
④ 전통적 투자함수의 주요 변수인 이자율 외에 투자유인에 대한 포괄적 정보를 고려하여 투자가 결정된다.
⑤ 일정한 조건 아래에서 개인의 선호에 제한을 가하거나 독재성을 부과하지 않고는 개인의 선호를 전환하여 하나의 유효한 사회적 선호로 만드는 것이 불가능하다.

정답 | 해설

코즈의 정리란 민간 경제주체들이 자원배분 과정에서 거래비용 없이 협상할 수 있다면 외부효과로 인해 발생하는 비효율성을 시장 스스로 해결할 수 있다는 이론이다. 한편, 코즈의 정리에 따르면 재산권이 누구에게 부여되는지는 경제적 효율성 측면에서 아무런 차이가 없지만, 소득분배 측면에서는 차이가 발생한다.

오답분석
② 헥셔-올린 정리(Heckscher-Ohlin Theorem)에 대한 설명이다.
③ 리카도의 대등정리(Ricardian Equivalence Theorem)에 대한 설명이다.
④ 토빈의 Q(Tobin's Q) 이론에 대한 설명이다.
⑤ 애로우의 불가능성 정리(Arrow Impossibility Theorem)에 대한 설명이다.

정답 ①

| 인국공(2022)/도로(2022)/근복(2022)/국민연금(2021)/공무원연금(2020)/국민연금(2020)

80 다음 중 외부효과와 코즈의 정리(Coase Theorem)에 대한 설명으로 옳은 것은?

① 생산에 있어 외부불경제란 사회적 한계효용이 사적 한계효용보다 작을 때 발생한다.
② 소비에 있어 외부경제란 사회적 한계비용이 사적 한계비용보다 작을 때 발생한다.
③ 코즈의 정리가 성립되기 위해서는 협상비용이 커야 한다.
④ 외부불경제는 완전경쟁시장이나 불완전경쟁시장 모두에서 발생할 수 있다.
⑤ 코즈의 정리에 따르면 시장이 효율적인 결과에 도달하는지의 여부는 이해당사자들의 재산권이 누구에게 있는가에 따라 달라진다.

정답 | 해설

오답분석
① 생산에 있어 외부불경제란 사회적 한계비용이 사적 한계비용보다 클 때 발생한다($SMC > PMC$).
② 소비에 있어 외부경제란 사회적 한계효용이 사적 한계효용보다 클 때 발생한다.
③ 코즈의 정리가 성립되기 위해서는 협상비용이 거의 없어야 하며, 협상으로 인한 소득재분배가 각 개인의 한계효용에 영향을 미치지 않아야 한다.
⑤ 코즈의 정리는 재산권이 누구에게 있는지와 무관하게 효율적인 결과를 도달할 수 있다.

정답 ④

| 인국공(2022)/도로(2022)/근복(2022)/국민연금(2021)/공무원연금(2020)/국민연금(2020)

81 도심지 근처에 위치한 공장 A가 오염물질을 배출하고 있으며, 도심지에서는 농민 B가 조경업을 영위하고 있다. 그런데 공장 A는 자사의 오염배출이 농민 B에 미치는 영향을 고려하지 않고 있다. 사회적 최적 수준의 오염물질 배출량이 10톤이라고 가정할 때, 다음 중 옳지 않은 것은?

① 도심지에 농민이 많을수록 협상을 통한 오염배출 문제의 해결은 현실적으로 어려워진다.
② 현재 공장 A의 오염물질 배출량은 10톤보다 많다.
③ 농민 B보단 공장 A에게 오염배출승인권이 설정되어야만 효율적인 자원배분이 가능하다.
④ 공장 A에게 적절한 피구세를 부과함으로써 사회적 최적 수준의 오염물질 배출량 달성이 가능하다.
⑤ 오염배출 문제는 공장 A와 농민 B의 협상을 통해서 해결 가능하며, 이러한 경우 보상을 위한 필요자금이 필요하다.

정답 | 해설

코즈의 정리(Coase Theorem)에 의하면 재산권(소유권)이 명확하게 설정되어 있고, 거래비용(협상비용)이 무시할 정도로 작다면 외부성에 관한 재산권이 누구에게 귀속되는지에 관계없이 당사자 간의 협상을 통해 효율적인 자원배분이 가능하다. 따라서 공장 A든 농민 B든 재산권이 명확하게 설정되기만 한다면 누구든 효율적인 자원배분이 가능하다.

정답 ③

국가철도(2022)/수자원(2021)/자산관리(2020)

82 다음 중 완전경쟁시장의 균형점이 파레토 효율성을 이루는 이유로 옳은 것은?

① 완전경쟁시장 균형점에서 사회적 잉여가 가장 작기 때문이다.
② 완전경쟁시장 균형점에서 사회적 형평성이 극대화되기 때문이다.
③ 완전경쟁시장 균형점에서 소비자는 효용극대화, 생산자는 이윤극대화를 달성하기 때문이다.
④ 완전경쟁시장 균형점에서 재화 한 단위 생산에 따른 사회적 한계편익과 사회적 한계비용이 다르기 때문이다.
⑤ 시장수요곡선의 높이는 사회적 한계편익을 반영하지 못하지만, 시장공급곡선의 높이는 사회적 한계비용을 완전하게 반영하기 때문이다.

정답 | 해설

파레토 효율성이란 하나의 자원배분 상태에서 다른 사람에게 손해가 가지 않고서는 어떤 한 사람에게 이득이 되는 변화를 만들어내는 것이 불가능한 배분 상태를 의미한다. 즉, 파레토 효율성은 현재보다 더 효율적인 배분이 불가능한 상태를 의미한다.

오답분석

① 완전경쟁시장 균형점에서 사회적 잉여가 가장 크기 때문이다.
② 사회 구성원 간에 경제적 후생을 균등하게 분배하는 것은 아니므로 사회적 형평성이 극대화되지는 않는다.
④ 완전경쟁시장 균형점에서 재화 한 단위 생산에 따른 사회적 한계편익과 사회적 한계비용이 같기 때문이다.
⑤ 시장수요곡선의 높이는 사회적 한계편익을 반영하고, 시장공급곡선의 높이는 사회적 한계비용을 완전하게 반영하기 때문이다.

정답 ③

국가철도(2022)/수자원(2021)/자산관리(2020)

83 다음 중 파레토 최적에 대한 설명으로 옳지 않은 것은?

① 사회적으로 최적의 상태에 이르기 위한 필요충분조건이다.
② 어느 한 사람의 효용이 증가한다면, 필연적으로 다른 사람의 효용의 감소가 따른다.
③ 파레토 최적의 자원배분이 평등한 소득분배를 보장하지는 않는다.
④ 파레토 최적상태에서 실질임금은 노동의 한계비효용과 일치한다.
⑤ 파레토 최적을 낳는 자원배분은 일반적으로 무수히 많다.

정답 | 해설

사회적으로 최적의 상태에 이르기 위한 필요조건이 될 수 있지만, 충분조건까지 될 수는 없다.

정답 ①

| 도로(2022)/신보(2021)

84 다음 중 외부불경제인 공해를 해결하기 위한 방안인 피구세와 감산보조금의 효과에 대한 설명으로 옳지 않은 것은?

① 피구세가 부과되면 평균비용은 증가하지만, 한계비용은 불변이다.
② 피구세는 생산량 증가에 따른 단위당 종가세를 의미한다.
③ 감산보조금은 장기적으로 오히려 공해가 증가할 가능성이 있다.
④ 피구세는 감산보조금보다 외부불경제 제거효과가 더 크다.
⑤ 감산보조금은 재원마련과정에서 조세징수에 따른 추가적인 부담이 없다.

정답 | 해설

피구세가 부과되면 평균비용뿐만 아니라 한계비용도 증가한다.

정답 ①

| 도로(2022)/신보(2021)

85 다음 〈보기〉에서 환경오염을 줄이기 위한 피구세에 대한 설명으로 옳은 것을 모두 고르면?

보기
ㄱ. 피구세는 외부한계비용을 시장기구에 내부화하여 외부성 문제를 해결하는 방안이다.
ㄴ. 피구세는 외부효과 유발자가 인식하는 PMC와 SMC를 일치시키는 기능을 한다.
ㄷ. 피구보조금이 지급되면 공급곡선이 이동한다.
ㄹ. 피구세가 부과되면 수요곡선이 이동한다.

① ㄱ, ㄴ ② ㄱ, ㄷ
③ ㄱ, ㄹ ④ ㄴ, ㄷ
⑤ ㄴ, ㄹ

정답 | 해설

피구세는 외부성 문제를 해결하기 위한 조세이며, 보조금을 통한 지급 시 피구보조금이라고 부른다.
ㄱ. 피구세는 외부한계비용을 가격체계(혹은 시장기구)에 내부화하여 시장기구에 의해 외부성 문제를 해결하는 방안이다.
ㄴ. 외부효과 상황에서 피구세가 부과하게 되면 MC곡선이 상방으로 이동하게 되어 PMC와 SMC가 서로 일치하게 된다.

오답분석
ㄷ. 피구보조금이 지급되면 수요곡선이 이동한다.
ㄹ. 피구세는 조세이기 때문에 수요곡선이 아닌 공급곡선이 이동한다.

정답 ①

| 자산관리(2020)

86 다음 중 효율임금이론(Efficiency Wage Theory)에 대한 설명으로 옳은 것은?

① 실질임금이 인상되면 노동생산성도 증가한다고 주장한다.
② 기업이 임금을 시장균형임금보다 낮게 설정하여 이윤극대화를 추구한다는 이론이다.
③ 기업은 숙련노동자에 대한 정보가 완전하기 때문에 해당 노동자에 대해 항상 높은 임금을 지불한다는 이론이다.
④ 비자발적 실업이 발생하는 경우 효율적인 임금 수준이 재조정되므로 임금이 하락하는 이유를 설명할 수 있다.
⑤ 기업이 기존 노동자의 임금을 높게 유지하고, 신규 노동자의 임금을 낮게 유지하는 경우를 설명한다.

정답 | 해설

효율임금이론은 시장균형 임금보다 높은 수준의 임금을 지급하면 생산성을 높일 수 있다고 보는 이론으로, 근로자의 임금에 따라 노동생산성이 결정된다고 주장한다.

오답분석

② 기업이 임금을 시장균형임금보다 높게 설정하여 이윤극대화를 추구한다는 이론이다.
③ 정보가 불완전한 상태에서 도덕적 해이와 역선택을 막기 위해 높은 임금을 지불한다.
④ 비자발적 실업이 발생하더라도 높은 효율성 임금이 지급되므로 임금의 경직성을 설명할 수 있다.
⑤ 효율임금이론은 노동자에게 지급되는 임금이 시장의 균형임금보다 높은 경우를 설명하는 이론이다.

정답 ①

| 울산항마(2022)/근복(2022)/국민연금(2021)/환경(2020)

87 다음 중 소득 불평등에 대한 설명으로 옳지 않은 것은?

① 로렌츠곡선, 지니계수, 십분위분배율은 모두 소득 불평등과 관련된 개념이다.
② 지니계수가 1에 가까울수록 소득분배가 균등함을 나타낸다.
③ 로렌츠곡선은 대각선에서 멀어질수록 소득분배가 고르지 못함을 의미한다.
④ 십분위분배율은 중간계층의 소득 분포를 잘 반영하지 못한다는 단점이 있다.
⑤ 십분위분배율은 상위 20% 계층의 소득을 분모로, 하위 40% 계층의 소득을 분자로 해서 나온 수치이다.

정답 | 해설

소득 불평등 정도를 나타내는 용어에는 지니계수, 로렌츠곡선, 십분위분배율 등이 있다. 지니계수는 소득분배가 얼마만큼 균등한가를 나타낸 지표로, 0과 1 사이 값을 갖는다. 0이면 완전평등, 1이면 완전불평등을 의미한다. 보통 0.4가 넘으면 소득분배 불평등 정도가 심하다고 본다. 로렌츠곡선은 가로축에 소득계층별 가구비율을, 세로축에 누계소득 점유율을 놓고 그린 곡선이다. 소득 분포가 완전히 균등할 때 로렌츠곡선은 대각선(45도 직선)과 일치하게 된다. 상위 20% 계층 소득대비 하위 40% 계층 소득의 비율을 나타낸 것은 십분위분배율이라고 하며, 이 수치는 2에 가까울수록 소득분포가 고르다는 의미이나, 중간계층 소득이 반영되지 못하는 단점이 있다.

정답 ②

| 도로(2022)/국민연금(2021)/환경(2020)

88 다음 〈보기〉에서 후생경제학에 대한 설명으로 옳지 않은 것을 모두 고르면?

> **보기**
> ㄱ. 후생경제학의 제1정리는 불완전정보 등 불확실한 상황에 대한 고려를 하고 있다.
> ㄴ. 후생경제학의 제2정리는 시장의 힘에 대한 신뢰를 보여 준다.
> ㄷ. 후생경제학의 제1정리가 성립하면 파레토 효율성의 조건이 모두 충족된다.
> ㄹ. 일정 조건에서 일반경쟁균형의 배분이 파레토 효율적이라는 내용을 담고 있다.
> ㅁ. 현실에서는 다양한 한계로 인해 완전히 이상적인 시장의 상황을 찾기 어렵기 때문에, 시장의 실패가 종종 일어난다.

① ㄱ, ㄴ
② ㄱ, ㄷ
③ ㄴ, ㄹ
④ ㄴ, ㅁ
⑤ ㄷ, ㅁ

정답 | 해설

ㄱ. 후생경제학의 제1정리란 '시장구조가 완전경쟁적이고 외부성·공공재 등의 시장실패 요인이 존재하지 않는다면 일반경쟁균형의 자원배분은 파레토 효율적'임을 의미한다. 따라서 제1정리가 성립하려면 외부성, 공공재, 위험과 불확실성 등 시장실패 요인이 존재하지 않아야 한다. 즉, 불확실한 상황에 대한 고려를 포함하지 않아야 제1정리가 성립한다.
ㄴ. 시장의 힘에 대한 신뢰를 보여주는 것은 제1정리이다. 후생경제학의 제2정리는 모든 개인들의 선호가 볼록성을 충족하면 초기 부존자원의 적절한 재분배를 통하여 임의의 파레토 효율적인 자원배분을 일반경쟁균형을 통하여 달성할 수 있음을 의미한다.

정답 ①

CHAPTER 04 국민소득결정이론

| 도로(2022)

01 다음 중 여러 학파의 통화정책에 대한 견해로 옳지 않은 것은?

① 통화주의학파는 통화정책의 시차가 길고 가변적이므로 준칙에 입각한 정책실시를 주장한다.
② 새고전학파는 경제주체의 기대가 합리적이면 통화정책의 효과가 줄어든다고 주장한다.
③ 실물경기변동학파는 통화공급의 내생성을 이유로 재량적인 통화정책을 반대한다.
④ 케인스학파는 유동성함정이 있는 경우에 통화정책의 효과가 없다고 주장한다.
⑤ 새케인스학파는 상품시장의 불완전한 정보 때문에 통화정책의 효과가 크지 않다고 주장한다.

정답 | 해설

새케인스학파는 합리적 기대를 받아들이지만, 가격의 경직성으로 인해 단기에는 통화정책이 효과를 나타낼 수 있다고 본다.

정답 ⑤

| 도로(2022)

02 다음 〈보기〉에서 통화정책의 단기적 효과를 높이는 요인으로 옳은 것을 모두 고르면?

보기
ㄱ. 화폐수요의 이자율 탄력성이 높은 경우
ㄴ. 투자의 이자율 탄력성이 높은 경우
ㄷ. 한계소비성향이 높은 경우

① ㄱ   ② ㄴ
③ ㄱ, ㄴ   ④ ㄴ, ㄷ
⑤ ㄱ, ㄴ, ㄷ

정답 | 해설

화폐수요의 이자율 탄력성이 높은 경우(이자율의 화폐수요 탄력성은 낮음)에는 총통화량을 많이 증가시켜도 이자율의 하락폭은 작기 때문에 투자의 증대효과가 낮다. 반면, 화폐수요의 이자율 탄력성이 낮은 경우(이자율의 화폐수요 탄력성은 높음)에는 총통화량을 조금만 증가시켜도 이자율의 하락폭은 커지므로 투자가 늘어나고 이로 인해 국민소득이 늘어나므로 통화정책의 효과가 높아진다.

정답 ④

| 자산관리(2022)

03 다음은 케인스의 단순모형에서 투자와 저축의 곡선을 나타내는 그래프이다. 현재 국민총생산이 Y_0에서 달성되고 있을 경우, 케인스의 단순모형에서 저축함수의 성격과 현재 생산물시장의 상황으로 옳은 것은?

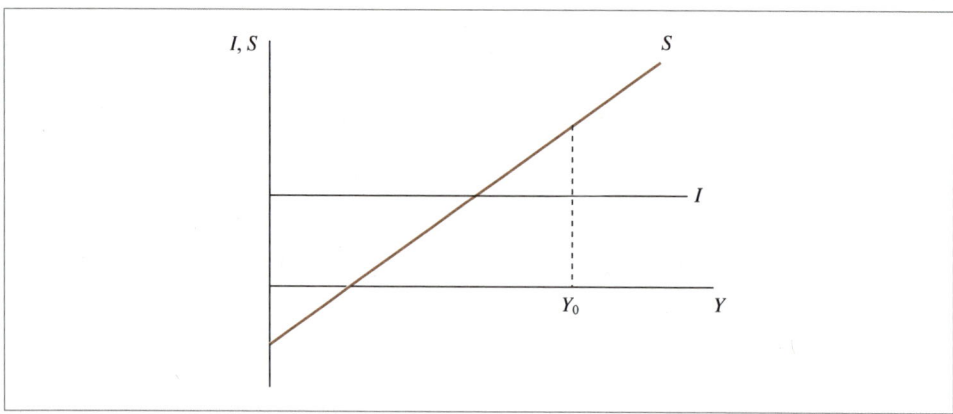

① 저축은 국민소득의 증가함수이고, 의도했던 것보다 재고가 증가한다.
② 저축은 국민소득의 증가함수이고, 의도했던 것보다 재고가 감소한다.
③ 저축은 국민소득의 증가함수이고, 의도했던 재고와 변화가 없다.
④ 저축은 이자율의 증가함수이고, 의도했던 것보다 재고가 증가한다.
⑤ 저축은 이자율의 증가함수이고, 의도했던 것보다 재고가 감소한다.

정답 해설

그래프상에서 국민소득이 증가할 때 저축이 증가하므로 저축은 국민소득의 증가함수이다. 현재 국민총생산이 Y_0에서 달성되고 있을 때 소득 중 소비되지 않은 부분을 나타내는 저축이 기업의 새로운 자본재 구입액인 투자를 초과하므로, 생산물 중 일부가 덜 팔리면서 의도했던 것보다 재고가 증가한다.

정답 ①

| 수자원(2022)

04 다음은 A국가의 6년간 물가상승률과 명목이자율을 나타낸 지표이다. A국가의 실질이자율이 가장 높았던 연도와 그 시기의 실질이자율을 바르게 나열한 것은?

구분	물가상승률	명목이자율
2016년	10%	6%
2017년	7%	6%
2018년	4%	9%
2019년	11%	10%
2020년	9%	8%
2021년	8%	9%

① 2016년, -4%   ② 2016년, -1%
③ 2018년, -5%   ④ 2018년, 5%
⑤ 2021년, 1%

정답 | 해설

명목이자율(Nominal Interest Rate)은 일반적으로 말하는 이자율로, 물가상승을 감안하지 않는다. 반면, 실질이자율(Real Interest Rate)은 물가상승 조정을 위해 명목이자율에서 물가상승률을 뺀 것을 말한다. 물가상승률까지 고려해 실질이자율로 계산된 금리가 마이너스인 경우는 자주 있었으며, 이러한 관계를 보고한 경제학자 어빙 피셔의 이름을 따서 피셔 방정식이라는 개념으로 설명이 가능하다. 해당 지표를 통해 2018년의 물가상승률이 가장 낮았으며, 실질이자율은 5%로 가장 높았다는 사실을 확인할 수 있다.

정답 ④

| 서교공(2025)/농어촌(2021)/근복(2021)/신보(2021)/남동발전(2019)

05 다음 자료를 토대로 국내총생산을 계산한 결과로 옳은 것은?

- 소비 : 1,200조 원
- 투자 : 400조 원
- 정부지출 : 600조 원
- 순수출 : -50조 원
- 정부저축 : 100조 원
- 국민저축 : 200조 원

① 1,750조 원   ② 2,050조 원
③ 2,150조 원   ④ 2,200조 원
⑤ 2,300조 원

정답 | 해설

국내총생산(GDP)은 (소비)+(투자)+(정부지출)+(순수출)을 통해 구하며, 정부저축 및 국민저축은 계산에 포함하지 않는다. 따라서 제시된 자료를 토대로 국내총생산을 구하면 1,200+400+600+(-50)=2,150조 원이다.

정답 ③

| 서교공(2025)/농어촌(2021)/근복(2021)/신보(2021)/남동발전(2019)

06 다음 〈조건〉은 해외부문이 존재하지 않는 폐쇄경제인 A국의 소비함수와 민간투자, 정부지출에 대한 자료이다. A국의 정부가 정부지출을 현재보다 40만큼 늘린다고 할 때, 옳은 것은?

조건
- 소비함수 $C=100+0.6Y$
- 민간투자 : 180
- 정부지출 : 180

※ C는 소비, Y는 국민소득, 조세율은 0임

① 국민소득은 변하지 않는다.
② 국민소득은 40만큼 커진다.
③ 국민소득은 60만큼 커진다.
④ 국민소득은 80만큼 커진다.
⑤ 국민소득은 100만큼 커진다.

정답 | 해설

A국의 한계소비성향은 소비함수를 통해 0.6이라는 것을 알 수 있고, 정부지출승수 $\frac{dY}{dG}=\frac{1}{1-0.6(1-t)}$ 이다. 따라서 조세율이 0이므로 정부지출승수는 $\frac{1}{1-0.6}=2.5$이다. 40만큼 정부지출이 증가하면 정부지출승수에 의해 $2.5\times40=100$만큼 국민소득이 증가할 것이다.

정답 ⑤

| 서교공(2025)/농어촌(2021)/근복(2021)/신보(2021)/남동발전(2019)

07 다음 〈조건〉과 같이 주어진 폐쇄경제에서 균형이자율(r)은?

조건
- $Y=2,000$
- $C=1,200$
- $G=500$
- $T=200$
- $I=400-40r$

※ Y는 총소득, C는 소비, G는 정부지출, T는 조세, I는 투자임

① 2.0
② 2.5
③ 3.0
④ 3.5
⑤ 4.0

정답 | 해설

균형국민소득을 구하기 위해 $Y=C+I+G$를 이용하면 $2,000=1,200+(400-40r)+500$이다.
따라서 균형이자율 $r=2.5$이다.

정답 ②

| 서교공(2025)/농어촌(2021)/근복(2021)/신보(2021)/남동발전(2019)

08 다음 〈조건〉을 통해 계산한 정부지출의 크기로 옳은 것은?

> **조건**
> - 균형국민소득 : $Y=8,000$
> - 소비지출 : $C=2,000+0.1Y$
> - 투자지출 : $I=1,000+0.2Y$

① 1,200 ② 2,600
③ 3,000 ④ 4,200
⑤ 5,000

정답 | 해설

$Y=C+I+G$
$8,000=(2,000+0.1Y)+(1,000+0.2Y)+G$
$\therefore G=2,600$

정답 ②

| 국민연금(2022)/동서발전(2019)

09 다음 중 대부자금시장에 대한 설명으로 옳지 않은 것은?(단, 대부자금의 공급은 실질이자율의 증가함수이고, 대부자금의 수요는 실질이자율의 감소함수이다)

① 균형이자율은 대부자금에 대한 수요와 공급이 일치하도록 조정된다.
② 정부 재정흑자의 증가는 민간소비를 증가시킨다.
③ 정부 재정적자의 증가는 균형이자율을 높인다.
④ 기업의 투자를 유인하는 정책이 많아지면 균형이자율이 낮아진다.
⑤ 저축에 대하여 세제혜택이 많아지면 균형이자율이 낮아진다.

정답 | 해설

기업의 투자를 유인하는 정책이 많아지면 대부자금의 수요를 증가시킨다. 이에 따라 균형이자율이 상승하게 된다.

오답분석
① 균형이자율은 대부자금에 대한 수요와 공급이 일치하도록 조정된다.
② 정부 재정흑자의 증가는 대부자금의 총저축이 증가하여 균형이자율이 하락하고, 민간소비와 민간투자가 증가한다.
③ 정부 재정적자의 증가는 국민저축을 감소시켜 결과적으로 대부자금의 공급을 감소시켜 균형이자율이 상승하게 된다.
⑤ 저축에 대한 세제혜택이 많아지면 총저축이 증가하여 균형이자율이 하락한다.

정답 ④

| 가스기술(2023)/수자원(2021)

10 다음 중 고전학파 세이의 법칙과 케인스의 단순 국민소득결정모형에 대한 설명으로 옳지 않은 것은?

① 케인스에 따르면 계획된 투자가 실현된 투자보다 크면 다음 기에는 소득이 증가한다.
② 세이의 법칙에 따르면 주입과 누출은 일치한다.
③ 케인스는 실질이자율의 신축적인 조정에 의해 생산물시장의 균형이 이루어진다고 가정한다.
④ 케인스는 유효수요만 있으면 언제든지 생산이 가능하다고 가정한다.
⑤ 세이의 법칙에 따르면 공급은 스스로의 수요를 창출하므로 만성적인 수요부족은 존재하지 않는다.

정답 | 해설

실질이자율의 신축적인 조정에 의해 생산물시장의 균형이 이루어진다고 가정하는 것은 고전학파이며, 케인스는 생산량의 조정에 의해 불균형이 조정된다고 본다.

정답 ③

| 가스기술(2023)/수자원(2021)

11 다음 중 고전학파의 견해에 대한 설명으로 옳은 것은?

① 세이의 법칙에 의하여 초과공급이 발생한다.
② 대금자금시장에서 민간저축은 이자율의 증가함수이다.
③ 실질이자율이 상승하거나 하락하더라도 투자에는 영향이 없다.
④ 자본설비 증대를 통한 공급능력 확충을 위해서 저축보다 소비가 중요하다고 본다.
⑤ 확대적인 재정정책으로 인해 실질이자율이 상승하여 민간투자는 감소하지만, 민간소비는 증가하는 것을 구축효과라고 한다.

정답 | 해설

오답분석
① 세이의 법칙이란 공급이 이루어지면 그만큼의 수요가 생겨나므로, 경제 전체로 볼 때 수요부족에 따른 초과공급은 발생하지 않음을 의미한다.
③ 고전학파는 실질이자율이 상승하거나 하락하면, 그에 따라 투자가 신축적으로 변한다고 본다.
④ 고전학파는 저축을 미덕으로 보는 반면, 케인스는 소비를 미덕으로 본다.
⑤ 확대적인 재정정책으로 인해 실질이자율이 상승하여 민간투자와 민간소비가 둘 다 감소하는 것을 구축효과라고 한다.

정답 ②

| 농어촌(2021)/자산관리(2021)/수자원(2021)/동서발전(2019)

12 A국의 한계소비성향이 $\frac{2}{3}$이고, 최근 정부에서는 추가경정예산으로 140억 원을 집행하였다. A국의 비례적 소득세율이 20%일 때, 추가경정예산의 시행으로 인한 국민소득증가분은 얼마인가?

① 80억 원
② 120억 원
③ 180억 원
④ 250억 원
⑤ 300억 원

정답 | 해설

정부재정지출승수는 $\frac{1}{1-c(1-t)}$ 이다.

주어진 조건을 적용하면 $\frac{1}{1-\frac{2}{3}\left(1-\frac{1}{5}\right)} = \frac{1}{1-\frac{8}{15}} = \frac{15}{7}$ 이다.

따라서 140억 원의 추가경정예산의 시행으로 인해 $\frac{15}{7} \times 140$억$=300$억 원의 국민소득이 증가한다.

정답 ⑤

| 농어촌(2021)/자산관리(2021)/수자원(2021)/동서발전(2019)

13 어느 폐쇄경제의 국가가 있다. 한계소비성향(MPC)이 0.5일 때, 투자가 1조 원 증가하고, 조세가 0.5조 원 증가한다면 균형국민소득의 변화분은 얼마인가?

① -0.5조 원
② 0원
③ 0.5조 원
④ 1조 원
⑤ 1.5조 원

정답 | 해설

- [한계소비성향(c)]$=0.5$

  투자승수는 $\frac{1}{1-c(1-t)}$ 이므로 $\frac{1}{1-0.5(1-0)}=2$

- 균형국민소득의 증가분 : 1조$\times 2=2$조 원

  조세승수는 $\frac{-c}{1-c(1-t)}$ 이므로 $\frac{-0.5}{1-0.5(1-0)}=-1$

- 균형국민소득의 감소분 : 0.5조$\times -1=-0.5$조 원
  따라서 균형국민소득은 $2-0.5=1.5$조 원 증가한다.

정답 ⑤

| 농어촌(2021)/자산관리(2021)/수자원(2021)/동서발전(2019)

14 다음 〈조건〉은 A국의 소비, 투자, 정부지출, 순수출에 대한 자료이다. 현재 A국의 투자가 100에서 70으로 감소할 때, 국민소득에 미치는 영향은 얼마인가?(단, Y는 국민소득이다)

조건
- $C = 400 + 0.75Y$
- $I = 100$
- $G = 80$
- $NX = 200$

① 30 감소 ② 80 감소
③ 100 감소 ④ 120 감소
⑤ 200 감소

정답 | 해설

소비함수를 통해 한계소비성향(c)이 0.75이므로 투자승수는 $\dfrac{dY}{dI} = \dfrac{1}{1-c} = \dfrac{1}{1-0.75} = 4$이다. A국의 투자가 100에서 70으로 감소할 때 투자가 30만큼 줄어들어 국민소득은 $4 \times 30 = 120$만큼 감소한다.

정답 ④

| 농어촌(2021)/자산관리(2021)/수자원(2021)/동서발전(2019)

15 국민소득 관련 방정식은 $Y = C + I + G + NX$, $Y = C + S + T$이다. 다음 〈조건〉을 이용하여 산출한 국민저축은?(단, Y는 국민소득, C는 소비, I는 투자, G는 정부지출, NX는 순수출, X는 수출, M은 수입, S는 민간저축, T는 세금이다)

조건
- C : 8,000
- I : 2,000
- X : 5,000
- M : 4,000
- G : 2,000
- T : 1,000

① 2,200 ② 2,500
③ 2,800 ④ 3,000
⑤ 4,000

정답 | 해설

$Y = C + I + G + NX = 8,000 + 2,000 + 2,000 + (5,000 - 4,000) = 13,000$
$13,000 = 8,000 + S + 1,000$
$S = 4,000$(민간저축)
(국민저축) = (민간저축) + (정부저축)
(정부저축) = $T - G = 1,000 - 2,000 = -1,000$
∴ (국민저축) = $4,000 + (-1,000) = 3,000$

정답 ④

| 농어촌(2021)/자산관리(2021)/수자원(2021)/동서발전(2019)

16 국민소득, 소비, 투자, 정부지출, 순수출, 조세를 각각 Y, C, I, G, NX, T라고 표현한다. 국민경제의 균형이 〈조건〉과 같이 결정될 때, 균형재정승수(Balanced Budget Multiplier)는?

> **조건**
> - $C = 100 + 0.8(Y - T)$
> - $Y = C + I + G + NX$

① 0.8　　　　　　　　　　② 1
③ 4　　　　　　　　　　　④ 5
⑤ 7

정답 | 해설

균형재정승수란 정부가 균형재정을 유지하는 경우에 국민소득이 얼마나 증가하는가를 측정하는 것이다. 균형재정이란 정부의 조세수입과 정부지출이 같아지는 상황으로 $\triangle G = \triangle T$라고 할 수 있다. 정부지출과 조세를 동일한 크기만큼 증가시키는 경우로 정부지출승수는 $\frac{\triangle Y}{\triangle G} = \frac{1}{1-MPC} = \frac{1}{1-0.8} = 5$이고, 조세승수는 $\frac{\triangle Y}{\triangle G} = \frac{-MPC}{1-MPC} = \frac{-0.8}{1-0.8} = -4$이다. 즉, 정부지출과 조세를 동시에 같은 크기만큼 증가시키면 $\frac{\triangle Y}{\triangle G} + \frac{\triangle Y}{\triangle T} = \frac{1}{1-0.8} + \frac{-0.8}{1-0.8} = 5 - 4 = 1$이 된다. 따라서 균형재정승수는 1이다.

정답 ②

| 관광(2023)/HUG(2022)/수자원(2022)/자산관리(2022)/서울시설(2020)/자산관리(2020)

17 다음 중 $IS-LM$ 모형에서 확장적 재정정책이 국민소득에 미치는 효과에 대한 설명으로 옳지 않은 것은?

① 화폐수요의 이자율탄력성이 높을수록 소득증가 효과가 커진다.
② 민간투자의 이자율탄력성이 작을수록 소득증가 효과가 커진다.
③ 한계소비성향이 높을수록 소득증가 효과가 커진다.
④ 소득세율이 낮을수록 소득증가 효과가 커진다.
⑤ IS곡선이 이동 폭이 작을수록 소득증가 효과가 커진다.

정답 | 해설

확장적인 재정정책을 실시하면 IS곡선이 '(정부지출 증가분)×(승수)'만큼 오른쪽으로 이동하면서 국민소득이 증가한다. 국민소득이 증가하면 화폐수요가 증가하므로 이자율이 상승하고, 이에 따라 민간투자가 감소하는 구축효과가 발생한다. 그러므로 $IS-LM$ 모형에서는 확장적 재정정책을 실시하더라도 승수모형에서보다 국민소득이 작게 증가한다. 확장적 재정정책을 실시할 때 국민소득이 크게 증가하려면 일차적으로 IS곡선의 이동 폭이 커야 하므로 승수가 커야 한다. 즉, 한계소비성향이 높을수록, 소득세율이 낮을수록 승수효과가 크므로 국민소득에 미치는 영향이 크다. 또한 국민소득이 크게 증가하려면 구축효과가 작아야 한다. 구축효과는 화폐수요의 이자율탄력성이 높을수록(LM곡선이 완만할수록), 민간투자의 이자율탄력성이 작을수록(IS곡선이 급경사일수록) 작아진다.

정답 ⑤

| 관광(2023)/HUG(2022)/수자원(2022)/자산관리(2022)/서울시설(2020)/자산관리(2020)

18 다음 중 자본이동이 완전히 자유로운 개방경제에서의 확장적 재정정책에 대한 설명으로 옳지 않은 것은?

① 변동환율제도에서는 재정정책이 국민소득의 증가를 일으키지 못한다.
② 고정환율제도에서는 재정정책이 국민소득의 증가를 일으키지 못한다.
③ 변동환율제도에서는 재정정책으로 인하여 환율이 하락한다.
④ 고정환율제도에서는 재정정책으로 인하여 소비가 증가한다.
⑤ 변동환율제도와 고정환율제도 모두 재정정책으로 인하여 경상수지가 악화된다.

정답 해설

고정환율제도에서는 재정정책으로 IS곡선이 오른쪽으로 이동하면서 대내균형이 우상방으로 이동하나, 국내이자율이 국제이자율보다 높아 해외자본이 유입된다. 이에 따라 환율하락을 방지하기 위하여 중앙은행이 개입하여 국내통화량을 증가시킴으로써 LM곡선이 오른쪽으로 이동하게 되고, 결국 새로운 균형에서는 국민소득이 증가하게 된다.

변동환율제도와 고정환율제도에서의 확장적 재정정책

변동환율제도	고정환율제도
국민소득 불변	국민소득 증가
소비, 투자 불변	소비 증가, 투자 불변
환율하락에 따른 경상수지 적자 발생	국민소득 증가에 따른 수입증가로 인한 경상수지 악화(적자 발생 불확실)

정답 ②

CHAPTER 05 소비함수와 투자함수

한수원(2023)/SH(2022)

01 다음 중 소비함수이론과 투자함수이론에 대한 설명으로 옳지 않은 것은?

① 케인스(Keynes)의 절대소득가설에서 소비는 그 당시 소득의 절대적인 크기에 따라 결정된다.
② 상대소득가설에서 소비는 이중적 성격에 따라 장기소비성향과 단기소비성향이 다르다.
③ 국민소득계정상의 투자는 그 나라가 만든 재화 중 기업이 구입한 재화의 가치이다.
④ 케인스(Keynes)의 내부수익률법에서 기대 투자수익률은 순현재가치를 0으로 만들어주는 이자율을 뜻한다.
⑤ 딕싯(Dixit)의 투자옵션이론은 미래에 대한 불확실성이 커질수록 기업의 투자는 늘어난다고 주장한다.

정답 | 해설

소비함수이론에는 케인스의 절대소득가설, 쿠즈네츠의 실증분석, 상대소득가설, 피셔의 2기간 모형, 항상소득가설, 생애주기가설, 랜덤워크 가설이 해당한다. 반대로 투자함수이론에는 현재가치법, 내부수익률법, 신고전학파의 투자결정이론, 가속도 원리, 신축적 가속도 원리, 투자옵션이론, Q이론이 해당한다. 딕싯(Dixit)의 투자옵션이론은 투자함수이론에 해당하며, 미래에 대한 불확실성이 커질수록 기업의 투자는 줄어든다고 주장한다.

정답 ⑤

한수원(2023)/SH(2022)

02 다음 중 소비함수이론에 해당하지 않는 이론은?

① 케인스(Keynes)의 절대소득가설
② 쿠즈네츠(Kuznets)의 실증분석
③ 상대소득가설
④ 현재가치법
⑤ 평생소득가설

정답 | 해설

현재가치법은 대표적인 투자함수이론에 해당하는 이론으로, 미래에 생길 돈이 현재의 돈 가치로 얼마가 될지 계산하는 공식이다. 따라서 소비함수이론에 해당하지 않는다.

정답 ④

03 다음 중 전통적인 케인스 소비함수의 특징으로 옳지 않은 것은?

① 한계소비성향이 0과 1 사이에 존재한다.
② 평균소비성향은 소득이 증가함에 따라 감소한다.
③ 현재의 소비는 현재의 소득에 의존한다.
④ 이자율은 소비를 결정할 때 중요한 역할을 한다.
⑤ 단기소비곡선에서 평균소비성향은 한계소비성향보다 크다.

정답 | 해설

케인스에 따르면 현재소비는 현재의 가처분소득에 의해서만 결정되므로, 이자율은 소비에 아무런 영향을 미치지 않는다.

정답 ④

04 다음 중 소비성향과 저축성향에 대한 설명으로 옳은 것은?

① 평균소비성향(APC)은 항상 음($-$)의 값을 가진다.
② 한계소비성향(MPC)은 항상 $MPC>1$의 값을 가진다.
③ $APC+MPC=1$
④ $1+MPC=MPS$
⑤ $1-APS=APC$

정답 | 해설

- [한계소비성향(MPC)]$=\dfrac{\Delta C}{\Delta Y_d}$, 처분가능소득이 1단위 증가할 때 소비가 증가하는 비율
- [한계저축성향(MPS)]$=\dfrac{\Delta S}{\Delta Y_d}$, 처분가능소득이 1단위 증가할 때 저축이 증가하는 비율
- [평균소비성향(APC)]$=\dfrac{C}{Y_d}$, 처분가능소득에서 소비가 차지하는 비중
- [평균저축성향(APS)]$=\dfrac{S}{Y_d}$, 처분가능소득에서 저축이 차지하는 비중

따라서 $APC+APS=1$이다.

오답분석

① 평균소비성향(APC)은 항상 양($+$)의 값을 가진다.
② 한계소비성향(MPC)은 항상 $0<MPC<1$의 값을 가진다.
③ $APC+APS=1$
④ $MPC+MPS=1$

정답 ⑤

| 인천항만(2021)

05 A사는 B사와 협업하는 프로젝트에 1,000만 원을 투자하면, 2년 동안 1차 년도에는 660만 원, 2차 년도에는 726만 원 현금수입이 들어오는 것으로 예측하였다. 이 프로젝트에 투자할 경우 순현재가치(NPV)는 얼마인가?(단, 시중이자율은 연 10%이다)

① 160만 원　　　　　　　　② 170만 원
③ 180만 원　　　　　　　　④ 190만 원
⑤ 200만 원

정답 | 해설

[순현재가치(NPV)] $= -1,000 + \dfrac{660}{1.1} + \dfrac{726}{1.1 \times 1.1} = -1,000 + 1,200 = 200$만 원

정답 ⑤

| 수자원(2021)

06 A기업의 기초 자본구조는 부채 1,200억 원, 자기자본 800억 원으로 구성되어 있다. 기말결산을 해보니 영업이익은 244억 원이고, 이자비용은 84억 원이다. 주주의 기대수익률이 15%이고 법인세율이 25%일 때, A기업의 가중평균자본비용은 얼마인가?(단, 장부가치와 시장가치는 동일하다)

① 5.15%　　　　　　　　② 6.15%
③ 7.15%　　　　　　　　④ 8.15%
⑤ 9.15%

정답 | 해설

- k_e(자기자본비용) $= 15\%$
- k_d(타인자본비용) $= \dfrac{84}{1,200} = 7\%$

$wacc$(가중평균자본비용) $= 15\% \times \dfrac{800}{2,000} + 7\%(1-25\%) \times \dfrac{1,200}{2,000} = 9.15\%$

정답 ⑤

| 신보(2021)

07 다음 중 가속도원리에 대한 설명으로 옳지 않은 것은?

① 단순 가속도원리는 생산량(GDP) 변화에 의해 투자가 유발되는 것을 설명하는 이론이다.
② 단순 가속도원리는 소득(혹은 소비) 변화가 투자에 정확히 정비례적인 영향을 설명하는 이론이다.
③ 단순 가속도원리는 이자율과 자본재가격을 고려하지 못한다는 단점이 있다.
④ 신축적 가속도원리는 목표자본량과 실제자본량의 갭이 서서히 메워진다고 가정한다.
⑤ 신축적 가속도원리에 따르면 산출량의 변화에 따른 투자의 변화는 단순 가속도원리보다 서서히 이루어진다.

정답 해설

가속도원리는 소득(혹은 소비) 변화가 투자에 정비례적인 영향이 아닌 가속도적인 영향을 설명하는 이론이다. 이는 생산량(GDP) 변화에 의해 투자가 유발되는 것을 설명하려는 이론으로, 소득(혹은 소비) 변화가 투자에 가속도적인 영향을 미친다는 것을 설명한다. 하지만 생산시설의 완전가동을 전제하고 있으며, 가속도계수가 일정하고, 이자율과 자본재가격 등을 고려하지 않는다는 단점이 있다. 이후에 신축적 가속도원리라는 보다 현실적인 이론이 제시되었다. 신축적 가속도원리는 실제자본량과 목표자본량 간의 갭이 시차를 두고 서서히 메워진다고 보며, 산출량의 변화에 따른 투자의 변화는 기존의 단순 가속도원리보다 서서히 이루어짐을 설명함으로써 현실 설명에 더 부합한다.

정답 ②

| 국가철도(2022)/인국공(2022)/수자원(2021)/도로(2020)

08 다음 중 리카도의 대등정리(Ricardian Equivalence Theorem)에 대한 설명으로 옳은 것은?

① 리카도의 대등정리에 따르면 국채가 발행되면 총저축은 증가한다.
② 유동성제약이 존재할 경우에도 리카도의 대등정리가 성립한다.
③ 리카도의 대등정리에 따르면 국채가 발행되면 이자율은 변하지 않지만, 민간투자는 증가한다.
④ 리카도의 대등정리는 항상소득가설과 같은 미래전망적 소비이론에 근거하고 있다.
⑤ 리카도의 대등정리에 따르면 합리적인 소비자들은 국채를 부채가 아니라 자산으로 인식하기 때문에 국채가 발행되더라도 소비가 증가하지 않는다.

정답 해설

리카도의 대등정리는 항상소득가설 혹은 생애주기가설과 같은 미래전망적 소비이론에 근거하고 있다.

오답분석

① 리카도의 대등정리에 따르면 국채가 발행되더라도 정부저축이 감소하는 만큼 민간저축이 증가하므로 총저축은 변하지 않는다.
② 유동성제약에 놓여 있을 경우 현재의 가처분소득에 의해 소비가 결정되기 때문에 국채가 발행됨에 따라 조세감면이 이루어지면 사람들의 가처분소득이 증가하므로 소비가 증가하게 된다.
③ 리카도의 대등정리에 따르면 국채가 발행되더라도 경제 전체의 총저축이 변하지 않으므로 이자율과 민간투자도 변하지 않는다.
⑤ 리카도의 대등정리에 따르면 합리적인 소비자들은 국채를 부채로 인식한다.

정답 ④

| 남동발전(2019)

09 다음 중 생애주기이론(Life Cycle Theory)에 대한 설명으로 옳지 않은 것은?

① 유동성제약이 존재할수록 생애주기이론의 현실 설명력은 약해진다.
② 생애주기이론은 사람들은 자신의 생애를 두고 현재소비를 결정한다고 가정한다.
③ 생애주기이론에 따르면 단기에는 APC는 MPC보다 작다.
④ 생애주기이론에 따르면 장기에는 APC와 MPC가 동일하다.
⑤ 생애주기이론에 따르면 소비는 평생 동안 기대할 수 있는 자산소득과 노동소득의 현재가치에 의해 결정된다고 본다.

정답 | 해설

생애주기이론에 따르면 단기에는 자산규모가 고정되어 있으므로 APC는 MPC보다 크다.

정답 ③

| 관광(2023)/공항철도(2021)

10 다음 글에서 설명하는 소비의 결정요인에 대한 이론으로 옳은 것은?

> 소비는 오직 현재 소득(처분가능소득)에 의해서만 결정된다. 타인의 소비행위와는 독립적이다. 소득이 증가하면 소비가 늘어나고, 소득이 감소하면 소비도 줄어든다. 따라서 정부의 재량적인 조세정책이 경기부양에 매우 효과적이다.

① 절대소득가설
② 항상소득가설
③ 상대소득가설
④ 생애주기가설
⑤ 리카도의 대등정리

정답 | 해설

절대소득가설은 경제학자 케인스(Keynes)가 주장한 소비이론이다. 현재 소득이 소비를 결정하는 가장 중요한 요인으로, 소득 이외 요인은 소비에 2차적인 영향만 미친다는 것이다. 하지만 현재소비를 설명하기 위해 현재 소득에만 큰 비중을 두고 금융자산, 이자율, 장래소득의 기대 등 소비에 영향을 끼치는 다른 변수는 간과했다는 지적이 있다. 항상소득가설은 항상소득이 소비를 결정한다는 이론이다. 경제학자 밀턴 프리드먼은 소득을 정기적으로 확실한 항상소득과 임시적인 변동소득으로 구분해 항상소득이 소비에 영향을 미친다고 주장했다.

정답 ①

| 국민연금(2020)

11 A국의 시중금리가 연 4%에서 연 2%로 감소하는 경우, 매년 200만 원씩 영원히 지급받을 수 있는 영구채의 현재가치의 변화액으로 옳은 것은?

① 5,000만 원 감소
② 2,500만 원 감소
③ 5,000만 원 증가
④ 2,500만 원 증가
⑤ 변화 없음

> **정답 | 해설**
>
> r% 이자율로 영구히 받을 경우 무한등비급수로 계산한 $\frac{A}{r}$가 된다. 따라서 시중금리가 4%인 경우 매년 200만 원씩 영구히 지급되는 영구채의 현재가치는 $\frac{200}{0.04}$=5,000만 원이다. 시중금리가 2%로 감소하는 경우의 현재가치는 1억 원이며, 5,000만 원만큼 증가한다.
>
> 정답 ③

| 수자원(2021)/공항철도(2021)

12 다음 〈보기〉에서 케인스의 유동성 선호설에 대한 설명으로 옳은 것을 모두 고르면?

> **보기**
>
> ㉠ 케인스의 유동성 선호설에 따르면 자산은 화폐와 채권 두 가지만 존재한다.
> ㉡ 케인스의 따르면 화폐공급곡선이 수평인 구간을 유동성함정이라고 한다.
> ㉢ 유동성함정 구간에서는 화폐수요의 이자율탄력성은 무한대(∞)이다.
> ㉣ 케인스의 유동성 선호설에 따른 투기적 동기의 화폐수요(hr)는 화폐수요함수$\left(\frac{M^d}{P}\right)$와 비례관계에 있다.

① ㉠, ㉡
② ㉠, ㉢
③ ㉡, ㉢
④ ㉡, ㉣
⑤ ㉢, ㉣

> **정답 | 해설**
>
> ㉠ 케인스의 유동성 선호설에 따르면 자산은 화폐와 채권 두 가지만 존재한다고 가정하며, 화폐공급이 증가하더라도 증가된 통화량이 모두 화폐수요로 흡수되는 구간을 유동성함정이라고 한다.
> ㉢ 유동성함정에서의 화폐수요곡선은 수평형태를 가지고, 화폐수요의 이자율탄력성이 무한대인 상태이다.
>
> **오답분석**
>
> ㉡ 유동성함정은 화폐수요곡선이 수평인 구간이다.
> ㉣ 케인스의 유동성 선호설에 따른 투기적 동기의 화폐수요는 화폐수요함수와 반비례관계에 있다 $\left[\frac{M^d}{P}=kY(거래적\ 동기의\ 화폐수요)-hr(투기적\ 동기의\ 화폐수요)\right]$.
>
> 정답 ②

| 자산관리(2022)/수자원(2021)/공항철도(2021)/남동발전(2021)

13 다음 〈보기〉에서 이자율에 대한 설명으로 옳지 않은 것을 모두 고르면?

> **보기**
> ㉠ 시장이자율이 정상이자율보다 낮다면 투기적 화폐수요가 감소한다.
> ㉡ 케인스에 따르면 이자율에 의해 화폐수요가 큰 영향을 받으므로 유통속도가 매우 불안정하다.
> ㉢ 정상이자율이란 궁극적으로 도달할 것으로 사람들이 예상하는 이자율을 의미한다.
> ㉣ 케인스에 따르면 이자율이 하락하면 채권을 구입할 경우 자본이득을 얻을 가능성이 커진다.
> ㉤ 이자율이 상승하면 화폐보유의 기회비용이 상승한다.

① ㉠, ㉡
② ㉠, ㉢
③ ㉠, ㉣
④ ㉡, ㉤
⑤ ㉢, ㉣

정답 | 해설

㉠ 시장이자율이 정상이자율보다 낮다면 소비자들은 이자율이 상승할 것을 예상하여 채권가격이 하락할 것으로 예상하므로 투기적 화폐수요는 증가한다.
㉣ 케인스에 따르면 이자율이 하락하면 채권가격이 상승하므로 채권을 구입할 경우 자본손실을 입을 가능성이 커져 채권보다는 화폐를 보유하고자 한다. 따라서 이자율이 하락하면 화폐수요가 증가한다.

정답 ③

| 자산관리(2022)/수자원(2021)/공항철도(2021)/남동발전(2021)

14 다음 중 케인스의 화폐수요이론에 대한 설명으로 옳지 않은 것은?

① 정상이자율이란 궁극적으로 도달할 것으로 사람들이 예상하는 이자율이다.
② 케인스에 따르면 실제이자율이 정상이자율보다 낮다면 사람들은 채권을 매각하고자 한다.
③ 케인스에 따르면 이자율이 상승하면 화폐보유의 기회비용이 상승한다.
④ 케인스에 따르면 이자율이 하락하면 화폐수요가 증가한다.
⑤ 케인스에 따르면 유동성함정에서는 사람들이 추가적인 이자율 하락을 예상한다.

정답 | 해설

유동성함정 구간은 이자율이 매우 낮은 구간으로, 이 구간에서 모든 개인들은 장래에 이자율이 상승할 것으로 예상한다.

오답분석
① 정상이자율이란 궁극적으로 도달할 것으로 사람들이 예상하는 이자율이다.
② 실제이자율이 정상이자율보다 낮을 경우 사람들은 미래에 실제이자율이 정상이자율 수준으로 상승할 것으로 예상하기 때문에 이자율과 역의 관계에 있는 채권가격의 하락을 예상한다. 따라서 채권가격 하락을 예상한다면 채권을 매각하려고 할 것이다.
③ 이자율이 상승하면 화폐보유의 기회비용이 상승하므로 화폐수요가 감소한다.
④ 이자율이 하락하면 채권가격이 상승하여 채권을 구입할 경우 자본손실을 입을 가능성이 커진다. 따라서 채권보다는 화폐를 보유하고자 하기 때문에 화폐수요가 증가한다.

정답 ⑤

| 자산관리(2022)/수자원(2021)/공항철도(2021)/남동발전(2021)

15 다음 〈조건〉은 A국의 $IS-LM$ 모형에 대한 자료이고, A국의 실질화폐수요함수는 $\left(\dfrac{M}{P}\right)^d = Y - 50r$ 이다. 정부지출이 400에서 500으로 증가할 때, 균형이자율의 증가폭은 얼마인가?

조건
- $C = 100 + 0.2(Y-T)$
- $I = 200 - 10r$
- $T = 400$
- $M = 1,500$
- $P = 5$

※ Y는 총소득, C는 소비, I는 투자, T는 조세, M은 명목통화공급, P는 물가, r은 이자율임

① 1.0 ② 1.5
③ 2.0 ④ 2.5
⑤ 3.0

정답 | 해설

- 정부지출이 400일 때
 (IS식)
 $Y = C + I + G = [100 + 0.2(Y-400)] + (200-10r) + 400$
 (LM식)
 $\left(\dfrac{M}{P}\right)^s = \dfrac{1,500}{5} = \left(\dfrac{M}{P}\right)^d = Y - 50r$
 두 식을 연립하면 $Y = 680$, $r = 7.6$이 된다.

- 정부지출이 500일 때
 (IS식)
 $Y = C + I + G = [100 + 0.2(Y-400)] + (200-10r) + 500$
 (LM식)
 $\left(\dfrac{M}{P}\right)^s = \dfrac{1,500}{5} = \left(\dfrac{M}{P}\right)^d = Y - 50r$
 두 식을 연립하면 $Y = 780$, $r = 9.6$이 된다.
 따라서 균형이자율은 7.6에서 9.6으로 2.0만큼 증가한다.

정답 ③

| 신보(2021)

16 다음 〈조건〉을 참고할 때, 증권시장선(SML)을 이용하여 구한 A주식의 균형기대수익률로 옳은 것은?

> **조건**
> - A주식의 베타(β) : 2
> - 시장포트폴리오 기대수익률(R_m) : 8%
> - 무위험 이자율(R_f) : 2%

① 6% ② 8%
③ 10% ④ 12%
⑤ 14%

정답 | 해설

(A주식의 기대수익률)=(무위험이자율)+[(시장평균수익률)−(무위험이자율)]×(A주식의 베타)
→ 2%+(8%−2%)×2
∴ 14%

정답 ⑤

| 농어촌(2021)/자산관리(2021)/공항철도(2021)/국민연금(2021)

17 다음 글과 같이 A국 국민들의 소비상황이 변화할 경우 이자율의 변화로 옳은 것은?

> 국민 대부분의 선호가 현재소비에서 미래소비로 변화하고 있는 중이다.

① 상승한다. ② 하락한다.
③ 불변이다. ④ 물가 상승이 없는 경우라면 상승한다.
⑤ 물가 상승이 있는 경우라면 상승한다.

정답 | 해설

현재소비보다 미래소비에 대한 선호가 증가할수록 현재의 저축은 증가하게 된다. 저축의 증가는 대부자금의 공급증가를 의미하고, 이자율은 하락한다.

정답 ②

| 농어촌(2021)/자산관리(2021)/공항철도(2021)/국민연금(2021)

18 다음 중 항상소득가설(Permanent Income Hypothesis)에 의할 때, 소비에 미치는 영향이 가장 큰 소득의 변화는?

① 직장에서 과장으로 승진해 월급이 올랐다.
② 로또에서 3등으로 당첨되어 당첨금을 받았다.
③ 감기로 인한 결근으로 급여가 일시적으로 감소했다.
④ 휴가를 최대한 사용해 미사용 연차휴가 수당이 줄었다.
⑤ 일시 수요 증가로 초과 근무가 늘어나고, 초과 수당이 증가했다.

정답 해설

항상소득가설은 미국의 경제학자 프리드먼(Friedman)이 주장한 소비함수이론이다. 프리드먼은 소득을 정기적이고 확실한 '항상소득'과 임시적 수입인 '일시소득'으로 구분했다. 또한 항상소득의 일정 비율은 소비되지만, 일시소득은 소비보다는 저축하는 경향이 강하다고 주장했다. 이는 소득 변동이 소비에 미치는 효과가 '소득의 성질'에 따라 다름을 강조한 것이다. 소득 변동이 임시적으로 증가한 것은 일시소득이 늘어난 것으로, 소비에 영향을 미치지 못하거나 영향을 미치는 정도가 매우 낮다. 그러나 항상소득의 변화는 소비에 미치는 영향이 크고 항구적이다.

정답 ①

| 농어촌(2021)/자산관리(2021)/공항철도(2021)/국민연금(2021)

19 다음 사례에서 항상소득가설에 따른 철수의 소비 변화로 옳은 것은?

> 철수는 조그마한 가게를 운영해 매달 240만 원의 소득을 얻는다. 하지만 이번 달은 감기로 인해 가게를 며칠 열지 못하는 바람에 소득이 180만 원으로 줄었다.

① 소득이 60만 원 줄었지만, 소비는 변함이 없다.
② 소득이 60만 원 줄었지만, 소비는 오히려 증가한다.
③ 소득이 60만 원 줄었으므로 소비도 60만 원 줄어든다.
④ 소득이 60만 원 줄었지만, 소비는 60만 원 이상 줄어든다.
⑤ 소득과 소비는 항상 관련이 없다.

정답 해설

항상소득가설은 항상소득이 소비를 결정한다는 이론으로, 미국의 경제학자 프리드먼(Friedman)이 주장했다. 프리드먼에 따르면 소득은 정기적이고 고정적인 항상소득과 임시적 수입인 변동소득(일시소득)으로 구분된다. 철수는 240만 원의 항상소득을 벌고 있지만, 이번 달은 일시적으로 소득이 60만 원 줄었다. 항상소득가설에 따르면 일시적으로 소득이 60만 원 줄어든다고 해서 소비에 변화가 생기지는 않는다.

정답 ①

| 농어촌(2021)/자산관리(2021)/공항철도(2021)/국민연금(2021)

20 다음 중 항상소득가설에 대한 설명으로 옳지 않은 것은?

① 장기적인 정부정책이 보다 효과적이다.
② 소비는 정기적인 평균수입에 비례한다.
③ 임시소득이 증가할 경우 저축의 변동폭은 소비의 변동폭보다 작다.
④ 경기가 불황이면 평균소비성향이 증가하고, 경기가 호황이면 평균소비성향은 감소한다.
⑤ 단기에는 한계소비성향이 평균소비성향보다 작다.

정답 | 해설

항상소득가설에 따르면 임시소득이 0보다 크면 평균소비성향이 감소하고, 임시소득이 0보다 작으면 평균소비성향이 증가한다. 따라서 소득이 변화하더라도 소비는 별로 변하지 않는다. Y_d(처분가능소득)$= C$(소비)$+ S$(저축)에서 Y_d 값이 변화할 때 C가 안정적이기 위해서는 S 값의 변동이 커야 한다.

정답 ③

| 자산관리(2020)

21 다음 중 항상소득이론에 대한 설명으로 옳은 것은?

① 직장에서 승진하여 소득이 증가하였으나, 이로 인한 소비는 증가하지 않는다.
② 경기호황기에는 임시소득이 증가하여 저축률이 상승한다.
③ 항상소득에 대한 한계소비성향이 임시소득에 대한 한계소비성향보다 더 작다.
④ 항상소득의 비율이 높을수록 저축성향이 높아진다.
⑤ 소비는 현재소득에만 영향을 받을 뿐 미래소득에는 영향을 받지 않는다.

정답 | 해설

경기호황으로 인한 임시소득의 증가는 소비에 영향을 거의 미치지 않기 때문에 저축률이 상승하게 된다.

오답분석
① 직장에서 승진하여 소득이 증가한 것은 항상소득의 증가를 의미하므로 승진으로 소득이 증가하면 소비가 증가한다.
③ 항상소득가설에 의하면 항상소득이 증가하면 소비가 큰 폭으로 증가하지만, 임시소득이 증가하는 경우에는 소비가 별로 증가하지 않는다. 따라서 항상소득에 대한 한계소비성향이 임시소득에 대한 한계소비성향보다 더 크게 나타난다.
④ 항상소득의 비율이 높을수록 소비성향이 높아지고, 변동소득의 비율이 높을수록 저축성향이 높아진다.
⑤ 소비가 현재소득뿐 아니라 미래소득에도 영향을 받는다는 점에서 항상소득가설에 대한 설명이다.

정답 ②

CHAPTER 06 화폐금융론

| 자산관리(2022)/농어촌(2021)/수자원(2021)/남동발전(2021)/도로(2020)/자산관리(2020)

01 A국의 현금통화비율이 0.2, 실제지급준비율이 0.25일 경우, 중앙은행에 의해 100억 원의 본원통화 공급이 이루어질 때, 신용창조과정을 통해 증가하는 A국의 통화량은 얼마인가?

① 100억 원 ② 150억 원
③ 180억 원 ④ 200억 원
⑤ 250억 원

정답 해설

통화승수(m)는 $\dfrac{1}{(현금통화비율)+(지급준비율)\times[1-(현금통화비율)]}$ 로 계산할 수 있다.

따라서 통화승수는 $\dfrac{1}{0.2+0.25(1-0.2)}=2.5$이다. 이에 따라 중앙은행에 의해 100억 원의 본원통화 공급이 이루어질 경우, 증가하는 A국의 통화량은 2.5(통화승수)×100억=250억 원이다.

정답 ⑤

| 자산관리(2022)/농어촌(2021)/수자원(2021)/남동발전(2021)/도로(2020)/자산관리(2020)

02 A국의 통화량은 현금통화가 150, 예금통화가 450이며, 지급준비금은 90이라고 한다. 이때의 통화승수는 얼마인가?(단, 현금통화비율과 지급준비율은 일정하다)

① 2.5 ② 3
③ 4.5 ④ 5
⑤ 5.7

정답 해설

통화승수는 총통화량을 본원통화로 나눈 값으로, 총통화량을 구하는 공식은 다음과 같다.

- (총통화량)=(현금통화)+(예금통화)
- (통화승수)=$\dfrac{(총통화량)}{(본원통화)}$
- [총통화량(M)]=$\dfrac{1}{c+\gamma(1-c)}B$ (c : 현금통화비율, γ : 지급준비율, B : 본원통화)

이때 $c=\dfrac{150}{600}=0.25$, $\gamma=\dfrac{90}{450}=0.2$이므로, 통화승수는 $\dfrac{1}{c+\gamma(1-c)}=\dfrac{1}{0.25+0.2(1-0.25)}=2.50$이다.

정답 ①

| 자산관리(2022)/농어촌(2021)/수자원(2021)/남동발전(2021)/도로(2020)/자산관리(2020)

03 다음 중 통화승수에 대한 설명으로 옳은 것은?

① 통화승수는 법정지급준비율을 낮추면 작아진다.
② 통화승수는 이자율 상승으로 요구불예금이 증가하면 작아진다.
③ 통화승수는 대출을 받은 개인과 기업들이 더 많은 현금을 보유할수록 작아진다.
④ 통화승수는 은행들이 지급준비금을 더 많이 보유할수록 커진다.
⑤ 통화승수는 본원통화를 총통화량으로 나눈 값이다.

정답 | 해설

총통화량을 본원통화로 나눈 수치인 통화승수는 민간부문의 현금보유비율과 은행의 지급준비율에 의해 결정된다. 통화승수는 민간부문의 현금보유비율이 높을수록, 즉 개인과 기업이 현금을 많이 보유할수록 작아지고, 은행의 지급준비율이 낮을수록 커진다.

오답분석
① 통화승수는 법정지급준비율을 낮추면 커진다.
② 요구불예금이 증가하면 민간 화폐보유성향이 낮아져 통화승수가 증가한다.
④ 통화승수는 은행들이 지급준비금을 더 많이 보유할수록 작아진다.
⑤ 통화승수는 총통화량을 본원통화로 나눈 값이다.

정답 ③

| 자산관리(2022)/농어촌(2021)/수자원(2021)/남동발전(2021)/도로(2020)/자산관리(2020)

04 다음 〈보기〉에서 통화승수의 증가를 가져오는 요인을 모두 고르면?

보기
㉠ 법정지급준비율의 증가
㉡ 대출율이 높아져 지급준비금이 증가하는 경우
㉢ 사람들의 현금선호비율의 감소
㉣ 예금에 대한 이자율의 상승

① ㉠, ㉡
② ㉠, ㉢
③ ㉡, ㉢
④ ㉡, ㉣
⑤ ㉢, ㉣

정답 | 해설

통화승수(m)란 통화량을 본원통화로 나눈 값($M \div H = m$)으로, 본원통화가 1단위 공급될 때 통화량이 증가하는 비율을 의미하며, 다음 공식에 의해 계산된다.

$m = \dfrac{k+1}{k+z} = \dfrac{1}{c+z(1-c)}$ (k : 현금/예금비율, z : 지급준비율, c : 현금/통화량비율)

따라서 예금이자율이 높아지는 경우, 대출율이 높아져서 지급준비금이 줄어드는 경우, 현금선호비율이 감소하는 경우, 법정지급준비율이 감소하는 경우에는 통화승수의 증가를 가져온다.

정답 ⑤

| 자산관리(2022)/농어촌(2021)/수자원(2021)/남동발전(2021)/도로(2020)/자산관리(2020)

05 다음 〈조건〉을 통해 도출한 통화승수의 크기로 옳은 것은?

조건
- 현금 : 400조 원
- 요구불예금 : 1,600조 원
- 총지급준비율 : 15%

① 2.750 ② 3.000
③ 3.125 ④ 3.350
⑤ 3.725

정답 해설

(통화승수)$=\dfrac{c+1}{c+z}$ (c : 현금/예금비율, z : 지급준비율)

$$\dfrac{\dfrac{400}{1,600}+1}{\dfrac{400}{1,600}+0.15}=\dfrac{0.25+1}{0.25+0.15}=3.125$$

정답 ③

| 자산관리(2022)/농어촌(2021)/수자원(2021)/남동발전(2021)/도로(2020)/자산관리(2020)

06 다음 〈조건〉은 A국의 현재 지급준비금과 통화승수에 대한 자료이다. A국의 지급준비금이 100억 원에서 120억 원으로 변화하였을 때, A국의 통화량 변화로 옳은 것은?

조건
- 지급준비금 : 100억 원
- 현금통화비율 : 20%
- 실제지급준비율 : 25%

① 10억 원 증가 ② 20억 원 증가
③ 30억 원 증가 ④ 40억 원 증가
⑤ 50억 원 증가

정답 해설

현금통화비율(c)이 20%, 실제지급준비율(z)이 25%일 경우, 통화승수(m)는 $\dfrac{1}{c+z(1-c)}$로 도출된다. 따라서 통화승수(m)는 $\dfrac{1}{0.2+0.25(1-0.2)}=2.5$이다. A국의 지급준비금이 100억 원에서 120억 원으로 20억 원만큼 증가하였으므로, A국의 통화량 증가분은 20억×2.5(m)=50억 원이다.

정답 ⑤

| 동서발전(2019)

07 다른 조건이 일정할 때, 중앙은행의 기준금리 인상이 경제에 미치는 영향으로 옳지 않은 것은?

① 투자 감소
② 토빈의 Q 비율 하락
③ 순수출 감소
④ 소비 증가
⑤ 주택투자 감소

정답 | 해설

다른 조건이 일정할 때, 기준금리 인상 시 이자율이 상승하여 기업들은 대출금에 대한 이자비용 증가로 인해 투자가 줄어들고, 이자율 상승에 따른 채권수익률이 상승하므로 주식보다는 채권을 구입하고자 하므로 주식에 대한 수요감소에 따른 주가하락으로 인해 토빈의 Q 비율은 하락한다. 또한 은행의 대출금리가 상승하면서 주택구입자금 대출 시 이자비용이 증가하므로 주택수요가 감소하고, 이에 따른 부동산 가격 하락으로 인해 주택투자가 감소한다. 자본유입에 따른 환율이 하락하여 순수출이 감소한다. 경기 전반적인 자산가격 하락으로 인해 소비 또한 감소한다.

정답 ④

| 남동발전(2021)/도로(2020)

08 다음은 A은행의 재무상태표를 나타낸 것이다. 법정지급준비율이 20%일 때, A은행이 보유하고 있는 초과지급준비금을 신규로 대출하는 경우, 신용창조를 통한 최대 총예금창조액은 얼마인가?

자산		부채	
대출	80	예금	400
지급준비금	120	–	–
국채	200	–	–

① 100
② 120
③ 150
④ 180
⑤ 200

정답 | 해설

예금이 400, 법정지급준비율(z_l)이 20%일 때 법정지급준비금은 80이다. A은행의 경우 실제지급준비금 120을 보유하고 있으므로 초과지급준비금은 40이다. 따라서 초과지급준비금 40을 대출할 때 증가할 수 있는 최대 총예금창조액은 $\frac{1}{z_l} \times 40 = \frac{1}{0.2} \times 40 = 200$이다.

정답 ⑤

| 동서발전(2019)

09 다음 중 우리나라 중앙은행의 기능과 역할에 대한 설명으로 옳지 않은 것은?

① 지폐와 주화를 발행하고, 그 양을 조절한다.
② 국고금을 관리하고 정부에 대하여 신용을 공여한다.
③ 예금은행으로부터 예금을 받기도 하고, 필요 시에는 예금은행에 대출해 준다.
④ 국제수지 불균형의 조정, 환율의 안정 등을 위해 각종 외환관리업무를 수행한다.
⑤ 주식시장에서 상장주식 등을 매매하여 주식시장을 안정화시킨다.

정답 | 해설

한국은행은 우리나라 중앙은행이자 발권은행으로, 통화신용정책 등을 진행한다. 주식시장에서 상장주식을 매매하는 것은 한국은행의 기능이 아니다.

정답 ⑤

| 농어촌(2021)/수자원(2021)/남동발전(2021)

10 B국의 중앙은행이 정한 법정지급준비율은 17%, 시중은행의 초과지급준비율은 3%이다. B국의 국민들은 현금을 전혀 보유하지 않고, 모두 은행에 예금해둔다고 가정할 때, 중앙은행이 20억 원 상당의 공채를 매입할 경우 시중의 통화량 증가량으로 옳은 것은?

① 증가 없음
② 10억 원
③ 20억 원
④ 50억 원
⑤ 100억 원

정답 | 해설

B국의 실제지급준비율(z)은 법정지급준비율과 초과지급준비율을 합한 20%이다. 또한 B국의 경우 민간은 현금을 전혀 보유하지 않으므로 현금통화비율(c)은 0이다. 이에 따라 통화승수(m)를 구하면 $\frac{1}{c+z(1-c)}$이므로 $\frac{1}{c+0.2(1-c)} = \frac{1}{0+0.2(1-0)} = 5$이다. 중앙은행이 20억 원 상당의 공채를 매입할 경우 통화량은 20억×5(통화승수)=100억 원만큼 증가한다.

정답 ⑤

| 농어촌(2021)/수자원(2021)/남동발전(2021)

11 법정지급준비율이 20%에서 100%로 인상될 경우, 신규 예금 1,000만 원으로 만들어질 수 있는 예금통화액의 최대 감소액은?(단, 신규 예금을 포함하고, 민간은 현금을 보유하지 않는다고 가정한다)

① 변화 없음
② 1,000만 원 감소
③ 2,000만 원 감소
④ 3,000만 원 감소
⑤ 4,000만 원 감소

정답 | 해설

지급준비금은 은행이 고객들의 예금 반환 요구에 대비해 갖고 있는 돈이다. 지급준비율(지준율)은 예금 중 지급준비금으로 보유하는 돈의 비율이며, 법정지급준비율은 중앙은행이 정하게 된다. 중앙은행이 찍어낸 돈은 은행을 통해 시중에 유통되면서 또 다른 돈을 만들어낸다. 이를 신용창조(예금창조)라고 한다. 예금창조액은 지급준비율의 역수이다. 예를 들어 지급준비율이 20%일 때, 1,000만 원의 예금으로 만들어지는 예금창조액은 1,000만(예금액)÷0.2(지급준비율)=5,000만 원이다. 지급준비율이 100%로 인상되면 예금통화액은 1,000만÷1=1,000만 원이 되어 4,000만 원이 감소한다.

정답 ⑤

┃ 농어촌(2021)/수자원(2021)/남동발전(2021)

12 다음 상황이 발생한 경우 시중은행의 지급준비금 상황으로 옳은 것은?

> 시중은행의 요구불예금이 5조 원이고, 법정지급준비율이 20%이다. 현재 초과지급준비금이 존재하지 않는 상황에서 법정지급준비율이 10%로 갑자기 인하되었다.

① 초과지급준비금이 1,000억 원이다.
② 초과지급준비금이 5,000억 원이다.
③ 지급준비금이 1,000억 원 초과한다.
④ 지급준비금이 4,000억 원 부족하다.
⑤ 지급준비금이 1조 원 부족하다.

정답 | 해설

요구불예금이 5조 원이고 법정지급준비율이 20%이면 1조 원의 법정지급준비금이 필요하다. 갑자기 법정지급준비율이 10%로 인하되어 총 5,000억 원의 법정지급준비금이 필요한 상황이 된다.
따라서 현재 지급준비금이 5,000억 원 초과한 상황이다.

정답 ②

┃ 서교공(2025)/자산관리(2022)/수자원(2022)/농어촌(2021)/TS(2021)/국민연금(2020)

13 다음 중 통화량 증가 시 이자율을 상승시키는 요인이 아닌 것은?

① 소비자들이 미래의 소비보다 현재의 소비에 대한 욕구가 큰 경우
② 단위당 기대수익률이 큰 경우
③ 향후 인플레이션 발생을 예상한 구매력의 변동
④ 경제성장률과 물가상승률의 하락
⑤ 채권 회수율의 하락

정답 | 해설

기본적으로 통화량 증가 시 정부에서는 각종 출구전략을 통해 이자율을 상승시킨다. 통화량이 증가하면 채권수요가 증가하고, 이자율이 하락하므로 소비자의 구매욕구를 촉진시키거나 단위당 기대수익률이 높은 사업을 제시하여 투자를 활성화하며, 향후 인플레이션 발생을 경고해서 구매력에 영향을 줄 수도 있다. 또한 대중들의 인지도가 높은 기업의 채권 회수율의 하락을 공시하여 자연스럽게 이자율을 상승시킨다. 반면, 경제성장률과 물가상승률의 하락은 이자율을 낮춰 투자를 활성화해야 하는 상황이므로 시중에 통화량을 증가시키는 방안이다.

정답 ④

| 서교공(2025)/자산관리(2022)/수자원(2022)/농어촌(2021)/TS(2021)/국민연금(2020)

14 다음 중 통화공급에 대한 설명으로 옳은 것은?

① 신용창조가 이루어지면 경기 전체의 유동성은 감소한다.
② 본원통화는 중앙은행의 통화성자산이다.
③ 본원통화에는 지급준비금은 포함되지만, 현금은 포함되지 않는다.
④ 재할인율을 인상하면 통화 공급이 증가한다.
⑤ 통화승수란 본원통화가 1단위 증가하였을 때 통화량이 몇 단위 증가하는지를 나타낸 것이다.

정답 | 해설

통화승수란 본원통화가 1단위 증가하였을 때 통화량이 몇 단위 증가하는지를 나타낸 것으로, 통화량을 본원통화로 나눠서 계산할 수 있다.
[통화승수(m)]=[통화량(M)]÷[본원통화(H)]

오답분석
① 신용창조가 이루어지면 경기 전체의 유동성은 증가한다. 다만, 신용창조과정에서 대출이 이루어져 부채도 증가한다. 그러므로 경제 전체의 부가 증가하는 것은 아니다.
② 본원통화는 중앙은행이 발행한 것으로, 중앙은행의 통화성부채이다.
③ 본원통화에는 현금도 포함된다.
④ 재할인율을 인상하면 통화 공급이 감소한다.

정답 ⑤

| 서교공(2025)/자산관리(2022)/수자원(2022)/농어촌(2021)/TS(2021)/국민연금(2020)

15 다음 중 본원통화에 대한 설명으로 옳지 않은 것은?

① 중앙은행이 금융기관에 대출을 할 경우 본원통화는 증가한다.
② 본원통화는 화폐발행액과 금융기관 지급 준비예치금의 합이다.
③ 통화승수 효과를 통해 실제 통화량보다 더 큰 규모의 통화를 만들 수 있다.
④ 본원통화를 조절하여 물가안정, 경기조절 등 경제 건전성을 확보할 수 있다.
⑤ 본원통화는 정부가 중앙은행에 대출을 하거나 중앙은행이 정부에서 예금을 인출하는 화폐를 말한다.

정답 | 해설

본원통화는 정부가 중앙은행에서 예금을 인출하거나 중앙은행이 정부에 대출을 할 때 공급하는 화폐를 의미한다.

정답 ⑤

| 신보(2021)

16 다음 〈조건〉은 통화지표와 유동성지표의 범위를 나타낸 식이다. 빈칸 ㉠ ~ ㉢에 들어갈 내용이 바르게 나열된 것은?

> **조건**
> - $M1$(협의통화)=(현금통화)+(㉠)+(수시입출식 저축성 예금)
> - $M2$(광의통화)=$M1$+(시장형 상품)+(실배당형 상품)+(금융채)+(기타)
> - Lf(금융기관 유동성)=$M2$+(㉡)+(생명보험 계약준비금)
> - L(광의유동성)=Lf+(기타금융기관 상품)+(㉢)

	㉠	㉡	㉢
①	은행보유 시재금	국채·회사채·지방채	요구불예금
②	요구불예금	국채·회사채·지방채	은행보유 시재금
③	요구불예금	2년 이상 장기금융 상품	국채·회사채·지방채
④	2년 이상 장기금융 상품	은행보유 시재금	요구불예금
⑤	국채·회사채·지방채	은행보유 시재금	2년 이상 장기금융 상품

> **정답 | 해설**
>
> 은행보유 시재금은 현금통화에 포함되지 않는다.
> - $M1$(협의통화)=(현금통화)+(요구불예금)+(수시입출식 저축성 예금)
> - $M2$(광의통화)=$M1$+(시장형 상품)+(실배당형 상품)+(금융채)+(기타)
> - Lf(금융기관 유동성)=$M2$+(2년 이상 장기금융 상품)+(생명보험 계약준비금)
> - L(광의유동성)=Lf+(기타금융기관 상품)+(국채·회사채·지방채)
>
> **정답 ③**

| 자산관리(2022)/농어촌(2021)/수자원(2021)/도로(2020)/자산관리(2020)

17 우리나라의 실질국민소득이 10% 증가하고, 물가가 4% 상승하고, 통화량이 4% 증가하였을 경우, EC방식에 따른 화폐유통속도의 변화율은 얼마인가?

① 5% ② 10%
③ 15% ④ 20%
⑤ 22%

> **정답 | 해설**
>
> $$\frac{\Delta M}{M}+\frac{\Delta V}{V}=\frac{\Delta P}{P}+\frac{\Delta Y}{Y}$$
>
> $4\%+\frac{\Delta V}{V}=4\%+10\%$
>
> $\therefore \frac{\Delta V}{V}=10\%$
>
> **정답 ②**

| 자산관리(2022)/농어촌(2021)/수자원(2021)/도로(2020)/자산관리(2020)

18 화폐수량설과 피셔방정식(Fisher Equation)이 성립하고, 화폐유통속도가 일정한 경제에서 실질경제성장률이 3%, 통화증가율이 6%, 명목이자율이 10%일 때, 실질이자율은 얼마인가?

① 3%
② 5%
③ 7%
④ 8%
⑤ 9%

정답 해설

화폐수량설에 따르면 통화량(M)과 화폐유통속도(V)의 곱은 물가수준(P)과 실질국민소득(Y)의 곱과 같다. 그러므로 $MV=PY$이며, 이를 증가율로 나타내면 $\frac{\Delta M}{M}+\frac{\Delta V}{V}=\frac{\Delta P}{P}+\frac{\Delta Y}{Y}$ 와 같다. 즉, 물가상승률$\left(\frac{\Delta P}{P}\right)$은 [통화증가율$\left(\frac{\Delta M}{M}\right)$]+[화폐유통속도증가율$\left(\frac{\Delta V}{V}\right)$]−[실질경제성장률$\left(\frac{\Delta Y}{Y}\right)$]이므로 $6+0-3=3\%$임을 알 수 있다. 피셔방정식은 명목이자율(i)이 실질이자율(r)과 물가상승률(π)의 합이라는 관계를 나타내므로 $i=r+\pi$가 성립한다. 따라서 실질이자율(r)은 '[명목이자율(i)]−[물가상승률(π)]'이므로 $10-3=7\%$이다.

정답 ③

| 자산관리(2022)/농어촌(2021)/수자원(2021)/도로(2020)/자산관리(2020)

19 다음 〈조건〉을 통해 계산된 당해 연도 통화량의 변화율로 옳은 것은?(단, 화폐수량설이 성립한다)

조건
- 전년 화폐의 유통속도는 2.0, 실질국민소득은 20%, 물가는 10%이다.
- 당해 연도 화폐의 유통속도는 2.5, 실질국민소득은 25%, 물가는 10%이다.

① 0%
② 10%
③ 15%
④ 20%
⑤ 25%

정답 해설

$\frac{\Delta M}{M}+\frac{\Delta V}{V}=\frac{\Delta P}{P}+\frac{\Delta Y}{Y}$

$\frac{\Delta M}{M}+\frac{\Delta 0.5}{2.0}=\frac{\Delta 0\%}{10\%}+\frac{\Delta 5\%}{20\%} \rightarrow \frac{\Delta M}{M}+0.25=0\%+\frac{\Delta 5\%}{20\%} \rightarrow \frac{\Delta M}{M}+0.25=0\%+0.25$

따라서 통화량의 변화율은 $\frac{\Delta M}{M}=0\%$이다.

정답 ①

| 자산관리(2022)/농어촌(2021)/수자원(2021)/도로(2020)/자산관리(2020)

20 다음 글을 통해 A국의 금융정책시행이 화폐의 유통속도(V)와 마샬(Marshall)의 k에 미치는 영향을 바르게 나열한 것은?

> A국은 최근 불법적인 대포통장을 이용한 범죄를 예방하기 위해 신규 계좌 개설시 재직 증명서, 급여 명세서 등을 요구하는 등 금융 규제의 정책을 강화하고 있다.

① 화폐유통속도(감소), 마샬(Marshall)의 k(증가)
② 화폐유통속도(증가), 마샬(Marshall)의 k(감소)
③ 화폐유통속도(불변), 마샬(Marshall)의 k(불변)
④ 화폐유통속도(증가), 마샬(Marshall)의 k(증가)
⑤ 화폐유통속도(감소), 마샬(Marshall)의 k(감소)

정답 | 해설

마샬(Marshall)의 현금잔고 방정식 $M^d = kPY$에서
화폐 수요 : $\dfrac{M^d}{P} = kY$

화폐수량방정식에 따라 $MV = PY$이므로 $\dfrac{M}{P} = \dfrac{Y}{V}$이다.

따라서 k와 V는 반비례관계가 성립하므로 A국의 금융정책이 강화되는 경우 마샬의 k는 증가하고, 화폐유통속도(V)는 감소한다.

정답 ①

| SH(2022)

21 다음은 A국가의 연도별 명목GDP와 GDP 디플레이터의 값을 나타낸 것이다. 이를 토대로 전년 동기 대비 당해 연도의 실질경제성장률을 계산하였을 때, 그 값은 얼마인가?

구분	2020년	2021년
명목GDP	200억 원	220억 원
GDP 디플레이터	80%	88%

① 5%
② 10%
③ 15%
④ 20%
⑤ 전년 동기 대비 동일

정답 | 해설

[실질경제성장률(실질GDP 증가율)]=(명목GDP 증가율)-[물가상승률(GDP 디플레이터 상승률)] → 10-10=0%
따라서 전년 동기 대비 동일하다.

정답 ⑤

CHAPTER 07 총수요와 총공급 이론

| 신보(2022)

01 다음 중 IS곡선에 대한 설명으로 옳지 않은 것은?

① IS곡선 하방의 한 점은 생산물시장이 초과수요 상태임을 나타낸다.
② 한계저축성향(s)이 클수록 IS곡선은 급경사이다.
③ 정부지출과 조세가 동액만큼 증가하더라도 IS곡선은 우측으로 이동한다.
④ 피구(Pigou)효과를 고려하게 되면 IS곡선의 기울기는 보다 가팔라진다.
⑤ 수입은 소득의 증가함수이므로 개방경제의 IS곡선은 폐쇄경제의 IS곡선보다 가파르다.

정답 | 해설

피구효과란 경제 불황이 발생하여 물가가 하락하면 민간이 보유한 화폐의 구매력이 증가하므로 실질적인 부가 증가하는 효과가 발생하고, 실질부가 증가하면서 소비도 증가하여 IS곡선이 오른쪽으로 이동하는 효과를 말한다. 즉, 피구효과는 IS곡선의 기울기가 아닌 IS곡선 자체의 이동을 가져오는 효과이다.

정답 ④

| 신보(2022)

02 다음 중 자국의 실물시장 균형을 나타내는 IS곡선에 대한 설명으로 옳지 않은 것은?(단, IS곡선의 기울기는 세로축을 이자율, 가로축을 소득으로 하는 그래프상의 기울기를 말한다)

① 자국의 한계소비성향이 커지면 IS곡선의 기울기가 완만해진다.
② 자국의 정부지출이 증가하면 IS곡선은 오른쪽으로 이동한다.
③ 자국의 한계수입성향이 커질수록 IS곡선의 기울기는 가팔라진다.
④ 해외교역국의 한계수입성향이 커질수록 IS곡선의 기울기는 완만해진다.
⑤ 자국의 소득증가로 인한 한계유발투자율이 증가하면 IS곡선의 기울기가 완만해진다.

정답 | 해설

IS곡선이란 생산물시장의 균형이 이루어지는 이자율(r)과 국민소득(Y)의 조합을 나타내는 직선을 말하며, 관계식은 다음과 같다.

$$r = \frac{-1-c(1-t)+m}{b}Y + \frac{1}{b}(C_0 - cT_0 + I_0 + G_0 + X_0 - M_0)$$

즉, IS곡선의 기울기는 투자의 이자율탄력성(b)이 클수록, 한계소비성향(c)이 클수록, 한계저축성향(s)이 작을수록, 세율(t)이 낮을수록, 한계수입성향(m)이 작을수록 완만해진다. 한편, 소비, 투자, 정부지출, 수출이 증가할 때 IS곡선은 오른쪽으로, 조세, 수입, 저축이 증가할 때 왼쪽으로 수평이동한다. 외국의 한계수입성향이 커지는 경우에는 자국의 수출이 증가하므로 IS곡선은 오른쪽으로 이동한다.

정답 ④

| 수자원(2021)

03 다음 〈보기〉에서 새고전학파의 견해에 대한 설명으로 옳은 것을 모두 고르면?

> **보기**
> ㉠ 시장 내 불균형이 발생할 경우, 즉각적인 가격조정을 통해 균형이 놓이게 되는 시장청산이 발생한다.
> ㉡ 경기변동은 수요 측 충격에 의해 발생한다고 본다.
> ㉢ 적응적 기대를 사용하여 경기를 예측한다.
> ㉣ 예상되지 못한 정책의 경우 일시적으로나마 실질 산출량과 고용에 영향을 미칠 수 있다.
> ㉤ 예상된 정책의 경우 장단기 아무런 영향을 미치지 못한다.

① ㉠, ㉡, ㉢
② ㉠, ㉢, ㉣
③ ㉠, ㉣, ㉤
④ ㉡, ㉣, ㉤
⑤ ㉢, ㉣, ㉤

정답 | 해설

오답분석
㉡ 새고전학파는 경기변동을 공급 측 충격에 의해 발생한다고 본다. 수요 측 충격에 의해 발생한다고 보는 것은 새케인스학파이다.
㉢ 새고전학파와 새케인스학파 모두 합리적 기대를 사용하여 경기를 예측한다.

정답 ③

| 남동발전(2021)

04 다음 중 새케인스학파에 대한 설명으로 옳지 않은 것은?

① 새케인스학파는 경기변동을 균형으로부터 이탈현상으로 본다.
② 안정화정책이 물가안정과 경기활성화에 중요한 수단이라고 본다.
③ 개별경제주체들이 합리적 기대를 이용하여 경제변수를 예상한다고 본다.
④ 내부자 – 외부자이론을 통해 실업률의 이력현상을 설명한다.
⑤ 경제여건의 변화가 발생하면 가격이 신축적으로 신속하게 조정된다고 본다.

정답 | 해설

새케인스학파는 개별경제주체들이 합리적기대를 이용하여 경제변수를 예상하고, 시장청산이 이루어지지 않는 비시장청산모델을 가정한다. 또한 실질임금의 경직성을 설명하기 위해 효율성임금이론과 내부자 – 외부자이론을 제시하며, 기본적으로 가격이 경직되어 있다고 본다. 경제여건의 변화에 따라 가격이 신축적으로 신속하게 조정된다고 보는 입장은 새고전학파의 입장이다.

정답 ⑤

| 수자원(2025)/울산항만(2022)/한수원(2022)/에너지(2022)/수자원(2022)/자산관리(2022)/국민연금(2020)

05 다음 중 $IS-LM$ 모형에 대한 설명으로 옳지 않은 것은?

① 거시경제에서 이자율과 국민소득 간의 관계를 나타내는 모형이다.
② IS곡선의 IS는 투자와 화폐공급을 의미한다.
③ IS곡선과 LM곡선이 만나는 교차점에서는 모든 시장이 균형이 된다.
④ 유동성 선호이론은 LM곡선의 이론적 기반이라 할 수 있다.
⑤ 화폐공급은 LM곡선에서 고려되는 요소이다.

정답 | 해설

$IS-LM$ 모형은 거시경제에서 이자율과 국민소득 간의 관계를 나타내며, 재화시장(IS곡선)과 화폐시장(LM곡선)이 동시에 균형을 이루는 점에서 단기 균형이 결정됨을 의미한다. IS곡선은 '투자(Investment)와 저축(Saving)'의 균형 관계를 나타내며, 화폐공급은 LM곡선에서 고려되는 요소이다.

오답분석

① $IS-LM$ 모형은 이자율과 국민소득의 상호작용을 통해 거시경제를 설명하는 모델이다.
③ 두 곡선의 교차점은 재화시장과 화폐시장이 모두 균형을 이루는 상태를 의미한다.
④ LM곡선은 화폐수요와 공급의 균형을 나타내며, 케인스의 유동성 선호이론을 기반으로 한다.
⑤ 화폐공급은 LM곡선에서 고려된다.

정답 ②

| 수자원(2025)/울산항만(2022)/한수원(2022)/에너지(2022)/수자원(2022)/자산관리(2022)/국민연금(2020)

06 다음은 어떤 폐쇄경제의 $IS-LM$ 모형을 나타낸 그림이다. 현재 B점에서 A점으로 경제가 이동하였을 경우, 생산물시장과 화폐시장에 대한 상태를 바르게 나열한 것은?

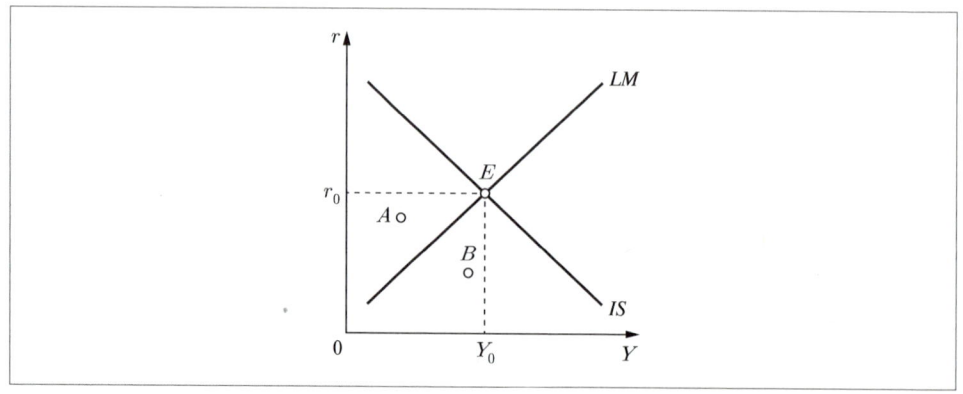

	생산물시장	화폐시장
①	균형	균형
②	초과공급	초과공급
③	초과공급	초과수요
④	초과수요	초과수요
⑤	초과수요	초과공급

> **정답 | 해설**
>
> IS곡선 상방은 생산물시장의 초과공급 상태이며, 하방은 초과수요 상태를 나타낸다. LM곡선 상방은 화폐시장의 초과공급 상태이며, 하방은 초과수요 상태를 나타낸다. 따라서 현재 A점에 있는 경제는 화폐시장에서는 초과공급 상태이며, 생산물시장에서는 초과수요 상태이다.
>
> 정답 ⑤

| 가스기술(2023)/국민연금(2021)/국민연금(2020)/남동발전(2019)

07 다음 〈보기〉에서 고전학파의 관점에 따른 정부지출의 효과에 대한 설명으로 옳지 않은 것을 모두 고르면?

> **보기**
> ㉠ 정부지출이 증가하면 경제 전체의 총저축이 증가한다.
> ㉡ 정부지출이 증가하면 대부자금의 공급곡선이 좌측으로 이동한다.
> ㉢ 정부지출이 증가하면 실질이자율이 상승하여 민간투자가 감소한다.
> ㉣ 정부지출로 인해 구축효과가 발생하여 민간소비가 증가한다.

① ㉠, ㉡
② ㉠, ㉣
③ ㉡, ㉢
④ ㉡, ㉣
⑤ ㉢, ㉣

> **정답 | 해설**
>
> 고전학파에 따르면 정부지출이 증가하면 경제 전체의 총저축($S_N = Y - C - G$)이 감소한다. 따라서 대부자금의 공급이 감소한다. 이에 따라 실질이자율이 상승하여 민간투자와 민간소비 둘 다 감소한다(구축효과). 민간투자와 민간소비의 감소분이 정부지출 증가분과 일치하기 때문에 총지출 및 국민소득에는 아무런 영향이 없고 총수요의 구성요소만 변한다.
>
> - S_N=총저축
> - C=소비
> - Y=국민소득
> - G=정부지출
>
> 정답 ②

| 가스기술(2023)/국민연금(2021)/국민연금(2020)/남동발전(2019)

08 다음 〈보기〉에서 고전학파의 특징으로 옳은 것은 모두 몇 개인가?

> **보기**
> ㉠ 소비는 이자율의 증가함수이며, 저축은 이자율의 감소함수이다.
> ㉡ 화폐수요의 이자율탄력성은 영(0)이다.
> ㉢ 화폐부분과 실물부분의 분리를 강조한다.
> ㉣ 확대재정정책은 AD곡선을 이동시켜 국민소득을 증가시킨다.
> ㉤ 세이의 법칙에 따라 공급과잉은 발생하지 않는다.

① 1개 ② 2개
③ 3개 ④ 4개
⑤ 5개

정답 | 해설

오답분석
㉠ 소비는 이자율의 감소함수이며, 저축은 이자율의 증가함수이다.
㉣ 확대재정정책은 명목변수에만 영향을 줄 뿐 실질변수에 영향을 주지 않는다. 따라서 100% 구축효과가 발생한다.

정답 ③

| 신보(2022)/수자원(2022)/국민연금(2021)/국민연금(2020)/남동발전(2019)

09 다음 〈보기〉 중 $IS-LM$ 모형에서 구축효과에 대한 설명으로 옳은 것을 모두 고르면?

> **보기**
> ㉠ 화폐수요의 소득탄력성이 작을수록 구축효과가 커진다.
> ㉡ IS곡선이 가파를수록 구축효과가 커진다.
> ㉢ 투자의 이자율탄력성이 클수록 구축효과가 커진다.
> ㉣ 화폐수요의 이자율탄력성이 작을수록 구축효과가 커진다.

① ㉠, ㉡ ② ㉠, ㉢
③ ㉡, ㉢ ④ ㉡, ㉣
⑤ ㉢, ㉣

정답 | 해설

구축효과(Crowding Out Effect)란 정부지출의 확대가 이자율을 상승시켜 민간소비, 민간투자를 감소시키는 현상을 말한다. 화폐수요의 소득탄력성이 클수록, 투자의 이자율탄력성이 클수록, 화폐수요의 이자율탄력성이 작을수록 구축효과가 커진다. 또한 IS곡선이 완만할수록, LM곡선이 가파를수록 구축효과가 커진다.

정답 ⑤

| 신보(2022)/수자원(2022)/국민연금(2021)/국민연금(2020)/남동발전(2019)

10 다음 중 구축효과(Crowding Out Effect)에 대한 설명으로 옳지 않은 것은?

① 투자의 이자율탄력성이 크면 구축효과가 커진다.
② 구축효과가 발생하면 이자율이 상승한다.
③ 구축효과가 발생하면 민간투자가 감소한다.
④ 화폐수요의 이자율탄력성이 작을수록 구축효과가 커진다.
⑤ 화폐수요의 소득탄력성이 작을수록 구축효과가 커진다.

정답 | 해설

화폐수요의 소득탄력성이 크면 국민소득이 증가할 때 화폐수요가 큰 폭으로 증가하므로 이자율이 대폭 상승한다. 따라서 화폐수요의 소득탄력성이 클수록 구축효과가 커진다.

정답 ⑤

| 가스기술(2023)/신보(2022)/한수원(2022)/신보(2021)/수자원(2021)/자산관리(2020)/도로(2020)

11 다음 중 고전학파와 케인스학파의 거시경제관에 대한 설명으로 옳지 않은 것은?

① 고전학파는 공급이 수요를 창출한다고 보는 반면, 케인스학파는 수요가 공급을 창출한다고 본다.
② 고전학파는 화폐가 베일(Veil)에 불과하다고 보는 반면, 케인스학파는 화폐가 실물경제에 영향을 미친다고 본다.
③ 고전학파는 저축과 투자가 같아지는 과정에서 이자율이 중심적인 역할을 한다고 보는 반면, 케인스학파는 국민소득이 중심적인 역할을 한다고 본다.
④ 고전학파는 케인스학파와 동일하게 실업문제 해소에 대해 재정정책이 금융정책보다 더 효과적이라고 본다.
⑤ 고전학파는 자발적인 실업만 존재한다고 보는 반면, 케인스학파는 비자발적 실업이 존재한다고 본다.

정답 | 해설

고전학파에 따르면 임금이 완전 신축적이므로 항상 완전고용을 달성한다. 그러므로 고전학파는 실업문제 해소를 위해 정부의 개입은 불필요하다고 주장한다. 반면, 케인스학파는 실업문제 해소를 위해 재정정책이 금융정책보다 더 효과적이라고 주장한다.

정답 ④

| 가스기술(2023)/신보(2022)/한수원(2022)/신보(2021)/수자원(2021)/자산관리(2020)/도로(2020)

12 다음 중 해당 경제학파의 주장으로 옳지 않은 것은?

① 통화주의자들은 안정적인 화폐수요를 전제로 준칙에 의한 통화정책을 주장한다.
② 실물경기변동론자들은 기술충격에 의한 총공급의 변동으로 경기변동을 설명한다.
③ 케인스학파는 단기적으로는 가격이 경직적이므로 가격보다 수량이 수요와 공급의 불균형을 조정한다고 주장한다.
④ 새케인스학파는 메뉴비용에 따른 재화가격의 경직성을 바탕으로 총수요관리정책의 유효성을 주장한다.
⑤ 루카스 비판(Lucas Critique)에 따르면 조세삭감이 영구적인 경우의 한계소비성향보다 일시적인 경우의 한계소비성향이 더 크다.

정답 해설

루카스 비판은 경제 정책 평가에 있어 경제주체의 기대를 고려하지 않은 전통적 거시계량경제모형은 신뢰할 수 없다고 비판한 경제학자 루카스(Lucas)의 주장으로, 이에 따르면 조세삭감이 영구적인 경우의 소비는 일시적인 경우의 소비보다 큰 폭으로 증가한다. 따라서 영구적인 조세감면 시의 한계소비성향이 일시적인 조세감면 시의 한계소비성향보다 더 크다.

정답 ⑤

| 가스기술(2023)/신보(2022)/한수원(2022)/신보(2021)/수자원(2021)/자산관리(2020)/도로(2020)

13 고전학파와 케인스학파의 특징을 나타낸 내용이 다음과 같을 때, 옳지 않은 것은?

	구분	고전학파	케인스학파
①	재정정책	효과 없음	정책효과 강력
②	금융정책	명목변수만 변화	정책효과 미약
③	저축관	저축이 미덕	소비가 미덕
④	필립스곡선	우하향	수직
⑤	화폐환상	부재	존재

정답 해설

고전학파의 경우 총공급곡선이 수직이기 때문에 총수요가 증가해도 물가만 상승하고, 산출량이 불변이므로 필립스곡선도 수직선의 형태가 된다.

구분	고전학파	케인스학파
재정정책	효과 없음	정책효과 강력
금융정책	명목변수만 변화	정책효과 미약
저축관	저축이 미덕	소비가 미덕
필립스곡선	수직	우하향
화폐환상	부재	존재

정답 ④

| 가스기술(2023)/신보(2022)/한수원(2022)/신보(2021)/수자원(2021)/자산관리(2020)/도로(2020)

14 다음 중 경제학파별 경제안정화 정책에 대한 설명으로 옳은 것은?

① 고전학파는 구축효과, 화폐의 중립성을 들어 경제안정화 정책을 쓸 필요가 없다고 주장한다.
② 통화주의자는 신화폐수량설, 자연실업률 가설을 들어 재량적인 경제안정화 정책을 주장한다.
③ 케인스는 IS곡선이 완만하고, LM곡선이 가파르므로 소극적인 재정정책이 경제안정화 정책으로 바람직하다고 주장한다.
④ 새고전학파는 적응적 기대를 사용하며, 경제안정화 정책은 일시적으로 유효할 수 있다는 점을 인정한다.
⑤ 새케인스학파는 시장청산이 이루어진다고 보기 때문에 임금과 물가가 경직적인 경우에는 경제안정화 정책이 유효하다고 주장한다.

정답 | 해설

고전학파는 재정정책을 실시하면 총저축이 감소하여 대부자금의 공급이 감소하고 이에 따라 이자율이 상승하므로 민간투자와 민간소비가 감소하는데, 이 감소분이 정부지출 증가분과 정확히 일치하므로 100% 구축효과가 발생한다고 보기 때문에 경제안정화 정책을 쓸 필요가 없다고 주장한다.

오답분석
② 통화주의자는 재량적인 경제안정화 정책에서는 대리인문제가 발생할 수 있으므로 준칙에 입각한 통화정책이 바람직하다고 본다.
③ 케인스는 IS곡선이 가파르고, LM곡선이 완만하므로 적극적인 재정정책이 경제안정화 정책으로 바람직하다고 주장한다.
④ 새고전학파는 합리적 기대를 사용한다. 또한 예상치 못한 경제안정화 정책은 일시적으로 유효할 수 있다는 점을 인정한다.
⑤ 새케인스학파는 비시장청산모델이며, 임금과 물가가 경직적인 경우에는 경제안정화 정책이 유효하다고 주장한다.

정답 ①

| 가스기술(2023)/신보(2022)/한수원(2022)/신보(2021)/수자원(2021)/자산관리(2020)/도로(2020)

15 다음 중 새고전학파와 새케인스학파에 대한 설명으로 옳지 않은 것은?

① 새케인스학파의 경우 시장청산이 발생하지 않는다고 주장한다.
② 새고전학파의 경우 예상된 안정화 정책은 장기에는 효과가 없지만, 단기에는 효과가 있다고 본다.
③ 두 그룹 모두 합리적 기대를 사용하고 미시경제의 기초에서 거시경제를 분석한다.
④ 새케인스학파의 경우 경기변동의 원인은 수요측 충격으로 발생한다고 본다.
⑤ 새고전학파의 경우 경기변동은 균형으로부터의 이탈이 아닌 균형자체가 변동하는 균형현상이라고 본다.

정답 | 해설

새고전학파, 새케인스학파 모두 예상된 정책의 경우 장기에는 효과가 없다고 본다. 새케인스학파의 경우 최소한 단기에는 효과가 있다고 보지만, 새고전학파는 단기에도 효과가 없다고 본다.

정답 ②

| 가스기술(2023)/신보(2022)/한수원(2022)/신보(2021)/수자원(2021)/자산관리(2020)/도로(2020)

16 다음 〈보기〉에서 새고전학파의 주장과 새케인스학파의 주장을 바르게 나열한 것은?

보기
㉠ 가격변수는 비신축적이다.
㉡ 예상된 금융정책은 장단기 효과가 없다.
㉢ 정책신뢰도의 중요성을 강조한다.
㉣ 준칙에 입각한 금융정책을 주장한다.
㉤ 시장청산이 이루어지지 않는다.

	새고전학파	새케인스학파
①	㉠, ㉡, ㉢	㉣, ㉤
②	㉠, ㉢, ㉣	㉡, ㉤
③	㉠, ㉢, ㉤	㉡, ㉣
④	㉡, ㉢, ㉣	㉠, ㉤
⑤	㉢, ㉣, ㉤	㉠, ㉡

정답 해설

새고전학파의 특징
- 합리적 기대를 이용한다.
- 가격변수는 매우 신축적이다.
- 예상된 금융정책은 장단기에 효과가 없다.
- 재정정책은 장단기에 효과가 없다.
- 정책신뢰도를 강조하고, 준칙에 의한 금융정책을 주장한다.

새케인스학파의 특징
- 시장청산이 이루어지지 않는다.
- 합리적 기대를 이용한다.
- 가격변수는 비신축적이다.

정답 ④

| 남동발전(2021)

17 다음 중 통화주의학파의 주장으로 옳지 않은 것은?

① IS곡선이 완만하고 투자의 이자율탄력성이 크다.
② 화폐수요의 이자율탄력성이 크다.
③ 재량적 재정정책의 효과는 케인스학파의 비해 작다.
④ 준칙에 입각한 금융정책을 주장한다.
⑤ 필립스곡선이 단기에는 우하향하지만, 장기에는 수직이다.

| 정답 | 해설 |

통화주의학파는 화폐수요의 이자율탄력성이 작다고 주장한다. 따라서 LM곡선이 급경사 형태를 취하고, 화폐시장이 안정적이라고 주장한다.

정답 ②

| 수자원(2022)/공무원연금(2020)

18 다음 중 거시경제의 총수요와 총공급에 대한 설명으로 옳은 것은?

① 명목임금 경직성에서 물가수준이 하락하면 기업이윤이 줄어들어서 기업들의 재화와 서비스 공급이 감소하므로 단기총공급곡선은 왼쪽으로 이동한다.
② 폐쇄경제에서 확장적 재정정책의 구축효과는 변동환율제도에서 동일한 정책의 구축효과보다 더 크게 나타날 수 있다.
③ 케인스(Keynes)의 유동성 선호이론에 의하면 경제가 유동성함정에 빠지는 경우 추가적 화폐공급이 투자적 화폐 수요로 모두 흡수된다.
④ 장기균형 상태에 있던 경제에 원유가격이 일시적으로 상승하면 장기적으로 물가는 상승하고 국민소득은 감소한다.
⑤ 단기 경기변동에서 소비와 투자가 모두 경기순응적이며, 소비의 변동성은 투자의 변동성보다 크다.

| 정답 | 해설 |

케인스(Keynes)의 유동성 선호이론은 실질화폐공급과 실질화폐수요로 이루어진 화폐시장을 설명하는 이론이다. 경제가 유동성함정에 빠지면 통화량의 증가 등이 물가에 영향을 미치지 못하고, 늘어난 통화량은 투자적 화폐 수요로 흡수된다.

[오답분석]
① 총공급곡선이 우상향 형태일 때 물가수준이 하락하면 총공급곡선 자체가 이동하는 것이 아니라 총공급곡선상에서 좌하방으로 이동한다.
② 확장적 재정정책을 실시하면 이자율이 상승하여 민간투자가 감소하는 구축효과가 발생하게 되는데, 변동환율제도에서는 확장적 재정정책을 실시하면 환율하락으로 인해 추가적으로 총수요가 감소하는 효과가 발생한다. 즉, 확장적 재정정책으로 이자율이 상승하면 자본유입이 이루어지므로 외환의 공급이 증가하여 환율이 하락한다. 이렇듯 평가절상이 이루어지면 순수출이 감소하므로 폐쇄경제에서보다 총수요가 더 큰 폭으로 감소한다.
④ 장기균형 상태에 있던 경제에 원유가격이 일시적으로 상승하면 단기에는 물가가 상승하고 국민소득이 감소하지만, 장기적으로는 원유가격이 하락하여 총공급곡선이 다시 오른쪽으로 이동하므로 물가와 국민소득은 변하지 않는다.
⑤ 단기 경기변동에서 소비와 투자가 모두 경기순응적이며, 소비의 변동성은 투자의 변동성보다 작다.

정답 ③

CHAPTER 08 인플레이션과 실업

| 에너지(2022)/수자원(2021)/신보(2021)

01 다음 〈보기〉에서 인플레이션이 발생할 경우 경제에 미치는 영향에 대한 설명으로 옳지 않은 것을 모두 고르면?

보기
ㄱ. 인플레이션이 발생할 경우 기업부채의 실질부담도 늘어난다.
ㄴ. 선입선출법으로 재고자산의 단위원가 결정방법을 사용하고 있는 기업의 경우 인플레이션이 발생할 경우 법인세부담은 증가한다.
ㄷ. 예상된 인플레이션의 증가가 발생할 경우에는 부와 소득의 재분배가 발생하지 않으므로 기업의 생산량은 변화가 없다.
ㄹ. 인플레이션이 발생하게 되면 세법상 감가상각의 크기보다 실제 감가상각의 크기가 더 크게 되어 기업의 이윤이 과소평가될 가능성이 있다.

① ㄱ, ㄴ
② ㄱ, ㄹ
③ ㄴ, ㄷ
④ ㄴ, ㄹ
⑤ ㄷ, ㄹ

정답 | 해설

ㄱ. 인플레이션이 발생하게 되면 실질채무부담이 줄어들어 기업부채의 실질부담도 줄어든다(인플레이션의 발생은 채무자에게 유리하다).
ㄹ. 인플레이션이 발생하게 되면 세법상 감가상각의 크기보다 실제 감가상각의 크기가 더 크게 발생하게 되어 기업의 이윤이 과대평가될 가능성이 있다.

정답 ②

| 에너지(2022)/수자원(2021)/신보(2021)

02 다음 중 인플레이션에 의해 나타날 수 있는 현상으로 옳지 않은 것은?

① 구두창 비용의 발생
② 메뉴비용의 발생
③ 통화가치 하락
④ 총요소생산성의 상승
⑤ 단기적인 실업률 하락

> **정답 | 해설**

오답분석
① 인플레이션으로 인한 사회적 비용 중 구두창 비용이란 인플레이션으로 인해 화폐가치가 하락한 상황에서 화폐보유의 기회비용이 상승하는 것을 나타내는 용어이다. 이는 사람들이 화폐보유를 줄이게 되면 금융기관을 자주 방문해야 하므로 거래비용이 증가하게 되는 것을 의미한다.
② 메뉴비용이란 물가가 상승할 때 물가 상승에 맞추어 기업들이 생산하는 재화나 서비스의 판매 가격을 조정하는 데 지출되는 비용을 의미한다.
⑤ 예상하지 못한 인플레이션이 발생하면 기업들은 노동의 수요를 증가시키고, 노동의 수요가 증가하게 되면 일시적으로 생산량과 고용량이 증가하게 된다.

정답 ④

| 에너지(2022)/수자원(2021)/신보(2021)

03 다음 중 수요견인(Demand – pull Inflation) 인플레이션이 발생하는 경우로 옳은 것은?

① 정부지출의 증가
② 수입 자본재 가격의 상승
③ 임금의 삭감
④ 환경오염의 감소
⑤ 국제 원자재 가격의 상승

> **정답 | 해설**

정부의 확장적 재정정책, 독립적인 민간 투자의 증가, 가계의 소비 증가, 확대 금융정책으로 인한 통화량의 증가 등은 총수요곡선을 오른쪽으로 이동시키는 수요견인 인플레이션의 요인이다.

오답분석
②·⑤ 수입 자본재나 국제 원자재 가격의 상승은 총공급곡선을 왼쪽으로 이동시켜 비용인상 인플레이션이 발생하게 된다.
③ 임금이 하락하면 총공급곡선이 오른쪽으로 이동하므로 물가는 하락하게 된다.
④ 환경오염의 감소는 인플레이션과 직접적인 관계가 없다.

정답 ①

| 에너지(2022)/수자원(2021)/신보(2021)

04 다음 중 인플레이션의 사회적 비용에 대한 설명으로 옳지 않은 것은?

① 예상된 인플레이션이 발생한 경우 구두창 비용이 발생한다.
② 예상되지 못한 인플레이션이 발생한 경우 구두창 비용이 발생한다.
③ 예상된 인플레이션이 발생한 경우 실질임금은 변하지 않는다.
④ 예상된 인플레이션이 발생한 경우 채권자는 채무자에 비해 불리해진다.
⑤ 예상되지 못한 인플레이션이 발생한 경우 사람들의 후생수준이 감소한다.

> **정답 | 해설**

예상된 인플레이션이 발생한 경우, 채권자들도 실질이자율의 하락을 막기 위해 더 높은 명목이자를 요구하므로 채권자와 채무자 간에도 부의 재분배가 발생하지 않는다.

정답 ④

05 다음 〈보기〉에서 디플레이션(Deflation)에 대한 설명으로 옳은 것을 모두 고르면?

> **보기**
> ㉠ 명목금리가 마이너스(−)로 떨어져 투자수요와 생산 감소를 유발할 수 있다.
> ㉡ 명목임금이 하방경직적일 때 실질임금의 하락을 초래한다.
> ㉢ 기업 명목부채의 실질상환 부담을 증가시킨다.
> ㉣ 기업의 채무불이행 증가로 금융기관 부실화가 초래될 수 있다.

① ㉠, ㉡
② ㉠, ㉢
③ ㉡, ㉢
④ ㉡, ㉣
⑤ ㉢, ㉣

정답 | 해설

㉢ 디플레이션이 발생하면 기업의 실질적인 부채부담이 증가한다.
㉣ 디플레이션이 발생하면 채무자의 채무액 실질가치가 증가하기 때문에 채무가 있는 기업의 채무불이행 증가로 금융기관 부실화가 초래될 수 있다.

오답분석

㉠ 피셔효과(Fisher Effect)에 따르면 '(명목이자율)=(실질이자율)+(예상 인플레이션율)'인 관계식이 성립하므로 예상 인플레이션율이 명목이자율을 상회할 경우 실질이자율은 마이너스(−) 값이 될 수 있다. 하지만 명목이자율이 마이너스(−) 값을 가질 수는 없다.
㉡ 명목임금이 하방경직적일 때 디플레이션으로 인해 물가가 하락하면 실질임금은 상승하게 된다.

정답 ⑤

06 어느 나라 경제의 구직률은 40%이고, 실직률 또한 40%일 때, 이 경제의 실업률은 얼마인가?

① 10%
② 15%
③ 20%
④ 25%
⑤ 50%

정답 | 해설

(실업률)$=\dfrac{U}{L}=\dfrac{s}{s+f}=\dfrac{0.4}{0.4+0.4}=\dfrac{0.4}{0.8}=\dfrac{1}{2}=50\%$이다.

정답 ⑤

| 서교공(2025)/심평원(2025)/서부발전(2023)/가스기술(2023)/수자원(2022)/농어촌(2021)/수자원(2021)/남동발전(2021)/LX(2020)

07 다음 〈조건〉을 토대로 고용률을 구하면?

> **조건**
> - 경제활동인구율 : 60%
> - 전체인구 : 3,000만 명
> - 실업률 : 30%
> - 노동가능인구 : 2,520만 명

① 30% ② 40%
③ 50% ④ 60%
⑤ 80%

정답 | 해설

고용률은 [(고용인구)÷(노동가능인구)]×100이므로 먼저 고용인구를 구해야 한다.
전체인구가 30,000,000명이고, 경제활동인구율이 60%이므로 경제활동인구는 30,000,000×0.6=18,000,000명이다.
실업률이 30%이므로 고용인구는 18,000,000×(1-0.3)=12,600,000명이다.
따라서 고용률은 (12,600,000÷25,200,000)×100=50%이다.

정답 ③

| 서교공(2025)/심평원(2025)/서부발전(2023)/가스기술(2023)/수자원(2022)/농어촌(2021)/수자원(2021)/남동발전(2021)/LX(2020)

08 A국의 경우 매년 취업자의 12%가 직장을 잃고 실업자가 되고, 실업자의 38%는 취업에 성공한다. 이 경제에서 균제상태(Steady State)의 실업률은?(단, A국의 경제활동인구은 일정하다)

① 12% ② 16%
③ 20% ④ 24%
⑤ 28%

정답 | 해설

균제상태의 실업률이란 자연실업률을 의미하고, 매년 12%의 실직률(s)이 발생하므로 38%의 구직률(f)로 나타날 경우 자연실업률(u_N)은 다음의 식에 의해 계산된다.

$$u_N = \frac{s(\text{실직률})}{s(\text{실직률})+f(\text{구직률})}$$

따라서 위에서 주어진 자료를 대입하면 $\frac{12\%}{12\%+38\%} = \frac{0.12}{0.12+0.38} = \frac{0.12}{0.50} = 24\%$가 된다.

정답 ④

| 서교공(2025)/심평원(2025)/서부발전(2023)/가스기술(2023)/수자원(2022)/농어촌(2021)/수자원(2021)/남동발전(2021)/LX(2020)

09 다음 〈조건〉을 토대로 경제활동참가율을 구하면?

> **조건**
> - 경제활동인구 : 3,000만 명
> - 15세 이상 인구 : 5,000만 명
> - 비경제활동인구 : 2,000만 명
> - 총인구 : 5,200만 명

① 50%
② 55%
③ 60%
④ 65%
⑤ 70%

정답 | 해설

경제활동참가율은 [(경제활동인구)÷(15세 이상 인구)]×100으로 구하며, 비경제활동인구 및 총인구는 계산에 포함하지 않는다. 따라서 제시된 조건를 토대로 경제활동참가율을 구하면 (3,000÷5,000)×100=60%이다.

정답 ③

| 서교공(2025)/심평원(2025)/서부발전(2023)/가스기술(2023)/수자원(2022)/농어촌(2021)/수자원(2021)/남동발전(2021)/LX(2020)

10 다음 〈조건〉을 통해 추론할 수 있는 내용으로 옳은 것은?

> **조건**
> - 생산가능인구 : 1,500만 명
> - 실업률 : 20%
> - 경제활동참가율 : 60%

① 15세 이상의 인구는 2,000만 명이다.
② 실업자 수는 200만 명이다.
③ 취업자 수는 720만 명이다.
④ 경제활동인구는 1,000만 명이다.
⑤ 생산가능인구는 경제활동인구에 포함된다.

> 정답 | 해설

15세 이상의 인구(생산가능인구)가 1,500만 명이고, 경제활동참가율이 60%이므로 경제활동인구는 900만 명이다.
- 취업자 수 : 900만×80%=720만 명
- 실업자 수 : 900만×20%=180만 명

> 오답분석

① 15세 이상의 인구는 생산가능인구를 의미하므로 1,500만 명이다.
② 실업자 수는 180만 명이다.
④ 경제활동인구는 900만 명이다.
⑤ 경제활동인구가 생산가능인구에 포함된다.

정답 ③

| 서교공(2025)/심평원(2025)/서부발전(2023)/가스기술(2023)/수자원(2022)/농어촌(2021)/수자원(2021)/남동발전(2021)/LX(2020)

11 다음 〈보기〉에서 실업률이 상승하는 상황을 모두 고르면?

> 보기

㉠ 취업준비생 A씨가 구직을 포기하였다.
㉡ 직장인 B씨가 은퇴 후 전업주부가 되었다.
㉢ 직장인 C씨가 2주간의 휴가를 떠났다.
㉣ 대학생 D씨가 부모님이 운영하는 식당에서 주당 18시간의 아르바이트를 시작하였다.

① ㉠
② ㉡
③ ㉠, ㉡
④ ㉡, ㉢
⑤ ㉢, ㉣

> 정답 | 해설

실업률은 '(실업자)÷(경제활동인구)'이다. 분자인 실업자 수가 증가하거나 분모인 경제활동인구가 감소하는 경우 실업률은 상승한다. 전업주부는 비경제활동인구로 분류되므로, 직장인이 전업주부가 되면 비경제활동인구가 증가하고 경제활동인구가 감소하기 때문에 실업률이 상승한다.

> 오답분석

㉠ 취업준비생은 경제활동인구 중 실업자에 해당하고, 구직 포기자는 비경제활동인구에 해당한다. 따라서 취업준비생이 구직을 포기하는 경우, 실업자 수와 경제활동인구 수가 동시에 감소하여 실업률이 하락한다.
㉢ 취업 상태를 유지하고 있는 것이므로 실업률은 불변이다.
㉣ 대학생은 비경제활동인구에 해당한다. 부모님의 식당 등 가족사업장에서 주당 18시간 이상 근로하는 경우 취업자로 분류되기 때문에 분모인 경제활동인구가 증가하게 되어 실업률은 하락한다.

정답 ②

| 서교공(2025)/심평원(2025)/서부발전(2023)/가스기술(2023)/수자원(2022)/농어촌(2021)/수자원(2021)/남동발전(2021)/LX(2020)

12 어느 국가의 생산가능인구는 3,160명, 비경제활동인구는 580명, 실업자 수는 1,316명이다. 15세 미만 인구는 500명이라고 가정할 때, 고용률로 옳은 것은?

① 39% ② 40%
③ 43% ④ 44%
⑤ 47%

정답 해설

- 비생산활동인구 : 500명
- 생산가능인구 : 3,160명
- (생산가능인구)=(취업자수)+(실업자수)+(비경제활동인구)
- [고용률(%)]= $\frac{(취업자수)}{(생산가능인구)} \times 100$

따라서 고용률은 1,264÷3,160×100=40%이다.

정답 ②

| 서부발전(2023)/농어촌(2021)/근복(2021)/근복(2020)/도로(2020)/공무원연금(2020)

13 다음 중 실업에 대한 설명으로 옳은 것은?

① 임금의 경직성과 일자리 제한으로 인해 발생한 실업을 기술적 실업이라 한다.
② 잠재적 실업은 주로 인구부족의 선진국 기술부문에 존재한다.
③ 효율적 임금(Efficiency Wage)이론에 의하면 임금이 높을수록 노동자의 생산성이 낮아진다.
④ 비자발적 실업이란 주어진 임금수준에서 취업할 의사가 있으나, 일자리가 없어 취업을 하지 못하고 있는 상태를 말한다.
⑤ 통상적으로 경기변동과 관계없이 정상적인 상태에서 발생하는 실업인 마찰적 실업과 구조적 실업만 존재할 때를 불완전고용이라고 한다.

정답 해설

비자발적 실업이란 주어진 임금수준에서 취업할 의사가 있으나, 일자리 부족으로 취업을 못하는 경우를 말한다.

오답분석

① 임금의 경직성과 일자리 제한으로 인해 발생한 실업은 구조적 실업이다.
② 잠재적 실업이란 겉으로 보기에는 취업상태에 있으나, 한계생산력이 거의 0에 가깝거나 0인 경우를 말한다. 주로 인구과잉의 후진국 농업부문에 존재한다.
③ 효율적 임금이론에 의하면 임금이 높을수록 노동자의 생산성이 높아진다.
⑤ 통상적으로 경기변동과 관계없이 정상적인 상태에서 발생하는 실업인 마찰적 실업과 구조적 실업만 존재할 때를 완전고용이라고 한다.

정답 ④

| 서부발전(2023)/농어촌(2021)/근복(2021)/근복(2020)/도로(2020)/공무원연금(2020)

14 다음 중 실업의 유형에 대한 설명으로 옳지 않은 것은?

① 구조적 실업이란 경제구조의 변화로 인해 노동수요 구조가 변화함에 따라 발생하는 실업이다.
② 구조적 실업은 실업기간이 장기화되는 경향이 있다.
③ 마찰적 실업은 정보망의 확충 등을 통해 완전히 제거하는 것이 가능하다.
④ 경기적 실업은 경기침체로 인해 기업이 생산을 줄이면서 일부 노동자 해고와 신규채용 감소로 인해 발생하는 실업이다.
⑤ 자발적 실업은 일을 할 능력은 있지만, 현재의 임금수준에서는 일을 할 의사가 없기 때문에 발생하는 실업이다.

정답 | 해설

마찰적 실업이란 노동시장에서 노동자와 일자리의 연결이 즉각적으로 이루어지지 못하기 때문에 발생하는 실업으로, 대체로 단기간에 끝나기 때문에 실업에 따른 고통이 그리 크지 않다. 마찰적 실업은 일자리에 관한 정보를 제공하는 정보망의 확충을 통해 어느 정도 감소시킬 순 있지만, 완전히 제거하는 것은 불가능하다.

정답 ③

| 서부발전(2023)/농어촌(2021)/근복(2021)/근복(2020)/도로(2020)/공무원연금(2020)

15 다음 중 실업과 실업률에 대한 설명으로 옳은 것은?

① 주부는 실업자에 포함된다.
② 실업률은 실업자의 수를 생산가능인구로 나눈 비율이다.
③ 마찰적 실업만 존재할 때를 불완전고용이라고 하며, 그때의 실업률을 자연실업률이라고 한다.
④ 마찰적 실업은 자발적 실업의 성격을, 경기적 실업과 구조적 실업은 비자발적 실업의 성격을 갖는다.
⑤ 마찰적 실업은 산업구조의 변화나 기술의 발달로 인해 특정한 기능을 가진 노동자에 대한 수요가 감소함에 따라 발생하는 실업이다.

정답 | 해설

마찰적 실업이란 직업을 탐색하는 과정에서 발생하는 실업으로, 완전고용상태에서도 발생하는 자발적 실업이다. 반면, 구조적 실업은 산업구조의 변화나 기술의 발달로 인해 특정한 기능을 가진 노동자에 대한 수요가 감소함에 따라 발생하는 비자발적 실업이며, 경기적 실업은 경기침체로 인한 총수요의 부족으로 발생하는 비자발적 실업이다.

오답분석
① 주부는 비경제활동인구이므로 실업자에 포함되지 않는다.
② 실업률은 실업자의 수를 경제활동인구로 나누어 구한다.
③ 마찰적 실업과 구조적 실업만 존재할 때를 완전고용이라고 하며, 그때의 실업률을 자연실업률이라고 한다.
⑤ 마찰적 실업이란 직업을 탐색하는 과정에서 발생하는 실업이다.

정답 ④

| 서부발전(2023)/농어촌(2021)/근복(2021)/근복(2020)/도로(2020)/공무원연금(2020)

16 다음 ㉠, ㉡이 설명하는 실업의 유형을 바르게 나열한 것은?

> ㉠ 생산 또는 수요의 계절적 변화에 따라 발생하는 실업이다.
> ㉡ 노동시장에서 노동자와 일자리의 연결이 즉각적으로 이루어지지 못하기 때문에 발생하는 실업이다.

	㉠	㉡
①	구조적 실업	계절적 실업
②	기술적 실업	계절적 실업
③	계절적 실업	마찰적 실업
④	마찰적 실업	구조적 실업
⑤	계절적 실업	기술적 실업

정답 | 해설

㉠ 계절적 실업 : 생산 또는 수요의 계절적 변화에 따라 발생하는 실업이다.
㉡ 마찰적 실업 : 노동시장에서 노동자와 일자리의 연결이 즉각적으로 이루어지지 못하기 때문에 발생하는 실업으로, 탐색적 실업이라고도 한다.

오답분석

- 구조적 실업 : 경제구조의 변화로 인해 노동수요 구조가 변화함에 따라 발생하는 실업이다.
- 기술적 실업 : 기술이 진보함에 따라 노동이 기계로 대체되어 발생하는 실업이다.

정답 ③

| 서부발전(2023)/농어촌(2021)/근복(2021)/근복(2020)/도로(2020)/공무원연금(2020)

17 다음 중 기술적 실업의 사례로 옳은 것은?

① 청소 로봇의 대중화로 실직한 청소부
② 결혼으로 인하여 직장을 그만 둔 사람
③ 구직활동 중인 대학졸업 예정자
④ 이민 준비로 직장을 그만 둔 사람
⑤ 공기업 시험을 준비하기 위해 직장을 그만 둔 사람

정답 | 해설

기술적 실업이란 기술의 진보에 따라 노동이 기계로 대체되어 발생하는 실업을 의미한다. 따라서 기술 발달에 따른 청소 로봇의 대중화로 실직한 청소부는 기술적 실업에 해당한다.

정답 ①

| 남동발전(2019)

18 어느 경제의 노동자 명목임금(w)이 16,000원에서 15% 상승하였고, 물가지수(P)는 200에서 두 배 상승하였을 때, 변화 후 실질임금$\left(\dfrac{w}{P}\right)$은 얼마인가?

① 8,000원
② 7,600원
③ 4,600원
④ 3,200원
⑤ 1,200원

> **정답 | 해설**
>
> - (실질임금)$=\dfrac{(명목임금)}{(물가지수)} \times 100$
> - (변화 전 실질임금)$=\dfrac{16,000}{200} \times 100 = 8,000$원
> - (변화 후 실질임금)$=\dfrac{16,000 \times 1.15}{200 \times 2} \times 100 = 4,600$원
>
> 정답 ③

| 농어촌(2022)/한수원(2022)/수자원(2021)/HUG(2020)

19 다음 〈조건〉은 A국의 GDP와 실업률에 대한 자료이다. 이를 참고하여 오쿤의 법칙(Okun's Law)을 통해 계산한 A국의 실제실업률(u)은 얼마인가?(단, Y_P는 잠재GDP, Y는 실제GDP, u는 실제실업률, u_N은 자연실업률, a는 상수를 의미한다)

> **조건**
> - $Y_P = 100$조 원
> - $Y = 90$조 원
> - $u_N = 4\%$
> - $a = 2.5$

① 12%
② 10%
③ 8%
④ 6%
⑤ 4%

> **정답 | 해설**
>
> 오쿤의 법칙이란 미국 경제학자 오쿤의 실증적인 분석을 통해 실업률과 GDP갭 간의 상관관계를 나타낸 것이다.
> $\dfrac{Y_P - Y}{Y_P} = a(u - u_N)$
>
> 따라서 실제실업률을 계산하면 $\dfrac{100-90}{100} = 2.5(u - 4\%)$, $0.1 = 2.5(u - 0.04)$, $u = 0.08$ → 8%이다.
>
> 정답 ③

| 농어촌(2022)/한수원(2022)/수자원(2021)/HUG(2020)

20 다음 글의 빈칸 ㉠, ㉡에 들어갈 내용이 바르게 나열된 것은?

- _____㉠_____이란 경제가 장기균형에 있어 마찰적 실업과 구조적 실업만 존재할 때의 실업률을 의미한다.
- _____㉡_____은 실증적인 분석을 통해 실업률과 GDP갭 간의 상관관계를 정리한 식으로, 이를 이용하면 실업에 따른 산출량 손실을 계산할 수 있다.

	㉠	㉡
①	자연실업률	오쿤의 법칙(Okun's Law)
②	실제실업률	필립스곡선
③	자연실업률	필립스곡선
④	실제실업률	오쿤의 법칙(Okun's Law)
⑤	물가안정실업률	테일러 법칙(Taylor's Rule)

정답 | 해설

㉠ 자연실업률이란 경제가 장기균형에 있어 마찰적 실업과 구조적 실업만 존재할 때의 실업률을 의미한다.
㉡ 오쿤의 법칙(Okun's Law)은 실증적인 분석을 통해 실업률과 GDP갭 간의 상관관계를 정리한 식으로, 이를 이용하면 실업에 따른 산출량 손실을 계산할 수 있다.

정답 ①

| 농어촌(2022)/한수원(2022)/수자원(2021)/HUG(2020)

21 다음 중 오쿤의 법칙(Okun's Law)에 대한 설명으로 옳은 것은?

① 어떤 시장을 제외한 다른 모든 시장이 균형 상태에 있으면 그 시장도 균형을 이루는 법칙이다.
② 실업률이 1% 늘어날 때마다 국민총생산이 2.5%의 비율로 줄어드는 것이다.
③ 소득수준이 낮을수록 전체 생계비에서 차지하는 식료품 소비의 비율이 높아진다는 법칙이다.
④ 가난할수록 총지출 가운데서 주거비의 지출 비율이 점점 더 커진다는 법칙이다.
⑤ 악화(惡貨)는 양화(良貨)를 구축한다는 법칙이다.

정답 | 해설

오쿤의 법칙은 경기회복기에 고용의 증가속도보다 국민총생산의 증가속도가 더 크고, 불황기에는 고용의 감소속도보다 국민총생산의 감소속도가 더 크다는 것이다. 실업률이 1% 늘어날 때마다 국민총생산이 2.5%의 비율로 줄어드는 것과 같이 실업률과 국민총생산의 밀접한 관계를 의미한다.

오답분석

① 왈라스의 법칙(Walars' Law)에 대한 설명이다.
③ 엥겔의 법칙(Engel's Law)에 대한 설명이다.
④ 슈바베의 법칙(Schwabe's Law)에 대한 설명이다.
⑤ 그레셤의 법칙(Gresham's Law)에 대한 설명이다.

정답 ②

22 다음은 세 나라의 자연실업률, 실제실업률, 실질GDP를 나타낸 자료이다. 〈보기〉에서 옳지 않은 것을 모두 고르면?

구분	자연실업률	실제실업률	실질GDP
갑	12%	10%	1,600조 원
을	6%	6%	1,500조 원
정	10%	12%	800조 원

보기

ㄱ. 갑국은 확장 갭이 발생하고, 잠재GDP는 1,600조 원보다 크다.
ㄴ. 을국은 확장 갭이 발생하고, 잠재GDP는 1,300조 원보다 작다.
ㄷ. 을국은 GDP갭이 발생하지 않고, 잠재GDP는 1,500조 원이다.
ㄹ. 정국은 침체 갭이 발생하고, 잠재GDP는 800조 원보다 크다.
ㅁ. 정국은 확장 갭이 발생하고, 잠재GDP는 800조 원보다 작다.

① ㄱ, ㄴ, ㄷ ② ㄱ, ㄴ, ㅁ
③ ㄴ, ㄷ, ㄹ ④ ㄴ, ㄹ, ㅁ
⑤ ㄷ, ㄹ, ㅁ

정답 | 해설

ㄱ. 갑국은 실제실업률이 자연실업률보다 낮으므로 확장 갭이 발생하는 상태이다. 따라서 갑국에서는 실제GDP가 잠재GDP를 초과할 것이므로 갑국의 잠재GDP는 1,600조 원보다 작을 것이다.
ㄴ. 을국은 실제실업률과 자연실업률이 일치하므로 실제GDP와 잠재GDP가 일치한다. 그러므로 을국의 잠재GDP는 1,500조 원이다.
ㅁ. 정국은 실제실업률이 자연실업률보다 높으므로 침체 갭이 발생하는 상태이다. 따라서 정국은 실제GDP가 잠재GDP에 미달할 것이므로 정국의 잠재GDP는 800조 원보다 클 것이다.

정답 ②

| 수자원(2025)/공항철도(2021)

23 다음 중 테일러 법칙에 대한 설명으로 옳지 않은 것은?

① 중앙은행이 금리를 결정할 때 경제성장률과 물가상승률을 고려한다는 원칙이다.
② 실제 인플레이션율이 목표치보다 높은 경우 금리를 인상한다.
③ 실제 성장률이 잠재 성장률보다 낮은 경우 금리를 인하한다.
④ 인플레이션율이 1% 상승한 경우 중앙은행은 실질이자율을 1% 이상 상승시켜야 한다.
⑤ 1992년 미국에서 존 테일러 교수가 처음 제안한 원칙이다.

정답 | 해설

인플레이션율이 1% 상승한 경우 중앙은행은 명목이자율을 1% 이상 상승시켜야 한다. 실질이자율은 명목이자율에서 기대 인플레이션율을 뺀 값이므로, 명목이자율을 인플레이션율보다 더 많이 상승시켜야 정책효과가 나타날 수 있다.

오답분석
① 중앙은행이 물가안정과 경기안정을 위해 금리를 조정하는 기준을 수식으로 나타낸 것이다.
② 실제 인플레이션율이 목표치보다 높을 경우, 중앙은행은 금리를 인상하여 물가 상승 압력을 완화하려 한다.
③ 실제 성장률이 잠재성장률보다 낮을 경우, 중앙은행은 경기 부양을 위해 기준금리를 인하하는 방향으로 통화정책을 운용한다.
⑤ 1992년, 미국 스탠퍼드대의 존 테일러 교수가 처음 제안한 원칙이다.

정답 ④

| 농어촌(2022)/한수원(2022)/자산관리(2022)/TS(2021)/지난방(2021)/국민연금(2020)

24 다음 중 기대부가 필립스곡선에 대한 설명으로 옳은 것은?

① 필립스곡선은 물가와 이자율 간의 관계를 나타낸 것이다.
② 기대물가상승률이 합리적 기대에 따라 결정될 경우 예상된 통화정책은 국민소득을 증가시킨다.
③ 다른 조건이 동일한 경우 필립스곡선이 가파를수록 희생률(Sacrifice Ratio)이 크다.
④ 중앙아시아의 내전으로 인하여 원유공급이 원활하지 않아 원유가격이 급등하면 필립스곡선이 좌측으로 이동한다.
⑤ 기대부가 필립스곡선의 경우 예상 인플레이션율이 상승하면 단기필립스곡선은 우상방으로 이동한다.

> 정답 | 해설

기대부가 필립스곡선에 따르면 예상 인플레이션율이 상승하면 우하향의 단기필립스곡선은 절편이 커지면서 우상방으로 이동한다.

> 오답분석

① 필립스곡선은 물가와 실업 간의 관계를 나타낸다.
② 기대물가상승률이 합리적 기대에 따라 결정될 경우 예상된 통화정책은 국민소득이나 실업률에 영향을 미치지 않는다.
③ 필립스곡선이 가파를 경우 AS곡선도 가파르다. 따라서 AS곡선의 기울기가 가파를수록 물가하락에 따른 생산량 감소 크기는 작아지므로 희생률(Sacrifice Ratio)이 작다.
④ 원유가격의 급등과 같은 부정적 공급충격이 발생하면 필립스곡선이 우측으로 이동한다.

정답 ⑤

| 농어촌(2022)/한수원(2022)/자산관리(2022)/TS(2021)/지난방(2021)/국민연금(2020)

25 다음 중 적응적 기대가설의 필립스곡선에 대한 설명으로 옳지 않은 것은?

① 단기 필립스곡선은 총수요 확장정책이 효과적임을 의미한다.
② 단기 필립스곡선은 희생률(Sacrifice Ratio) 개념이 성립함을 의미한다.
③ 단기 필립스곡선은 본래 임금 상승률과 실업률 사이의 관계에 기초한 것이다.
④ 프리드먼(Friedman)에 의하면 장기 필립스곡선은 우하향한다.
⑤ 예상 인플레이션율이 상승하면 단기 필립스곡선은 오른쪽으로 이동한다.

> 정답 | 해설

- 희생률 : 인플레이션율이 1% 감소할 때 실질GDP의 감소율이다.
  - 총공급곡선이 수직선일 경우(장기) : 총수요가 감소할 때 물가 하락, 실질국민소득 불변
  - 총공급곡선이 우상향할 경우(단기) : 총수요가 감소할 때 물가 하락, 실질국민소득 감소

프리드먼(Friedman)에 의하면 장기 총공급곡선은 수직이므로 총수요가 변해도 물가만 변화하고 총생산과 실업률은 불변이다. 따라서 장기 필립스곡선은 자연실업률 수준에서 수직선이다.

> 오답분석

① 단기 필립스곡선은 우하향하며, 이는 단기 총공급곡선이 우상향하는 것을 의미한다. 이 경우 확장정책(총수요 증가)이 시행되면 국민소득이 증가한다.
② 단기 필립스곡선이 우하향하므로 총수요가 감소(총수요곡선 좌측이동)하면 물가가 내려가고 국민소득이 감소한다. 따라서 희생률 개념이 성립한다.
③ 필립스곡선은 임금 상승률과 실업률 사이의 관계를 분석한 것을 말한다.
⑤ 예상 인플레이션율이 상승하면 단기 총공급곡선은 좌측(상방)으로 이동하고, 단기 필립스곡선은 우측(상방)으로 이동한다.

정답 ④

| 농어촌(2022)/한수원(2022)/자산관리(2022)/TS(2021)/지난방(2021)/국민연금(2020)

26 A국의 단기 필립스곡선이 $\pi = u_N - u + \pi^e$ 로 주어져 있을 때, 10%의 물가상승을 예상하여 실업률을 6%로 낮추었더니 실제로는 12%의 물가상승이 일어났다. 이때 A국의 자연실업률(u_N)은 얼마인가?(단, π는 실제 인플레이션율, π^e는 예상 인플레이션율, u_N은 자연실업률, u는 실제실업률이다)

① 2%
② 3%
③ 4%
④ 8%
⑤ 9%

정답 해설

제시된 값을 필립스곡선 식($\pi = u_N - u + \pi^e$)에 대입하면 자연실업률을 구할 수 있다.
$12\% = u_N - 6 + 10$
∴ [자연실업률(u_N)] = 8%

정답 ④

| 농어촌(2022)/한수원(2022)/자산관리(2022)/TS(2021)/지난방(2021)/국민연금(2020)

27 다음 〈조건〉은 A국의 단기 필립스곡선과 명목이자율, 실질이자율, 실제실업률, 자연실업률을 나타낸 것이다. 이를 통해 A국의 실제 인플레이션율을 구하면 얼마인가?(단, π는 실제 인플레이션율, π^e는 예상 인플레이션율, u_N은 자연실업률, u는 실제실업률이다)

조건

- 단기 필립스곡선 : $\pi = u_N - u + \pi^e$
- 자연실업률 : 2%
- 실질이자율 : 2%
- 실제실업률 : 3%
- 명목이자율 : 6%

① 2%
② 3%
③ 6%
④ 8%
⑤ 9%

정답 해설

먼저 예상 인플레이션율을 구하기 위해 명목이자율과 실질이자율의 관계식을 살펴보면 '(명목이자율)=(실질이자율)+(예상 인플레이션율)'이다. 따라서 6%=2+(예상 인플레이션율) → (예상 인플레이션율)=4%이다. 이를 다시 단기 필립스곡선에 대입하면 실제 인플레이션율은 $\pi = u_N - u + \pi^e$ → $\pi = 2 - 3 + 4$%이다.
∴ $\pi = 3\%$

정답 ②

CHAPTER 09 경기변동과 경제성장

| 수자원(2025)/중부발전(2023)/수자원(2022)/심평원(2022)/근복(2022)/농어촌(2021)/수자원(2021)/자산관리(2020)

01 다음 중 GDP를 구하는 공식으로 옳은 것은?

① (소비)+(투자)+(수출)+(수입)
② (소비)+(투자)+(수출)-(수입)
③ (소비)+(투자)-(수출)-(수입)
④ (소비)-(투자)+(수출)+(수입)
⑤ (소비)-(투자)-(수출)-(수입)

정답 해설

GDP는 소비(국민들이 사용하는 돈), 투자(기업 또는 정부가 투자하는 돈), 수출(해외로 제품을 판매하여 벌어들인 돈)의 합에서 수입(해외에서 제품을 사들여 지출한 돈)을 차감한 값이다.

정답 ②

| 수자원(2025)/중부발전(2023)/수자원(2022)/심평원(2022)/근복(2022)/농어촌(2021)/수자원(2021)/자산관리(2020)

02 다음 중 거시경제학에서 정의되는 주요 경제변수에 대한 설명으로 옳지 않은 것은?

① GDP는 일정 기간 동안 한 나라의 국경 안에서 생산된 모든 최종생산물의 시장가치를 의미한다.
② 물가란 경제 전체에서 거래되고 있는 수많은 재화와 서비스의 가격을 종합하여 나타낸 것이다.
③ 환율이란 우리나라 화폐와 외국화폐의 교환비율을 의미한다.
④ 잠재GDP란 한 나라에 존재하는 노동과 자본 등의 모든 생산요소가 정상적으로 고용될 경우 달성할 수 있는 최대GDP를 의미한다.
⑤ GDP 디플레이터란 실질GDP를 명목GDP로 나눈 값으로 정의되며, GDP통계로부터 사후적으로 산출되는 일종의 물가지수이다.

정답 해설

GDP 디플레이터는 명목GDP를 실질GDP로 나눈 값으로 정의된다.

정답 ⑤

| 수자원(2025)/중부발전(2023)/수자원(2022)/심평원(2022)/근복(2022)/농어촌(2021)/수자원(2021)/자산관리(2020)

03 다음 중 국내총생산(GDP)에 대한 설명으로 옳지 않은 것은?

① GDP는 한 국가 내에서 모든 경제주체가 일정 기간 동안 창출한 부가가치의 합이다.
② GDP는 한 국가 내에서 일정 기간 동안 생산된 모든 생산물의 시장가치이다.
③ 기준연도 이후 물가가 상승하는 기간에는 명목GDP가 실질GDP보다 크다.
④ 기준연도의 실질GDP와 명목GDP는 항상 같다.
⑤ 재화 또는 서비스의 생산과 관계없는 아파트의 매매차익이나 복권당첨금은 GDP에 포함되지 않는다.

정답 | 해설

GDP는 국적을 불문하고 한 국가의 국경 내에서 이루어진 생산활동을 모두 포함하는 개념으로, 국가의 생활수준이나 경제성장률을 분석할 때 사용되는 지표이다. 또한 한 국가 내에서 일정 기간 동안 생산된 '모든 생산물'이 아닌 '모든 최종생산물'의 시장가치로 그 국가의 경제수준을 나타낸다.

정답 ②

| 수자원(2025)/중부발전(2023)/수자원(2022)/심평원(2022)/근복(2022)/농어촌(2021)/수자원(2021)/자산관리(2020)

04 다음 〈조건〉에서 GDP에 포함되는 값의 합으로 옳은 것은?

조건
- 금융서비스 : 5,000
- 주부의 가사노동 : 1,000
- 정부의 이전지출 : 3,000
- 파출부의 가사노동 : 2,000
- 귀속임대료 : 2,000

① 5,000
② 6,000
③ 7,000
④ 9,000
⑤ 11,000

정답 | 해설

국내총생산은 일정 기간 동안 한 나라 국경 안에서 생산된 최종생산물의 시장가치의 합이다. 주부의 가사노동, 여가, 환경오염, 정부의 생계보조비(정부의 이전지출)는 GDP에 포함되지 않는다.
따라서 GDP에 포함되는 값의 합은 '(금융서비스)+(파출부의 가사노동)+(귀속임대료)'인 9,000이다.

정답 ④

| 수자원(2025)/중부발전(2023)/수자원(2022)/심평원(2022)/근복(2022)/농어촌(2021)/수자원(2021)/자산관리(2020)

05 다음 중 GDP에 포함되는 항목으로 옳지 않은 것은?

① 재고투자 ② 귀속임대료
③ 자가소비농산물 ④ 국방서비스
⑤ 주식가격변동

정답 해설

주식가격변동이나 부동산가격변동 같은 자본이득과 관련된 항목은 GDP에 포함되지 않는다.

정답 ⑤

| TS(2021)

06 A국의 생산함수는 $Y = AK^{0.4}L^{0.6}$으로 정의되고, 자본(K)의 감가상각률(δ)은 3%, 인구증가율(n)은 2%, 기술진보율(g)은 3%라고 한다. 현재 이 국가의 경제가 황금률(Golden Rule) 수준에 있는 경우 총소득(Y)의 증가율은 얼마인가?

① 3% ② 4%
③ 5% ④ 6%
⑤ 7%

정답 해설

[총소득(Y)의 증가율]=(1인당 소득증가율)+[인구증가율(n)]=[기술진보율(g)]+[인구증가율(n)]=3+2=5%이다.

정답 ③

| 서교공(2023)/국가철도(2022)/심평원(2022)/남동발전(2021)/농어촌(2020)/국민연금(2020)

07 명목GDP가 2020년에 300억 원에서 2021년에 360억 원으로 증가했고, 같은 기간에 GDP 디플레이터는 100에서 120으로 상승했다. 2020년 대비 2021년 실질GDP의 변동액은 얼마인가?

① 3억 원 증가 ② 30억 원 증가
③ 3억 원 감소 ④ 30억 원 감소
⑤ 변화 없음

정답 해설

국내총생산(GDP)은 일정 기간 동안 한 나라 안에서 생산된 모든 최종 재화와 서비스의 시장가치이다. 명목GDP는 재화와 서비스 생산액을 현재가격으로 계산한 것이며, 실질GDP는 일정 기준연도 가격을 사용해 불변가격으로 계산한 것이다. GDP 디플레이터는 명목GDP를 실질GDP로 나누고 100을 곱한 것으로, 물가수준의 지표로 사용된다. 2020년 GDP 디플레이터는 100, 명목GDP는 300억 원이었기 때문에 실질GDP도 300억 원이고, 2021년 GDP 디플레이터는 120, 명목GDP는 360억 원이므로 실질GDP는 300억 원이다. 따라서 실질GDP에는 변화가 없다.

정답 ⑤

| 서교공(2023)/국가철도(2022)/심평원(2022)/남동발전(2021)/농어촌(2020)/국민연금(2020)

08 A국은 2020년과 2021년 사이에 GDP 디플레이터가 100에서 130으로 상승하였다. 2020년 실질 GDP는 400조 달러였고, 2021년 명목GDP는 650조 달러로 2020년 대비 200조 달러가 증가하였을 때, A국의 2021년의 전년 대비 실질 경제성장률은 얼마인가?

① 25%
② 50%
③ 75%
④ 100%
⑤ 125%

정답 | 해설

2021년 명목GDP는 650조 달러로 2020년보다 200조 달러 증가하였기 때문에 2020년 명목GDP는 450조 달러이다. 실질 경제성장률을 구하기 위해서는 실질GDP를 구해야 한다. 2020년 실질GDP는 400조 달러이다. GDP 디플레이터가 100에서 130으로 증가하였기 때문에 (GDP 디플레이터)=$\frac{(명목GDP)}{(실질GDP)}$×100이므로, 이를 변형하면 2021년 실질GDP를 구할 수 있다 $\left[(실질GDP)=\frac{(명목GDP)}{(GDP\ 디플레이터)}×100\right]$. 2021년의 실질GDP는 (650조÷130)×100=500조 달러이다. 따라서 2021년의 전년 대비 실질GDP의 증가율은 [(500조−400조)÷400조]×100=25%이다.

정답 ①

| 서교공(2023)/국가철도(2022)/심평원(2022)/남동발전(2021)/농어촌(2020)/국민연금(2020)

09 다음은 사과와 오렌지만을 생산하는 경제의 연도별 생산 현황이다. 2018년을 기준연도로 할 때, 2020년의 GDP 디플레이터 A와 물가상승률 B는 얼마인가?(단, 물가상승률은 GDP 디플레이터를 이용하여 구한다)

구분	사과		오렌지	
	가격(원)	생산량(개)	가격(원)	생산량(개)
2018년	50	100	90	40
2019년	60	120	100	60
2020년	70	140	110	80

	A	B
①	76	40.90%
②	116	24.56%
③	116	12.93%
④	131	24.56%
⑤	131	12.93%

> **정답 | 해설**

2019년과 2020년의 명목GDP와 실질GDP를 계산해 보면 각각 다음과 같다.
- (명목GDP_{2019})=60×120+100×60=7,200+6,000=13,200
- (실질GDP_{2019})=50×120+90×60=6,000+5,400=11,400
- (명목GDP_{2020})=70×140+110×80=9,800+8,800=18,600
- (실질GDP_{2020})=50×140+90×80=7,000+7,200=14,200

2019년과 2020년의 GDP 디플레이터를 계산해 보면 다음과 같다.
- (GDP 디플레이터$_{2019}$)=$\frac{(명목GDP_{2019})}{(실질GDP_{2019})}$×100=$\frac{13,200}{11,400}$×100≒116
- (GDP 디플레이터$_{2020}$)=$\frac{(명목GDP_{2020})}{(실질GDP_{2020})}$×100=$\frac{18,600}{14,200}$×100≒131

그러므로 2020년 물가상승률은 $\frac{131-116}{116}$×100≒12.93%이다.

정답 ⑤

| 서교공(2023)/국가철도(2022)/심평원(2022)/남동발전(2021)/농어촌(2020)/국민연금(2020)

10 다음 자료를 토대로 GDP 디플레이터가 가장 큰 연도와 가장 작은 연도가 바르게 나열된 것은?

(단위 : 억 원)

구분	명목GDP	실질GDP
2018년	5,400	4,320
2019년	5,060	4,600
2020년	4,800	4,800
2021년	5,250	5,000

	GDP 디플레이터가 가장 큰 연도	GDP 디플레이터가 가장 작은 연도
①	2020년	2021년
②	2019년	2018년
③	2018년	2020년
④	2021년	2018년
⑤	2021년	2019년

> **정답 | 해설**

(GDP 디플레이터)=$\frac{(명목GDP)}{(실질GDP)}$×100으로 나타낼 수 있다. 따라서 GDP 디플레이터를 구하면 다음과 같다.

(단위 : 억 원)

구분	명목GDP	실질GDP	GDP 디플레이터
2018년	5,400	4,320	125
2019년	5,060	4,600	110
2020년	4,800	4,800	100
2021년	5,250	5,000	105

따라서 GDP 디플레이터는 2020년에 가장 작고, 2018년에 가장 크다.

정답 ③

| 농어촌(2020)

11 다음 중 궁핍화 성장(Immiserizing Growth)에 대한 설명으로 옳지 않은 것은?

① 교역조건의 악화가 성장의 이익을 압도하여 실질소득이 감소하는 현상이다.
② 국제시장가격의 하락으로 발생할 수 있다.
③ 경제성장이 수출을 중심으로 이루어진다.
④ 수출재에 대한 세계수요가 가격에 비탄력적이다.
⑤ 자본집약적 기술진보가 발생할 경우 나타날 수 있다.

정답 해설

궁핍화 성장(Immiserizing Growth)은 한 나라의 경제가 외국과의 무역에 크게 의존하는 경우, 경제성장은 이루어지지만 불리한 교역 조건 때문에 국민의 실질 소득은 낮아지는 현상이다. 기술진보와 궁핍화 성장의 인과관계는 없다.

정답 ⑤

| 국민연금(2021)/남동발전(2021)/동서발전(2019)

12 다음은 A국의 2개 연도에 걸친 빵과 면의 가격과 수량을 나타낸 표이다. 2020년을 기준연도로 하였을 경우, 라스파이레스 방식(Laspeyres Formula)으로 계산한 2021년의 소비자물가지수는 얼마인가?

구분	빵	면
2020년 가격(원)	25	10
2020년 소비량(만 개)	10	25
2021년 가격(원)	40	25
2021년 소비량(만 개)	15	40

① 175
② 185
③ 200
④ 205
⑤ 220

정답 해설

라스파이레스 방식으로 계산한 2021년의 소비자물가지수는 $L_P = \dfrac{\sum P_t Q_0}{\sum P_0 Q_0} \times 100 = \dfrac{(40 \times 10) + (25 \times 25)}{(25 \times 10) + (10 \times 25)} \times 100 = \dfrac{1,025}{500} \times 100 = 205$이다.

정답 ④

■ 심평원(2024)/국민연금(2021)

13 다음 중 장기적인 경제성장을 위해 필요한 전략으로 옳지 않은 것은?

① 장기적 성장을 위해서는 자본투자와 생산가능인구 확대를 통해 잠재성장률을 끌어올려야 한다.
② 노동, 자본 등의 양적 생산요소 및 기술, 지식 등의 질적 생산요소의 경쟁력을 강화하여야 한다.
③ 우리나라 GDP에서 50%를 넘지 못하고 있는 민간소비 비중을 끌어올려야 한다.
④ 제조업 제품뿐만 아니라 고부가 서비스제품의 수출 확대를 통해 글로벌 산업구조에 대응하여야 한다.
⑤ 경제의 외부충격에 대비하기 위해 내수시장을 집중하여 키우고, 이후 수출주도 경제성장 전략을 도입하여야 한다.

| 정답 | 해설 |

경제의 외부충격에 대비하기 위해 내수시장을 키우는 것은 바람직하나, 내수시장에 치우칠 경우 글로벌 경쟁력을 잃어 오히려 성장률이 둔화될 수 있다.

정답 ⑤

■ 심평원(2024)/국민연금(2021)

14 다음 중 내생적 성장이론에 대한 설명으로 옳지 않은 것은?

① AK모형에서는 저축률이 상승하면 경제성장률만이 일시적으로 높아진다.
② 인적자본은 경제성장을 결정하는 중요한 요인이다.
③ 일반적으로 자본의 한계생산성이 체감하지 않는다고 가정한다.
④ 선진국과 후진국 사이의 소득격차가 줄어들지 않는다.
⑤ 기술진보를 외생적으로 주어진 것으로 가정하지 않고, 이론 내에서 설명하고자 한다.

| 정답 | 해설 |

AK모형에서는 저축률이 상승하면 경제성장률 및 1인당 경제성장률이 모두 높아진다. 하지만 솔로우 모형(Solow Model)에서는 저축률이 상승하면 경제성장률이 일시적으로만 높아지는 수준효과만 갖는다.

정답 ①

15 다음 〈보기〉에서 솔로우 모형(Solow Model)의 가정에 대한 설명으로 옳지 않은 것은?

> **보기**
> ㉠ 재화는 1가지만 존재한다.
> ㉡ 인구증가율은 n으로 일정하다.
> ㉢ 저축은 소득의 일정비율이며, 저축과 투자는 항상 일치한다.
> ㉣ 생산함수는 일반적으로 요소대체가 불가능한 2차 동차함수이다.

① ㉠
② ㉡
③ ㉢
④ ㉣
⑤ 없음

정답 해설

솔로우 모형은 저축, 인구, 기술진보가 시간의 흐름에 따라 경제성장에 어떤 영향을 미치는지를 동태적으로 분석한 모형이다.

> **솔로우 모형(Solow Model)의 가정**
> • 재화는 1가지만 존재한다.
> • 인구증가율은 n으로 일정하다.
> • 저축은 소득의 일정비율이며, 저축과 투자는 항상 일치한다.
> • 생산함수는 일반적으로 요소대체가 가능한 1차 동차함수이다.

정답 ④

---

16 다음 〈조건〉은 어느 국가의 솔로우의 경제성장모형(Solow Model)에 대한 자료이다. 이를 통해 계산된 정상상태에서의 1인당 소득은 얼마인가?

> **조건**
> • 총생산함수 : $Y = 2\sqrt{KL}$
> • 인구성장률 : 5%
> • 감가상각률 : 5%
> • 저축률 : 20%

① 8
② 10
③ 12.8
④ 16
⑤ 64

정답 해설

$f(k) = \dfrac{2\sqrt{KL}}{L} = 2\left(\dfrac{K}{L}\right)^{\frac{1}{2}} = 2\sqrt{k}$ 이고, 기본방정식인 $sf(k) = (n+d)k$에 주어진 값을 대입해서 풀면 $0.2 \times 2\sqrt{k} = (0.05+0.05)k$로부터 $k=16$이 도출된다. 따라서 $f(k)$에 대입하면 1인당 소득은 8임을 알 수 있다.

정답 ①

| SH(2022)/국가철도(2022)/자산관리(2022)/농어촌(2021)/국민연금(2020)

17 다음 중 경제성장에 대한 설명으로 옳은 것은?

① 교육의 질을 높이는 정책은 인적자본을 축적시켜 경제성장에 기여한다.
② 자본축적은 자본의 한계생산성이 체감하므로 경제성장의 원동력이 아니다.
③ 솔로우 경제성장모형에서 저축률은 내생적으로 결정된다.
④ 솔로우 경제성장모형에서 기술진보는 경제성장에 영향을 주지 않는다.
⑤ 솔로우 경제성장모형에서 인구 증가율이 높아지면 총국민소득은 감소한다.

정답 | 해설

경제성장이란 생산요소의 부존량이나 생산성이 증대하여 국민 경제의 생산 능력이 증대하는 현상으로, 한 경제의 국내총생산(GDP)이 지속적으로 증가하는 현상을 말한다. 솔로우 모형에서는 규모에 대한 수익불변인 1차 동차생산함수를 사용하고 있으므로 자본의 한계생산성이 체감한다. 이 모형에 따르면 자본축적, 교육을 통한 인적자본 형성, 정부정책의 차이 등은 경제성장의 주요 원인이다.

오답분석

② 자본축적은 경제성장의 주요 원인이다.
③ 솔로우 경제성장모형은 경제성장의 요인이 모형의 외부에서 결정되므로 외생적 성장 모형이라고도 한다.
④ 솔로우 경제성장모형에서 지속적인 경제성장은 기술진보에 의해 가능하다.
⑤ 인구 증가율이 높아지면 1인당 자본량과 1인당 생산량은 감소하지만, 경제 전체적으로 볼 때 생산요소의 양이 증가하므로 경제 전체의 총생산량은 오히려 증가한다.

정답 ①

| SH(2022)/국가철도(2022)/자산관리(2022)/농어촌(2021)/국민연금(2020)

18 어떤 경제에서 솔로우 모형(Solow Model)의 1인당 생산 함수가 $y=\sqrt{k}$ 이고, 인구증가와 기술진보가 없을 때, 저축률과 감가상각률이 각각 0.2, 0.05인 경우 균제상태에서의 1인당 생산량은? (단, y는 1인당 생산량, k는 1인당 자본량이다)

① 64
② 25
③ 16
④ 8
⑤ 4

정답 | 해설

솔로우 모형에서의 균제조건은 $s \times y = (n+d) \times k$이다. 제시된 값을 식에 대입하면 $0.2\sqrt{k}=0.05k$ → $\sqrt{k}=0.25k$이고, k(1인당 자본량)=16이다. 따라서 y(1인당 생산량)=4이다.

정답 ⑤

| 도로(2021)

19 다음 〈보기〉에서 경기선행지수에 해당하는 것을 모두 고르면?

> **보기**
> ㉠ 구인구직비율　　　　　　㉡ 재고순환지표
> ㉢ 소매판매액지수　　　　　㉣ 상용근로자수
> ㉤ 건설수주액

① ㉠, ㉡, ㉤　　　　　　② ㉠, ㉢, ㉣
③ ㉡, ㉢, ㉣　　　　　　④ ㉡, ㉣, ㉤
⑤ ㉢, ㉣, ㉤

정답 | 해설

경기종합지수는 경기선행지수, 경기동행지수, 경기후행지수로 구분된다.
- 경기선행지수 : 구인구직비율, 재고순환지표, 건설수주액
- 경기동행지수 : 소매판매액지수
- 경기후행지수 : 상용근로자수

정답 ①

| 인천항만(2021)

20 소득 불평등 정도를 나타내는 이 그래프는 산업화 과정에 있는 국가의 불평등 정도는 처음에 증가하다가 산업화가 일정 수준을 지나면 다시 감소하는 역U자형 형태를 보이는 것으로 알려졌으나, 『21세기 자본』의 저자 피케티(Piketty)나 『왜 우리는 불평등해졌는가』의 저자 밀라노비치(Milanović)가 이를 비판하면서 이슈가 됐다. 이 그래프는 무엇인가?

① 로렌츠 곡선(Lorenz Curve)　　　　② 필립스 곡선(Phillips Curve)
③ 굴절수요 곡선(Kinky Demand Curve)　④ 로지스틱 곡선(Logistic Curve)
⑤ 쿠즈네츠 곡선(Kuznets Curve)

정답 | 해설

쿠즈네츠 곡선은 사이먼 쿠즈네츠(Kuznets)가 1950년대 내놓은 역(逆)U자형 곡선으로, 소득 불평등 정도를 설명하는 그래프를 뜻한다. 쿠즈네츠는 산업화 과정에 있는 국가의 불평등 정도는 처음에 증가하다가 산업화가 일정 수준을 지나면 다시 감소한다고 주장했다. 쿠즈네츠는 이 연구로 1971년에 노벨 경제학상을 받았다. 하지만 『21세기 자본』의 저자 피케티(Piketty)는 불평등이 감소한 이유로 산업화 진전이 아니라 대공황과 2차 세계대전에 따른 결과라고 주장했으며, 『왜 우리는 불평등해졌는가』의 저자 밀라노비치(Milanović)는 선진국에서는 세계화의 결과로 불평등이 다시 악화됐다며, 쿠즈네츠 곡선이 한 번 순환으로 끝나는 것이 아니라 불평등이 다시 상승하는 '파동' 형태를 가진다고 분석했다.

정답 ⑤

CHAPTER 10 국제경제학

HUG(2022)/수자원(2022)

01 다음 〈보기〉에서 환율제도의 삼불원칙(Impossible Trinity, Trilemma)에 해당하는 정책목표를 모두 고르면?

보기
㉠ 통화정책의 자율성
㉡ 소비자 물가 안정
㉢ 자유로운 자본 이동
㉣ 환율 안정
㉤ 재정지출 증가

① ㉠, ㉡, ㉢
② ㉠, ㉢, ㉣
③ ㉡, ㉢, ㉣
④ ㉡, ㉢, ㉤
⑤ ㉢, ㉣, ㉤

정답 | 해설

환율제도는 고정환율제도와 자유변동환율제도를 양극단으로 하여 이분법적으로 분류할 수 있다. 먼저 고정환율제도는 외환의 시세 변동을 반영하지 않고 환율을 일정 수준으로 유지하는 환율제도이며, 자유변동환율제도는 환율이 외환시장에서 외환의 수요와 공급에 의해 자율적으로 결정되도록 하는 환율제도이다. 이러한 환율제도는 제도별로 상이한 장단점이 존재하지만 그 어떠한 환율제도라도 통화정책의 자율성(㉠), 자유로운 자본 이동(㉢), 환율 안정(㉣)의 세 가지 정책목표를 동시에 만족시키기는 현실적으로 불가능하기 때문에 이를 삼불원칙이라고 한다.

정답 ②

서울시설(2020)

02 다음 중 정부지출 증가의 효과가 가장 크게 나타나게 되는 상황은 언제인가?

① 한계저축성향이 낮은 경우
② 한계소비성향이 낮은 경우
③ 정부지출의 증가로 물가가 상승한 경우
④ 정부지출의 증가로 이자율이 상승한 경우
⑤ 정부지출의 증가로 인해 구축효과가 나타난 경우

정답 | 해설

정부지출의 효과가 크기 위해서는 승수효과가 커져야 한다. 승수효과란 확대 재정정책에 따른 소득의 증가로 인해 소비지출이 늘어나게 되어 총수요가 추가적으로 증가하는 현상을 말한다. 즉, 한계소비성향이 높을수록 승수효과는 커진다. 한계소비성향이 높다는 것은 한계저축성향이 낮다는 것과 동일한 의미이다.

정답 ①

| 신보(2021)

03 다음 중 먼델 – 플레밍 모형(Mundell – Fleming Model)에 따른 경제정책의 효과에 대한 설명으로 옳은 것은?

① 확대 재정정책은 변동환율제에서 순수출을 증가시킨다.
② 확대 금융정책은 변동환율제에서 최종적으로 산출량을 변화시키지 않는다.
③ 수입제한정책은 변동환율제에서 환율에 영향을 미치지 않고 무역수지를 증가시킨다.
④ 확대 재정정책은 고정환율제에서 IS곡선과 LM곡선 모두 우측으로 이동시킨다.
⑤ 확대 금융정책은 고정환율제에서 통화량을 증가시킨다.

정답 | 해설

고정환율제에서 확대 재정정책을 실시할 경우 IS곡선이 우측으로 이동하고, 이에 따라 이자율이 상승한다. 이자율 상승으로 인해 해외에서의 자본이 유입되어 통화량 증가를 일으키고, 고정환율을 유지하기 위해서 LM곡선이 우측으로 이동한다.

오답분석

① 확대 재정정책은 변동환율제에서 IS곡선을 우측 이동시키고, 이자율이 상승하여 환율이 하락한다. 이로 인해 순수출을 감소시킨다.
② 확대 금융정책은 변동환율제에서 LM곡선을 우측 이동시키고, 이자율이 하락하여 자본유출이 발생한다. 이로 인해 환율이 증가하고 순수출이 증가한다. 따라서 순수출의 증가로 인해 IS곡선이 우측 이동하게 된다. LM곡선과 IS곡선의 우측 이동으로 인해 산출량은 증가하지만, 다시금 이자율은 하락하기 때문에 변하지 않는다.
③ 수입제한정책은 변동환율제에서 환율을 인상시키지만 국민소득과 무역수지에 영향을 주지 않는 반면, 고정환율제에서 환율에는 영향을 주지 않지만 국민소득과 무역수지를 증가시킨다.
⑤ 확대 금융정책은 고정환율제에서 LM곡선을 우측 이동시키고, 이에 따라 이자율이 하락한다. 이자율이 하락하기 때문에 자본유출이 발생하여 통화량이 감소한다.

정답 ④

| 도로(2022)/신보(2021)

04 A국은 자본이동이 자유로운 소규모 개방경제로 고정환율제도를 채택하고 있다. 다음 중 $IS-LM-BP$ 모형에서 확장적 재정정책이 국민소득에 미치는 효과로 옳지 않은 것은?(단, 국제이자율은 불변, IS곡선은 우하향, LM곡선은 우상향한다)

① IS곡선이 우측 이동한다.
② 국민소득이 증가한다.
③ 해외에서 자본이 유입된다.
④ 통화량이 증가한다.
⑤ LM곡선이 좌측 이동한다.

정답 | 해설

고정환율제도에서 통화정책은 환율을 유지하기 위해 통화량을 되돌려야 하므로 효과가 없지만, 재정정책은 환율 변화를 막기 위한 통화량 변동으로 효과가 매우 크다. 고정환율제도에서 확대 재정정책이 실시되면 IS곡선이 우측 이동하게 되어 이자율이 상승한다. 따라서 해외에서 자본이 유입되어 통화량이 증가하고 통화량 증가에 따라 LM곡선이 우측으로 이동하여 국민소득은 증가한다. IS곡선과 LM곡선이 모두 우측으로 이동하기 때문에 이자율은 변하지 않는다.

정답 ⑤

| HUG(2022)/농어촌(2021)

05 다음 중 고정환율제도에 대한 설명으로 옳지 않은 것은?(단, 자본의 이동은 완전히 자유롭다)

① 환율이 안정적이므로 국제무역과 투자가 활발히 일어나는 장점이 있다.
② 고정환율제도에서 확대 금융정책을 실시할 경우 최종적으로 이자율은 변하지 않는다.
③ 고정환율제도에서 확대 금융정책의 경우 중앙은행의 외환매입으로 통화량이 증가한다.
④ 고정환율제도에서 확대 재정정책을 실시할 경우 통화량이 증가하여 국민소득이 증가한다.
⑤ 정부가 환율을 일정수준으로 정하여 지속적인 외환시장 개입을 통해 정해진 환율을 유지하는 제도이다.

정답 | 해설

고정환율제도는 정부가 환율을 일정수준으로 정하고, 지속적인 외환시장 개입을 통해 정해진 환율을 유지하는 제도이다. 이 제도에서 확대 금융정책의 경우 중앙은행의 외환매각으로 통화량이 감소한다.

정답 ③

| 광주시통합(2021)/LX(2020)

06 개방경제의 소국 A에서 수입관세를 부과하였다. 이때 나타나는 효과로 옳지 않은 것은?

① 국내가격이 상승한다. ② 소비량이 감소한다.
③ 생산량이 감소한다. ④ 사회적 후생손실이 발생한다.
⑤ 교역조건은 변하지 않는다.

정답 | 해설

소국의 수입관세 부과 시 국내가격은 상승하고 생산량은 증가한다. 그에 따라 생산자잉여도 증가하게 된다.

[오답분석]
① 부과한 관세만큼 국내가격이 상승하게 된다.
② 국내가격이 상승하므로 소비량은 감소하게 된다.
④ 수입관세 부과 시 정부는 관세수입을 얻고, 관세 부과로 인한 가격 조정에 따른 사회적 후생손실이 발생한다.
⑤ 소국은 국제 시장에서의 가격설정능력이 없다. 따라서 관세를 부과해도 교역조건은 변화하지 않는다. 반면, 대국의 경우 수입관세 부과 시 교역조건이 개선된다.

정답 ③

07 다음 중 국내시장에서의 쌀의 공급곡선이 수직선일 경우, 쌀의 수입에 대해 관세를 부과할 때 나타날 수 있는 효과로 옳지 않은 것은?

① 소득 재분배 ② 재정수입의 증가
③ 수요량 감소 ④ 공급량 감소
⑤ 경상수지의 개선

정답 | 해설

쌀의 공급곡선이 수직선일 때, 즉 쌀에 대한 공급의 가격탄력성이 완전 비탄력적일 경우 쌀 수입에 관세를 부과해도 공급량은 불변이 된다.

정답 ④

08 다음 중 환율이론에 대한 설명으로 옳지 않은 것은?

① 구매력평가설은 환율이 양국통화의 구매력에 의하여 결정된다는 이론이다.
② 구매력평가설이 성립되기 위해서는 일물일가의 법칙이 전제되어야 한다.
③ 구매력평가설에 따르면 양국의 물가상승률 차이만큼 환율변화가 이루어진다.
④ 이자율평가설은 양국 간의 명목이자율 차이와 환율의 기대변동률과의 관계를 설명하는 이론이다.
⑤ 이자율평가설이 성립하기 위해서는 국가 간 자본이동이 제한되어야 하며, 거래비용과 조세가 존재하지 않아야 한다.

정답 | 해설

이자율평가설이 성립하기 위해서는 국가 간 자본이동이 완전히 자유로워야 하며, 거래비용과 조세가 존재하지 않아야 한다.

정답 ⑤

09 미국의 이자율이 사실상 0%이고, 우리나라 이자율은 연 10%이다. 현재 원화의 달러당 환율이 1,000원일 때, 양국 사이에 자본 이동이 일어나지 않을 것으로 예상되는 1년 후의 환율은?

① 1,025원/달러 ② 1,050원/달러
③ 1,075원/달러 ④ 1,100원/달러
⑤ 1,125원/달러

정답 | 해설

두 나라 간 화폐의 교환비율인 환율을 결정하는 요소는 물가와 이자율 차이이다. 빅맥지수로 잘 알려진 구매력평가설이 물가에 따른 환율결정이론이라고 한다면, 이자율평가는 이자율에 따른 환율결정이론이라고 할 수 있다. 자본은 투자의 수익과 위험을 고려하여 동일한 위험에 대해 최대의 수익을 얻기 위해 국가 간에 이동한다. 이자율평가는 자본의 국가 간 이동이 자유로운 경우 국제 자본거래에서 이자율과 환율 간 관계를 나타낸다.

이자율평가는 (국내금리)=(외국의 금리)+$\frac{(미래환율)-(현재환율)}{(현재환율)}$로 표현된다.

따라서 $0.1=\frac{(미래환율)-1{,}000}{1{,}000}$에서 미래환율은 1,100원/달러임을 알 수 있다.

즉, 이자율이 높은 나라로 국제 자본이 유입하게 되는데, 이자율의 차이(10%)만큼 이자율이 높은 나라의 환율이 오르면(통화가치가 하락하면) 자본이 국가 간에 이동하지 않게 된다.

정답 ④

| HUG(2022)/농어촌(2020)/자산관리(2020)

10 다음 〈보기〉에서 국가 간의 비교우위가 무역의 원인이 된다는 헥셔-올린 정리(Heckscher-Ohlin Theorem)의 기본 가정을 모두 고르면?

보기
가. 두 국가의 생산요소는 노동 한 가지이고, 한 국가 내 노동의 이동은 자유롭다.
나. 두 국가의 생산함수는 동일하며, 규모에 대해 수익불변이다.
다. 두 국가의 선호체계를 반영하는 사회후생함수는 동일하다.
라. 두 국가의 요소부존도는 동일하다.

① 가, 나
② 가, 다
③ 나, 다
④ 나, 라
⑤ 다, 라

정답 | 해설

헥셔-올린 정리에서는 국가 간 비교우위의 원인을 요소부존도의 차이에서 설명하고, 이를 국가 간 무역의 발생원인으로 보았다. 공급조건에서는 국가 간 생산기술의 차이가 없어 동일한 생산함수를 가진다고 가정하였으며, 수요조건에서는 국가 간 사회후생함수가 동일하며 동조적인 성질을 가진다고 가정하였다.

오답분석
가. 두 국가의 생산요소는 노동과 자본 두 가지이고, 국가 간 생산요소의 이동은 불가능하다고 가정한다.
라. 헥셔-올린 정리는 비교우위의 발생원인을 요소부존의 차이로 설명하는 이론이다. 즉, 각국의 요소부존도는 서로 다른 것으로 가정한다.

정답 ③

| HUG(2022)/농어촌(2020)/자산관리(2020)

11 다음 글의 빈칸 ㉮ ~ ㉰에 들어갈 사람을 순서대로 바르게 나열한 것은?

> ___㉮___ 정리에 따르면 각국은 자국에 상대적으로 풍부한 부존요소를 집약적으로 사용하는 재화를 생산하여 수출한다. 또한 ___㉯___ 정리에 의하면 자유무역이 이루어지면 각국에서 풍부한 생산요소의 실질소득은 증가하나, 희소한 생산요소의 실질소득은 감소한다. 그러나 1947년 ___㉰___ 은/는 미국의 수출입자료를 이용하여 실증분석을 해본 결과, 자본풍부국으로 여겨지는 미국이 오히려 자본집약재를 수입하고 노동집약재를 수출하는 현상을 발견하였다.

	㉮	㉯	㉰
①	헥셔 – 올린 (Heckscher – Ohlin)	립진스키 (Rybczynski)	레온티예프 (Leontief)
②	립진스키 (Rybczynski)	레온티예프 (Leontief)	스톨퍼 – 사무엘슨 (Stolper – Samuelson)
③	스톨퍼 – 사무엘슨 (Stolper – Samuelson)	헥셔 – 올린 (Heckscher–Ohlin)	립진스키 (Rybczynski)
④	헥셔 – 올린 (Heckscher – Ohlin)	스톨퍼 – 사무엘슨 (Stolper – Samuelson)	레온티예프 (Leontief)
⑤	립진스키 (Rybczynski)	헥셔 – 올린 (Heckscher – Ohlin)	스톨퍼 – 사무엘슨 (Stolper – Samuelson)

정답 | 해설

㉮ 헥셔 – 올린 정리(Heckscher – Ohlin Theorem) : 비교우위의 원인을 각국의 생산요소 부존량의 차이에서 설명하고, 생산요소의 상대가격이 국제 간에 균등화하는 경향이 있다는 일련의 이론이다.
㉯ 스톨퍼 – 사무엘슨 정리(Stolper – Samuelson Theorem) : 2상품 2요소로 이루어진 완전경쟁시장에서 국내의 각 생산 요소가 한 쪽 상품의 가격이 상승하면 그 상품의 생산을 위해 집약적으로 이용된 생산 요소의 가격이 상승하는 한편, 다른 요소 가격이 하락한다는 것이다.
㉰ 레온티예프 역설(Leontief Paradox) : 미국이 노동집약적 상품을 수출하고 자본집약적 상품을 수입하고 있다는 계산 결과 발표(헥셔 – 올린 정리와 모순됨)이다.

오답분석

• 립진스키의 정리(Rybczynski Theorem) : 어떤 생산요소를 집약적으로 사용하는 재화생산은 증가하지만, 공급이 고정된 생산요소를 집약적으로 사용하는 재화생산은 감소한다. 즉, 천연가스 부존량이 증가하면 천연가스를 많이 사용하는 부문의 생산은 증가하지만, 공급이 고정된 다른 생산요소를 집약적으로 사용하는 부문의 생산은 감소한다.

정답 ④

12 다음 글의 빈칸에 들어갈 용어로 옳은 것은?

> 헥셔 – 올린 정리에서 모든 국가는 토지, 노동, 자본에 있어서 그 _____의 양이 서로 다르다고 가정하였다.

① 부존자원
② 요소집약도
③ 기술수준
④ 국민소득수준
⑤ 노동생산성

정답 | 해설

헥셔 – 올린 정리에서 모든 국가는 토지, 노동, 자본에 있어서 그 부존자원의 양이 서로 다르다고 가정하였으며, 이러한 가정이 있기에 비교우위가 발생하여 무역이 활성화된다고 주장하였다.

정답 ①

---

13 다음 중 메츨러의 역설(Metzler's Paradox)에 대한 설명으로 옳지 않은 것은?

① 메츨러의 역설이 성립되기 위해서는 관세부과국이 대국이어야 한다.
② 메츨러의 역설이 성립되기 위해서는 상대국의 수입수요의 가격탄력성이 매우 낮아야 한다.
③ 메츨러의 역설이 발생하면 관세를 통한 국내산업 보호효과가 발생한다.
④ 메츨러의 역설이란 수입재에 대한 관세부과가 오히려 수입재의 국내상대가격을 하락시키는 것을 의미한다.
⑤ 메츨러의 역설이 성립되기 위해서는 관세부과국이 수입재에 대한 한계소비성향이 매우 낮아야 한다.

정답 | 해설

메츨러의 역설이 발생하면 관세를 통한 국내산업 보호효과가 발생하지 않는다. 메츨러의 역설이란 수입재에 대한 관세부과가 오히려 수입재의 국내상대가격을 하락시키는 것을 의미하며, 메츨러의 역설이 성립되기 위해서는 다음 3가지의 조건이 필요하다.
1. 관세부과국이 대국일 것
2. 상대국의 수입수요의 가격탄력성이 매우 낮을 것
3. 관세부과국의 수입재에 대한 한계소비성향이 매우 낮을 것

정답 ③

| 국민연금(2020)

14 다음은 농산물 시장 개방에 따른 이득과 손실을 나타낸 그래프이다. 〈보기〉에서 옳은 것을 모두 고르면?

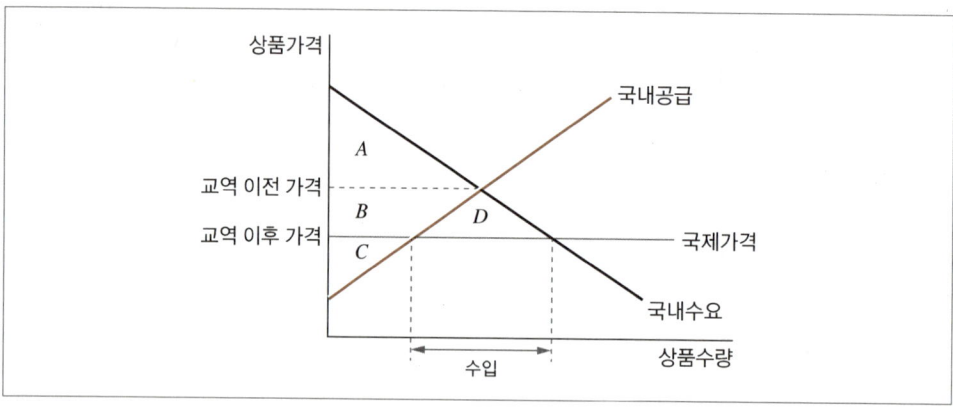

보기
㉠ 교역 이전 가격에서의 소비자잉여는 (A)이다.
㉡ 교역 이전 가격에서의 사회적잉여는 ($A+B+C$)이다.
㉢ 교역 이후 가격 하락으로 농민들이 입는 손해가 소비자들이 얻는 이익보다 크다.
㉣ 교역 이후 가격 하락으로 사회적잉여는 감소한다.

① ㉠, ㉡
② ㉠, ㉢
③ ㉠, ㉣
④ ㉡, ㉢
⑤ ㉢, ㉣

정답 해설

교역 이후 가격하락으로 소비자잉여는 ($B+D$)만큼 증가하여 ($A+B+D$)가 되고, 생산자잉여는 (B)만큼 감소하여 (C)가 된다. 즉, 교역으로 소비자들이 얻는 이익($B+D$)이 농민들이 입는 손해(B)보다 크기 때문에 소비자잉여와 생산자잉여를 합하여 구하는 사회적잉여는 농산물 수입 이전보다 (D)만큼 증가한 ($A+B+C+D$)가 된다.

정답 ①

15 현재 외환시장에서 현물환율은 1,100원/달러이다. 한국의 이자율은 7%, 미국의 이자율은 5%라고 가정할 때, 이자율평가설에 비추어 본 1년 만기 원/달러 선물환율은 얼마인가?

① 1,100원/달러
② 1,111원/달러
③ 1,122원/달러
④ 1,200원/달러
⑤ 1,222원/달러

정답 | 해설

이자율평가설 $i = i_f + \dfrac{F-S}{S}$ 에 주어진 자료를 대입하면 $7\% = 5 + \dfrac{F-1,100}{1,100} \to 2\% = \dfrac{F-1,100}{1,100}$ 이다.
따라서 $F = 1,122$원/달러이다.

- i : 국내이자율
- F : 선물환율
- i_f : 해외이자율
- S : 현물환율

정답 ③

---

16 현재 한국과 미국의 연간 명목이자율이 각각 6%와 3%이고, 현재 환율이 1,000원/달러일 때, 이자율평가설에 따른 1년 뒤 예상환율은 얼마인가?

① 1,000원/달러
② 1,010원/달러
③ 1,020원/달러
④ 1,030원/달러
⑤ 1,060원/달러

정답 | 해설

이자율평가설에 의하면 환율의 예상변동율은 두 나라의 명목이자율 차이와 같으며, 다음의 식으로 나타낼 수 있다.

$\dfrac{\Delta e^e}{e}$ (환율변동) $= i$(국내 명목이자율) $- i_f$(해외 명목이자율)

따라서 한국의 이자율이 6%이고, 미국이 3%면 환율의 예상변동율은 $\dfrac{\Delta e^e}{e} = 6\% - 3\% = 3\%$이다. 즉, 현재 환율이 1,000원/달러일 때 1년 뒤 환율이 3% 상승하므로 1년 뒤 환율은 1,030원/달러로 예상된다.

정답 ④

| 서부발전(2023)/신보(2022)/자산관리(2020)/공무원연금(2020)

17 다음은 중국과 인도 근로자 한 사람의 시간당 의복과 자동차의 생산량을 나타낸 것이다. 리카도(Ricardo)의 비교우위이론에 따르면 양국은 어떤 제품을 수출하는가?

구분	중국	인도
의복(벌)	40	30
자동차(대)	20	10

	중국	인도
①	의복	자동차
②	자동차	의복
③	의복과 자동차	수출하지 않음
④	수출하지 않음	자동차와 의복
⑤	두 국가 모두 교역을 하지 않음	

정답 | 해설

중국은 의복과 자동차 생산에 있어 모두 절대우위를 갖는다. 그러나 리카도(Ricardo)는 비교우위론에서 양국 중 어느 한 국가가 절대우위에 있는 경우라도 상대적으로 생산비가 낮은 재화생산에 특화하여 무역을 한다면 양국 모두 무역으로부터 이익을 얻을 수 있다고 보았다. 이때 생산하는 재화를 결정하는 것은 재화생산의 기회비용으로 문제에서 주어진 표를 바탕으로 각 재화생산의 기회비용을 알아보면 다음과 같다.

구분	중국	인도
의복(벌)	0.5	0.33
자동차(대)	2	3

기회비용 표에서 보면 중국은 자동차의 기회비용이 의복의 기회비용보다 낮고, 인도는 의복의 기회비용이 자동차의 기회비용보다 낮다. 따라서 중국은 자동차, 인도는 의복에 비교우위가 있다.

정답 ②

| 서부발전(2023)/신보(2022)/자산관리(2020)/공무원연금(2020)

18 A국과 B국 두 나라만 존재하는 시장에서 재화는 TV와 쇠고기이고, 생산요소는 노동뿐이며, 두 나라에서 재화 1단위 생산에 필요한 노동량은 다음과 같다. 이때 리카도(Ricardo)의 비교우위론에 입각한 설명으로 옳은 것은?

구분	A국	B국
TV	3	2
쇠고기	10	4

① B국이 두 재화 모두 A국에 수출한다.
② A국은 쇠고기를, B국은 TV를 상대국에 수출한다.
③ 국제거래가격이 TV 1단위당 쇠고기 0.2단위면, A국은 TV를 수출한다.
④ 국제거래가격은 쇠고기 1단위당 TV 0.3단위와 0.5단위 사이에서 결정된다.
⑤ 자유무역이 이루어질 경우, A국은 TV만 생산할 때 이익이 가장 크다.

정답 해설

리카도(Ricardo)의 비교우위론이란 한 나라가 두 재화생산에 있어서 모두 절대우위 혹은 절대열위에 있더라도 양국이 상대적으로 생산비가 낮은 재화생산에 특화하여 무역을 할 경우 양국 모두 무역으로부터 이익을 얻을 수 있다는 이론을 말한다. 따라서 각 나라의 생산의 기회비용을 비교해 보면 비교우위를 알 수 있다.

구분	A국	B국
TV	0.3	0.5
쇠고기	$\frac{10}{3}$	2

표에서 보는 바와 같이 TV 생산의 기회비용은 A국이 낮고, 쇠고기 생산의 기회비용은 B국이 더 낮다. 그러므로 A국은 TV 생산, B국은 쇠고기 생산에 비교우위를 갖는다. 따라서 무역이 이루어지면 A국은 TV만 생산하여 수출하고 B국은 쇠고기만 생산하여 수출하게 된다.

정답 ⑤

|울산항만(2022)/경남개발(2021)

19 다음 〈보기〉에서 산업 간 무역(Inter-industry Trade)에 대한 설명으로 옳은 것을 모두 고르면?

보기
㉠ 생산에 있어서 규모의 경제가 전제된다.
㉡ 동일한 산업 내에서 수출입이 발생한다.
㉢ 경제발전정도가 상이한 국가 간에 주로 발생한다.
㉣ 비교우위에 의해 무역이 발생한다.
㉤ 독점적 경쟁에 의해 무역이 발생한다.

① ㉠, ㉡
② ㉠, ㉣
③ ㉡, ㉢
④ ㉢, ㉣
⑤ ㉣, ㉤

정답 해설

㉢·㉣ 산업 간 무역에 대한 설명이다.

오답분석

㉠·㉡·㉤ 산업 내 무역(Intra-industry Trade)에 대한 설명이다.

정답 ④

| 서교공(2025)

20 다음 중 무역수지 계산방식에 대한 설명으로 옳은 것은?

① 일정 시점의 총수출액에서 총수입액을 차감하여 구한다.
② 일정 기간 동안의 총수출액에서 총수입액을 차감하여 구한다.
③ 일정 시점의 총수출액에서 총수입액을 차감한 후 경상수지를 더하여 구한다.
④ 일정 기간 동안의 총수출액에서 총수입액을 차감한 후 경상수지를 더하여 구한다.
⑤ 일정 기간 동안의 총수출액에서 총수입액을 차감한 후 경상수지를 차감하여 구한다.

정답 | 해설

무역수지는 일정 기간 동안의 총수출액에서 총수입액을 차감하여 구한다. 경상수지는 무역수지에 서비스 거래액, 배당액, 이자지급액 등을 더하여 구한다.

정답 ②

| 가스기술(2023)/서부발전(2023)/수자원(2022)/농어촌(2021)/LX(2020)/자산관리(2020)

21 다음 상황에 대한 설명으로 옳은 것을 〈보기〉에서 모두 고르면?

> 인천공항에 막 도착한 A씨는 미국에서 사먹던 빅맥 1개의 가격인 5달러를 원화로 환전한 5,500원을 들고 햄버거 가게로 갔다. 여기서 A씨는 미국과 똑같은 빅맥 1개를 구입하고도 1,100원이 남았다.

보기

ㄱ. 한국의 빅맥 가격을 달러로 환산하면 4달러이다.
ㄴ. 구매력평가설에 의하면 원화의 대미 달러 환율은 1,100원이다.
ㄷ. 빅맥 가격을 기준으로 한 대미 실질환율은 880원이다.
ㄹ. 빅맥 가격을 기준으로 볼 때, 현재의 명목환율은 원화의 구매력을 과소평가하고 있다.

① ㄱ, ㄴ
② ㄱ, ㄷ
③ ㄱ, ㄹ
④ ㄴ, ㄷ
⑤ ㄴ, ㄹ

정답 | 해설

ㄱ. 5달러를 원화로 환전한 금액은 5,500원이므로 1달러는 1,100원이다. 한국의 빅맥 가격은 4,400원이므로 달러로 환산하면 4달러이다.
ㄹ. 현재 원화의 명목환율은 1,100원으로, 상대적인 구매력을 나타내는 실질환율의 1,375원보다 낮으므로 원화의 구매력을 과소평가하고 있다.

오답분석

ㄴ. 구매력평가설에 의하면 환율은 국내 물가수준을 외국 물가수준으로 나눈 비율과 동일하다. 빅맥 1개의 가격이 미국에서는 5달러, 한국에서는 4,400원이므로 원화의 대미 달러 환율은 $\frac{4,400}{5,500} \times 1,100 = 880$원이다.

ㄷ. (실질환율)$= \frac{(명목환율) \times (외국물가)}{(자국물가)} = \frac{1,100 \times 5,500}{4,400} = 1,375$원이다.

정답 ③

| 가스기술(2023)/서부발전(2023)/수자원(2022)/농어촌(2021)/LX(2020)/자산관리(2020)

22 영국의 경제주간지에서는 각국의 빅맥 가격을 비교하여 빅맥 지수를 발표하고 있다. 다음은 2023년 1월 각국의 빅맥 가격과 환율에 대한 자료이다. 2023년 1월 미국의 빅맥 가격이 5.66달러라고 할 때, 빅맥 지수에 근거하여 화폐가치가 적정 수준보다 과소평가된 국가를 모두 고르면?

국가	빅맥 가격	환율
한국	4,500원	1,097원/달러
일본	390엔	104.30엔/달러
노르웨이	52노르웨이 크로네	8.54노르웨이 크로네/달러
스위스	6.5스위스프랑	0.89스위스프랑/달러

① 한국
② 한국, 일본
③ 한국, 노르웨이
④ 일본, 스위스
⑤ 노르웨이, 스위스

정답 | 해설

빅맥 지수는 각국의 빅맥 가격을 미국의 빅맥 가격으로 나누어 각국의 구매력을 측정하는 지표이다. 제시된 자료를 통해 빅맥 지수를 구해보면 다음과 같다.

국가	빅맥 지수
한국	$4,500 \div 5.66 ≒ 795.05$
일본	$390 \div 5.66 ≒ 68.90$
노르웨이	$52 \div 5.66 ≒ 9.19$
스위스	$6.5 \div 5.66 ≒ 1.15$

빅맥 지수는 실질구매력을 나타내므로, 빅맥 지수는 구매력평가설에 따른 적정 환율 수준이다. 만약 빅맥 지수보다 현재 환율이 높다면 현재 화폐가치는 과소평가되어 있고, 빅맥 지수보다 현재 환율이 낮다면 현재 화폐가치는 과대평가되어 있음을 의미한다. 따라서 한국과 일본의 경우 빅맥 지수보다 현재 환율이 높기 때문에 화폐가치가 과소평가되어 있다.

정답 ②

| 가스기술(2023)/서부발전(2023)/수자원(2022)/농어촌(2021)/LX(2020)/자산관리(2020)

23 다음 중 환율(원/미국달러 환율)에 대한 설명으로 옳지 않은 것은?

① 환율이 올라간다는 것은 원화 가치가 미국달러화의 가치에 비해 상대적으로 하락함을 의미한다.
② 장기에서 우리나라의 물가상승률이 미국의 물가상승률보다 더 높은 경우 환율은 올라간다.
③ 환율이 내려가면 국내 대미 수출기업들의 수출은 증가한다.
④ 환율이 내려가면 미국에 유학생 자녀를 둔 부모들의 학비 송금에 대한 부담이 줄어든다.
⑤ 미국인의 주식투자자금이 국내에 유입되면 환율은 내려간다.

정답 | 해설

환율이 내려가면 미국에 수출하는 국내 제품의 가격 경쟁력이 떨어지므로 국내 대미 수출기업들의 수출은 감소한다.

정답 ③

| 가스기술(2023)/서부발전(2023)/수자원(2022)/농어촌(2021)/LX(2020)/자산관리(2020)

24 다음은 A국과 B국의 경제에 대한 자료이다. A국의 실질환율과 수출량의 변화로 옳은 것은?

구분	2019년	2020년
A국 통화로 표시한 B국 통화 1단위의 가치	1,000	1,150
A국의 물가지수	100	107
B국의 물가지수	100	103

	실질환율	수출량
①	불변	감소
②	11% 상승	증가
③	11% 하락	감소
④	19% 상승	증가
⑤	19% 하락	증가

정답 해설

표에 제시된 'A국 통화로 표시한 B국 통화 1단위의 가치'란 A국 통화의 명목환율을 의미한다. 명목환율을 e, 실질환율을 ε, 외국 물가를 P_f, 국내 물가를 P라고 할 때, 실질환율은 $\varepsilon = \dfrac{e \times P_f}{P}$로 표현된다. 이것을 각 항목의 변화율에 대한 식으로 바꾸면 $\dfrac{\Delta \varepsilon}{\varepsilon} = \dfrac{\Delta e}{e} + \dfrac{\Delta P_f}{P_f} - \dfrac{\Delta P}{P}$이 된다. 제시된 자료에서 명목환율은 15%, A국(자국) 물가지수는 7%, B국(외국) 물가지수는 3% 증가하였으므로, 앞의 식에 대입하면 실질환율(ε)의 변화율은 15+3−7=11% 상승이다. 실질환율이 상승하면 수출품의 가격이 하락하게 되므로 수출량은 증가한다.

정답 ②

| 가스기술(2023)/서부발전(2023)/수자원(2022)/농어촌(2021)/LX(2020)/자산관리(2020)

25 다음 중 원화의 가치가 평가절상되었을 경우 나타나는 현상으로 옳지 않은 것은?

① 국제수지 악화
② 해외 현지 공장 건설비용 감소
③ 인플레이션 발생 가능성 증가
④ 수출 감소
⑤ 수입 증가

정답 해설

환율하락은 원화의 평가절상을 의미한다. 환율이 하락하면 수출품의 가격이 상대적으로 상승하여 수출이 감소하고, 수입은 증가하며 국내경기침체 가능성이 높아진다. 국제수지는 악화되고 해외 현지 공장 건설비용은 감소하게 된다. 또한 인플레이션 발생 가능성은 감소한다.

정답 ③

PART 3

행정학

CHAPTER 01 행정학 기초이론
CHAPTER 02 정책론
CHAPTER 03 조직론
CHAPTER 04 인사행정론
CHAPTER 05 재무행정론
CHAPTER 06 행정통제 및 개혁
CHAPTER 07 지방행정

PART 3 출제 키워드

CHAPTER 01 행정학 기초이론

- 정부실패
- 정치·행정
- 공공선택이론
- 행정·규제
- 생태론적 접근방법
- 신뢰보호의 원칙
- 포스트모더니티 사회
- 미국의 행정이론
- 행정이론
- 신공공서비스론
- 신제도주의
- 공익
- 롤스의 정의론
- 시장실패
- 윌슨의 규제정치모형
- 파킨슨 법칙
- 행정의 가치
- 행태론적 접근법
- 공공재
- 신공공관리론
- 뉴거버넌스
- 사바스의 공공서비스 유형
- 신행정론
- 정부규제
- 정치행정이원론
- 행정이념

CHAPTER 02 정책론

- 정책문제의 구조화기법
- 나카무라 & 스몰우드의 정책집행유형
- 사이버네틱스
- 불확실성 극복방안
- 비용편익분석
- 엘리트 이론·다원주의 이론
- 정책기획 수립
- 정책수단
- 정책의제
- 정책평가
- 합리성 저해요인
- 공식적·비공식적 참여자
- 브레인스토밍
- 분석적 모형
- 신뢰성·타당성
- 알몬드 & 파웰의 정책
- 점증주의
- 정책네트워크
- 로위의 정책
- 정책변동
- 드로어의 최적모형
- 회사모형
- 예비타당성 조사
- 리플리 & 프랭클린의 정책
- 무의사결정론
- 조합주의
- 앨리슨 모형
- 정부업무평가
- 정책문제
- 정책모형
- 정책집행
- 품의제

CHAPTER 03 조직론

- 조직이론
- 위원회 조직
- 의사전달 유형
- MBO
- 리더십
- 관료제
- 제도화된 부패
- 조직이론 발달과정
- 직무설계
- 암묵지·형식지
- 공기업의 발달 요인
- BSC
- 델파이기법
- 매트릭스 조직
- 본부조직
- 조직구조
- 책임운영기관
- 팀 조직
- 국무총리 직속 위원회
- 법률에 따른 기관유형
- 다프트의 조직구조모형
- 동기부여 이론
- 민츠버그의 조직이론
- 브룸의 기대이론
- 조직발전
- 조직혁신기법
- 행정기관 소속위원회

행정학 KEYWORD

CHAPTER 04　인사행정론

- 특수경력직 공무원
- 계급제
- 공무원
- 내부고발자 보호제도
- 실적주의
- 신뢰성·타당성
- 직무평가
- 펜들턴 법
- 퇴직공직자
- 고위공무원단제도
- 공무원헌장
- 균형인사제도
- 임용
- 인사청문제도
- 직렬
- 평정오류
- 개방형 직위제
- 인사제도
- 관료제
- 대표관료제
- 엽관제
- 직위분류제
- 클링너의 인력계획

CHAPTER 05　재무행정론

- 특별회계
- 예산편성 절차
- 예산의 기능
- 공공선택론
- 예산통제
- 조세지출
- 예산제도
- 공공재정
- 무의사결정론
- 성인지 예산
- 예산의 원칙
- 정부회계
- 예산집행
- 예산심의
- 예산·법률
- 점증주의
- 자본예산
- 추가경정예산안

CHAPTER 06　행정통제 및 개혁

- 행정정보공개제도
- 행정개혁
- 옴부즈만 제도
- 전자 거버넌스
- 행정통제
- 행정개혁의 접근방법

CHAPTER 07　지방행정

- 지방세
- 분담금
- 지방자치의 기본요소
- 지방자치단체·정부
- 지방의회의 의결
- 지방자치제도
- 지방분권
- 국가보조금·지방교부세
- 주민참여제도
- 특별지방행정기관

CHAPTER 01 행정학 기초이론

| 중부발전(2023)

01 다음 〈보기〉에서 정부실패의 원인으로 옳지 않은 것을 모두 고르면?

보기
㉠ 정부가 민간주체보다 정보에 대한 접근성이 높아서 발생한다.
㉡ 공공부문의 불완전경쟁으로 인해 발생한다.
㉢ 정부행정이 사회적 필요에 비해 장기적 관점에서 추진되어 발생한다.
㉣ 정부의 공급은 공공재라는 성격을 가지기 때문에 발생한다.

① ㉠, ㉡
② ㉠, ㉢
③ ㉡, ㉢
④ ㉡, ㉣
⑤ ㉢, ㉣

정답 | 해설

㉠ 정부가 시장에 대해 충분한 정보를 확보하는 데 실패함으로 인해 정보 비대칭에 따른 정부실패가 발생한다.
㉢ 정부행정은 단기적 이익을 중시하는 정치적 이해관계의 영향을 받아, 사회에서 필요로 하는 바보다 단기적인 경향을 보인다. 이처럼 정치적 할인율이 사회적 할인율보다 높기 때문에 정부실패가 발생한다.

오답분석
㉡ 정부는 독점적인 역할을 수행하기 때문에 경쟁에 따른 개선효과가 미비하여 정부실패가 발생한다.
㉣ 정부의 공공재 공급은 사회적 무임승차를 유발하여 지속가능성을 저해하기 때문에 정부실패가 발생한다.

정답 ②

| 서교공(2025)/부교공(2023)/농어촌(2022)/농어촌(2020)

02 다음 중 신공공관리론(NPM)의 오류에 대한 반작용으로 대두된 신공공서비스론(NPS)에서 주장하는 원칙에 해당하는 것은?

① 지출보다는 수익 창출
② 노젓기보다는 방향 잡기
③ 서비스 제공보다 권한 부여
④ 고객이 아닌 시민에 대한 봉사
⑤ 시장기구를 통한 변화 촉진

정답 해설

고객이 아닌 시민에 대한 봉사는 신공공서비스론의 원칙이다. 신공공관리론은 경쟁을 바탕으로 한 고객 서비스의 질 향상을 지향한다.

오답분석
①·②·③·⑤ 신공공관리론의 특징이다.

정답 ④

| 서교공(2025)/부교공(2023)/농어촌(2022)/농어촌(2020)

03 다음 중 덴하르트(Denhardt)가 제시한 신공공서비스론의 7가지 원칙에 해당하지 않는 것은?

① 시민의식의 중시
② 사익의 중시
③ 시민에 대한 봉사
④ 인간존중
⑤ 책임의 다원성

정답 해설

덴하르트(Denhardt) 신공공서비스론의 7가지 기본원칙
1. 시민에 대한 봉사
2. 공익의 중시
3. 시민의식의 중시
4. 전략적 사고와 민주적 행동
5. 책임의 다원성
6. 조종이 아닌 봉사
7. 인간존중

정답 ②

| 국가철도(2022)/마사회(2022)

04 다음 중 경합성과 배제성을 고려할 때, 공공재(Public Goods)에 가장 가까운 것은?

① 국립도서관
② 고속도로
③ 등대
④ 올림픽 주경기장
⑤ 상하수도

정답 해설

등대는 국방, 외교, 치안 등과 같이 비경합성·비배제성을 띠므로 대표적인 공공재에 해당한다.

재화와 서비스 유형

구분	공공재	공유재	요금재	시장재
특징	비배제성, 비경합성	비배제성, 경합성	배제성, 비경합성	배제성, 경합성
예	국방, 외교, 치안	천연자원, 국립공원, 하천	전기, 가스, 상하수도, 도로	돌보미, 보육

정답 ③

CHAPTER 01 행정학 기초이론 • 377

05 다음 〈보기〉에서 정치와 행정에 대한 설명으로 옳은 것은 모두 몇 개인가?

> **보기**
> ㄱ. 전통적으로 민주주의 정치체제에서 정치는 가치개입적 행위이며, 행정은 가치중립적 행위이다.
> ㄴ. 정치는 효율성을 확보하는 과정인 데 반해, 행정은 민주성을 확보하는 과정이다.
> ㄷ. 정치행정일원론에서 행정의 정치적 기능이란 정책형성 기능을 의미한다.
> ㄹ. 1960년대 발전행정론이 대두하면서 기존의 행정우위론과 대비되는 정치우위론의 입장에서 새 일원론이 제기되었다.
> ㅁ. 사이먼(Simon) 등 행태주의 학자들은 행정의 정책결정 기능을 인정한다는 점에서 기존의 이원론과는 구분된다.

① 1개　　② 2개
③ 3개　　④ 4개
⑤ 5개

정답 | 해설

오답분석
ㄴ. 반대로 설명하고 있다. 정치는 민주성을 확보하는 과정인 데 반해, 행정은 효율성을 확보하는 과정이다.
ㄹ. 1960년대 발전행정론이 대두하면서 기존의 정치우위론과 대비되는 행정우위론의 입장에서 새일원론이 제기되었다.

정답 ③

06 다음 중 신제도주의에 대한 설명으로 옳지 않은 것은?
① 제도는 공식적 · 비공식적 제도를 모두 포괄한다.
② 합리적 선택 제도주의는 개인의 합리적 선택과 전략적 의도가 제도변화를 발생시킨다고 본다.
③ 역사적 제도주의는 경로의존성에 의한 정책선택의 제약을 인정한다.
④ 사회학적 제도주의에서 제도는 개인들 간의 선택적 균형에 기반한 제도적 동형화과정의 결과물로 본다.
⑤ 개인의 선호는 제도에 의해서 제약이 되지만, 제도가 개인들 간의 상호작용의 결과에 의해서 변화할 수도 있다고 본다.

정답 | 해설

제도를 개인들 간의 선택적 균형에 기반한 결과물로 보는 것은 합리적 선택 제도주의이다. 제도를 제도적 동형화과정의 결과물로 보는 것은 사회학적 제도주의이다. 따라서 사회학적 제도주의는 사회문화적 환경에 의해 형성된 제도가 개인의 선호에 영향을 미친다는 이론이다.

정답 ④

| 전력기술(2025)/근복(2023)/농어촌(2022)/TS(2021)/농어촌(2020)

07 다음 〈보기〉에서 신공공관리론에 대한 설명으로 옳지 않은 것을 모두 고르면?

> **보기**
> ㉠ 행정운영에 TQM, CSM 등 다양한 경영기법을 도입하였다.
> ㉡ 1990년대 아시아 국가를 중심으로 등장하였다.
> ㉢ 정부의 노젓기(Rowing) 역할이 중요하다고 본다.
> ㉣ 규정과 절차를 완화하고, 관료들의 재량권을 확대한다.

① ㉠, ㉡
② ㉠, ㉢
③ ㉡, ㉢
④ ㉡, ㉣
⑤ ㉢, ㉣

정답 | 해설

㉡ 신공공관리론은 1980년대 이후 영미 국가들을 중심으로 등장하였다.
㉢ 정부의 노젓기(Rowing) 역할이 중요하다고 보는 것은 전통적 관료제의 특징이다.

정답 ③

| 전력기술(2025)/근복(2023)/농어촌(2022)/TS(2021)/농어촌(2020)

08 다음 중 신공공관리론에 대한 설명으로 옳지 않은 것은?

① 투입중심 예산을 시행한다.
② 작은 정부를 적극적으로 옹호하는 성향이 있다.
③ 1970년대 오일쇼크 등 스태그플레이션의 발생으로 등장하게 되었다.
④ 신공공관리론은 내부적으로는 신관리주의를 통해 성과중심의 행정을 구현한다.
⑤ 기업경영의 원리와 기법을 공공부문에 적용하려는 시도는 공공부문의 특수성을 고려하지 못한다는 비판을 받았다.

정답 | 해설

신공공관리론의 경우 성과 연계 예산을 실시함으로써 성과지향적 정부를 추구한다. 투입중심 예산을 시행하는 것은 전통적인 관료제의 행정관리방식이다.

정답 ①

| 남동발전(2021)/TS(2020)

09 다음 중 공공선택이론에 대한 설명으로 옳지 않은 것은?

① 공공선택이론은 시민문화 수준과는 상관없이 현실적합성이 높다.
② 공공선택이론은 정부관료제의 실패인 정부실패를 지적한다.
③ 공공선택이론은 분권화되고, 협동화된 다원조직체를 선호한다.
④ 공공선택이론에서 정부는 공공재의 생산자로 규정한다.
⑤ 공공선택이론은 개인을 분석의 기초단위로 삼고, 인간을 합리적 경제인으로 전제한다.

정답 해설

공공선택이론의 한계점 중 하나로 수준 높은 시민문화를 전제한다. 시민문화 수준이 낮아 시민공동체의 참여가 원활하지 않을 경우 공공선택이론의 현실적합성은 낮아진다.

정답 ①

| 농어촌(2020)/경기도통합(2020)

10 다음 중 공익에 대한 설명으로 옳지 않은 것은?

① 공익이란 사회구성원들이 일반적으로 그 정당성을 인정하는 사회구성원 전체의 이익을 의미한다.
② 공익은 보는 시각에 따라 개인주의에 입각한 실체설과 집단주의에 입각한 과정설로 구분된다.
③ 과정설에 따른 공익개념은 집단이기주의의 폐단이 발생할 수 있다.
④ 과정설에 따르면 공익은 개인들의 사익으로부터 도출되는 것을 전제한다.
⑤ 실체설에 따르면 사회는 유기체적 공동체이며, 사익은 공동체의 이익에 종속하는 것이므로, 공익과 사익의 갈등은 없다고 본다.

정답 해설

공익은 보는 시각에 따라 집단주의에 입각한 실체설과 개인주의에 입각한 과정설로 구분되는데, 실체설은 유기체적인 국가관에 기반을 두며, 과정설은 다원주의적인 국가관에 기반을 둔다.

공익을 보는 시각

구분	특징
실체설	• 사익을 초월하여 도덕적, 규범적인 것으로 존재한다(선험적). • 사익과 갈등하지 않는다(사익보다 공익 우선). • 사익의 실체가 별도로 존재한다. • 집단의 이익을 중시하는 단체주의 입장이다.
과정설	• 사익을 초월한 공익은 없으며, 공익이란 사익의 총합이거나 다원화된 특수이익의 조정과 타협의 결과이다(상대적 구별). • 개인주의 입장, 현실주의적 입장이다(복잡성, 다원성). • 공익의 내용을 결정하는 데 관료 역할이 소극적이다. • 의사결정의 점증모형과 관련이 있다.
절충설	• 실체설과 과정설의 조화 – 공익이란 사익의 집합체나 타협의 소산도 아니지만 사익과 전혀 별개의 것도 아니다.

정답 ②

| 농어촌(2020)/경기도통합(2020)

11 다음 중 공익에 대한 설명으로 옳지 않은 것은?

① 과정설은 절차적 합리성을 강조하며, 적법절차의 준수에 의해 공익이 보장된다고 본다.
② 실체설은 부분적이며 실체적인 특수한 이익을 중시한다.
③ 과정설은 공익을 집단 간 상호작용의 산물로 본다.
④ 실체설은 공익과 사익이 명확히 구분된다는 입장이다.
⑤ 공익은 행정의 본질적 가치로서의 역할을 수행한다.

정답 | 해설

공익은 공공의 이익으로, 그중 실체설은 공동체나 사회구성원들이 보편적으로 공유하는 공동의 이익을 중시한다.

정답 ②

| 근복(2025)/부교공(2023)/근복(2021)/농어촌(2020)

12 다음 〈보기〉에서 뉴거버넌스의 특징으로 옳지 않은 것은?

보기
㉠ 자원배분장치로서 경쟁적인 이익과 목표들을 조정한다.
㉡ 유기적 결합관계를 중시한다.
㉢ 파트너십을 중시한다.
㉣ 세력연합·협상·타협을 중시한다.
㉤ 행정조직의 계층적인 공급을 중시한다.

① ㉠ ② ㉡
③ ㉢ ④ ㉣
⑤ ㉤

정답 | 해설

뉴거버넌스는 공공서비스를 전달하는 과정에서 정부와 민간부분 및 비영리부문 간의 협력적 네트워크를 강조하는 네트워크 거버넌스(서비스 연계망)를 의미한다. 이러한 뉴거버넌스는 과거의 계층제를 통한 공급이 아닌 네트워크를 통한 공급을 중시한다.

뉴거버넌스의 특징
- 정부, 시민사회, 시장의 파트너십을 전제한다.
- 유기적 결합, 네트워크의 공식적·비공식적 요인을 고려한다.
- 자원배분장치로서 경쟁적인 이익과 목표들을 조정한다.
- 행정조직의 재량성을 중시한다.
- 행정관리자들 : 수입사항의 효율적 집행자와 연합정치의 적극적 참여자

정답 ⑤

| 근복(2025)/부교공(2023)/근복(2021)/농어촌(2020)

13 다음 중 뉴거버넌스에 대한 설명으로 옳은 것은?

① 정부・시장・시민사회의 역할적 분화와 영역 간의 개입금지를 중요시한다.
② 입법과정에서의 세력연합과 협상 및 타협을 배제한다.
③ 정부의 역할에 있어서 노젓기(Rowing)를 중시한다.
④ 공공문제의 해결 기제로 네트워크의 활용을 중시한다.
⑤ 산출보다 투입에 대한 통제를 강조한다.

정답 | 해설

뉴거버넌스는 공공서비스를 전달하는 과정에서 정부와 민간부문 및 비영리부문 간의 협력적 네트워크를 강조하는 네트워크 거버넌스를 의미한다.

[오답분석]
① 정부・시장・시민사회의 파트너십을 전제로 하고 이를 중요시한다.
② 입법과정에서의 세력연합과 협상 및 타협을 중요시한다.
③ 정부의 역할에 있어서 방향잡기(Steering)를 중시한다.
⑤ 투입보다 산출에 대한 통제를 강조한다.

정답 ④

| 경기도통합(2020)

14 다음 중 행정과 규제에 대한 설명으로 옳지 않은 것은?

① 시장유인적 규제란 개인이나 기업의 합리적 선택에 따른 자율적 판단에 맡기는 간접적 규제이다.
② 공동규제는 정부로부터 위임을 받은 민간집단에 의해 이뤄지는 규제를 의미한다.
③ 환경규제와 산업재해 규제는 사회규제의 성격이 강하다.
④ 규제를 대상에 따라 분류하면 수단규제, 성과규제, 관리규제로 구분할 수 있다.
⑤ 포지티브 규제는 네거티브 규제보다 피규제자에게 더 많은 자율성을 보장해준다.

정답 | 해설

• 네거티브 규제 : 명시적으로 금지하는 것 이외에는 모든 것을 자유로이 할 수 있다.
• 포지티브 규제 : 명시적으로 허용하는 것 이외에는 원칙적으로 모든 행위가 금지된다.

정답 ⑤

| 경기도통합(2020)

15 다음 중 롤스(Rawls)의 정의론에 대한 설명으로 옳지 않은 것은?

① 최대극대화의 원리를 강조한다.
② 목적론적 윤리론을 따르고 있다.
③ 사회 전체의 효용이 증가하면 공익이 향상된다고 본다.
④ 원초적 상태(Original State)는 정책의 공정성을 달성하기 위한 개념이다.
⑤ 사회계약론의 입장에서 정의의 원리를 도출한다.

정답 | 해설

롤스(Rawls)의 정의론은 차등조정의 원리에서 최소극대화의 원리를 따르고 있다. 원초적 상태는 정책의 공정성을 달성하기 위해 제시된 개념으로 자신의 타고난 소질이나 재능, 물려받은 유산, 기존의 사회제도 등이 전혀 영향을 주지 않는 상태를 말한다.

> **롤스(Rawls) 정의론의 기본원리**
> • 정의의 제1원리 : 기본적 자유의 평등원리(Equal Liberty Principle)
> • 정의의 제2원리 : (기회균등의 원리)+(차등조정의 원리)
> 두 가지의 원리가 충돌할 때에는 제1원리가 제2원리에 우선하고, 제2원리 내에서 충돌할 경우에는 기회균등의 원리가 차등조정의 원리에 우선한다.

정답 ①

| 인천교통(2021)

16 다음 중 사바스(Savas)의 분류에 따른 공공서비스 유형에 대한 설명으로 옳지 않은 것은?

① 국방, 외교, 치안 등의 순수공공재의 경우 과잉소비의 문제가 발생한다.
② 시장재는 배제성과 경합성을 동시에 가지는 서비스로, 공공부문의 개입이 최소화되는 영역이다.
③ 요금재는 배제성과 비경합성으로 인해 시장기구에 의해 주로 공급된다.
④ 정부는 공유재의 무분별한 사용을 막기 위해 공유재에 대하여 규칙 또는 법률을 제정한다.
⑤ 공공서비스의 유형을 경합성과 배제성의 유무를 기준으로 공공재, 공유재, 요금재, 시장재 등 4가지 형태로 구분한다.

정답 | 해설

공유재는 경합성은 있지만 배제는 불가능한 재화로, 이러한 배제 불가능성으로 인해 비용 회피의 발생과 공유재의 비극인 과잉소비의 문제가 발생한다.

사바스(Savas)의 공공서비스 유형
• 경합성 : 한 사람의 소비가 다른 사람의 소비를 감소시키는 특성이다.
• 배제성 : 비용을 부담하지 않은 사람의 재화 이용을 금지시키는 특성이다.

구분	비경합성	경합성
비배제성	공공재	공유재
배제성	요금재	시장재

정답 ①

| 근복(2021)/TS(2020)

17 행정학의 접근이론을 크게 소범위, 중범위, 일반이론으로 나눌 때, 다음 중 중범위 이론에 해당하는 생태론적 접근방법에 대한 설명으로 옳지 않은 것은?

① 생태론적 접근방법은 행정조직을 개방체제로 파악하는 입장이다.
② 생태론적 접근방법은 행정을 유기체로 파악하려는 관점이다.
③ 리그스(Riggs)는 가우스의 생태론적 접근방법을 이어받아 비교행정 연구모형을 제시하였다.
④ 가우스(Gaus)는 정치학 및 문화인류학 등에서 발전된 생태론적 접근방법을 행정연구에 도입하였다.
⑤ 생태론적 접근방법은 서구의 행정제도가 후진국에서 잘 작동되지 않는 이유를 사회문화적 환경이 동일하기 때문으로 분석한다.

정답 해설

생태론적 접근방법이란 행정조직을 개방체제로서 파악하는 방법으로 개발도상국의 행정현상을 설명하는 데 유용한 접근이론으로, 리그스(Riggs)에 의해 활발히 전개되었다. 생태론적 접근방법은 행정연구에 있어서 개방적이고 거시적인 안목을 제공하면서 문화횡단면적이고 일반법칙적 연구를 추구한다. 이를 통해 서구의 행정제도가 후진국에서 잘 작동되지 않은 이유를 사회문화적 환경이 다르기 때문으로 분석한다.

정답 ⑤

| 근복(2021)/TS(2020)

18 다음 중 행정학의 생태론적 접근방법에 대한 설명으로 옳지 않은 것은?

① 행정조직 전체를 살아 있는 하나의 유기체로 간주한다.
② 인간의 행동양식이나 존재 상태를 통해 행정 현상을 과학적으로 파악하려 한다.
③ 문화적·환경적 차이에 따라 행정의 특징이 다르게 나타난다고 보았다.
④ 행정에 영향을 미치는 환경적 요소로서 국민, 과학기술, 재변(災變) 등이 있다고 보고 있다.
⑤ 행정의 방향과 목표제시가 부족하다는 한계점이 있다.

정답 해설

생태론적 접근방법은 생물학의 한 분야인 생태론(生態論)을 행정현상의 구명에 활용하는 연구방법으로, 인간의 행동양식이나 존재 상태를 통해 행정 현상을 과학적으로 파악하려 한 것은 행태론적 접근방법이다.

오답분석

① 생태론적 접근방법은 행정 조직 전체를 살아 있는 하나의 유기체로 보고, 행정 조직을 둘러싸고 있는 외부환경의 변화가 행정에 미치는 영향을 연구하고 분석함으로써 행정 현상을 파악한다.
③ 선진국과 신생국 간의 문화적·환경적 차이가 있음을 깨닫고, 이러한 차이에 따라 행정의 특징 역시 다름을 인식하였다.
④ 생태론적 접근법을 체계화한 가우스(Gaus)는 행정에 영향을 미치는 환경적 요소로서 국민·장소·과학기술·사회제도·사조(思潮)·재변(災變)·인간성 7가지를 들고 있다.
⑤ 생태론적 접근방법은 행정의 방향과 목표제시가 부족하다는 한계점이 있다.

정답 ②

| 농어촌(2022)/부교공(2022)/남동발전(2021)

19 다음 글에서 설명하는 시장실패의 원인 중 빈칸에 공통으로 들어갈 용어로 옳은 것은?

> 규모의 경제 등으로 인한 ＿＿＿＿ 발생 시 ＿＿＿＿ 생산자는 가격 설정자가 되어 이윤극대화를 위한 과소생산의 문제를 발생시킨다.

① 공공재 ② 독점
③ 외부경제 ④ 외부불경제
⑤ 불완전정보

정답 | 해설

독점은 시장실패의 원인 중 하나로, 자원배분의 비효율성을 발생시킨다.

시장실패의 원인
- 불완전경쟁
- 독점 및 담합
- 외부성
- 정보의 비대칭
- 규모의 경제

정답 ②

| 심평원(2025)/남동발전(2021)

20 다음 〈보기〉에서 신행정론의 이론적 특징에 해당하는 것을 모두 고르면?

보기
ㄱ. 중립성의 지양 ㄴ. 선험적 관념론
ㄷ. 논리실증주의 ㄹ. 능동적 행정의 추구
ㅁ. 방법론적 개체주의 ㅂ. 사회적 형평성의 가치 중시

① ㄱ, ㄴ, ㄷ ② ㄱ, ㄹ, ㅂ
③ ㄴ, ㄷ, ㄹ ④ ㄷ, ㄹ, ㅂ
⑤ ㄹ, ㅁ, ㅂ

정답 | 해설

신행정론은 행태주의 및 실증주의에 대한 비판으로 등장하였으며, 사회적 형평성의 가치를 중시하고, 능동적 행정의 촉구와 조직에 대한 반전통적 처방을 제시함으로써 고객중심의 행정을 높여야 한다고 주장한다.

오답분석
ㄴ. 현상학적 접근방법에 대한 설명이다.
ㄷ·ㅁ. 행태론적 접근방법에 대한 설명이다.

정답 ②

| 도로(2021)

21 신뢰보호의 원칙은 신뢰의 대상이라 할 수 있는 선행조치가 있어야 한다. 다음 중 이에 대한 설명으로 옳지 않은 것은?

① 행정지도 등 비권력적 행위와 사실행위 등도 신뢰보호의 대상이 된다.
② 신뢰보호는 무효인 행정행위에도 적용이 된다.
③ 공익에 반하는 경우에는 신뢰보호에 제한을 받는다.
④ 선행조치에 대한 입증은 신뢰이익을 주장하는 개인이 책임을 진다.
⑤ 선행조치는 법령, 행정계획 등을 포함한다.

정답 해설

선행조치에는 법령, 행정계획, 행정행위, 확약, 행정지도 등이 포함되어 있으나, 무효행위는 신뢰대상이 되지 않는다. 또한 공익에 반하거나 법치행정의 원리와 충돌되는 경우에는 적용의 제한을 받는다.

> **신뢰보호 원칙 적용**
> - 첫째, 행정청이 개인에 대하여 신뢰의 대상이 되는 공적인 견해표명을 하여야 한다.
> - 둘째, 행정청의 견해표명이 정당하다고 신뢰한 데 대하여 그 개인에게 귀책사유가 없어야 한다.
> - 셋째, 그 개인이 견해표명을 신뢰하고 이에 어떠한 행위를 하였어야 한다.
> - 넷째, 행정청이 위 견해표명에 반하는 처분을 함으로써 그 견해표명을 신뢰한 개인의 이익이 침해되는 결과가 초래되어야 한다.
> - 다섯째, 공익 또는 제3자의 정당한 이익을 해할 우려가 있는 경우가 아닌 한, 신뢰보호의 원칙에 반해 위법하다.

정답 ②

| 전력기술(2025)/도로교통(2023)/화성도시(2020)

22 다음 중 윌슨(Willson)의 규제정치모형에 대한 설명으로 옳지 않은 것은?

① 정치적 위험과 논란의 여지가 적은 것은 대중적 정치(Majoritarian Politics)의 특징이다.
② 이익집단 정치(Interest Group Politics)는 비용과 편익이 모두 다수의 이질적 집단에 국한되는 정치상황이다.
③ 수입규제완화 정책과 환경규제완화 정책은 윌슨의 규제정치모형에 따르면 서로 다른 규제정치 영역에 해당한다.
④ 환경오염규제, 위해물품규제 등과 같은 사례는 기업가 정치(Entrepreneurial Politics)의 사례로 볼 수 있다.
⑤ 윌슨(Willson)의 규제정치모형에서 감지된 비용이 넓게 분산되고, 감지된 편익이 좁게 집중되어 있는 정치는 고객 정치(Clientele Politics)이다.

정답 해설

이익집단 정치는 비용과 편익이 모두 소수의 동질적 집단에 좁게 국한되어 있는 정치상황이다.

윌슨(Willson)의 규제정치모형

구분		감지된 편익	
		좁게 집중	넓게 분산
감지된 비용	좁게 집중	이익집단 정치(Interest Group Politics)	기업가 정치(Entrepreneurial Politics)
	넓게 분산	고객 정치(Clientele Politics)	대중적 정치(Majoritarian Politics)

정답 ②

| 광주시통합(2021)

23 다음 중 정부규제에 대한 설명으로 옳지 않은 것은?

① 정부규제가 빈번할수록 기업의 지대추구현상과 포획으로 관료의 부패가능성이 증가한다.
② 우리나라의 경우 법률로 행정규제에 관한 내용을 정하고 있다.
③ 규제개혁은 '규제관리 – 규제완화 – 규제품질관리'의 단계로 진행되는 것이 일반적이다.
④ 규제피라미드란 규제가 규제를 낳은 결과로 피규제자의 규제 부담이 점점 증가하는 현상이다.
⑤ 규제의 역설은 과도한 규제를 무리하게 설정하다 보면 실제로 규제가 거의 이루어지지 않게 되는 상황을 의미한다.

정답 해설

규제개혁은 '규제완화 – 규제품질관리 – 규제관리'의 단계로 진행되는 것이 일반적이다.

정답 ③

| 남동발전(2021)

24 다음 중 포스트모더니티(Postmodernity) 사회의 특성에 해당하지 않는 것은?

① 원자적·분권적 사회
② 반규제주의
③ 반관료제적 규범
④ 소품종 대량생산
⑤ 탈물질화

정답 해설

포스트모더니티는 모더니티의 인간이성과 합리성에 대한 신뢰, 객관주의적 접근방법을 거부하고 해체하려는 새로운 철학적 관점이다. 포스트모더니티 사회는 원자적·분권적 사회, 반규제주의, 반관료제적 규범, 탈물질화, 다품종 소량생산, 세계화와 지방화의 동시진행 등과 같은 특징이 있다.

정답 ④

25 다음과 같은 특징에 해당하는 정부팽창 이론으로 옳은 것은?

- 부하배증의 법칙이다.
- 업무배증의 법칙이다.
- 동료보다는 부하의 충원을 원한다.
- 부하충원으로 본질적 업무 외 보고, 승인 등 파생적 업무가 증가한다.
- 공무원 수가 실제 행정의 업무량과 직접적 관계없이 증가하는 현상이다.

① 보몰효과(Baumol's Effect)
② 파킨슨 법칙(Parkinson's Law)
③ 와그너 법칙(Wagner's Law)
④ 전위효과(Displacement Effect)
⑤ 합리적 무지(Rational Ignorance)

정답 해설

파킨슨 법칙은 정부 인력이 업무량과 관계없이 과도하게 팽창된다는 법칙이다. 파킨슨(Parkinson)은 직원의 수가 증가하는 근거로 '부하배증의 법칙'과 '업무배증의 법칙' 두 가지를 제시하였다. 부하배증의 법칙은 공무원이 일이 많을 때 동료와 일을 나누기보다는 부하를 더 뽑고 싶어 한다는 법칙으로, 승진에 있어서 경쟁자인 동료와 일을 나누는 것을 꺼리게 되고 부하가 많아지면 상급공무원으로의 출세에도 유리하기 때문이다. 또한 업무배증의 법칙은 부하가 늘어나면 부하에게 업무를 지시하고, 감독하고, 보고받고, 결재하는 등의 업무가 새롭게 생겨나는 법칙을 의미한다.

오답분석

① 보몰효과(Baumol's Effect) : 공공부문 서비스의 노동집약적 성격으로 인해 민간부문에 비해 공공부문의 생산성 증가가 느리고, 낮은 공공부문의 생산성이 정부지출을 증가시켜 사회 전체적으로 경쟁력을 저하시키는 현상이다.
③ 와그너 법칙(Wagner's Law) : 국민소득이 증가할 때, 공공재 수요가 갖는 소득탄력성 특성으로 국민경제에서 차지하는 공공부문의 상대적 크기가 지속적으로 증대되는 현상이다.
④ 전위효과(Displacement Effect) : 전쟁 등 위기상황 발생 시 공공지출이 상향조정되어 위기상황 해소 후에도 공공지출의 크기가 감소하지 않는 현상이다.
⑤ 합리적 무지(Rational Ignorance) : 특정 정보를 입수해서 얻는 혜택보다 정보를 얻기 위해 지출하는 비용이 더 큰 경우에 개인은 합리적인 판단을 통해 특정 정보를 얻으려고 하지 않고 차라리 무시하는 경향이 있어 공공서비스 확대에 저항하는 현상이다.

정답 ②

26 다음 중 정치행정이원론에 대한 설명으로 옳지 않은 것은?

① 행정의 입법기능을 강조한다.
② 정치와 행정을 엄격히 분리하고, 행정의 독립성과 자율성을 강조한다.
③ 행정의 관리적 성격을 중시하며, 행정집행의 과정에서 기업의 능률정신을 강조한다.
④ 행정에 있어서 가치판단 및 정책결정기능을 배제한다.
⑤ 행정의 경영적 성격을 강조한다.

정답 | 해설

행정의 입법기능을 강조하는 것은 정치행정일원론의 입장이다. 정치행정일원론은 행정을 정치와 불가분의 관계에 있다고 보는 입장으로, 행정의 정치적 기능으로서 정책형성기능을 중시하는 입장이다. 정치행정일원론은 행정에 있어서의 가치판단 및 정책결정기능을 중시하고, 행정에서의 정치성, 공공성 등 가치판단적 기능을 강조한다. 또한 행정의 적극적 기능과 행정입법의 확대를 지지하는 특징을 가진다.

정치행정일원론과 정치행정이원론

구분	정치행정일원론	정치행정이원론
행정의 기능과 역할	• 행정의 결정(입법)기능 중시 • 행정의 정치와의 연계성 강조 • 정치성, 공공성 등의 가치 중시	• 정치로부터 분리된 행정의 독자성 강조 • 행정의 결정기능 배제, 관리기능 중시 • 기업의 능률정신 강조

정답 ①

| 남동발전(2021)

27 다음은 미국 행정학의 발달과정에 대한 설명이다. ㉠, ㉡에 해당하는 내용을 바르게 나열한 것은?

> ㉠ 공직교체와 공직개방을 골자로, 선거에서 승리한 정당이 관직을 차지하는 것을 민주주의의 실천원리로 도입했다.
> ㉡ 중앙집권하에 의한 능률적 행정방식이 최선이며, 정부의 적극적 역할을 통해 행정의 유효성을 지향했다.

	㉠	㉡
①	해밀턴(Hamilton)주의	매디슨(Madison) 다원주의
②	해밀턴(Hamilton)주의	잭슨(Jackson) 엽관주의
③	매디슨(Madison) 다원주의	해밀턴(Hamilton)주의
④	잭슨(Jackson) 엽관주의	해밀턴(Hamilton)주의
⑤	잭슨(Jackson) 엽관주의	매디슨(Madison) 다원주의

정답 | 해설

건국 후 미국 정치체제는 자유주의와 민주주의 이념을 상징하는 제퍼슨(Jefferson), 잭슨(Jackson) 철학이 지배하고 있었다. 공직교체와 공직개방을 골자로, 선거에서 승리한 정당이 관직을 차지하는 것을 민주주의의 실천원리로 도입한 것은 잭슨(Jackson)이 미국의 제7대 대통령으로 당선되면서 도입한 엽관주의(㉠)이다. 중앙집권화에 의한 능률적 행정방식이 최선이며, 정부의 적극적 역할을 통해 행정의 유효성을 지향한 것은 미국의 초대 재무장관이었던 해밀턴(Hamilton)이 주장(㉡)한 입장이다.

정답 ④

| 중부발전(2023)/근복(2022)/부산도시(2022)/인천교통(2021)

28 다음 〈보기〉에서 행정의 수단적 가치에 해당하지 않는 것을 모두 고르면?

> **보기**
> ㉠ 공익
> ㉡ 자유
> ㉢ 합법성
> ㉣ 민주성
> ㉤ 평등

① ㉠, ㉡, ㉣
② ㉠, ㉡, ㉤
③ ㉠, ㉢, ㉣
④ ㉡, ㉣, ㉤
⑤ ㉢, ㉣, ㉤

정답 해설

행정의 가치

행정의 본질적 가치		행정의 수단적 가치	
가치 자체가 목적이 되는 가치		본질적 가치의 실현을 가능하게 하는 가치	
• 형평성	• 정의	• 합법성	• 능률성
• 공익	• 자유	• 민주성	• 합리성
• 평등		• 효과성	• 신뢰성

정답 ②

| 중부발전(2023)/근복(2022)/부산도시(2022)/인천교통(2021)

29 다음 중 행정의 본질적 가치에 해당하지 않는 것은?

① 공익
② 정의
③ 형평성
④ 민주성
⑤ 자유

정답 해설

행정의 가치

행정의 본질적 가치		행정의 수단적 가치	
가치 자체가 목적이 되는 가치		본질적 가치의 실현을 가능하게 하는 가치	
• 형평성	• 정의	• 합법성	• 능률성
• 공익	• 자유	• 민주성	• 합리성
• 평등		• 효과성	• 신뢰성

정답 ④

30 다음 중 행정이념의 시대적 변화과정을 순서대로 바르게 나열한 것은?

㉠ 신공공관리론	㉡ 관료제이론
㉢ 신행정론	㉣ 발전행정론
㉤ 행정행태론	

① ㉠ – ㉡ – ㉣ – ㉢ – ㉤
② ㉠ – ㉣ – ㉡ – ㉤ – ㉢
③ ㉡ – ㉠ – ㉢ – ㉤ – ㉣
④ ㉡ – ㉤ – ㉣ – ㉢ – ㉠
⑤ ㉣ – ㉢ – ㉡ – ㉤ – ㉠

정답 해설

행정이념은 '㉡ 관료제이론 – 행정관리론 – 통치기능론 – ㉤ 행정행태론 – ㉣ 발전행정론 – ㉢ 신행정론 – ㉠ 신공공관리론 – 뉴거버넌스' 순으로 변화하였다.

정답 ④

31 다음 중 정치와 행정의 관계에 대한 이론과 주요학자의 연결이 옳지 않은 것은?

① 정치행정이원론 : 귤릭(Gulick), 어윅(Urwick)
② 정치행정일원론 : 디목(Dimock), 애플비(Appleby)
③ 정치행정새이원론 : 윌슨(Wilson), 화이트(White)
④ 정치행정새일원론 : 왈도(Waldo), 에머슨(Esman)
⑤ 탈정치화 : 피터스(Peters), 오스본(Osborne)

정답 해설

정치행정새이원론의 대표적인 학자는 버나드(Barnard)와 사이먼(Simon)이다.

정답 ③

32 다음 중 행태론적 접근방법의 특징으로 옳지 않은 것은?

① 사회현상 연구에 있어 개인의 표출된 행태에 대한 객관적·실증적인 분석에 초점을 둔다.
② 가치중립적 연구를 강조한다.
③ 사회현상에 대한 논리실증적 태도를 중시한다.
④ 인접학문과의 연계성을 통한 종합과학성을 가진다.
⑤ 사회문제 해결의 적실성과 실천성을 지닌다.

정답 | 해설

행태론적 접근방법은 사회현상 연구에 있어서 인접학문과의 연계를 통한 종합과학적이고 논리실증적인 연구방법과 더불어 개인의 표출된 형태에 대하여 객관적이고 실증적인 분석에 초점을 두는 연구방법이다. 행태론적 접근방법은 급박한 사회문제들에 대하여 해결에 도움이 되지 못한다는 비판을 받았다.

정답 ⑤

CHAPTER 02 정책론

| 수자원(2023)

01 다음 제시된 정책문제의 구조화기법과 〈보기〉의 설명을 순서대로 바르게 나열한 것은?

A. 경계분석(Boundary Analysis)
B. 가정분석(Assumption Analysis)
C. 계층분석(Hierarchy Analysis)
D. 분류분석(Classification Analysis)

보기

ㄱ. 정책문제와 관련된 여러 구조화되지 않은 가설들을 창의적으로 통합하기 위한 기법으로, 이전에 건의된 정책부터 분석한다.
ㄴ. 간접적이고 불확실한 원인으로부터 차츰 확실한 원인을 차례로 확인해 나가는 기법으로, 인과관계 파악을 주된 목적으로 한다.
ㄷ. 정책문제의 존속기간 및 형성과정을 파악하기 위한 기법으로, 포화표본추출(Saturation Sampling)을 통해 관련 이해당사자를 선정한다.
ㄹ. 문제상황을 정의하기 위해 당면문제를 그 구성요소들로 분해하는 기법으로, 논리적 추론을 통해 추상적인 정책문제를 구체적인 요소들로 구분한다.

	A	B	C	D
①	ㄴ	ㄷ	ㄱ	ㄹ
②	ㄱ	ㄷ	ㄹ	ㄴ
③	ㄷ	ㄱ	ㄴ	ㄹ
④	ㄷ	ㄱ	ㄹ	ㄴ
⑤	ㄷ	ㄹ	ㄱ	ㄴ

정답 | 해설

ㄱ은 가정분석(B), ㄴ은 계층분석(C), ㄷ은 경계분석(A), ㄹ은 분류분석(D)에 해당한다.

정답 ③

| 서교공(2023)/수자원(2023)

02 정부가 국민에게 영향을 미치는 정책 산출은 정책결정 과정을 통해서 이루어진다. 다음 중 정책결정 과정에서 정책의제에 영향을 미치는 공식적 참여자에 해당하지 않는 것은?

① 지방자치단체장
② 대통령 비서실장
③ 정당 사무국장
④ 국회의원
⑤ 판사

> **정답 | 해설**
>
> 정당은 비공식적 참여자에 해당하므로 정당 사무국장은 공식적 참여자가 아니다.
>
> **정책결정의 참여자**
>
> | 공식적 참여자 | 비공식적 참여자 |
> | --- | --- |
> | 입법부, 행정부, 사법부, 지방정부, 대통령 | 정당, 이익집단, 시민, NGO, 언론 |
>
> **정답 ③**

| 환경(2023)/수자원(2023)

03 예비타당성 조사의 분석 내용을 경제성 분석과 정책적 분석으로 구분할 때, 다음 중 경제성 분석에 해당하는 것은?

① 상위계획과의 연관성
② 지역경제에의 파급효과
③ 사업추진 의지
④ 민감도 분석
⑤ 재원도달 가능성

> **정답 | 해설**
>
> 예비타당성 조사는 경제성 분석과 정책성 분석으로 이루어진다. 이 중에서 민감도 분석은 비용편익분석을 하는 경제성 분석에 포함된다.
>
> **오답분석**
>
> ①·②·③·⑤ 정책성 분석에 해당한다.
>
> **예비타당성 조사**
>
> | 구분 | 내용 | |
> | --- | --- | --- |
> | 경제성 분석 | • 수요 및 편익추정
• 경제성 및 재무성 평가 | • 비용 추정
• 민감도 분석 |
> | 정책성 분석 | • 지역경제 파급효과
• 사업추진 위험요인
• 국고지원의 적합성
• 상위계획과 연관성 | • 지역균형개발
• 정책의 일관성 및 추진의지
• 재원조달 가능성 |
>
> **정답 ④**

| 서교공(2025)/수자원(2023)/도로(2022)/부교공(2022)/부산보훈병원(2020)

04 다음 중 나카무라(Nakamura)와 스몰우드(Smallwood)의 정책집행유형에 대한 설명으로 옳지 않은 것은?

① 정책집행에서 발생하는 결정자와 집행자의 역할관계를 다섯 가지로 유형화한다.
② 지시적 위임가형의 정책결정자는 정책목표와 대체적 방침을 정하고, 집행자에게 집행에 필요한 기술적·행정적 권한을 위임한다.
③ 협상형의 경우 정책목표나 수단에 대하여 정책결정자와 정책집행자의 의견이 반드시 일치하지는 않는다.
④ 재량적 실험형의 경우 집행자의 전문성과 지식이 결여되거나 정책이 모호한 경우 정책실패의 원인이 될 수 있다.
⑤ 고전적 기술관료제형은 정책결정자가 정책집행자의 결정권을 장악하고, 정책과정 전반을 완전히 통제하는 유형이다.

정답 | 해설

관료적 기업가형은 정책집행자가 정책결정자의 결정권을 장악하고, 정책과정 전반을 완전히 통제하는 유형으로, 고전적 기술관료제형과는 정반대의 유형에 해당한다.

나카무라와 스몰우드(Nakamura & Smallwood)의 정책집행유형

구분	정책결정자	정책집행자
고전적 기술관료제형	명백한 목표를 구체적으로 선정	• 결정자가 제시한 목표를 지지 • 목표달성을 위한 기술적 수단을 탐색
재량적 실험형	일반적이고 추상적인 목표만을 제시	• 목표를 명확히 정의 • 광범위한 재량권에서 집행 수단 개발진행
지시적 위임형	• 구체적인 목표 설정 • 집행자에게 재량적 행정권한 위임	• 목표의 바람직성에 동의 • 집행을 위한 기술적·행정적·협상적 능력을 소유 • 집행자 상호 간 행정적 수단에 관한 협상
관료적 기업가형	정책집행자가 설정한 목표에 대해 설득됨	정책목표 결정 후 녹료가 재백될 수 있노록 결정자를 설득
협상형	• 결정자가 목표를 제시하지만, 최종 목표와 수단에 대해 정책결정자와 정책집행자가 협상 • 최종 역할은 상대적인 권력자원의 보유 정도에 따라 결정	

정답 ⑤

| 근복(2022)

05 다음 중 정책문제의 구조화 방법의 일종인 브레인스토밍(Brainstorming)에 대한 설명으로 옳지 않은 것은?

① 브레인스토밍 집단은 조사되고 있는 문제상황의 본질에 따라 구성되어야 한다.
② 아이디어 평가의 마지막 단계에서 아이디어에 우선순위를 부여한다.
③ 아이디어 평가는 첫 단계에서 모든 아이디어가 총망라된 다음에 시작되어야 한다.
④ 아이디어 개발단계에서의 브레인스토밍 활동의 분위기는 개방적이고 자유롭게 유지되어야 한다.
⑤ 아이디어 개발과 아이디어 평가는 동시에 이루어져야 한다.

정답 해설

브레인스토밍은 집단자유토의를 통해 자유롭게 의견을 교환함으로써 구성원의 창의적이고 기발한 아이디어를 구하는 주관적 분석기법이다. 브레인스토밍 단계를 아이디어 개발과 아이디어 평가로 나눌 수 있는데 이는 동시에 이루어지지 않는다. 아이디어 개발 단계에서는 구성원들의 아이디어를 자유롭고 다양하게 이끌어내기 위해서 타인의 아이디어를 평가하거나 비판할 수 없도록 한다.

정답 ⑤

| 부산환경(2020)

06 다음 중 리플리(Ripley)와 프랭클린(Franklin)의 분류에 따른 정책유형에 대한 설명으로 옳지 않은 것은?

① 분배정책은 집행이 가장 용이한 정책유형에 해당한다.
② 재분배정책은 정책참여자들 간 이해 대립으로 갈등이 발생할 가능성이 높다.
③ 소비자 보호법, 산업안전법 등은 대표적인 경쟁적 규제정책이다.
④ 보호적 규제정책은 경쟁적 규제정책에 비하면 재분배정책에 더 가깝다.
⑤ 정책의 사회적 목표와 집행과정의 특징을 중심으로 정책을 분배정책, 경쟁적 규제정책, 보호적 규제정책, 재분배정책으로 구분한다.

정답 해설

소비자 보호법, 산업안전법 등은 대표적인 보호적 규제정책에 해당한다. 보호적 규제정책이란 민간의 활동을 제약하는 조건을 설정함으로써 일반 대중을 보호하는 것을 목적으로 하는 규제정책이다.

리플리(Ripley)와 프랭클린(Franklin)의 정책유형

구분	내용
분배정책	특수한 대상집단에 서비스나 이익을 분배하는 정책이다.
경쟁적 규제정책	희소한 자원의 효율성과 공익을 조화시키고자 하는 정책이다.
보호적 규제정책	시장실패로 인한 추가적 비용이 국민에게 전가되지 않도록 제한을 가하여 국민의 이익을 보호하는 정책이다.
재분배정책	부 또는 재산, 소득, 권리 등을 사회 내의 소수집단이나 계층에 재분배하는 정책이다.

정답 ③

| 마사회(2023)/수자원(2021)

07 다음 중 사이버네틱스 모형에 대한 설명으로 옳지 않은 것은?

① 합리 모형과 대립되는 적응적·관습적 의사결정 모형이다.
② 결과예측 후 합리적 대안을 선택하는 인과적 학습에 의존한다.
③ 한정된 범위의 변수들에만 주의를 집중하고, 나머지 정보는 무시함으로써 불확실성을 통제한다.
④ 집단의 의사결정 논리가 그대로 적용되지 않고, 조직 내 복잡한 문제는 부분적 하위문제로 분할된다.
⑤ 대안탐색의 과정은 미리 정해진 대안의 레퍼토리 중에서 하나를 선택하여 환경에 적응하고자 하는 과정이다.

정답 해설

사이버네틱스 모형은 결과예측 후 합리적 대안을 선택하는 인과적 학습이 아닌 도구적 학습에 의존한다. 사이버네틱스 모형은 합리 모형과 대립되는 적응적이면서 관습적인 의사결정 모형으로, 비목적적·무목적적 적응, 단순화에 의한 불확실성의 통제, 적응적 의사결정, 도구적 학습 및 시행착오적 학습이라는 특징을 지닌다.

분석적 패러다임과 사이버네틱스 패러다임

구분	분석적 패러다임	사이버네틱스 패러다임
합리성	완전한 합리성	제한된 합리성
문제해결	연역적 방식	귀납적 방식
대안분석	동시적 분석	순차적 분석
대표 모형	합리 모형, 앨리슨 모형(Ⅰ)	조직 모형, 앨리슨 모형(Ⅱ)
학습	인과적 학습	도구적 학습

정답 ②

| 광주시통합(2021)

08 다음 중 분석적 모형의 특징으로 옳지 않은 것은?

① 문제해결 : 연역적 방식
② 학습 : 인과적 학습 강조
③ 해답 : 최선의 답 추구
④ 성격 : 제한된 합리성
⑤ 대안분석 : 동시적 분석

정답 해설

제한된 합리성은 사이버네틱스 모형의 특징에 해당한다. 분석적 모형의 특징은 완전한 합리성이다.

정답 ④

| 수자원(2023)/마사회(2022)/수자원(2022)/도로교통(2021)/TS(2020)

09 다음 중 대중에 대한 억압과 통제를 통해 엘리트들에게 유리한 이슈만 정책의제로 설정하는 것은?

① 무의사결정론
② 체제이론
③ 다원주의론
④ 사이먼(Simon)의 의사결정론
⑤ 공공선택론

정답 해설

무의사결정론은 엘리트들이 대중에 대한 억압과 통제를 통해 불리한 문제는 거론을 못하게 막고, 본인들에게 유리한 이슈만을 정책의제로 설정하게 하는 것을 뜻한다.

오답분석

② 체제이론 : 정책행위자의 선호에 의해, 이익집단 자유주의는 이익집단의 영향력에 따라, 어떤 의제는 정책의제화가 될 수 없음을 설명하는 이론이다.
③ 다원주의론 : 사회를 구성하는 집단들 사이에 권력은 널리 동등하게 분산되어 있으며, 정책은 많은 이익집단의 경쟁과 타협의 산물이라고 설명하는 이론이다.
④ 사이먼(Simon)의 의사결정론 : 인간은 인지능력의 제한을 가지므로 완전히 합리적인 결정에는 한계가 있어 일부 사회 문제만을 정책의제로 선택하는 내용이다.
⑤ 공공선택론 : 인간을 합리적 경제인으로 가정하며, 인간은 자신의 이익극대화를 추구하며 정부를 공급자로, 국민을 소비자로 간주하는 이론이다.

정답 ①

| 광주시통합(2021)

10 다음 중 정책과정에서 정책결정자가 불확실성에 대처하는 적극적인 극복방안에 해당하지 않는 것은?

① 모형이나 이론의 개발 및 적용
② 정보의 충분한 획득과 활용
③ 정책실험, 정책델파이, 브레인스토밍 시행
④ 휴리스틱스 기법 사용
⑤ 불확실성을 유발하는 환경의 통제

정답 해설

휴리스틱스 기법은 제한된 정보만으로 즉흥적, 직관적으로 판단하고 선택하는 의사결정이므로 소극적 극복방안에 해당한다.

정답 ④

| 에너지(2021)/국민연금(2021)/남동발전(2021)/경기도통합(2020)

11 다음 중 신뢰성과 타당성에 대한 설명으로 옳지 않은 것은?

① 신뢰성은 측정도구의 타당성을 담보할 수 있는 필요조건이다.
② 신뢰성의 측정방법으로는 재검사법, 반분법, 평행양식법 등이 있다.
③ 정책평가의 목적을 고려하였을 때, 내적타당성보다 외적타당성을 우선하여 고려하여야 한다.
④ 구성적 타당성은 처리, 결과, 모집단 및 상황들에 대한 이론적 구성요소들이 성공적으로 조직화된 정도를 의미한다.
⑤ 신뢰성이란 어떤 현상을 되풀이해서 측정했을 때 얼마나 일관성 있게 측정할 수 있는지를 정하는 정도이다.

정답 | 해설

정책평가의 목적을 고려하였을 때, 정책평가의 제1의 목적은 정책수단과 정책목표의 인과관계가 적합하였는지 여부와 정책효과가 제대로 발휘되었는지 여부를 판단하는 것이므로 내적타당성이 외적타당성보다 우선하여 고려되어야 한다.

정답 ③

| 도로(2021)

12 다음 〈보기〉에서 조합주의에 대한 설명으로 옳은 것을 모두 고르면?

보기

ㄱ. 국가조합주의는 선진자본주의 국가에서 경기침체를 해결하고, 사회적 통합을 향상시키기 위한 이론으로서 등장하였다.
ㄴ. 국가조합주의의 대표적인 예는 이탈리아 파시스트이다.
ㄷ. 사회조합주의는 국가가 민간부문의 집단들에 대하여 강력한 주도권을 행사한다고 보는 모형이다.
ㄹ. 사회조합주의는 이익집단의 자발적 시도에 의해 생성된 이익대표체계이다.

① ㄱ, ㄴ
② ㄱ, ㄷ
③ ㄴ, ㄷ
④ ㄴ, ㄹ
⑤ ㄷ, ㄹ

정답 | 해설

조합주의란 정책결정에서 정부의 보다 적극적인 역할을 인정하고, 이익집단과의 상호협력을 중시하는 이론이다. 조합주의는 국가조합주의와 사회조합주의로 구분할 수 있는데, 국가조합주의는 권위주의 정치체제에서의 이익대표체제이며, 국가 주도의 경제개발과정에서 국가의 이익집단에 대한 통제를 위해 활용한 이익대표체제이다. 사회조합주의는 선진자본주의 국가에서 경기침체를 해결하고, 사회적 통합을 향상시키기 위한 이론적 자원으로 등장하였으며, 이익집단의 자발적 시도에 의해 생성된 이익대표체제이다. 국가조합주의의 대표적인 예로는 이탈리아의 파시스트가 있다.

오답분석

ㄱ. 사회조합주의에 대한 설명이다.
ㄷ. 국가조합주의에 대한 설명이다.

정답 ④

13 다음 중 비용편익분석에 대한 설명으로 옳지 않은 것은?

① 순현재가치법에 따르면 순현재가치가 0보다 큰 사업은 경제적으로 타당성이 있다고 본다.
② 내부수익률법은 편익의 총현재가치와 비용의 총현재가치를 일치시키는 할인율이다.
③ 편익비용비에 따르면 1보다 큰 사업은 경제적으로 타당성이 있다고 본다.
④ 할인율이 낮을수록 미래 금액의 현재 가치는 낮아진다.
⑤ 자본회수기간법에 따르면 다른 조건이 일정할 때, 두 대안 중 회수기간이 짧은 대안을 선택하는 것이 경제적으로 타당하다.

정답 | 해설

할인율이 낮을수록 미래 금액의 현재 가치는 높아지고, 할인율이 높을수록 미래 금액의 현재 가치는 낮아진다.

사업대안의 평가기법

구분	개념
순현재가치법	순현재가치가 0보다 큰 경우에는 사업의 타당성이 있다고 보는 평가기법이다.
내부수익률법	편익의 총현재가치와 비용의 총현재가치를 일치시키는 할인율이다.
편익비용비	편익비용비가 1보다 큰 경우에는 사업의 타당성이 있다고 보며, 편익비용비가 가장 큰 대안이 최선의 대안이 되는 평가기법이다.
자본회수기간법	투자비용을 회수하는 데 소요되는 기간을 기준으로 회수기간이 제일 짧은 대안이 최선의 대안이 되는 평가기법이다.

정답 ④

14 다음은 비용편익분석의 기법에 대한 설명이다. 빈칸 ㉠, ㉡에 들어갈 내용을 바르게 나열한 것은?

- ㉠ 이란 당초 투자에 소요되는 지출액의 현재가치가 그 투자로부터 기대되는 현금수입액의 현재가치와 동일하게 되는 할인율이다.
- ㉡ 이란 편익과 비용을 할인율에 따라 현재 가치로 환산하고, 그 결과인 편익의 현재가치에서 비용의 현재가치를 감한 것이다.

	㉠	㉡
①	자본회수기간법	순현재가치법
②	자본회수기간법	내부수익률법
③	순현재가치법	자본회수기간법
④	내부수익률법	순현재가치법
⑤	내부수익률법	자본회수기간법

> **정답 | 해설**
> ㉠ 내부수익률법이란 편익의 총현재가치와 비용의 총현재가치를 일치시키는 할인율을 의미하며, 순현재가치를 0으로 만드는 할인율이다.
> ㉡ 순현재가치법이란 편익의 총현재가치에서 비용의 총현재가치를 차감하여 순현재가치를 구하여 0보다 큰 경우에는 사업의 타당성이 있다고 보는 기법으로, 다양한 정책대안 중 순현재가치의 값이 가장 큰 대안을 최선의 대안으로 선정한다.
>
> [오답분석]
> - 자본회수기간법 : 투자비용을 회수하는 데 소요되는 기간을 기준으로 대안을 선택하는 기법으로, 자본회수기간이 제일 짧은 대안을 최선의 대안으로 선정한다.
>
> **정답 ④**

| 가스기술(2021)/경기도통합(2020)

15 다음 글에서 설명하는 알몬드(Almond)와 파웰(Powell)의 분류에 따른 정책유형으로 옳은 것은?

> 정부가 정치체제에 대한 정당성과 신뢰성 및 국민통합성 증진을 위해 국내외 환경에 산출시키는 이미지나 상징과 관련된 정책으로서 애국가 제창, 국기 게양 등이 있다.

① 구성정책　　　　　　　　　　② 상징정책
③ 추출정책　　　　　　　　　　④ 규제정책
⑤ 분배정책

> **정답 | 해설**
> 알몬드(Almond)와 파웰(Powell)의 정책유형은 분배정책, 규제정책, 상징정책, 추출정책으로 구분한다. 그중 정부가 정치체제에 대한 정당성과 신뢰성 및 국민통합성 증진을 위해 국내외 환경에 산출시키는 이미지나 상징과 관련된 정책으로써 애국가 제창, 국기 게양 등이 있는 것은 상징정책이다.
>
> **알몬드(Almond)와 파웰(Powell)의 정책유형**
> - 분배정책 : 특정한 개인, 기업체, 조직 등에 권리나 이익, 또는 재화나 공공서비스를 배분하는 정책을 의미한다.
> - 규제정책 : 개인이나 일부집단에 대해 재산권행사나 행동의 자유를 통제 및 제한함으로써 반사적으로 많은 다른 사람들을 보호하려는 정책을 의미한다.
> - 상징정책 : 정부가 정치체제에 대한 정당성과 신뢰성 및 국민통합성 증진을 위해 국내외 환경에 산출시키는 이미지나 상징과 관련된 정책을 의미한다.
> - 추출정책 : 국민들로부터 일정한 자원을 얻어 정부의 운영, 정책의 설계와 시행 등과 같은 활동을 수행한다.
>
> **정답 ②**

| 서교공(2025)/서교공(2023)/국가철도(2022)/TS(2021)/남동발전(2021)/경기도통합(2020)

16 다음 중 앨리슨(Allison) 모형에 대한 설명으로 옳지 않은 것은?

① 앨리슨 모형은 1960년대 초 쿠바의 미사일 위기 사건을 설명하기 위해 개발된 이론모형이다.
② 앨리슨 모형의 세 가지 모형이 하나의 조직에 동시에 적용될 수 있다.
③ 앨리슨 모형의 모형Ⅰ은 개인적 차원의 합리적 결정을 설명하는 합리 모형을 집단적으로 결정되는 국가 정책결정과정에 유추한 것이다.
④ 앨리슨 모형의 모형Ⅱ는 표준운영절차(SOP)에 의존하여 의사결정을 한다.
⑤ 앨리슨 모형의 모형Ⅲ은 조직과정 모형으로, 조직의 하위계층에 적용가능성이 높다.

정답 | 해설

앨리슨 모형은 집단적 의사결정을 유형화하여 정부의 정책결정과정을 3가지 의사결정 모형(합리 모형, 조직과정 모형, 관료정치 모형)으로 분석한 것이며, 모형Ⅲ은 관료정치 모형으로 조직의 상위계층에 적용가능성이 높다.

앨리슨(Allison) 모형

구분	합리 모형(모형Ⅰ)	조직과정 모형(모형Ⅱ)	관료정치 모형(모형Ⅲ)
조직관	통제와 조정이 원활한 유기체	느슨하게 연결된 하위조직연합체	독립적인 개별행위자들의 집합체
목표공유도	매우 강함	약함	매우 약함
권력분산도	최고관리층 집중	하위조직 분산소유	개별 행위자
정책결정	최고지도자	표준운영절차(SOP)	정치적 게임 규칙에 따름
정책일관성	매우 강함	약함	매우 약함
적용계층	조직 전체	하위계층	상위계층

정답 ⑤

| 서교공(2025)/서교공(2023)/국가철도(2022)/TS(2021)/남동발전(2021)/경기도통합(2020)

17 다음 중 앨리슨(Allison) 모형에 대한 설명으로 옳지 않은 것은?

① 앨리슨 모형은 집단적 의사결정을 유형화하여 정부의 정책결정과정을 분석한다.
② 모형Ⅱ는 조직과정 모형으로 조직 모형과 회사 모형의 논리와 개념을 이용하여 구성한 모형이다.
③ 모형Ⅲ은 관료정치 모형으로 정책결정과정을 정치적 활동으로 설명하는 의사결정 모형이다.
④ 정책결정에서는 세 가지 모형 중 한 가지 모형만 적용이 가능하다.
⑤ 모형Ⅰ은 합리 모형으로 개인적 차원에서의 합리 모형을 집단적으로 결정되는 국가정책에 유추한 것이다.

정답 | 해설

앨리슨(Allison)은 집단적 의사결정을 유형화하여 정부의 정책결정과정을 합리 모형(모형Ⅰ), 조직과정 모형(모형Ⅱ), 관료정치 모형(모형Ⅲ) 세 가지의 의사결정 모형을 통해 분석한다. 실제 정책결정에서는 어느 한 모형이 아니라 세 가지 모형이 모두 적용될 수도 있다.

정답 ④

| 서교공(2025)/서교공(2023)/국가철도(2022)/TS(2021)/남동발전(2021)/경기도통합(2020)

18 다음 중 앨리슨(Allison)의 정책결정 모형Ⅱ(조직과정 모형)에 대한 설명으로 옳지 않은 것은?

① 조직의 하위계층에 적용하기 적합하다.
② 합리 모형에 비해 목표의 공유가 약하다.
③ 정책결정의 일관성이 약하다.
④ 최고지도자의 명령에 따라 정책이 결정된다.
⑤ 갈등의 준해결과 제한된 합리성을 추구한다.

정답 | 해설

앨리슨 모형은 집단적 의사결정을 유형화하여 정부의 정책결정과정을 세 가지의 모형을 통해 분석한 것으로, 합리 모형(모형Ⅰ), 조직과정 모형(모형Ⅱ), 관료정치 모형(모형Ⅲ)으로 구분된다. 최고지도자의 명령에 따라 정책이 결정되는 것은 합리 모형이다(모형Ⅰ). 조직과정 모형(모형Ⅱ)에서는 표준운영절차(SOP)에 의하여 정책이 결정된다.

정답 ④

| 도로교통(2023)/발명진흥회(2021)

19 다음 중 엘리트 이론과 다원주의 이론에 대한 설명으로 옳은 것은?

① 엘리트 이론에서는 정부가 소극적인 역할을 수행한다고 본다.
② 신엘리트 이론에서는 무의사결정이라는 새로운 개념을 제시한다.
③ 다원주의 이론은 소수의 지배집단이 다수를 지배한다는 전제를 가진다.
④ 밀스(Mills)의 지위접근법은 사회적 명성이 있는 소수자들이 결정한 정책을 일반대중이 수용한다는 입장이다.
⑤ 신다원주의 이론에서는 기업집단에 대한 특권이 실제 정책과정에서 나타나고 있음을 인정하지 않는다.

정답 | 해설

신엘리트 이론은 엘리트 이론과 다원주의 이론의 영향을 받은 것으로, 무의사결정이라는 새로운 개념을 제시하였다.

오답분석
① 엘리트 이론에서는 정부가 적극적인 역할을 수행한다고 본다.
③ 소수의 지배집단이 다수를 지배한다는 전제를 가지는 것은 엘리트 이론이다.
④ 사회적 명성이 있는 소수자들이 결정한 정책을 일반대중이 수용한다는 입장은 헌터(Hunter)의 명성접근법이다.
⑤ 신다원주의 이론에서는 기업집단에 대한 특권이 실제 정책과정에서 나타나고 있음을 인정한다.

정답 ②

| 심평원(2025)/부산도시(2022)/부산환경(2020)

20 다음 중 점증주의의 특징에 대한 설명으로 옳지 않은 것은?

① 인간의 인식능력의 한계를 인정하는 모형이다.
② 정치적 실현가능성을 고려할 경우 현실적으로 가장 합리적인 모형이다.
③ 정책결정 상황을 연역적으로 설명하는 것이 아닌 귀납적으로 분석한다.
④ 목표를 고정된 것으로 전제하지 않고, 수단에 의해 목표가 수정될 수 있음을 긍정하는 모형이다.
⑤ 사회적 체계가 잡히지 않은 일원화된 후진국에서 적용이 용이하다.

정답 | 해설

점증주의란 기존 정책을 토대로 하여 그보다 약간 수정된 정책을 추구하는 방식의 의사결정모형이다. 정책목표를 하위 수준으로 나누어 그것을 최적화시키면 전체인 상위목표는 최적화된다. 이러한 점증주의는 민주적 다원주의를 전제로 하기 때문에 사회가 안정되고 다원화되어 있는 선진사회에 적용이 용이하다.

정답 ⑤

| 도로(2021)

21 다음 중 정부업무평가에 대한 설명으로 옳지 않은 것은?

① 특정평가는 국무총리가 국정을 전반적으로 관리하기 위해 정책 및 기관의 역량 등을 평가한다.
② 공공기관 평가는 중앙행정기관의 장 등의 평가실시기관이 공공기관의 실적 등을 평가한다.
③ 평가 대상기관에는 중앙행정기관, 지방자치단체 등이 있다.
④ 정부업무평가기본계획은 국무총리가 2년마다 그 계획의 타당성을 검토하여 수립한다.
⑤ 자체평가는 중앙행정기관이 주요정책, 재정사업, R&D사업, 행정관리 등에 대하여 자체적으로 평가하는 것을 말한다.

정답 | 해설

정부업무평가기본계획은 국무총리가 위원회의 심의·의결을 거쳐 수립하여야 하며, 최소한 3년마다 그 계획의 타당성을 검토하여 수정·보완 등의 조치를 하여야 한다(정부업무평가 기본법 제8조).

정답 ④

| 산업단지(2020)

22 다음 중 정책기획 수립의 일반적인 절차를 순서대로 바르게 나열한 것은?

① 상황분석 – 대안탐색 및 평가 – 문제인지 – 목표설정 – 기획전제의 설정 – 최종안 선택
② 상황분석 – 문제인지 – 기획전제의 설정 – 목표설정 – 대안탐색 및 평가 – 최종안 선택
③ 문제인지 – 목표설정 – 상황분석 – 기획전제의 설정 – 대안탐색 및 평가 – 최종안 선택
④ 목표설정 – 문제인지 – 상황분석 – 기획전제의 설정 – 대안탐색 및 평가 – 최종안 선택
⑤ 기획전제의 설정 – 문제인지 – 상황분석 – 목표설정 – 대안탐색 및 평가 – 최종안 선택

정답 | 해설

정책기획 수립의 일반적인 절차
- 문제인지 : 기획의 문제를 정확하게 정의
- 목표설정 : 기획의 목표를 제시
- 상황분석 : 다양한 정보의 수집·분석을 통해 현실상황에 대한 정확한 판단이 필요
- 기획전제의 설정 : 미래의 변동 상황에 대한 전망과 가정
- 대안탐색 및 평가 : 대안별 탐색 진행 및 대안별 평가
- 최종안 선택 : 기획의 최종대안의 선택

정답 ③

| 국민연금(2022)/광주시통합(2021)/산업단지(2020)

23 다음 〈보기〉에서 정책네트워크의 배경에 해당하는 것은 모두 몇 개인가?

> **보기**
> ㉠ 비정부조직의 발전
> ㉡ 정부운영의 집권화
> ㉢ 이익집단정치의 발전
> ㉣ 정책문제의 복잡성 감소
> ㉤ 정부와 민간의 파트너십 발전에 대한 필요성 증대

① 1개 ② 2개
③ 3개 ④ 4개
⑤ 5개

정답 | 해설

정책네트워크란 기존 권력모형이 갖는 국가중심 혹은 사회중심 접근이라는 이분법적 논리를 극복하고, 정책과정을 다양한 참여자들 간 상호작용과 관계를 중심으로 분석하는 모형으로, 사회연결망의 분석방법을 응용하여 정책형성뿐만 아니라 정책집행까지 설명할 수 있다.

오답분석
㉡ 정부운영의 분권화
㉣ 정책문제의 복잡성 증대

정답 ③

24 다음 중 정책네트워크 유형에 대한 설명으로 옳지 않은 것은?

① 하위정부모형은 대통령의 관심이 적은 분배정책 분야에서 주로 활동이 형성된다.
② 이슈네트워크는 참여자들 사이의 권력배분이 불균등하다는 특징이 있다.
③ 정책공동체는 제로섬 게임의 속성을 지닌다.
④ 정책공동체는 특정 정책문제에 대한 전문성을 가진 사람들이 상호 이해를 공유하고, 나아가 생산적이고 협력적인 파트너 관계를 유도하는 장으로서의 공동체를 의미한다.
⑤ 하위정부모형은 이익집단, 입법부의 상임위원회, 행정기관의 관료 등 소수 엘리트들이 연대를 형성하여 특정 영역의 정책결정을 배타적으로 지배하는 양태를 가진다.

정답 | 해설

제로섬 게임의 속성을 지니는 것은 이슈네트워크이며, 정책공동체는 정합게임의 속성을 지닌다.

정답 ③

25 다음 글에서 설명하는 정책네트워크 유형으로 옳은 것은?

> 행정기관의 관료, 입법부의 상임위원회, 이익집단 등 소수 엘리트들이 연대를 형성하여 특정 영역의 정책결정을 배타적으로 지배하는 3자 간 동맹이 형성되고 있는 모형이다.

① 이슈연결망 네트워크
② 철의 삼각모형 네트워크
③ 정책커뮤니티 네트워크
④ 가상 네트워크
⑤ 정책문제망 네트워크

정답 | 해설

하위정부 네트워크 모형은 철의 삼각모형 네트워크라고도 하며, 참여자 간의 지속적인 상호작용을 통한 협력관계를 형성하여 정책결정을 실행하는 모형이다. 주로 대통령의 관심이 적은 분배정책 분야에서 형성되며, 정책 분야별로 다양한 하위정부 모형이 형성되는 특징이 있다.

정답 ②

26 다음 중 정책문제의 속성에 대한 설명으로 옳지 않은 것은?

① 정책문제는 공공문제 중에서 정부에 의해 정책적으로 해결해야 한다고 여겨지는 것이다.
② 정책문제는 공공성이 강하다는 특징이 있다.
③ 정책문제는 오랜 기간 동안 형성된 것으로서 역사적 산물인 경우가 많다.
④ 정책문제는 정태적인 성격을 지닌다.
⑤ 정책문제는 주관적이며 인공적 성격이 강하다.

정답 | 해설

정책문제는 체제의 다른 문제들로부터 영향을 주고받는 상호작용의 과정 속에서 성격과 해결책이 변화하기 때문에 동태적인 성격을 지닌다.

정책문제의 속성

구분	내용
주관성 및 인공성	집단이나 사람들에 의해 정책문제는 선택적으로 정의되고 평가되는 주관적 성격이 있음
공공성	정책문제는 공익을 목적으로 해야 하는 공적문제임
복잡성 및 상호의존성	정책문제는 복합적인 요인에 의해 동시다발적으로 발생하며, 그 요인은 서로 상호의존성을 지님
역사성	정책문제는 오랜 기간에 걸쳐 형성되었기 때문에 당장의 현실만 고려해서는 그 원인을 알아내기 어려움
동태적인 성격	정책문제는 서로 다른 체제 간에 서로 영향을 주고받는 상호작용의 과정 속에서 그 성격과 해결책이 변화함

정답 ④

27 다음 중 정책문제의 속성에 대한 설명으로 옳지 않은 것은?

① 정책문제는 공적 문제이며, 정책문제의 해결은 공익을 목적으로 한다.
② 정책문제는 일반적으로 복합적인 요인에 의해 동시다발적으로 발생한다.
③ 정책문제는 적시성이 중요하기 때문에 과거보다는 현재의 현실만을 고려해야 한다.
④ 정책문제는 정책문제를 정의하는 집단이나 사람들에 의해 선택적으로 정의되고 평가된다.
⑤ 정책문제는 체제의 다른 문제들로부터 영향을 주고받는 상호작용의 과정 속에서 성격과 해결책이 변화하게 된다.

정답 | 해설

정책문제란 공공문제 중에서 정부에 의해 정책적으로 해결해야 한다고 여겨지는 것들이다. 여기서 공공문제란 어떤 사항과 관련하여 많은 사람들과 관련 있는 문제를 의미한다. 현재의 정책문제는 오랜 기간 동안 형성된 것으로, 눈에 보이는 현실만 고려해서는 그 원인을 제대로 밝혀낼 수 없다. 따라서 과거와 현재의 연관성을 통해 정책문제의 원인을 살펴야 한다.

정답 ③

| 산업단지(2020)

28 다음 중 정책수단에 대한 설명으로 옳지 않은 것은?

① 애국가 제창, 태극기 게양, 군대 사열식 거행은 상징정책에 해당한다.
② 행정지도는 법정주의가 아니므로 책임소재가 불분명하고 법치주의를 침해한다는 비판이 있다.
③ 살라몬(Salamon)에 의하면 경제적 규제는 공무원의 재량적 성격으로 인해서 직접적 수단의 성격이 강하다.
④ 로위(Lowi)의 정책 분류 중 구성정책의 예로는 연방은행의 신용통제, 누진소득세, 사회보장제도 등이 해당한다.
⑤ 리플리&프랭클린(Ripley&Franklin)의 정책 분류 중 경쟁적 규제정책의 예로는 경쟁력 있는 업자를 선정하는 것으로 이동통신사업자 선정이 이에 해당한다.

정답 | 해설

로위(Lowi)의 분류 중 연방은행의 신용통제, 누진소득세, 사회보장제도는 재분배정책의 예에 해당한다.

로위(Lowi)의 정책

구분		강제력의 적용영역	
		개별적 행위	행위의 환경
강제력의 행사방법	직접적	규제정책 예 공공요금규제, 독과점규제	재분배정책 예 누진소득세, 신용통제, 사회보장제도
	간접적	분배정책 예 주택자금대출, 연구개발비 지원	구성정책 예 선거구 조정, 공직자 보수결정

정답 ④

| 수자원(2025)/수자원(2022)

29 다음 중 로위(Lowi)의 정책분류와 그 특징을 연결한 내용으로 옳지 않은 것은?

① 구성정책 : 총체적 기능과 권위적인 성격을 띠며, 대내적으로 게임의 법칙이 일어난다.
② 구성정책 : 정부기관의 신설과 선거구 조정 등과 같이 정부기구의 구성 및 조정과 관련된 정책이다.
③ 재분배정책 : 고소득층으로부터 저소득층으로의 소득이전을 목적으로 하기 때문에 계급대립적 성격을 지닌다.
④ 규제정책 : 특정 개인이나 집단에 대한 선택의 자유를 제한하는 유형의 정책으로, 정책불응자에게는 강제력을 행사한다.
⑤ 분배정책 : 재화와 서비스를 사회의 특정 부분에 배분하는 정책으로, 수혜자와 비용부담자 간 갈등이 발생한다.

> 정답 해설

분배정책은 공적 재원으로 불특정 다수에게 재화나 서비스를 분배하는 정책으로, 수혜자와 비용부담자 간의 갈등이 없어서 추진하기 용이한 정책이다.

로위(Lowi)의 정책

분배정책	특정 개인 또는 집단에 재화 및 서비스를 배분하는 정책이다.
구성정책	정부기관의 신설과 선거구 조정 등과 같이 정부기구의 구성 및 조정과 관련된 정책이다.
규제정책	특정 개인이나 집단에 대한 선택의 자유를 제한하는 유형의 정책이다.
재분배정책	고소득층의 부를 저소득층에게 이전하는 정책으로, 계급대립적 성격을 띤다.

정답 ⑤

| 발명진흥회(2021)

30 다음 중 정책결정과 관련한 모형에 대한 설명으로 옳지 않은 것은?

① 앨리슨 모형은 집단적 의사결정을 유형화하여 정부의 정책결정과정을 5가지 모형을 통해 분석한다.
② 사이버네틱스 모형의 경우 도구적 학습과 시행착오적 학습에 의존하여 합리적 대안을 선택한다.
③ 회사 모형은 마치(March)와 사이어트(Cyert)가 개인적 차원의 만족모형을 기업조직 내부차원의 의사결정에 초점을 맞추어 발전시킨 모형이다.
④ 정책딜레마 모형은 정책대안들 가운데서 반드시 하나를 선택해야 한다는 선택요구의 압력이 강한 모형이다.
⑤ 쓰레기통 모형은 문제, 해결책, 기회, 참여자 네 요소가 독자적으로 움직이다 교차되어 만날 때 정책결정이 이루어진다.

> 정답 해설

앨리슨 모형은 집단적 의사결정을 유형화하여 정부의 정책결정과정을 3가지 모형(합리 모형, 조직과정 모형, 관료정치 모형)을 통해 분석한다.

정답 ①

| 도로교통(2023)/강원랜드(2023)/수자원(2023)/국민연금(2021)/전력기술(2020)

31 다음 중 정책의제 설정에 대한 설명으로 옳지 않은 것은?

① 정책의제 설정 시 관련 집단들 간 예민하게 쟁점화된 것일수록 의제화가 될 가능성이 크다.
② 콥(Cobb)과 엘더(Elder)는 정책의제 설정과정을 사회문제, 사회적 이슈, 공중의제, 정부의제 4단계로 제시하였다.
③ 콥(Cobb)과 엘더(Elder)가 언급한 제도의제는 특정 쟁점에 대해 정책대안이나 수단을 모색할 수 있을 정도로 구체적이다.
④ 정책의제는 정부가 공식적으로 다루기로 결정한 정책문제로, 정책적 해결의 필요성을 가진 사회문제를 의미한다.
⑤ 정책의제 설정 중 외부주도형이란 외부집단의 주도에 의해 정책의제화가 진행되는 유형으로, 주로 정부의 힘이 강한 후진국에서 나타난다.

정답 | 해설

정책의제란 정부가 공식적으로 다루기로 결정한 정책문제이다. 정책의제 설정 중 외부주도형이란 외부집단의 주도에 의해 정책의제화가 진행되는 유형으로, 이익집단의 활동이 활발하고 정부가 외부의 요구에 민감하게 반응하는 정치체제에서 나타난다.

정답 ⑤

| 도로교통(2023)/강원랜드(2023)/수자원(2023)/국민연금(2021)/전력기술(2020)

32 다음 중 외부주도형에 대한 설명으로 옳은 것은?

① 일반 대중에게 내용을 알리려고 하지 않는다.
② 가족계획사업, 새마을운동 등이 이에 속한다.
③ 민주화된 정치체제에서 많이 사용된다.
④ 주도집단이 정책의 내용을 미리 결정하고 결정된 내용을 최소한의 수정만으로 집행하려 한다.
⑤ 정책담당자들이 일반 대중이나 관련 집단들에게 정보를 확산하고 그들의 지원을 유도하기 위한 노력을 수행하고 난 뒤에 의제 채택을 한다.

정답 | 해설

외부주도형은 정부 바깥의 집단이 주도하는 의제설정으로 민주화된 정치체제에서 많이 나타난다.

오답분석

①·④ 내부접근형 : 정부 안의 정책결정자들에게 접근이 쉬운 외부 집단이 주도한다.
②·⑤ 동원형 : 정부 안의 정책결정자들이 주도한다.

정답 ③

| TS(2020)

33 다음 정책변동의 유형 중 정부가 관여하지 않던 분야에 개입할 목적으로 새로운 정책을 결정하는 것은?

① 정책유지
② 정책혁신
③ 정책종결
④ 정책승계
⑤ 정책분할

정답 해설

정책혁신이란 정부가 관여하지 않던 분야에 개입할 목적으로 새로운 정책을 결정하는 것을 의미한다.

오답분석

① 정책유지 : 정책의 기본 골격을 유지하면서 상황의 변화에 따라 적응하는 것을 의미한다.
③ 정책종결 : 기존 정책을 정부가 의도적으로 폐지하는 것을 의미한다.
④ 정책승계 : 정책의 기본 목표는 유지하면서 정책수단을 새로운 수단으로 대체하는 것을 의미한다.
⑤ 정책분할 : 정책승계의 한 유형으로 하나의 정책이 둘 이상으로 나누어지는 것을 의미한다.

정답 ②

| 환경(2023)/부산보훈병원(2020)/국민연금(2020)

34 다음 〈보기〉에서 정책집행에 대한 연구에서 하향적(Topdown) 접근방법이 중시하는 효과적 정책집행의 조건으로 옳은 것을 모두 고르면?

보기

ㄱ. 일선관료의 재량권 확대
ㄴ. 지배기관들(Sovereigns)의 지원
ㄷ. 집행을 위한 자원의 확보
ㄹ. 명확하고 일관성 있는 목표

① ㄱ, ㄴ
② ㄱ, ㄷ
③ ㄴ, ㄹ
④ ㄴ, ㄷ, ㄹ
⑤ ㄱ, ㄴ, ㄷ, ㄹ

정답 해설

하향적 접근방법은 상급자나 상위 부서에서 정책이 결정되고 하급 구성원들이 따라가야 하는 방법으로, 지배기관들(Sovereigns)의 지원, 집행을 위한 자원의 확보, 명확하고 일관성 있는 목표는 이를 중시하는 효과적 정책집행의 조건이다.

오답분석

ㄱ. 일선관료의 재량권을 확대하는 것은 상향적 접근방법에 해당한다. 하향적 접근방법은 상급자가 정책을 일방적으로 결정하여 하급 구성원의 재량권을 축소시키는 접근방법이다.

정답 ④

| 환경(2023)/부산보훈병원(2020)/국민연금(2020)

35 다음 중 정책집행연구의 접근방법에 대한 설명으로 옳지 않은 것은?

① 상향식 접근의 경우 정책집행을 다수의 참여자들 사이에서 발생하는 상호작용으로 인식한다.
② 하향식 접근의 경우 정책집행을 정책목표 달성을 위해 채택된 정책결정 내용을 충실히 이해하는 과정으로 인식한다.
③ 상향식 접근방식의 경우 공식적인 정책목표를 중요한 변수로 취급함으로 인해 집행실적의 객관적인 평가가 가능하다.
④ 립스키(Lipsky)의 일선관료제는 상향식 접근방식의 정책집행연구로, 집행관료는 상당한 재량권을 보유한다.
⑤ 하향식 접근방식은 단계주의적 모형으로 정책결정과 정책집행을 분리하고 정책결정을 정책집행보다 선행한다.

정답 | 해설

상향식 접근방식의 경우 공식적인 정책목표가 중요한 변수로 취급되지 못하게 되므로 집행실적의 객관적 평가가 어렵다는 단점이 있다.

상향식 접근과 하향식 접근

구분	상향식 접근	하향식 접근
정책결정과 집행	정치행정이원론	정치행정일원론
정책집행의 성공요인	정책결정자의 리더십과 법적 구조	공무원의 전문지식과 문제해결능력
엘모어의 주장	전방향적 집행	후방향적 집행
버만의 주장	거시적이고 하향적 집행	미시적이고 적응적 집행
접근법	정책집행의 영향요인 도출 및 집행이론의 구축	개별적 집행현장의 기술과 설명

정답 ③

| 도로교통(2023)/부교공(2022)/인천교통(2021)/TS(2021)/경기도통합(2020)

36 다음 중 정책평가에 대한 설명으로 옳지 않은 것은?

① 계량평가는 양적평가로 연역적 방법을 활용하여 정책집행의 성과에 초점을 맞추는 평가이다.
② 정책평가를 목적에 따라 구분하면 과정평가와 영향평가로 나눌 수 있다.
③ 총괄적 평가는 정책이 집행된 후에 수행되는 평가로, 최종적 성과를 확인하기 위해 주로 내부 평가자에 의해 수행된다.
④ 영향평가란 정책에 따른 변화 또는 영향이 평가의 대상이 되며, 정책이 집행된 후 정책이 사회에 미친 영향을 평가한다.
⑤ 형성적 평가는 도중평가 또는 진행평가라고도 하며, 정책이 집행되는 도중, 사업계획을 형성·개발하는 과정에서 수행되는 평가이다.

> 정답 해설

총괄적 평가는 정책 프로그램의 최종적 성과를 확인하기 위해 주로 외부 평가자에 의해 수행된다.

정책평가

구분	정책평가의 종류	내용
평가시기에 따른 구분	형성적 평가	정책이 집행되는 도중, 사업계획을 형성·개발하는 과정에서 수행되는 평가
	총괄적 평가	정책이 집행된 후에 수행되는 평가
평가목적에 따른 구분	과정평가	평가의 대상이 집행과정인 평가
	영향평가	정책에 따른 영향을 평가
기타	계량평가	정책집행결과를 나타내는 성과에 초점을 맞추는 평가에 활용
	비계량평가	정책사업 수행과정의 난이도를 수치화해서 측정이 어려운 사업의 결과 내지는 계량적 측정이 어려운 분야에 대한 평가를 위해 활용

정답 ③

| 도로교통(2023)/부교공(2022)/인천교통(2021)/TS(2021)/경기도통합(2020)

37 다음 중 정책평가의 요소 및 변수에 대한 설명으로 옳지 않은 것은?

① 억제변수는 두 변수 간에 사실적인 인과관계를 약화시키거나 소멸시키는 제3의 변수이다.
② 구성변수는 포괄적 개념을 구성하는 하위변수이다.
③ 독립변수와 종속변수 간의 관계를 정반대의 관계로 나타나게 하는 제3의 변수는 왜곡변수이다.
④ 매개변수는 독립변수의 원인인 동시에 종속변수의 원인이 되는 제3의 변수이다.
⑤ 허위변수란 독립변수와 종속변수 간 전혀 관계가 없음에도 불구하고 마치 상관관계가 있는 것처럼 보이도록 하는 변수이다.

> 정답 해설

매개변수는 독립변수의 결과이면서 종속변수의 원인이 되는 변수이다.

정책의 변수

구분	의미
독립변수	정책효과를 가져오게 하는 원인변수이다.
종속변수	독립변수에 의해 나타는 결과변수이다.
혼란변수	두 변수 간에 일부 상관관계가 있는 상태에서 두 변수 모두에 영향을 미쳐 그 효과를 더 크게 보이도록 하는 변수이다.
허위변수	두 변수 간에 전혀 상관관계가 없는데도 상관관계가 있는 것처럼 보이도록 두 변수 모두에 영향을 미치는 변수이다.
매개변수	두 변수 사이에서 독립변수의 결과인 동시에 종속변수의 원인이 되는 변수이다.
억제변수	두 변수 간에 사실적인 인과관계를 약화시키거나 소멸시키는 제3의 변수이다.
왜곡변수	두 변수 간에 사실상의 관계를 정반대의 관계로 보이게 하는 제3의 변수이다.
구성변수	포괄적 개념을 구성하는 하위변수이다.

정답 ④

| 도로교통(2023)/부교공(2022)/인천교통(2021)/TS(2021)/경기도통합(2020)

38 다음 중 정책평가 요소의 변수에 대한 설명으로 옳지 않은 것은?

① 정책효과를 가져오게 하는 원인이 되는 변수는 독립변수이다.
② 독립변수에 정책효과가 나타나는 변수는 종속변수이다.
③ 독립변수에 선행하여 작용함으로써 독립변수에 영향을 미치는 변수는 혼란변수이다.
④ 독립변수의 결과이면서 종속변수의 원인이 되는 변수를 매개변수라고 한다.
⑤ 독립변수와 종속변수 간의 관계를 정반대의 관계로 나타나게 하는 제3의 변수는 왜곡변수이다.

정답 | 해설

독립변수에 선행하여 작용함으로써 독립변수에 영향을 미치는 변수는 선행변수이다. 혼란변수는 독립변수와 종속변수 간에 상관관계가 있는 상태에서 두 변수 간의 관계를 과대 또는 과소평가하게 만드는 변수를 의미한다.

정답 ③

| 국민연금(2021)

39 다음 중 드로어(Dror)의 최적모형에 대한 설명으로 옳지 않은 것은?

① 기존의 합리모형에 초합리성 개념을 도입하여 더욱 체계적으로 발전시켰다.
② 초합리성을 구체적으로 달성하기 위하여 필요한 구체적인 방법과 기준이 명확하다.
③ 사회적 변동 상황에서의 혁신적 정책결정이 거시적으로 정당화될 수 있는 이론적 근거를 제시한다.
④ 기본적으로 경제적 합리성을 중시하고, 정책결정에 있어 다원화된 경제적 과정에 대한 고찰이 불충분하다.
⑤ 계량적 측면과 질적 측면을 모두 결합한 모형이며, 지속적인 환류를 통한 정책결정 능력의 계속적 고양을 시도한다.

정답 | 해설

드로어(Dror)의 최적모형(또는 초합리모형)은 기본적으로 경제적 합리성을 중시하고, 현실주의와 이상주의를 절충하는 모형이다. 하지만 정책결정에 있어 다원화된 사회적 과정에 대한 고찰이 불충분하고 초합리성의 구체적인 달성을 위한 방법과 기준이 불명확하다는 한계점이 있다.

> **드로어(Dror)의 최적모형**
> - 양적인 것이 아니라 질적이다.
> - 합리적인 요인과 초합리적(Extra Rational)인 요인을 동시에 내포한다. 여기서 초합리성이라고 하는 것은 인간의 직관, 판단력 등을 말한다.
> - 경제적 합리성을 기본논리로 한다.
> - 상위정책형성을 다룬다.
> - 광범위한 환류(Extensive Feedback) 과정을 갖는다.

정답 ②

| 도로교통(2023)/수자원(2021)

40 다음 중 품의제에 대한 설명으로 옳은 것은?

① 적은 결재단계로 시간절감과 행정의 효율성이 보장되는 제도이다.
② 상층부에서 최하층부로 움직이는 상의하달과정이 이루어지는 민주적인 제도이다.
③ 상관이 의견을 검토 후 단독으로 최종결정을 내리는 제도이다.
④ 책임한계가 명확하다.
⑤ 레드 테이프(Red Tape)의 폐단이 생길 수 있다.

정답 | 해설

레드 테이프(Red Tape)는 번거로운 형식주의로, 품의제는 이를 초래할 수 있다.

오답분석
① 많은 결재단계로 시간지체와 행정의 비능률이 초래된다.
② 최하층부에서 상층부로 움직이는 하의상달과정이 이루어지는 민주적인 제도이다.
③ 상관이 의견을 검토 후 부하와 상의하여 최종결정을 내리는 제도이다.
④ 결정의 다단계화로 책임한계가 불명확하다.

정답 ⑤

| 광주시통합(2021)

41 다음 〈보기〉에서 정책결정의 합리성 저해요인으로 옳은 것은 모두 몇 개인가?

보기
㉠ 분권적 결정구조
㉡ 정책결정자의 권위주의적 성격
㉢ 완전한 합리성
㉣ 과거의 경력, 선입견
㉤ 관료제의 병리현상

① 1개 ② 2개
③ 3개 ④ 4개
⑤ 5개

정답 | 해설

오답분석
㉠·㉢ 정책결정의 합리성 저해요인으로 보기 어렵다.

정답 ③

| 부교공(2023)/수자원(2023)/산업단지(2020)/전력기술(2020)

42 다음 중 회사모형의 특징으로 옳지 않은 것은?

① 독립된 제약조건으로서의 목표
② 갈등의 준해결
③ 표준운영절차(SOP)에 근거한 조직적 학습 강조
④ 문제 중심적 탐색
⑤ 장기적 전략에 치중

정답 해설

조직을 둘러싼 외부환경은 매우 복잡하고, 가변적인 불확실한 환경이므로 회사모형은 불확실한 환경을 관리가 가능한 상황으로 만들어서 회피하는 특징이 있으며, 단기적인 대응책을 강조한다.

회사모형
- 독립된 제약조건으로서의 목표
- 회사모형의 최종 목표 : 학습된 행동규칙과 표준운영절차(SOP)의 발견
- 갈등의 불완전한 해결과 제한된 합리성
- 불확실성의 극복이 아닌 회피하는 방법으로 환경을 통제
- 조직체 학습 : 인과적 학습이 아니라 도구적 학습
- 문제 중심적인 탐색

정답 ⑤

| 부교공(2023)/수자원(2023)/산업단지(2020)/전력기술(2020)

43 다음 중 회사모형에 대한 설명으로 옳지 않은 것은?

① 회사조직이 서로 다른 목표를 지닌 구성원들의 연합체(Coalition)라고 가정한다.
② 연합모형 또는 조직모형이라고 불리기도 한다.
③ 조직이 환경에 대해 장기적으로 대응하고, 환경변화에 수동적으로 적응한다고 한다.
④ 문제를 여러 하위문제로 분해하고, 이들을 하위조직에게 분담시킨다고 가정한다.
⑤ 인과적 학습보다는 도구적 학습을 한다.

정답 해설

회사모형은 불확실성을 극복하는 것이 아니라 불확실성 때문에 장기적 대응이 어려워 회피하는 방법으로, 환경을 통제하고 단기적 반응과 단기적 피드백을 중시한다.

정답 ③

CHAPTER 03 조직론

| 수자원(2023)/에너지(2022)

01 다음 〈보기〉에서 조직이론에 대한 설명으로 옳은 것을 모두 고르면?

보기
ㄱ. 베버(M. Weber)의 관료제론에 따르면 규칙에 의한 규제는 조직에 계속성과 안정성을 제공한다.
ㄴ. 행정관리론에서는 효율적 조직관리를 위한 원리들을 강조한다.
ㄷ. 호손(Hawthorne) 실험을 통하여 조직 내 비공식집단의 중요성이 부각되었다.
ㄹ. 조직군생태이론(Population Ecology Theory)에서는 조직과 환경의 관계를 분석함에 있어 조직의 주도적·능동적 선택과 행동을 강조한다.

① ㄱ, ㄴ
② ㄴ, ㄷ
③ ㄱ, ㄴ, ㄷ
④ ㄱ, ㄷ, ㄹ
⑤ ㄴ, ㄷ, ㄹ

정답 | 해설

ㄱ. 베버의 관료제론은 규칙과 규제가 조직에 계속성을 제공하여 조직을 예측 가능성이 있는 조직, 안정적인 조직으로 유지시킨다고 보았다.
ㄴ. 행정관리론은 모든 조직에 적용시킬 수 있는 효율적 조직관리의 원리들을 연구하였다.
ㄷ. 호손 실험으로 인간관계에서의 비공식적 요인이 업무의 생산성에 큰 영향을 끼친다는 것이 확인되었다.

오답분석

ㄹ. 조직군생태이론은 조직과 환경의 관계에서 조직군이 환경에 의해 수동적으로 결정된다는 환경결정론적 입장을 취한다.

거시조직 이론의 유형

구분	결정론	임의론
조직군	• 조직군 생태론 • 조직경제학(주인 – 대리인이론, 거래비용 경제학) • 제도화이론	• 공동체 생태론
개별조직	• 구조적 상황론	• 전략적 선택론 • 자원의존이론

정답 ③

| 부교공(2022)

02 지식은 암묵지(Tacit Knowledge)와 형식지(Explicit Knowledge)로 구분한다. 다음 〈보기〉에서 암묵지에 해당하는 것을 모두 고르면?

> **보기**
> ㄱ. 업무매뉴얼   ㄴ. 조직의 경험
> ㄷ. 숙련된 기능   ㄹ. 개인적 노하우(Know-how)
> ㅁ. 컴퓨터 프로그램   ㅂ. 정부 보고서

① ㄱ, ㄴ, ㄷ   ② ㄴ, ㄷ, ㄹ
③ ㄴ, ㄷ, ㅁ   ④ ㄴ, ㄹ, ㅁ
⑤ ㄹ, ㅁ, ㅂ

정답 | 해설

암묵지는 언어로 표현하기 힘든 개인적 경험, 주관적 지식 등을 이르는 말이다. 여기에는 조직의 경험, 숙련된 기술, 개인적 노하우 등이 해당된다. 형식지는 객관화된 지식, 언어를 통해 표현 가능한 지식을 말하는데, 여기에는 업무매뉴얼, 컴퓨터 프로그램, 정부 보고서 등이 포함된다.

암묵지와 형식지

구분	암묵지	형식지
정의	주관적인 지식으로 언어로 표현하기 힘듦	객관적 지식으로 언어로 표현이 가능함
획득	경험을 통한 지식	언어를 통한 지식
전달	은유를 통해 전달 (타인에게 전수하는 것이 어려움)	언어를 통해 전달 (타인에게 전수하는 것이 상대적으로 용이)

정답 ②

| 농어촌(2022)/국가철도(2022)/마사회(2022)

03 다음 중 국무총리 직속의 위원회가 아닌 것은?

① 공정거래위원회   ② 금융위원회
③ 국민권익위원회   ④ 원자력안전위원회
⑤ 방송통신위원회

정답 | 해설

방송통신위원회는 대통령 소속 위원회이다.

정부위원회 소속별 종류

대통령 소속 위원회	방송통신위원회, 규제개혁위원회
국무총리 소속 위원회	국민권익위원회, 공정거래위원회, 금융위원회, 원자력안전위원회, 개인정보보호위원회
독립위원회	국가인권위원회

정답 ⑤

| 농어촌(2022)

04 다음 중 위원회 조직에 대한 설명으로 옳지 않은 것은?

① 의결위원회는 의사결정의 구속력과 집행력을 가진다.
② 자문위원회는 의사결정의 구속력이 없다.
③ 토론과 타협을 통해 운영되기 때문에 상호 협력과 조정이 가능하다.
④ 위원 간 책임이 분산되기 때문에 무책임한 의사결정이 발생할 수 있다.
⑤ 다양한 정책전문가들의 지식을 활용할 수 있으며, 이해관계자들의 의견 개진이 비교적 용이하다.

정답 해설

자문위원회(의사결정의 구속력과 집행력 없음), 의결위원회(의사결정의 구속력 있음), 행정위원회(의사결정의 구속력과 집행력 있음)로 분류한다면 ①은 행정위원회에 해당한다. 의결위원회는 의결만 담당하는 위원회이므로 의사결정의 구속력은 지니지만 집행력은 가지지 않는다.

위원회의 종류

유형	개념	의결	집행	사례
자문 위원회	• 자문기능만 수행 • 구속력 있는 의결기능은 없음	×	×	노사정 위원회
의결 위원회	• 구속력 있는 의결기능만 수행 • 집행기능은 없음	○	×	공직자윤리위원회, 징계위원회
행정 위원회	구속력 있는 의결기능과 집행기능을 모두 수행	○	○	금융위원회, 공정거래위원회

정답 ①

| 수자원(2022)/대구시설(2021)/남동발전(2021)/인천교통(2021)

05 다음 중 공기업의 발달 요인으로 옳지 않은 것은?

① 초기 소규모 고정자본이 소요되는 산업
② 시장실패에 대한 대응
③ 정당의 정강정책 등 정치적요인
④ 재정적 수요의 충족
⑤ 국방 전략상의 요인

정답 해설

공기업이란 국가나 자치단체가 수행하는 사업 중에서 기업적 성격을 지닌 사업을 운영하는 기업으로, 공공성의 원칙 실현을 위한 통제와 기업성의 원칙 실현을 위한 자율의 조화가 중요하다. 공기업은 조건에 따라 정부부처형 공기업, 공사형 공기업, 주식회사형 공기업으로 구분된다. 초기에 대규모 고정자본이 소요되는 산업의 경우 민간기업의 참여가 쉽지 않으므로 공공수요에 대응하기 위해 공기업이 발달하며, 소규모의 고정자본이 발생하는 산업의 경우에는 일반 사기업도 진입이 가능하기 때문에 공기업의 발달 요인으로 옳지 않다.

정답 ①

| 중부발전(2023)/도로(2022)/국가철도(2022)/대전시통합(2022)/수자원(2022)/대구시설(2021)

06 다음 중 기금관리형 준정부기관에 해당하지 않는 것은?

① 신용보증기금
② 예금보험공사
③ 한국가스안전공사
④ 근로복지공단
⑤ 한국자산관리공사

정답 | 해설

한국가스안전공사는 위탁집행형 준정부기관에 해당한다.

> **준정부기관의 종류(2025년 기준)**
> - 기금관리형 준정부기관(12개) : 공무원연금공단, 국민연금공단, 국민체육진흥공단, 근로복지공단, 기술보증기금, 소상공인시장진흥공단, 신용보증기금, 예금보험공사, 중소벤처기업진흥공단, 한국무역보험공사, 한국자산관리공사, 한국주택금융공사
> - 위탁집행형 준정부기관(45개) : 건강보험심사평가원, 국가철도공단(KR), 국립공원공단, 국립생태원, 국민건강보험공단, 국토안전관리원, 대한무역투자진흥공사(KOTRA), 우체국금융개발원, 우체국물류지원단, 축산물품질평가원, 한국가스안전공사, 한국고용정보원, 한국관광공사, 한국교통안전공단(TS), 한국국제협력단(KOICA), 한국국토정보공사(LX), 한국농수산식품유통공사, 한국농어촌공사, 한국도로교통공단, 한국방송통신전파진흥원, 한국보훈복지의료공단, 한국사회보장정보원, 한국산림복지진흥원, 한국산업기술진흥원, 한국산업기술평가관리원, 한국산업단지공단, 한국산업안전보건공단, 한국산업인력공단, 한국석유관리원, 한국소비자원, 한국수목원정원관리원, 한국승강기안전공단, 한국에너지공단, 한국연구재단, 한국원자력환경공단, 한국인터넷진흥원, 한국장애인고용공단, 한국장학재단, 한국재정정보원, 한국전기안전공사, 한국전력거래소, 한국지능정보사회진흥원, 한국해양교통안전공단, 한국환경공단, 한국환경산업기술원

정답 ③

| 중부발전(2023)/도로(2022)/국가철도(2022)/대전시통합(2022)/수자원(2022)/대구시설(2021)

07 다음 〈보기〉에서 기금관리형 준정부기관에 해당하는 것을 모두 고르면?

보기

㉠ 신용보증기금
㉡ 한국석유공사
㉢ 한국관광공사
㉣ 한국서부발전
㉤ 근로복지공단

① ㉠, ㉤
② ㉡, ㉣
③ ㉢, ㉤
④ ㉠, ㉢, ㉤
⑤ ㉡, ㉢, ㉤

> **정답 | 해설**

공공기관은 공기업, 준정부기관, 기타 공공기관으로 구분할 수 있다.
- 공기업 : 자체수입액이 총수입액의 1/2을 초과하는 기관(정원 50인 이상, 총수입액 30억 원 이상, 자산규모 10억 원 이상)
  ※ 시장형 공기업 : 자산 규모가 2조 원 이상이고, 총수입액 중 자체 수입액이 100분의 85 이상인 공기업
- 준정부기관 : 자체수입액이 총수입액의 1/2 미만인 기관(정원 50인 이상, 총수입액 30억 원 이상, 자산규모 10억 원 이상)
- 기타공공기관 : 공기업과 준정부기관을 제외한 공공기관

준정부기관은 기금관리형과 위탁집행형으로 구분되는데 신용보증기금과 근로복지공단은 기금관리형 준정부기관이다.

> **오답분석**
>
> ⓒ · ⓔ 한국석유공사와 한국서부발전은 시장형 공기업에 해당한다.
> ⓓ 한국관광공사는 위탁집행형 준정부기관에 해당한다.

정답 ①

| 중부발전(2023)/도로(2022)/국가철도(2022)/대전시통합(2022)/수자원(2022)/대구시설(2021)

08 다음 중 기금관리형 준정부기관에 해당하지 않는 기관은?

① 예금보험공사
② 한국무역보험공사
③ 한국농어촌공사
④ 공무원연금공단
⑤ 국민연금공단

> **정답 | 해설**

기금관리형 준정부기관이란 국가재정법에 따라 기금을 관리하거나 관리를 위탁받은 준정부기관으로, 한국농어촌공사는 위탁집행형 준정부기관에 해당한다.

공공기관의 구분

공기업		자체수입액이 총수입액의 1/2을 초과하는 기관 (정원 50인 이상, 총수입액 30억 원 이상, 자산규모 10억 원 이상)
	시장형	예 강원랜드, 인천국제공항공사, 한국가스공사, 한국공항공사, 한국남동발전, 한국남부발전, 한국도로공사, 한국동서발전, 한국서부발전, 한국수력원자력, 한국전력공사, 한국중부발전, 한국지역난방공사 등
	준시장형	예 주택도시보증공사(HUG), 한국가스기술공사, 한국마사회, 한국부동산원, 한국수자원공사, 한국전력기술, 한국철도공사(코레일), 한국토지주택공사(LH), 한전KDN, 한전KPS, 해양환경공단 등
준정부기관		공기업이 아닌 공공기관 중에서 지정(정원 50인, 총수입액 30억 원 이상, 자산규모 10억 원 이상)
	기금관리형	예 국민연금공단, 근로복지공단, 기술보증기금, 신용보증기금, 한국자산관리공사, 한국주택금융공사 등
	위탁집행형	예 건강보험심사평가원, 국가철도공단(KR), 국민건강보험공단, 한국가스안전공사, 한국관광공사, 한국교통안전공단(TS), 한국국토정보공사(LX), 한국농어촌공사, 한국도로교통공단, 한국산업안전보건공단, 한국산업인력공단, 한국에너지공단, 한국전기안전공사, 한국환경공단 등
기타 공공기관		공기업과 준정부기관을 제외한 공공기관
		예 부산항만공사, 인천항만공사, 여수광양항만공사, 울산항만공사, 코레일네트웍스, 한국도로공사서비스 등

※ 2025년 기준

정답 ③

> 중부발전(2023)/도로(2022)/국가철도(2022)/대전시통합(2022)/수자원(2022)/대구시설(2021)

09 다음 중 공공기관의 운영에 관한 법률에 따른 기관유형과 그 사례가 바르게 나열된 것은?

① 시장형 공기업 : 한국조폐공사
② 준시장형 공기업 : 한국마사회
③ 기금관리형 준정부기관 : 한국농어촌공사
④ 위탁집행형 준정부기관 : 국민연금공단
⑤ 기타공공기관 : 한국연구재단

정답 | 해설

한국마사회는 준시장형 공기업에 해당한다.

오답분석
① 한국조폐공사는 준시장형 공기업에 해당한다.
③·⑤ 한국농어촌공사와 한국연구재단은 위탁집행형 준정부기관에 해당한다.
④ 국민연금공단은 기금관리형 준정부기관에 해당한다.

정답 ②

> 광주시통합(2021)/가스기술(2021)

10 다음 글의 빈칸에 해당하는 의사전달 유형으로 옳은 것은?

> 의사전달 유형 중 _____은 조직 내 각 구성원이 다른 모든 구성원들과 직접적인 의사전달을 하는 형태로 상황판단의 정확성이 높은 장점이 있다.

① 원형   ② Y형
③ 바퀴형   ④ 선형
⑤ 개방형

정답 | 해설

개방형은 가장 민주적인 형태로, 조직 내 각 구성원이 다른 모든 구성들과 직접적인 의사전달을 하는 형태이다.

의사전달 유형의 특징

구분	선형	Y형	원형	개방형	바퀴형
권한의 집중	고	중	저	저	중
의사소통의 속도	빠름	중간	느림	빠름	중간
구성원의 만족도	저	중	고	고	저
조직결정의 수용도	저	중간	고	고	중간

정답 ⑤

| 광주시통합(2021)/가스기술(2021)

11 다음 중 조직 내 의사전달에 대한 설명으로 옳지 않은 것은?

① 선형방식의 의사전달망은 왜곡가능성이 가장 낮은 특징이 있다.
② 의사전달의 과정에서 환류의 차단은 의사전달의 정확성을 저해할 수 있다.
③ 상향적 의사전달의 예시로는 보고, 품의 고충심사, 결재제도 등이 있다.
④ 대각선적 의사전달은 시간과 비용절감이 가능하다는 장점이 있다.
⑤ 공식적 의사전달은 비공식적 의사전달에 비해 변동하는 사태에 신속한 적응이 곤란하며, 전후 사정을 전달하기 어려운 단점이 있다.

정답 해설

선형방식의 의사전달망은 왜곡가능성이 가장 높다는 특징이 있다. 의사전달의 왜곡수준이 낮은 의사전달망은 개방형방식이다.

정답 ①

| 도로교통(2025)/도로(2021)

12 다음 〈보기〉에서 균형성과관리(BSC)에 대한 설명으로 옳지 않은 것은?

보기

ㄱ. 균형성과관리는 전통적 재무의 관점뿐만 아니라 고객관점, 내부프로세스 관점, 학습 및 성장관점을 균형 있게 관리하여 조직의 과거, 현재 및 미래를 동시에 관리해 나가고자 하는 통합적 성과관리시스템이다.
ㄴ. 고객관점의 대표적인 평과지표로는 시장점유율, 고객유지율, 고객만족도 등이 있다.
ㄷ. 변화와 개선의 능력을 어떻게 키워나가야 할 것인지에 대한 관점은 학습 및 성장관점이다.
ㄹ. 균형성과관리는 조직의 내부요소가 외부요소보다 중요하다고 본다.
ㅁ. 공무원의 직무만족도, 내부 제안 건수 등과 같은 지표는 균형성과관리의 4대 관점 중 학습과 성장관점에 대한 평가지표이다.

① ㄱ
② ㄴ
③ ㄷ
④ ㄹ
⑤ ㅁ

정답 해설

균형성과관리(BSC)는 재무적 관점을 중시하던 전통적인 관점에서 고객의 관점, 내부프로세스 관점, 학습 및 성장의 관점을 균형 있게 관리하여 조직의 현재와 미래를 동시에 관리해 나가고자 하는 성과관리시스템이다. 균형성과관리는 각각의 관점 간의 균형점으로 모색하는 특징이 있으며, 재무적 지표와 비재무적 지표, 조직의 내부요소와 외부요소, 선행지표와 후행지표, 단기적 관점과 장기적 관점 등 서로 간에 균형을 중시한다.

정답 ④

| 근복(2022)/서울시설(2021)

13 다음 중 다프트(Daft)의 조직구조모형에 대한 설명으로 옳지 않은 것은?

① 기능구조조직과 네트워크조직구조를 양 극단으로 하여 조직구조의 유형을 5가지로 분류한다.
② 기능구조조직은 조직의 전체업무를 공동기능별로 부서화한 방식의 조직이다.
③ 사업구조조직은 기능구조조직에 비해 환경변화에 대한 탄력적인 대응이 가능하다.
④ 매트릭스조직은 조직자원 활용의 효율성을 제고하고, 조직 단위 간 정보흐름이 활성화되는 장점이 있다.
⑤ 팀조직의 경우 전통적인 기능구조조직에 비해 책임과 권한의 소재가 분명하고, 창의성 발휘 및 정보 교류가 활성화되는 장점이 있다.

정답 | 해설

팀조직의 경우 전통적인 기능구조조직에 비해 책임과 권한의 소재가 불분명하다.

정답 ⑤

| 인천교통(2021)/LX(2020)

14 다음 중 목표관리(MBO)의 장단점에 대한 설명으로 옳지 않은 것은?

① 상하급자 간 공동참여에 의한 목표설정을 통해 목표에 대한 인식을 공유할 수 있다.
② 목표를 명확히 함으로써 조직원에게 직무몰입을 위한 강한 유인을 제공할 수 있다.
③ 집권화된 정부관료제와 충돌가능성이 존재한다.
④ 운영에 있어서 관리절차가 복잡하고 과중한 서류작업이 발생한다.
⑤ 급격한 변화나 복잡한 환경 속에서 효용성이 높다.

정답 | 해설

MBO는 참여의 과정을 통해 조직단위와 구성원들이 실천하여야 할 생산활동의 단기적 목표를 명확하게 설정하여 목표를 성취하도록 평가하고 관리하는 체계이다. MBO의 경우 폐쇄적인 내부관리모형으로 인해 급격한 변화나 복잡한 환경 속에서 효용성이 제약되는 단점이 있다.

목표관리(MBO)

특징	장점	단점
• 참여적 관리 • 구체적 목표설정 • 운영상 상호의존성 • 평가 및 환류의 강조	• 조직의 효율성 제고 • 상하급자 간 신축적인 참여와 관리 • 조직의 재구조화 • 목표들 간의 연관성과 일관성 유지	• 폐쇄적인 내부관리모형 • 본질적인 목표의 간과가능성 • 관리절차의 복잡성

정답 ⑤

15 다음 중 목표관리(MBO)의 특징으로 옳지 않은 것은?

① 직원과 그 상사가 공동으로 목표를 설정한다.
② 결과지향적인 관리체계이다.
③ 조직 내 활발한 의사소통을 촉진한다.
④ 일반적으로 단기적인 목표에 초점을 둔다.
⑤ 상사가 부하의 성과를 평가한다.

정답 | 해설

목표관리(MBO; Management By Objectives)는 직원과 그 상사가 공동으로 목표를 설정한 후 목표가 달성된 정도를 측정하고 평가함으로써 경영의 효율성을 증진시키기 위한 전사적 차원의 조직관리 체계로, 상사가 부하의 성과를 일방적으로 평가하는 전통적인 평가와 달리 목표의 달성 정도를 평가한다. 이런 성향으로 목표관리법은 결과지향적인 관리체계로 평가받고 있다. 직원과 그 상사가 공통으로 목표를 설정하고 평가받기 때문에 조직 내 활발한 의사소통이 촉진되지만, 보통 단기적인 목표에 초점을 두기 때문에 이 점은 비판을 받기도 한다.

정답 ⑤

16 다음 중 전통적인 델파이기법과 정책 델파이기법에 대한 설명으로 옳지 않은 것은?

① 전통적 델파이기법은 일반적이고 기술적인 문제의 해결에 적합한 기법이다.
② 정책 델파이기법은 정책적인 문제에 대한 예측으로 적합하다.
③ 전통적인 델파이기법은 컴퓨터를 통한 회의 또는 대면 토론을 통해 진행된다.
④ 정책 델파이기법은 의견 차이를 부각시키는 양극화된 통계방법을 사용한다.
⑤ 정책 델파이기법과 전통적 델파이기법 모두 다수의 응답자가 참여하고 반복적인 설문조사를 통해 수행되는 공통점이 있다.

정답 | 해설

컴퓨터를 통한 회의 또는 대면 토론을 통해 진행되는 방법은 정책 델파이기법이다. 전통적 델파이기법에서는 토론이 이루어지지 않는다.

정답 ③

| 도로교통(2025)/도로교통(2023)/국가철도(2022)/도로(2022)/경기도통합(2020)

17 다음 중 동기부여 이론에 대한 설명으로 옳지 않은 것은?

① 허즈버그(Herzberg)의 동기부여 이론에 의하면 봉급, 작업 조건은 위생요인에 해당한다.
② 앨더퍼(Alderfer)의 동기부여 이론에 의하면 욕구는 성장욕구, 관계욕구, 생존욕구로 구분된다.
③ 맥그리거(McGregor)의 동기부여 이론에 의하면 Y형 인간은 본질적으로 일을 싫어하지만, 자율적으로 자기규제를 할 수 있는 존재이며, 외재적인 지도를 받으려고 한다.
④ 동기부여 이론 중 과정이론에는 브룸(Vroom)의 기대이론, 포터(Porter)와 로울러(Lawler)의 성과 – 만족이론이 있다.
⑤ 매슬로(Maslow)의 동기부여 이론에 의하면 욕구는 생리욕구, 안전욕구, 소속욕구, 존경욕구, 자아실현 욕구로 구분된다.

정답 해설

맥그리거(McGregor)의 동기부여 이론에 의하면 Y형 인간은 본질적으로 일을 싫어하지 않고, 자율적으로 자기규제를 할 수 있는 존재이다. 외재적인 지도를 받으려고 하면서 일을 싫어하는 것은 X형 인간이다.

정답 ③

| 수자원(2025)/KPS(2022)/발명진흥회(2021)/화성도시(2020)

18 다음 중 리더십에 대한 설명으로 옳지 않은 것은?

① 아이오와 주립대학 리더십 모형에서는 리더십 유형을 권위형, 민주형, 방임형으로 구분한다.
② 미시간 대학 리더십 모형에 의하면 생산중심형 리더십이 직원중심형 리더십보다 우월하다.
③ 오하이오 주립대학 리더십 모형은 구조설정과 배려라는 두 기준으로 4가지 리더십 유형을 구분한다.
④ 블레이크(Blake)와 머튼(Mouton)의 그리드 모형에 의하면 리더십 유형을 81개의 행동 유형으로 나타낼 수 있다.
⑤ 오하이오 주립대학 리더십 모형과 아이오와 주립대학 리더십 모형은 모두 행태론적 접근방법을 통해 리더십을 연구한다.

정답 해설

미시간 대학 리더십 모형에 의하면 직원중심형 리더십이 생산중심형 리더십보다 우월하다.

정답 ②

▎수자원(2025)/KPS(2022)/발명진흥회(2021)/화성도시(2020)

19 다음 〈보기〉에서 리더십 이론에 대한 설명으로 옳은 것은 모두 몇 개인가?

> **보기**
> ㉠ 블레이크(Blake)와 머튼(Mouton)의 관리격자 모형에 따르면 인간에 대한 관심과 생산에 대한 관심이 격자상 중간에 위치한 타협형(5, 5) 리더가 가장 이상적인 리더이다.
> ㉡ 피들러(Fiedler)의 상황적응적 모형에 따르면 리더십은 LPC점수에 따라 낮은 점수인 경우 인간관계지향적 리더로, 높은 점수인 경우 과업지향적 리더로 구분한다.
> ㉢ 리더십이론은 크게 특성이론, 행태이론, 상황이론, 통합이론 순으로 발전하였다.
> ㉣ 미시간 대학의 리더십 모형의 경우 직원중심형 리더십이 생산중심형 리더십보다 우월하다.
> ㉤ 허쉬(Hersey)와 블랜차드(Blanchard)는 상황변수로 부하의 특성과 근무환경의 특성을 설정하여 리더십을 설명한다.

① 1개 ② 2개
③ 3개 ④ 4개
⑤ 5개

정답 | 해설

[오답분석]
㉠ 블레이크(Blake)와 머튼(Mouton)의 관리격자 모형에 따르면 인간에 대한 관심과 생산에 대한 관심이 가장 높은 단합형(9, 9) 리더가 가장 이상적인 리더이다.
㉡ 피들러(Fiedler)의 상황적응적 모형에 따르면 리더십은 LPC점수에 따라 낮은 점수인 경우 과업지향적 리더로, 높은 점수인 경우 인간관계지향적 리더로 구분한다.
㉤ 허쉬(Hersey)와 블랜차드(Blanchard)는 상황변수로 부하의 성숙도로 설정한다.

정답 ②

▎수자원(2021)/국민연금(2021)

20 다음 중 매트릭스 조직에 대한 설명으로 옳지 않은 것은?

① 매트릭스 조직은 기능구조 조직과 사업구조 조직의 형태를 결합한 조직이다.
② 조직구성원들을 부서 간에 공유함으로써 자원활용의 효율성을 제고할 수 있다.
③ 매트릭스 조직은 이중권한체계로 인하여 개인 간의 혼란과 갈등을 야기하는 단점이 있다.
④ 매트릭스 조직은 변화하는 환경에 적응하기 유리하다.
⑤ 매트릭스 조직의 상관은 부하에 대한 완전한 통제력을 갖고 업무를 지시한다.

정답 | 해설

매트릭스 조직은 기능구조 조직과 사업구조 조직의 형태를 결합한 조직으로, 변화하는 환경에 적응하기 유리하다는 장점이 있으며, 부서 간에 구성원들을 공유함으로써 자원활용의 효율성을 높일 수 있는 장점이 있다. 이와 반대로 부서 간에 인적자원을 공유하기 때문에 상관은 부하에 대한 완전한 통제력을 갖지 못하며, 조직구성원 간에 갈등이 야기되기 쉽다는 특징이 있다.

정답 ⑤

| 수자원(2021)/국민연금(2021)

21 다음 〈보기〉에서 매트릭스 조직이 적합한 경우를 모두 고르면?

> **보기**
> ㉠ 사업단위로 기능 간 조정을 극대화할 경우
> ㉡ 구조 내 구성원들을 부서 간에 공유하고, 정보흐름을 활성화하기 위한 경우
> ㉢ 조직 환경영역이 복잡하고 불확실한 경우
> ㉣ 규모의 경제를 구현하려고 할 경우

① ㉠, ㉡
② ㉠, ㉢
③ ㉡, ㉢
④ ㉡, ㉣
⑤ ㉢, ㉣

정답 해설

매트릭스 조직은 기능구조와 사업구조를 결합한 형태로, 변화하는 환경에 적응하기 유리하고 구조 내 구성원들을 부서 간에 공유함으로써 조직자원 활용의 효율성을 제고하고, 정보흐름을 활성화하기 위한 경우에 사용하기 적합하다. 하지만 이중권한체계로 인하여 개인 간의 혼란과 갈등 등을 야기할 수 있는 단점이 존재한다.

오답분석
㉠ 사업단위로 기능 간 조정을 극대화할 경우에는 사업구조 조직이 적합하다.
㉣ 규모의 경제를 구현하려고 할 경우에는 기능구조 조직이 적합하다.

정답 ③

| 도로교통(2023)/부산환경(2020)

22 다음 중 민츠버그(Mintzberg)의 조직이론에 대한 설명으로 옳지 않은 것은?

① 민츠버그(Mintzberg)는 구성, 조정기제, 구조적 요인에 따라 5가지로 조직유형을 분류한다.
② 초창기 단순하고 동태적 환경의 소규모 조직에서 자주 나타나는 조직유형은 단순구조 조직구조이다.
③ 높은 분화수준과 높은 집권화 수준 그리고 높은 공식화 수준, 높은 경직성이 특징인 조직은 기계적 관료제 조직구조이다.
④ 상대적으로 안정적 환경에서 운영되는 대규모 조직에서 보이는 조직유형은 사업부제 조직구조이다.
⑤ 책임소재가 분명하고 갈등과 혼동을 유발할 가능성이 가장 적은 조직은 애드호크라시 조직구조이다.

정답 해설

애드호크라시 조직 유형은 복잡하고 동태적인 환경에 적합한 조직으로, 분권화된 유기적 구조의 특징을 지닌다. 낮은 공식화 수준과 융통성 높은 구조로 인해 빠르게 변화하는 외부환경에는 적합한 특징을 갖지만, 계선과 참모의 구별이 흐리고, 최고관리층과 중간계층, 작업계층이 혼합되어 책임소재의 불분명으로 갈등과 혼동의 유발가능성이 높다.

정답 ⑤

| 도로교통(2023)/서울시설(2021)/수자원(2021)/경기도통합(2020)

23 다음 중 베버(Weber)의 이념형 관료제에 대한 설명으로 옳지 않은 것은?

① 관료제 유형은 전통적 권위, 카리스마적 권위, 법적 권위에 따라 3가지 모형으로 제시한다.
② 전통적 권위에 따른 가산 관료제는 공적·사적 구분이 결여된다.
③ 관료제 모형은 법규만능주의와 동조과잉 현상을 해결하는 장점이 있다.
④ 근대적 관료제는 조직의 능률향상을 위한 통제에 높은 효율을 발휘하는 계서적 구조를 가진다.
⑤ 근대적 관료제는 법규에 의한 지배와 법 앞의 평등, 직업관료제 등 법적 권위에 기초한 관료제 모형이다.

정답 | 해설

관료제 모형은 업무수행지침을 규정한 공식적인 법 규정만을 고집하게 되므로 유연한 대응을 하지 못하는 법규만능주의가 발생하고, 법규의 엄격한 적용과 준수로 인해 동조과잉 현상이 발생하는 단점이 있다.

관료제 모형

구분	권위	지배형태
가산 관료제	전통적 권위	전통적 지배
카리스마적 관료제	카리스마적 권위	카리스마적 지배
근대적 관료제	법적·합리적 권위	합법적·합리적 지배

정답 ③

| 도로교통(2023)/서울시설(2021)/수자원(2021)/경기도통합(2020)

24 다음 중 예이츠(Yates)의 관료제와 민주주의의 조화 방안으로 옳지 않은 것은?

① 일관성 있는 정책을 추진하기 위해 소각료회의 설치
② 지역주민이 참여하는 지역서비스센터 설립
③ 중앙정부의 통제력 약화와 국가적 목표설정기능 강화
④ 최고집행자의 조정권한 증대
⑤ 각 부처 내 장관이 주도하는 갈등조정장치 설치

정답 | 해설

예이츠는 정부관료제에 대한 통제전략을 잘 수립하면 관료제 체제에서 능률과 민주주의 조화가 가능하다고 보고 다음과 같은 개혁방안을 제시하였다.
- 행정부의 분산된 의사결정 구조를 촉진시키는 세력에 맞서 최고집행자의 조정권한을 증대
- 분권화된 다원적 민주주의 협상체계와 약점을 극복할 수 있도록 정부의 기획능력 향상 및 공개적 예산과정 수립
- 각 부처 내 장관이 주도하는 갈등조정장치 설치
- 일관성 있는 정책을 추진하기 위해 소각료회의 설치
- 각 정부 부처에 대민서비스처 설치
- 중앙정부의 통제력 강화
- 지역주민이 참여하는 지역서비스센터 건설

정답 ③

| 국민연금(2021)

25 다음 중 중앙행정기관의 본부조직에 대한 설명으로 옳지 않은 것은?

① 행정기관 내 막료조직으로, 전문지식을 갖고 계선기관의 기능을 보완하는 것은 보조기관이다.
② 우리나라의 언론중재위원회는 조정위원회에 해당한다.
③ 보좌기관이란 행정기관이 그 기능을 원활하게 수행할 수 있도록 그 기관장이나 보조기관을 보좌함으로써 행정기관의 목적달성에 공헌하는 기관을 말한다.
④ 보조기관이란 행정기관의 의사 또는 판단의 결정이나 표시를 보조함으로써 행정기관의 목적달성에 공헌하는 기관을 말한다.
⑤ 위원회란 복수의 의사결정권자로 구성되는 합의제 형태의 행정기관으로 19세기 말 미국의 독립규제위원회가 가장 전형적인 형태이다.

정답 해설

전문지식을 갖고 계선기관의 기능을 보완하는 것은 보좌기관으로, 행정기관 내에서의 막료조직을 말한다.

정답 ①

| 서교공(2023)/부교공(2022)/수자원(2022)/TS(2021)/남동발전(2021)

26 다음 중 브룸(Vroom)의 기대이론에 대한 설명으로 옳지 않은 것은?

① 브룸(Vroom)의 기대이론은 동기부여 이론 중 과정이론에 해당한다.
② 기대감(Expectancy)은 자신의 노력이 일정한 성과를 달성한다는 기대이다.
③ 수단성(Instrumentality)은 성과가 보상을 가져올 것이라는 믿음 정도를 의미한다.
④ 수단성(Instrumentality)은 -1에서 1 사이의 값을 가진다.
⑤ 유의성(Valence)이란 보상에 대한 주관적 선호의 강도로, 0에서 1 사이의 값을 가진다.

정답 해설

유의성이란 보상에 대한 주관적 선호의 강도로, 유의성이 없거나 음($-$) 또는 양($+$)의 값을 가진다.

정답 ⑤

| 서교공(2023)/부교공(2022)/수자원(2022)/TS(2021)/남동발전(2021)

27 다음 중 브룸(Vroom)의 기대이론에 대한 설명으로 옳지 않은 것은?

① 기대감(Expectancy)이란 자신의 노력이 일정한 성과를 달성한다는 기대를 의미한다.
② 수단성(Instrumentality)이란 성과가 보상을 가져올 것이라는 믿음을 의미한다.
③ 유의성(Valence)이란 보상에 대한 주관적 선호의 강도를 의미한다.
④ 브룸(Vroom)의 기대이론은 동기부여 이론 중 과정이론에 해당한다.
⑤ 브룸(Vroom)은 동기부여의 강도가 기대감, 수단성 그리고 유의성의 합의 함수에 따라 달라진다고 주장한다.

> **정답 해설**
>
> 기대이론은 동기부여의 내용보다 과정적 차원을 중시하는 과정이론의 하나로, 브룸(Vroom)의 기대이론, 로크(Locke)의 목표설정이론 등이 있다. 브룸(Vroom)의 기대이론에 따르면 동기부여의 강도는 기대감, 수단성 그리고 유의성의 곱의 함수로 본다. 따라서 기대감, 수단성, 유의성 중 하나라도 0의 값을 가지게 될 경우 동기부여도 0이 된다.
> - 기대감 : 자신의 노력이 일정한 성과를 달성한다는 기대
> - 수단성 : 성과가 보상을 가져올 것이라는 믿음
> - 유의성 : 보상에 대한 주관적 선호의 강도
>
> **정답 ⑤**

| 한전(2020)

28 다음 중 제도화된 부패의 특징으로 옳지 않은 것은?

① 부패저항자에 대한 보복
② 비현실적 반부패 행동규범의 대외적 발표
③ 부패행위자에 대한 보호
④ 공식적 행동규범의 준수
⑤ 부패의 타성화

> **정답 해설**
>
> 제도화된 부패란 부패가 관행화되어버린 상태로서 부패가 실질적 규범이 되면서, 조직 내의 공식적 규범은 준수하지 않는 상태가 만연한 경우이다. 이러한 조직에서는 지켜지지 않는 비현실적 반부패 행동규범의 대외적 발표를 하게 되며, 부패에 저항하는 자에 대한 보복이 뒤따르고 부패행위자를 보호한다.
>
> **정답 ④**

| 부교공(2022)/근복(2021)/도로(2021)/경기도통합(2020)/산업단지(2020)

29 다음 중 상황이론에 따른 조직구조와 규모에 대한 가설로 옳지 않은 것은?

① 작업집단의 규모가 작을수록 집단의 응집성은 강해진다.
② 작업집단의 규모가 클수록 하급직원들의 불만이 크다.
③ 규모가 커질수록 수평적 분화가 촉진된다.
④ 규모가 작아질수록 조직은 분권화된다.
⑤ 규모가 커질수록 조직의 공식화 수준이 높아진다.

> **정답 해설**
>
> 상황이론은 거시적이고 추상적인 체제이론을 구체화하고 실용화하는 방안으로 제시된 이론으로, 조직의 설계는 상황변수(규모, 기술 등)에 좌우되고, 상황변수에 적합하게 조직이 설계되어야만 조직의 효과성이 제고된다고 강조하는 이론이다. 규모가 커질수록 조직은 분권화되며, 규모가 작아질수록 조직은 집권화된다.
>
> **상황이론**
>
> | | |
> |---|---|
> | 복잡성 | 규모가 커질수록 계층적·수평적 분화가 촉진된다. |
> | 공식성 | 규모가 커질수록 조직의 공식화 수준이 높아진다. |
> | 집권성 | 규모가 커질수록 조직은 분권화된다(집권성이 낮아진다). |
>
> **정답 ④**

| 부교공(2022)/근복(2021)/도로(2021)/경기도통합(2020)/산업단지(2020)

30 다음 〈보기〉에서 톰슨(Thompson)에 따른 조직구조와 기술분류의 연결로 옳은 것을 모두 고르면?

> **보기**
> ㉠ 집합적 기술 : 은행
> ㉡ 집합적 기술 : 건축사업
> ㉢ 순차적 기술 : 부동산 중개소
> ㉣ 집약적 기술 : 대량생산 시 작업라인
> ㉤ 집약적 기술 : 종합병원

① ㉠, ㉣
② ㉠, ㉤
③ ㉡, ㉢
④ ㉡, ㉣
⑤ ㉣, ㉤

정답 | 해설

톰슨(Thompson)의 기술분류와 조직구조

유형	내용	예
집합적(중개형) 기술	상호의존 상태에 있는 고객들을 연결하는 활동	은행, 부동산 중개소
순차적(연계형) 기술	여러 행동이 순차적으로 의존적 관계를 이룰 때 쓰이는 기술	대량생산 시 작업라인
집약적(교호적) 기술	다양한 기술의 복합체	건축사업, 종합병원

정답 ②

| 부교공(2022)/근복(2021)/도로(2021)/경기도통합(2020)/산업단지(2020)

31 다음 중 조직구조의 변수에 대한 설명으로 옳지 않은 것은?

① 공식화의 수준이 높을수록 조직구성원들의 재량이 감소한다.
② 공식성이란 직무의 표준화 정도를 의미하며, 문서화된 규칙, 절차, 명령 등이 측정의 지표가 된다.
③ 집권성이란 조직계층 상하 간의 권한 분배의 정도를 의미한다.
④ 유기적 구조일수록 집권성이 높으며, 기계적 구조일 경우 집권성이 낮다.
⑤ 복잡성이란 조직의 분화정도를 말하며, 계층화 정도인 수직적 분화와 횡적 분화인 수평적 분화로 구분된다.

정답 | 해설

유기적 구조일수록 집권성이 낮으며, 기계적 구조일 경우 집권성이 높다.

기계적 구조와 유기적 구조

기계적 구조	유기적 구조
• 높은 공식화 • 집권화 • 좁은 통제범위 • 명확한 명령계통	• 낮은 공식화 • 분권화 • 넓은 통제범위 • 자유로운 정보흐름

정답 ④

| 부교공(2022)/근복(2021)/도로(2021)/경기도통합(2020)/산업단지(2020)

32 다음 중 페로우(Perrow)에 따른 조직구조와 기술분류에 대한 설명으로 옳지 않은 것은?

① 페로우는 문제의 분석가능성과 과업의 다양성에 따라서 4가지 기술로 분류한다.
② 표준화된 제품의 대량생산과 같은 기술은 일상적 기술에 해당한다.
③ 과업의 다양성이 높고 문제의 분석가능성이 쉬울 경우 일상적 기술에 해당한다.
④ 과업의 다양성이 낮고 문제의 분석가능성이 어려울 경우 장인 기술에 해당한다.
⑤ 비일상적 기술은 좁은 통솔범위와 분권화된 의사결정의 특징을 가진 유기적 조직구조에서 자주 나타난다.

정답 | 해설

과업의 다양성이 높고 문제의 분석가능성이 쉬울 경우 공학적 기술에 해당한다.

페로우(Perrow)에 따른 조직구조와 기술분류

구분		과업다양성	
		낮음	높음
분석가능성	낮음 (어려움)	• 장인 기술 • 대체로 유기적 구조 • 중간의 공식화 • 중간의 집권화 • 작업 경험 • 중간의 통솔범위 • 수평적, 구두 의사소통	• 비일상적 기술 • 유기적 구조 • 낮은 공식화 • 낮은 집권화 • 훈련 및 경험 • 적은 통솔범위 • 수평적 의사소통, 회의
	높음 (쉬움)	• 일상적 기술 • 기계적 구조 • 높은 공식화 • 높은 집권화 • 적은 훈련 및 경험 • 넓은 통솔범위 • 수식석 문서 의사소통	• 공학적 기술 • 대체로 기계적 구조 • 중간의 공식화 • 중간의 집권화 • 공식훈련 • 중간의 통솔범위 • 문서 및 구두 의사소통

정답 ③

| 법무보호복지(2020)

33 다음 〈보기〉에서 조직발전(Organization Development)의 주요 기법에 해당하는 것을 모두 고르면?

보기
㉠ 관리망 훈련
㉡ TQM
㉢ 감수성 훈련
㉣ 식스 시그마
㉤ 태도조사환류

① ㉠, ㉡, ㉣
② ㉠, ㉢, ㉤
③ ㉡, ㉢, ㉣
④ ㉡, ㉣, ㉤
⑤ ㉢, ㉣, ㉤

정답 해설

조직발전(Organization Development)은 조직구성원의 행태변화를 통한 조직의 생산성 향상을 목표로 조직 담당자에 의해 조직 전반에 걸쳐 진행되는 관리전략이다. 조직문화의 변화까지 포함하는 개념이며, 맥그리거(McGregor)의 Y이론적 인간관에 입각하여 조직변화를 추구한다. 이러한 조직발전의 주요 기법으로는 감수성 훈련, 팀빌딩 기법, 관리망 훈련, 태도조사환류 등이 있다.

오답분석

㉡ TQM : 전사적 품질경영이다.
㉣ 식스 시그마 : 품질혁신, 고객 만족 등을 달성하기 위한 전사적 기업경영 전략이다.

정답 ②

| 수자원(2022)/근복(2021)/도로(2021)/경기도통합(2020)/산업단지(2020)

34 다음 중 조직이론의 발달과정에 대한 설명으로 옳지 않은 것은?

① 초기 고전적 조직이론에서는 조직 내부의 효율성과 합리성이 주요 논의대상이었다.
② 호손 실험은 고전적 조직이론의 대표적인 사례이다.
③ 신고전적 조직이론에서의 인간은 사회적 욕구를 지닌 존재로 파악한다.
④ 고전적 조직이론은 기계적 능률성을 최고의 가치로 강조하는 이론이다.
⑤ 카오스 이론, 복잡성 이론, 가상 조직 등은 환경의 변화에 신속하게 반응하는 새로운 패러다임의 도입에 초점을 둔 이론이다.

정답 해설

호손 실험은 고전적 조직이론에 대한 비판으로 등장한 신고전적 조직이론의 대표적인 사례이다. 호손 실험에서 실험집단 구성원이 실험대상이라는 사실을 인식함으로써 평소와는 다른 특별한 심리적 행동을 보이는 현상을 통해, 인위적 실험환경의 결과를 일반화한 경우 결과가 다르게 나타난다는 사실을 발견하였다.

정답 ②

| 수자원(2022)/근복(2021)/도로(2021)/경기도통합(2020)/산업단지(2020)

35 다음 중 조직이론 발달과정을 스콧(Scott)의 분류에 따라 순서대로 바르게 나열한 것은?

ㄱ. 폐쇄·합리 ㄴ. 개방·합리
ㄷ. 개방·자연 ㄹ. 폐쇄·자연

① ㄱ-ㄷ-ㄴ-ㄹ
② ㄱ-ㄹ-ㄴ-ㄷ
③ ㄴ-ㄱ-ㄷ-ㄹ
④ ㄴ-ㄷ-ㄹ-ㄱ
⑤ ㄷ-ㄹ-ㄴ-ㄱ

정답 | 해설

스콧(Scott)은 두 가지 차원(환경적 요인의 고려 여부와 구성원 및 조직행태에 대한 가정)을 기준으로 조직이론을 4가지로 분류하였고, 순서는 ㄱ-ㄹ-ㄴ-ㄷ이다.

조직이론의 발달과정

구분	기본가정	주요이론
폐쇄·합리	• 조직은 외부와 단절된 폐쇄적인 체제 • 조직구성원은 합리적 사고인으로 가정	• 과학적 관리론 • 고전적 관료제론
폐쇄·자연	• 조직은 외부와 단절된 폐쇄적인 체제 • 조직구성원의 인간적인 요인을 강조	• 인간관계론 • X·Y이론
개방·합리	환경을 이론에 반영, 조직을 유기체로 간주	• 체제이론 • 구조적 상황이론
개방·자연	• 환경의 중요성 강조 • 조직의 생존과 구성원들의 비합리적 동기측면 강조	• 쓰레기통 모형 • 자연선택이론

정답 ②

| 마사회(2023)/화성도시(2020)

36 다음 중 책임운영기관에 대한 설명으로 옳지 않은 것은?

① 우리나라 책임운영기관 소속 직원의 신분은 공무원이다.
② 우리나라의 경우 기관의 지위에 따라 중앙책임운영기관과 소속책임운영기관으로 구분된다.
③ 우리나라 중앙책임운영기관의 장의 임기는 2년이며, 한 차례만 연임할 수 있다.
④ 책임운영기관은 기관장에게 기관 운영의 자율성을 보장하고, 기관운영 성과에 대해 책임을 지도록 설치된 행정기관이다.
⑤ 책임운영기관의 경우 민영화로 쉽게 전환할 수 있으면서 성과관리가 용이한 분야에 주로 설치한다.

정답 | 해설

책임운영기관이란 정부가 수행하는 집행적 사무 중 공공성을 유지하면서도 경쟁원리에 따라 운영하는 것이 바람직하거나, 전문성이 있어 성과관리를 강화할 필요가 있는 사무에 대해 기관운영상의 자율성을 부여하고 성과에 대하여 책임을 지도록 설치된 행정기관이다. 이러한 특성상 책임운영기관은 공공성이 크기 때문에 민영화가 곤란한 분야에 설치된다.

정답 ⑤

| 국민연금(2021)

37 다음 중 조직혁신기법에 대한 설명으로 옳지 않은 것은?

① 리엔지니어링(BPR)이란 비용, 품질, 서비스 등과 같은 조직의 핵심적 성과에 있어 극적인 개선을 이루기 위해 업무프로세서를 급진적으로 재설계하는 것이다.
② 벤치마킹(Benchmarking)은 단순히 더 나은(Better) 실제가 아니라 최상(Best)의 실제를 발견하고 집행하는 데 초점을 둔다.
③ 균형성과관리(BSC)는 조직관리에 있어서 재무적 관점, 고객관점, 학습 및 성장관점을 통해 단기적인 목표와 조직의 내부요소, 비재무적 지표에 주로 집중하여 조직을 혁신하는 방법이다.
④ 전략적 관리(SM)란 환경과의 관계를 중시하고, 조직의 미래에 대한 전략적 계획을 강조하는 변혁적 관리이다.
⑤ 조직발전(OD)은 맥그리거의 Y이론적 인간관에 입각하여 조직구성원의 행태변화를 통한 조직의 생산성과 환경 적응능력 향상에 목표를 둔다.

정답 | 해설

균형성과관리는 재무적 관점, 고객관점, 학습 및 성장관점, 내부프로세스 관점을 통해 단기적인 목표와 장기적인 목표, 조직의 내부요소와 조직의 외부요소, 재무적 지표와 비재무적 지표, 선행지표와 후행지표 간의 균형을 추구하면서 조직을 혁신하는 방법이며, 단순히 어느 하나에 치우치지 않는다.

오답분석
① 리엔지니어링은 조직의 핵심적 성과에 있어 극적인 개선을 이루기 위해 업무프로세서를 근본적으로 다시 생각하고 급진적으로 설계하는 혁신기법이다.
② 벤치마킹은 성과를 개선하기 위해 다른 기업의 모범 경영사례나 실무적인 측면의 업무수행방법 등을 확인하고 도입하여 적용시키는 혁신기법이다.
④ 전략적 관리란 환경과의 관계를 중시하고 조직의 미래에 대한 전략적 계획을 강조하는 변혁적 관리이며, 조직의 강점과 약점에 비추어 환경의 기회와 제약을 감시하고 평가하는 혁신전략이다.
⑤ 조직발전은 조직구성원의 형태변화를 통한 조직의 생산성과 환경 적응능력 향상을 목표로 하는 관리전략이다.

정답 ③

| 서울시설(2021)

38 다음 중 직무설계에 대한 설명으로 옳지 않은 것은?

① 사업부서화는 유사한 기능 혹은 업무과정을 수행하는 구성원을 같은 부서로 묶는 방식이다.
② 일선관리직무는 수직적 전문화가 높고, 수평적 전문화가 낮은 경우에 효과적이다.
③ 부서화란 개별직무와 직위를 부서로 묶어서 분류하는 작업을 의미하며, 조직의 업무 과정상 상호의존성이 높은 직무들을 한 부서로 통합하는 것이다.
④ 직무설계는 조직구조 설계의 첫 번째 단계로, 조직을 구성하는 기본요소인 직위가 담당하는 직무를 설계하는 것이다.
⑤ 혼합부서화는 하나의 조직에 기능부서화와 사업부서화 방식을 동시에 적용하거나, 사업부서화와 지역부서화를 동시에 적용하는 방식이다.

> **정답 | 해설**
>
> 사업부서화는 조직의 산출물에 따른 부서편성 방식이다. 유사한 기능 혹은 업무과정을 수행하는 구성원을 같은 부서로 묶는 방식은 기능부서화이다.
>
> **정답 ①**

| 농어촌(2020)

39 다음 중 팀(Team) 조직의 특징으로 옳은 것은?

① 보조업무 중심의 조직화
② 수직적 조직구조
③ 집중화된 권한
④ 연공서열 중심
⑤ 자율적 분위기

> **정답 | 해설**
>
> 팀 조직은 상호보완적인 기능을 가진 소수의 사람들이 공동의 목표를 달성하기 위해 책임을 공유하고 문제해결을 위한 공동의 접근방법을 사용하는 조직단위이다. 핵심업무의 과정 중심으로 조직화되어 있으며, 수평적인 조직구조와 자율적인 분위기, 대폭적인 권한위임, 성과중심의 보상 등을 특징으로 한다.
>
> **팀 조직과 전통적 기능조직**
>
> | 구분 | 팀 조직 | 전통적 기능조직 |
> |---|---|---|
> | 조직구조 | 수평적 / 팀 | 계층적 / 개인 |
> | 조직형태 | 상황에 따라 유사업무 통폐합, 유연하고 성과지향적 | 기능별로 세분화되어 경직되고 방어적 |
> | 조직리더 | 리더십을 갖춘 참여형 리더 | 강하고 명백한 리더 |
> | 조직목표 | Bottom – Up 방식 | Top – Down 방식 |
> | 인력활용 | 개인의 전문역량 활용 | 연공서열중심 |
> | 책임 | 공동책임 | 개인책임 |
> | 의사결정 | 합의에 의한 신속한 의사결정 | 수직계층에 의한 계단식 의사결정 |
> | 평가 | 팀이 제시한 객관적 성과목표를 기준으로 달성도 평가 | 상부조직에 주관적 기여도 평가 |
> | 보상 | 팀 · 능력 위주 | 개인 또는 직위, 근무연수 |
> | 조직분위기 | 전문성에 기초한 자율적 · 창의적 분위기 | 위계질서가 엄격한 경직된 분위기 |
>
> **정답 ⑤**

| 도로(2021)

40 다음 중 우리나라 행정기관 소속 위원회에 대한 설명으로 옳지 않은 것은?

① 행정위원회와 자문위원회 등으로 크게 구분할 수 있다.
② 방송통신위원회, 금융위원회, 국민권익위원회는 대통령 소속 위원회에 해당된다.
③ 관련 분야의 전문지식이 있는 외부전문가와 내부 공무원들이 참여한다.
④ 자문위원회의 의사결정은 일반적으로 구속력을 갖지 않는다.
⑤ 감사원, 행정심판 등은 내부통제기관이고, 입법부, 사법부 등은 외부 통제기관이다.

정답 | 해설

- 대통령 소속 위원회 : 방송통신위원회, 규제개혁위원회 등
- 국무총리 소속 위원회 : 국민권익위원회, 공정거래위원회, 금융위원회, 원자력안전위원회, 개인정보보호위원회 등

정답 ②

CHAPTER 04 인사행정론

마사회(2023)/수자원(2023)/농어촌(2022)/부산시설(2022)

01 다음 중 특수경력직 공무원에 대한 설명으로 옳지 않은 것은?

① 특수경력직 공무원은 경력직 공무원과 달리 실적주의와 직업공무원제의 획일적 적용을 받지 않는다.
② 국회수석 전문위원은 특수경력직 중 별정직 공무원에 해당한다.
③ 선거에 의해 취임하는 공무원은 특수경력직 중 정무직 공무원에 해당한다.
④ 특수경력직 공무원도 경력직 공무원과 마찬가지로 국가공무원법에 규정된 보수와 복무규율을 적용받는다.
⑤ 교육·소방·경찰공무원 및 법관, 검사, 군인 등 특수 분야의 업무를 담당하는 공무원은 특수경력직 중 특정직 공무원에 해당한다.

정답 해설

교육·소방·경찰공무원 및 법관, 검사, 군인 등 특수 분야의 업무를 담당하는 공무원은 특정직 공무원(경력직)에 해당한다.

오답분석

① 특수경력직 공무원은 정무직과 별정직 공무원으로, 직업공무원제나 실적주의의 획일적 적용을 받지 않는다.
② 국회수석 전문위원, 감사원 사무차장 등은 특수경력직 중 별정직 공무원에 해당한다.
③ 선거에 의해 취임하는 공무원은 특수경력직 중 정무직 공무원에 해당한다.
④ 특수경력직 공무원에 대하여는 이 법 또는 다른 법률에 특별한 규정이 없으면 한정적으로 국가공무원법의 적용을 받고, 적용범위에 보수와 복무규율이 포함된다.

국가공무원과 지방공무원

구분		국가공무원	지방공무원
법적 근거		국가공무원법	지방공무원법
임용권자		• 5급 이상 – 대통령 • 6급 이하 – 소속 장관 또는 위임된 자	지방자치단체의 장
보수 재원		국비	지방비
공직 분류	일반직	직군, 직렬별로 분류되는 공무원	
		연구·지도직 : 2계급	
	특정직	법관, 검사, 경찰공무원, 소방공무원, 군인, 군무원, 헌법재판소 헌법연구관, 국가정보원 직원 등	자치경찰공무원, 지방소방공무원 등
	정무직	대통령, 국무총리, 국회의원 등	지방자치단체장, 특별시의 정무부시장
	별정직	국회수석 전문위원	광역시 특별자치시의 정무부시장
공무원 구성		• 전체 공무원 중에 차지하는 비중이 65% • 국가 공무원 중 특정직이 가장 많음	• 전체 공무원 중에 차지하는 비중이 35% • 지방 공무원 중 일반직이 가장 많음

정답 ⑤

| 남동발전(2021)

02 다음 중 퇴직공직자의 취업제한의무에 대한 설명으로 옳지 않은 것은?

① 취업제한의무 위반자의 경우 2년 이하의 징역 또는 2천만 원 이하의 벌금에 처한다.
② 국회규칙, 대법원규칙, 헌법재판소규칙, 중앙선거관리위원회규칙 또는 대통령령으로 정하는 공무원과 공직유관단체의 직원인 경우 취업심사대상자이다.
③ 관할 공직자윤리위원회로부터 취업심사대상자가 퇴직 전 5년 동안 소속하였던 부서 또는 기관의 업무와 취업심사대상기관 간에 밀접한 관련성이 없다는 확인을 받은 경우에는 취업이 가능하다.
④ 취업제한의무 위반자에 대한 해임요구를 거부한 취업심사대상기관의 장에게는 1천만 원 이하의 과태료를 부과한다.
⑤ 취업심사대상자는 퇴직일부터 5년간 퇴직 전 3년 동안 소속하였던 부서 또는 기관의 업무와 취업심사대상기관 간에 밀접한 관련성이 있는 취업심사대상기관에 취업할 수 없다.

정답 | 해설

취업심사대상자는 퇴직일부터 3년간 퇴직 전 5년 동안 소속하였던 부서 또는 기관의 업무와 취업심사대상기관 간에 밀접한 관련성이 있는 취업심사대상기관에 취업할 수 없다(공직자윤리법 제17조 제1항).

오답분석
① 공직자윤리법 제29조
②·③ 공직자윤리법 제17조 제1항
④ 공직자윤리법 제30조 제3항

정답 ⑤

| 가스기술(2021)

03 다음 중 개방형 직위제도에 대한 설명으로 옳지 않은 것은?

① 원칙적으로 개방형 직위에 임용되는 공무원은 임기제 일반직 공무원이다.
② 개방형 직위에 공무원을 임용하려는 경우에는 공직 내부와 외부를 대상으로 공개모집 후 개방형 직위 중앙선발시험위원회가 실시하는 선발시험을 거쳐야 한다.
③ 개방형 직위제도는 고도의 전문성이 요구되거나, 효율적인 정책수립이 필요할 경우 공직 내부나 외부에서 적격자를 임용하는 제도이다.
④ 개방형 직위에 임용되는 공무원의 임용기간은 다른 법령에 특별한 규정이 있는 경우를 제외하고 10년 범위에서 소속장관이 정하되, 최소한 3년 이상으로 하여야 한다.
⑤ 원칙적으로 개방형 임용 당시 경력직 공무원이었던 사람은 개방형 직위의 임용기간에 다른 직위에 임용될 수 없다.

정답 | 해설

개방형 직위에 임용되는 공무원의 임용기간은 다른 법령에 특별한 규정이 있는 경우를 제외하고 5년 범위에서 소속장관이 정하되, 최소한 2년 이상으로 하여야 한다(개방형공모직위규정 제9조 제1항).

정답 ④

| 도로교통(2023)/농어촌(2022)/부교공(2022)/광주시통합(2021)/국민연금(2020)

04 다음 중 사람을 기준으로 공직을 분류한 계급제의 특성에 대한 설명으로 옳지 않은 것은?

① 순환보직을 통해 다양한 업무를 경험할 수 있도록 한다.
② 공직에 자리가 비었을 때 외부 충원을 원칙으로 한다.
③ 계급을 신분과 동일시하려는 경향이 강하다.
④ 공무원의 신분이 안정적으로 보장된다.
⑤ 계급 간에 차별이 심하다.

정답 | 해설

계급제는 공직에 자리가 비었을 때 외부 충원보다는 내부에서 임용하는 것을 우선으로 한다. 결원 시에 외부 충원은 직위분류제의 특성이다.

> **계급제의 특징**
> - 공직을 분류할 때 사람의 능력과 자격, 출신을 기준으로 한다.
> - 인사이동에 있어서 융통성이 높다.
> - 계급 간 차별이 심하고, 승진이 어렵다.
> - 신분보장이 잘되며, 폐쇄형 구조이다.
> - 직업공무원제 확립에 용이하다.

정답 ②

| 도로교통(2023)/농어촌(2022)/부교공(2022)/광주시통합(2021)/국민연금(2020)

05 다음 중 계급제에 대한 설명으로 옳지 않은 것은?

① 계급제는 수직적 융통성이 높다는 장점이 있다.
② 계급제는 직위분류제에 비해 탄력적 인사관리에 더 유리하다.
③ 계급제는 일반행정가 양성에 유리하다는 장점이 있다.
④ 계급제는 공무원 개개인의 자격과 능력을 기준으로 계급을 분류하여 부여된 계급에 따라 직무가 부여되는 제도이다.
⑤ 계급제는 폐쇄체계로 운영되며, 강력한 신분보장이 이루어지므로 장기근속을 통해 직업공무원제를 확립하는 데 용이하다.

정답 | 해설

계급제는 사회에서 신분, 재산, 직업 등으로 나뉜 사회적 지위의 구별에 관하여 국가, 해당 기관 등이 사용하는 제도로, 수직적 융통성이 낮다.

정답 ①

| 마사회(2023)/도로(2021)

06 다음 중 고위공무원단제도에 대한 설명으로 옳지 않은 것은?

① 우리나라 고위공무원단은 직위분류제에 계급제 성과관리가 가미된 형식이다.
② 고위공무원단의 경우 부적격자는 직권면직이 가능하다.
③ 우리나라의 경우 신분보다 일 중심의 인사관리를 실시하기 위해 도입되었다.
④ 고위공무원의 보수는 원칙적으로 직무성과급적 연봉제를 적용한다.
⑤ 고위공무원제도는 국가의 고위공무원을 범정부적 차원에서 인사관리하기 위하여 도입한 제도이다.

정답 | 해설

고위공무원단제도는 정부의 주요 정책 결정 및 관리에 있어서 핵심적 역할을 담당하는 실·국장급 공무원을 범정부적 차원에서 적재적소에 활용하고 개방과 경쟁을 확대하며 성과책임을 강화함으로써 역량 있는 정부를 구현하고자 도입된 제도이다. 우리나라와 영국의 고위공무원단은 계급제에 직위분류제적 성과관리가 가미된 형식이고, 직위분류제에 계급제 요소가 도입된 것은 미국의 고위공무원단이다.

정답 ①

| 근복(2024)/광주시통합(2021)/가스기술(2021)/남동발전(2021)

07 다음 중 인사체계 유형에 대한 설명으로 옳지 않은 것은?

① 폐쇄형 임용은 영국, 독일, 프랑스에서 발달한 제도이다.
② 개방형 임용은 미국, 캐나다에서 발달한 제도이다.
③ 개방형 임용은 직무중심으로 공직을 분류하며, 최적격자를 승진기준으로 하는 제도이다.
④ 개방형 임용은 공직 내의 안정성 유지와 일반행정가 양성에 있어서 폐쇄형 임용에 비해 유리하다.
⑤ 우리나라의 개방형 임용은 다른 법령에 특별한 규정이 있는 경우를 제외하고 5년의 범위에서 소속장관이 정하되, 최소한 2년 이상으로 하여야 한다.

정답 | 해설

폐쇄형 임용은 공직 내의 안정성 유지와 일반행정가 양성에 있어서 개방형 임용에 비해 유리하다.

개방형과 폐쇄형

구분	개방형	폐쇄형
신규임용	전 등급에서 허용	최하위직에만 허용
임용자격	전문능력	일반능력
승진기준	최적격자(내·외부)	상위적격자(연공고려 내부임용)
신분보장	신분불안정	신분보장
공직분류	직위분류제(직무 중심)	계급제(사람 중심)
채택국가	미국, 캐나다	영국, 독일, 프랑스

정답 ④

┃강원랜드(2023)/수자원(2023)/광주시통합(2021)/가스기술(2021)/남동발전(2021)/서울대병원(2020)

08 다음 중 공무원연금법의 적용대상이 아닌 사람은?

① 국가공무원법에 의한 공무원
② 군인
③ 지방공무원법에 의한 공무원
④ 청원산림 보호직원
⑤ 청원경찰법에의한 청원경찰

정답 | 해설

공무원연금법의 적용을 받는 공무원은 국가공무원법, 지방공무원법, 그 밖의 법률에 따른 공무원을 말한다. 다만, 군인과 선거에 의하여 취임하는 공무원은 제외한다(공무원연금법 제3조 제1항).

정답 ②

┃강원랜드(2023)/수자원(2023)/광주시통합(2021)/가스기술(2021)/남동발전(2021)/서울대병원(2020)

09 다음 중 공무원의 정치적 중립에 대한 설명으로 옳은 것은?

① 우리나라의 경우 공무원의 정치적 중립을 형법에 통해 법률로 명문화하였다.
② 정치적 중립이 요구되는 근거로는 실적주의 폐해를 극복하고 엽관주의를 확보하는 것 등이다.
③ 영국의 경우 엽관주의 폐해를 극복하기 위해 펜들턴(Pendleton)법을 도입하여 정치적 중립을 규정하였다.
④ 공무원이 정치에 개입하지 않는다는 의미로, 어느 정당이 집권하든 일절 정치에 참여하지 않는 것을 의미한다.
⑤ 정치적 중립은 행정의 공정성, 계속성을 유지하기 위해 필요성이 있지만, 참여적 관료제의 발전을 저해하는 한계점이 존재한다.

정답 | 해설

정치적 중립은 행정의 공정성 보장, 계속성 유지, 능률성 저하 방지 등의 필요성이 있지만, 참여적 관료제의 발전을 저해하는 한계점이 존재한다.

[오답분석]
① 우리나라의 경우 공무원의 정치적 중립을 헌법 제7조를 통해 법률로 명문화하였다.
② 정치적 중립이 요구되는 근거로는 엽관주의 폐해를 극복하고 실적주의를 확보하는 것 등이다.
③ 펜들턴법을 도입한 곳은 영국이 아닌 미국이다.
④ 공무원이 정치에 개입하지 않는다는 의미가 아닌 어느 정당이 집권하든 공평하게 여야 간에 차별 없이 봉사하는 것을 의미한다.

정답 ⑤

┃ 강원랜드(2023)/수자원(2023)/광주시통합(2021)/가스기술(2021)/남동발전(2021)/서울대병원(2020)

10 다음 중 공무원의 보수에 대한 설명으로 옳지 않은 것은?

① 직위분류제를 채택하는 나라는 보수체계 중에서 수당의 종류가 많은 것이 일반적이다.
② 직능급은 직무수행능력에 따라 보수를 지급하는 것이다.
③ 보수곡선은 고위직으로 갈수록 급격히 보수의 증가를 이루고, 하위직으로 갈수록 J모양의 완만해지는 모양을 가진다.
④ 정부의 지불능력과 국민의 담세능력은 보수수준을 결정하는 경제적 요인으로, 보수수준의 상한선을 결정하는 요인이다.
⑤ 공무원의 보수는 민간과 비교하여 경직성이 높고, 상위직의 보수수준은 민간에 비해 낮은 것이 일반적이다.

정답 해설

수당의 종류가 많은 보수체계는 계급제의 특징이다. 계급제는 공무원의 자격·학력·능력을 기준으로 하여 계급을 분류하는 제도로, 계급의 수도 많지 않고 보수도 생활급 등 연공서열에 치우쳐져 있어 기본급보다는 수당 중심으로 보수를 운영한다. 반면, 직위분류제는 직무분석과 직무평가 등을 통해 직무급(동일직무 동일보수) 등의 확립하는 제도로, 계급제보다 직위분류제가 직무급 확립을 위해 등급이 세분화되어 있고, 이에 따라서 기본급 중심으로 운영되므로 계급제보다 수당의 수가 적다.

정답 ①

┃ 강원랜드(2023)/수자원(2023)/광주시통합(2021)/가스기술(2021)/남동발전(2021)/서울대병원(2020)

11 다음 중 국가공무원의 징계처분에 대한 설명으로 옳은 것은?

① 징계란 공무원의 의무 위반사항에 대한 제재로, 교정의 목적만을 지닌다.
② 감봉이란 1개월 이상 3개월 이하의 기간 동안 보수의 1/2을 감하는 처분이다.
③ 견책과 감봉, 정직은 경징계에 해당한다.
④ 직위해제와 직권면직은 징계의 유형 중 가장 강한 수준의 징계처분에 해당한다.
⑤ 징계의결 등의 요구는 징계 등의 사유가 발생한 날부터 3년(금품 및 향응 수수, 공금의 횡령·유용의 경우에는 5년)이 지나면 하지 못한다.

정답 해설

징계의결 등의 요구는 징계 등의 사유가 발생한 날부터 3년(제78조의2 제1항 각 호의 어느 하나에 해당하는 경우에는 5년)이 지나면 하지 못한다(국가공무원법 제83조의2).

오답분석
① 징계란 공무원의 의무 위반사항에 대한 제재로, 교정의 목적과 예방의 목적을 지닌다.
② 감봉은 1개월 이상 3개월 이하의 기간 동안 보수의 1/3을 감하는 처분이다.
③ 견책과 감봉은 경징계에 해당하며, 정직, 강등, 해임, 파면은 중징계에 해당한다.
④ 직위해제와 직권면직은 징계처분에 해당하지 않는다.

정답 ⑤

| 강원랜드(2023)/수자원(2023)/광주시통합(2021)/가스기술(2021)/남동발전(2021)/서울대병원(2020)

12 다음은 중앙인사기관의 유형구분을 나타낸 자료이다. 빈칸 (A), (B)에 들어갈 사례로 옳은 것은?

합의성 독립성	합의형	단독형
독립형	(A)	독립단독형
비독립형	비독립합의형	(B)

	(A)	(B)
①	인사혁신처	미국연방인사위원회
②	미국연방노동관계청	인사혁신처
③	미국연방인사위원회	인사혁신처
④	미국연방인사위원회	미국연방노동관계청
⑤	인사혁신처	미국연방노동관계청

정답 | 해설

중앙인사기관의 조직형태는 일반적으로 독립성과 합의성을 기준으로 구분할 수 있다.
(A)는 독립합의형으로, 중앙인사기관이 일반행정부처에서 분리되어 있고, 행정수반으로부터도 독립된 지위를 가진 합의체로 구성되는 형태이다. 미국의 연방인사위원회, 미국의 실적제보호위원회 등이 대표적인 사례이다.
(B)는 비독립단독형으로, 중앙인사기관이 행정수반에 의해 임명된 한 사람의 기관장에 의해 관리되는 형태이다. 우리나라의 과거 총무부, 현재의 인사혁신처, 미국의 인사관리처, 프랑스의 인사행정처가 대표적인 사례이다.

정답 ③

| 도로(2021)

13 다음 〈보기〉에서 공무원헌장에 명시된 것을 모두 고르면?

보기
ㄱ. 융통성　　　　ㄴ. 공익
ㄷ. 창의성　　　　ㄹ. 합목적성

① ㄱ, ㄴ　　　　② ㄱ, ㄷ
③ ㄴ, ㄷ　　　　④ ㄴ, ㄹ
⑤ ㄷ, ㄹ

정답 | 해설

공무원 헌장
하나. 공익을 우선시하며 투명하고 공정하게 맡은 바 책임을 다한다.
하나. 창의성과 전문성을 바탕으로 업무를 적극적으로 수행한다.
하나. 우리 사회의 다양성을 존중하고 국민과 함께하는 민주 행정을 구현한다.
하나. 청렴을 생활화하고 규범과 건전한 상식에 따라 행동한다.

정답 ③

| 도로교통(2023)/서울시설(2021)/수자원(2021)/경기도통합(2020)

14 다음 중 근대적 관료제의 병폐로 옳지 않은 것은?

① 무사안일주의
② 관료의 비전문화
③ 동조과잉
④ 권위주의적 행태 조장
⑤ 훈련된 무능

정답 | 해설

근대적 관료제 채용의 기준은 전문적 능력(또는 실적)이며, 관료로서의 직업은 전임직업으로 관료의 전문화와 전임화가 특징이다. 이러한 근대적 관료제의 계서적 구조는 조직의 능률향상을 위한 인간통제에 높은 효율을 발휘한다는 효용이 있지만, 한편으로 인간성 상실, 법규만능주의, 동조과잉, 훈련된 무능, 번문욕례, 무사안일주의, 권력주의적 행태의 조장, 할거주의 등과 같은 관료제의 병폐가 존재한다.

정답 ②

| 광주시통합(2021)

15 다음 중 우리나라의 내부고발자 보호제도에 대한 설명으로 옳지 않은 것은?

① 누구든지 공무원의 부패행위를 알게 된 때에는 국민권익위원회에 신고할 수 있다.
② 부패행위 신고 시 신고자의 인적사항과 신고취지를 이유를 기재한 기명의 문서로 하여야 한다.
③ 인적사항 공개금지의무를 위반한 자는 징계 등 조치를 받는다.
④ 조사기관의 종사자는 신고자의 동의 없이 신고자의 신분을 밝히거나 암시하여서는 안 된다.
⑤ 부패행위 신고자가 부패행위 신고의 내용이 허위라는 사실을 알았거나 알 수 있었음에도 불구하고 신고한 경우일지라도 공익을 위해 법에 보호를 받을 수 있다.

정답 | 해설

신고자가 신고의 내용이 허위라는 사실을 알았거나 알 수 있었음에도 불구하고 신고한 경우에는 법에 보호를 받지 못한다(공정거래위원회 부패행위 신고에 관한 규정 제11조 제2항).

오답분석
① 국민 누구라도 공직자의 공직자 행동강령 위반사실을 알게 된 때에는 국민권익위원회에 신고할 수 있다.
② 책임관은 부패행위 등의 신고를 접수하고자 하는 자에게 별지 서식에 따라 신고자의 인적사항과 신고취지 및 이유를 기재한 기명의 문서로 하게 하여야 하며, 신고대상과 부패행위 등의 증거 등을 함께 제시하도록 하여야 한다(공정거래위원회 부패행위 신고에 관한 규정 제5조 제2항).
③ 위원장은 신분비밀보장을 위반하여 신고자의 신분을 누설한 자에 대해서는 징계 등 필요한 조치를 하여야 한다(공정거래위원회 부패행위 신고에 관한 규정 제17조 제1호).
④ 공무원은 누구라도 신고자라는 사정을 알면서도 그 인적사항 또는 신고자임을 미루어 알 수 있는 사실을 다른 사람에게 암시하거나 알려주거나 공개 또는 보도하여서는 아니 된다(공정거래위원회 부패행위 신고에 관한 규정 제9조 제1항). 책임관은 신고내용의 조사·처리를 위해 부득이 신고자의 인적사항을 표시하여야 하는 경우 서면으로 신분공개동의서를 제출받아야 한다(공정거래위원회 부패행위 신고에 관한 규정 제9조 제2항).

정답 ⑤

| 에너지(2021)

16 다음 중 우리나라에서 실시하고 있는 균형인사제도에 해당하지 않는 것은?

① 여성관리자 임용확대
② 양성평등 채용목표제
③ 장애인 의무고용제
④ 인문계 공무원 임용목표제
⑤ 지역인재 채용목표제

정답 해설

우리나라의 인사혁신처의 발표에 따른 균형인사제도에는 여성관리자 임용확대, 양성평등 채용, 장애인 의무고용, 이공계 공무원 임용, 지방인재 채용, 지역인재 채용, 기능인재 채용, 저소득층 채용 등이 있다.

> **이공계 공무원 임용목표제**
> 지식기반경제의 가속화로 IT, BT, NT, ET 등 신기술분야의 기술혁신이 국가경쟁력의 핵심요소로 등장하면서 과학적 사고에 바탕을 둔 정책수요가 크게 증대되었다. 이에 따라 경제, 산업, 교육, 예산 등 국가의 주요 정책결정과정에서 과학・기술적 사고에 바탕을 둔 판단이 요구되고 있어 과학기술 전문지식을 지닌 전문인력의 확보를 위해 이공계 공무원 임용목표제를 시행하고 있다.

정답 ④

| 수자원(2025)/부교공(2023)/수자원(2023)/대전시통합(2022)/부교공(2022)/에너지(2021)/국민연금(2020)/서부발전(2020)

17 다음 중 대표관료제와 관련이 없는 것은?

① 양성평등 채용목표제
② 지방인재 채용목표제
③ 총액인건비제
④ 장애인 고용촉진제
⑤ 이공계 출신 채용목표제

정답 해설

총액인건비제도는 각 부처의 인사권에 자율성을 높여주기 위해 시행되는 제도로, 중앙예산 기관이 총정원과 인건비예산의 상한선(총액)을 정해주면 그 안에서 해당부처가 자율성을 발휘하여 인사 - 조직업무를 수행하는 제도이다. 대표관료제와는 관련이 없다.

오답분석

①・②・④・⑤ 대표관료제는 한 국가 내의 다양한 집단별 구성비율을 정부조직에 그대로 반영하여 관료를 충원하는 인사제도로, 민주성과 중립성을 조화시키고자 하는 목적에서 시행되었다. 현재 양성평등 채용목표제, 장애인 의무고용제, 지방인재 채용목표제, 이공계 출신 채용목표제, 저소득층 채용목표제 등이 시행되고 있다.

정답 ③

| 수자원(2025)/부교공(2023)/수자원(2023)/대전시통합(2022)/부교공(2022)/에너지(2021)/국민연금(2020)/서부발전(2020)

18 다음 중 대표관료제에 대한 설명으로 옳지 않은 것은?

① 적극적 대표는 출신성분이 관료의 태도를 결정한다는 전제를 가진 능동적 대표성이다.
② 대표관료제는 관료조직 내의 내부통제를 강화시킨다.
③ 대표관료제는 한 국가 내에서 다양한 사회집단들의 구성비율에 따라 관료를 충원하는 원리가 적용되는 관료제이다.
④ 대표관료제는 개인의 선택에 대한 인위적 간섭을 초래함으로써 개인권익의 침해가 발생하는 한계점이 있다.
⑤ 대표관료제의 구체적인 제도로는 여성관리자 임용확대, 장애인 의무고용제, 지방인재 채용목표제 등이 있다.

정답 해설

- 소극적 대표(피동적 대표성)
  - 출신이 관료의 태도를 결정한다는 전제
  - 관료제의 모든 계층과 직위에 각 사회집단이 비례적으로 대표되는 것
- 적극적 대표(능동적 대표성)
  - 태도가 행동을 결정한다는 전제
  - 비례적으로 구성된 관료들이 출신집단이나 계층을 적극적으로 대변하고 책임지는 것

정답 ①

| 수자원(2025)/부교공(2023)/수자원(2023)/대전시통합(2022)/부교공(2022)/에너지(2021)/국민연금(2020)/서부발전(2020)

19 다음 중 대표관료제에 대한 설명으로 옳지 않은 것은?

① 대표관료제는 역차별을 초래하여 사회 내 갈등과 분열을 조장할 수 있다.
② 대표관료제는 소수엘리트의 권력 독점과 사후적 외부통제의 한계로 인해 대두되었다.
③ 대표성을 지닌 관료집단 간의 견제와 균형이 무너져 내부통제가 약화된다.
④ 대표관료제는 한 국가 내에서 다양한 사회집단들의 구성비율에 따라 관료를 충원하는 원리가 적용되는 관료제도이다.
⑤ 균형인사제도와 같이 공직임용에서 소외되었던 사회 소수집단의 공직진출을 확대하는 것은 대표관료제의 적용사례에 해당한다.

정답 해설

대표관료제는 대표성을 지닌 관료집단 간의 견제와 균형을 통해 사회집단 간 이익을 균형 있게 대변하고, 내부적이면서 비제도적인 내부통제로서 기능을 담당한다.

정답 ③

| 수자원(2024)/수자원(2023)/국민연금(2022)/남동발전(2021)/서부발전(2020)

20 다음 〈보기〉에서 실적주의에 대한 설명으로 옳은 것은 모두 몇 개인가?

> **보기**
> ㉠ 채용시험의 내용과 직무수행 능력과의 직접적인 연계성이 부족하다.
> ㉡ 공무원의 정치적 자유를 지나치게 제약한다.
> ㉢ 정당의 대중화와 정당정치에 기여한다.
> ㉣ 공직취임에 대한 기회균등을 보장한다.
> ㉤ 관직의 남설로 인해 재정적 낭비를 초래한다.

① 1개　　　　　　　　② 2개
③ 3개　　　　　　　　④ 4개
⑤ 5개

정답 | 해설

실적주의는 공직임용기준을 실적(개인의 능력, 자격, 적성 등)에 두는 제도로, 실적이란 능력, 자격, 기술, 지식, 성과 등으로 정의된다. 이러한 실적주의는 행정국가가 대두되면서 발전하게 되었고, 행정의 능률화에 대한 요청으로 능률적인 관료제의 필요성이 제기되었다.

오답분석
㉢·㉤ 엽관주의에 대한 특징이다.

실적주의의 장단점

장점	단점
• 공직취임에 대한 기회균등 보장 • 행정의 공정성 확보 • 행정의 효율성 확보 • 정치·행정적 부패 감소	• 반엽관주의에 따른 경직적인 인사행정 • 채용시험으로 인한 직무수행능력과 직접적인 연계성 부족 • 공무원의 정치적 자유 제약

정답 ③

| 수자원(2024)/수자원(2023)/국민연금(2022)/남동발전(2021)/서부발전(2020)

21 다음 중 실적주의에 대한 설명으로 옳지 않은 것은?

① 실적주의의 주요 요소는 공직취임의 기회균등, 실적에 의한 임용, 정치적 보수주의 등으로 구성된다.
② 실적주의란 공직임용기준을 실적에 두는 제도로, 실적은 능력, 자격, 기술, 성과 등으로 정의된다.
③ 산업화 이후 사회・경제적 환경의 규모가 확대되고 복잡성이 증가함에 따라 능률적인 관료제의 필요성으로 인해 실적주의가 발전하기 시작하였다.
④ 자본주의와 산업화의 발달에 따른 행정의 양적 확대와 질적 분화현상이 나타나면서 실적주의가 대두되었다.
⑤ 실적주의는 공개경쟁시험으로 유능한 인재를 임용함으로써 행정의 효율성을 확보할 수 있다는 장점이 있다.

정답 | 해설

실적주의는 엽관주의의 폐단을 시정하기 위해 등장하였으며, 공직임용기준을 실적(개인의 능력・자격・적성)에 두는 제도이다. 실적주의의 주요 구성요소로는 공직취임의 기회균등, 실적에 의한 임용, 정치적 중립, 정치적 해고로부터 신분보장 등이 있다.

정답 ①

| 부산보훈병원(2020)

22 다음 그림의 빈칸 ㉠, ㉡에 들어갈 내용을 바르게 나열한 것은?

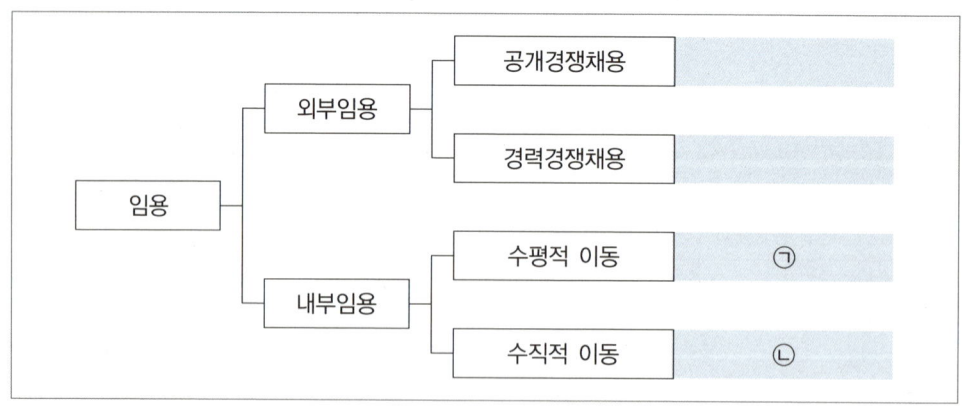

	㉠	㉡
①	승진, 파견	전직, 전보, 강임
②	승진, 강임	전직, 전보, 파견
③	강임, 파견	전직, 승진
④	전직, 전보, 파견	승진, 강임
⑤	전직, 승진, 강임	파견, 전보

| 정답 | 해설 |

임용은 외부임용과 내부임용으로 구분할 수 있다. 그중 내부임용은 수평적 이동과 수직적 이동으로 나눌 수 있다.
- 수평적 이동 : 전직, 전보, 파견, 겸임, 전입·전출
- 수직적 이동 : 승진, 강임

정답 ④

| 농어촌(2022)/강원랜드(2022)/근복(2021)/한전(2020)

23 다음 〈보기〉에서 엽관주의에 대한 설명으로 옳은 것은 모두 몇 개인가?

보기
㉠ 엽관주의란 정당에의 충성도와 공헌도를 관직의 임용기준으로 삼는 인사행정제도이다.
㉡ 행정의 전문성과 기술성을 제고할 수 있다.
㉢ 정부활동에 대한 행정의 민주화에 기여하는 장점이 있다.
㉣ 정부의 재정적 낭비를 줄일 수 있다는 장점이 있다.
㉤ 미국의 엽관주의는 특정 계층의 공직독점을 방지하기 위해 등장하였다.

① 1개　　② 2개
③ 3개　　④ 4개
⑤ 5개

| 정답 | 해설 |

엽관주의란 정당에의 충성도와 공헌도를 관직의 임용기준으로 삼는 인사행정제도이다. 엽관주의는 19세기 초 정치적으로 자유 민주주의가 정착되기 시작한 영국과 미국에서 관료기구와 국민과의 동질성을 확보하기 위한 수단으로 도입되었다.

오답분석
㉡ 행정의 전문성과 기술성을 저하시킬 수 있다.
㉣ 관직의 남설을 통해 정부의 재정적 낭비를 초래하는 단점이 있다.

정답 ③

| 농어촌(2022)/강원랜드(2022)/근복(2021)/한전(2020)

24 다음 중 엽관제에 대한 설명으로 옳지 않은 것은?

① 민주적 통제가 용이하다.
② 강력한 정책집행이 용이하다.
③ 행정의 안정성을 저해한다.
④ 정치적 중립성 확보가 쉽다.
⑤ 부패가 일어날 가능성이 높다.

정답 해설

엽관주의는 선거를 통해 정권을 잡은 사람이나 정당이 관직을 지배하는 정치적 관행으로, 정치적 중립성 확보가 어렵다.

엽관제의 기능

순기능	역기능
• 강력한 정책집행 용이 • 정당정치 발달에 기여 • 정치적인 리더십 강화 • 민주적인 통제 용이 • 책임정치 구현	• 정치적 중립성 확보 어려움 • 행정의 능률성과 전문성의 저하 • 행정의 안정성 저해 • 부패의 발생 가능성 높음

정답 ④

| 도로교통(2023)/부교공(2022)/에너지(2021)/국민연금(2021)/남동발전(2021)/경기도통합(2020)/한전(2020)

25 다음 중 평가의 타당성의 분류에 따른 타당성에 대한 설명으로 옳지 않은 것은?

① 타당성이란 측정하고자 하는 바를 정확하게 측정하였는지에 대한 개념으로, 구성타당성, 외적타당성, 내적타당성, 결론타당성으로 구분한다.
② 외적타당성이란 평가결과를 일반화할 수 있는 정도로, 외적타당성을 저해하는 요인으로 상실요소, 회귀인공요소 등이 해당한다.
③ 내적타당성이란 인과적 추론의 정확성을 의미하는데, 내적타당성을 저해하는 요인으로는 역사요인, 성숙효과, 모방효과 등이 해당한다.
④ 결론타당성이란 추정된 원인과 결과 사이에 관련이 있는지에 대한 통계적인 의사결정의 타당성을 의미한다.
⑤ 구성타당성이란 처리, 결과, 모집단 및 상황들에 대한 이론적 구성요소들이 성공적으로 조작화된 정보를 의미한다.

정답 해설

상실요소, 회귀인공요소는 내적타당성을 저해하는 요인에 해당하며, 외적타당성을 저해하는 요인에는 표본의 대표성 부족, 호손효과, 다수적 처리에 의한 간섭 등이 해당된다.

정답 ②

| 도로교통(2023)/부교공(2022)/에너지(2021)/국민연금(2021)/남동발전(2021)/경기도통합(2020)/한전(2020)

26 다음 글에서 설명하는 외적타당성의 저해요인으로 옳은 것은?

> 양 집단 간 동질성이 있다 하더라도 각 집단의 구성원이 사회적 대표성이 없으면 그 결과를 일반화하기 곤란하다.

① 다수처리에 의한 간섭
② 호손효과
③ 사건효과
④ 크리밍효과
⑤ 표본의 대표성 부족

정답 | 해설

외적타당성 저해요인으로 호손효과, 다수처리에 의한 간섭, 표본의 대표성 부족, 크리밍효과, 실험조작과 측정의 상호작용 등이 있다. 제시문에서 설명하고 있는 것은 표본의 대표성이 부족하기 때문에 발생하는 외적타당성의 저해요인에 해당한다.

[오답분석]
③ 사건효과는 실험기간 동안에 일어난 비의도적인 사건발생이 실험에 영향을 미치는 것으로, 내적타당성의 저해요인에 해당한다.

정답 ⑤

| 도로교통(2023)/부교공(2022)/에너지(2021)/국민연금(2021)/남동발전(2021)/경기도통합(2020)/한전(2020)

27 다음 중 정책평가의 타당성에 대한 설명으로 옳지 않은 것은?

① 타당성은 신뢰성의 필요조건이며, 신뢰성이 높으면 타당성도 높다.
② 내적타당성이란 정책평가 시 1차적으로 확보해야 할 타당성이다.
③ 구성 타당성이란 평가에 이용된 구성개념과 이를 측정하는 평가 수단 간에 일치하는 정도를 의미한다.
④ 통계적 결론의 타당성은 연구설계를 정밀하게 구성하여 평가과정에서 제1종 및 제2종 오류가 발생하지 않는 정도를 나타낸다.
⑤ 외적타당성이란 특정한 상황에서 얻은 정책평가가 다른 상황에도 그대로 적용될 수 있는 정도를 의미한다.

정답 | 해설

정책평가의 타당성은 정책평가가 정책의 효과를 얼마나 사실에 가깝게 추정하고 있는지를 파악하는 정도이다. 이러한 타당성은 구성타당성, 통계타당성, 내적타당성, 외적타당성으로 구분할 수 있다. 신뢰성이란 측정도구가 어떤 현상을 되풀이해서 측정했을 때 얼마나 일관성 있게 측정할 수 있는지를 파악하는 것이다. 신뢰성은 타당성의 필요조건이며, 타당성이 높으면 신뢰성은 높지만, 신뢰성이 높더라도 타당성이 높다고 볼 수는 없다.

정답 ①

| 도로교통(2023)/부교공(2022)/에너지(2021)/국민연금(2021)/남동발전(2021)/경기도통합(2020)/한전(2020)

28 다음 정책평가의 내적타당성을 저해하는 요인들 중 외재적 요인은?

① 선발요인
② 역사요인
③ 측정요인
④ 도구요인
⑤ 성숙요인

정답 해설

외재적 요인이란 실험에 들어가기 전 집단의 구성 시에 발생하는 요인으로, 선발요인은 외재적 요인에 해당한다.

내적타당도 저해요인

내재적 요인	실험이 진행되는 과정 중에 발생하는 오류 예 역사적요인, 성숙효과, 회귀 – 인공요인, 측정요인, 측정도구의 변화, 선발과 성숙의 상호작용, 처치와 상실의 상호작용
외재적 요인	실험이 진행되기 전 집단 구성 시 발생하는 오류 예 선발요인

정답 ①

| 도로교통(2023)/부교공(2022)/에너지(2021)/국민연금(2021)/남동발전(2021)/경기도통합(2020)/한전(2020)

29 다음 중 연구조사방법론에서 사용하는 타당성에 대한 설명으로 옳지 않은 것은?

① 내적타당성은 측정도구를 구성하는 측정지표 간의 일관성이다.
② 구성타당성은 연구에서 이용된 이론적 구성개념과 이를 측정하는 측정수단 간에 일치하는 정도를 의미한다.
③ 기준타당성은 하나의 측정도구를 이용하여 측정한 결과와 다른 기준을 적용하여 측정한 결과를 비교했을 때 도출된 연관성의 정도이다.
④ 수렴적타당성은 동일한 개념을 다른 측정 방법으로 측정했을 때 측정된 값 간의 상관관계를 의미한다.
⑤ 차별적타당성은 서로 다른 이론적 구성개념을 나타내는 측정지표 간의 관계를 의미하며, 서로 다른 구성개념을 측정하는 지표 간의 상관관계가 낮을수록 차별적 타당성이 높다.

정답 해설

측정도구를 구성하는 측정지표(측정문항) 간의 일관성은 신뢰도를 의미한다. 내적타당성은 실험 처리와 결과 간의 인과적 결론의 적합성 정도로, 내적타당성을 어렵게 하는 요소에는 외재적 요소와 내재적 요소 등이 있다.

정답 ①

| 도로교통(2023)/부교공(2022)/에너지(2021)/국민연금(2021)/남동발전(2021)/경기도통합(2020)/한전(2020)

30 다음 중 시험의 요건으로 타당성과 신뢰성에 대한 설명으로 옳지 않은 것은?

① 신뢰성은 타당성의 필요조건이며, 신뢰성이 낮으면 타당성이 낮다.
② 신뢰성이란 시험을 통해 측정한 값들이 얼마나 일정하게 산출되는 정도를 나타내는 기준을 의미한다.
③ 타당성은 기준타당성, 내용타당성, 구성타당성으로 구분할 수 있는데, 그중 내용타당성은 고도의 계량적 분석기법이 요구된다.
④ 채용시험 성적과 채용 후 일정한 기간이 지난 뒤의 근무성적을 비교하여 둘의 상관관계를 파악하여 측정하는 것은 기준타당성을 측정하기 위한 방법이다.
⑤ 타당성이란 시험을 통해 측정하려고 하는 바를 실제로 측정할 수 있는 정도를 나타내는 기준을 의미한다.

정답 해설

고도의 계량적 분석기법이 요구되는 타당성은 구성타당성으로, 구성타당성은 이론적으로 추정한 능력요소와 시험문제의 부합정도를 측정하는 것이다. 구성된 능력요소가 현실성 있고 직무수행의 성공과 연관되어 있는지 확인한 후, 시험의 내용과 구성된 능력요소 사이의 관계를 분석한다.

정답 ③

| 도로(2021)

31 다음 중 인사청문제도에 대한 설명으로 옳지 않은 것은?

① 국무위원의 경우 소관상임위원회의 인사청문 대상이다.
② 우리나라의 인사청문회는 인사청문특별위원회와 소관상임위원회로 구분하여 실시하고 있다.
③ 인사청문의 결과는 그 자체로서 대통령을 법적으로 구속하는 효력을 가진다.
④ 인사청문회의 진행은 공개적으로 진행되며, 위원회의 의결로 공개하지 않을 수 있다.
⑤ 인사청문이란 헌법상 국회의 임명동의가 필요하거나 국회의 인사청문을 거치도록 되어 있는 주요 공직자에 대해서 그 적격성 여부를 국회차원에서 사전검증하는 제도이다.

정답 해설

인사청문제도는 주요 공직자에 대해서 그 적격성 여부를 국회 차원에서 사전검증하는 제도이다. 인사청문회의 진행은 원칙적으로 공개적으로 진행되지만, 위원회의 의결로 공개하지 않을 수 있다. 국회는 임명동의안 등이 제출된 날부터 20일 이내에 인사청문을 마쳐야 하며, 위원회는 임명동의안이 회부된 날부터 15일 이내에 인사청문회를 마치되, 인사청문회의 기간은 3일 이내로 해야 한다. 인사청문회는 임명동의와는 달리 인사청문의 결과는 그 자체로서 대통령을 법적으로 구속하지 못한다.

정답 ③

| 전력기술(2025)/서교공(2025)/전기안전(2023)/수자원(2023)/농어촌(2022)/근복(2022)/부교공(2022)/TS(2021)

32 다음 〈보기〉에서 직위분류제에 대한 설명으로 옳은 것은 모두 몇 개인가?

보기

㉠ 직렬이란 직무 종류가 상이하나 난이도와 책임도가 같은 직급의 군을 의미한다.
㉡ 직위분류제는 개방형 충원체제이다.
㉢ 직위분류제는 신분보장이 약하다.
㉣ 직위분류제를 실시하기 위해서는 직무명세서가 가장 먼저 작성되어야 한다.
㉤ 직위분류제는 동일직무·동일보수를 지급한다.

① 1개 ② 2개
③ 3개 ④ 4개
⑤ 5개

정답 | 해설

㉡ 직위분류제는 계급제(폐쇄형)와 다르게 개방형 충원체제이다.
㉢ 직위분류제는 계급제(신분보장 강함)와 다르게 신분보장이 약하다.
㉤ 직위분류제는 계급제(동일계급 동일보수)와 다르게 동일직무·동일보수를 지급한다.

오답분석

㉠ 직렬이란 직무 종류가 유사하나 난이도와 책임도가 다른 직급의 군을 의미한다.
㉣ 직위분류제를 실시하기 위해서는 직무조사를 통한 직무기술서가 가장 먼저 작성되어야 한다.

정답 ③

| 전력기술(2025)/서교공(2025)/전기안전(2023)/수자원(2023)/농어촌(2022)/근복(2022)/부교공(2022)/TS(2021)

33 다음 중 직위분류제에 대한 설명으로 옳지 않은 것은?

① 직류란 동일 직렬 내에서 담당 분야가 같은 직무의 군을 의미한다.
② 직무평가를 통해 직류, 직렬, 직군을 형성한다.
③ 직위분류제는 미약한 신분을 보장하고, 보상의 공정성을 확보하는 특징이 있다.
④ 직위분류제는 개방형 충원을 원칙으로 하여 전문가 양성에 유리하다.
⑤ 직위분류제란 공직을 직무중심으로 하여 난이도와 책임의 경중도를 기준으로 등급을 분류하는 방식을 말한다.

정답 | 해설

직위분류제란 공직을 직무중심에 두고, 난이도와 책임의 경중도를 기준으로 등급을 분류하는 방식으로, 권한과 책임의 한계가 명확한 개방형 충원체제를 바탕으로 한다. 또한 전문행정가 양성에 유리하다는 장점이 있다. 직류, 직렬, 직군은 직무평가가 아닌 직무분석을 통해 형성되고, 직무평가를 통해 직급과 등급을 형성한다.

정답 ②

| 전력기술(2025)/서교공(2025)/전기안전(2023)/수자원(2023)/농어촌(2022)/근복(2022)/부교공(2022)/TS(2021)

34 다음 중 직위분류제에 대한 설명으로 옳지 않은 것은?

① 직위분류제는 권한과 책임의 한계가 명확하다.
② 직위분류제는 전문행정가의 중시로 인한 전직이나 전보 범위의 제한이 있다.
③ 직위분류제에서 직렬이란 직무 종류가 유사하나, 난이도와 책임도가 다른 직급의 군을 의미한다.
④ 직위분류제는 과학적 관리론의 영향을 받으면서 태동되었다.
⑤ 직위분류제를 수립하기 위해서 첫 번째 단계로 직무분석을 실시하고, 이를 통해 직무기술서를 작성한다.

정답 | 해설

직위분류제란 직무 또는 직위 요소를 기초로, 직무의 종류·곤란도·책임도 등을 기준으로 공직을 분류하는 방식이다. 직위분류제를 수립하기 위해서 첫 번째 단계로 직무분석이 아닌 직무조사를 실시하고, 이후에 직무분석과 직무평가를 실시한다.

정답 ⑤

| 근복(2025)/부교공(2022)/도로교통(2020)

35 다음 〈보기〉의 직무평가 방법 중 계량적이지 않은 것을 모두 고르면?

보기
ㄱ. 점수법 ㄴ. 서열법
ㄷ. 요소비교법 ㄹ. 분류법

① ㄱ, ㄴ
② ㄱ, ㄷ
③ ㄴ, ㄷ
④ ㄴ, ㄹ
⑤ ㄷ, ㄹ

정답 | 해설

직무평가는 직무의 각 분야가 기업 내에서 차지하는 상대적 가치의 결정이다. 서열법과 분류법은 비계량적 평가(종합적 평가)로 주관적이 판단이 비교적 많이 적용될 수 있고, 요소비교법과 점수법은 계량적 평가(분석적 평가)로 비교적 정확하게 평가할 수 있다.

직무평가 방법
- 서열법 : 직원들의 근무성적을 평정함에 있어서 평정 대상자(직원)들을 서로 비교해서 서열을 정하는 평정 방법이다.
- 분류법 : 미리 작성한 등급기준표에 따라 평가하고자 하는 직위의 직무를 어떤 등급에 배치할 것인가를 하나하나 결정해 나가는 방법이다.
- 점수법 : 직무를 그 구성요소별로 나누고 각 요소에 점수를 매겨 평가하는 방법이다.
- 요소비교법 : 직무를 몇 개의 중요 요소로 나누고 이들 요소를 기준직위의 평가 요소와 비교하여 평가하는 방법이다.

정답 ④

| 마사회(2023)/수자원(2023)/TS(2021)/화성도시(2020)/TS(2020)

36 다음 중 직렬에 대한 설명으로 옳은 것은?

① 직무의 종류와 책임도 등이 유사하여 동일한 보수를 지급할 수 있는 직위의 집단이다.
② 동일한 직렬 내에서 담당 분야가 동일한 직무의 집합이다.
③ 직무의 종류와 성질은 유사하나, 곤란도와 난이도가 서로 다른 직급의 군이다.
④ 직무의 종류가 광범위하게 유사한 직렬의 군이다.
⑤ 한 사람이 근무하여 처리할 수 있는 직무와 책임의 양이다.

정답 해설

직렬은 직무는 같은 종류에 해당되지만, 의무와 책임의 수준이나 곤란성이 서로 다른 직급들을 모아놓은 것을 말한다.

오답분석
① 직급 : 직무의 종류·곤란성과 책임도가 상당히 유사한 직위의 군을 말한다.
② 직류 : 동일 직렬 내에서 담당분야가 같은 직무의 군을 말한다.
④ 직군 : 직무 성질이 유사한 직렬의 군을 말한다.
⑤ 직위 : 한 사람의 근무를 요하는 직무와 책임을 말한다.

정답 ③

| 광주시통합(2021)

37 다음 중 클링너(Klingner)가 제시한 인력계획의 과정을 순서대로 바르게 나열한 것은?

① 통계자료의 준비 – 인력총수요 예측 – 인력총공급 예측 – 실제적 인력수요 결정 – 인력확보방안의 결정 – 인력확보방안의 실행 – 조직목표의 설정 – 평가 및 환류
② 인력총수요 예측 – 인력총공급 예측 – 조직목표의 설정 – 실제적 인력수요 결정 – 인력확보방안의 결정 – 통계자료의 준비 – 인력확보방안의 실행 – 평가 및 환류
③ 인력총수요 예측 – 인력총공급 예측 – 조직목표의 설정 – 실제적 인력수요 결정 – 인력확보방안의 결정 – 인력확보방안의 실행 – 통계자료의 준비 – 평가 및 환류
④ 조직목표의 설정 – 인력총수요 예측 – 인력총공급 예측 – 실제적 인력수요 결정 – 인력확보방안의 결정 – 인력확보방안의 실행 – 통계자료의 준비 – 평가 및 환류
⑤ 조직목표의 설정 – 인력총공급 예측 – 인력총수요 예측 – 실제적 인력수요 결정 – 인력확보방안의 결정 – 인력확보방안의 실행 – 통계자료의 준비 – 평가 및 환류

정답 해설

클링너(Klingner)의 인력계획의 과정
조직목표의 설정 – 인력총수요 예측 – 인력총공급 예측 – 실제적 인력수요 결정 – 인력확보방안의 결정 – 인력확보방안의 실행 – 통계자료의 준비 – 평가 및 환류

정답 ④

38 다음 〈보기〉에서 펜들턴(Pendleton) 법의 내용에 해당하지 않는 것을 모두 고르면?

> **보기**
> ㉠ 실적제도 보호위원회(MSPB)의 설치
> ㉡ 공무원의 임용은 엽관주의에 의한 임용
> ㉢ 독립적이고 초당적인 연방중앙인사위원회(FCSC)의 설치
> ㉣ 제대군인에 대한 임용 시 특혜 인정

① ㉠, ㉡
② ㉠, ㉢
③ ㉡, ㉢
④ ㉡, ㉣
⑤ ㉢, ㉣

정답 | 해설

㉠ 실적제도 보호위원회(MSPB)의 설치는 카터 행정부의 공무원제도개혁법 제정으로 설치되었다.
㉡ 공무원의 임용은 공개경쟁채용시험에 의하여 임용되었다.

펜들턴 법의 주요 내용
- 독립적이고 초당적인 연방중앙인사위원회(FCSC)의 설치
- 공무원의 임용은 공개경쟁채용시험에 의한 임용
- 공무원의 정치활동 금지
- 제대군인에 대한 임용 시 특혜 인정

정답 ①

39 다음 설명에 해당하는 평정오류로 옳은 것은?

> 평정점수의 사후적 조정이 불가능하며, 평정자의 평정기준이 일정하지 않아 관대화 및 엄격화 경향이 불규칙하게 나타나는 오류이다.

① 시간적 오류
② 총계적 오류
③ 상동적 오차
④ 체계적 오류
⑤ 귀인적 편견

정답 해설

총계적 오류는 총계적 착오라고도 하며, 평정자의 평정기준이 일정하지 않아 관대화 및 엄격화 경향이 불규칙하게 나타나는 오류이다.

오답분석

① 시간적 오류 : 전체 기간의 근무성적을 평가하기보다는 초기의 업적에 영향을 크게 받는 최초효과와 최근의 실적이나 능력을 중심으로 평가하는 근접효과가 있다.
③ 상동적 오차 : 유형화의 착오로 편견이나 선입견에 의한 오차이다.
④ 체계적 오류 : 평정자가 항상 관대화 경향이나 엄격화 경향을 보이는 것으로, 규칙적 오류 또는 일관적 오류라고도 한다.
⑤ 귀인적 편견 : 드러나는 행위를 기반으로 관찰자가 피평가자의 내적 상태를 추론함으로써 발생하는 오류이다.

정답 ②

CHAPTER 05 재무행정론

수자원(2023)/수자원(2022)

01 다음 중 특별회계에 대한 설명으로 옳지 않은 것은?

① 특별회계는 예산 단일성 및 통일성의 원칙에 대한 예외가 된다.
② 국가재정법에 따르면 기획재정부장관은 특별회계 신설에 대한 타당성을 심사한다.
③ 특별회계는 일반회계와 기금의 혼용 방식으로 운용할 수 있다.
④ 일반회계는 특정 수입과 지출의 연계를 배제하지만, 특별회계는 특정 수입과 지출을 연계하는 것이 원칙이다.
⑤ 국가재정법에 따르면 특별회계는 국가에서 특정한 사업을 운영하고자 할 때나 특정한 자금을 보유하여 운용하고자 할 때 대통령령으로 설치할 수 있다.

정답 | 해설

국가재정법 제4조에 따르면 특별회계는 국가에서 특정한 사업을 운영하고자 할 때나 특정한 자금을 보유하여 운용하고자 할 때, 특정한 세입으로 특정한 세출에 충당함으로써 일반회계와 구분하여 회계처리할 필요가 있을 때 법률로 설치한다.

정답 ⑤

수자원(2023)/부교공(2022)/에너지(2021)/서울시설(2021)/수자원(2021)/TS(2021)

02 다음 중 예산개혁의 경향이 시대에 따라 변화한 모습을 순서대로 바르게 나열한 것은?

㉠ 통제지향	㉡ 감축지향
㉢ 참여지향	㉣ 관리지향
㉤ 기획지향	

① ㉠ – ㉡ – ㉢ – ㉣ – ㉤
② ㉠ – ㉣ – ㉤ – ㉡ – ㉢
③ ㉠ – ㉤ – ㉢ – ㉡ – ㉣
④ ㉡ – ㉠ – ㉣ – ㉢ – ㉤
⑤ ㉡ – ㉣ – ㉤ – ㉢ – ㉠

정답 | 해설

예산제도는 '품목별 예산 – 성과주의 예산 – 계획 예산 – 영기준 예산 – 주민참여 예산'으로 변화되어 왔으며, 각각의 경향은 '통제 – 관리 – 기획 – 감축 – 참여'의 성향을 지닌다.

정답 ②

| 수자원(2023)/부교공(2022)/에너지(2021)/서울시설(2021)/수자원(2021)/TS(2021)

03 다음은 계획 예산과 영기준 예산의 차이점과 공통점을 나타낸 자료이다. 각각의 구분에 따른 설명으로 옳지 않은 것은?

	구분	계획 예산	영기준 예산
①	예산의 중점	정책·계획의 수립이나 목표에 중점	목표달성과 사업평가 중점
②	예산결정의 흐름	하향적	상향적
③	$B \div C$ 분석의 시행	신규 및 기존사업 모두 시행	신규사업만 시행
④	관리적 측면	최고관리층	일선관리자
⑤	공통점	합리주의적 예산제도로서 효율적인 자원배분 중시	

정답 | 해설

영기준 예산의 경우 모든 지출제안에서 대해 매년 '0'의 기준 상태에서 근본적인 재평가를 바탕으로 사업을 검토하기 때문에 계속사업과 신규사업을 함께 재평가하여 사업효과가 높은 순서로 예산을 배정하는 방식을 사용한다.
따라서 $B \div C$ 분석[(비용)÷(편익분석)]에서도 계획 예산은 신규사업만을 실시하는 것에 반해, 영기준 예산은 신규 및 기존사업에서 모두 시행한다.

구분	계획 예산	영기준 예산
$B \div C$ 분석의 시행	신규사업만 시행	신규 및 기존사업 모두 시행

정답 ③

| 수자원(2023)/부교공(2022)/에너지(2021)/서울시설(2021)/수자원(2021)/TS(2021)

04 다음 중 예산에 대한 설명으로 옳지 않은 것은?

① 대통령의 거부권 행사가 불가능한 것은 법률주의에 따른 예산이다.
② 예산의 형식으로는 법률주의와 예산주의가 있으며, 현재 우리나라의 경우 예산주의 형식을 취하고 있다.
③ 특별회계란 국가가 특정 사업이나 자금을 운용하거나 특정한 세입으로 특정한 세출에 충당하려는 경우, 일반회계와 구분하여 편성하는 예산이다.
④ 예산은 회계연도 동안 정부가 거두어들일 수입과 공공서비스 공급을 위한 지출의 내역과 규모에 대한 계획을 의미한다.
⑤ 예산은 정부정책 중 가장 보수적인 영역으로, 전년 대비 일정비율의 변화에 국한되는 점증주의적 특징이 강하게 작용한다.

정답 해설

대통령의 거부권 행사가 불가능한 것은 예산주의에 따른 예산이다.

법률주의와 예산주의

구분	법률주의	예산주의
특징	세입·세출 예산을 매년 의회가 법률로 확정	행정부가 편성한 예산을 매년 국회가 의결로 확정
조세제도	일년세주의	영구세주의
대통령의 거부권	거부권 행사 가능	거부권 행사 불가능
해당국가	미국, 영국, 프랑스	한국, 일본
예산의 효력	세입·세출 모두 법률적 구속력 있음	세입은 단순 참고자료, 세출은 법률에 준하는 효력

정답 ①

| 수자원(2023)/부교공(2022)/에너지(2021)/서울시설(2021)/수자원(2021)/TS(2021)

05 다음 중 계획예산제도(PPBS)에 대한 설명으로 옳지 않은 것은?

① 사업요소는 프로그램 요소로 사업구조의 기본단위에 해당한다.
② 계획예산제도의 경우 정책별로 예산을 배분한다.
③ 계획예산제도는 닉슨 행정부에 의해 도입되었다가 케네디 행정부에 의해 중단되었다.
④ 계획예산제도는 경제적 합리성을 기준으로 자원을 배분한다.
⑤ 계획예산제도의 경우 '장기계획수립 – 사업계획 및 사업구조 설계 – 예산배정' 순으로 예산편성을 진행한다.

정답 해설

계획예산제도는 케네디 행정부에서 실시되었지만, 닉슨 행정부의 등장으로 공식적으로 중단되었다.

정답 ③

| 수자원(2023)/부교공(2022)/에너지(2021)/서울시설(2021)/수자원(2021)/TS(2021)

06 다음 중 성과주의 예산제도에 대한 설명으로 옳지 않은 것은?

① 사업을 중심으로 편성함으로써 사업 또는 정책의 성과에 관심을 기울인 예산제도이다.
② 예산편성 시 구성요소 중 단위원가란 업무단위 1단위 산출에 소요되는 경비를 의미한다.
③ 정부 사업에 대한 회계 책임을 묻는 데 용이하다.
④ 예산집행에 있어서 신축성과 능률성이 향상되는 장점이 있다.
⑤ 미국에서 도입되었으며, 후버위원회의 건의에 따라 연방정부와 지방정부로 확산되었다.

정답 해설

성과주의 예산제도는 정책이나 사업계획에 중점을 두기 때문에 입법부의 예산통제가 곤란하고, 회계 책임의 한계가 모호하다는 단점이 있다. 정부 사업에 대한 회계 책임을 묻는 데 용이한 것은 재정통제가 용이한 품목별 예산제도이다.

정답 ③

| 수자원(2023)/부교공(2022)/에너지(2021)/서울시설(2021)/수자원(2021)/TS(2021)

07 다음 중 예산에 대한 설명으로 옳지 않은 것은?

① 본예산이란 정기 국회에서 다음 회계연도 예산에 대해 의결 및 확정한 예산을 의미한다.
② 준예산은 국회의 의결이 필요로 하지 않기 때문에 사전의결원칙의 예외에 해당한다.
③ 추가경정예산의 경우 정부는 국회에서 추경예산안이 확정되기 전에 이를 미리 배정하거나 집행할 수 없다.
④ 잠정예산이란 회계연도 개시 전까지 입법부에서 본예산이 의결되지 않았을 때를 대비해 의회가 미리 1개월분 예산만 의결하여 정부로 하여금 집행할 수 있는 예산의 한 종류이다.
⑤ 수정예산은 국회의결 전에 제출되어야 하기 때문에 상임위원회와 예산결산특별위원회의의 심사를 받아야 한다.

정답 | 해설

잠정예산이란 회계연도 개시 전까지 입법부에서 본예산이 의결되지 않았을 때 잠정적으로 사용할 수 있는 예산의 한 종류이다. 회계연도 개시 전까지 예산이 의결되지 못하는 경우를 대비해 의회가 미리 1개월분 예산만 의결하여 정부로 하여금 집행할 수 있도록 하는 예산은 가예산이다.

정답 ④

| 수자원(2023)/부교공(2022)/에너지(2021)/서울시설(2021)/수자원(2021)/TS(2021)

08 다음 중 점증모형이 갖는 장점으로 옳지 않은 것은?

① 예산과정에 대한 참여와 이익표출을 촉진시킨다.
② 예산과정 참여자들의 역할과 기대를 안정시켜 갈등의 소지를 줄일 수 있다.
③ 지속적인 예산 증가를 방지할 수 있다.
④ 지출대안의 탐색과 분석에 드는 비용을 줄일 수 있다.
⑤ 중요한 정치적 가치들을 예산결정에서 고려할 수 있다.

정답 | 해설

점증모형은 이해당사자들의 갈등을 정치적 협상 및 상호작용을 중시하는 합리성에 입각한 접근방법이다. 민주주의 원리에 부합하는 장점이 있지만, 한편으로는 정책기능의 약화와 더불어 지속적인 예산 증가의 우려가 있다.

점증모형의 장단점

장점	단점
• 정책결정비용 절감 • 민주주의 원리에 부합 • 정치적 가치 고려	• 정책기능 약화 • 지속적 예산증가 우려 • 현상유지 및 보수적 성향으로 발전 저해

정답 ③

| 수자원(2023)/부교공(2022)/에너지(2021)/서울시설(2021)/수자원(2021)/TS(2021)

09 다음 중 우리나라의 재정정책 관련 예산제도에 대한 설명으로 옳은 것은?

① 지출통제예산은 구체적 항목별 지출에 대한 집행부의 재량 행위를 통제하기 위한 예산이다.
② 우리나라의 통합재정수지에 지방정부예산은 포함되지 않는다.
③ 우리나라의 통합재정수지에서는 융자지출을 재정수지의 흑자 요인으로 간주한다.
④ 계획예산제도는 상향적 예산제도로 구성원의 참여가 활발하다.
⑤ 조세지출예산제도는 국회 차원에서 조세감면의 내역을 통제하고 정책효과를 판단하기 위한 제도이다.

정답 해설

조세지출예산제도는 조세감면에 따른 조세형평성을 제고하기 위하여 정부가 국회에 다음 연도 예산안을 제출할 때, 조세감면대상 명세서를 함께 제출하여 보다 명확한 감시와 감독이 가능하도록 하는 제도이다.

오답분석

① 지출통제예산은 항목별 구분을 없애고, 총액으로 지출을 통제하는 예산제도이다. 구체적인 항목별 지출에 대해서는 집행부에 대해 재량을 확대하는 성과지향적 예산이다.
② 지방정부예산도 통합재정수지에 포함된다.
③ 우리나라 통합재정수지는 융자지출을 재정수지의 적자 요인으로 간주한다.
④ 계획예산제도는 하향적·집권적 예산제도로 구성원의 참여가 배제된다.

정답 ⑤

| 수자원(2023)/부교공(2022)/에너지(2021)/서울시설(2021)/수자원(2021)/TS(2021)

10 다음 중 예산결정모형에서 합리모형에 대한 설명으로 옳지 않은 것은?

① 경제적 합리성에 의한 재정배분을 중시한다.
② 예산담당관이 보수적 성향을 가진 경우, 합리모형의 적용이 어렵다.
③ 계획 예산(PPBS), 영기준 예산(ZBB)이 대표적인 합리모형에 따른 예산제도이다.
④ 비용편익분석, 체제분석 등의 계량적 분석기법을 사용한다.
⑤ 예산결정의 목표에 대한 사회적인 합의가 도출되지 않았을 경우에도 적용이 가능하다는 장점이 있다.

정답 해설

합리모형은 자원배분의 최적화를 통한 사회후생의 극대화(파레토 최적)를 추구하는 모형으로, 경제적 합리성에 입각한 예산결정모형이다(예 PPBS, ZBB). 예산결정의 목표에 대한 사회적 합의가 도출되지 않은 경우에는 적용이 곤란하다는 한계점이 있다.

정답 ⑤

| 수자원(2023)/부교공(2022)/에너지(2021)/서울시설(2021)/수자원(2021)/TS(2021)

11 다음 중 계획예산제도에 대한 설명으로 옳지 않은 것은?

① 체제분석 등과 같은 계량적이면서 경제학적인 기법을 도입하였다.
② 정책별이 아닌 부서별로 예산을 배분한다.
③ 다년간에 걸친 사업 재정계획을 수립하기 때문에 장기적인 사업에 대한 신뢰성이 제고된다.
④ 예산 결정 과정에 최고 관리층의 의사를 반영할 수 있다.
⑤ 미국에서는 1963년에 국방부에 도입되었고, 1965년에 연방정부에 도입되었다.

정답 | 해설

계획예산제도는 장기적인 계획으로 단기적인 구체적 예산을 편성하여 계획과 예산이 유기적으로 연결되도록 하는 제도로, 부서별로 예산을 배정하는 것이 아닌 정책별로 예산을 배분한다.

정답 ②

| 도로교통(2023)/서울시설(2021)

12 다음 중 국가재정법의 예산집행에 대한 설명으로 옳지 않은 것은?

① 예정배정요구서는 각 중앙관서의 장이 기획재정부장관에게 제출하여야 한다.
② 기획재정부 장관은 예산배정요구서에 따라 분기별 예산배정계획을 작성하여 국무총리의 승인을 얻어야 한다.
③ 각 중앙관서는 자체의 수입·지출을 회계처리하여 기록해야 하며, 기획재정부에 월별·분기별 결산보고를 하여야 한다.
④ 총사업비가 500억 원 이상이면서 국가재정 지원이 300억 원 이상인 신규사업은 예비타당성 조사를 거쳐야 한다.
⑤ 각 중앙관서의 장은 완성에 2년 이상 소요되는 사업에 대해 총사업비 등을 미리 기획재정부 장관과 협의하여야 한다.

정답 | 해설

기획재정부 장관은 예산배정요구서에 따라 분기별 예산배정계획을 작성하여 국무회의 심의를 거친 후 대통령의 승인을 얻어야 한다(국가재정법 제43조 제1항).

오답분석
① 국가재정법 제42조
④ 국가재정법 제38조 제1항
⑤ 국가재정법 제50조 제1항

정답 ②

| 마사회(2024)/부교공(2023)/부교공(2022)

13 다음 중 우리나라 정부의 예산편성 절차를 순서대로 바르게 나열한 것은?

ㄱ. 예산편성지침 통보 ㄴ. 예산의 사정
ㄷ. 국무회의 심의와 대통령 승인 ㄹ. 중기사업계획서 제출
ㅁ. 예산요구서 작성 및 제출

① ㄱ – ㄴ – ㄹ – ㅁ – ㄷ
② ㄱ – ㄹ – ㅁ – ㄴ – ㄷ
③ ㄱ – ㅁ – ㄹ – ㄷ – ㄴ
④ ㄹ – ㄱ – ㅁ – ㄴ – ㄷ
⑤ ㄹ – ㄴ – ㄱ – ㅁ – ㄷ

정답 | 해설

우리나라 정부의 예산편성 절차는 '중기사업계획서 제출 – 예산편성지침 통보 – 예산요구서 작성 및 제출 – 예산의 사정 – 국무회의 심의와 대통령 승인'이다.

우리나라의 예산편성 절차

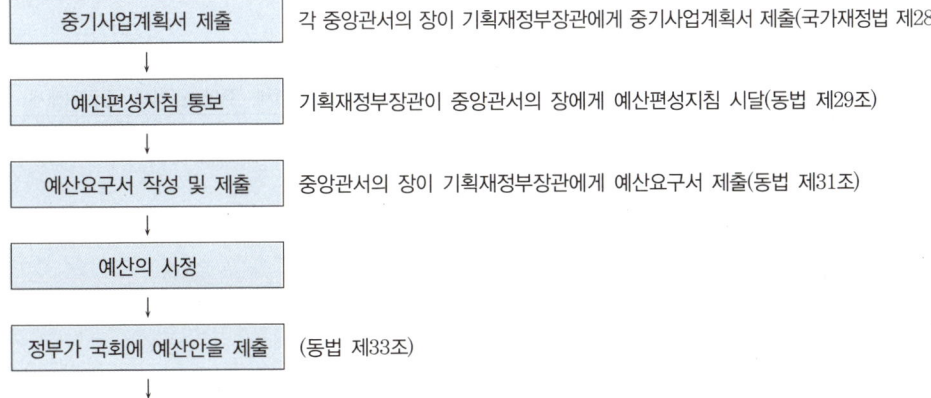

정답 ④

14. 다음 중 정부의 공공재원에 대한 설명으로 옳지 않은 것은?

① 민간자본투자유치의 유형으로는 BTO, BOO, BOT, BTL 등의 방식이 있다.
② 조세의 종류 중 부가가치세, 개별소비세, 법인세는 간접세에 해당한다.
③ 국공채는 일반적으로 내구성이 큰 투자사업의 경비를 조달하기 위해 국가나 지방자치단체가 발행한다.
④ 조세는 일반국민을 대상으로 강제로 징수할 수 있다는 특징이 있고, 합의원칙으로 확보되는 공기업 수입, 재산수입, 기부금과 차이가 있다.
⑤ 수익자부담금은 시장메커니즘을 통해 자원 배분의 효율성 제고, 부담과 편익의 공평한 배분을 보장할 수 있다.

정답 | 해설

조세는 중앙정부의 지출의 가장 큰 재원으로, 국가가 재정권에 기초해서 동원하는 공공재원에 해당한다. 법인세는 직접세에 해당한다.

국세의 종류

국세	내국세	직접세	소득세, 법인세, 상속·증여세, 종합부동산세
		간접세	부가가치세, 개별소비세, 주세, 인지세, 증권거래세
	목적세		교육세, 농어촌특별세, 교통·에너지·환경세

정답 ②

15. 다음 중 공공재정환수법에 대한 설명으로 옳지 않은 것은?

① 공공재정이란 공공기관이 조성·취득하거나 관리·처분·사용하는 금품 등을 말한다.
② 국세기본법, 지방세기본법 등에 따른 조세(租稅)를 부과·징수하는 경우에는 본 법을 적용하지 않는다.
③ 누구든지 신고자 등이라는 사정을 알면서 그의 인적사항이나 그가 신고자 등임을 미루어 알 수 있는 사실을 다른 사람에게 알려주거나 공개 또는 보도해서는 아니 된다.
④ 이 법에 따른 신고 등과 관련하여 그와 관련된 자신의 범죄가 발견된 경우에는 그 신고자 등에 대하여는 형을 감경하거나 면제할 수 없다.
⑤ 부정청구 신고 등을 방해하거나 신고 등을 취소하도록 강요한 자는 1년 이하의 징역 또는 1천만 원 이하의 벌금에 처한다.

| 정답 | 해설 |

이 법에 따른 신고 등과 관련하여 그와 관련된 자신의 범죄가 발견된 경우에는 그 신고자 등에 대하여 형을 감경하거나 면제할 수 있다(공공재정환수법 제22조 제1항).

[오답분석]
① 공공재정이란 공공기관이 조성·취득하거나 관리·처분·사용하는 금품 등을 말한다(공공재정환수법 제2조 제4호).
② 국세기본법, 지방세기본법 및 관세법 등에 따른 조세(租稅)를 부과·징수하는 경우에는 적용하지 아니한다(공공재정환수법 제4조 제1호).
③ 누구든지 신고자 등이라는 사정을 알면서 그의 인적사항이나 그가 신고자 등임을 미루어 알 수 있는 사실을 다른 사람에게 알려주거나 공개 또는 보도해서는 아니 된다. 다만, 신고자 등이 동의한 때에는 그러하지 아니하다(공공재정환수법 제20조 제1항).
⑤ 신고 등을 방해하거나 신고 등을 취소하도록 강요한 자는 1년 이하의 징역 또는 1천만 원 이하의 벌금에 처한다(공공재정환수법 제29조).

정답 ④

| 서울시설(2021)

16 다음 〈보기〉에서 국회의 예산심의에 대한 설명으로 옳지 않은 것을 모두 고르면?

[보기]
ㄱ. 상임위원회의 예비심사를 거친 예산안은 예산결산특별위원회에 회부된다.
ㄴ. 예산결산특별위원회를 구성할 때에는 그 활동기한을 정하여야 한다. 다만, 본회의의 의결로 그 기간을 연장할 수 있다.
ㄷ. 예산결산특별위원회의 심사를 거친 예산안은 본회의에 부의된다.
ㄹ. 본회의 의결과 동시에 예산은 완전하게 성립되며, 별도의 공포절차가 필요하다.

① ㄱ, ㄴ
② ㄱ, ㄷ
③ ㄴ, ㄷ
④ ㄴ, ㄹ
⑤ ㄷ, ㄹ

| 정답 | 해설 |

ㄴ. 예산결산특별위원회는 상설화되어 활동기간을 정하지 않는다.
ㄹ. 본회의 의결과 동시에 예산은 완전하게 성립되며, 별도의 공포절차는 불필요하다.

정답 ④

| 화성도시(2020)

17 다음 중 머스그레이브(Musgrave)가 제시한 예산의 기능에 해당하지 않는 것은?

① 경제안정화 기능
② 통제기능
③ 분배기능
④ 재분배기능
⑤ 경제성장 촉진기능

정답 | 해설

머스그레이브(Musgrave)가 제시한 예산의 기능은 분배기능, 재분배기능, 경제안정화 기능, 경제성장 촉진기능이며, 통제기능은 쉬크(Schink)가 제시한 내용이다.

학자별 예산의 기능

윌다브스키(Wildavsky)	쉬크(A. Schick)	머스그레이브(Musgrave)
• 정치적 기능	• 통제기능 • 관리기능 • 계획기능	• 분배기능 • 재분배기능 • 경제안정화 기능 • 경제성장 촉진기능

정답 ②

| 수자원(2023)/도로교통(2021)/TS(2020)

18 다음 글과 같은 관점으로 정책과정을 바라보는 이론에 대한 설명으로 옳은 것은?

> 사회의 현존 이익과 특권적 분배 상태를 변화시키려는 요구가 표현되기도 전에 질식·은폐되거나, 그러한 요구가 국가의 공식 의사결정단계에 이르기 전에 소멸되기도 한다.

① 정책은 많은 이익집단의 경쟁과 타협의 산물이다.
② 정책 연구는 모든 행위자가 이기적인 존재라는 기본 전제에서 경제학적인 모형을 적용한다.
③ 실제 정책과정은 기득권의 이익을 수호하려는 보수적인 성격을 나타낼 가능성이 높다.
④ 정부는 단독으로 정책을 결정하지 않으며, 시장 및 시민사회 등과 함께 정책을 결정하고 집행한다.
⑤ 국가가 통치력을 강화하기 위해 위로부터 주도하는 강제적 이익대표체제이다.

정답 | 해설

제시문은 무의사결정론에 대한 관점이다. 무의사결정론에서는 정책과정에서 의사결정자(엘리트)들은 자신들에게 불리한 문제가 제기조차 되지 못하도록 영향력을 행사하므로 결과적으로 엘리트들에게 안전한 정책만이 논의되고 불리한 정책은 거론조차 되지 않는다. 이러한 무의사결정론은 기존 엘리트 세력의 이익을 옹호하거나 보호하는 데 목적이 있다.

오답분석
① 다원주의에 대한 설명이다.
② 공공선택론에 대한 설명이다.
④ 신국정관리론(뉴거버넌스)에 대한 설명이다.
⑤ 국가조합주의에 대한 설명이다.

정답 ③

| 서울시설(2021)

19 다음 중 예산과 법률의 차이로 옳지 않은 것은?

	구분	예산	법률
①	제출권자	정부	국회, 정부
②	제출기간	회계연도 개시 120일 전	제한 없음
③	대인적 효력	국가기관을 구속	국가기관, 국민 모두 구속
④	대통령 거부권	거부권 행사 불가능	거부권 행사 가능
⑤	공포	공포로 효력 발생	공포 불필요, 의결로 확정

정답 해설

예산의 공포는 불필요하며 의결로 확정되고, 법률은 공포로 효력이 발생한다.

정답 ⑤

| 하수원(2023)/부교공(2023)/남동발전(2021)/TS(2020)

20 다음 중 예산결정에 대한 공공선택론의 관점으로 옳은 것은?

① 본질적 문제해결보다는 보수적 방식을 통해 예산의 정치적 합리성이 제고될 수 있다.
② 재원배분 형태는 특정 상황에 따라 급격한 변화가 발생하지만, 이후 다시 균형을 지속한다.
③ 정치인과 관료들은 개인효용함수에 따라 권력이나 예산 규모의 극대화를 추구한다.
④ 재원배분 형태는 장기 균형과 역사적 상황에 따른 단기의 급격한 변화를 반복한다.
⑤ 경제적 합리성에 입각하여 자원배분의 최적화를 통한 사회후생 극대화를 추구한다.

정답 해설

공공선택론에서는 정치적 의사 결정의 주체를 사익을 추구하는 개인으로 본다. 즉, 공공정책을 수립하는 정치인이나 관료 역시 자기 자신의 이익을 위해 노력하는 이기적 존재로 가정한다.

오답분석
① 점증주의의 관점이다.
② 단절균형이론의 관점이다.
④ 역사적 신제도주의의 관점이다.
⑤ 합리모형의 관점이다.

정답 ③

| 에너지(2021)

21 다음 중 성인지 예산에 대한 설명으로 옳지 않은 것은?

① 기획재정부장관이 여성가족부 장관과 협의하여 각 중앙관서의 장이 작성한다.
② 성인지 예산은 예산이 성 중립적(Gender Neutral)이라는 문제의식에서 출발된 예산이다.
③ 남녀평등구현을 중요한 원칙으로 삼는 예산제도이다.
④ 성인지 예산이란 예산이 남성과 여성에게 미치는 효과를 분석하여 국가재정이 양성평등한 방식으로 집행될 수 있도록 편성된 예산이다.
⑤ 국가재정법에 따라 성인지 예산서와 결산서는 작성이 의무이지만, 지방재정법에 따른 성인지 예산서와 결산서는 선택사항에 해당한다.

정답 해설

국가재정법과 지방재정법 모두 성인지 예산서와 결산서 작성이 의무이다.

정답 ⑤

| 수자원(2023)/부산도시(2022)/화성도시(2020)

22 다음 중 점증주의에 대한 설명으로 옳지 않은 것은?

① 결정자의 인식능력의 한계를 전제로 하는 결정모형이다.
② 윌다브스키(Wildavsky), 린드블룸(Lindblom) 등에 의해 발전되었다.
③ 예산결정에 관하여 다양한 세력 간의 당파적 상호조정의 과정으로 본다.
④ 중요한 정치적 가치들을 예산결정에서 고려하지 못한다는 한계점이 있다.
⑤ 현상유지적 결정에 치우치는 보수적 성향이 있다.

정답 해설

점증주의는 합리주의의 기본전제를 완화해 결정자의 인식능력의 한계를 전제로 하는 예산결정모형이다. 이해당사자들의 갈등을 완화 및 해결하려는 정치적 협상과 상호적응 등을 중시하는 정치적 합리성에 입각한 접근방식으로, 윌다브스키(Wildavsky)와 린드블룸(Lindblom) 등에 의해 발전되었다. 점증주의는 중요한 정치적 가치들을 예산결정에서 고려할 수 있다.

합리주의와 점증주의

구분	경제원리(합리주의)	정치원리(점증주의)
초점	어떻게 예산상의 총이득을 극대화할 것인가?	예산상의 이득을 누가 얼마만큼 향유하는가?
목적	효율적인 자원배분(파레토 최적)	공정한 몫의 배분(균형화)
방법	분석적 기법(비용편익분석 등)	정치적 타협이나 협상
행동원리	시장(최적화) 원리	게임(균형화) 원리
이론	총체주의	점증주의
적용분야	신규사업에 적용가능성 높음	계속사업에 적용가능성 높음

정답 ④

| 수자원(2025)/마사회(2023)/서부발전(2020)

23 다음 〈보기〉의 ㉠ ~ ㉤을 예산통제 확보방안과 예산의 신축성 확보방안을 위한 제도로 바르게 분류한 것은?

보기
㉠ 계약 통제
㉡ 예비타당성 조사
㉢ 계속비
㉣ 수입대체경비
㉤ 이용·전용

	예산통제 확보방안	신축성 확보방안
①	㉠, ㉡	㉢, ㉣, ㉤
②	㉡, ㉢	㉠, ㉣, ㉤
③	㉢, ㉤	㉠, ㉡, ㉣
④	㉠, ㉣, ㉤	㉡, ㉢
⑤	㉡, ㉣, ㉤	㉠, ㉢

정답 해설

- 예산통제 확보방안 : 계약 통제, 예비타당성 조사
- 신축성 확보방안 : 계속비, 수입대체경비, 이용·전용

정답 ①

| 전기안전(2023)/도로교통(2023)/마사회(2022)/부교공(2022)/TS(2021)/국민연금(2021)/가스기술(2021)

24 다음 중 예산의 원칙에 대한 설명으로 옳지 않은 것은?

① 전대차관, 순계예산, 현물출자 등은 완전성 원칙의 예외에 해당한다.
② 준예산, 선결처분, 예비비의 지출은 사전의결 원칙의 예외에 해당한다.
③ 정부가 발간하는 예산개요, 결산개요는 예산의 원칙 중 공개성 원칙과 관련된다.
④ 총액계상예산은 명확성 원칙을 나타낸 것으로, 수입과 지출의 추계가 명료해야 한다는 원칙이다.
⑤ 각 중앙관서의 장은 세출예산이 정한 목적 외에 경비를 사용할 수 없는 것은 한정성 원칙을 나타낸다.

정답 해설

총액계상예산은 세부사업별 예산항목이 정해지지 않고, 총액규모만을 정하여 예산을 반영시키는 것이다. 세부사업별로 분리하여 예산에 반영하기 곤란한 경우 예산 수요자가 집행단계에서 수요를 정하도록 함으로써 예산집행의 신축성과 효율성을 제고하고자 사용되는 제도로, 총액계상예산은 명확성 원칙의 예외에 해당한다.

명확성 원칙
예산공개의 전제조건으로서 예산구조나 과목은 국민들이 이해하기 쉽도록 수입과 지출에 대한 내용이 합리적으로 분류되고, 수입과 지출의 추계가 명료해야 한다는 원칙이다.

정답 ④

| 전기안전(2023)/도로교통(2023)/마사회(2022)/부교공(2022)/TS(2021)/국민연금(2021)/가스기술(2021)

25 다음 〈보기〉에서 예산의 원칙에 대한 설명으로 옳은 것은 모두 몇 개인가?

보기

㉠ 공개성의 원칙이란 예산운영의 전반적인 내용이 국민에게 공개되어야 한다는 원칙이다.
㉡ 사전의결의 원칙의 예외로는 준예산, 선결처분 등이 해당한다.
㉢ 전통적 예산의 원칙은 행정부 우위의 원칙으로, 한계성의 원칙, 공개성의 원칙 등이 이에 해당한다.
㉣ 수단구비의 원칙이란 행정부가 예산의 효율적 운영을 위해 중앙예산기관, 월별·분기별 배정 등 적절한 예산제도를 구비해야 하는 원칙을 의미한다.
㉤ 통일성의 원칙의 예외로는 현물출자, 전대차관, 순계예산 등이 해당한다.

① 1개   ② 2개
③ 3개   ④ 4개
⑤ 5개

정답 해설

㉠ 공개성의 원칙이란 예산운영의 전반적인 내용이 국민에게 공개되어야 한다는 것으로, 국가정보원 예산 등이 예외에 해당한다.
㉡ 사전의결의 원칙은 미리 국회가 의결해야 하는 것으로, 예외로는 준예산, 선결처분 등이 이에 해당한다.
㉣ 수단구비의 원칙이란 행정부가 예산의 효율적 운영을 위해 필요한 권한을 가져야 한다는 원칙이다.

오답분석

㉢ 전통적 예산의 원칙은 행정부 우위의 원칙이 아닌 입법부 우위의 원칙에 해당한다.
㉤ 현물출자, 전대차관, 순계예산은 완전성의 원칙의 예외에 해당한다.

정답 ③

| 전기안전(2023)/도로교통(2023)/마사회(2022)/부교공(2022)/TS(2021)/국민연금(2021)/가스기술(2021)

26 다음 중 예산에 대한 설명으로 옳은 것은?

① 이월과 계속비는 통일성 원칙의 예외에 해당한다.
② 단일성 원칙은 특정한 세입과 특정한 세출을 직접 연계시켜서는 안 된다는 것이다.
③ 입법부 우위의 예산원칙은 행정이 적극적 성격을 가졌을 때 더욱 효과적이다.
④ 예비비의 지출은 사전의결의 원칙에 해당한다.
⑤ 국가정보원 예산 등은 공개성의 원칙의 예외에 해당한다.

정답 해설

국가정보원 예산과 국방부 일부 예산 등 안보와 관련된 예산은 공개성의 원칙의 예외에 해당한다.

오답분석

① 이월과 계속비는 예산의 회계연도 독립의 원칙의 예외에 해당한다.
② 특정한 세입과 특정한 세출을 직접 연계시켜서는 안 된다는 원칙은 통일성의 원칙이다.
③ 입법부 우위의 예산원칙은 행정이 소극적 성격을 가졌던 상황에서 효과적이다.
④ 예비비의 지출은 국회의 사후 승인을 요하므로 사전의결의 원칙의 예외에 해당한다.

정답 ⑤

| 전기안전(2023)/도로교통(2023)/마사회(2022)/부교공(2022)/TS(2021)/국민연금(2021)/가스기술(2021)

27 다음 중 한정성의 원칙에 대한 설명으로 옳지 않은 것은?

① 예비비의 경우에는 초과지출금지의 원칙에서 예외에 해당한다.
② 한정성의 원칙은 예산의 목적 외 사용 금지, 초과지출 금지, 연도경과 금지 등 3가지 내용을 포함한다.
③ 목적 외 사용 금지의 예외 중 정책사업 간에 경비를 상호 사용하는 '이용'의 경우 국회의결이 불필요하다.
④ 국가재정법 제45조의 "각 중앙관서의 장은 세출예산이 정한 목적 외에 경비를 사용할 수 없다."에서 목적 외 사용 금지의 원칙을 규정하고 있다.
⑤ 한정성의 원칙은 예산집행과정에 통제기능을 가장 잘 반영한 원칙으로, 입법부 우위의 원칙 중 하나이다.

정답 | 해설

한정성의 원칙이란 한계성의 원칙이라고도 하며, 예산집행과정에서 통제기능을 가장 잘 반영한 원칙이다. '내용상 한정성의 원칙(예산의 목적 외 사용 금지)', '양적 한정성의 원칙(초과지출 금지)', '기간 한정성의 원칙(연도경과 금지)'의 3가지 내용을 포함한다. 예산 목적 외 사용 금지의 예외 중 정책사업 간에 경비를 상호 사용하는 '이용'의 경우 국회의결이 필요하다.

정답 ③

| 전기안전(2023)/도로교통(2023)/마사회(2022)/부교공(2022)/TS(2021)/국민연금(2021)/가스기술(2021)

28 다음 글에 나타나는 내용을 포함하는 예산의 원칙으로 옳은 것은?

- 예산의 목적 외 사용 금지
- 초과지출 금지
- 연도경과 금지

① 공개성의 원칙　　　　　　② 사전의결의 원칙
③ 한계성의 원칙　　　　　　④ 통일성의 원칙
⑤ 완전성의 원칙

정답 | 해설

한계성의 원칙은 예산집행과정에 통제기능을 가장 잘 반영한 원칙으로, 한정성의 원칙이라고도 하며, 다음 3가지의 내용을 포함한다.
- 예산의 목적 외 사용 금지
- 초과지출 금지
- 연도경과 금지

정답 ③

┃ 전기안전(2023)/도로교통(2023)/마사회(2022)/부교공(2022)/TS(2021)/국민연금(2021)/가스기술(2021)

29 다음 중 예산제도에 대한 설명으로 옳지 않은 것은?

① 신성과주의 예산은 가격 메커니즘과 경쟁의 시장원리를 도입한 예산제도이다.
② 영기준 예산은 우선순위에 의해 예산을 편성하는 상향적 예산결정방식이다.
③ 계획 예산은 정책의 목표를 명확하게 하고, 수단을 목표에 연결하는 데 유용하다.
④ 품목별 예산은 비용보다는 성과에 초점을 둔다.
⑤ 성과주의 예산은 예산을 사업별 또는 활동별로 분류하여 편성하고, 업무단위의 원가와 양을 계산해 편성하는 제도이다.

정답 해설

예산제도 중 품목별 예산은 통제, 성과주의 예산은 관리, 계획 예산은 기획을 중심으로 하며, 품목별 예산은 성과보다는 비용에 초점을 둔다.

정답 ④

┃ 전기안전(2023)/도로교통(2023)/마사회(2022)/부교공(2022)/TS(2021)/국민연금(2021)/가스기술(2021)

30 다음 전통적 예산원칙 중 특정 세입과 특정 세출을 직접 연계시켜서는 안 된다는 것을 나타내는 원칙은?

① 완전성
② 단일성
③ 한정성
④ 통일성
⑤ 정확성

정답 해설

전통적 예산원칙은 입법부 우위의 원칙이다. 이는 공개성의 원칙, 명확성의 원칙, 사전의결의 원칙, 한정성의 원칙, 통일성의 원칙, 단일성의 원칙, 완전성의 원칙, 정확성의 원칙으로 구분된다. 전통적 예산원칙 중 특정 세입과 특정 세출을 직접 연계시켜서는 안 된다는 것은 예산의 통일성 원칙이다.
• 통일성 원칙(비영향의 원칙) : 특정세입과 특정세출을 직접 연계시켜서는 안 된다는 원칙
• 통일성 원칙의 예외 : 기금, 특별회계, 수입대체경비, 목적세

정답 ④

┃ 전기안전(2023)/도로교통(2023)/마사회(2022)/부교공(2022)/TS(2021)/국민연금(2021)/가스기술(2021)

31 다음 중 예산 통일성 원칙의 예외에 해당하지 않는 것은?

① 농어촌 특별세
② 수입대체경비
③ 계속비
④ 교육세
⑤ 특정 목적을 위해 법률로서 설치한 기금

> **정답** | **해설**
>
> 예산의 원칙 중 통일성의 원칙이란 특정 세입과 특정 세출을 직접 연계시켜서는 안 된다는 원칙으로, 모든 정부수입은 일단 국고에 편입된 이후에 이곳에서 모든 지출이 이어져야 한다는 것을 의미한다. 이러한 통일성의 원칙의 예외로는 목적세(교육세, 교통세, 농어촌 특별세 등), 수입대체경비, 특별회계, 기금 등이 해당한다. 계속비는 통일성 원칙의 예외가 아닌 한정성 원칙의 예외이다. 한정성의 원칙은 시기, 목적에 있어 주어진 범위 내에서 사용하는 것으로, 예외로는 계속비, 예비비 등이 있다.
>
> **정답 ③**

| 수자원(2023)/수자원(2021)

32 다음 중 자본예산제도에 대한 설명으로 옳지 않은 것은?

① 자본예산제도는 세입과 세출을 경상적인 것과 자본적인 것으로 구분한다.
② 자본예산제도는 1년 단위의 균형을 통해 단기적 균형을 중시한다.
③ 자본예산제도는 세대 간 수익자 부담원칙을 실현함으로써 수직적 형평성을 제고시킨다.
④ 자본적 지출이란 지출의 효과가 장기간에 걸쳐 나타나는 비반복적인 투자지출을 말한다.
⑤ 경상적 지출이란 매 회계연도마다 연속적·반복적으로 지출되는 경비를 의미하며, 보통 조세수입으로 충당한다.

> **정답** | **해설**
>
> 자본예산제도는 세입과 세출을 경상적인 것과 자본적으로 분리하여 보는 제도로, 경상적 지출은 경상적인 것으로 충당하고, 자본적 지출은 대부분 공채발행 등을 통한 차입으로 충당하는 복식예산제도의 일종이다. 자본예산제도는 1년 단위의 균형이 아닌 하나의 경기순환기간을 단위로 장기적 시각에서의 균형을 추구한다.
>
> **정답 ②**

| 수자원(2021)

33 다음 중 조세지출에 대한 설명으로 옳지 않은 것은?

① 조세지출이란 정부가 받아야 할 세금을 받지 않고 포기한 액수를 의미한다.
② 우리나라는 1999년부터 조세지출보고서를 도입 및 운영하고 있다.
③ 조세지출의 예로는 세액감면, 세액공제 등이 해당되며, 비과세는 재정지출에 해당한다.
④ 조세지출에 대한 신축성이 저하되어 시대적 상황에 따른 능동적 대체에 한계가 있다.
⑤ 조세지출예산제도는 불공정한 조세지출의 폐지와 세수 인상을 위한 정책자료로 활용되는 장점이 있다.

> **정답** | **해설**
>
> 조세지출이란 정부가 받아야 할 세금을 받지 않고 포기한 액수로, 우리나라의 경우 1999년부터 조세지출보고서를 도입하여 운영하고 있으며, 2011년부터 조세지출예산서의 작성을 의무화하고 있다. 비과세 또한 조세지출의 방법으로 볼 수 있으며, 조세지출의 경우 간접지출에 해당하므로, 직접지출인 재정지출과는 다르다.
>
> **정답 ③**

| 서울시설(2021)

34 다음 중 우리나라 중앙정부 재무제표의 구성요소가 아닌 것은?

① 순자산변동표
② 주석
③ 재정운영표
④ 재정상태표
⑤ 현금흐름표

정답 | 해설

중앙정부 재무제표의 구성요소 중 현금흐름표는 중앙정부와 지자체 모두 작성하지 않는다.

정답 ⑤

| 마사회(2023)/가스기술(2021)/TS(2020)

35 다음 중 국가재정법 제89조에 명시된 추가경정예산안을 편성할 수 있는 상황에 해당하지 않는 것은?

① 경기 부양을 위해 기획재정부 장관이 필요하다고 판단하는 경우
② 전쟁이 발생한 경우
③ 대량실업과 같은 대내·외 여건에 중대한 변화가 발생한 경우
④ 법령에 따라 국가가 지급하여야 하는 지출이 발생한 경우
⑤ 대규모 폭발사고가 발생한 경우

정답 | 해설

추가경정예산안의 편성(국가재정법 제89조 제1항)
정부는 다음 각 호의 어느 하나에 해당하게 되어 이미 확정된 예산에 변경을 가할 필요가 있는 경우에는 추가경정예산안을 편성할 수 있다.
1. 전쟁이나 대규모 재해가 발생한 경우
2. 경기침체, 대량실업, 남북관계의 변화, 경제협력과 같은 대내·외 여건에 중대한 변화가 발생하였거나 발생할 우려가 있는 경우
3. 법령에 따라 국가가 지급하여야 하는 지출이 발생하거나 증가하는 경우

정답 ①

CHAPTER 06 행정통제 및 개혁

| 국가철도(2022)/강원랜드(2022)

01 다음 중 우리나라 행정정보공개제도에 대한 설명으로 옳지 않은 것은?

① 국정에 대한 국민의 참여와 국정 운영의 투명성 확보를 목적으로 한다.
② 정보공개 청구는 정보공개청구서의 제출로만 가능하다.
③ 정보의 공개 및 우송 등에 드는 비용은 실비 범위에서 청구인이 부담한다.
④ 중앙행정기관의 경우 전자적 형태의 정보 중 공개대상으로 분류된 정보는 공개청구가 없더라도 공개하여야 한다.
⑤ 공개란 공공기관이 법에 따라 정보를 열람하게 하거나 그 사본·복제물을 제공하는 것 또는 전자정부법에 따른 정보통신을 통해 정보를 제공하는 것을 포함한다.

정답 | 해설

정보의 공개를 청구하는 자는 해당 정보를 보유하거나 관리하고 있는 공공기관에 정보공개청구서를 제출하거나 말로써 정보의 공개를 청구할 수 있다(정보공개법 제10조 제1항).

정답 ②

| 도로(2021)/부산환경(2020)/화성도시(2020)

02 다음 중 일반적인 옴부즈만 제도에 대한 설명으로 옳지 않은 것은?

① 행정부로부터 독립되고 직무수행상 독립성을 갖는 헌법기관이다.
② 엄격한 통제자의 역할을 담당한다.
③ 사법부에 의한 판결에 비해 비용이 적게 들고 신속하다.
④ 행정행위의 합법성뿐만 아니라 합목적성 여부도 다룰 수 있다.
⑤ 불법행위, 부당행위, 태만, 과실 등 조사대상이 다양하다.

정답 | 해설

옴부즈만 제도란 행정의 부정의와 잘못된 행정에 대하여 관련 공무원의 설명을 요구하고 조사하며 민원인에게 결과를 알려주는 등 비사법적 국민권익 보호제도로, 엄격한 통제자보다는 조정자 및 중재자에 가깝다.

정답 ②

| 도로(2021)/부산환경(2020)/화성도시(2020)

03 다음 중 옴부즈만 제도에 대한 설명으로 옳지 않은 것은?

① 옴부즈만 제도에서 부당행위, 태만, 과실은 조사대상이 아니지만, 불법행위는 조사대상이다.
② 옴부즈만 제도는 사법부에 의한 판결에 비해 비용이 적게 들고 신속하다는 특징이 있다.
③ 옴부즈만 제도는 엄격한 통제이기보다는 조정 및 중재에 가깝다.
④ 옴부즈만 제도는 정부에 행정활동의 비약적인 증대에 따른 시민권리침해에 대한 구제를 위한 제도이다.
⑤ 옴부즈만 제도는 스웨덴에서 최초로 도입되었으며, 1960년대 이후 세계 여러 나라에 도입되기 시작하였다.

정답 | 해설

옴부즈만 제도란 행정의 부정의와 잘못된 행정에 대하여 관련 공무원의 설명을 요구하고 조사하며 민원인에게 결과를 알려주는 등 비사법적 국민권익 보호제도로, 불법행위뿐만 아니라 부당행위, 태만, 과실도 조사대상이 된다.

옴부즈만 제도의 장단점

장점	단점
• 다른 통제중추들이 간과하는 통제의 사각지대를 감시하는 데 유용하다. • 국민들이 쉽게 접근할 수 있으며, 비용이 적게 들고 간편하고 신고한 문제해결이 가능하다. • 절차의 융통성이 높아서 문제에 대한 개인적이고 인도적인 접근이 가능하다.	• 일반적으로 가용자원이 많지 않기 때문에 옴부즈만의 활동범위가 제약된다. • 시정조치의 강제권이 없다. • 관할 중첩으로 인해 마찰 가능성이 대두된다. • 문제의 근본적인 원인에 대해 대책을 강구하지 못한다.

정답 ①

| 도로(2021)/부산환경(2020)/화성도시(2020)

04 다음 〈보기〉에서 옴부즈만 제도에 대한 설명으로 옳은 것을 모두 고르면?

보기

ㄱ. 행정권 등을 남용하거나 부당 행위를 막기 위한 행정감찰 제도이다.
ㄴ. 선거를 통해 옴부즈만을 선출한다.
ㄷ. 옴부즈만 제도는 독립적 조사권, 시찰권 등을 가지고 있다.
ㄹ. 입법부 또는 행정부 산하의 조직으로 활동한다.

① ㄱ, ㄴ
② ㄱ, ㄷ
③ ㄴ, ㄷ
④ ㄴ, ㄹ
⑤ ㄷ, ㄹ

> 정답 | 해설

옴부즈만 제도는 일종의 행정감찰관(옴부즈만)이 행정부가 권력 등을 악용하는 것을 통제하기 위한 제도로, 잘못된 점이 조사되면 민원인에게 이에 대한 것을 알려주고 언론에 공표하기도 한다. 옴부즈만 제도는 독립적으로 조사권, 시찰권 등을 가지고 있으며, 국가에 따라 소추권을 가지고 있는 경우도 있다.

> 오답분석

ㄴ. 국회에서 선출하는 경우와 행정수반이 임명하는 경우 등이 있다.
ㄹ. 입법부와 행정부로부터 독립되어 활동한다.

정답 ②

| 광주시통합(2021)/인천교통(2021)/남동발전(2021)/수자원(2021)

05 다음 중 길버트(Gilbert)의 행정통제 유형에 대한 설명으로 옳지 않은 것은?

① 입법부, 사법부에 의한 통제는 외부통제이면서 공식적 통제에 해당한다.
② 감사원의 직무감찰은 행정통제의 유형 중 내부통제이면서 공식적 통제에 해당한다.
③ 공무원의 직업윤리는 내부통제이면서 공식적 통제에 해당한다.
④ 이익집단, 시민에 의한 통제는 외부통제이면서 비공식적 통제에 해당한다.
⑤ 길버트는 행정통제의 유형을 통제자의 위치(외부통제, 내부통제)와 통제방법의 제도화(공식적 통제, 비공식적 통제)로 구분하여 나타낸다.

> 정답 | 해설

길버트(Gilbert)는 행정통제의 유형을 통제자의 위치에 따라 내부통제와 외부통제로 구분하고, 통제방법이 법률 등으로 제도화되었는지에 따라 공식적 통제와 비공식적 통제로 구분한다. 공무원의 직업윤리는 내부통제이면서 비공식적 통제에 해당한다.

길버트의 행동통제

구분	내부통제	외부통제
공식적 통제	• 계층제 • 감사원에 의한 통제 • 청와대와 국무조정실에 의한 통제 • 중앙행정부처에 의한 통제 • 교차기능조직	• 입법부에 의한 통제 • 사법부에 의한 통제 • 헌법재판소 • 옴부즈만 제도
비공식적 통제	• 동료집단의 평가와 비판 • 공무원으로서의 직업윤리	• 시민에 의한 통제 • 이익집단에 의한 통제 • 여론, 인터넷 • 정당

정답 ③

| 광주시통합(2021)/인천교통(2021)/남동발전(2021)/수자원(2021)

06 정부통제를 내부통제와 외부통제로 구분할 때, 다음 중 외부통제가 아닌 것은?

① 옴부즈만 제도
② 시민통제
③ 대표관료제
④ 언론매체
⑤ 사법부

정답 | 해설

대표관료제는 비공식적 내부통제에 해당한다.

행정통제의 유형

구분	외부	내부
공식	• 입법부에 의한 통제 • 사법부에 의한 통제 • 옴부즈만 제도 • 헌법재판소	• 감사원에 의한 통제 • 청와대와 국무조정실에 의한 통제 • 중앙행정부처에 의한 통제 • 교차기능조직
비공식	• 시민에 의한 통제 • 이익집단에 의한 통제 • 정당 • 여론, 인터넷	• 동료집단의 평가와 비판 • 공무원으로서의 직업윤리

정답 ③

| 광주시통합(2021)/인천교통(2021)/남동발전(2021)/수자원(2021)

07 다음 〈보기〉에서 행정통제에 대한 설명으로 옳은 것을 모두 고르면?

보기

㉠ 행정통제는 행정책임을 확보하는 수단이다.
㉡ 행정통제는 개인의 목적 또는 개인적 목표에 달성하는 것 등을 기준으로 한다.
㉢ 행정통제의 원칙 중 통제의 목적과 기준이 명확하게 인식될 수 있도록 통제하는 것은 즉시성의 원칙이다.
㉣ 행정통제는 궁극적으로 민주주의와 관료제 간의 조화문제로 귀결된다.

① ㉠, ㉡
② ㉠, ㉢
③ ㉠, ㉣
④ ㉡, ㉣
⑤ ㉢, ㉣

정답 | 해설

행정통제란 공무원 개인 또는 행정체제의 일탈에 대한 감시와 처벌을 통해서 원래의 행정성과를 달성하려는 활동으로, 행정책임을 확보하는 수단이자 궁극적으로 민주주의와 관료제 간의 조화문제로 귀결되는 것과 연관되어 있다.

오답분석

㉡ 행정통제는 공공의 목적 또는 집합적 목표에 봉사하는 것 등을 기준으로 한다.
㉢ 통제의 목적과 기준이 명확하게 인식될 수 있도록 통제하는 것은 명확성의 원칙이다.

정답 ③

| 광주시통합(2021)/인천교통(2021)/남동발전(2021)/수자원(2021)

08 다음 중 행정통제의 과정에 대한 설명으로 옳지 않은 것은?

① 행정통제의 과정은 '정보수집 – 통제기준의 확인 – 평가 – 시정행동' 순으로 진행된다.
② 통제기준의 확인은 목표와 계획에 따른 통제기준을 확인하는 단계이다.
③ 정보수집의 단계에서는 통제기준을 확인한 다음에 통제기준에 대응한 실제 실천상황에 대한 정보를 수집하고 선별한다.
④ 통제기준과 실적에 대한 정보를 평가하여 기준과 실적의 차질유무를 확인하고, 시정의 필요성에 대한 결정을 하는 단계는 평가단계이다.
⑤ 시정행동단계에서는 평가의 결과에 따라 통제주체는 시정행동을 실시하고, 시정행동의 결과는 통제중추에 환류된다.

정답 | 해설

행정통제는 행정 책임의 이행을 보장하려는 것으로, 그 과정은 '통제기준의 확인 – 정보수집 – 평가 – 시정행동' 순으로 진행된다.

정답 ①

| LX(2020)/TS(2020)

09 다음 중 선진국의 행정개혁에 대한 설명으로 옳지 않은 것은?

① 1980년대 이후 OECD 국가들은 신공공관리론적 개혁에 입각하여 시장지향적이며, 기업형 정부로 운영하는 흐름이 나타나기 시작하였다.
② 뉴질랜드는 총체적이고 혁신적인 방법으로 OECD 국가 중 가장 광범위하고 급진적인 추진전략을 통해 정부개혁을 실시하였다.
③ 미국 클린턴 행정부는 국가성과검토(NPR)를 통해 적은 비용으로 일 잘하는 정부를 기치로 내세우며 공무원 인원 감축과 일선기관의 통폐합 등 정부기관의 규모를 축소하였다.
④ 영국의 대처(Thatcher) 행정부는 시장성테스트와 시민헌장제도를 주요 혁신 프로그램으로 내세워 정부개혁을 실시하였다.
⑤ 우리나라 경우 정부조직운영은 기본철학에 기초하기보다는 정치논리에 따라 이루어지는 경우가 많았다.

정답 | 해설

시장성테스트와 시민헌장제도를 주요 혁신 프로그램으로 내세워 정부개혁을 실시한 것은 영국의 메이저(Major) 행정부이다. 대처(Thatcher) 행정부는 대처리즘이라고 불리는 개혁정책을 통해 자유주의 정치이념과 시장경제 원리를 중시하는 의무경쟁입찰제도(CCT) 등을 도입하였다.

정답 ④

| 부교공(2022)/발명진흥회(2021)

10 다음 중 UN에서 본 전자 거버넌스로서의 전자적 참여의 진화 단계로 옳은 것은?

① 전자정보화(E-Information) 단계 – 전자자문(E-Consultation) 단계 – 전자결정(E-Decision) 단계
② 전자정보화(E-Information) 단계 – 전자결정(E-Decision) 단계 – 전자자문(E-Consultation) 단계
③ 전자자문(E-Consultation) 단계 – 전자결정(E-Decision) 단계 – 전자정보화(E-Information) 단계
④ 전자자문(E-Consultation) 단계 – 전자정보화(E-Information) 단계 – 전자결정(E-Decision) 단계
⑤ 전자결정(E-Decision) 단계 – 전자자문(E-Consultation) 단계 – 전자정보화(E-Information) 단계

정답 해설

UN에서 본 전자 거버넌스로서의 전자적 참여의 형태가 진화하는 단계는 '전자정보화 단계 – 전자자문 단계 – 전자결정 단계'이다.
- 전자정보화(E-Information) 단계 : 정부기관의 웹사이트에서 각종 전자적 채널을 통해 정부기관의 다양한 정보가 공개되는 단계이다.
- 전자자문(E-Consultation) 단계 : 시민과 선거직 공무원 간의 상호 소통이 이루어지고, 사이버 공간상에서의 청원활동이 이루어지는 단계이다.
- 전자결정(E-Decision) 단계 : 정부기관이 주요 정책과정에 시민들의 의견을 고려하여 반영하는 활동이 이루어지는 단계이다.

정답 ①

| LX(2020)/TS(2020)

11 다음 중 행정개혁의 접근방법에 대한 설명으로 옳지 않은 것은?

① 구조적 접근방법에는 기능중복의 제거, 기구·직제·계층의 간소화 등의 원리 전략이 있다.
② 과정적 접근방법은 행정체제의 과정 또는 일의 흐름을 개선하려는 접근방법이다.
③ 관리기술적 접근방법은 행정과정에서 사용하는 장비 및 수단, 분석기법의 개선을 중요시한다.
④ 인간관계적 접근방법은 행정활동의 목표를 개선하고 서비스의 양과 질을 개선하려는 접근방법으로, 분권화의 확대, 권한 재조정, 명령계통 수정 등에 관심을 갖는다.
⑤ 행태적 접근방법의 하나인 조직발전은 의식적인 개입을 통해서 조직 전체의 임무수행을 효율화하려는 계획적이고 지속적인 개혁활동이다.

정답 해설

분권화의 확대, 권한 재조정, 명령계통 수정 등에 관심을 갖는 것은 구조적 접근방법에 해당한다.

행정개혁의 접근방법

구분		내용
구조적 접근	원리 전략	기능중복의 제거, 기구·직제·계층의 간소화
	분권화 전략	분권화만 되면 공식조직, 행태, 의사결정까지도 변화된다는 전략
관리기술적(과정적) 접근		• 과학적 관리법을 바탕으로 하며 관리적 측면을 중요시 • 행정과정에서 사용하는 장비 및 수단, 분석기법의 개선을 통해 개혁의 효과성을 제고
행태적(인간관계적) 접근		• 행정인의 가치관이나 태도 변화를 강조 • 감수성훈련, 집단토의 등 조직발전(OD) 전략

정답 ④

CHAPTER 07 지방행정

| 한수원(2023)/도로교통(2023)/부교공(2022)/인천교통(2021)/부산보훈병원(2020)/한전(2020)

01 다음 〈보기〉에서 지방세 세목체계에 따라 바르게 분류한 것은?

> **보기**
> ㉠ 지역자원시설세
> ㉡ 주민세
> ㉢ 지방교육세
> ㉣ 담배소비세
> ㉤ 취득세

	보통세	목적세
①	㉠, ㉡, ㉢	㉣, ㉤
②	㉠, ㉢, ㉤	㉡, ㉣
③	㉡, ㉢, ㉣	㉠, ㉤
④	㉡, ㉣, ㉤	㉠, ㉢
⑤	㉢, ㉣, ㉤	㉠, ㉡

정답 해설

지방세 세목체계

구분		광역자치단체		기초자치단체	
		특별시·광역시세	도세	시·군세	자치구세
지방세	보통세	취득세, 주민세, 자동차세, 레저세, 담배소비세, 지방소비세, 지방소득세	취득세, 등록면허세, 레저세, 지방소비세	주민세, 재산세, 담배소비세, 자동차세, 지방소득세	재산세, 등록면허세
	목적세	지방교육세, 지역자원시설세	지방교육세, 지역자원시설세	—	

정답 ④

| 한수원(2023)/도로교통(2023)/부교공(2022)/인천교통(2021)/부산보훈병원(2020)/한전(2020)

02 다음 〈보기〉의 지방세 중 자치구세를 모두 고르면?

보기
ㄱ. 재산세   ㄴ. 주민세
ㄷ. 지방소득세   ㄹ. 등록면허세
ㅁ. 담배소비세   ㅂ. 레저세

① ㄱ, ㄴ   ② ㄱ, ㄹ
③ ㄴ, ㅁ   ④ ㄴ, ㅂ
⑤ ㄷ, ㅂ

정답 | 해설

ㄱ·ㄹ. 지방세 중 보통세로, 자치구세에 해당한다.

정답 ②

| 한수원(2023)/도로교통(2023)/부교공(2022)/인천교통(2021)/부산보훈병원(2020)/한전(2020)

03 다음 지방세의 원칙 중 그 성격이 다른 것은?

① 보편성의 원칙   ② 안정성의 원칙
③ 정착성의 원칙   ④ 분담성의 원칙
⑤ 충분성의 원칙

정답 | 해설

분담성의 원칙은 주민 부담의 측면에서의 지방세 원칙이다.

지방세의 원칙

재정 수입의 측면	주민 부담의 측면	조세 행정의 측면
• 충분성의 원칙 • 보편성의 원칙 • 정착성의 원칙 • 신장성의 원칙 • 안정성의 원칙	• 응익성의 원칙 • 분담성의 원칙 • 효율성의 원칙 • 보편성의 원칙	• 자주성의 원칙 • 편의 및 최소비용의 원칙 • 확실성의 원칙

정답 ④

| 환경(2023)/부교공(2022)

04 다음 중 지방자치법상 지방의회의 의결사항에 해당하지 않는 것은?

① 조례의 제정·개정 및 폐지
② 재의요구권
③ 기금의 설치·운용
④ 대통령령으로 정하는 중요 재산의 취득·처분
⑤ 청원의 수리와 처리

정답 | 해설

재의요구권은 자치단체장의 권한에 속하는 사항으로, 단체장이 위법·부당한 지방의회의 의결사항에 재의를 요구하는 것이다. 지방자치단체장의 재의요구 사유는 다음과 같다.
- 조례안에 이의가 있는 경우
- 지방의회의 의결이 월권 또는 법령에 위반되거나 공익을 현저히 해한다고 인정된 경우
- 지방의회의 의결에 예산상 집행할 수 없는 경비가 포함되어 있는 경우, 의무적 경비나 비상재해복구비를 삭감한 경우
- 지방의회의 의결이 법령에 위반되거나 공익을 현저히 해한다고 판단되어 주무부장관 또는 시·도지사가 재의요구를 지시한 경우

오답분석

①·③·④·⑤ 모두 지방의회 의결사항이다.

> **지방의회의 의결사항(지방자치법 제47조)**
> 1. 조례의 제정·개정 및 폐지
> 2. 예산의 심의·확정
> 3. 결산의 승인
> 4. 법령에 규정된 것을 제외한 사용료·분담금·지방세 또는 가입금의 부과와 징수
> 5. 기금의 설치·운용
> 6. 대통령령으로 정하는 중요 재산의 취득·처분
> 7. 대통령령으로 정하는 공공시설의 설치·처분
> 8. 법령과 조례에 규정된 것을 제외한 예산 외의 의무부담이나 권리의 포기
> 9. 청원의 수리와 처리
> 10. 외국 지방자치단체와의 교류·협력
> 11. 그 밖에 법령에 따라 그 권한에 속하는 사항

정답 ②

| 국민연금(2021)

05 다음 중 국고보조금과 지방교부세에 대한 내용으로 옳지 않은 것은?

	구분	국고보조금	지방교부세
①	법적근거	보조금 관리에 관한 법률	지방교부세법
②	성격	수직적·수평적 조정재원	수직적 조정재원
③	기능	재정의 형평화	자원의 효율적 배분
④	지방부담	있음	없음
⑤	재원	중앙정부의 일반회계와 특별회계	내국세 및 개별소비세 일부와 종합부동산세 전액

정답 | 해설

지방재정조정제도에는 국가에 의한 재정조정인 지방교부세와 국고보조금, 상급자치단체에 의한 재정조정인 조정교부금이 있다. 지방교부세는 국민이 내는 세금의 일정부분을 자치단체에 나누어 주는 것으로, 재정의 형평화 기능이 있다. 국고보조금은 용도를 지정한 사업에 한하여 재정을 지원하는 것으로, 자원의 효율적 배분이라는 기능이 있다.

구분	국고보조금	지방교부세
법적근거	보조금 관리에 관한 법률	지방교부세법
성격	수직적·수평적 조정재원	수직적 조정재원
기능	자원의 효율적 배분	재정의 형평화
지방부담	있음	없음
재원	중앙정부의 일반회계와 특별회계	내국세 및 개별소비세 일부와 종합부동산세 전액
주무부처	기획재정부	행정안전부

정답 ③

| 수자원(2021)

06 다음 〈보기〉는 분담금의 종류와 이에 대한 설명이다. ㉠~㉣과 ⓐ~ⓓ가 바르게 나열된 것은?

보기

㉠ 수익자부담금
㉡ 원인자부담금
㉢ 손괴자부담금
㉣ 오염자부담금

ⓐ 특정시설이나 사업에 손해 등을 발생시킨 자에게 부담시키는 금액
ⓑ 환경을 오염시킨 자에게 복원·유지비용을 부과하는 금액
ⓒ 사업을 필요로 하게 만든 자에게 부담시키는 금액
ⓓ 공익사업으로 인해 특별한 이익을 받는 자에게 경비의 일부를 부담시키는 금액

① ㉠-ⓑ ② ㉠-ⓒ
③ ㉡-ⓐ ④ ㉢-ⓐ
⑤ ㉣-ⓓ

정답 해설

분담금은 지방자치단체의 재산 또는 공공시설의 설치로 인하여 주민의 일부가 특별한 이익을 얻은 경우에 그 수익자로부터 그 수익의 범위 안에서 징수하는 공과금을 의미한다.

분담금의 유형

수익자부담금	공익사업으로 인해 특별한 이익을 받는 자에게 경비의 일부를 부담시키는 금액이다.
원인자부담금	사업을 필요로 하게 만든 자에게 부담시키는 금액이다.
손괴자부담금	특정시설이나 사업에 손해 등을 발생시킨 자에게 부담시키는 금액이다.
오염자부담금	환경을 오염시킨 자에게 복원·유지비용을 부과하는 금액이다.

정답 ④

| 근복(2021)/국민연금(2021)/도로교통(2020)/서울대병원(2020)/서부발전(2020)

07 다음 중 주민자치와 단체자치에 대한 설명으로 옳지 않은 것은?

	구분	주민자치	단체자치
①	주민자치원리의 발달	영국·미국	프랑스·독일
②	자치권	국가 이전의 고유권	국가로부터 부여받은 권리
③	권한부여방식	포괄적 위임주의	개별적 지정주의
④	조세제도	독립세	부가세
⑤	통제	주민통제	중앙통제

정답 해설

- 주민자치는 정치적 의미의 자치를 의미하며, 지역의 문제를 지역 주민이 자신의 책임 아래 스스로 처리한다는 '영국식 모델'이다.
- 단체자치는 법률적 의미의 자치를 의미하며, 국가로부터 상대적으로 독립한 지방정부가 일정사무를 처리한다는 '대륙형 모델'이다.

구분	주민자치	단체자치
주민자치원리의 발달	영국·미국	프랑스·독일
자치권	국가 이전의 고유권	국가로부터 부여받은 권리
권한부여방식	개별적 지정주의	포괄적 위임주의
조세제도	독립세(자치단체가 과세주체)	부가세(국가가 과세주체)
통제	주민통제	중앙통제

정답 ③

| 근복(2021)/국민연금(2021)/도로교통(2020)/서울대병원(2020)/서부발전(2020)

08 다음 〈보기〉의 행정적·기술적 입장 중 지방자치의 필요성으로 옳은 것을 모두 고르면?

> **보기**
> ㉠ 민주주의 이념의 실현　　㉡ 분업을 통한 행정효율의 증진
> ㉢ 소비자 선호의 구현　　　㉣ 지방의 특성이나 실정에 맞는 행정 구현
> ㉤ 정국마비의 방지

① ㉠, ㉡
② ㉠, ㉢
③ ㉡, ㉣
④ ㉡, ㉢, ㉤
⑤ ㉢, ㉣, ㉤

정답 | 해설

㉡·㉣ 행정적(기술적) 측면에서의 지방자치의 필요성에 해당한다.

오답분석

㉠·㉤ 정치적 측면에서의 지방자치의 필요성에 해당한다.
㉢ 소비자 선호의 구현은 경제적 측면에서의 지방자치의 필요성에 해당한다.

정답 ③

| 근복(2021)/국민연금(2021)/도로교통(2020)/서울대병원(2020)/서부발전(2020)

09 다음 중 우리나라의 지방자치에 대한 설명으로 옳지 않은 것은?

① 지방의회는 법령의 범위 내에서 조례를 제정할 수 있다.
② 자치조직권이란 사무처리에 필요한 조직(인사)을 자율적으로 구성할 수 있는 권한이다.
③ 우리나라의 지방자치권에는 자치행정권, 자치사법권이 인정된다.
④ 위임행정 방식은 지방자치단체가 국가로부터 사무를 위임받아서 국가의 간섭과 통제에서 수행하는 간접행정방식이다.
⑤ 우리나라의 경우 단방제 형태의 지방자치제이며, 단방제의 경우 지방정부에 대한 참정권이 중앙정부의 법률에 의해 제한되는 특징을 가진다.

정답 | 해설

지방자치권을 구성하는 핵심적인 사항으로는 자치입법권, 자치조직권, 자치재정권, 자치사법권이 있으나, 우리나라의 경우 지방자치권에 자치사법권은 인정되지 않는다.

정답 ③

| 근복(2021)/국민연금(2021)/도로교통(2020)/서울대병원(2020)/서부발전(2020)

10 다음 중 지방자치와 지방행정에 대한 설명으로 옳지 않은 것은?

① 지방행정은 지역행정, 일선행정, 생활행정, 종합행정, 자치행정의 특징을 지닌다.
② 우리나라의 지방자치제 유형은 연합제에 해당한다.
③ 관치형 지방행정은 중앙정부가 지방에 특별지방행정기관을 설치하여 수행하는 방식이다.
④ 위임형 지방행정은 지방자치단체가 국가로부터 사무를 위임받아서 국가의 간섭과 통제 아래에서 수행하는 방식이다.
⑤ 지방자치란 일정한 지역의 주민이 지방자치단체를 구성하여 국가와의 협력 아래 그 지역의 공동 문제를 자기부담에 의하여 스스로 처리하는 방식을 의미한다.

정답 해설

- 단방제 : 주민이 투표를 통해 중앙정부와 지방정부를 창설하는 형태 또는 중앙정부만 창설하는 형태(한국, 프랑스, 일본)이다.
- 연방제 : 연방을 구성하는 주정부가 주권과 헌법을 가지며, 각 주가 주권의 일부를 연방정부에 위임하는 형태(미국, 캐나다, 호주, 독일)이다.
- 연합제 : 연합정부는 지방정부에 의해 재위임된 권한만을 행사하는 지방정부의 대리인 형태(유럽연합, 독립국가연합)이다.

정답 ②

| 근복(2021)/국민연금(2021)/도로교통(2020)/서울대병원(2020)/서부발전(2020)

11 다음 중 우리나라의 지방자치제도에 대한 설명으로 옳지 않은 것은?

① 지방의회는 법률에 위배되는 내용을 포함한 조례를 제정할 수 없다.
② 지방의회는 지방행정기관을 감독한다.
③ 우리나라 지방자치단체의 기관구성 형태는 기관통합형이다.
④ 조례안이 지방의회에서 의결되면 의장은 의결된 날부터 5일 이내에 그 지방자치단체의 장에게 이를 이송하여야 한다.
⑤ 지방의회는 지방자치단체의 장을 감시하고 통제하는 기능을 하지만, 지방자치단체의 장에 대한 불신임권은 갖고 있지 않다.

정답 해설

우리나라의 지방자치단체의 기관구성 형태는 의결기관과 집행기관이 분리되어 있는 기관대립형이다.

오답분석

① 지방자치단체는 법령의 범위 안에서 그 사무에 관하여 조례를 제정할 수 있다. 다만, 주민의 권리 제한 또는 의무 부과에 관한 사항이나 벌칙을 정할 때에는 법률의 위임이 있어야 한다(지방자치법 제28조 제1항).
② 지방의회인 시·도의회 등은 지방행정기관인 시·도청 등을 감독한다.
④ 조례안이 지방의회에서 의결되면 의장은 의결된 날부터 5일 이내에 그 지방자치단체의 장에게 이를 이송하여야 한다(지방자치법 제32조 제1항).
⑤ 우리나라는 지방자치단체장에 대한 불신임권은 인정되지 않는다.

정답 ③

| 근복(2021)/국민연금(2021)/도로교통(2020)/서울대병원(2020)/서부발전(2020)

12 다음 중 국가재정과 지방자체단체의 재정에 대한 설명으로 옳지 않은 것은?

① 지방재정은 국가재정에 비해 비배재성과 비경합성의 정도가 약한 준공공재를 주로 공급한다.
② 지방재정은 국가재정에 비해 응익주의적 성격이 강하다.
③ 국고보조금은 지방자치단체가 자유롭게 지출할 수 있는 일반재원이다.
④ 경상재원과 임시재원은 수입의 규칙성과 안정성에 따른 지방재원의 분류로, 경상재원의 비중이 클수록 지방재정을 안정적으로 운용할 수 있다.
⑤ 지방재정의 운영원칙 중 재정질서유지의 원칙은 국가 또는 다른 지방자치단체에 부당한 영향을 미치는 재정운영을 하여서는 안 된다는 원칙이다.

정답 | 해설

국고보조금이란 국가가 시책상 또는 자치단체의 재정사정상 필요하다고 인정될 때에 예산의 범위 안에서 용도를 특정하여 교부하는 자금으로 원칙적으로 반대급부를 요하지 않는 보조금이다. 이러한 국고보조금은 지출할 수 있는 용도가 한정되어 있는 특정재원에 해당한다.

정답 ③

| 근복(2021)/국민연금(2021)/도로교통(2020)/서울대병원(2020)/서부발전(2020)

13 다음 중 우리나라 지방자치제도에 대한 설명으로 옳은 것은?

① 지방자치단체는 특별시, 광역시, 특별자치시, 도, 특별자치도 네 가지의 종류로 구분한다.
② 지방자치단체인 구의 자치권의 범위는 시·군과 같다.
③ 지방자치단체의 구역에 주소를 가진 사람은 그 지방자치단체의 주민이다.
④ 시는 그 대부분이 도시의 형태를 갖추고, 인구 10만 명 이상이 되어야 한다.
⑤ 지방자치 단체는 법상 농산물 및 양곡의 수급조절 등 전국적 규모의 사무를 할 수 있다.

정답 | 해설

지방자치단체의 구역에 주소를 가진 자는 그 지방자치단체의 주민이 된다(지방자치법 제16조).

오답분석
① 지방자치단체는 '특별시, 광역시, 특별자치시, 도, 특별자치도'와 '시, 군, 구' 두 가지 종류로 구분한다(지방자치법 제2조 제1항).
② 지방자치단체인 구의 자치권의 범위는 시·군과 다르게 할 수 있다(지방자치법 제2조 제2항).
④ 시는 그 대부분이 도시의 형태를 갖추고, 인구 5만 명 이상이 되어야 한다(지방자치법 제10조 제1항).
⑤ 지방자치단체는 농산물·임산물·축산물·수산물 및 양곡의 수급조절과 수출입 등 전국적 규모의 사무를 할 수 없다(지방자치법 제15조 제3호).

정답 ③

| 근복(2021)/국민연금(2021)/도로교통(2020)/서울대병원(2020)/서부발전(2020)

14 다음 중 지방자치단체의 지방사무에 대한 설명으로 옳지 않은 것은?

① 자치사무에 대한 국가의 감독에서 국가의 감독은 합법성에 대한 사후 교정적 감독에만 한정된다.
② 자치사무의 경우 경비는 자치단체가 전액 부담하는 것이 원칙이다.
③ 기관위임사무의 예로는 외국인등록, 여권발급, 가족관계등록 등이 해당한다.
④ 단체위임사무는 법령에 의하여 국가 또는 시급 자치단체로부터 그 지방자치단체에 위임된 사무를 의미한다.
⑤ 지방자치단체의 사무는 크게 자치사무와 위임사무로 구분되며, 위임사무에는 고유사무와 기관위임사무로 구분된다.

정답 | 해설

지방자치단체의 사무는 크게 자치사무와 위임사무로 구분되며, 위임사무에는 단체위임사무와 기관위임사무로 구분된다. 고유사무는 자치사무를 의미한다.

정답 ⑤

| 근복(2021)/국민연금(2021)/도로교통(2020)/서울대병원(2020)/서부발전(2020)

15 다음 중 지방자치단체의 집행기관에 대한 설명으로 옳지 않은 것은?

① 지방자치법상 집행기관 중 소속 행정기관에는 사업소, 출장소, 자문기관 등이 있다.
② 지방의회에 대한 견제권으로 조례의 공포권, 재의요구 및 제소권 등이 있다.
③ 지방자치단체장은 선거에 의해 취임하는 정무직 지방공무원으로 이중적 지위에 있다.
④ 지방자치단체의 집행기관은 의결기관이 결정한 의사에 따라 지자체의 목적을 구체적·적극적으로 실현하는 기관이다.
⑤ 행정기구의 설치와 지방공무원의 정원은 인건비 등 국무총리령으로 정하는 기준에 따라 그 지방자치단체의 법률로 정한다.

정답 | 해설

행정기구의 설치와 지방공무원의 정원은 인건비 등 대통령령으로 정하는 기준에 따라 그 지방자치단체의 조례로 정한다(지방자치법 제125조 제2항).

정답 ⑤

16 다음 ㉠ ~ ㉢의 설명과 주민참여의 제도를 바르게 나열한 것은?

광주시통합(2021)

> ㉠ 법정 수 이상의 유권자 서명에 의하여 지방자치단체의 자치헌장이나 조례의 제정 개폐 등에 관하여 주민이 직접 의안을 발의하는 제도이다.
> ㉡ 지방자치단체의 중요한 사안에 대하여 주민이 직접 결정권을 행사하는 제도이다.
> ㉢ 유권자 일정 수 이상의 연서에 의해 지방자치단체의 장, 의회, 의원, 기타 일정한 주요 간부공무원의 해직이나 의회의 해산 등을 그 임기 만료 전에 청구하여 해직시키는 제도이다.

	㉠	㉡	㉢
①	주민소환	주민투표	주민발안
②	주민투표	주민발안	주민소환
③	주민투표	주민소환	주민발안
④	주민발안	주민소환	주민투표
⑤	주민발안	주민투표	주민소환

정답 | 해설

㉠ 주민발안 : 법정 수 이상의 유권자 서명에 의하여 지방자치단체의 자치헌장이나 조례의 제정 개폐 등에 관하여 주민이 직접 의안을 발의하는 제도이다.
㉡ 주민투표 : 지방자치단체의 중요한 사안에 대하여 주민이 직접 결정권을 행사하는 제도이다.
㉢ 주민소환 : 유권자 일정 수 이상의 연서에 의해 지방자치단체의 장, 의회, 의원, 기타 일정한 주요 간부공무원의 해직이나 의회의 해산 등을 그 임기 만료 전에 청구하여 해직시키는 제도이다.

정답 ⑤

가스기술(2021)

17 다음 중 지방자치의 5가지 기본요소에 해당하지 않는 것은?

① 지방자치단체
② 공동문제
③ 자기부담
④ 자주국방
⑤ 공동협력

정답 | 해설

지방자치란 일정한 지역의 주민이 지방자치단체를 구성하여 국가와의 협력 아래 그 지역의 공동문제를 자기부담에 의하여 스스로 처리하는 방식을 의미한다. 이는 지방자치단체, 공동문제, 자기부담, 자기처리, 공동협력 5가지의 기본요소로 구성된다.

정답 ④

| 국민연금(2021)

18 다음 〈보기〉에서 설명하는 지방분권의 장점으로 옳은 것을 모두 고르면?

> **보기**
> ㉠ 위기와 긴급사태를 극복하는 용이성
> ㉡ 지방정부와 주민의 사기 향상과 창의성 제고
> ㉢ 규모의 경제와 훈련된 관료제를 통한 능률성 향상
> ㉣ 주민통제를 통한 전제주의 방지의 기본수단
> ㉤ 지역별 특수성을 고려한 행정 구현

① ㉠, ㉡, ㉤
② ㉠, ㉢, ㉣
③ ㉡, ㉢, ㉤
④ ㉡, ㉣, ㉤
⑤ ㉢, ㉣, ㉤

정답 해설
지방분권이란 지방단체이 자주성이 높고 권한·능력이 지방자치단체에 분산되어 있는 국정운영 형태로, 지역별 특수성을 고려한 행정을 구현할 수 있고, 전제주의를 방지할 수 있으며, 지방정부와 주민의 사기 향상을 제고할 수도 있다.

오답분석
㉠·㉢ 중앙집권의 장점에 해당한다.

정답 ④

| 농어촌(2022)/법무보호복지(2020)

19 다음 중 특별지방행정기관에 대한 설명으로 옳지 않은 것은?

① 중앙과 지역 간 협력 및 광역행정의 수단으로 기능한다.
② 신속한 업무처리 및 통일적 행정수행이 가능하다.
③ 기능 중복으로 인한 비효율성 문제가 없다는 장점이 있다.
④ 자치단체와 수평적 협조가 곤란하다.
⑤ 지방행정의 민주성 상실을 초래할 가능성이 있다.

정답 해설
특별지방행정기관은 특정 중앙 관청에 소속되어 일정한 관할 구역 안에서 그 중앙 관청의 특수한 행정 사무를 관장하는 지방행정기관으로, 기능 중복으로 인하여 비효율성 문제가 대두된다.

정답 ③

| 도로교통(2023)/부교공(2022)/서울대병원(2020)

20 다음 중 지방자치단체와 중앙정부 간의 관계에 대한 설명으로 옳지 않은 것은?

① 지방자치단체 조합의 사무 처리의 효과는 지방자치단체가 아닌 지방자치단체 조합에 귀속된다.
② 광역행정의 협력체계 속에는 갈등과 분쟁의 가능성이 존재한다.
③ 행정수준 평준화와 행정능력의 향상은 광역행정을 촉진시키는 요인으로 작용한다.
④ 지방정부와 중앙정부간의 분쟁 중 쓰레기 매립장 같은 혐오시설을 서로 기피하면서 야기되는 분쟁을 유치분쟁(PIMFY)이라고 한다.
⑤ 광역행정이란 기존의 지자체의 구역을 초월해서 발생하는 행정수요에 대응하여 둘 이상의 지자체의 관할구역에 걸쳐서 공동적으로 수행되는 행정을 의미한다.

정답 | 해설

쓰레기 매립장, 화장장 같은 혐오시설이나 위험시설을 서로 기피하면서 야기되는 분쟁은 기피분쟁(NIMBY)이다. 유치분쟁(PIMFY)은 고속전철역과 같은 사회간접자본 시설을 자기 관할구역 안에 유치하려는 현상에서 야기되는 분쟁이다.

정답 ④

PART

4

법학

CHAPTER 01　법학 일반
CHAPTER 02　헌법
CHAPTER 03　민법
CHAPTER 04　형법
CHAPTER 05　상법
CHAPTER 06　행정법

PART 4 출제 키워드

CHAPTER 01 법학 일반

- 노동법
- 사권
- 4대 보험
- 공법
- 노동 3권
- 전자금융거래법
- 변론주의
- 소년법
- 권리
- 4대 의무
- 관습법
- 법의 이념
- 즉결심판
- 사실의 추정
- 법원성
- 공법·사법관계
- 근로기준법
- 제척·기피·회피
- 소송상 화해

CHAPTER 02 헌법

- 기본권의 제한
- 총리의 권한
- 직업선택의 자유
- 대통령
- 재산권
- 헌법개정
- 헌법재판소
- 정당
- 관습헌법
- 소급입법금지의 원칙
- 죄형법정주의
- 헌법 전문
- 탄핵소추
- 감사원
- 국회
- 신체적 자유권
- 평등권
- 행복추구권

CHAPTER 03 민법

- 용익물권
- 지상권
- 담보물권
- 하자담보책임
- 권리남용의 요건
- 무효·취소
- 법률행위
- 소멸시효
- 민법·상법
- 등기
- 임치
- 점유
- 통정허위표시
- 채권자 취소권
- 불법행위능력
- 총유
- 화해
- 단독행위
- 근저당권
- 주물·종물
- 신의성실의 원칙
- 의사표시 효력발생
- 제한능력자
- 채권자 대위권
- 호의관계
- 취소·추인
- 물권적 청구권
- 중복제소의 금지
- 미성년의 행위능력
- 계약의 해지·해제
- 대리권
- 법원
- 사단법인
- 실종선고
- 임대차
- 태아의 권리능력
- 친족의 범위
- 토지거래허가구역 내 토지거래계약

법학 KEYWORD

CHAPTER 04 형법

- 유예
- 형법의 효력
- 절도죄
- 친고죄
- 정당방위
- 결과적 가중범
- 죄형법정주의
- 위법성 조각 사유
- 몰수
- 착오
- 즉결심판

CHAPTER 05 상법

- 법원
- 감사
- 대표이사
- 사채
- 상업사용인
- 어음·수표의 소멸시효
- 주식회사의 이사
- 자본금 감소
- 주식회사의 기관
- 화물상환증
- 주식회사의 정관
- 명의대여자
- 법원의 적용순서
- 영업양도
- 상인
- 운송인
- 이사회
- 주식
- 주주총회
- 회사
- 신주의 발행
- 대리
- 변태설립사항
- 1인 회사
- 상호
- 위탁매매인
- 인적회사·물적회사
- 주식회사의 특징
- 해산·청산인
- 회사의 합병

CHAPTER 06 행정법

- 행정심판전치주의
- 기속행위·재량행위
- 기한·부관
- 직권취소·철회
- 행정기본법
- 행정행위
- 공청회
- 행정규칙
- 소송
- 행정벌
- 부당결부
- 개인적 공권
- 복효적 행정행위
- 통치행위
- 행정법의 기본원칙

CHAPTER 01 법학 일반

┃ 서교공(2023)

01 다음 중 노동법의 성질이 다른 하나는?

① 산업안전보건법
② 남녀고용평등법
③ 산업재해보상보험법
④ 근로자참여 및 협력증진에 관한 법
⑤ 고용보험법

정답 | 해설

근로자참여 및 협력증진에 관한 법은 집단적 노사관계법으로, 노동조합과 사용자단체 간의 노사관계를 규율한 법이다. 이에는 노동조합 및 노동관계조정법, 근로자참여 및 협력증진에 관한 법, 노동위원회법, 교원의 노동조합설립 및 운영 등에 관한 법률, 공무원직장협의회법 등이 해당한다. 나머지는 근로자와 사용자의 근로계약을 체결하는 관계에 대해 규율한 법으로, 개별적 근로관계법이라고 한다. 이에는 근로기준법, 최저임금법, 산업안전보건법, 직업안정법, 남녀고용평등법, 선원법, 산업재해보상보험법, 고용보험법 등이 해당한다.

정답 ④

┃ 심평원(2023)

02 다음 글의 빈칸 ㉠, ㉡에 들어갈 연령이 바르게 연결된 것은?

- 촉법소년 : 형벌 법령에 저촉되는 행위를 한 10세 이상 ㉠ 미만인 소년
- 우범소년 : 성격이나 환경에 비추어 앞으로 형벌 법령에 저촉되는 행위를 할 우려가 있는 10세 이상 ㉡ 미만인 소년

	㉠	㉡
①	13세	13세
②	13세	14세
③	14세	14세
④	14세	19세
⑤	19세	19세

정답 | 해설

촉법소년의 적용 연령은 10세 이상 14세 미만이고, 우범소년의 적용 연령은 10세 이상의 소년(19세 미만)이다.

보호의 대상과 송치 및 통고(소년법 제4조 제1항)
다음 각 호의 어느 하나에 해당하는 소년은 소년부의 보호사건으로 심리한다.
1. 죄를 범한 소년(범죄소년)
2. 형벌 법령에 저촉되는 행위를 한 10세 이상 14세 미만인 소년(촉법소년)
3. 다음 각 목에 해당하는 사유가 있고 그의 성격이나 환경에 비추어 앞으로 형벌 법령에 저촉되는 행위를 할 우려가 있는 10세 이상인 소년(우범소년)
   가. 집단으로 몰려다니며 주위 사람들에게 불안감을 조성하는 성벽이 있는 것
   나. 정당한 이유 없이 가출하는 것
   다. 술을 마시고 소란을 피우거나 유해환경에 접하는 성벽이 있는 것

정답 ④

| 국민연금(2022)

03 다음 중 법의 적용에 대한 설명으로 옳지 않은 것은?

① 법을 적용하기 위한 사실의 확정은 증거에 의한다.
② 확정의 대상인 사실이란 자연적으로 인식한 현상 자체를 말한다.
③ 사실의 추정은 확정되지 못한 사실을 그대로 가정하여 법률효과를 발생시키는 것이다.
④ 간주는 법이 의제한 효과를 반증에 의해 번복할 수 없다.
⑤ 입증책임은 그 사실의 존부를 주장하는 자가 부담한다.

정답 | 해설

법을 적용하기 위한 사실의 확정에서 확정의 대상인 사실은 자연적으로 인식한 현상 자체가 아닌 법적으로 가치 있는 구체적 사실이어야 한다.

사실의 확정방법

구분	내용
입증	사실의 인정을 위하여 증거를 주장하는 것을 입증이라 하며, 이 입증책임(거증책임)은 그 사실의 존부를 주장하는 자가 부담한다. 그리고 사실을 주장하는 데 필요한 증거는 첫째로 증거로 채택될 수 있는 자격, 즉 증거능력이 있어야 하고 둘째로 증거의 실질적 가치, 즉 증명력이 있어야 한다. 만일 이것이 용이하지 않을 경우를 위해 추정과 간주를 두고 있다.
추정	편의상 사실을 가정하는 것으로, '~한 것으로 추정한다.'라고 하며, 반증을 들어서 부정할 수 있다. 예를 들어 "처가 혼인 중에 포태한 자는 부의 자로 추정한다."라고 규정한 것은 친생자관계를 인정하고 있으나, 부는 그 자가 친생자임을 부인하는 소를 제기할 수 있다고 하여 법률상의 사실은 반증을 들어 이를 부정할 수 있다.
간주	일정한 사실을 확정하는 것으로(간주하다=본다), '~한 것으로 간주한다. ~한 것으로 본다.'라고 하며, 반증을 들어서 이를 부정할 수 없다. 예를 들어 "대리인이 본인을 위한 것임을 표시하지 아니한 때에는 그 의사표시는 자기를 위한 것으로 본다."라고 규정한 것은 '사실의 의제'의 예라 할 수 있다.

정답 ②

| 한수원(2022)

04 다음 중 사권(私權)에 대한 설명으로 옳지 않은 것은?

① 사원권이란 단체구성원이 그 구성원의 자격으로 단체에 대하여 가지는 권리를 말한다.
② 타인의 작위·부작위 또는 인용을 적극적으로 요구할 수 있는 권리를 청구권이라 한다.
③ 취소권·해제권·추인권은 항변권이다.
④ 형성권은 권리자의 일방적 의사표시로 권리변동의 효과를 발생시키는 권리이다.
⑤ 사권의 내용과 행사는 공공복리에 의하여 제한되고 이에 대한 위반은 권리의 남용으로 취급된다.

정답 | 해설

취소권·해제권·추인권은 형성권에 속한다. 즉, 일방의 의사표시 또는 행위에 의하여 법률관계가 변동되는 것이다.

정답 ③

| 강원랜드(2022)/근복(2022)

05 다음 중 용어에 대한 설명으로 옳은 것은?

① 권능이란 권리의 내용을 이루는 각개의 법률상의 작용을 말한다.
② 권원이란 일정한 법률상 또는 사실상 행위의 결과로 나타나는 효과를 말한다.
③ 법인의 대표이사가 정관 규정에 의하여 일정한 행위를 할 수 있는 힘을 반사적 이익이라 한다.
④ 반사적 이익이란 특정인이 법률규정에 따라 일정한 행위를 하였을 때 그 법률상 이익을 직접 누릴 수 있는 권리를 말한다.
⑤ 권한이란 법이 일정한 사실을 금지하거나 명하고 있는 결과, 어떤 사람이 저절로 받게 되는 이익을 말한다.

정답 | 해설

권능은 소유권에서 파생되는 사용권·수익권·처분권과 같이 권리에서 파생되는 개개의 법률상의 힘을 말한다.

권리와의 구별개념

구분	내용
권한(權限)	타인을 위하여 법률행위를 할 수 있는 법률상의 자격이다(예 이사의 대표권, 국무총리의 권한 등).
권능(權能)	권리에서 파생되는 개개의 법률상의 자격이다(예 소유권자의 소유권에서 파생되는 사용권·수익권·처분권 등).
권원(權原)	어떤 법률적 또는 사실적 행위를 하는 것을 정당화시키는 법률상의 원인이다(예 지상권, 대차권 등).
권리(權利)	일정한 이익을 누릴 수 있게 법이 인정한 힘이다(예 지배권, 형성권, 항변권 등).
반사적 이익 (反射的 利益)	법이 일정한 사실을 금지하거나 명하고 있는 결과, 어떤 사람이 저절로 받게 되는 이익으로서 그 이익을 누리는 사람에게 법적인 힘이 부여된 것은 아니기 때문에 타인이 그 이익의 향유를 방해하더라도 그것의 보호를 청구하지 못한다(예 도로·공원 등 공물의 설치로 인한 공물이용자의 이익, 공중목욕탕 영업의 거래제한으로 인하여 이미 허가를 받은 업자의 사실상의 이익 등).

정답 ①

| 강원랜드(2022)/근복(2022)

06 다음 중 권리에 대한 설명으로 옳지 않은 것은?

① 사권(私權)은 권리의 작용에 의해 지배권, 청구권, 형성권, 항변권으로 구분된다.
② 사권은 권리의 이전성에 따라 절대권과 상대권으로 구분된다.
③ 권능은 권리의 내용을 이루는 개개의 법률상의 힘을 말한다.
④ 사권은 권리의 양도성 여부에 따라 일신전속권과 비전속권으로 구분된다.
⑤ 권한은 본인 또는 권리자를 위하여 일정한 법률효과를 발생케 하는 행위를 할 수 있는 법률상의 자격을 말한다.

정답 해설

사권은 권리의 이전성(양도성)에 따라 일신전속권과 비전속권으로 구분된다. 한편, 절대권과 상대권은 권리의 효력 범위에 따른 분류이다.

사권의 분류

권리의 내용	• 인격권 : 생명, 신체, 자유, 명예, 성명 등에 부착된 권리 • 신분권 : 가족, 부부, 친자, 친족 등 일정한 신분관계에서 발생하는 권리 • 재산권 : 경제적 이익을 목적으로 하는 권리 • 사원권 : 단체구성원의 지위에서 발생하는 권리
권리의 작용(효력)	• 지배권, 청구권, 형성권, 항변권
권리의 효력 범위	• 절대권, 상대권
권리의 양도성 여부	• 일신전속권, 비전속권
권리의 독립성 여부	• 주된 권리, 종된 권리

권리의 작용(효력)에 따른 분류

지배권(支配權)	권리의 객체를 직접·배타적으로 지배할 수 있는 권리이다(예 물권, 무체재산권, 친권 등).
청구권(請求權)	타인에 대하여 일정한 급부 또는 행위(작위·부작위)를 적극적으로 요구하는 권리이다(예 채권, 부양청구권 등).
형성권(形成權)	권리자의 일반적인 의사표시에 의하여 일정한 법률관계를 발생·변경·소멸시키는 권리이다(예 취소권, 해제권, 추인권, 해지권 등).
항변권(抗辯權)	청구권의 행사에 대하여 급부를 거절할 수 있는 권리로, 타인의 공격을 막는 방어적 수단으로 사용되며 상대방에게 청구권이 있음을 부인하는 것이 아니라 그것을 전제하고, 그 행사를 배척하는 권리이다(예 보증인의 최고 및 검색의 항변권, 동시이행의 항변권 등).

정답 ②

| 근복(2022)

07 다음 중 판례의 법원성에 대해 규정하고 있는 법은?

① 대법원 규칙
② 국회법
③ 법원조직법
④ 형법
⑤ 헌법

정답 | 해설

우리나라는 법원조직법에서 판례의 법원성에 대해 규정하고 있다.

우리나라 불문법의 법원성

판례법	법원의 판결은 본래 어떤 구체적인 사건의 해결방법으로서의 의미만을 가질 뿐이나, 실제로는 사실상 뒤의 재판을 강력하게 기속하는 구속력이 있으므로, 같은 내용의 사건에 대해서는 같은 내용의 판결이 내려지게 된다. 판례법이란 이와 같이 거듭되는 법원의 판결을 법으로 보는 경우에 있게 된다. 영미법계의 국가에서는 이러한 판례의 구속력이 인정되나, 대륙법계의 국가에서는 대체로 성문법주의이기 때문에 판례법은 제2차적 법원에 지나지 않는다. 우리나라의 경우에도 성문법 중심의 대륙법계의 법체계를 따르고 있어 판례법의 구속력은 보장되지 않는다. 그러나 법원조직법에서 상급법원의 판단은 해당 사건에서만 하급법원에 기속력을 지닌다고 규정(제8조)하는 한편, 대법원에서 종전의 판례를 변경하려면 대법관 전원의 3분의 2 이상의 합의가 있어야 한다고 엄격한 절차를 규정(제7조 제1항 제3호)하고 있어 하급법원은 상급법원의 판결에 기속된다. 따라서 우리나라의 경우 판례는 사실상의 구속력을 지닌다고 볼 수 있다.
관습법	사회생활상 일정한 사실이 장기간 반복되어 그 생활권의 사람들을 구속할 수 있는 규범으로 발전된 경우 사회나 국가로부터 법적 확신을 획득하여 법적 가치를 가진 불문법으로서 관행의 존재와 그에 대한 법적 확신, 또한 관행이 선량한 풍속이나 사회질서에 반하지 않을 것이며 그러한 관행을 반대하는 법령이 없을 때 혹은 법령의 규정에 의하여 명문으로 인정한 관습일 때에 관습법으로 성립되며 성문법을 보충한다.
조리	법원은 구체적 사건에 적용할 법규가 없는 경우에도 재판을 거부할 수 없으며 조리는 이러한 법의 흠결 시에 재판의 준거가 된다. 또한 법률행위의 해석의 기준이 되기도 한다. 우리나라 민법 제1조에는 "민사에 관하여 법률에 규정이 없으면 관습법에 의하고 관습법이 없으면 조리에 의한다."라고 규정하고 있다.

정답 ③

| 대구시설(2021)

08 다음 중 우리나라에서 실시하고 있는 4대 보험에 대한 설명으로 옳지 않은 것은?

① 우리나라에서 시행하고 있는 사회보험으로는 고용보험, 건강보험, 산재보험, 국민연금이 있다.
② 국민연금의 경우 강제가입을 통해 역선택을 방지하고자 한다.
③ 산재보험의 경우 원칙적으로 근로자가 50%, 사업자가 50%의 금액을 부담한다.
④ 건강보험의 보험자는 국민건강보험공단이며, 주요업무는 건강보험 적용대상자의 자격관리, 보험료의 부과 및 징수, 보험급여 등이 있다.
⑤ 1주간의 소정근로시간이 15시간 미만인 자를 포함한 1개월간의 소정근로시간이 60시간 미만인 자는 고용보험 적용 제외 근로자이다.

정답 | 해설

산재보험이란 산업재해(업무상 재해, 부상, 질병, 사망)를 당한 근로자에게는 신속한 보상을 하고, 사업주에게는 근로자의 재해에 따른 일시적인 경제적 부담을 덜어 주기 위해 국가에서 관장하는 사회보험을 말한다. 이는 사업주가 보험료 전액을 부담하는 것을 원칙으로 한다.

정답 ③

09 다음 중 국민에게만 적용되는 기본 의무가 아닌 것은?

① 근로의 의무
② 납세의 의무
③ 교육의 의무
④ 환경보전의 의무
⑤ 국방의 의무

정답 해설

환경보전의 의무는 국민뿐만 아니라 국가에도 적용되는 기본 의무이다.

> **헌법에 명시된 기본 의무**
> - 교육의 의무 : 모든 국민은 그 보호하는 자녀에게 적어도 초등교육과 법률이 정하는 교육을 받게 할 의무를 진다(헌법 제31조 제2항).
> - 근로의 의무 : 모든 국민은 근로의 의무를 진다. 국가는 근로의 의무의 내용과 조건을 민주주의 원칙에 따라 법률로 정한다(헌법 제32조 제2항).
> - 환경보전의 의무 : 모든 국민은 건강하고 쾌적한 환경에서 생활할 권리를 가지며, 국가와 국민은 환경보전을 위하여 노력하여야 한다(헌법 제35조 제1항).
> - 납세의 의무 : 모든 국민은 법률이 정하는 바에 의하여 납세의 의무를 진다(헌법 제38조).
> - 국방의 의무 : 모든 국민은 법률이 정하는 바에 의하여 국방의 의무를 진다(헌법 제39조 제1항).

정답 ④

10 다음 〈보기〉에서 의무이면서 권리의 성격을 띠는 것을 모두 고르면?

> **보기**
> ㄱ. 국방의 의무
> ㄴ. 교육의 의무
> ㄷ. 근로의 의무
> ㄹ. 납세의 의무

① ㄱ, ㄴ
② ㄱ, ㄷ
③ ㄴ, ㄷ
④ ㄴ, ㄹ
⑤ ㄷ, ㄹ

정답 해설

국민의 4대 의무는 국방의 의무, 납세의 의무, 교육의 의무, 근로의 의무이며, 근로의 의무와 교육의 의무는 의무인 동시에 권리의 성격을 띤다.

정답 ③

11 다음 중 공법관계와 사법관계에 대한 설명으로 옳지 않은 것은?(단, 다툼이 있는 경우 판례에 의한다)

① 행정절차법은 사법관계에 대해서는 적용되지 않는다.
② 공법관계는 행정소송 중 항고소송과 당사자 소송의 대상이 된다.
③ 사인 간의 법적 분쟁에 관한 사법관계는 민사소송의 대상이 된다.
④ 법률관계의 한쪽 당사자가 행정주체인 경우에도 사법적 효과를 발생하게 하는 행위는 공법관계로 본다는 것이 판례의 입장이다.
⑤ 입찰보증금의 국고귀속조치는 국가가 사법상의 재산권의 주체로서 행위하는 것이지, 공권력을 행사하는 것이거나 공권력작용과 일체성을 가진 것이 아니라 할 것이다.

정답 | 해설

법률관계의 한쪽 당사자가 행정주체인 경우에도 공법적 효과를 발생하게 하는 행위만이 공법관계이며, 사법적 효과의 발생을 목적으로 하는 경우에는 사법관계에 속한다.

정답 ④

12 다음 〈보기〉에서 법률관계가 공법관계인 것을 모두 고르면?(단, 다툼이 있는 경우 판례에 의한다)

보기
ㄱ. 사립학교의 학위수여
ㄴ. 국공립 도서관 이용관계
ㄷ. 철도・지하철 이용관계
ㄹ. 한국조폐공사 직원의 근무관계
ㅁ. 텔레비전 수신료의 부과징수

① ㄱ, ㄴ, ㄷ　　　　　　　　　　② ㄱ, ㄴ, ㅁ
③ ㄴ, ㄷ, ㅁ　　　　　　　　　　④ ㄴ, ㄹ, ㅁ
⑤ ㄷ, ㄹ, ㅁ

정답 | 해설

ㄱ・ㄴ・ㅁ. 공법관계이다.

오답분석

ㄷ・ㄹ. 사법관계이다.

정답 ②

| 국민연금(2022)/수자원(2021)

13 다음 중 공법관계와 사법관계에 대한 설명으로 옳지 않은 것은?(단, 다툼이 있는 경우 판례에 의한다)

① 법률관계의 한쪽 당사자가 행정주체인 경우라도 지하철 이용은 사법관계에 해당한다.
② 행정절차법은 공법상 행정절차에 관한 일반법이므로 사법관계에는 적용되지 않는다.
③ 한국조폐공사 직원의 근무관계는 사법관계에 해당한다.
④ 입찰보증금의 국고귀속조치는 국가가 공권력을 행사하는 것이므로 행정소송의 대상이 된다.
⑤ 가산금 징수와 관련한 행위는 공법관계에 해당한다.

정답 | 해설

예산회계법에 따라 체결되는 계약은 사법상의 계약이라고 할 것이고, 동법 제70조의5의 입찰보증금은 낙찰자의 계약체결 의무이행의 확보를 목적으로 하여 그 불이행 시에 이를 국고에 귀속시켜 국가의 손해를 전보하는 사법상의 손해배상 예정으로서의 성질을 갖는 것이라고 할 것이므로, 입찰보증금의 국고귀속조치는 국가가 사법상의 재산권의 주체로서 행위하는 것이지 공권력을 행사하는 것이거나 공권력작용과 일체성을 가진 것이 아니라 할 것이므로, 이에 관한 분쟁은 행정소송이 아닌 민사소송의 대상이 될 수밖에 없다고 할 것이다(대법 1983.12.27., 81누366).

정답 ④

| 수자원(2021)

14 다음 〈보기〉에서 사인의 공법행위에 해당하는 것은 모두 몇 개인가?

보기
ㄱ. 행정심판의 청구
ㄴ. 영업허가의 출원
ㄷ. 선거권의 행사
ㄹ. 공무원 공개채용시험의 응시행위
ㅁ. 혼인신고

① 1개
② 2개
③ 3개
④ 4개
⑤ 5개

정답 | 해설

사인의 공법행위는 행정법 관계에서 사인의 행위 가운데 공법적 효과의 발생을 목적으로 하는 법률행위를 말한다. 대표적인 예시로 출생신고, 혼인신고, 인・허가신청 등이 있다. 따라서 ㄱ ~ ㅁ 모두 사인의 공법행위에 해당한다.

정답 ⑤

15 다음 중 관습법에 대한 설명으로 옳지 않은 것은?

① 관습법은 법원의 판결에 의하여 그 존재가 확인되므로, 그 성립 시기는 법원의 판결에서 관습법의 존재를 인정하는 때에 관습법으로 성립한다는 것이 통설이다.
② 헌법재판소의 결정은 법원 기타 국가기관과 지방자치단체를 기속하므로, 그 결정내용이 민사에 관한 것이면 민법의 법원이 될 수 있다.
③ 성문법과 관습법의 효력상 우열에 관하여 변경적 효력설을 취하는 경우, 기존의 성문법과 다른 관습법이 성립한 경우에 양자 사이의 효력의 우열은 '신법은 구법에 우선한다.'라는 원칙에 따라 결정된다.
④ 기존의 관습법이 사회를 지배하는 기본적 이념이나 사회질서의 변화로 인하여 그 관습법을 적용하여야 할 시점에 있어서의 전체 법질서에 부합하지 않게 되었다면, 그 관습법은 법적 규범으로서의 효력이 부정된다.
⑤ 판례에서 관습법은 법원으로서 법령과 같은 효력을 갖는 관습으로 법령에 저촉되지 않는 한 법칙으로서의 효력이 있으나, 사실인 관습은 법령으로서의 효력이 없는 단순한 관행으로서 법률행위의 당사자의 의사를 보충함에 그친다고 하여 양자를 개념상 구별하고 있다.

정답 | 해설

관습법은 법원의 판결에 의하여 그 존재가 확인되지만, 성립 시기는 그 관습이 법적 확신을 얻은 때로 소급한다(통설).

정답 ①

16 다음 중 관습법에 대한 설명으로 옳지 않은 것은?

① 동산의 양도담보, 사실혼 제도 등도 관습법에 해당한다.
② 관습법은 일반인의 법적 확신이 아닌 법원의 판결을 통해 성립한다.
③ 관습법은 법이므로 당사자가 이를 원용하지 않더라도 법원(法院)이 직권 고려하여야 한다.
④ 관습법이 성립되기 위한 요건 중 하나는 관행이 일정기간 계속되고, 일정지역에 걸쳐 행해져야 하는 것이다.
⑤ 관습법이란 사회의 거듭된 관행으로 생성된 사회생활 규범이 사회 구성원들의 법적 확신을 얻어 법적 규범으로 승인된 것이다.

정답 | 해설

관습법은 일반인의 법적 확신을 통해 이미 존재하는 것이며, 법원의 판결은 관습법의 성립요건이 아니다.

정답 ②

| 근복(2025)/강원랜드(2023)/남동발전(2021)/KPS(2021)/대구신용보증(2020)

17 다음 중 관습법에 대한 설명으로 옳은 것은?(단, 다툼이 있는 경우 판례에 의한다)

① 우리 민법은 관습법을 법원(法源)으로 인정하고 있지 않다.
② 관습법은 성문법에 대하여 열후적·보충적 성격을 가진다.
③ 당사자의 주장이 없으면 법원(法院)은 관습법의 존재 여부를 판단하여서는 안 된다.
④ 판례는 사실인 관습과 관습법을 개념상으로 엄격하게 구별하고 있지 않다.
⑤ 관습법은 법원의 판결에 의하여 그 존재가 확인되므로 관습법의 성립 시기는 법원의 판결에서 관습법의 존재를 인정하는 때에 관습법으로 성립한다는 것이 통설이다.

정답 | 해설

관습법은 제정법(성문법)에 대해 (성문법을 보충하는 한도에서 적용) 열후적·보충적 성격을 가진다(대판 1983.6.14., 80다3231).

오답분석

① 민법 제1조에서는 "법률에 규정이 없으면 관습법에 따르고, 관습법이 없으면 조리(條理)에 의한다."라고 명시하여 관습법의 효력을 인지하고 있다.
③ 법령과 같은 효력을 갖는 관습법은 당사자의 주장·입증을 기다림이 없이 법원이 직권으로 이를 확정하여야 하고, 사실인 관습은 그 존재를 당사자가 주장·입증하여야 하나, 관습은 그 존부 자체도 명확하지 않을 뿐만 아니라 그 관습이 사회의 법적 확신에 의하여 법적 규범으로까지 승인되었는지의 여부를 가리기는 더욱 어려운 일이므로, 법원이 이를 알 수 없는 경우 결국은 당사자가 이를 주장·입증할 필요가 있다(대판 1983.6.14., 80다3231).
④ 판례는 법적 확신의 유무에 의해 관습과 관습법을 개념상으로 엄격하게 구별하고 있다.
⑤ 관습법은 법원의 판결을 통해 그 존재가 확인되면, 그 성립 시기는 사회 일반인에 의해 법적 확신을 얻은 때로 소급한다(통설).

정답 ②

| 전력기술(2025)/서교공(2025)/가스(2022)/남동발전(2021)/KPS(2021)/근복(2021)

18 다음 중 근로기준법상 1주로 옳은 것은?

① 휴일을 포함한 5일
② 휴일을 제외한 6일
③ 휴일을 포함한 6일
④ 휴일을 제외한 7일
⑤ 휴일을 포함한 7일

정답 | 해설

근로기준법 제2조 제1항 제7호에서 "1주"란 휴일을 포함한 7일을 말한다.

정답 ⑤

19 다음 중 근로기준법에 대한 설명으로 옳은 것은?

① 근로자와 사용자는 각자가 단체협약, 취업규칙과 근로계약을 지키고 성실하게 이행할 의무가 있다.
② 사용자는 근로자에게 폭행을 하지 못한다. 그러나 사고의 발생이나 그 밖의 특수한 상황일 경우 가능하다.
③ 사용자는 근로자가 근로시간 중에 선거권, 그 밖의 공민권(公民權) 행사 또는 공(公)의 직무를 집행하기 위하여 필요한 시간을 청구하면 거부할 수 있다.
④ "사용자"란 사업주 또는 사업 경영 담당자, 그 밖에 근로자에 관한 사항에 대하여 노동조합을 위하여 행위하는 자를 말한다.
⑤ 사용자는 전차금(前借金)이나 그 밖에 근로할 것을 조건으로 하는 전대(前貸)채권과 임금을 상계할 수 있다.

정답 | 해설

근로자와 사용자는 각자가 단체협약, 취업규칙과 근로계약을 지키고 성실하게 이행할 의무가 있다(근로기준법 제5조).

오답분석

② 사용자는 사고의 발생이나 그 밖의 어떠한 이유로도 근로자에게 폭행을 하지 못한다(근로기준법 제8조).
③ 사용자는 근로자가 근로시간 중에 선거권, 그 밖의 공민권(公民權) 행사 또는 공(公)의 직무를 집행하기 위하여 필요한 시간을 청구하면 거부하지 못한다(근로기준법 제10조).
④ "사용자"란 사업주 또는 사업 경영 담당자, 그 밖에 근로자에 관한 사항에 대하여 사업주를 위하여 행위하는 자를 말한다(근로기준법 제2조 제1항 제2호).
⑤ 사용자는 전차금(前借金)이나 그 밖에 근로할 것을 조건으로 하는 전대(前貸)채권과 임금을 상계하지 못한다(근로기준법 제21조).

정답 ①

20 다음 〈보기〉에서 근로기준법상 근로자에 대한 설명으로 옳은 것을 모두 고르면?

보기

㉠ "근로자"란 직업의 종류와 관계없이 임금을 목적으로 사업이나 사업장에 근로를 제공하는 사람을 말한다.
㉡ 근로자와 사용자는 각자가 단체협약, 취업규칙과 근로계약을 지키고 성실하게 이행할 의무가 있다.
㉢ 사용자는 근로자를 해고(경영상 이유에 의한 해고를 포함한다)하려면 적어도 90일 전에 예고를 하여야 하고, 90일 전에 예고를 하지 아니하였을 때에는 30일분 이상의 통상임금을 지급하여야 한다.
㉣ 사용자는 근로자를 해고하려면 해고사유와 해고시기를 구두로 통지하여야 한다.

① ㉠, ㉡
② ㉠, ㉢
③ ㉡, ㉢
④ ㉡, ㉣
⑤ ㉢, ㉣

정답 해설

㉠ "근로자"란 직업의 종류와 관계없이 임금을 목적으로 사업이나 사업장에 근로를 제공하는 사람을 말한다(근로기준법 제2조 제1항 제1호).
㉡ 근로자와 사용자는 각자가 단체협약, 취업규칙과 근로계약을 지키고 성실하게 이행할 의무가 있다(근로기준법 제5조).

오답분석

㉢ 사용자는 근로자를 해고(경영상 이유에 의한 해고를 포함한다)하려면 적어도 30일 전에 예고를 하여야 하고, 30일 전에 예고를 하지 아니하였을 때에는 30일분 이상의 통상임금을 지급하여야 한다(근로기준법 제26조).
㉣ 사용자는 근로자를 해고하려면 해고사유와 해고시기를 서면으로 통지하여야 한다(근로기준법 제27조 제1항).

정답 ①

| 전력기술(2025)/서교공(2025)/가스(2022)/남동발전(2021)/KPS(2021)/근복(2021)

21 다음 〈보기〉 중 근로기준법상 근로계약에 대한 설명으로 옳지 않은 것을 모두 고르면?

보기

ㄱ. 근로계약은 기간을 정하지 아니한 것과 일정한 사업의 완료에 필요한 기간을 정한 것 외에는 그 기간은 1년을 초과할 수 있다.
ㄴ. 사용자는 근로계약을 체결할 때에 근로자에게 소정근로시간을 명시하여야 한다.
ㄷ. 사용자는 근로계약에 덧붙여 강제 저축 또는 저축금의 관리를 규정하는 계약을 체결할 수 있다.
ㄹ. 사용자는 근로계약 불이행에 대한 위약금 또는 손해배상액을 예정하는 계약을 체결하지 못한다.
ㅁ. 단시간근로자의 근로조건은 그 사업장의 다른 종류의 업무에 종사하는 통상 근로자의 근로시간을 기준으로 산정한 비율에 따라 결정되어야 한다.

① ㄱ, ㄴ, ㄷ
② ㄱ, ㄷ, ㅁ
③ ㄴ, ㄷ, ㄹ
④ ㄴ, ㄹ, ㅁ
⑤ ㄷ, ㄹ, ㅁ

정답 해설

ㄱ. 근로계약은 기간을 정하지 아니한 것과 일정한 사업의 완료에 필요한 기간을 정한 것 외에는 그 기간은 1년을 초과하지 못한다(근로기준법 제16조).
ㄷ. 사용자는 근로계약에 덧붙여 강제 저축 또는 저축금의 관리를 규정하는 계약을 체결하지 못한다(근로기준법 제22조 제1항).
ㅁ. 단시간근로자의 근로조건은 그 사업장의 같은 종류의 업무에 종사하는 통상 근로자의 근로시간을 기준으로 산정한 비율에 따라 결정되어야 한다(근로기준법 제18조 제1항).

정답 ②

| 전력기술(2025)/서교공(2025)/가스(2022)/남동발전(2021)/KPS(2021)/근복(2021)

22 다음은 육아휴직에 대한 법률과 노동조합규칙, 사내 취업규칙의 내용이다. 이를 서로 충돌이 있을 경우 적용 순서대로 바르게 나열한 것은?

> • 남녀고용평등과 일·가정 양립 지원에 관한 법률 : 육아휴직의 기간은 1년 이내로 한다.
> • 노동조합규칙 : 육아휴직의 기간은 2년 이내로 한다.
> • 사내 취업규칙 : 육아휴직의 기간은 6개월 이내로 한다.

① 법=노동조합규칙=사내 취업규칙
② 법>노동조합규칙>사내 취업규칙
③ 사내 취업규칙>노동조합규칙>법
④ 노동조합규칙>법>사내 취업규칙
⑤ 노동조합규칙>법=사내 취업규칙

정답 해설

두 개 이상의 규범이 충돌한 경우, 일반적인 법해석 및 적용은 '상위법 우선' 원칙에 따른다. 이는 헌법>관계법률>단체협약>취업규칙>근로계약 순으로 상위법을 우선 적용하는 방식이다. 그러나 근로관계에서는 일반적인 법 적용 원칙과 달리, 상위법 우선의 원칙과 함께 '유리한 조건 우선' 원칙도 적용된다. 이는 노동법의 여러 법원(法源) 가운데 근로자에게 가장 유리한 조건을 정한 법원을 먼저 적용하는 것을 말한다. 노동관계를 규율하는 규범에는 헌법, 근로기준법이나 노동조합 및 노동관계조정법 등의 법률 및 시행령, 단체협약, 취업규칙, 근로계약, 노동관행 등이 있는데, 이 중 근로자에게 가장 유리한 조건을 정한 규범을 우선해 적용한다는 의미이다. 따라서 가장 유리한 조건인 노동조합규칙>법>사내 취업규칙으로 적용한다.

정답 ④

| 전력기술(2025)/서교공(2025)/가스(2022)/남동발전(2021)/KPS(2021)/근복(2021)

23 다음 중 근로기준법상 근로시간과 휴식에 대한 설명으로 옳지 않은 것은?

① 1일의 근로시간은 휴게시간을 제외하고 8시간을 초과할 수 없다.
② 사용자는 근로자에게 1주에 평균 1회 이상의 유급휴일을 보장하여야 한다.
③ 사용자는 연장근로에 대하여는 통상임금의 100분의 50 이상을 가산하여 근로자에게 지급하여야 한다.
④ 사용자는 8시간 이내의 휴일근로에 대하여는 통상임금의 100분의 50 이상을 가산하여 근로자에게 지급하여야 한다.
⑤ 사용자는 야간근로에 대하여는 통상임금의 100분의 80 이상을 가산하여 근로자에게 지급하여야 한다.

정답 해설

사용자는 야간근로에 대하여는 통상임금의 100분의 50 이상을 가산하여 근로자에게 지급하여야 한다(근로기준법 제56조 제3항).

정답 ⑤

| 전력기술(2025)/서교공(2025)/가스(2022)/남동발전(2021)/KPS(2021)/근복(2021)

24 다음 중 근로기준법상 용어별 정의로 옳지 않은 것은?

① "근로자"란 직업의 종류에 따라 사무직 수행이나, 영업직에 해당하는 근로를 제공하는 사람을 말한다.
② "근로"란 정신노동과 육체노동을 말한다.
③ "사용자"란 사업주 또는 사업 경영 담당자, 그 밖에 근로자에 관한 사항에 대하여 사업주를 위하여 행위하는 자를 말한다.
④ "임금"이란 사용자가 근로의 대가로 근로자에게 임금, 봉급, 그 밖에 어떠한 명칭으로든지 지급하는 모든 금품을 말한다.
⑤ "평균임금"이란 이를 산정하여야 할 사유가 발생한 날 이전 3개월 동안에 그 근로자에게 지급된 임금의 총액을 그 기간의 총일수로 나눈 금액을 말한다.

정답 | 해설

"근로자"란 직업의 종류와 관계없이 임금을 목적으로 사업이나 사업장에 근로를 제공하는 사람을 말한다(근로기준법 제2조 제1항 제1호).

정답 ①

| 전력기술(2025)/서교공(2025)/가스(2022)/남동발전(2021)/KPS(2021)/근복(2021)

25 다음 중 근로기준법상 일반근로자에게 서면으로 교부하는 근로계약서상 명시되지 않는 것은?

① 임금의 구성항목
② 복리후생제도
③ 소정근로시간
④ 임금의 계산방법
⑤ 연차 유급휴가

정답 | 해설

일반근로자에게 교부하는 근로계약서에 명시되어야 할 사항은 임금의 구성항목, 임금의 계산방법, 임금의 지급방법, 소정근로시간, 주휴일, 연차 유급휴가이다.

> **근로조건의 명시(근로기준법 제17조)**
> ① 사용자는 근로계약을 체결할 때에 근로자에게 다음 각 호의 사항을 명시하여야 한다. 근로계약 체결 후 다음 각 호의 사항을 변경하는 경우에도 또한 같다.
>   1. 임금
>   2. 소정근로시간
>   3. 제55조에 따른 휴일
>   4. 제60조에 따른 연차 유급휴가
>   5. 그 밖에 대통령령으로 정하는 근로조건
> ② 사용자는 제1항 제1호와 관련한 임금의 구성항목·계산방법·지급방법 및 제2호부터 제4호까지의 사항이 명시된 서면을 근로자에게 교부하여야 한다.

정답 ②

▌전력기술(2025)/서교공(2025)/가스(2022)/남동발전(2021)/KPS(2021)/근복(2021)

26 다음 중 근로기준법의 적용범위에 대한 설명으로 옳지 않은 것은?

① 상시 5명 이상의 근로자를 사용하는 모든 사업 또는 사업장에 적용한다.
② 국가, 특별시·광역시·도, 시·군·구, 읍·면·동, 그 밖에 이에 준하는 것에 대하여도 적용된다.
③ 상시 4명 이하의 근로자를 사용하는 사업 또는 사업장에 대하여는 대통령령으로 정하는 바에 따라 이 법의 일부 규정을 적용할 수 있다.
④ '상시 사용하는 근로자 수'는 해당 사업 또는 사업장에서 법 적용 사유 발생일 전 1개월 동안 사용한 근로자의 연인원을 같은 기간 중의 가동 일수로 나누어 산정한다.
⑤ 동거하는 친족만을 사용하는 사업 또는 사업장에는 적용하지 않지만, 가사 사용인에 대하여는 적용한다.

정답 해설

동거하는 친족만을 사용하는 사업 또는 사업장과 가사 사용인에 대하여는 적용하지 아니한다(근로기준법 제11조 제1항).

정답 ⑤

▌전력기술(2025)/서교공(2025)/가스(2022)/남동발전(2021)/KPS(2021)/근복(2021)

27 다음 중 근로기준법상 임금에 대한 설명으로 옳지 않은 것은?

① 임금은 매월 1회 이상 일정한 날짜를 정하여 지급하여야 한다.
② 임금은 통화(通貨)로 직접 근로자에게 그 전액을 지급하여야 한다. 다만, 법령 또는 단체협약에 특별한 규정이 있는 경우에는 임금의 일부를 공제하거나 통화 이외의 것으로 지급할 수 있다.
③ 사용자는 도급이나 그 밖에 이에 준하는 제도로 사용하는 근로자에게 근로시간에 따라 일정액의 임금을 보장하여야 한다.
④ 사용자는 사업장별로 임금대장을 작성하고 임금과 가족수당 계산의 기초가 되는 사항, 임금액, 그 밖에 대통령령으로 정하는 사항을 매월 말일마다 작성해야 한다.
⑤ 사용자는 근로자가 출산, 질병, 재해, 그 밖에 대통령령으로 정하는 비상(非常)한 경우의 비용에 충당하기 위하여 임금 지급을 청구하면 지급기일 전이라도 이미 제공한 근로에 대한 임금을 지급하여야 한다.

정답 해설

사용자는 사업장별로 임금대장을 작성하고 임금과 가족수당 계산의 기초가 되는 사항, 임금액, 그 밖에 대통령령으로 정하는 사항을 임금을 지급할 때마다 적어야 한다(근로기준법 제48조 제1항).

정답 ④

| 전력기술(2025)/서교공(2025)/가스(2022)/남동발전(2021)/KPS(2021)/근복(2021)

28 다음 중 근로기준법상 근로시간과 휴식에 대한 설명으로 옳은 것은?

① 1주간의 근로시간은 휴게시간을 제외하고 45시간을 초과할 수 없다.
② 당사자 간에 합의하면 1주간에 15시간을 한도로 근로시간을 연장할 수 있다.
③ 사용자는 근로자에게 4주에 평균 1회 이상의 유급휴일을 보장하여야 한다.
④ 사용자는 1년간 70퍼센트 이상 출근한 근로자에게 15일의 유급휴가를 주어야 한다.
⑤ 사용자는 연장근로에 대하여는 통상임금의 100분의 50 이상을 가산하여 근로자에게 지급하여야 한다.

정답 해설

사용자는 연장근로에 대하여는 통상임금의 100분의 50 이상을 가산하여 근로자에게 지급하여야 한다(근로기준법 제56조 제1항).

오답분석

① 1주간의 근로시간은 휴게시간을 제외하고 40시간을 초과할 수 없다(근로기준법 제50조 제1항).
② 당사자 간에 합의하면 1주간에 12시간을 한도로 근로시간을 연장할 수 있다(근로기준법 제53조 제1항).
③ 사용자는 근로자에게 1주에 평균 1회 이상의 유급휴일을 보장하여야 한다(근로기준법 제55조 제1항).
④ 사용자는 1년간 80퍼센트 이상 출근한 근로자에게 15일의 유급휴가를 주어야 한다(근로기준법 제60조 제1항).

정답 ⑤

| 전력기술(2025)/서교공(2025)/가스(2022)/남동발전(2021)/KPS(2021)/근복(2021)

29 다음 글은 근로기준법상 휴게에 대한 규정이다. 빈칸에 들어갈 숫자를 모두 합한 값은?(단, 시간 단위는 무시한다)

> **휴게(제54조)**
> ① 사용자는 근로시간이 ____시간인 경우에는 ____분 이상, ____시간인 경우에는 ____시간 이상의 휴게시간을 근로시간 도중에 주어야 한다.
> ② 휴게시간은 근로자가 자유롭게 이용할 수 있다.

① 35 ② 38
③ 40 ④ 43
⑤ 47

정답 해설

휴게(근로기준법 제54조)
① 사용자는 근로시간이 <u>4</u>시간인 경우에는 <u>30</u>분 이상, <u>8</u>시간인 경우에는 <u>1</u>시간 이상의 휴게시간을 근로시간 도중에 주어야 한다.
② 휴게시간은 근로자가 자유롭게 이용할 수 있다.
따라서 4+30+8+1=43이다.

정답 ④

| 전력기술(2025)/서교공(2025)/가스(2022)/남동발전(2021)/KPS(2021)/근복(2021)

30 다음 중 근로기준법상 여성과 소년에 대한 설명으로 옳지 않은 것은?

① 미성년자는 독자적으로 임금을 청구할 수 없다.
② 친권자나 후견인은 미성년자의 근로계약을 대리할 수 없다.
③ 사용자는 18세 미만인 사람에 대하여는 그 연령을 증명하는 가족관계기록사항에 관한 증명서와 친권자 또는 후견인의 동의서를 사업장에 갖추어 두어야 한다.
④ 사용자는 임신 중이거나 산후 1년이 지나지 아니한 여성과 18세 미만자를 도덕상 또는 보건상 유해·위험한 사업에 사용하지 못한다.
⑤ 15세 미만인 사람은 근로자로 사용하지 못한다. 다만, 대통령령으로 정하는 기준에 따라 고용노동부장관이 발급한 취직인허증을 지난 사람은 근로자로 사용할 수 있다.

정답 | 해설

미성년자는 독자적으로 임금을 청구할 수 있다(근로기준법 제68조).

오답분석

② 친권자나 후견인은 미성년자의 근로계약을 대리할 수 없다(근로기준법 제67조 제1항).
③ 사용자는 18세 미만인 사람에 대하여는 그 연령을 증명하는 가족관계기록사항에 관한 증명서와 친권자 또는 후견인의 동의서를 사업장에 갖추어 두어야 한다(근로기준법 제66조).
④ 사용자는 임신 중이거나 산후 1년이 지나지 아니한 여성과 18세 미만자를 도덕상 또는 보건상 유해·위험한 사업에 사용하지 못한다(근로기준법 제65조 제1항).
⑤ 15세 미만인 사람은 근로자로 사용하지 못한다. 다만, 대통령령으로 정하는 기준에 따라 고용노동부장관이 발급한 취직인허증을 지난 사람은 근로자로 사용할 수 있다(근로기준법 제64조 제1항).

정답 ①

| 전력기술(2025)/가스(2022)/남동발전(2021)

31 다음 중 노동 3권에 대한 설명으로 옳지 않은 것은?

① 노동 3권이란 단결권, 단체교섭권, 단체행동권을 말한다.
② 노동 3권의 주체는 노동자, 노동단체, 사용자, 사용자 단체 등을 포함한다.
③ 단체교섭권이란 근로자가 그 단결체의 대표를 통하여 사용자 측과 단체교섭을 하고, 그 결과 합의된 사항을 단체협약으로 체결할 권리를 말한다.
④ 단체행동권은 근로자가 파업이나 태업 등 그 주장을 관철할 목적으로 업무를 저해하는 행위, 즉 쟁의행위를 할 권리를 말한다.
⑤ 단결권이란 근로자가 근로조건의 향상을 위하여 자주적으로 노동조합 등의 단결체를 조직·가입하거나 그 단체를 운영할 권리를 말한다.

정답 | 해설

노동 3권의 주체는 노동자, 노동단체를 포함하며, 노동 3권의 객체에 사용자, 사용자 단체가 포함된다.

정답 ②

| 강원랜드(2023)/국민연금(2021)

32 다음은 법의 이념을 구성하는 요소들에 대한 정의이다. 이에 해당하는 내용을 순서대로 바르게 나열한 것은?

> ㉠ 사회가 추구하는 가치의 실현
> ㉡ 법이 추구하는 궁극적인 이념
> ㉢ 구성원들이 법을 믿고 따를 수 있는 상태

	㉠	㉡	㉢
①	정의	합목적성	법적 안정성
②	정의	법적 안정성	합목적성
③	합목적성	정의	법적 안정성
④	합목적성	법적 안정성	정의
⑤	법적 안정성	합목적성	정의

정답 | 해설

라드부르흐(Radbruch)는 법의 이념을 3요소(정의, 합목적성, 법적 안정성)로 구분하였다. ㉠ 합목적성, ㉡ 정의, ㉢ 법적 안정성에 대한 정의이다.

정답 ③

| 수자원(2021)

33 다음 중 형사소송법상 법원직원의 제척·기피·회피에 대한 설명으로 옳은 것은?

① 법관이 피고인 또는 피해자의 친족 또는 친족관계가 있었던 자인 때 직무집행에서 제척된다.
② 검사 또는 원고인은 법관이 불공평한 재판을 할 염려가 있는 때 법관의 기피를 신청할 수 있다.
③ 변호인은 피고인의 명시한 의사에 반하더라도 법관에 대한 기피를 신청할 수 있다.
④ 회피는 소속법원에 구두로 신청하여야 한다.
⑤ 기피신청을 기각한 결정에 대하여는 항고할 수 없다.

정답 | 해설

법관은 법관이 피고인 또는 피해자의 친족 또는 친족관계가 있었던 자인 때 직무집행에서 제척된다(형사소송법 제17조 제2호).

오답분석
② 검사 또는 피고인은 법관이 불공평한 재판을 할 염려가 있는 경우 법관의 기피를 신청할 수 있다(형사소송법 제18조 제1항 제2호).
③ 변호인은 피고인의 명시한 의사에 반하지 아니하는 때에 한하여 법관에 대한 기피를 신청할 수 있다(형사소송법 제18조 제2항).
④ 회피는 소속법원에 서면으로 신청하여야 한다(형사소송법 제24조 제2항).
⑤ 기피신청을 기각한 결정에 대하여는 즉시항고를 할 수 있다(형사소송법 제23조 제1항).

정답 ①

| 남동발전(2021)

34 다음 중 전자금융거래법상 정의하고 있는 용어로 옳지 않은 것은?

① "결제중계시스템"은 금융회사와 전자금융업자 사이에 전자금융거래정보를 전달하여 자금정산 및 결제에 관한 업무를 수행하는 금융정보처리운영체계를 말한다.
② "접근매체"는 전자금융거래에 있어서 거래지시를 하거나 이용자 및 거래내용의 진실성과 정확성을 확보하기 위해 사용되는 수단 또는 정보를 말한다.
③ "이용자"는 전자금융거래를 위하여 금융회사 또는 전자금융업자와 체결한 계약에 따라 전자금융거래를 이용하는 자를 말한다.
④ "전자적 장치"는 전자금융거래정보를 전자적 방법으로 전송하거나 처리하는 데 이용되는 장치로서 현금자동지급기, 자동입출금기, 지급용단말기, 컴퓨터, 전화기 그 밖에 전자적 방법으로 정보를 전송하거나 처리하는 장치를 말한다.
⑤ "전자지급거래"는 금융회사 또는 전자금융업자가 전자적 장치를 통하여 금융상품 및 서비스를 제공하고, 이용자가 금융회사 또는 전자금융업자의 종사자와 직접 대면하거나 의사소통을 하지 아니하고 자동화된 방식으로 이를 이용하는 거래를 말한다.

정답 | 해설

"전자지급거래"는 자금을 주는 자가 금융회사 또는 전자금융업자로 하여금 전자지급수단을 이용하여 자금을 받는 자에게 자금을 이동하게 하는 전자금융거래를 말한다(전자금융거래법 제2조 제2호).
금융회사 또는 전자금융업자가 전자적 장치를 통하여 금융상품 및 서비스를 제공하고, 이용자가 금융회사 또는 전자금융업자의 종사자와 직접 대면하거나 의사소통을 하지 아니하고 자동화된 방식으로 이를 이용하는 거래는 "전자금융거래"이다(전자금융거래법 제2조 제1호).

정답 ⑤

| 근복(2021)

35 다음 중 즉결심판에 대한 절차로 옳은 것은?

① 즉결심판은 관할경찰서장 또는 관할해양경찰서장이 관할법원에 이를 청구한다.
② 판사는 사건이 즉결심판을 할 수 없거나 즉결심판절차에 의하여 심판함이 적당하지 아니하다고 인정할 때에는 결정으로 즉결심판의 청구를 인용하여야 한다.
③ 지방법원 또는 그 지원의 판사는 소속 지방법원장의 명령을 받아 소속 법원의 관할사무와 관계가 있는 경우에만 즉결심판청구사건을 심판할 수 있다.
④ 즉결심판을 청구할 때에는 사전에 피고인에게 즉결심판의 절차를 이해하는 데 필요한 사항을 서면으로만 알려주어야 한다.
⑤ 지방법원, 지원 또는 시·군법원의 판사는 즉결심판절차에 의하여 피고인에게 100만 원 미만의 벌금, 구류 또는 과료에 처할 수 있다.

> **정답 | 해설**

즉결심판은 관할경찰서장 또는 관할해양경찰서장이 관할법원에 이를 청구한다(즉결심판법 제3조 제1항).

> **오답분석**

② 판사는 사건이 즉결심판을 할 수 없거나 즉결심판절차에 의하여 심판함이 적당하지 아니하다고 인정할 때에는 결정으로 즉결심판의 청구를 기각하여야 한다(즉결심판법 제5조 제1항).
③ 지방법원 또는 그 지원의 판사는 소속 지방법원장의 명령을 받아 소속 법원의 관할사무와 관계없이 즉결심판청구사건을 심판할 수 있다(즉결심판법 제3조의2).
④ 즉결심판을 청구할 때에는 사전에 피고인에게 즉결심판의 절차를 이해하는 데 필요한 사항을 서면 또는 구두로 알려주어야 한다(즉결심판법 제3조 제3항).
⑤ 지방법원, 지원 또는 시·군법원의 판사는 즉결심판절차에 의하여 피고인에게 20만 원 이하의 벌금, 구류 또는 과료에 처할 수 있다(즉결심판법 제2조).

정답 ①

| 대구신용보증(2020)

36 다음 중 소송상 화해에 대한 설명으로 옳지 않은 것은?(단, 다툼이 있는 경우 판례에 의한다)

① 제소전화해조서는 확정판결과 동일한 효력이 있어 당사자 사이에 기판력이 생긴다.
② 소송상 화해는 소송계속 중에 이루어진다는 점에서 제소전화해와 다르고 상호 양보하여 합의한다는 점에서 청구의 포기·인낙과 다르다.
③ 재심사건에서 그 재심의 대상으로 삼고 있는 확정판결을 취소한다는 내용의 화해조항은 당연무효이다.
④ 소송상 화해에 확정판결의 당연무효사유와 같은 사유가 아니더라도 실체법상의 하자가 있을 때에는 그 무효를 주장하며 기일지정신청으로 다툴 수 있다.
⑤ 당사자 일방이 화해조서의 당연무효 사유를 주장하며 기일지정신청을 한 때에는 법원으로서는 기일을 지정하여 심리를 한 다음 무효사유가 존재한다고 인정되지 아니한 때에는 판결로써 소송종료선언을 하여야 한다.

> **정답 | 해설**

판례상 화해조서는 확정판결과 동일한 효력이 있고 당사자 간에 기판력이 생기므로 확정판결의 당연무효 사유와 같은 사유가 없는 한 재심의 소에 의해서만 효력을 다툴 수 있고, 그 효력을 다투기 위하여 기일지정신청을 함은 허용되지 않는다(대법원 1990.3.17., 자90그3, 결정).

정답 ④

37 다음 중 변론주의와 관련한 판례의 입장에 대한 설명으로 옳지 않은 것은?

① 판례는 민사소송에 있어서 변론주의는 주요사실에 대해서만 인정될 뿐 주요사실의 존부를 추인케 하는 간접사실에 대하여는 그 적용이 없다고 보고 있다.
② 당사자가 어떠한 법률효과를 주장하면서 미처 깨닫지 못하고 그 요건사실 일부를 빠뜨린 경우 법원이 그 누락사실을 지적할 수 있다.
③ 청구취지가 특정되지 않은 경우 당사자가 부주의 또는 오해로 인하여 이를 명백히 간과한 채 본안에 관하여 공방을 하고 있는 경우 보정의 기회를 부여하지 아니하고 청구취지 불특정을 이유로 소를 각하할 수 있다.
④ 판례는 변론주의 원칙상 당사자가 주장하지 않은 사실을 기초로 법원이 판단할 수 없지만, 법원은 청구의 객관적 실체가 동일하다고 보여지는 한 청구원인으로 주장된 실체적 권리관계에 대한 정당한 법률해석에 의하여 판결할 수 있다고 보고 있다.
⑤ 판례는 재심사유의 존부에 관하여 당사자의 처분권을 인정할 수 없고 재심법원은 직권으로 당사자가 주장하는 재심사유 해당사실의 존부에 관해 판단할 필요가 있으므로 재심사유에 대하여는 당사자의 자백이 허용되지 않는다.

정답 | 해설

법원은 누락사실을 지적하여 당사자에게 그에 대한 변론을 할 기회를 주어야 할 의무가 있다.

정답 ③

CHAPTER 02 헌법

┃도로교통(2023)/도로(2022)

01 다음 중 헌법 제37조 제2항에 따른 기본권의 제한에 대한 설명으로 옳지 않은 것은?

① 국회의 형식적 법률에 의해서만 제한할 수 있다.
② 처분적 법률에 의한 제한은 원칙적으로 금지된다.
③ 국가의 안전보장과 질서유지를 위해서만 제한할 수 있다.
④ 기본권의 본질적 내용은 침해할 수 없다.
⑤ 노동기본권의 제한에 대한 법적 근거를 밝히고 있다.

정답 해설

국민의 모든 자유와 권리(기본권)는 국가안전보장, 질서유지 또는 공공복리를 위하여 필요한 경우에 한하여 법률로써 제한할 수 있으며, 제한하는 경우에도 자유와 권리의 본질적인 내용은 침해할 수 없다(헌법 제37조 제2항).

정답 ③

┃심평원(2023)/가스(2022)/소상공인시장(2021)/근복(2021)

02 다음 중 헌법재판소의 역할로 옳지 않은 것은?

① 행정청의 처분의 효력 유무 또는 존재 여부 심판
② 탄핵의 심판
③ 법원의 제청에 의한 법률의 위헌여부 심판
④ 정당의 해산 심판
⑤ 국가기관 상호 간, 국가기관과 지방자치단체 간 및 지방자치단체 상호 간의 권한쟁의에 관한 심판

정답 해설

행정청의 처분의 효력 유무 또는 존재 여부를 확인하는 심판은 행정심판의 종류 중 무효등확인심판에 해당한다(행정심판법 제5조 제2호).

> **헌법 제111조 제1항**
> 헌법재판소는 다음 사항을 관장한다.
> 1. 법원의 제청에 의한 법률의 위헌여부 심판
> 2. 탄핵의 심판
> 3. 정당의 해산 심판
> 4. 국가기관 상호 간, 국가기관과 지방자치단체 간 및 지방자치단체 상호 간의 권한쟁의에 관한 심판
> 5. 법률이 정하는 헌법소원에 관한 심판

정답 ①

| 심평원(2023)/가스(2022)/소상공인시장(2021)/근복(2021)

03 다음 중 헌법재판소에 대한 설명으로 옳지 않은 것은?

① 포괄적인 재판권과 사법권을 가진다.
② 헌법 규정에 대하여는 위헌심판을 할 수 없다.
③ 공권력의 행사 또는 불행사로 기본권을 침해받은 자는 헌법소원심판을 청구할 수 있다.
④ 법률이 헌법에 위반되는지의 여부가 재판의 전제가 되었을 때 법원은 직권 또는 당사자의 신청에 의해서 위헌법률심판을 제청한다.
⑤ 헌법소원심판을 청구하려는 자가 변호사를 대리인으로 선임할 자력(資力)이 없는 경우에는 헌법재판소에 국선대리인을 선임하여 줄 것을 신청할 수 있다.

정답 | 해설

우리나라 헌법은 대법원에 대하여 포괄적인 재판권과 사법권을 부여하지만, 헌법재판소에 대하여는 헌법 제111조 제1항과 제113조 제2항에 따른 위헌법률심판권, 탄핵심판권, 위헌정당해산심판권, 권한쟁의심판권, 헌법소원심판권, 헌법재판소 규칙제정권만을 부여한다.

오답분석
② 위헌법률심판의 대상은 법률이므로 헌법 규정에 대해서는 위헌법률심판을 할 수 없다.
③ 헌법재판소법 제68조 제1항 본문
④ 헌법재판소법 제41조 제1항
⑤ 헌법재판소법 제70조 제1항

정답 ①

| 심평원(2023)/가스(2022)/소상공인시장(2021)/근복(2021)

04 다음 중 헌법상 헌법재판관에 대한 설명으로 옳은 것은?

① 헌법재판소 재판관은 탄핵 또는 금고 이상의 형의 선고에 의하지 아니하더라도 파면될 수 있다.
② 헌법재판소의 장은 대통령의 동의를 얻어 재판관 중에서 국회가 임명한다.
③ 헌법재판소 재판관의 임기는 6년으로 하며, 법률이 정하는 바에 의하여 연임할 수 있다.
④ 헌법재판소 재판관은 정당에 가입하지는 못하나 정치에 관여할 수 있다.
⑤ 헌법재판소는 법관의 자격을 가진 7인의 재판관으로 구성하며, 재판관은 국회가 임명한다.

정답 | 해설

헌법재판소 재판관의 임기는 6년으로 하며, 법률이 정하는 바에 의하여 연임할 수 있다(헌법 제112조 제1항).

오답분석
① 헌법재판소 재판관은 탄핵 또는 금고 이상의 형의 선고에 의하지 아니하고는 파면되지 아니한다(헌법 제112조 제3항).
② 헌법재판소의 장은 국회의 동의를 얻어 재판관 중에서 대통령이 임명한다(헌법 제111조 제4항).
④ 헌법재판소 재판관은 정당에 가입하거나 정치에 관여할 수 없다(헌법 제112조 제2항).
⑤ 헌법재판소는 법관의 자격을 가진 9인의 재판관으로 구성하며, 재판관은 대통령이 임명한다(헌법 제111조 제2항).

정답 ③

| 심평원(2023)/가스(2022)/소상공인시장(2021)/근복(2021)

05 다음 중 헌법재판소에 대한 설명으로 옳은 것은?

① 헌법재판소 재판관의 임기는 5년으로 하며, 연임할 수 없다.
② 헌법재판소 재판관은 정당에 가입은 가능하나, 정치에는 관여할 수 없다.
③ 헌법재판소는 법관의 자격을 가진 6인의 재판관으로 구성하며, 재판관은 대통령이 임명한다.
④ 헌법재판소 재판관은 탄핵 또는 금고 이상의 형의 선고에 의하지 아니하고는 파면되지 아니한다.
⑤ 헌법재판소에서 법률의 위헌결정, 탄핵의 결정, 정당해산의 결정 또는 헌법소원에 관한 인용결정을 할 때에는 재판관 4인 이상의 찬성이 있어야 한다.

정답 | 해설

헌법재판소 재판관은 탄핵 또는 금고 이상의 형의 선고에 의하지 아니하고는 파면되지 아니한다(헌법 제112조 제3항).

오답분석
① 헌법재판소 재판관의 임기는 6년으로 하며, 법률이 정하는 바에 의하여 연임할 수 있다(헌법 제112조 제1항).
② 헌법재판소 재판관은 정당에 가입하거나 정치에 관여할 수 없다(헌법 제112조 제2항).
③ 헌법재판소는 법관의 자격을 가진 9인의 재판관으로 구성하며, 재판관은 대통령이 임명한다(헌법 제111조 제2항).
⑤ 헌법재판소에서 법률의 위헌결정, 탄핵의 결정, 정당해산의 결정 또는 헌법소원에 관한 인용결정을 할 때에는 재판관 6인 이상의 찬성이 있어야 한다(헌법 제113조 제1항).

정답 ④

| 심평원(2023)/가스(2022)/소상공인시장(2021)/근복(2021)

06 다음 중 헌법재판소에서 관장하는 사항에 해당하지 않는 것은?

① 탄핵의 심판
② 지방자치단체 상호 간의 권한쟁의에 관한 심판
③ 조세심판
④ 정당의 해산 심판
⑤ 법원의 제청에 의한 법률의 위헌여부 심판

정답 | 해설

조세심판은 조세심판원에서 관장한다.

헌법 제111조 제1항
헌법재판소는 다음 사항을 관장한다.
1. 법원의 제청에 의한 법률의 위헌여부 심판
2. 탄핵의 심판
3. 정당의 해산 심판
4. 국가기관 상호 간, 국가기관과 지방자치단체 간 및 지방자치단체 상호 간의 권한쟁의에 관한 심판
5. 법률이 정하는 헌법소원에 관한 심판

정답 ③

07 다음 중 탄핵소추에 대한 설명으로 옳지 않은 것은?

① 대통령이 그 직무집행에 있어서 헌법이나 법률을 위배한 때에는 탄핵소추의 대상이 된다.
② 대통령에 대한 탄핵소추는 국회 재적의원 3분의 2 이상의 찬성이 있어야 의결된다.
③ 탄핵결정으로 공직으로부터 파면되면 민사상의 책임은 져야 하나, 형사상의 책임은 면제된다.
④ 대통령이 탄핵소추의 의결을 받은 때에는 국무총리, 법률이 정한 국무위원의 순서로 그 권한을 대행한다.
⑤ 탄핵소추의 의결을 받은 공무원은 헌법재판소에 의한 탄핵결정이 있을 때까지 그 권한행사가 정지된다.

정답 | 해설

탄핵결정은 공직으로부터 파면함에 그친다. 그러나 이에 의하여 민·형사상의 책임이 면제되지는 않는다(헌법 제65조 제4항).

오답분석
① 헌법 제65조 제1항
② 헌법 제65조 제2항 단서
④ 헌법 제71조
⑤ 헌법 제65조 제3항

정답 ③

08 다음 중 국무총리의 지위에 대한 설명으로 옳지 않은 것은?

① 국무회의 의장
② 국무위원의 임명 제청
③ 국무회의 부의장
④ 대통령의 명을 받아 행정각부 통할
⑤ 국무위원의 해임 건의

정답 | 해설

대통령은 국무회의의 의장이 되며, 국무총리는 국무회의의 부의장이 된다(헌법 제88조 제3항).

오답분석
② 헌법 제87조 제1항
③ 헌법 제88조 제3항
④ 헌법 제86조 제2항
⑤ 헌법 제87조 제3항

정답 ①

근복(2022)/도로(2022)

09 다음 중 정당에 대한 설명으로 옳지 않은 것은?

① 정당은 자유민주주의 질서를 긍정하여야 한다.
② 정당은 정강이나 정책을 가져야 하며, 국민의 정치적 의사형성에 참여하여야 한다.
③ 정당은 법률이 정하는 바에 의하여 정당운영에 필요한 자금을 국가로부터 보조받을 수 있다.
④ 정당이 공직선거자의 후보를 추천하지 아니하거나 선거에 참여하지 아니할 때에는 해산된다.
⑤ 정당의 목적이나 활동이 민주적 기본질서에 위배될 때는 정부의 제소에 의해 헌법재판소의 판결로 해산된다.

> **정답 | 해설**
>
> 정당은 국민의 이익을 위하여 책임 있는 정치적 주장이나 정책을 추진하고 공직선거의 후보자를 추천 또는 지지한다. 또한 국민의 정치적 의사형성 참여를 목적으로 하는 자발적 조직으로, 설립의 자유가 보장되며 헌법재판소의 정당해산심판결정에 의해서만 해산될 수 있다.
>
> **정답 ④**

강원랜드(2023)/인천교통(2021)

10 다음 중 감사원에 대한 설명으로 옳은 것은?

① 감사원은 원장을 포함한 5인 이상 9인 이하의 감사위원으로 구성한다.
② 감사원은 세입·세출의 결산을 매년 검사하여 국회와 당해 연도 국회에 그 결과를 보고하여야 한다.
③ 감사원의 조직·직무범위·감사위원의 자격·감사대상공무원의 범위 기타 필요한 사항은 법률로 정한다.
④ 원장은 국회의 동의를 얻어 대통령이 임명하고, 그 임기는 5년으로 하며, 2차에 한하여 중임할 수 있다.
⑤ 국가의 세입·세출의 결산, 국가 및 법률이 정한 단체의 회계검사와 행정기관 및 공무원의 직무에 관한 감찰을 하기 위하여 국무총리 소속하에 감사원을 둔다.

> **정답 | 해설**
>
> 감사원의 조직·직무범위·감사위원의 자격·감사대상공무원의 범위 기타 필요한 사항은 법률로 정한다(헌법 제100조).
>
> **오답분석**
>
> ① 감사원은 원장을 포함한 5인 이상 11인 이하의 감사위원으로 구성한다(헌법 제98조 제1항).
> ② 감사원은 세입·세출의 결산을 매년 검사하여 대통령과 차년도 국회에 그 결과를 보고하여야 한다(헌법 제99조).
> ④ 원장은 국회의 동의를 얻어 대통령이 임명하고, 그 임기는 4년으로 하며, 1차에 한하여 중임할 수 있다(헌법 제98조 제2항).
> ⑤ 국가의 세입·세출의 결산, 국가 및 법률이 정한 단체의 회계검사와 행정기관 및 공무원의 직무에 관한 감찰을 하기 위하여 대통령 소속하에 감사원을 둔다(헌법 제97조).
>
> **정답 ③**

| 도로(2022)

11 다음 중 직업선택의 자유에 대한 설명으로 옳지 않은 것은?

① 경제적 자유로서의 성격이 강하다.
② 바이마르헌법에서 최초로 규정되었으며, 법인에게도 인정된다.
③ 헌법상 근로의 의무가 있으므로 무직업의 자유는 인정되지 않는다.
④ 그 내용으로는 직업결정의 자유, 직업수행의 자유, 영업의 자유가 포함된다.
⑤ 노동을 통한 인격발전과 관련하여 주관적 공권의 일종이라 할 수 있다.

정답 | 해설

현행 헌법상 근로의 의무가 있다고 하여도 직업을 가지지 않을 자유가 부인되는 것은 아니다.

정답 ③

| 대구시설(2021)

12 다음 중 헌법의 의의와 특질에 대한 설명으로 옳지 않은 것은?(단, 다툼이 있는 경우 판례에 의한다)

① 헌법규범 상호 간에는 이념적·논리적으로뿐만 아니라 효력상으로도 특정 규정이 다른 규정의 효력을 부인할 수 있는 정도의 가치의 우열을 인정할 수 있다.
② 헌법재판소의 결정에 따르면 관습헌법도 성문헌법과 마찬가지로 주권자인 국민의 헌법적 결단의 의사의 표현이며 성문헌법과 동등한 효력을 가진다.
③ 헌법에 헌법 제37조 제2항과 같은 일반적 법률유보조항을 두는 것은 헌법의 최고 규범성을 약화시킬 수 있다.
④ 현대 민주국가의 헌법은 일반적으로 국가긴급권의 발동의 조건, 내용 그리고 그 한계 등에 관하여 상세히 규정함으로써 그 오용과 남용의 소지를 줄이고 있다.
⑤ 헌법은 그 조문 등이 갖는 구조적 특성으로 인하여 하위의 법규범에 비해 해석에 의한 보충의 필요성이 큰 편이다.

정답 | 해설

이념적·논리적으로는 헌법규범 상호 간의 가치의 우열을 인정할 수 있을 것이다. 그러나 이때 인정되는 헌법규범 상호 간의 우열은 추상적 가치규범의 구체화에 따른 것으로서 헌법의 통일적 해석을 위하여 유용한 정도를 넘어 헌법의 어느 특정규정이 다른 규정의 효력을 전면 부인할 수 있는 정도의 효력상의 차등을 의미하는 것이라고는 볼 수 없다(94헌바20).

정답 ①

| 근복(2023)/소상공인시장(2021)/인천교통(2021)/중부발전(2021)/국민연금(2021)

13 다음 〈보기〉에서 헌법상 국회에 대한 설명으로 옳지 않은 것을 모두 고르면?

> **보기**
> ㉠ 국회의 회의는 공개한다. 다만, 출석의원 과반수의 찬성이 있거나 의장이 국가의 안전보장을 위하여 필요하다고 인정할 때에는 공개하지 아니할 수 있다.
> ㉡ 국회의원은 자신이익을 우선하여 양심에 따라 직무를 행한다.
> ㉢ 국회의원은 국회의장의 허락이 있는 경우 법률이 정하는 직을 겸할 수 있다.
> ㉣ 국회의원과 정부는 법률안을 제출할 수 있다.

① ㉠, ㉡
② ㉠, ㉢
③ ㉡, ㉢
④ ㉡, ㉣
⑤ ㉢, ㉣

정답 | 해설

㉡ 국회의원은 국가이익을 우선하여 양심에 따라 직무를 행한다(헌법 제46조 제2항).
㉢ 국회의원은 법률이 정하는 직을 겸할 수 없다(헌법 제43조).

오답분석

㉠ 국회의 회의는 공개한다. 다만, 출석의원 과반수의 찬성이 있거나 의장이 국가의 안전보장을 위하여 필요하다고 인정할 때에는 공개하지 아니할 수 있다(헌법 제50조).
㉣ 국회의원과 정부는 법률안을 제출할 수 있다(헌법 제52조).

정답 ③

| 근복(2023)/소상공인시장(2021)/인천교통(2021)/중부발전(2021)/국민연금(2021)

14 다음 〈보기〉에서 국회에 대한 설명으로 옳지 않은 것을 모두 고르면?

> **보기**
> ㉠ 국회는 정부의 동의 없이 정부가 제출한 지출예산 각 항의 금액을 증가하거나 새 비목을 설치할 수 있다.
> ㉡ 국회의원의 선거구와 비례대표제 기타 선거에 관한 사항은 법률로 정한다.
> ㉢ 국회에서 의결된 법률안은 정부에 이송되어 즉시 대통령이 공포한다.
> ㉣ 국회는 헌법 또는 법률에 특별한 규정이 없는 한 재적의원 과반수의 출석과 출석의원 과반수의 찬성으로 의결한다. 가부동수인 때에는 부결된 것으로 본다.

① ㉠, ㉡
② ㉠, ㉢
③ ㉡, ㉢
④ ㉡, ㉣
⑤ ㉢, ㉣

정답 | 해설

㉠ 국회는 정부의 동의 없이 정부가 제출한 지출예산 각 항의 금액을 증가하거나 새 비목을 설치할 수 없다(헌법 제57조).
㉢ 국회에서 의결된 법률안은 정부에 이송되어 15일 이내에 대통령이 공포한다(헌법 제53조 제1항).

정답 ②

| 근복(2023)/소상공인시장(2021)/인천교통(2021)/중부발전(2021)/국민연금(2021)

15 다음 〈보기〉에서 국회에 대한 설명으로 옳은 것은?

> **보기**
> ㄱ. 국회의원은 겸직과 관련해 특별한 법 조항이 없다.
> ㄴ. 국회의원은 국회에서 직무상 행한 발언과 표결에 관하여 국회 외에서 책임을 진다.
> ㄷ. 국회의 임시회는 대통령 또는 국회재적의원 4분의 1 이상의 요구에 의하여 집회된다.
> ㄹ. 정기회의 회기는 100일을, 임시회의 회기는 60일을 초과할 수 없다.
> ㅁ. 국회는 의장 1인과 부의장 3인을 선출한다.

① ㄱ
② ㄴ
③ ㄷ
④ ㄹ
⑤ ㅁ

정답 | 해설

국회의 임시회는 대통령 또는 국회재적의원 4분의 1 이상의 요구에 의하여 집회된다(헌법 제47조 제1항).

오답분석
ㄱ. 국회의원은 법률이 정하는 직을 겸할 수 없다(헌법 제43조).
ㄴ. 국회의원은 국회에서 직무상 행한 발언과 표결에 관하여 국회 외에서 책임을 지지 아니한다(헌법 제45조).
ㄹ. 정기회의 회기는 100일을, 임시회의 회기는 30일을 초과할 수 없다(헌법 제47조 제2항).
ㅁ. 국회는 의장 1인과 부의장 2인을 선출한다(헌법 제48조).

정답 ③

| 근복(2023)/소상공인시장(2021)/인천교통(2021)/중부발전(2021)/국민연금(2021)

16 다음 글의 빈칸 ㉠~㉣에 들어갈 숫자를 순서대로 바르게 나열한 것은?

> **헌법 제47조**
> ① 국회의 정기회는 법률이 정하는 바에 의하여 매년 ㉠ 회 집회되며, 국회의 임시회는 대통령 또는 국회재적의원 ㉡ 이상의 요구에 의하여 집회된다.
> ② 정기회의 회기는 ㉢ 일을, 임시회의 회기는 ㉣ 일을 초과할 수 없다.
> ③ 대통령이 임시회의 집회를 요구할 때에는 기간과 집회요구의 이유를 명시하여야 한다.

	㉠	㉡	㉢	㉣
①	1	2분의 1	100	30
②	1	4분의 1	100	60
③	1	4분의 1	100	30
④	2	2분의 1	200	30
⑤	2	4분의 1	200	60

정답 해설

헌법 제47조
① 국회의 정기회는 법률이 정하는 바에 의하여 매년 1회 집회되며, 국회의 임시회는 대통령 또는 국회재적의원 4분의 1 이상의 요구에 의하여 집회된다.
② 정기회의 회기는 100일을, 임시회의 회기는 30일을 초과할 수 없다.
③ 대통령이 임시회의 집회를 요구할 때에는 기간과 집회요구의 이유를 명시하여야 한다.

정답 ③

| 근복(2023)/소상공인시장(2021)/인천교통(2021)/중부발전(2021)/국민연금(2021)

17 다음 중 국회에 대한 설명으로 옳은 것은?

① 국회의 임시회는 대통령 또는 국회재적의원 5분의 1 이상의 요구에 의하여 집회된다.
② 국회의원은 현행범인인 경우를 포함하여 회기 중 국회의 동의 없이도 체포 또는 구금이 가능하다.
③ 국회는 의원의 자격을 심사할 수 있으나, 징계할 수는 없다.
④ 국채를 모집하거나 예산 외에 국가의 부담이 될 계약을 체결하려 할 때에는 정부는 미리 국회의 의결을 얻어야 한다.
⑤ 정부는 회계연도마다 예산안을 편성하여 회계연도 개시 60일 전까지 국회에 제출하고, 국회는 회계연도 개시 30일 전까지 이를 의결하여야 한다.

정답 해설

국채를 모집하거나 예산 외에 국가의 부담이 될 계약을 체결하려 할 때에는 정부는 미리 국회의 의결을 얻어야 한다(헌법 제58조).

오답분석
① 국회의 임시회는 대통령 또는 국회재적의원 4분의 1 이상의 요구에 의하여 집회된다(헌법 제47조 제1항).
② 국회의원은 현행범인인 경우를 제외하고는 회기 중 국회의 동의 없이 체포 또는 구금되지 아니한다(헌법 제44조 제1항).
③ 국회는 의원의 자격을 심사하며, 의원을 징계할 수 있다(헌법 제64조 제2항).
⑤ 정부는 회계연도마다 예산안을 편성하여 회계연도 개시 90일 전까지 국회에 제출하고, 국회는 회계연도 개시 30일 전까지 이를 의결하여야 한다(헌법 제54조 제2항).

정답 ④

▍전기안전(2023)/가스(2022)/대구시설(2021)/소상공인시장(2021)/국민연금(2021)

18 다음 중 대통령의 권한에 대한 설명으로 옳은 것은?

① 대통령은 국회에 출석하여 발언할 수 있으나, 서한으로 의견을 표시할 수는 없다.
② 일반사면을 명할 경우 국회의 동의 없이 행할 수 있다.
③ 대통령은 내란 또는 외환의 죄를 범한 경우를 제외하고는 재직 중 민사상의 소추를 받지 아니한다.
④ 대통령은 필요하다고 인정할 때에는 외교·국방·통일 기타 국가안위에 관한 중요정책을 국민투표에 붙일 수 있다.
⑤ 대통령은 국무위원·행정각부의 장 기타 법률이 정하는 공사의 직을 겸할 수 없으나, 국무총리를 겸하는 것은 가능하다.

정답 해설

대통령은 필요하다고 인정할 때에는 외교·국방·통일 기타 국가안위에 관한 중요정책을 국민투표에 붙일 수 있다(헌법 제72조).

오답분석
① 대통령은 국회에 출석하여 발언하거나 서한으로 의견을 표시할 수 있다(헌법 제81조).
② 일반사면을 명하려면 국회의 동의를 얻어야 한다(헌법 제79조 제2항).
③ 대통령은 내란 또는 외환의 죄를 범한 경우를 제외하고는 재직 중 형사상의 소추를 받지 아니한다(헌법 제84조).
⑤ 대통령은 국무총리·국무위원·행정각부의 장 기타 법률이 정하는 공사의 직을 겸할 수 없다(헌법 제83조).

정답 ④

▍전기안전(2023)/가스(2022)/대구시설(2021)/소상공인시장(2021)/국민연금(2021)

19 다음 중 대통령에 대한 설명으로 옳은 것은?(단, 다툼이 있는 경우 판례에 의한다)

① 대통령은 국회에 출석하여 발언하거나 서한으로 의견을 표시할 수 있다.
② 대통령의 형사상 불소추특권은 대통령으로 재직 후에도 형사상 특권을 부여한다.
③ 현행 헌법상 대통령의 자문에 응하기 위하여 둘 수 있는 임의기관에는 국가원로자문회의, 국가안전보장회의, 민주평화통일자문회의, 국민경제자문회의가 있다.
④ 대통령의 긴급재정경제처분은 처분으로서의 효력을 갖는 데 지나지 않으므로 국무회의의 심의를 요하지는 않으나, 각급 법원에 의한 심사대상이 된다.
⑤ 대통령으로 선거될 수 있는 자는 국회의원의 피선거권이 있고, 선거일 현재 35세에 달하여야 한다.

정답 해설

대통령은 국회에 출석하여 발언하거나 서한으로 의견을 표시할 수 있다(헌법 제81조).

오답분석
② 대통령의 형사상 불소추특권은 대통령으로 재직 중인 동안만 형사상 특권을 부여하고 있는 것에 불과하다.
③ 국가안전보장회의는 헌법상 필수적 자문기구이다. 임의기관이 아니다(헌법 제91조).
④ 대통령의 긴급재정경제처분은 국무회의의 심의를 거쳐야 한다(헌법 제89조 제5호).
⑤ 대통령으로 선거될 수 있는 자는 국회의원의 피선거권이 있고, 선거일 현재 40세에 달하여야 한다(헌법 제67조 제4항).

정답 ①

| 전기안전(2023)/가스(2022)/대구시설(2021)/소상공인시장(2021)/국민연금(2021)

20 다음 중 헌법상 대통령에 대한 설명으로 옳지 않은 것은?

① 대통령은 국민의 보통·평등·직접·비밀선거에 의하여 선출한다.
② 대통령은 조국의 평화적 통일을 위한 성실한 의무를 진다.
③ 대통령의 임기가 만료되는 때에는 임기 만료 70일 내지 40일 전에 후임자를 선거한다.
④ 대통령은 법률안의 일부에 대하여 또는 법률안을 수정하여 재의를 요구할 수 있다.
⑤ 대통령은 법률안에 이의가 있을 때에는 국회에서 의결된 법률안을 15일 내에 이의서를 붙여 국회로 환부하고, 그 재의를 요구할 수 있다.

정답 | 해설

대통령은 법률안의 일부에 대하여 또는 법률안을 수정하여 재의를 요구할 수 없다(헌법 제53조 제3항).

오답분석
① 대통령은 국민의 보통·평등·직접·비밀선거에 의하여 선출한다(헌법 제67조 제1항).
② 대통령은 조국의 평화적 통일을 위한 성실한 의무를 진다(헌법 제66조 제3항).
③ 대통령의 임기가 만료되는 때에는 임기 만료 70일 내지 40일 전에 후임자를 선거한다(헌법 제68조 제1항).
⑤ 대통령은 법률안에 이의가 있을 때에는 국회에서 의결된 법률안을 15일 내에 이의서를 붙여 국회로 환부하고, 그 재의를 요구할 수 있다(헌법 제53조 제2항).

정답 ④

| 전기안전(2023)/가스(2022)/대구시설(2021)/소상공인시장(2021)/국민연금(2021)

21 다음 중 대통령에 대한 설명으로 옳은 것은?

① 대통령으로 선거될 수 있는 자는 국회의원의 피선거권이 있고, 선거일 현재 50세에 달하여야 한다.
② 대통령의 임기가 만료되는 때에는 임기만료 60일 내지 30일 전에 후임자를 선거한다.
③ 대통령은 필요하다고 인정할 때에는 국방을 제외한 외교·통일 기타 국가안위에 관한 중요정책을 국민투표에 붙일 수 있다.
④ 대통령은 국무총리·국무위원·행정각부의 장이 부재 시 기타 법률이 정하는 공사의 직을 겸할 수 있다.
⑤ 대통령이 궐위되거나 사고로 인하여 직무를 수행할 수 없을 때에는 국무총리, 법률이 정한 국무위원의 순서로 그 권한을 대행한다.

정답 | 해설

대통령이 궐위되거나 사고로 인하여 직무를 수행할 수 없을 때에는 국무총리, 법률이 정한 국무위원의 순서로 그 권한을 대행한다(헌법 제71조).

오답분석
① 대통령으로 선거될 수 있는 자는 국회의원의 피선거권이 있고, 선거일 현재 40세에 달하여야 한다(헌법 제67조 제4항).
② 대통령의 임기가 만료되는 때에는 임기만료 70일 내지 40일 전에 후임자를 선거한다(헌법 제68조 제1항).
③ 대통령은 필요하다고 인정할 때에는 외교·국방·통일 기타 국가안위에 관한 중요정책을 국민투표에 붙일 수 있다(헌법 제72조).
④ 대통령은 국무총리·국무위원·행정각부의 장 기타 법률이 정하는 공사의 직을 겸할 수 없다(헌법 제83조).

정답 ⑤

| 서부발전(2021)

22 다음 중 소급입법금지의 원칙에 대한 설명으로 옳지 않은 것은?(단, 다툼이 있는 경우 판례에 의한다)

① 진정소급입법이라 할지라도 예외적으로 국민이 소급입법을 예상할 수 있었던 경우와 같이 소급입법이 정당화되는 경우에는 허용될 수 있다.
② 부진정소급입법은 원칙적으로 허용되지만 소급효를 요구하는 공익상의 사유와 신뢰보호 요청 사이의 교량과정에서 신뢰보호의 관점이 입법자의 형성권에 제한을 가하게 된다.
③ 법률 시행 당시 개발이 진행 중인 사업에 대하여 장차 개발이 완료되면 개발부담금을 부과하려는 것은 부진정소급입법에 해당하는 것으로서 원칙적으로 허용된다.
④ 새로운 입법으로 과거에 소급하여 과세하는 것은 소급입법금지원칙에 위반되지만, 이미 납세의무가 존재하는 경우에 소급하여 중과세하는 것은 소급입법원칙에 위반되지 않는다.
⑤ 이미 발생하여 이행기에 도달한 퇴직연금 수급권의 내용을 변경하지 않고 부칙조항 시행 이후에 장래 이행기가 도래하는 퇴직연금 수급권의 내용을 변경하는 것은 진정소급입법이 아닌 부진정소급입법에 해당한다.

정답 | 해설

우리 재판소는 새로운 입법으로 과거에 소급하여 과세하거나 이미 납세의무가 존재하는 경우에도 소급하여 중과세하는 것은 소급입법 과세금지원칙에 위반된다는 일관된 태도를 취하여 왔다(헌재 2002헌바63).

오답분석
① 다만 일반적으로 국민이 소급입법을 예상할 수 있었거나 법적 상태가 불확실하고 혼란스러워 보호할 만한 신뢰이익이 적은 경우와 소급입법에 의한 당사자의 손실이 없거나 아주 경미한 경우 그리고 신뢰보호의 요청에 우선하는 심히 중대한 공익상의 사유가 소급입법을 정당화하는 경우 등에는 예외적으로 진정소급입법이 허용된다(헌재 97헌바76).
② 부진정소급입법은 원칙적으로 허용되지만 소급효를 요구하는 공익상의 사유와 신뢰보호의 요청 사이의 교량과정에서 신뢰보호의 관점이 입법자의 형성권에 제한을 가하게 된다(헌재 94헌바12).
③ 개발이익 환수에 관한 법률 시행 전에 개발에 착수하였지만, 아직 개발이 완료되지 아니하고 진행 중인 사업에 개발부담금을 부과하는 것은 부진정소급입법에 해당하는 것으로 원칙적으로 허용되며, 법률 시행 전의 개발 부분은 환수대상에서 제외하고 있으므로 신뢰보호의 원칙에 위배되지 아니한다(헌재 98헌바19).
⑤ 기존 퇴직연금 수급자의 경우에도 연금 외의 사업소득금액이나 근로소득금액이 있고 소득월액이 전년 평균임금월액을 초과한 때에는 퇴직연금 중 일부(1/2의 범위 내)의 지급이 정지되지만, 이는 청구인들이 이 사건 심판대상조항 시행일(2005.7.1.) 이후에 지급 받는 퇴직연금부터 적용된다(법 부칙 제1조). 즉, 이 사건 심판대상조항은 이미 발생하여 이행기에 도달한 퇴직연금 수급권의 내용을 변경함이 없이 이 사건 심판대상조항 시행 이후의 법률관계, 다시 말해 장래 이행기가 도래하는 퇴직연금 수급권의 내용을 변경함에 불과하므로, 이미 종료된 과거의 사실관계 또는 법률관계에 새로운 법률이 소급적으로 적용되어 과거를 법적으로 새로이 평가하는 진정소급입법에는 해당하지 아니한다(헌재 2004헌바42).

정답 ④

23 다음 중 신체적 자유에 대한 설명으로 옳지 않은 것은?(단, 다툼이 있는 경우 판례에 의한다)

① 누구든지 압수 및 수색을 당한 때 적부의 심사를 법원에 청구할 헌법상의 권리를 가진다.
② 피구속자의 배우자는 구속의 이유, 일시 및 장소를 지체 없이 통지받을 헌법상의 권리를 가진다.
③ 비상계엄이 선포된 때에는 영장제도에 관하여 특별한 조치를 할 수 있다.
④ 강제노역은 법률과 적법한 절차에 의해 허용된다.
⑤ 정식재판에 있어서 피고인의 자백이 그에게 불리한 유일한 증거일 때에는 이를 유죄의 증거로 삼거나 이를 이유로 처벌할 수 없다.

정답 | 해설

누구든지 체포 또는 구속을 당한 때에는 적부의 심사를 법원에 청구할 권리를 가진다(헌법 제12조 제6항).

오답분석
② 체포 또는 구속을 당한 자의 가족 등 법률이 정하는 자에게는 그 이유와 일시·장소가 지체 없이 통지되어야 한다(헌법 제12조 제5항).
③ 비상계엄이 선포된 때에는 법률이 정하는 바에 의하여 영장제도, 언론·출판·집회·결사의 자유, 정부나 법원의 권한에 관하여 특별한 조치를 할 수 있다(헌법 제77조 제3항).
④ 누구든지 법률에 의하지 아니하고는 체포·구속·압수·수색 또는 심문을 받지 아니하며, 법률과 적법한 절차에 의하지 아니하고는 처벌·보안처분 또는 강제노역을 받지 아니한다(헌법 제12조 제1항).
⑤ 피고인의 자백이 고문·폭행·협박·구속의 부당한 장기화 또는 기망 기타의 방법에 의하여 자의로 진술된 것이 아니라고 인정될 때 또는 정식재판에 있어서 피고인의 자백이 그에게 불리한 유일한 증거일 때에는 이를 유죄의 증거로 삼거나 이를 이유로 처벌할 수 없다(헌법 제12조 제7항).

정답 ①

---

24 다음 중 재산권 개념에 포함되는 내용이 아닌 것은?

① 어업권   ② 퇴직연금수급권
③ 의료급여수급권   ④ 특허권
⑤ 채권

정답 | 해설

헌법적 의미의 재산권이란 사적유용성 및 그에 대한 원칙적 처분권을 포함하는 모든 재산가치가 있는 구체적 권리를 의미한다.
의료급여수급권은 공공부조의 일종으로서 순수하게 사회정책적 목적에서 주어지는 권리이므로 개인의 노력과 금전적 기여를 통하여 취득되는 재산권의 보호대상에 포함된다고 보기 어려워, 이 사건 시행령 조항 및 시행규칙 조항이 청구인들의 재산권을 침해한다고 할 수 없다(헌재 2007헌마1092).

정답 ③

| 도로교통(2023)/근복(2021)

25 다음 중 죄형법정주의에 대한 설명으로 옳지 않은 것은?(단, 다툼이 있는 경우 판례에 의한다)

① 행위 당시의 판례에 의하면 처벌대상이 되지 아니하는 것으로 해석되었던 행위를 판례의 변경에 따라 확인된 내용의 형법 조항에 근거하여 처벌하는 것은 형벌불소급의 원칙에 반한다.

② 보호관찰을 도입한 형법 개정 전의 행위에 대하여 재판 시의 규정에 의해 보호관찰을 명하는 것은 형벌불소급의 원칙 내지 죄형법정주의에 위배되는 것이 아니다.

③ 성문법률주의란 범죄와 형벌은 성문의 법률로 규정되어야 한다는 원칙을 말하며, 여기서의 법률은 형식적 의미의 법률을 의미한다.

④ 특히 긴급한 필요가 있거나 미리 법률로써 자세히 정할 수 없는 부득이한 사정이 있는 경우에 한하여 수권법률(위임법률)이 구성요건의 점에서는 처벌대상인 행위가 어떠한 것인지 이를 예측할 수 있을 정도로 구체적으로 정하고, 형벌의 점에서는 형벌의 종류 및 그 상한과 폭을 명확히 규정하는 것을 전제로 위임입법이 허용된다.

⑤ 일반적으로 법률의 위임에 의하여 효력을 갖는 법규명령의 경우, 구법에 위임의 근거가 없어 무효였더라도 사후에 법 개정으로 위임의 근거가 부여되면 그때부터는 유효한 법규명령이 된다.

정답 해설

형사처벌의 근거가 되는 것은 법률이지 판례가 아니고, 형법 조항에 관한 판례의 변경은 그 법률조항의 내용을 확인하는 것에 지나지 아니하여 이로써 그 법률조항 자체가 변경된 것이라고 볼 수는 없으므로, 행위 당시의 판례에 의하면 처벌대상이 되지 아니하는 것으로 해석되었던 행위를 판례의 변경에 따라 확인된 내용의 형법 조항에 근거하여 처벌한다고 하여 그것이 헌법상 평등의 원칙과 형벌불소급의 원칙에 반한다고 할 수는 없다(대판 97도3349).

오답분석

② 제1항의 규정에 의한 보호관찰의 기간은 집행을 유예한 기간으로 하고, 다만 법원은 유예기간의 범위 내에서 보호관찰의 기간을 정할 수 있다고 규정되어 있는 바, 위 조항에서 말하는 보호관찰은 형벌이 아니라 보안처분의 성격을 갖는 것으로, 과거의 불법에 대한 책임에 기초하고 있는 제재가 아니라 장래의 위험성으로부터 행위자를 보호하고 사회를 방위하기 위한 합목적적인 조치이므로, 그에 관하여 반드시 행위 이전에 규정되어 있어야 하는 것은 아니며, 재판 시의 규정에 의하여 보호관찰을 받을 것을 명할 수 있다고 보아야 할 것이고, 이와 같은 해석이 형벌불소급의 원칙 내지 죄형법정주의에 위배되는 것이라고 볼 수 없다(대판 97도703).

③ 농업협동조합법상 벌칙 규정들의 체계적인 위치나 그 입법 목적 내지 취지에 비추어 보면, 벌칙 규정들은 규정하고 있는 내용의 준수를 담보하기 위해 그에 위반하는 경우를 처벌하는 조항이라고 할 것이고, 따라서 그 제171조 제1호에 규정한 '감독기관의 인가 또는 승인을 얻어야 할 사항'은 그 구체적인 내용이 같은 법 자체에 명시적으로 규정되어 있는 사항에 한한다(예외적으로 위임입법의 필요성에 의하여 그 구체적인 내용을 시행령으로 정하도록 위임할 수 있다고 하더라도 같은 법 자체에서 인가 또는 승인사항의 대강을 정한 다음 그 위임사항이 인가 또는 승인사항임을 분명히 하여 위임한 경우에 한한다)고 해석함이 형벌법규의 명확성의 원칙 등 죄형법정주의의 원칙에 부합한다고 할 것이다(대판 2003도3600).

④ 식품위생법 제11조 제2항이 과대광고 등의 범위 및 기타 필요한 사항을 보건복지부령에 위임하고 있는 것은 과대광고 등으로 인한 형사처벌에 관련된 법규의 내용을 빠짐없이 형식적 의미의 법률에 의하여 규정한다는 것은 사실상 불가능하다는 고려에서 비롯된 것이고, 또한 같은 법 시행규칙 제6조 제1항은 처벌대상인 행위가 어떠한 것인지 예측할 수 있도록 구체적으로 규정되어 있다고 할 것이므로 식품위생법 제11조 및 같은 법 시행규칙 제6조 제1항의 규정이 위임입법의 한계나 죄형법정주의에 위반된 것이라고 볼 수는 없다(대판 2002도2998).

⑤ 일반적으로 법률의 위임에 의하여 효력을 갖는 법규명령의 경우, 구법에 위임의 근거가 없어 무효였더라도 사후에 법개정으로 위임의 근거가 부여되면 그때부터는 유효한 법규명령이 되나, 반대로 구법의 위임에 의한 유효한 법규명령이 법개정으로 위임의 근거가 없어지게 되면 그때부터 무효인 법규명령이 된다(대판 93추83).

정답 ①

| 소상공인시장(2021)

26 다음 〈보기〉에서 평등권 또는 평등원칙에 위반되는 사례로 옳은 것을 모두 고르면?(단, 다툼이 있는 경우 판례에 의한다)

> **보기**
> ㉠ 국가인권위원회의 인권위원은 퇴직 후 2년간 교육공무원이 아닌 공무원으로 임명될 수 없도록 한 것
> ㉡ 국가를 상대로 하는 재산권 청구의 경우 가집행선고를 할 수 없도록 하는 것
> ㉢ 중등학교 임용시험에서 동일지역 사범대학을 졸업한 교원경력이 없는 자에게 가산점을 부여하는 것
> ㉣ 정부관리기업체 간부직원은 공무원이 아님에도 직무와 관련한 직무행위에 관하여 공무원으로 의제하여 형법상 공무원에 해당하는 뇌물죄로 처벌하는 것

① ㉠, ㉡
② ㉠, ㉢
③ ㉡, ㉢
④ ㉡, ㉣
⑤ ㉢, ㉣

정답 **해설**

㉠ 이 사건 법률 규정이 유독 국가인권위원회 위원에 대해서만 퇴직한 뒤 일정기간 공직에 임명되거나 선거에 출마할 수 없도록 제한한 것은 아무런 합리적 근거 없이 동 위원이었던 자만을 차별하는 것으로서 평등의 원칙에도 위배된다(헌재 2002헌마788).

㉡ 가집행의 선고는 불필요한 상소권의 남용을 억제하고 신속한 권리실행을 하게 함으로써 국민의 재산권과 신속한 재판을 받을 권리를 보장하기 위한 제도인데, 위 특례법의 규정에 따르면 법원은 국가가 원고가 되어 얻은 승소판결에는 상당한 이유가 없는 한 반드시 가집행의 선고를 하여야 하나, 반면 국민이 국가를 상대로 한 소송에서 얻어낸 승소판결에는 아무리 확신 있는 판결이라고 할지라도 가집행의 선고를 할 수 없게 되어 있어 결국 재산권과 신속한 재판을 받을 권리의 보장에 있어 소송당사자를 차별하여 국가를 우대하고 있는 것이 명백하고 이처럼 민사소송의 당사자를 차별하여 국가를 우대할 만한 합리적 이유도 찾기 어렵다(헌재 88헌가7).

오답분석

㉢ 지역가산점은 자신의 선택에 따라 이익이 될 수도 불이익이 될 수도 있으므로, 이 사건 법률조항으로 인하여 타 지역 사범대 출신 응시자들이 받는 피해는 입법 기타 공권력행사로 인하여 자신의 의사와 관계없이 받아야 하는 기본권의 침해와는 달리 보아야 할 여지가 있고, 이 사건 법률조항은 한시적으로만 적용되는 점을 고려해 보면 이 사건 법률조항이 비례의 원칙에 반하여 제청신청인의 공무담임권이나 평등권을 침해한다고 보기 어려우므로 헌법에 위반되지 아니한다(헌재 2005헌가11).

㉣ 공공성이 있는 기관 또는 단체의 경우 어느 범위의 직원까지 형법상 뇌물죄를 적용하는 데 있어서 공무원으로 의제할지 여부는 상당한 입법재량이 인정되는 영역이다. 우리 사회의 공공부문의 부패를 척결하기 위해 공공성이 인정되는 영역에서의 금품 등 수수행위를 규제하여야 한다는 사회적 요구에 따라, 입법자는 규제대상의 범위를 점진적으로 확대해 나가고 있다. '특정범죄 가중처벌 등에 관한 법률' 제4조와 심판대상조항에 의하여 공무원으로 의제되는 대상의 범위가 달라진 것은 이와 같은 사회적 상황의 변화를 고려하여 입법자가 규제대상을 확대하는 과정에서 발생한 결과일 뿐이다. 그러므로 특가법만 적용되는 기관에 대해서는 과장대리급 이상의 간부직원만을 공무원으로 의제하면서, 심판대상조항이 공기업에 대해서는 그 직원 전부를 공무원으로 의제한다고 하여, 공기업의 일반직원을 합리적 이유 없이 차별하는 것이라고 보기는 어렵다. 따라서 심판대상조항은 평등원칙에 위배되지 아니한다(헌재 2015헌바225).

정답 ①

| 근복(2025)/강원랜드(2023)/국민연금(2022)/가스(2022)/한수원(2021)/인천교통(2021)

27 다음 중 헌법상 헌법개정안이 국회에서 의결된 경우, 그 이후의 절차로 옳은 것은?

① 대통령은 20일 이상의 기간 동안 이를 공고하여야 한다.
② 대통령이 거부권을 행사할 수 있다.
③ 대통령이 공포하지 않고 15일이 경과하면 효력이 발생한다.
④ 대통령이 30일 이내에 국민투표에 부쳐야 한다.
⑤ 대통령은 이를 즉시 공포하여야 한다.

정답 | 해설

헌법의 개정절차(헌법 제128 ~ 130조)
대통령이나 국회 재적의원 과반수의 발의로 제안 → 대통령이 20일 이상의 기간 동안 공고 → 공고일로부터 60일 이내에 국회 재적의원 2/3 이상의 찬성으로 의결 → 국회 의결 후 30일 이내에 국회의원 선거권자 과반수의 투표와 투표자 과반수의 찬성으로 확정 → 대통령이 즉시 공포

정답 ④

| 근복(2025)/강원랜드(2023)/국민연금(2022)/가스(2022)/한수원(2021)/인천교통(2021)

28 다음 〈보기〉에서 헌법개정 절차에 대한 설명으로 옳은 것은?

보기

ㄱ. 대통령의 임기연장을 위한 헌법개정은 그 헌법개정 제안 당시의 대통령에 대하여는 효력이 없지만, 중임변경을 위한 헌법개정은 효력이 있다.
ㄴ. 헌법개정은 국회재적의원 과반수 또는 대통령의 발의로 제안된다.
ㄷ. 헌법개정안에 대한 국회의 의결을 위해서는 출석의원의 3분의 2 이상의 찬성을 얻어야 한다.
ㄹ. 헌법개정안이 확정되면 대통령은 15일 이내에 이를 공포하여야 한다.
ㅁ. 대통령의 발의로 제안된 헌법개정안은 대통령이 30일 이상의 기간 이를 공고하여야 한다.

① ㄱ
② ㄴ
③ ㄷ
④ ㄹ
⑤ ㅁ

정답 | 해설

헌법개정은 국회재적의원 과반수 또는 대통령의 발의로 제안된다(헌법 제128조 제1항).

오답분석

ㄱ. 대통령의 임기연장 또는 중임변경을 위한 헌법개정은 그 헌법개정 제안 당시의 대통령에 대하여는 효력이 없다(헌법 제128조 제2항).
ㄷ. 헌법개정안에 대한 국회의 의결을 위해서는 재적의원의 3분의 2 이상의 찬성을 얻어야 한다(헌법 제130조 제1항).
ㄹ. 헌법개정안이 확정되면 대통령은 즉시 이를 공포하여야 한다(헌법 제130조 제3항).
ㅁ. 대통령의 발의로 제안된 헌법개정안은 대통령이 20일 이상의 기간 이를 공고하여야 한다(헌법 제129조).

정답 ②

| 근복(2025)/강원랜드(2023)/국민연금(2022)/가스(2022)/한수원(2021)/인천교통(2021)

29 다음 〈보기〉에서 개정헌법에 대한 설명으로 옳은 것은?

> **보기**
> ㄱ. 1980년 제8차 개정헌법은 대통령선거 및 국회의원 선거에서 후보자가 필수적으로 정당의 추천을 받도록 하는 조항을 추가하였다.
> ㄴ. 1962년 제3차 개정헌법은 국회의원 정수의 하한뿐 아니라 상한도 설정하였다.
> ㄷ. 1972년 제7차 개정헌법은 개헌안의 공고기간을 20일에서 30일로 연장하였다.
> ㄹ. 1969년 제6차 개정헌법은 대통령과 기타공직자에 대한 탄핵소추요건을 구별하였다.
> ㅁ. 1954년 제2차 개정헌법은 민의원선거권자 10만 명 이상의 찬성으로도 헌법개정을 제안할 수 있다고 규정하였다.

① ㄱ
② ㄴ
③ ㄷ
④ ㄹ
⑤ ㅁ

정답 | 해설

대통령과 기타공직자에 대한 탄핵소추요건을 구별한 것은 1969년 제6차 개정헌법부터이다.

오답분석
ㄱ. 대통령선거 및 국회의원선거에서 후보자가 필수적으로 정당의 추천을 받도록 한 것은 1962년 제5차 개정헌법이다.
ㄴ. 국회의원 정수의 하한뿐 아니라 상한도 설정한 것은 1962년 제5차 개정헌법이다.
ㄷ. 1972년 제7차 개정헌법은 개헌안의 공고기간을 30일에서 20일로 단축하였다.
ㅁ. 1954년 제2차 개정헌법은 민의원선거권자 50만 명 이상의 찬성으로도 헌법개정을 제안할 수 있다고 규정하였다.

정답 ④

| 중부발전(2023)/강원랜드(2022)/도로(2022)/소상공인시장(2021)/서부발전(2021)/국민연금(2020)

30 다음 중 헌법 전문에 대한 설명으로 옳지 않은 것은?

① 전문에 선언된 헌법의 기본원리는 헌법해석의 기준이 된다.
② 헌법 전문은 모든 법령에 대하여 우월한 효력을 가지고 있다.
③ 헌법전의 일부를 구성하며 당연히 본문과 같은 법적 성질을 내포한다.
④ 헌법 전문은 전면 개정을 할 수 없으며 일정한 한계를 갖는다.
⑤ 우리 헌법 전문은 헌법제정권력의 소재를 밝힌 전체적 결단으로서 헌법의 본질적 부분을 내포하고 있다.

정답 | 해설

헌법 전문의 법적 효력에 대해서는 학설대립으로 논란의 여지가 있어 전문이 본문과 같은 법적 성질을 '당연히' 내포한다고 단정을 지을 수는 없다.

정답 ③

31 다음 〈보기〉에서 헌법 전문에 나타나 있는 내용이 아닌 것을 모두 고르면?

보기
㉠ 민주공화국
㉡ 평화적 통일의 사명
㉢ 자유민주적 기본질서
㉣ 권력분립

① ㉠, ㉡
② ㉠, ㉣
③ ㉡, ㉢
④ ㉡, ㉣
⑤ ㉢, ㉣

정답 | 해설

유구한 역사와 전통에 빛나는 우리 대한국민은 3·1운동으로 건립된 대한민국임시정부의 법통과 불의에 항거한 4·19민주이념을 계승하고, 조국의 민주개혁과 ㉡ 평화적 통일의 사명에 입각하여 정의·인도와 동포애로써 민족의 단결을 공고히 하고, 모든 사회적 폐습과 불의를 타파하며, 자율과 조화를 바탕으로 ㉢ 자유민주적 기본질서를 더욱 확고히 하여 정치·경제·사회·문화의 모든 영역에 있어서 각인의 기회를 균등히 하고, 능력을 최고도로 발휘하게 하며, 자유와 권리에 따르는 책임과 의무를 완수하게 하여, 안으로는 국민생활의 균등한 향상을 기하고 밖으로는 항구적인 세계평화와 인류공영에 이바지함으로써 우리들과 우리들의 자손의 안전과 자유와 행복을 영원히 확보할 것을 다짐하면서 1948년 7월 12일에 제정되고 8차에 걸쳐 개정된 헌법을 이제 국회의 의결을 거쳐 국민투표에 의하여 개정한다(헌법 전문).

정답 ②

32 다음 글의 빈칸 ㉠~㉤에 들어갈 내용으로 옳지 않은 것은?

유구한 역사와 전통에 빛나는 우리 대한국민은 ㉠ (으)로 건립된 대한민국임시정부의 법통과 불의에 항거한 ㉡ 을/를 계승하고, 조국의 민주개혁과 평화적 통일의 사명에 입각하여 정의·인도와 동포애로써 민족의 단결을 공고히 하고, 모든 사회적 폐습과 불의를 타파하며, 자율과 조화를 바탕으로 ㉢ 기본질서를 더욱 확고히 하여 정치·경제·사회·문화의 모든 영역에 있어서 각인의 기회를 균등히 하고, 능력을 최고도로 발휘하게 하며, 자유와 권리에 따르는 책임과 의무를 완수하게 하여, 안으로는 국민생활의 균등한 향상을 기하고 밖으로는 ㉣ 세계평화와 인류공영에 이바지함으로써 우리들과 우리들의 자손의 안전과 자유와 행복을 영원히 확보할 것을 다짐하면서 1948년 7월 12일에 제정되고 ㉤ 에 걸쳐 개정된 헌법을 이제 국회의 의결을 거쳐 국민투표에 의하여 개정한다.

① ㉠ : 3·1운동
② ㉡ : 5·18민주이념
③ ㉢ : 자유민주적
④ ㉣ : 항구적인
⑤ ㉤ : 8차

| 정답 | 해설 |

제시문은 대통령 헌법개정안 전문으로 다음과 같다.
유구한 역사와 전통에 빛나는 우리 대한국민은 ㉠ 3·1운동으로 건립된 대한민국임시정부의 법통과 불의에 항거한 ㉡ 4·19민주이념을 계승하고, 조국의 민주개혁과 평화적 통일의 사명에 입각하여 정의·인도와 동포애로써 민족의 단결을 공고히 하고, 모든 사회적 폐습과 불의를 타파하며, 자율과 조화를 바탕으로 ㉢ 자유민주적 기본질서를 더욱 확고히 하여 정치·경제·사회·문화의 모든 영역에 있어서 각인의 기회를 균등히 하고, 능력을 최고도로 발휘하게 하며, 자유와 권리에 따르는 책임과 의무를 완수하게 하여, 안으로는 국민생활의 균등한 향상을 기하고 밖으로는 ㉣ 항구적인 세계평화와 인류공영에 이바지함으로써 우리들과 우리들의 자손의 안전과 자유와 행복을 영원히 확보할 것을 다짐하면서 1948년 7월 12일에 제정되고 ㉤ 8차에 걸쳐 개정된 헌법을 이제 국회의 의결을 거쳐 국민투표에 의하여 개정한다.

정답 ②

| 소상공인시장(2021)/서부발전(2021)/남동발전(2020)/국민연금(2020)

33 다음 〈보기〉에서 행복추구권에 대한 설명으로 옳은 것을 모두 고르면?(단, 다툼이 있는 경우 판례에 의한다)

보기
㉠ 계약자유의 원칙은 헌법 제10조의 행복추구권의 한 내용인 일반적 행동자유권으로부터 도출되는 헌법상의 기본원칙이다.
㉡ 행복추구권은 다른 기본권에 대한 보충적 기본권으로서의 성격을 가진다.
㉢ 행복추구권은 국민이 행복을 추구하기 위한 활동을 국가권력의 통제에서 자유롭게 할 수 있다는 포괄적인 의미의 자유권으로서의 성격을 가진다.
㉣ 부모의 분묘를 가꾸고 봉제사를 하고자 하는 권리는 행복추구권의 내용이 되지 않는다.

① ㉠, ㉡ ② ㉠, ㉢
③ ㉡, ㉢ ④ ㉡, ㉣
⑤ ㉢, ㉣

| 정답 | 해설 |

㉠ 헌법 제10조에 의거한 행복추구권은 헌법에 열거된 기본권으로서 행복추구의 수단이 될 수 있는 개별적 기본권들을 제외한 헌법에 열거되지 아니한 권리들에 대한 포괄적인 기본권의 성격을 가지며, '일반적 행동자유권', '개성의 자유로운 발현권', '자기결정권', '계약의 자유' 등이 그 보호영역 내에 포함된다(2002헌마677).
㉡ 행복추구권은 다른 기본권에 대한 보충적 기본권으로서의 성격을 지니므로, 공무담임권이라는 우선적으로 적용되는 기본권이 존재하여 그 침해여부를 판단하는 이상, 행복추구권 침해 여부를 독자적으로 판단할 필요가 없다(99헌마112).

[오답분석]
㉢ "행복추구권은 국민이 행복을 추구하기 위하여 필요한 급부를 국가에게 적극적으로 요구할 수 있는 것을 내용으로 하는 것이 아니라, 행복추구활동을 국가권력의 간섭 없이 자유롭게 할 수 있다는 포괄적인 의미의 자유권으로서의 성격을 갖는다."를 보아 적극적 성격을 부정하고 포괄적 자유권으로 보고 있다(93헌가14).
㉣ 이 사건 분묘는 구 법 제17조가 적용되지 아니하여 그 설치기간에 제한이 없으나, 이를 이장하여 새로 설치하는 분묘는 새로운 분묘로 취급되어 이 사건 부칙 조항에 의해 구 법 제17조의 설치기간 제한을 받게 되는 바, 이로써 청구인은 부모의 분묘를 가꾸고 봉제사를 하고자 하는 권리를 제한당한다고 할 수 있다. 청구인은 이러한 권리가 헌법 제34조의 사회보장권이라고 하나, 이는 헌법 제10조의 행복추구권의 한 내용으로 봄이 타당하다(2007헌마872).

정답 ①

CHAPTER 03 민법

| 서교공(2023)/가스(2022)/자산관리(2022)

01 다음 〈보기〉에서 용익물권에 해당하는 것을 모두 고르면?

> **보기**
> 가. 지상권 나. 점유권
> 다. 지역권 라. 유치권
> 마. 전세권 바. 저당권

① 가, 다, 마 ② 가, 라, 바
③ 나, 라, 바 ④ 다, 라, 마
⑤ 라, 마, 바

정답 | 해설

용익물권은 타인의 토지나 건물 등 부동산의 사용가치를 지배하는 제한물권으로, 지상권, 지역권, 전세권 등이 있다.

용익물권의 종류
- 지상권 : 타인의 토지에 건물이나 수목 등을 설치하여 사용하는 물권
- 지역권 : 타인의 토지를 자기 토지의 편익을 위하여 이용하는 물권
- 전세권 : 전세금을 지급하고 타인의 토지 또는 건물을 사용·수익하는 물권

정답 ①

| 서교공(2023)/가스(2022)/자산관리(2022)

02 다음 중 민법상 용익물권에 속하는 것은?

① 질권 ② 지역권
③ 유치권 ④ 저당권
⑤ 상사질권

정답 | 해설

용익물권에는 지상권, 지역권, 전세권이 있고, 담보물권에는 유치권, 질권, 저당권이 있다. 그리고 담보물권은 특별법상 상사질권(商事質權), 상사유치권(商事留置權), 우선특권(優先特權), 가등기담보권(假登記擔保權) 등이 있으며, 관습법상 양도담보(讓渡擔保) 등이 있다.

정답 ②

가스(2022)

03 다음 중 법원에 소를 제기하는 방법으로 행사할 수 있는 권리는?

① 상계권
② 계약 해제권
③ 예약 완결권
④ 채권자 취소권
⑤ 보증인의 최고·검색의 항변권

정답 | 해설

채무자가 채권자를 해함을 알고 재산권을 목적으로 한 법률행위를 한 때에는 채권자는 그 취소 및 원상회복을 법원에 청구할 수 있다. 그러나 그 행위로 인하여 이익을 받은 자나 전득한 자가 그 행위 또는 전득당시에 채권자를 해함을 알지 못한 경우에는 그러하지 아니하다(민법 제406조 제1항).

오답분석

①·②·③·⑤ 상계권, 계약 해제권, 예약 완결권, 보증인의 최고·검색의 항변권의 행사에는 특별한 제한이 없으므로 재판상, 재판 외 모두 가능하다.

정답 ④

가스(2022)

04 다음 중 물권적 청구권에 대한 설명으로 옳지 않은 것은?(단, 다툼이 있는 경우 판례에 의한다)

① 소유권에 기한 물권적 청구권은 소멸시효에 걸리지 않는다.
② 부동산에 대한 점유취득시효 완성을 원인으로 하는 소유권이전등기 청구권은 물권적 청구권이다.
③ 임차인이 임차권에 기하여 토지를 점유하고 있는 경우, 임대인인 토지소유자는 임차인에게 물권적 청구권을 행사할 수 없다.
④ 소유권을 상실한 전(前)소유자는 제3자의 불법점유에 대하여 소유권에 기한 물권적 청구권을 행사할 수 없다.
⑤ 토지의 매수인이 소유권이전등기를 경료받기 전에 매매계약의 이행으로 그 토지를 인도받은 경우, 매도인은 매수인에게 토지 소유권에 기한 물권적 청구권을 행사할 수 없다.

정답 | 해설

부동산에 대한 점유취득시효 완성을 원인으로 하는 소유권이전등기 청구권은 물권적 청구권이 아닌 채권적 청구권이다.

오답분석

① 대판 1982.7.27., 80다2968
③ 임대인은 임차권에 기하여 정당하게 권리를 가진 임차인에 대하여 소유권에 기한 물권적 청구권을 행사할 수 없다.
④ 대판 1987.11.24., 87다카257,258
⑤ 토지의 매수인이 아직 소유권이전등기를 경료받지 아니하였다 하여도 매매계약의 이행으로 그 토지를 인도받은 때에는 매매계약의 효력으로서 이를 점유·사용할 권리가 생기게 된 것으로 보아야 하고, 또 매수인으로부터 위 토지를 다시 매수한 자는 위와 같은 토지의 점유·사용권을 취득한 것으로 봄이 상당하므로 매도인은 매수인으로부터 다시 위 토지를 매수한 자에 대하여 토지 소유권에 기한 물권적 청구권을 행사할 수 없다(대판 1998.6.26., 97다42823).

정답 ②

| 가스(2022)

05 다음 중 지상권에 대한 설명으로 옳지 않은 것은?(단, 다툼이 있는 경우 판례에 의한다)

① 약정 지상권의 존속기간 중에는 지상물이 멸실되어도 지상권은 소멸하지 않는다.
② 약정 지상권의 지료에 대한 합의가 없는 경우 지료는 당사자의 청구에 의하여 법원이 이를 정한다.
③ 지상권설정자는 특별한 사정이 없는 한 토지의 불법점유자에 대해 임료 상당의 손해배상을 청구할 수 없다.
④ 지료연체를 이유로 한 지상권소멸청구에 의해 지상권이 소멸한 경우, 지상권자는 지상물에 대한 매수청구권을 행사할 수 없다.
⑤ 법정지상권이 붙은 건물이 양도된 경우 특별한 사정이 없는 한 토지소유자는 건물의 양수인을 상대로 건물의 철거를 청구할 수 없다.

정답 | 해설

지상권에 있어서 지료의 지급은 그의 요소가 아니어서 지료에 대한 유상 약정이 없는 이상 지료의 지급을 구할 수 없다(대판 1999.9.3., 99다24874).

오답분석

① 기존의 건물 기타의 공작물이나 수목이 멸실되더라도 존속기간이 만료되지 않는 한 지상권은 소멸되지 아니한다(대판 1996.3.22., 95다49318).
③ 지상권을 설정한 토지소유권자는 지상권이 존속하는 한 토지를 사용·수익할 수 없으므로 특별한 사정이 없는 한 불법점유자에게 손해배상을 청구할 수 없다(대판 1974.11.12., 74다1150).
④ 지상물매수청구권은 지상권이 존속기간의 만료로 인하여 소멸하는 때에 지상권자가 갱신청구를 하였으나 지상권설정자가 원하지 아니할 경우 행사할 수 있는 권리이므로, 지상권자의 지료연체를 이유로 토지소유자가 그 지상권소멸청구를 하여 이에 터잡아 지상권이 소멸된 경우에는 매수청구권이 인정되지 않는다(대판 1993.6.29., 93다10781).
⑤ 법정지상권이 붙은 건물의 양수인은 원소유자로부터 건물을 양도받을 때에 법정지상권도 함께 양도받은 자로서 토지소유자가 건물의 철거 등을 청구함은 신의성실의 원칙상 허용되지 않는다(대판 1991.9.24., 91다21701 참고).

정답 ②

| 가스(2022)

06 다음 중 법인의 불법행위능력에 대한 설명으로 옳은 것은?(단, 다툼이 있는 경우 판례에 의한다)

① 법인의 불법행위책임이 성립하면 대표기관은 손해배상책임을 면한다.
② 법인의 불법행위능력에 대한 규정은 권리능력 없는 사단에 유추 적용되지 않는다.
③ 대표기관이 직무와 관련하여 불법행위를 한 경우 피해자는 민법 제35조(법인의 불법행위능력)에 따른 손해배상과 민법 제756조(사용자의 배상책임)에 따른 손해배상을 선택적으로 청구할 수 있다.
④ 법인의 손해배상책임이 대표기관의 고의적 불법행위에 기한 것이라 해도 손해발생과 관련하여 피해자의 과실이 있다면 과실상계의 법리는 적용 가능하다.
⑤ 실제로는 직무와 관련 없는 대표기관의 행위가 외형상 직무에 대한 것으로 보인다면 피해자가 이에 관해 선의인 한 그 선의에 중과실이 있더라도 법인의 불법행위책임은 성립한다.

> [정답] [해설]

법인에 대한 손해배상책임 원인이 대표기관의 고의적인 불법행위라고 하더라도, 피해자에게 그 불법행위 내지 손해발생에 과실이 있다면 법원은 과실상계의 법리에 좇아 손해배상의 책임 및 그 금액을 정함에 있어 이를 참작하여야 한다(대판 1987.12.8., 86다카1170).

[오답분석]
① 법인은 이사 기타 대표자가 그 직무에 관하여 타인에게 가한 손해를 배상할 책임이 있다. 이사 기타 대표자는 이로 인하여 자기의 손해배상책임을 면하지 못한다(민법 제35조 제1항).
② 법인의 불법행위능력에 대한 규정(민법 제35조)은 권리능력 없는 사단에 유추 적용된다.
③ 이사가 법인의 대표자로서 그 직무에 대한 불법행위에 관하여는 법인이 민법 제35조 제1항에 의한 손해배상책임을 지게 되는 것이고, 사용자책임을 규정한 민법 제756조 제1항이 적용된다고 할 수 없다(대판 2009.11.26., 2009다57033).
⑤ 행위의 외형상 직무관련성이 있는 것으로 보이면 법인이 불법행위책임을 지지만, 피해자가 직무권한 내에 해당하지 않음을 알았거나 중과실로 알지 못한 때에는 법인에게 불법행위책임을 물을 수 없다(대판 2004.3.26., 2003다34045).

정답 ④

| 자산관리(2022)

07 다음 중 A가 B를 상대로 대여금반환청구의 소를 서울지방법원에 제기한 뒤 이 소송의 계속 중 동일한 소를 부산지방법원에 제기한 경우 저촉되는 민사소송법상의 원리는?

① 변론주의
② 당사자주의
③ 재소의 금지
④ 중복제소의 금지
⑤ 처분권주의

> [정답] [해설]

법원에 계속되어 있는 사건에 대하여 당사자는 다시 소를 제기하지 못한다(민사소송법 제259조). 이를 중복제소의 금지 또는 이중소송의 금지원칙이라고 한다. 동일한 사건에 대하여 다시 소제기를 허용하는 것은 소송제도의 남용으로, 법원이나 당사자에게 시간, 노력, 비용을 이중으로 낭비하게 하므로 소송경제상 좋지 않고, 판결이 서로 모순 및 저촉될 우려가 있기 때문에 허용되지 않는다는 취지이다.

정답 ④

| 가스(2022)/강원랜드(2022)

08 다음 중 채권자가 그의 채권을 담보하기 위하여 채무의 변제기까지 채무자로부터 인도받은 동산을 점유·유치하기로 채무자와 약정하고, 채무의 변제가 없는 경우에 그 동산의 매각대금으로부터 우선변제받을 수 있는 담보물권은?

① 질권
② 유치권
③ 저당권
④ 양도담보권
⑤ 임차권

정답 | 해설

오답분석
② 유치권은 타인의 물건이나 유가증권을 점유한 자가 그 물건이나 유가증권에 관하여 생긴 채권이 변제기에 있는 경우에 그 채권을 변제받을 때까지 그 물건이나 유가증권을 유치할 수 있는 법정담보물권이다(민법 제320조).
③ 저당권은 채권자가 채무자 또는 제3자로부터 점유를 옮기지 않고 그 채권의 담보로 제공된 부동산에 대하여 일반 채권자에 우선하여 변제를 받을 수 있는 약정담보물권이다(민법 제356조).
④ 양도담보권은 채권담보의 목적으로 물건의 소유권을 채권자에게 이전하고 채무자가 이행하지 아니한 경우에는 채권자가 그 목적물로부터 우선변제를 받게 되지만, 채무자가 이행을 하는 경우에는 목적물을 다시 원소유자에게 반환하는 비전형담보물권이다.
⑤ 임차권은 임대차계약에 의하여 임차인이 임차물을 사용·수익하는 권리이다(민법 제618조).

정답 ①

| 근복(2022)

09 다음 중 법인이 아닌 사단의 사원이 집합체로서 물건을 소유할 때의 소유 형태는?

① 단독소유
② 공유
③ 합유
④ 총유
⑤ 구분소유

정답 | 해설

비법인사단은 사단으로서 실질을 갖추고 있으나, 법인등기를 하지 아니하여 법인격을 취득하지 못한 사단을 말한다. 대표적인 예로 종중, 교회, 채권자로 이루어진 청산위원회, 주택조합, 아파트부녀회 등이 있으며, 재산의 귀속 형태는 사원의 총유 또는 준총유이다(민법 제275조 제1항).

정답 ④

| 동서발전(2023)/자산관리(2022)

10 다음 중 미성년자가 단독으로 유효하게 할 수 없는 행위는?

① 부담 없는 증여를 받는 것
② 채무의 변제를 받는 것
③ 근로계약과 임금청구
④ 허락된 재산의 처분행위
⑤ 허락된 영업에 관한 행위

정답 해설

채무의 변제를 받는 것은 이로 인하여 권리를 상실하는 것이므로, 단순히 권리만 얻거나 의무만을 면하는 행위에 속하지 않는다. 따라서 미성년자 단독으로 유효하다 할 수 없고 법정대리인의 동의를 얻어서 해야 하는 행위에 속한다.

미성년자의 행위능력

원칙	• 법정대리인의 동의를 요하고 이를 위반한 행위는 취소할 수 있다.
예외 (단독으로 할 수 있는 행위)	• 단순히 권리만을 얻거나 의무만을 면하는 행위 • 처분이 허락된 재산의 처분행위 • 허락된 영업에 관한 미성년자의 행위 • 혼인을 한 미성년자의 행위(성년의제) • 대리행위 • 유언행위(만 17세에 달한 미성년자의 경우) • 법정대리인의 허락을 얻어 회사의 무한책임사원이 된 미성년자가 사원자격에 기해서 한 행위(상법 제7조) • 근로계약과 임금의 청구(근로기준법 제67조 · 제68조)

정답 ②

| 자산관리(2022)

11 다음 중 하자담보책임에 대한 설명으로 옳지 않은 것은?(단, 다툼이 있는 경우 판례에 의한다)

① 매도인의 하자담보책임에 관한 매수인의 권리행사기간은 재판상 청구를 위한 출소기간이다.
② 매매의 목적물이 당사자가 예정하거나 보증한 성질을 결여한 경우에는 목적물의 하자에 해당한다.
③ 매매목적물의 하자로 인한 계약해제권은 매수인이 그 사실을 안 날로부터 6월 내에 행사하여야 한다.
④ 건축을 목적으로 매매된 토지가 매매계약 당시 건축허가를 받을 수 없는 법률적 장애로 건축이 불가능하게 되었다면, 매매목적물의 하자에 해당한다.
⑤ 매매목적물의 하자로 인한 확대손해에 대하여 배상책임을 지우기 위해서는 하자 없는 목적물을 인도하지 못한 의무위반사실 외에 그러한 의무위반에 대하여 매도인에게 귀책사유가 있어야 한다.

정답 해설

민법 제667조 내지 제671조의 하자담보책임기간은 재판상 또는 재판 외의 권리행사기간인 제척기간이므로 그 기간의 도과로 하자담보추급권은 당연히 소멸한다(대판 2012.4.13., 2011다46036).

정답 ①

| 국민연금(2021)

12 다음 〈보기〉에서 화해계약에 대한 설명으로 옳지 않은 것을 모두 고르면?(단, 다툼이 있는 경우 판례에 의한다)

> **보기**
> ㉠ 화해계약이 사기로 인해 이루어진 경우에는 화해의 목적인 분쟁에 관한 사항에 착오가 있더라도 사기에 의한 의사표시를 이유로 이를 취소할 수 없다.
> ㉡ 채권자와 채무자 간의 잔존채무액의 계산행위는 특별한 사정이 없는 한 화해계약이 아니다.
> ㉢ 화해계약은 특별한 사정이 없는 한, 당사자 일방이 양보한 권리가 소멸되고 상대방이 화해로 인하여 그 권리를 취득하는 효력이 있다.
> ㉣ 화해당사자의 자격에 관한 착오가 있는 경우에는 이를 이유로 취소하지 못한다.

① ㉠, ㉡
② ㉠, ㉣
③ ㉡, ㉢
④ ㉡, ㉣
⑤ ㉢, ㉣

정답 | 해설

㉠ 화해계약은 착오를 이유로 하여 취소하지 못한다. 그러나 화해당사자의 자격 또는 화해의 목적인 분쟁 이외의 사항에 착오가 있는 때에는 그러하지 아니하다(민법 제733조). 민법 제733조의 규정에 의하면 화해계약은 화해당사자의 자격 또는 화해의 목적인 분쟁 이외의 사항에 착오가 있는 경우를 제외하고는 착오를 이유로 취소하지 못하지만, 화해계약이 사기로 인하여 이루어진 경우에는 화해의 목적인 분쟁에 관한 사항에 착오가 있는 때에도 민법 제110조에 따라 이를 취소할 수 있다.
㉣ 민법상의 화해계약을 체결한 경우 당사자는 착오를 이유로 취소하지 못하고, 다만 화해 당사자의 자격 또는 화해의 목적인 분쟁 이외의 사항에 착오가 있는 때에 한하여 이를 취소할 수 있다(대판 95다48414).

오답분석
㉡ 채권자와 채무자 간의 잔존채무액의 계산행위는 다른 특별한 사정이 없는 한 채무자가 채권자에게 지급할 채무액을 새로이 확정하는 채권자와 채무자 간의 화해계약이라고는 볼 수 없다(대판 83다358).
㉢ 화해계약은 당사자 일방이 양보한 권리가 소멸되고 상대방이 화해로 인하여 그 권리를 취득하는 효력이 있다(민법 제732조).

정답 ②

| 대구시설(2021)

13 다음 중 민법상 계약의 해지·해제에 대한 설명으로 옳지 않은 것은?

① 당사자의 일방 또는 쌍방이 수인인 경우에는 계약의 해지나 해제는 그 일인에 대하여도 가능하다.
② 계약의 해지 또는 해제는 손해배상의 청구에 영향을 미치지 아니한다.
③ 채무자의 책임 있는 사유로 이행이 불능하게 된 때에는 채권자는 계약을 해제할 수 있다.
④ 계약 또는 법률의 규정에 의하여 당사자의 일방이나 쌍방이 해지 또는 해제의 권리가 있는 때에는 그 해지 또는 해제는 상대방에 대한 의사표시로 한다.
⑤ 당사자 일방이 계약을 해제한 때에는 각 당사자는 그 상대방에 대하여 원상회복의 의무가 있다. 그러나 제삼자의 권리를 해하지 못한다.

정답 | 해설

당사자의 일방 또는 쌍방이 수인인 경우에는 계약의 해지나 해제는 그 전원으로부터 또는 전원에 대하여 하여야 한다(민법 제547조 제1항).

오답분석
② 민법 제551조
③ 민법 제546조
④ 민법 제543조 제1항
⑤ 민법 제548조 제1항

정답 ①

| 대구신용보증(2020)

14 다음 〈보기〉에서 권리남용의 요건에 대한 설명으로 옳지 않은 것은?(단, 다툼이 있는 경우 판례에 의한다)

보기
㉠ 권리의 행사에 의하여 권리행사자가 얻는 이익보다 상대방이 잃을 손해가 현저히 크다고 하면 그러한 사정만으로 권리남용이 된다.
㉡ 권리남용의 요건으로서 권리행사의 목적이 오직 상대방에게 고통을 주고 손해를 입히려는 주관적 요건과 권리행사가 사회질서에 반한다고 하는 객관적 요건이 있어야 한다.
㉢ 피상속인의 생존 시에 피상속인에 대하여 상속을 포기하기로 약정하였다고 하더라도 상속개시 후에 법률규정에 따른 상속포기를 하지 아니한 이상, 자신의 상속권을 주장하는 것은 정당한 권리행사로서 권리남용에 해당되지 않는다.
㉣ 나대지에 설정된 저당권 실행의 경매절차에서, 상당한 비용이 투입된 건물이 신축 중임을 알면서 그 건물 부지를 경락받은 자가 그 후 완공된 건물의 철거를 구하는 것은 권리남용에 해당하지 않는다.
㉤ 권리남용의 주관적 요건은 권리자의 정당한 이익을 결여한 권리행사로 보여지는 객관적인 사정에 의하여 추인될 수 있다.

① ㉠ ② ㉡
③ ㉢ ④ ㉣
⑤ ㉤

정답 | 해설

권리행사가 권리의 남용에 해당한다고 할 수 있으려면, 주관적으로 그 권리행사의 목적이 오직 상대방에게 고통을 주고 손해를 입히려는 데 있을 뿐 행사하는 사람에게 아무런 이익이 없는 경우이어야 하고, 객관적으로는 그 권리행사가 사회질서에 위반된다고 볼 수 있어야 하는 것이며, 이와 같은 경우에 해당하지 않는 한 비록 그 권리의 행사에 의하여 권리행사자가 얻는 이익보다 상대방이 잃을 손해가 현저히 크다 하여도 그러한 사정만으로는 이를 권리남용이라 할 수 없고, 어느 권리행사가 권리남용이 되는가의 여부는 각 개별적이고 구체적인 사안에 따라 판단되어야 한다(대판 2002다62319, 62326).

정답 ①

15. 다음 〈보기〉에서 민법상 단독행위인 것을 모두 고르면?

보기

㉠ 청약의 철회
㉡ 합의해제
㉢ 의사표시의 취소
㉣ 법정대리인의 동의
㉤ 사단법인의 설립

① ㉠, ㉡, ㉢
② ㉠, ㉡, ㉤
③ ㉠, ㉢, ㉣
④ ㉡, ㉢, ㉣
⑤ ㉡, ㉣, ㉤

정답 | 해설

단독행위란 행위자 한 사람의 의사표시만으로 성립하는 법률행위로, 상대방이 있는 단독행위(동의, 채무면제, 상계, 추인, 취소, 해제, 해지, 제한물권의 포기 등)와 상대방이 없는 단독행위(유언, 재단법인 설립행위, 권리의 포기, 상속의 포기 등)로 나뉜다.

오답분석

㉡ 합의해제는 계약이다.
㉤ 사단법인의 설립은 합동행위이다.

정답 ③

---

16. 다음 중 민법상 대리에 대한 설명으로 옳은 것은?

① 대리인은 행위능력자임을 요한다.
② 대리인이 수인인 때에는 각자가 본인을 대리한다. 그러나 법률 또는 수권행위에 다른 정한 바가 있는 때에는 그러하지 아니하다.
③ 대리인은 본인의 허락이 없으면 본인을 위하여 자기와 법률행위를 하거나 동일한 법률행위에 관하여 당사자 쌍방을 대리하지 못하며, 채무의 이행도 할 수 없다.
④ 대리인이 그 권한 내에서 본인을 위한 것임을 표시한 의사표시는 직접 본인에게 하지 않아도 효력이 생긴다.
⑤ 대리권이 법률행위에 의하여 부여된 경우에는 대리인은 본인의 승낙이 있거나 부득이한 사유가 있는 때가 아니라도 복대리인은 선임할 수 있다.

| 정답 | 해설 |

대리인이 수인인 때에는 각자가 본인을 대리한다. 그러나 법률 또는 수권행위에 다른 정한 바가 있는 때에는 그러하지 아니하다(민법 제119조).

[오답분석]
① 대리인은 행위능력자임을 요하지 아니한다(민법 제117조).
③ 대리인은 본인의 허락이 없으면 본인을 위하여 자기와 법률행위를 하거나 동일한 법률행위에 관하여 당사자 쌍방을 대리하지 못한다. 그러나 채무의 이행은 할 수 있다(민법 제124조).
④ 대리인이 그 권한 내에서 본인을 위한 것임을 표시한 의사표시는 직접 본인에게 대하여 효력이 생긴다(민법 제114조 제1항).
⑤ 대리권이 법률행위에 의하여 부여된 경우에는 대리인은 본인의 승낙이 있거나 부득이한 사유가 있는 때가 아니면 복대리인을 선임하지 못한다(민법 제120조).

정답 ②

| KPS(2021)/국민연금(2021)/인천교통(2021)

17 다음 중 민법상 대리권에 대한 설명으로 옳은 것은?

① 대리권은 성년후견의 개시로 소멸한다.
② 대리권은 본인의 파산으로 소멸한다.
③ 대리인은 행위능력자임을 요한다.
④ 대리인은 본인의 허락이 없으면 본인을 위하여 자기와 법률행위를 하거나 동일한 법률행위에 관하여 당사자 쌍방을 대리하지 못하며, 채무의 이행도 할 수 없다.
⑤ 대리인이 그 권한범위 밖에서 본인을 위한 것임을 표시한 의사표시는 직접 본인에게 대하여 효력이 생긴다.

| 정답 | 해설 |

대리권의 소멸사유(민법 제127조)
대리권은 다음 각 호의 어느 하나에 해당하는 사유가 있으면 소멸된다.
1. 본인의 사망
2. 대리인의 사망, 성년후견의 개시 또는 파산

[오답분석]
② 대리권은 본인의 사망으로 소멸한다(민법 제127조).
③ 대리인은 행위능력자임을 요하지 아니한다(민법 제117조).
④ 대리인은 본인의 허락이 없으면 본인을 위하여 자기와 법률행위를 하거나 동일한 법률행위에 관하여 당사자 쌍방을 대리하지 못한다. 그러나 채무의 이행은 할 수 있다(민법 제124조).
⑤ 대리인이 그 권한 내에서 본인을 위한 것임을 표시한 의사표시는 직접 본인에게 대하여 효력이 생긴다(민법 제114조 제1항).

정답 ①

18 다음 중 민법에서 규정하는 법률행위의 취소권자로 옳지 않은 것은?

① 미성년자
② 피특정후견인
③ 피성년후견인
④ 사기·강박에 의하여 의사표시를 한 자
⑤ 착오로 인하여 의사표시를 한 자

정답 해설

민법 제140조에 따르면 법률행위의 취소권자는 제한능력자, 착오로 인하거나 사기·강박에 의하여 의사표시를 한 자, 그의 대리인 또는 승계인이다. 피특정후견인이란 특정한 사무에 대한 후원이 필요한 사람을 뜻하며, 특정한 사무 이외에는 능력을 제한할 필요가 없으므로 제한능력자가 아니다.

정답 ②

19 다음 〈보기〉에서 민법상 옳은 것을 모두 고르면?

보기

㉠ 선량한 풍속 기타 사회질서에 위반한 사항을 내용으로 하는 법률행위는 취소할 수 있다.
㉡ 의사표시는 법률행위의 내용의 중요부분에 착오가 있는 때에는 취소할 수 있다.
㉢ 의사표시는 표의자가 진의 아님을 알고 한 것이라도 그 효력이 있다. 그러나 상대방이 표의자의 진의 아님을 알았거나 이를 알 수 있었을 경우에는 무효로 한다.
㉣ 당사자의 궁박, 경솔 또는 무경험으로 인하여 현저하게 공정을 잃은 법률행위는 취소할 수 있다.
㉤ 사기나 강박에 의한 의사표시는 무효로 한다.

① ㉠, ㉡
② ㉠, ㉤
③ ㉡, ㉢
④ ㉡, ㉣
⑤ ㉢, ㉤

정답 해설

㉡ 의사표시는 법률행위의 내용의 중요부분에 착오가 있는 때에는 취소할 수 있다. 그러나 그 착오가 표의자의 중대한 과실로 인한 때에는 취소하지 못한다(민법 제109조 제1항).
㉢ 의사표시는 표의자가 진의 아님을 알고 한 것이라도 그 효력이 있다. 그러나 상대방이 표의자의 진의 아님을 알았거나 이를 알 수 있었을 경우에는 무효로 한다(민법 제107조 제1항).

오답분석

㉠ 선량한 풍속 기타 사회질서에 위반한 사항을 내용으로 하는 법률행위는 무효로 한다(민법 제103조).
㉣ 당사자의 궁박, 경솔 또는 무경험으로 인하여 현저하게 공정을 잃은 법률행위는 무효로 한다(민법 제104조).
㉤ 사기나 강박에 의한 의사표시는 취소할 수 있다(민법 제110조).

정답 ③

20 다음 중 법률행위의 무효와 취소에 대한 설명으로 옳지 않은 것은?

① 무효의 경우 누구라도 무효를 주장할 수 있다.
② 취소의 경우 취소권자가 취소할 수 있다.
③ 착오로 인한 의사표시의 경우 취소가 가능하다.
④ 불공정한 법률행위는 무효이다.
⑤ 취소란 처음 법률행위가 성립한 때부터 법률상 당연히 효력이 없는 것으로 확정된 것을 말한다.

정답 해설

처음 법률행위가 성립한 때부터 법률상 당연히 효력이 없는 것으로 확정된 것은 무효이다.

무효와 취소

구분	무효	취소
효력	처음부터 효력이 없음	취소 전에는 일단 유효함
주장할 수 있는 자	누구라도 무효를 주장할 수 있음	취소권자가 취소할 수 있음
주장기간	제한 없음	일정 기간이 경과하면 취소권 소멸
예시	• 불공정한 법률행위(민법 104조) • 불법조건이 붙은 법률행위(민법 제151조 제1항)	• 사기, 강박에 의한 의사표시(민법 제110조 제1항) • 착오로 인한 의사표시(민법 제109조)

정답 ⑤

---

21 다음 〈보기〉에서 취소할 수 있는 법률행위로 옳은 것을 모두 고르면?

보기

㉠ 진의 아닌 의사표시   ㉡ 사기에 의한 의사표시
㉢ 강박에 의한 의사표시   ㉣ 통정한 허위의 의사표시

① ㉠, ㉡
② ㉠, ㉢
③ ㉡, ㉢
④ ㉡, ㉣
⑤ ㉢, ㉣

정답 해설

㉡·㉢ 무효란 법률행위가 성립한 때로부터 법률상 법률효과가 당연히 발생되지 않는 행위를 말하며, 취소란 이미 발생된 법률행위의 효력을 소급적으로 소멸케하는 것을 말한다. 사기, 강박은 표의자(또는 일방)의 잘못, 기망, 공포심에 의한 의사표시로 인한 것으로, 법률행위의 성립에는 영향이 없으므로 취소할 수 있다.

오답분석

㉠·㉣ 비진의, 통정허위표시는 법률행위의 성립 자체가 잘못이기 때문에 무효로 한다.

정답 ③

22 다음 〈보기〉에서 근저당권에 대한 설명으로 옳은 것을 모두 고르면?(단, 다툼이 있는 경우 판례에 의한다)

| HUG(2021)

> **보기**
> ㄱ. 근저당권의 실행비용은 채권최고액에 포함된다.
> ㄴ. 피담보채권의 이자는 채권최고액에 포함된 것으로 본다.
> ㄷ. 물상보증인은 채권최고액까지만 변제하더라도 근저당권등기의 말소를 청구할 수 없다.
> ㄹ. 근저당권자가 피담보채무의 불이행을 이유로 경매신청한 후에 이전 거래관계에서 발생한 지연손해금 채권은 그 근저당권에 의해 담보된다.
> ㅁ. 근저당권자가 피담보채무의 불이행을 이유로 경매신청을 하여 경매개시결정이 있은 후에 경매신청이 취하된 경우에는 채무확정의 효과는 번복될 수 있다.

① ㄱ, ㄴ ② ㄴ, ㄷ
③ ㄴ, ㄹ ④ ㄷ, ㄹ
⑤ ㄹ, ㅁ

정답 | 해설

ㄴ. 이자는 최고액 중에 산입한 것으로 간주되므로(민법 제357조 제2항), 최고액의 범위 내이면 이자총액에 대한 제한은 없고 지연배상은 1년분에 한해 담보된다는 제360조 단서는 근저당에 적용되지 않는다.
ㄹ. 근저당권자의 경매신청 등의 사유로 인하여 근저당권의 피담보채권이 확정되었을 경우, 확정 이후에 새로운 거래관계에서 발생한 원본채권은 그 근저당권에 의하여 담보되지 아니하지만, 확정 전에 발생한 원본채권에 관하여 확정 후에 발생하는 이자나 지연손해금 채권은 채권최고액의 범위 내에서 근저당권에 의하여 여전히 담보되는 것이다(대판 2005다38300).

오답분석

ㄱ. 근저당권 실행비용은 채권최고액에 포함되지 않고 별도로 우선변제된다. 매각대금에서 실행비용을 공제한 잔액으로 피담보채권을 변제한다(대판 2001다47986).
ㄷ. 근저당권자는 채권최고액을 한도로 우선변제받으며, 물상보증만을 한 자는 경매절차 진행 중에 채권최고액과 그 때까지의 경매비용을 변제공탁한 후 근저당권설정등기의 말소를 청구할 수 있다(74다998). 물상보증인의 지위를 승계한 제3취득자도 마찬가지이다(71다26 참고). 그러나 물상보증인이 연대보증도 한 경우에는 채무 전액을 변제해야 한다(72다485 참고).
ㅁ. 근저당권자가 피담보채무의 불이행을 이유로 경매신청을 한 경우에는 경매신청 시에 근저당권의 피담보채권액이 확정된다(97다25521). 근저당권자가 피담보채무의 불이행을 이유로 경매신청을 하여 경매개시결정이 있은 후에 경매신청이 취하되었다고 하더라도 채무확정의 효과가 번복되는 것은 아니다(2001다73022).

정답 ③

| 대구시설(2021)

23 다음 중 민법의 법원에 대한 설명으로 옳지 않은 것은?(단, 다툼이 있는 경우 판례에 의한다)

① 대법원이 제정한 규칙도 민사에 관한 것이면 민법의 법원이 될 수 있다.
② 사실인 관습은 사회생활규범일 뿐 법규범이 아니기 때문에 민법의 법원으로 인정되지 않는다.
③ 관행이 관습법으로 인정되기 위해서는 헌법을 최상위 규범으로 하는 전체 법질서에 반하지 않아야 한다.
④ 상급법원의 재판에서의 판단은 이와 유사한 장래의 다른 사건을 재판함에 있어서 하급심을 기속한다.
⑤ 가치관 등의 변천으로 기존 관습법의 효력이 부정되면 그 관습법에 의해 규율되던 영역은 조리에 의하여 보충된다.

정답 | 해설

법원조직법 제8조에서 '상급법원의 재판에 있어서의 판단은 당해 사건에 관하여 하급심을 기속한다.'라고 규정하고 있으므로 판례는 동종, 유사의 모든 사건에 관하여 법적 구속력을 갖는 것이 아니라 사실상 구속력을 가질 뿐이다.

정답 ④

| KPS(2021)/대구신용보증(2020)

24 다음 중 법률행위에 대한 설명으로 옳지 않은 것은?

① 당사자에게 행위능력이 없는 경우에 법률행위는 성립할 수 없다.
② 법률행위가 성립하지 않은 경우에 무효나 취소의 문제는 발생할 여지가 없다.
③ 타인권리 매매계약이나 타인권리 임대차계약도 유효하게 체결할 수 있다.
④ 대리행위에 있어서 대리권의 존재는 특별효력요건에 해당한다.
⑤ 농지취득자격증명은 농지매매계약의 효력발생요건이 아니다.

정답 | 해설

당사자에게 행위능력이 없는 경우에 법률행위는 성립하지만, 취소할 수 있다.

정답 ①

| KPS(2021)/대구신용보증(2020)

25 다음 〈보기〉에서 반사회질서의 법률행위에 해당하는 것은 모두 몇 개인가?(단, 다툼이 있는 경우 판례에 의한다)

> **보기**
> ㄱ. 부동산의 2중 매매에서 매도인의 배임행위에 제2매수인이 '적극 가담'하여 이루어진 2중 매매 행위
> ㄴ. 개인의 경제활동의 자유를 지나치게 제한하는 행위, 예컨대 전국 어느 곳에서든지 평생 동일 업종으로 개업하지 않겠다는 계약
> ㄷ. 도박자금을 대여하는 계약
> ㄹ. '변호사가 아닌 자'가 소송비용을 대납해 주고 소송종료 시에 돌려받기로 하는 약정
> ㅁ. 영리를 목적으로 윤락행위를 하도록 권유, 알선하는 자가 영업상 관계 있는 윤락행위를 하는 자에 대하여 가지는 채권계약

① 1개 ② 2개
③ 3개 ④ 4개
⑤ 5개

정답 | 해설

반사회질서의 법률행위는 민법 제103조에 '선량한 풍속 기타 사회질서에 위반한 사항을 내용으로 하는 법률행위는 무효로 한다.'라고 규정되어 있으며, 이러한 반사회질서의 법률행위의 해당하는 유형은 정의관념에 반하는 행위, 인륜에 반하는 행위, 개인의 자유를 심하게 제한하는 행위, 생존의 기초가 되는 재산의 처분행위, 지나치게 사행적인 행위로 나눌 수 있다. 따라서 ㄱ~ㅁ 모두 반사회질서의 법률행위에 해당한다.
ㄱ·ㄹ. 정의관념에 반하는 행위
ㄴ. 개인의 자유를 심하게 제한하는 행위
ㄷ. 지나치게 사행적인 행위
ㅁ. 인륜에 반하는 행위

정답 ⑤

| HUG(2021)

26 다음 중 주물·종물에 대한 사항으로 옳지 않은 것은?

① 종물은 주물의 상용에 공하여야 한다.
② 주물과 종물은 장소적인 인접관계에 있어야 한다.
③ 주유소의 주유기는 주유소의 종물에 해당된다.
④ 주물 위에 저당권이 설정된 경우 그 저당권의 효력은 종물에 미친다.
⑤ 민법은 소유자가 다른 물건 사이에도 주물·종물관계를 인정한다.

> **정답 해설**

종물은 주물의 처분에 따르기 때문에 소유자가 동일해야 한다. 따라서 소유자가 다른 물건 사이에는 주물·종물관계가 인정되지 않는다.

주물·종물(민법 제100조)
① 물건의 소유자가 그 물건의 상용에 공하기 위하여 자기소유인 다른 물건을 이에 부속하게 한 때에는 그 부속물은 종물이다.
② 종물은 주물의 처분에 따른다.

정답 ⑤

| 국민연금(2022)/인천교통(2021)

27 다음 중 민법상 사단법인에 대한 설명으로 옳지 않은 것은?

① 사단법인의 이사는 매년 1회 이상 통상총회를 소집하여야 한다.
② 이사의 대표권에 대한 제한은 이를 정관에 기재하지 아니하면 그 효력이 없다.
③ 사단법인은 감사 및 이사를 1인 이상 두어야 한다.
④ 사단법인의 사원의 지위는 양도 또는 상속할 수 없다.
⑤ 사단법인의 정관은 총 사원 3분의 2 이상의 동의가 있는 때에 한하여 이를 변경할 수 있다. 그러나 정수에 관하여 정관에 다른 규정이 있는 때에는 그 규정에 의한다.

> **정답 해설**

- 법인은 이사를 두어야 한다(민법 제57조).
- 법인은 정관 또는 총회의 결의로 감사를 둘 수 있다(민법 제66조).

오답분석
① 민법 제69조
② 민법 제41조
④ 민법 제56조
⑤ 민법 제42조

정답 ③

| 심평원(2023)/가스(2022)/소상공인시장(2021)/국민연금(2021)/HUG(2021)/KPS(2021)

28 다음 중 민법상 채권을 몇 년 동안 행사하지 아니하면 소멸시효가 완성되는가?

① 2년 ② 5년
③ 10년 ④ 15년
⑤ 20년

정답 | 해설

채권·재산권의 소멸시효(민법 제162조)
1. 채권은 10년간 행사하지 아니하면 소멸시효가 완성한다.
2. 채권 및 소유권 이외의 재산권은 20년간 행사하지 아니하면 소멸시효가 완성한다.

정답 ③

| 심평원(2023)/가스(2022)/소상공인시장(2021)/국민연금(2021)/HUG(2021)/KPS(2021)

29 다음 중 민법상 소멸시효가 다른 것은?

① 이자, 부양료, 급료
② 생산자 및 상인이 판매한 생산물 및 상품의 대가
③ 의복, 침구, 장구 기타 동산의 사용료
④ 수공업자 및 제조자의 업무에 관한 채권
⑤ 변호사, 변리사, 공증인, 공인회계사 및 법무사에 대한 직무상 보관한 서류의 반환을 청구하는 채권

정답 | 해설

1년의 단기소멸시효(민법 제164조)
다음 각 호의 채권은 1년간 행사하지 아니하면 소멸시효가 완성한다.
1. 여관, 음식점, 대석, 오락장의 숙박료, 음식료, 대석료, 입장료, 소비물의 대가 및 체당금의 채권
2. 의복, 침구, 장구 기타 동산의 사용료의 채권
3. 노역인, 연예인의 임금 및 그에 공급한 물건의 대금채권
4. 학생 및 수업자의 교육, 의식 및 유숙에 관한 교주, 숙주, 교사의 채권

3년의 단기소멸시효(민법 제163조)
다음 각 호의 채권은 3년간 행사하지 아니하면 소멸시효가 완성한다.
1. 이자, 부양료, 급료, 사용료 기타 1년 이내의 기간으로 정한 금전 또는 물건의 지급을 목적으로 한 채권
2. 의사, 조산사, 간호사 및 약사의 치료, 근로 및 조제에 관한 채권
3. 도급받은 자, 기사 기타 공사의 설계 또는 감독에 종사하는 자의 공사에 관한 채권
4. 변호사, 변리사, 공증인, 공인회계사 및 법무사에 대한 직무상 보관한 서류의 반환을 청구하는 채권
5. 변호사, 변리사, 공증인, 공인회계사 및 법무사의 직무에 관한 채권
6. 생산자 및 상인이 판매한 생산물 및 상품의 대가
7. 수공업자 및 제조자의 업무에 관한 채권

정답 ③

| 심평원(2023)/가스(2022)/소상공인시장(2021)/국민연금(2021)/HUG(2021)/KPS(2021)

30 다음 중 민법상 소멸시효에 대한 설명으로 옳은 것은?

① 채권은 20년간 행사하지 아니하면 소멸시효가 완성한다.
② 이자, 부양료, 급료는 1년간 행사하지 아니하면 소멸시효가 완성한다.
③ 음식료, 입장료는 3년간 행사하지 아니하면 소멸시효가 완성한다.
④ 판결에 의하여 확정된 채권은 단기의 소멸시효에 해당한 것이라도 그 소멸시효는 20년으로 한다.
⑤ 소멸시효는 권리를 행사할 수 있는 때로부터 진행한다.

정답 | 해설

소멸시효는 권리를 행사할 수 있는 때로부터 진행한다(민법 제166조 제1항).

오답분석

① 채권은 10년간 행사하지 아니하면 소멸시효가 완성한다(민법 제162조 제1항).
② 이자, 부양료, 급료는 3년간 행사하지 아니하면 소멸시효가 완성한다(민법 제163조 제1호).
③ 음식료, 입장료는 1년간 행사하지 아니하면 소멸시효가 완성한다(민법 제164조 제1호).
④ 판결에 의하여 확정된 채권은 단기의 소멸시효에 해당한 것이라도 그 소멸시효는 10년으로 한다(민법 제165조 제1항).

정답 ⑤

| 심평원(2023)/가스(2022)/소상공인시장(2021)/국민연금(2021)/HUG(2021)/KPS(2021)

31 다음 〈보기〉에서 민법상 3년의 단기소멸시효가 적용되지 않는 것을 모두 고르면?

보기

㉠ 수공업자 및 제조자의 업무에 관한 채권
㉡ 의복, 침구, 장구 기타 동산의 사용료의 채권
㉢ 의사, 조산사, 간호사 및 약사의 치료, 근로 및 조제에 관한 채권
㉣ 학생 및 수업자의 교육, 의식 및 유숙에 관한 교주, 숙주, 교사의 채권

① ㉠, ㉡
② ㉠, ㉢
③ ㉡, ㉢
④ ㉡, ㉣
⑤ ㉢, ㉣

정답 | 해설

1년의 단기소멸시효(민법 제164조)

다음 각 호의 채권은 1년간 행사하지 아니하면 소멸시효가 완성한다.
1. 여관, 음식점, 대석, 오락장의 숙박료, 음식료, 대석료, 입장료, 소비물의 대가 및 체당금의 채권
2. 의복, 침구, 장구 기타 동산의 사용료의 채권
3. 노역인, 연예인의 임금 및 그에 공급한 물건의 대금채권
4. 학생 및 수업자의 교육, 의식 및 유숙에 관한 교주, 숙주, 교사의 채권

정답 ④

32 다음 중 신의성실의 원칙과 권리남용 금지의 원칙에 대한 판례의 태도와 다른 것은?

① 소멸시효 완성 전에 채무자가 채권자에게 시효중단조치가 불필요하다고 믿게 하는 행동을 하였고, 채권자도 이를 신뢰하였다면 채무자는 소멸시효의 완성을 주장할 수 없다.
② 강행법규에 위반한 자가 스스로 그 약정의 무효를 주장하는 것은 신의칙에 위반되는 권리의 행사로서 허용되지 아니한다.
③ 지방자치단체로부터 매수한 토지가 공공공지에 편입되어 매수인이 주관적으로 의도한 건축이 불가능하게 되었다면, 매매계약을 해제할 만한 사정변경에 해당하지 않는다.
④ 종전 토지소유자가 자신의 권리를 행사하지 않았다는 사정은 그 토지의 소유권을 적법하게 취득한 새로운 권리자에게 실효의 원칙을 적용함에 있어서 고려하지 않는다.
⑤ 채권자가 주채무자인 회사의 다른 주주들이나 임원들에 대하여는 회사의 채무에 대하여 연대보증을 요구하지 아니하였고, 오로지 대표이사의 처이고 회사의 감사라는 지위에 있었다는 이유만으로 그 회사의 주주도 아닌 자에게만 연대보증을 요구하여 그가 연대보증을 한 경우라도 그 연대보증계약은 신의성실의 원칙에 반하지 않는다.

정답 해설

법령에 위반되어 무효임을 알고서도 그 법률행위를 한 자가 강행법규 위반을 이유로 무효를 주장한다 하여 신의칙 또는 금반언의 원칙에 반하거나 권리남용에 해당한다고 볼 수는 없다(대판 2003다19961).

정답 ②

33 다음 중 신의성실의 원칙에 대한 설명으로 옳지 않은 것은?(단, 다툼이 있는 경우 판례에 의한다)

① 신의성실의 원칙은 법률관계 당사자 간의 약정에 의해 그 적용이 배제될 수 없다.
② 신의성실의 원칙은 권리의 발생, 변경, 소멸의 기능을 갖는다.
③ 신의성실의 원칙은 사법분야뿐만 아니라 공법분야에도 적용되는 법의 일반 원칙이다.
④ 신의성실의 원칙에 반하는 것은 당사자의 주장이 없으면, 법원은 그 위반 여부를 직권으로 판단할 수 없다.
⑤ 신의성실의 원칙은 권리내용을 구체적으로 형성하는 원칙일 뿐만 아니라 권리행사를 제한하는 원칙이기도 하다.

정답 해설

신의성실의 원칙은 강행규정이므로 당사자의 주장이 없더라도 법원은 그 위반 여부를 직권으로 판단할 수 있다(대판 97다37821).

정답 ④

| 수자원(2025) / 서교공(2023) / 대구신용보증(2020)

34 다음 중 실종선고에 대한 설명으로 옳지 않은 것은?

① 실종선고가 취소되지 않는 한 반증을 들어 실종선고의 효과를 다툴 수 없다.
② 실종선고를 받은 자는 실종기간이 만료한 때에 사망한 것으로 본다.
③ 실종선고의 취소심판이 확정되더라도 실종선고로 생긴 법률관계가 소급적으로 무효가 되는 것은 아님이 원칙이다.
④ 부재자의 생사가 5년간 분명하지 아니한 때에는 법원은 이해관계인이나 검사의 청구에 의하여 실종선고를 하여야 한다.
⑤ 실종선고의 취소가 있을 때에 실종의 선고를 직접원인으로 하여 재산을 취득한 자의 반환범위는 원칙적으로 부당이득에 있어서의 수익자의 반환범위와 같다.

정답 해설

실종선고를 취소하면 실종선고로 인해 생긴 법률관계는 소급적으로 무효가 된다. 예외적으로 실종선고 후 그 취소 전에 선의로 한 행위는 실종선고의 취소가 있더라도 그 영향을 받지 않으며(민법 제29조 제1항), 실종선고를 직접원인으로 하여 재산을 취득한 자는 선의·악의에 따라 반환범위가 달라진다(민법 제29조 제2항).

정답 ③

| 소상공인시장(2021) / 국민연금(2021) / HUG(2021) / KPS(2021)

35 다음 중 민법과 상법에 대한 설명으로 옳지 않은 것은?

① 상법은 민법에 대하여 특별법이다.
② 채권의 소멸시효의 경우 민법의 경우 10년간 행사하지 않으면 소멸시효가 완성된다.
③ 상인과 비상인 간의 상거래에 있어서 상인인 당사자와 비상인인 당사자에게 모두 상법이 적용된다.
④ 금전거래의 원인이 상행위로 인한 경우에 채권의 소멸시효는 상법의 경우 5년간 행사하지 않으면 소멸시효가 완성된다.
⑤ 당사자 간에 채권의 이자율을 약정하지 않았을 경우, 민법의 경우 연 6%의 이율이 적용되지만, 상법의 경우 연 5%의 이율을 적용한다.

정답 해설

당사자 간에 채권의 이자율을 약정하지 않았을 경우, 민법의 경우 연 5%의 이율이 적용되지만, 상법의 경우 연 6%의 이율을 적용한다.
- 이자 있는 채권의 이율은 다른 법률의 규정이나 당사자의 약정이 없으면 연 5분으로 한다(민법 제379조).
- 상행위로 인한 채무의 법정이율은 연 6분으로 한다(상법 제54조).

정답 ⑤

| 대구신용보증(2020)

36 다음 중 의사표시의 효력발생에 대한 설명으로 옳지 않은 것은?(단, 다툼이 있는 경우 판례에 의한다)

① 상대방이 이유 없이 고의로 수령을 거절해도 도달의 효과가 발생한다.
② 표의자가 의사표시 발신 후 행위능력을 상실하더라도 그 의사표시의 효력에는 영향이 없다.
③ 무권대리인의 상대방이 최고를 한 경우 최고에 대한 확답은 발신주의에 의한다.
④ 의사표시가 사고에 의하여 연착한 경우에는 표의자에게 불이익이 되지 않는다.
⑤ 발신 후라도 도달 전이면 그 의사표시를 철회할 수 있다.

정답 | 해설

의사표시의 연착·불착의 경우 표의자는 의사표시의 효력을 주장할 수 없으므로 표의자가 불이익을 입는다.

정답 ④

| 전기안전(2023)/에너지(2021)

37 다음 중 민법상 임대차에 대한 내용으로 옳지 않은 것은?(단, 다툼이 있는 경우 판례에 의한다)

① 임대차기간의 약정이 없는 때에는 당사자는 1개월 전에 계약해지의 통고를 해야 한다.
② 임차인이 임차물의 보존에 관한 필요비를 지출한 때에는 임대인에 대하여 그 상환을 청구할 수 있다.
③ 임대차는 당사자 일방이 상대방에게 목적물을 사용, 수익하게 할 것을 약정하고 상대방이 이에 대하여 차임을 지급할 것을 약정함으로써 그 효력이 생긴다.
④ 부동산임차인은 당사자 간에 반대약정이 없으면 임대인에 대하여 그 임대차등기절차에 협력할 것을 청구할 수 있다.
⑤ 임대인은 목적물을 임차인에게 인도하고 계약존속 중 그 사용, 수익에 필요한 상태를 유지하게 할 의무를 부담한다.

정답 | 해설

임대차기간의 약정이 없는 때에는 당사자는 언제든지 계약해지의 통고를 할 수 있다(민법 제635조 제1항).

오답분석
② 민법 제626조
③ 민법 제618조
④ 민법 제621조
⑤ 민법 제623조

정답 ①

| 대구신용보증(2020)

38 다음 중 소유권을 매매 등의 원인에 의하여 이전하는 등기는?

① 변경등기
② 이전등기
③ 말소등기
④ 보존등기
⑤ 회복등기

정답 | 해설

이전등기는 소유권을 매매 등의 원인에 의하여 이전하는 등기이다.

오답분석
① 변경등기 : 등기사항의 일부가 후발적으로 불일치하는 경우 이를 시정하는 등기이다.
③ 말소등기 : 등기사항의 전부가 불일치하여 기존등기를 소멸하고자 하는 등기이다.
④ 보존등기 : 미등기의 부동산에 대하여 그 소유자의 신청에 의하여 처음으로 행하여지는 소유권의 등기이다.
⑤ 회복등기 : 기존 등기가 부당하게 소멸된 경우 이를 부활하는 등기이다.

정답 ②

| HUG(2021)/대구신용보증(2020)/국민연금(2020)

39 다음 중 민법상의 제한능력자가 아닌 자는?

① 상습도박자
② 19세 미만인 자
③ 의사능력이 없는 자
④ 정신병자로서 성년후견이 개시된 자
⑤ 장애 및 노령으로 한정후견이 개시된 자

정답 | 해설

피성년후견인과 피한정후견인의 요건으로 가장 중요한 것은 법원의 선고를 받아야 한다는 점으로, 상습도박이나 낭비벽으로 자기나 가족의 생활을 궁박하게 할 염려가 있는 자 하더라도 법원의 피한정후견의 심판이 없다면 피한정후견인에 해당되지 않는다.

구분	미성년자	피한정후견인	피성년후견인
요건	19세 미만자	질병, 장애, 노령, 그 밖의 사유로 인한 정신적 제약으로 사무를 처리할 능력이 부족한 사람	질병, 장애, 노령, 그 밖의 사유로 인한 정신적 제약으로 사무를 처리할 능력이 지속적으로 결여된 사람
행위	법정대리인이 대리하여 하거나 법정대리인의 동의를 얻어서 함	한정후견인의 동의가 필요한 법률행위를 동의 없이 하였을 때에는 취소할 수 있다. 다만, 일용품의 구입 등 일상생활에 필요하고 그 대가가 과도하지 아니한 법률행위에 대하여는 그러하지 아니하다.	피성년후견인의 법률행위는 취소할 수 있다. 단, 일용품의 구입 등 일상생활에 필요하고 그 대가가 과도하지 아니한 법률행위는 성년후견인이 취소할 수 없다.
해소	19세가 되거나 혼인(성년의제)	한정후견종료의 심판	성년후견종료의 심판

정답 ①

| HUG(2021)/대구신용보증(2020)/국민연금(2020)

40 다음 중 미성년자 甲의 친권자 乙과 거래당사자 丙이 법정에서 제시한 근거를 가지고 판단할 경우, 乙이 승소하기 어려운 경우는?(단, 다툼이 있는 경우 판례에 의한다)

① 乙은 甲과 丙의 부동산매매계약에 대해 취소한다고 주장한다. 이에 대해 丙은 10일의 기간을 정하여 추인 여부의 확답을 촉구하였는데도 乙이 확답을 하지 않았다는 점을 입증하였다.
② 乙은 甲이 丙에게 행한 부동산증여계약에 대해 취소한다고 주장한다. 이에 대해 丙은 甲에게 확답을 촉구하였는데도 확답을 하지 않았다는 점을 입증하였다.
③ 乙은 甲이 丙과 한 부동산매매계약에 대해 추인한다고 주장한다. 이에 대해 선의의 丙은 그 전에 甲에게 계약을 철회하였음을 입증하였다.
④ 乙은 丙이 이미 철회의 의사표시를 한 甲과 丙의 부동산매매계약에 대해 추인하기를 주장하면서, 계약 당시에 丙이 甲이 제한능력자임을 알았음을 입증하였다.
⑤ 乙은 甲이 丙과 한 부동산매매계약에 대해 취소한다고 주장한다. 이에 대해 丙은 甲이 계약 당시 아무 말도 하지 않았음을 입증하였다.

| 정답 | 해설 |

상대방이 자기의 의사표시를 철회하면, 계약은 처음부터 없었던 것으로 되어 이제는 제한능력자 측에서도 추인할 수 없게 된다.

정답 ③

| HUG(2021)/대구신용보증(2020)/국민연금(2020)

41 미성년자 甲이 법정대리인 乙의 동의 없이 자기명의의 부동산을 丙에게 매도하는 계약을 체결하였을 때, 다음 중 옳지 않은 것은?

① 甲과 乙 모두 매매계약을 취소할 수 있다.
② 甲이 취소한 경우에는 선의인 경우에 한하여 이익이 현존하는 한도에서 상환할 책임이 있다.
③ 취소한 법률행위는 처음부터 무효인 것으로 본다.
④ 취소의 의사표시는 丙에 대하여 하여야 한다.
⑤ 선의의 丙은 乙의 추인이 있을 때까지 의사표시를 철회할 수 있다.

| 정답 | 해설 |

제한능력자는 선의·악의에 관계없이 그 행위로 인하여 받은 이익이 현존하는 한도에서 상환할 책임이 있다(민법 제141조).

정답 ②

42 다음 〈보기〉에서 미성년자가 법정대리인의 동의 없이 할 수 없는 것은?

> **보기**
> ㄱ. 부담 없는 증여나 유증의 승낙
> ㄴ. 채무면제에 대한 승낙
> ㄷ. 서면에 의하지 않은 증여의 해제
> ㄹ. 친권자에 대한 부양청구권의 행사
> ㅁ. 상속의 승인과 포기행위

① ㄱ
② ㄴ
③ ㄷ
④ ㄹ
⑤ ㅁ

정답 해설

상속의 승인과 포기행위는 법정대리인의 동의가 필요하다.

미성년자가 단독으로 할 수 있는 경우	미성년자가 단독으로 할 수 없는 경우
• 부담 없는 증여나 유증의 승낙	• 부담부증여를 받는 행위
• 채무면제에 대한 승낙	• 유리한 매매계약의 체결행위
• 서면에 의하지 않은 증여의 해제	• 상속의 승인과 포기행위
• 친권자에 대한 부양청구권의 행사	• 채무의 변제를 받는 행위
• 권리만을 얻는 제3자를 위한 계약에서 수익의사표시	• 경매목적물을 매수하는 행위

정답 ⑤

43 다음 중 민법상 태아의 권리능력에 대한 설명으로 옳지 않은 것은?(단, 다툼이 있는 경우 판례에 의한다)

① 태아는 손해배상의 청구권에 관해서는 이미 출생한 것으로 본다.
② 태아는 상속순위에 관해서는 이미 출생한 것으로 본다.
③ 태아가 의료사고로 인해 사망했다면 손해배상청구권을 행사할 수 있다.
④ 태아는 군인연금법에 따른 유족급여의 수급 순위에 있어 이미 출생한 것으로 본다.
⑤ 태아는 유증에 관해서는 이미 출생한 것으로 본다.

정답 해설

태아가 위의 권리능력을 언제 취득하는가에 대해 판례는 태아로 있는 동안에는 권리능력을 취득하지 못하지만, 살아서 출생하면 권리능력을 취득하고 그 권리능력 취득의 효과가 문제의 사건의 시기까지 소급해서 생긴다고 보고 있다. 따라서 태아가 의료사고를 입어 장애를 가지고 출생한 경우에는 그에 대한 손해배상청구권을 행사할 수 있지만, 태아인 상태로 사망했다면 손해배상청구권을 행사할 수 없다(대판 93다4663, 76다1365).

정답 ③

| 남동발전(2021)

44 다음 〈보기〉에서 민법상 임치에 대한 설명으로 옳지 않은 것은 모두 몇 개인가?

보기

㉠ 임치는 당사자 일방이 상대방에 대하여 금전이나 유가증권 기타 물건의 보관을 위탁하고 상대방이 이를 승낙함으로써 효력이 생긴다.
㉡ 보수 없이 임치를 받은 자는 임치물을 자기재산과 동일한 주의로 보관하여야 한다.
㉢ 임치물에 대한 권리를 주장하는 제삼자가 수치인에 대하여 소를 제기하거나 압류한 때에는 수치인은 10일 전에 임치인에게 이를 통지하여야 한다.
㉣ 임치기간의 약정이 있는 때에는 수치인은 부득이한 사유 없이 그 기간만료 전에 계약을 해지하지 못한다. 그러나 임치인의 경우 30일 전에 통지하고 계약을 해지할 수 있다.
㉤ 임치물은 그 보관한 장소에서 반환하여야 한다. 그러나 수치인이 정당한 사유로 인하여 그 물건을 전치한 때에는 현존하는 장소에서 반환할 수 있다.

① 1개
② 2개
③ 3개
④ 4개
⑤ 5개

정답 | 해설

㉢ 임치물에 대한 권리를 주장하는 제삼자가 수치인에 대하여 소를 제기하거나 압류한 때에는 수치인은 지체 없이 임치인에게 이를 통지하여야 한다(민법 제696조).
㉣ 임치기간의 약정이 있는 때에는 수치인은 부득이한 사유 없이 그 기간만료 전에 계약을 해지하지 못한다. 그러나 임치인은 언제든지 계약을 해지할 수 있다(민법 제698조).

오답분석

㉠ 임치는 당사자 일방이 상대방에 대하여 금전이나 유가증권 기타 물건의 보관을 위탁하고 상대방이 이를 승낙함으로써 효력이 생긴다(민법 제693조).
㉡ 보수 없이 임치를 받은 자는 임치물을 자기재산과 동일한 주의로 보관하여야 한다(민법 제695조).
㉤ 임치물은 그 보관한 장소에서 반환하여야 한다. 그러나 수치인이 정당한 사유로 인하여 그 물건을 전치한 때에는 현존하는 장소에서 반환할 수 있다(민법 제700조).

정답 ②

| 가스(2022)/자산관리(2022)/HUG(2021)

45 다음 중 민법상 채권자 대위권에 대한 설명으로 옳은 것은?(단, 다툼이 있는 경우 판례에 의한다)

① 채권자는 자기의 채권을 보전하기 위하여 채무자의 권리를 행사할 수 없다.
② 채권자는 그 채권의 기한이 도래하기 전에도 법원의 허가 없이 채무자의 권리를 행사할 수 있다.
③ 일신전속권은 항상 채권자 대위권의 객체가 된다.
④ 판례에 의하면 채권자는 채무자가 제3채무자에 대하여 가지는 채권자취소권을 대위하여 행사할 수 없다.
⑤ 판례에 의하면 채권자 대위권 행사에 대하여 제3채무자는 채무자가 채권자에 대하여 가지는 항변으로 대항할 수 없다.

정답 | 해설

채권자가 채권자 대위권을 행사하여 제3자에 대하여 하는 청구에 있어서 제3채무자는 채무자가 채권자에 대하여 가지는 항변으로는 대항할 수 없으므로, 채권의 소멸시효가 완성된 경우 이를 원용할 수 있는 자도 원칙적으로는 시효이익을 직접 받는 자뿐이고 채권자 대위소송의 제3채무자가 이를 행사할 수는 없다(대판 97다5749).

오답분석
① · ③ 채권자는 자기의 채권을 보전하기 위하여 채무자의 권리를 행사할 수 있다. 그러나 일신에 전속한 권리는 그러하지 아니하다(민법 제404조 제1항).
② 채권자는 그 채권의 기한이 도래하기 전에는 법원의 허가 없이 전항의 권리를 행사하지 못한다. 그러나 보전행위는 그러하지 아니하다(민법 제404조 제2항).
④ 채권자취소권도 채권자가 채무자를 대위하여 행사하는 것이 가능하다고 할 것인 바, 민법 제404조 소정의 채권자 대위권은 채권자가 자신의 채권을 보전하기 위하여 채무자의 권리를 자신의 이름으로 행사할 수 있는 권리라 할 것이므로, 채권자가 채무자의 채권자취소권을 대위행사하는 경우, 제소기간은 대위의 목적으로 되는 권리의 채권자인 채무자를 기준으로 하여 그 준수 여부를 가려야 할 것이고, 따라서 채무자가 취소원인을 안 날로부터 1년, 법률행위가 있은 날로부터 5년 내라면 채권자취소의 소를 제기할 수 있다고 할 것이다(대판 2000다73049).

정답 ⑤

| 서부발전(2021)

46 다음 〈보기〉에서 민법상 친족의 범위에 해당하지 않는 사람을 모두 고르면?

보기
㉠ 배우자
㉡ 8촌 이내의 혈족
㉢ 6촌 이내의 인척
㉣ 친생자로서 다른 사람에게 친양자 입양된 자 및 그 배우자·직계비속

① ㉠, ㉡
② ㉠, ㉢
③ ㉡, ㉢
④ ㉡, ㉣
⑤ ㉢, ㉣

정답 | 해설

친족의 범위(민법 제777조)
친족관계로 인한 법률상 효력은 이 법 또는 다른 법률에 특별한 규정이 없는 한 다음 각 호에 해당하는 자에 미친다.
1. 8촌 이내의 혈족
2. 4촌 이내의 인척
3. 배우자

정답 ⑤

| 인천교통(2021)

47 다음 〈보기〉에서 점유취득시효에 대한 설명으로 옳은 것은 모두 몇 개인가?(단, 다툼이 있는 경우 판례에 의한다)

> **보기**
> ㉠ 부동산에 대한 악의의 무단점유는 점유취득시효의 기초인 자주점유로 추정된다.
> ㉡ 집합건물의 공용부분은 별도로 취득시효의 대상이 되지 않는다.
> ㉢ 1필 토지 일부에 대한 점유취득시효는 인정할 수 있다.
> ㉣ 아직 등기하지 않는 시효완성자는 그 완성 전에 이미 설정되어 있던 가등기에 기하여 시효완성 후에 소유권 이전의 본등기를 마친 자에 대하여 시효완성을 주장할 수 있다.
> ㉤ 부동산에 대한 압류 또는 가압류는 점유취득시효를 중단시킨다.

① 1개 ② 2개
③ 3개 ④ 4개
⑤ 5개

정답 | 해설

㉡ 집합건물의 공용부분은 별도로 취득시효의 대상이 되지 않는다(대판 2016다32841, 32858).
㉢ 1필 토지 일부에 대한 점유취득시효는 인정할 수 있다(대판 96다37428).

오답분석

㉠ 점유자가 타인 소유의 부동산을 무단점유한 것이 입증된 경우에도 특별한 사정이 없는 한 자주점유의 추정은 성립하지 않는다(대판 97다53823).
㉣ 아직 등기하지 않는 시효완성자는 그 완성 전에 이미 설정되어 있던 가등기에 기하여 시효완성 후에 소유권 이전의 본등기를 마친 자에 대하여 시효완성을 주장할 수 없다(대판 92다21258).
㉤ 점유로 인한 부동산소유권의 시효취득에 있어 취득시효의 중단 사유는 종래의 점유상태의 계속을 파괴하는 것으로 인정될 수 있는 사유이어야 하는데, 민법 제168조 제2호에서 정하는 압류 또는 가압류는 금전채권의 강제집행을 위한 수단이거나 그 보전수단에 불과하여 취득시효 기간의 완성 전에 부동산에 압류 또는 가압류 조치가 이루어졌다고 하더라도 이로써 종래의 점유상태의 계속이 파괴되었다고는 할 수 없으므로 이는 취득시효의 중단사유가 될 수 없다(대판 2018다296878).

정답 ②

| 대구신용보증(2020)

48 다음 중 옳지 않은 것은?(단, 다툼이 있는 경우 판례에 의한다)

① 호의관계는 무상행위이나, 모든 무상행위가 호의관계인 것은 아니다.
② 호의관계가 법률관계로 인정되기 위해서는 법적 구속의사가 있어야 한다.
③ 호의관계에서는 이행청구권이나 채무불이행으로 인한 손해배상청구권이 발생하지 않는다.
④ 판례는 호의관계에서 배상액을 경감하는 경우에 그 근거를 신의칙에 두고 있다.
⑤ 호의동승 그 자체는 법률관계가 아니나, 호의동승 중 교통사고가 발생하여 동승자가 피해를 입은 경우에는 법률관계가 발생하며, 이때 호의성을 고려하여 당연히 가해자의 배상액을 경감해야 한다.

| 정답 | 해설 |

판례는 가해자에게 일반 교통사고와 동일한 책임을 지우는 것이 신의칙이나 형평의 원칙으로 보아 매우 불합리하다고 인정될 때에는 그 배상액을 경감할 수 있으나, 사고 차량에 단순히 호의로 동승하였다는 사실만 가지고 바로 이를 배상액 경감사유로 삼을 수 있는 것은 아니라고 한다(대판 86다카2994).

정답 ⑤

| KPS(2021)

49 다음 상황에 비추어 볼 때, 〈보기〉에서 옳은 것은 모두 몇 개인가?(단, 다툼이 있는 경우 판례에 의한다)

> 甲은 토지거래허가구역 내의 자신의 토지를 乙에게 매도하였고 곧 토지거래허가를 받기로 하였다.

보기
㉠ 甲과 乙은 토지거래허가신청절차에 협력할 의무가 있다.
㉡ 甲은 계약상 채무불이행을 이유로 계약을 해제할 수 있다.
㉢ 계약이 현재 유동적 무효 상태라는 이유로 乙은 이미 지급한 계약금 등을 부당이득으로 반환청구 할 수 있다.
㉣ 乙의 강박에 의해 계약을 체결한 경우, 현재 무효상태이므로 甲은 강박을 이유로 의사표시를 취소할 수 없다.

① 없음 ② 1개
③ 2개 ④ 3개
⑤ 4개

| 정답 | 해설 |

토지거래허가구역 내의 토지에 대하여 거래계약이 체결된 경우에 계약을 체결한 당사자 사이에 있어서는 그 계약이 효력 있게 완성되도록 서로 협력할 의무가 있으므로, 계약의 쌍방 당사자는 매수인의 매매대금 지급 여부에 관계없이 공동으로 관할 관청에 허가를 신청할 의무가 있다(대판 90다12243전합).

[오답분석]
㉡ 甲은 계약상 채무불이행을 이유로 계약을 해제할 수 없다.
㉢ 계약이 현재 유동적 무효 상태라는 이유로 乙은 이미 지급한 계약금 등을 부당이득으로 반환청구할 수 없다.
㉣ 토지거래가 계약당사자의 표시와 불일치한 의사 또는 사기·강박과 같은 하자 있는 의사에 의하여 이루어진 경우에는 거래허가를 신청하기 전 단계에서 계약을 확정적 무효화할 수 있다.

정답 ②

| 가스(2022)/KPS(2021)

50 다음 〈보기〉에서 옳지 않은 것을 모두 고르면?(단, 다툼이 있는 경우 판례에 의한다)

> **보기**
> ㉠ 통정허위표시가 성립하기 위해서는 진의와 표시의 불일치에 관하여 상대방과 합의가 있어야 한다.
> ㉡ 당사자가 통정하여 증여를 매매로 가장한 경우, 증여와 매매 모두 무효이다.
> ㉢ 통정허위표시로서 무효인 법률행위라도 채권자취소권의 대상이 될 수 없다.
> ㉣ 통정허위표시의 무효로 대항할 수 없는 제3자에 해당하는지의 여부를 판단할 때, 파산관재인은 파산채권자 모두가 악의로 되지 않는 한 선의로 다루어진다.

① ㉠, ㉡
② ㉠, ㉢
③ ㉡, ㉢
④ ㉡, ㉣
⑤ ㉢, ㉣

정답 | 해설

㉡ 당사자가 통정하여 증여를 매매로 가장한 경우, 증여는 유효하지만 매매는 무효이다.
㉢ 통정허위표시로서 무효인 법률행위라도 채권자취소권의 대상이 될 수 있다(대판 84다카68).

정답 ③

| KPS(2021)

51 다음 〈보기〉에서 민법상 취소와 추인의 법률행위에 대한 설명으로 옳지 않은 것을 모두 고르면?

> **보기**
> ㉠ 무효인 법률행위는 추인하여도 그 효력이 생기지 아니한다. 그러나 당사자가 그 무효임을 알고 추인한 때에는 새로운 법률행위로 본다.
> ㉡ 취소할 수 있는 법률행위의 상대방이 확정한 경우에는 그 취소는 그 상대방에 대한 의사표시로 하여야 한다.
> ㉢ 취소된 법률행위는 처음부터 무효인 것으로 본다. 다만, 제한능력자는 그 행위로 인하여 받은 이익이 현존하는 한도에서 상환할 책임이 있다.
> ㉣ 추인은 취소의 원인이 소멸되기 전에 하여야만 효력이 있다.
> ㉤ 취소권은 추인할 수 있는 날로부터 5년 내에 법률행위를 한 날로부터 20년 내에 행사하여야 한다.

① ㉠, ㉡
② ㉠, ㉢
③ ㉡, ㉤
④ ㉢, ㉣
⑤ ㉣, ㉤

정답 | 해설

㉣ 추인은 취소의 원인이 소멸된 후에 하여야만 효력이 있다(민법 제144조 제1항).
㉤ 취소권은 추인할 수 있는 날로부터 3년 내에 법률행위를 한 날로부터 10년 내에 행사하여야 한다(민법 제146조).

정답 ⑤

CHAPTER 04 형법

| 서교공(2023)

01 다음 중 선고유예와 집행유예의 내용에 대한 분류가 옳지 않은 것은?

구분	선고유예	집행유예
실효	유예한 형을 선고	유예선고의 효력 상실
요건	1년 이하 징역·금고, 자격정지, 벌금	3년 이하 징역·금고, 500만 원 이하의 벌금형
유예기간	1년 이상 5년 이하	2년
효과	면소	형의 선고 효력 상실

① 실효
② 요건
③ 유예기간
④ 효과
⑤ 없음

정답 해설

- 선고유예 : 형의 선고유예를 받은 날로부터 2년이 경과한 때에는 면소된 것으로 간주한다(형법 제60조).
- 집행유예 : 양형의 조건을 참작하여 그 정상에 참작할 만한 사유가 있는 때에는 1년 이상 5년 이하의 기간 형의 집행을 유예할 수 있다(형법 제62조 제1항).

정답 ③

| 국민연금(2022)

02 다음 중 정당방위에 대한 설명으로 옳지 않은 것은?

① 학생에 대한 교사의 징계행위는 정당방위에 해당한다.
② 행위자에게 방위의사가 없으면 정당방위는 성립하지 않는다.
③ 방위행위가 상당한 정도를 초과하면 과잉방위가 되며, 그때에는 형을 감경 또는 면제할 수 있다.
④ 과거의 침해에 대한 정당방위는 불가하며, 부작위로 인한 소극적 침해에 대해서도 정당방위는 불가하다.
⑤ 자기 또는 타인의 법익에 대한 현재의 부당한 침해를 방위하기 위한 상당한 이유가 있는 행위를 정당방위라 한다.

정답 해설

부작위로 인한 침해에 대해서도 정당방위는 가능하다.

정답 ④

| 서교공(2023)

03 다음 〈보기〉에서 형법상 몰수가 되는 것은 모두 몇 개인가?

보기
- 범죄행위에 제공한 물건
- 범죄행위로 인하여 생긴 물건
- 범죄행위의 대가로 취득한 물건
- 범죄행위에 제공하려고 한 물건
- 범죄행위로 인하여 취득한 물건

① 1개　　　② 2개
③ 3개　　　④ 4개
⑤ 5개

정답 | 해설

몰수의 대상(형법 제48조 제1항)
1. 범죄행위에 제공하였거나 제공하려고 한 물건
2. 범죄행위로 인하여 생겼거나 취득한 물건
3. 제1호 또는 제2호의 대가로 취득한 물건

정답 ⑤

| 가스(2022)

04 다음 중 형법의 효력에 대한 내용으로 옳은 것은?(단, 다툼이 있는 경우 판례에 의한다)

① 행위시법은 결과범에서는 결과발생 후에 의한다.
② 포괄일죄가 신법과 구법에 걸친 경우 구법에 의한다.
③ 행위시법, 재판시법, 중간시법이 있을 때 행위시법과 재판시법 중 가장 경한 형을 적용한다.
④ 가장 경한 형이라 할 때에는 부가형, 벌금형까지 비교한다.
⑤ 재판확정 후 법률의 변경에 의하여 그 행위가 범죄를 구성하지 아니할 때에는 형의 집행을 면제한다.

정답 | 해설

형의 경중의 비교대상은 법정형이지만, 법정형인 한 주형뿐만 아니라 부가형도 포함되고 가중감면사유와 선택형의 가능성도 비교해야 한다(판례).

오답분석
① 행위시라 함은 실행행위의 종료를 의미하며, 결과발생은 포함하지 않는다(판례).
② 포괄일죄로 되는 개개의 범죄행위가 법 개정의 전후에 걸쳐서 행하여진 경우에는 신·구법의 법정형에 대한 경중을 비교해 볼 필요 없이 범죄 실행종료시의 법이라고 할 수 있는 신법을 적용하여 포괄일죄로 처단하여야 한다(판례).
③ 범죄 후 수차례 법률이 변경되어 행위시와 재판시 사이에 중간시법이 있는 경우에는 모든 법을 비교하여 가장 경한 법률을 적용한다(판례).

정답 ④

인천교통(2021)

05 다음 중 결과적 가중범에 대한 설명으로 옳은 것은?(단, 다툼이 있는 경우 판례에 의한다)

① 중체포·감금죄는 사람을 체포·감금하여 생명에 위협을 야기한 경우 성립하는 결과적 가중범이다.
② 상해를 교사하였는데 피교사자가 이를 넘어 살인을 한 경우 교사자에게 사망이라는 결과에 대하여 과실 내지 예견가능성이 있는 때에는 상해치사죄의 교사범이 성립할 수 있다.
③ 형법 제15조 제2항 결과적 가중범은 기본범죄와 중한 결과 사이의 인과관계에 대해서만 규정하고 있을 뿐, 예견가능성을 명시적으로 요구하고 있지는 않다.
④ 해상강도치사상죄, 현주건조물일수치사상죄, 강도치사상죄는 형법상 처벌규정이 있지만, 인질치사상죄는 형법상 처벌규정이 없다.
⑤ 기본 범죄를 통하여 고의로 중한 결과를 발생하게 한 경우에 가중처벌하는 부진정결과적가중범에서, 고의로 중한 결과를 발생하게 한 행위가 별도의 구성요건에 해당하고 그 고위범에 대하여 결과적가중범에 정한 형보다 더 무겁게 처벌하는 규정이 있는 경우에는 그 고의범과 결과적가중범이 실체적 경합관계에 있다.

정답 | 해설

상해를 교사하였는데 피교사자가 이를 넘어 살인을 한 경우 교사자에게 사망이라는 결과에 대하여 과실 내지 예견가능성이 있는 때에는 상해치사죄의 교사범이 성립할 수 있다(대판 97도1075).

오답분석

① 사람을 체포 또는 감금하여 가혹한 행위를 가한 자는 7년 이하의 징역에 처한다(형법 제277조 제1항). 생명 위협과는 관련이 없다.
③ 결과로 인하여 형이 중할 죄에 있어서 그 결과의 발생을 예견할 수 없었을 때에는 중한 죄로 벌하지 아니한다(형법 제15조 제2항).
④ 형법 제177조 내지 제179조 제1항의 미수범은 처벌한다(형법 제182조). 형법 제177조 제2항 현주건조물일수치사상죄의 미수범은 처벌 대상이다.
강요, 인질강요, 인질상해·치상, 인질살해·치사의 미수범은 처벌한다[형법 제324조 내지 제324조의4(형법 제324조의5)].
절도, 야간주거침입절도, 특수절도, 자동차등불법사용, 상습절도, 강도, 특수강도, 준강도, 인질강도, 강도상해·치상, 강도살인·치사, 강도강간, 해상강도, 해상강도상해·치상, 해상강도살인·치사, 상습강도의 미수범은 처벌한다[형법 제342조 제329조 내지 제341조(형법 제1342조)].
⑤ 고의로 중한 결과를 발생케 한 경우에 무겁게 벌하는 구성요건이 따로 마련되어 있는 경우에는 당연히 무겁게 벌하는 구성요건에서 정하는 형으로 처벌하여야 할 것이고, 결과적가중범의 형이 더 무거운 경우에는 결과적가중범에 정한 형으로 처벌할 수 있도록 하여야 할 것이므로, 기본죄를 통하여 고의로 중한 결과를 발생케 한 부진정결과적가중범의 경우에 그 중한 결과가 별도의 구성요건에 해당한다면 이는 결과적가중범과 중한 결과에 대한 고의범의 상상적 경합관계에 있다고 보아야 할 것이다(대판 94도2842).

정답 ②

인천교통(2021)

06 다음 〈보기〉에서 사실의 착오에 대한 설명으로 옳지 않은 것을 모두 고르면?(단, 다툼이 있는 경우 판례에 의한다)

> **보기**
> ㉠ 甲은 아내를 살해할 의사로 농약을 숭늉그릇에 투입하여 아내의 집안에 놓아두었는데, 이러한 사정을 모르는 장인이 이를 마시고 사망했다. 甲에게는 장인에 대한 살인죄가 성립한다.
> ㉡ 甲은 형수를 향해 힘껏 몽둥이를 휘둘렀으나, 형수의 등에 업힌 조카의 머리 부분을 가격하여 현장에서 사망케 했다. 甲에게는 조카에 대한 과실치사죄가 성립한다.
> ㉢ 甲은 살인의 고의로 친구 A를 향해 총을 발사했는데, 그 순간 이를 제지하고자 친구 B가 앞으로 뛰어들어 친구 A 대신 총탄을 맞고 사망했다. 甲에게는 친구 A에 대한 살인미수죄와 친구 B에 대한 살인죄가 성립한다.
> ㉣ 甲은 친구 A와 시비가 붙어 싸우다가 힘이 달리자 상해의 고의로 칼을 가지고 나와 친구 A를 향해 휘두르다가 옆에서 싸움을 말리면서 칼을 뺏으려던 친구 B의 귀를 찔러 상해를 입혔다. 甲에게는 친구 B에 대한 과실상해죄가 성립한다.

① ㉠, ㉡
② ㉠, ㉢
③ ㉡, ㉢
④ ㉡, ㉣
⑤ ㉢, ㉣

정답 | 해설

㉡ 피고인이 먼저 피해자 1을 향하여 살의를 갖고 소나무 몽둥이(길이 85센티미터 직경 9센티미터)를 양손에 집어들고 힘껏 후려친 가격으로 피를 흘리며 마당에 고꾸라진 동녀와 동녀의 등에 업힌 피해자 2의 머리 부분을 위 몽둥이로 내리쳐 피해자 2를 현장에서 두개골절 및 뇌좌상으로 사망케 한 소위를 살인죄로 의율한 원심조처는 정당하게 긍인되며, 소위 타격의 착오가 있는 경우라 할지라도 행위자의 살인의 범의성립에 방해가 되지 아니한다(대판 83도2813).
㉣ 甲이 친구 등 3명과 싸우다가 힘이 달리자 식칼을 가지고 이들 3명을 상대로 휘두르다가 이를 말리면서 식칼을 뺏으려던 피해자에게 상해를 입혔다면 甲에게 상해의 범의가 인정되며, 상해를 입은 사람이 목적한 사람이 아닌 다른 사람이라 하여 과실상해죄에 해당한다고 할 수 없다(대판 87도1745).

정답 ④

가스(2022)/국민연금(2021)

07 다음 중 형법상 절도죄에 대한 설명으로 옳은 것은?

① 타인의 재물을 절취한 자는 3년 이하의 징역 또는 500만 원 이하의 벌금에 처한다.
② 상습으로 타인의 재물을 절취한 자는 그 죄에 정한 형의 3분의 1까지 가중한다.
③ 권리자의 동의 없이 타인의 자동차, 선박, 항공기 또는 원동기장치자전거를 상시 사용한 자는 3년 이하의 징역, 500만 원 이하의 벌금, 구류 또는 과료에 처한다.
④ 야간에 사람의 주거, 관리하는 건조물에 침입하여 타인의 재물을 절취(竊取)한 자는 5년 이하의 징역에 처한다.
⑤ 흉기를 휴대하거나 2명 이상이 합동하여 타인의 재물을 절취한 자는 1년 이상 10년 이하의 징역에 처한다.

정답 | 해설

흉기를 휴대하거나 2명 이상이 합동하여 타인의 재물을 절취한 자는 1년 이상 10년 이하의 징역에 처한다(형법 제331조 제2항).

오답분석

① 타인의 재물을 절취한 자는 6년 이하의 징역 또는 1천만 원 이하의 벌금에 처한다(형법 제329조).
② 상습으로 타인의 재물을 절취한 자는 그 죄에 정한 형의 2분의 1까지 가중한다(형법 제332조).
③ 권리자의 동의 없이 타인의 자동차, 선박, 항공기 또는 원동기장치자전거를 일시 사용한 자는 3년 이하의 징역, 500만 원 이하의 벌금, 구류 또는 과료에 처한다(형법 제331조의2).
④ 야간에 사람의 주거, 관리하는 건조물에 침입하여 타인의 재물을 절취(竊取)한 자는 10년 이하의 징역에 처한다(형법 제330조).

정답 ⑤

| 도로교통(2023)/근복(2021)

08 다음 설명에 해당하는 죄형법정주의 파생원칙으로 옳은 것은?

> 법률의 해석은 규정에 따라 엄격하게 해야 하며, 유사한 사항을 확대 적용하는 것은 금지한다.

① 관습법 금지의 원칙
② 소급효 금지의 원칙
③ 명확성의 원칙
④ 유추해석 금지의 원칙
⑤ 적정성의 원칙

정답 | 해설

유추해석 금지의 원칙은 법률의 해석은 규정에 따라 엄격하게 해야 하며, 유사한 사항을 확대 적용하는 것은 금지하는 것을 말한다.

오답분석

① 관습법 금지의 원칙 : 범죄와 형벌은 성문법률(문서의 형식으로 표현되고 일정한 절차와 형식을 거쳐 공포된 법)에 의해 규정되어야 한다는 원칙을 말한다.
② 소급효 금지의 원칙 : 범죄의 성립과 처벌은 행위 시의 법률에 의한다는 원칙을 말한다.
③ 명확성의 원칙 : 형법은 무엇이 범죄이고, 그에 따른 형벌은 어떤 것인지 명확히 규정해야 한다는 원칙을 말한다.
⑤ 적정성의 원칙 : 형법의 내용이 헌법의 기본적 인권을 실질적으로 보장할 수 있어야 적절하다는 원칙을 말한다.

정답 ④

근복(2021)

09 다음 중 즉결심판에 대한 절차로 옳지 않은 것은?

① 즉결심판은 정식재판의 청구에 의한 판결이 있을 때에는 그 효력을 잃는다.
② 즉결심판은 정식재판청구를 기각하는 재판이 확정된 때에는 확정판결과 다른 효력이 생긴다.
③ 정식재판을 청구하고자 하는 피고인은 즉결심판의 선고·고지를 받은 날부터 7일 이내에 정식재판청구서를 경찰서장에게 제출하여야 한다.
④ 판사는 정식재판청구서를 받은 날부터 7일 이내에 경찰서장에게 정식재판청구서를 첨부한 사건기록과 증거물을 송부하여야 한다.
⑤ 즉결심판은 정식재판의 청구기간의 경과, 정식재판청구권의 포기 또는 그 청구의 취하에 의하여 확정판결과 동일한 효력이 생긴다.

정답 | 해설

즉결심판은 정식재판의 청구기간의 경과, 정식재판청구권의 포기 또는 그 청구의 취하에 의하여 확정판결과 동일한 효력이 생긴다. 정식재판청구를 기각하는 재판이 확정된 때에도 같다(즉결심판법 제16조).

정답 ②

한수원(2021)

10 다음 〈보기〉에서 우리나라 형법상 친고죄에 해당하는 것을 모두 고르면?

보기

ㄱ. 공연히 허위의 사실을 적시하여 사자의 명예를 훼손한 자는 2년 이하의 징역이나 금고 또는 500만 원 이하의 벌금에 처한다.
ㄴ. 공연히 사람을 모욕한 자는 1년 이하의 징역이나 금고 또는 200만 원 이하의 벌금에 처한다.
ㄷ. 허위의 사실을 유포하거나 기타 위계로 사람의 신용을 훼손한 자는 5년 이하의 징역 또는 1천 500만 원 이하의 벌금에 처한다.
ㄹ. 공연히 사실을 적시하여 사람의 명예를 훼손한 자는 2년 이하의 징역이나 금고 또는 500만 원 이하의 벌금에 처한다.
ㅁ. 봉함 기타 비밀장치한 사람의 편지, 문서 또는 도화를 개봉한 자는 3년 이하의 징역이나 금고 또는 500만 원 이하의 벌금에 처한다.

① ㄱ, ㄴ, ㄹ
② ㄱ, ㄴ, ㅁ
③ ㄴ, ㄷ, ㄹ
④ ㄴ, ㄹ, ㅁ
⑤ ㄷ, ㄹ, ㅁ

> 정답 해설

친고죄에는 사자명예훼손죄(형법 제308조), 모욕죄(형법 제311조), 비밀침해죄(형법 제316조), 업무상비밀누설죄(형법 제317조)가 규정되어 있다.
ㄱ. 공연히 허위의 사실을 적시하여 사자의 명예를 훼손한 자는 2년 이하의 징역이나 금고 또는 500만 원 이하의 벌금에 처한다(사자명예훼손죄).
ㄴ. 공연히 사람을 모욕한 자는 1년 이하의 징역이나 금고 또는 200만 원 이하의 벌금에 처한다(모욕죄).
ㅁ. 봉함 기타 비밀장치한 사람의 편지, 문서 또는 도화를 개봉한 자는 3년 이하의 징역이나 금고 또는 500만 원 이하의 벌금에 처한다(비밀침해죄).

> 오답분석

ㄷ. 허위의 사실을 유포하거나 기타 위계로 사람의 신용을 훼손한 자는 5년 이하의 징역 또는 1천 500만 원 이하의 벌금에 처한다(신용훼손죄).
ㄹ. 공연히 사실을 적시하여 사람의 명예를 훼손한 자는 2년 이하의 징역이나 금고 또는 500만 원 이하의 벌금에 처한다(명예훼손죄).

정답 ②

| 서부발전(2023)/국민연금(2022)/국민연금(2021)

11 다음 글에서 설명하는 위법성 조각 사유의 구성요건에 해당하는 것은?

> 자기 또는 타인의 법익에 대한 현재의 부당한 침해가 있는 경우 형법의 구성요건에 해당하는 행위로 그 상황에 대처하였을 때, 그 구성요건에 해당하는 행위에 대하여 위법성 조각 사유로 처벌하지 않는 제도이다.

① 긴급피난
② 정당행위
③ 정당방위
④ 피해자의 승낙
⑤ 자구행위

> 정답 해설

형법상의 위법성 조각 사유로 총칙에는 정당행위(제20조), 정당방위(제21조), 긴급피난(제22조), 자구행위(제23조), 피해자의 승낙(제24조)이 있고, 각칙으로는 명예훼손죄에서 사실의 증명(제310조)이 있다. 제시문은 정당방위에 대한 설명이다.

정답 ③

CHAPTER 05 상법

서교공(2023)

01 다음 중 상법상 법원이 아닌 것은?

① 판례
② 조례
③ 상관습법
④ 상사자치법
⑤ 보통거래약관

정답 | 해설

상법상 법원에는 상사제정법(상법전, 상사특별법령, 상사조약), 상관습법, 판례, 상사자치법(회사의 정관, 이사회 규칙), 보통거래약관, 조리 등이 있다.

정답 ②

서부발전(2023)/국민연금(2022)/KPS(2021)

02 다음 중 상법상 주식회사 설립 시 정관의 절대적 기재사항이 아닌 것은?

① 목적
② 상호
③ 청산인
④ 본점의 소재지
⑤ 회사가 발행할 주식의 총수

정답 | 해설

청산인은 주식회사 정관의 기재사항이 아니고, 법원에 대한 신고사항이다(상법 제532조).

> **주식회사 설립 시 정관의 절대적 기재사항(상법 제289조 제1항)**
> 발기인은 정관을 작성하여 다음의 사항을 적고 각 발기인이 기명날인 또는 서명하여야 한다.
> 1. 목적
> 2. 상호
> 3. 회사가 발행할 주식의 총수
> 4. 액면주식을 발행하는 경우 1주의 금액
> 5. 회사의 설립 시에 발행하는 주식의 총수
> 6. 본점의 소재지
> 7. 회사가 공고를 하는 방법
> 8. 발기인의 성명·주민등록번호 및 주소

정답 ③

03 다음 〈보기〉에서 상법상 주식회사 정관의 절대적 기재사항을 모두 고르면?

> **보기**
> ㄱ. 이사의 성명·주민등록번호
> ㄴ. 회사가 발행할 주식의 총수
> ㄷ. 회사가 공고를 하는 방법
> ㄹ. 액면주식을 발행하는 경우 1주의 금액
> ㅁ. 회사가 부담할 설립비용과 발기인이 받을 보수액

① ㄱ, ㄴ, ㄷ
② ㄱ, ㄷ, ㄹ
③ ㄴ, ㄷ, ㄹ
④ ㄴ, ㄹ, ㅁ
⑤ ㄷ, ㄹ, ㅁ

정답 | 해설

정관의 작성, 절대적 기재사항(상법 제289조 제1항)
발기인은 정관을 작성하여 다음의 사항을 적고 각 발기인이 기명날인 또는 서명하여야 한다.
1. 목적
2. 상호
3. 회사가 발행할 주식의 총수
4. 액면주식을 발행하는 경우 1주의 금액
5. 회사의 설립 시 발행하는 주식의 총수
6. 본점 소재지
7. 회사가 공고를 하는 방법
8. 발기인의 성명·주민등록번호 및 주소

오답분석
ㄱ. 이사의 성명·주민등록번호는 정관 기재사항이 아니다.
ㅁ. 회사가 부담할 설립비용과 발기인이 받을 보수액은 변태설립사항으로 상대적 기재사항이다.

정답 ③

---

04 다음 중 정관에 특별한 규정이 없는 경우에 신주발행사항을 결정하는 기관은?

① 이사회
② 주주총회
③ 대표이사
④ 감사위원회
⑤ 사원총회

정답 | 해설

정관에 특별한 규정이 없는 경우에는 업무집행에 관한 의결기관인 이사회에서 신주발행사항을 결정한다(상법 제416조).

정답 ①

| 자산관리(2022)/KPS(2021)

05 다음 중 주식회사의 감사에 대한 설명으로 옳지 않은 것은?(단, 다툼이 있는 경우 판례에 의한다)

① 감사는 주주총회에서 선임한다.
② 감사의 선임과 종임에 관한 사항은 등기사항이다.
③ 자본금의 총액이 10억 원 미만인 회사의 경우에는 감사를 선임하지 아니할 수 있다.
④ 감사는 언제든지 주주총회의 특별결의로 이를 해임할 수 있다.
⑤ 감사의 임기는 3년을 초과할 수 없으나, 정관의 규정으로 취임 후 3년 내의 최종의 결산기에 관한 정기총회의 종결 시까지로 할 수 있다.

정답 해설

감사의 임기는 취임 후 3년 내의 최종의 결산기에 관한 정기총회의 종결 시까지로 한다(상법 제410조).

정답 ⑤

| 남동발전(2021)

06 다음 〈보기〉에서 상법상 명의대여자의 책임에 대한 설명으로 옳지 않은 것을 모두 고르면?

보기

㉠ 상법이 명의대여자의 책임을 인정한 것은 영업의 외관을 믿고 거래한 제3자를 보호하기 위한 것이다.
㉡ 판례에 따르면 타인에게 자기의 성명을 영업에 사용할 것을 묵시적으로 허락한 경우에도 명의대여자의 책임이 발생한다.
㉢ 다수설에 의하면 교통사고와 같은 순수한 불법행위에 대하여도 명의대여자의 책임이 인정된다.
㉣ 명의대여자의 책임발생요건으로 대여하는 명의는 반드시 성명 또는 상호에 국한된다.
㉤ 명의대여자의 책임이 인정되면 명의차용자는 그 책임을 면한다.

① ㉠, ㉡, ㉢
② ㉠, ㉡, ㉤
③ ㉡, ㉢, ㉣
④ ㉡, ㉢, ㉤
⑤ ㉢, ㉣, ㉤

정답 해설

㉢ 상법 제24조 소정의 명의대여자 책임은 명의차용인과 그 상대방의 거래행위에 의하여 생긴 채무에 관하여 명의대여자를 진실한 상대방으로 오인하고 그 신용·명의 등을 신뢰한 제3자를 보호하기 위한 것으로, 불법행위의 경우에는 설령 피해자가 명의대여자를 영업주로 오인하고 있었더라도 그와 같은 오인과 피해의 발생 사이에 아무런 인과관계가 없으므로, 이 경우 신뢰관계를 이유로 명의대여자에게 책임을 지워야 할 이유가 없다(대판 97다55621).
㉣ 영업의 주체를 오인할 수 있는 정도면 명의대여로 인정한다.
㉤ 명의대여자와 명의차용자가 연대하여 변제할 책임이 있다.

정답 ⑤

07 다음 중 상행위의 대리에 대한 설명으로 옳지 않은 것은?

① 상인이 그 영업에 관하여 수여한 대리권은 본인의 사망으로 인해 소멸하지 아니한다.
② 어음행위의 대리에는 본인을 위한 것임을 표시하지 않을 수 있다.
③ 상사대리인이 본인을 위한 것임을 표시하지 아니하여도 그 행위는 본인에 대하여 효력이 있다.
④ 거래의 상대방은 대리인의 비현명대리행위가 본인을 위한 것임을 알았다면 대리인에 대하여 이행을 청구할 수 있다.
⑤ 상대방이 대리인을 본인으로 믿고 거래한 경우, 상대방은 선택에 따라 본인 또는 대리인에 대하여 이행을 청구할 수 있다.

정답 | 해설

어음행위의 대리에는 반드시 본인을 위한 것임을 표시해야 한다(어음행위의 문언성).

정답 ②

---

08 다음 〈보기〉에서 주식회사의 대표이사에 대한 설명으로 옳지 않은 것은 모두 몇 개인가?(단, 다툼이 있는 경우 판례에 의한다)

> **보기**
> ㉠ 회사는 다른 정함이 없는 한 이사회의 결의로 회사를 대표할 이사를 선정하여야 한다.
> ㉡ 회사의 영업에 관하여 재판상 또는 재판 외의 모든 행위를 할 권한이 있다.
> ㉢ 회사는 정관으로 주주총회에서 대표할 이사를 선정할 것을 정할 수 있다.
> ㉣ 집행임원을 둔 회사(집행임원 설치회사)는 대표이사를 둘 수 있다.
> ㉤ 대표이사의 권한에 대한 제한은 선의의 제삼자에게 대항하지 못한다.

① 1개
② 2개
③ 3개
④ 4개
⑤ 5개

정답 | 해설

집행임원을 둔 회사(집행임원 설치회사)는 대표이사를 두지 못한다(상법 제408조의2 제1항).

오답분석
㉠·㉢ 회사는 이사회의 결의로 회사를 대표할 이사를 선정하여야 한다. 그러나 정관으로 주주총회에서 이를 선정할 것을 정할 수 있다(상법 제389조 제1항).
㉡ 회사를 대표하는 사원은 회사의 영업에 관하여 재판상 또는 재판 외의 모든 행위를 할 권한이 있다(상법 제209조 제1항).
㉤ 대표이사의 권한에 대한 제한은 선의의 제삼자에게 대항하지 못한다(상법 제209조 제2항).

정답 ①

| 대구신용보증(2020)

09 다음 중 회사의 법률관계에 대한 법원(法源)의 적용순서를 바르게 나열한 것은?

① 정관, 회사특별법, 상법 제3편, 상관습법, 민법
② 회사특별법, 상법 제3편, 상관습법, 민법, 정관
③ 상법 제3편, 상관습법, 민법, 정관, 회사특별법
④ 민법, 상관습법, 상법 제3편, 회사특별법, 정관
⑤ 정관, 상관습법, 민법, 상법 제3편, 회사특별법

정답 | 해설

회사에 대해서는 자치법인 정관이 우선 적용되고, 다음에 상법 제3편의 규정이 된다. 다만, 회사에 관한 특별법이 있을 때는 그 특별법 규정이 상법에 우선한다. 그리고 위의 규정이 없는 때에는 상관습법, 민법의 순서로 적용된다(상법 제1조 상사적용법규).

정답 ①

| 국민연금(2022)/국민연금(2020)

10 다음 중 주식회사 정관의 변태설립사항이 아닌 것은?

① 발기인의 성명과 주소
② 현물출자를 하는 자의 성명
③ 회사성립 후에 양수할 것을 약정한 재산의 가격
④ 회사가 부담할 설립비용
⑤ 발기인이 받을 보수액

정답 | 해설

발기인이 받을 특별이익과 이를 받을 자의 성명이 변태설립사항에 해당하고(상법 제290조 제1호), 발기인의 성명과 주소는 절대적 기재사항이다(상법 제289조).

> **변태설립사항(상법 제290조)**
> 다음의 사항은 정관에 기재함으로써 그 효력이 있다.
> 1. 발기인이 받을 특별이익과 이를 받을 자의 성명
> 2. 현물출자를 하는 자의 성명과 그 목적인 재산의 종류, 수량, 가격과 이에 대하여 부여할 주식의 종류와 수
> 3. 회사성립 후에 양수할 것을 약정한 재산의 종류, 수량, 가격과 그 양도인의 성명
> 4. 회사가 부담할 설립비용과 발기인이 받을 보수액

정답 ①

| HUG(2021)

11 다음 중 상법상 사채의 발행에 대한 설명으로 옳은 것은?

① 사채의 상환청구권은 5년간 행사하지 아니하면 소멸시효가 완성한다.
② 사채관리회사는 사채를 발행한 회사의 동의를 받아 사임할 수 있다.
③ 채권은 사채일부의 납입이 완료한 후가 아니면 이를 발행하지 못한다.
④ 사채의 모집에 응하고자 하는 자는 사채청약서 2통에 그 인수할 사채의 수와 주소를 기재하고 기명날인 또는 서명하여야 한다.
⑤ 사채의 모집이 완료한 때에는 이사는 30일 내로 인수인에 대하여 각 사채의 전액 또는 제1회의 납입을 시켜야 한다.

정답 해설

사채의 모집에 응하고자 하는 자는 사채청약서 2통에 그 인수할 사채의 수와 주소를 기재하고 기명날인 또는 서명하여야 한다(상법 제474조 제1항).

오답분석

① 사채의 상환청구권은 10년간 행사하지 아니하면 소멸시효가 완성한다(상법 제487조 제1항).
② 사채관리회사는 사채를 발행한 회사와 사채권자집회의 동의를 받아 사임할 수 있다(상법 제481조).
③ 채권은 사채전액의 납입이 완료한 후가 아니면 이를 발행하지 못한다(상법 제478조 제1항).
⑤ 사채의 모집이 완료한 때에는 이사는 지체 없이 인수인에 대하여 각 사채의 전액 또는 제1회의 납입을 시켜야 한다(상법 제476조 제1항).

정답 ④

| 자산관리(2022)/대구신용보증(2020)

12 다음 중 상법상 영업양도에 대한 설명으로 옳지 않은 것은?

① 주관적 의미의 영업이란 영업의 주체인 상인이 수행하는 영리활동을 의미한다.
② 합병의 주체는 회사로 한정된 것처럼 영업양도의 양도인은 개인상인으로 한정된다.
③ 영업양도에서 영업은 영업용 재산뿐만 아니라 사실관계도 포함된다.
④ 영업을 구성하는 사실관계는 영업상의 고객관계나 영업비결, 명성 등과 같은 무형의 가치물을 말한다.
⑤ 영업이 아닌 주식 및 지분의 양도를 통한 회사의 양도는 회사가 당사자가 되는 영업양도계약이 아니다.

정답 해설

영업양도의 양도인은 개인상인이든 회사든 영업주체로서 상인이면 된다.

정답 ②

| KPS(2021)

13 다음 〈보기〉에서 상법상 1인 주식회사에 대한 설명으로 옳은 것을 모두 고르면?(단, 다툼이 있는 경우 판례에 의한다)

보기
ㄱ. 주주총회의 소집권한 없는 자가 총회를 소집하였더라도 1인 주주가 참석하여 이의 없이 결의한 경우 총회소집의 하자는 치유된다.
ㄴ. 1인 주주 겸 대표이사가 임무위반행위로서 회사에 손해를 가한 경우 배임행위에 해당한다.
ㄷ. 실제로 주주총회를 개최한 사실이 없던 경우 1인 주주에 의하여 의결이 있었던 것으로 총회의 사록이 작성되었더라도 그 내용의 결의가 있었다고 볼 수 있다.
ㄹ. 주주총회가 법령 또는 정관상 요구되는 이사회의 결의 없이 소집되었다면, 1인 주주가 참석하여 이의 없이 결의하였더라도 해당 총회의 결의는 무효이다.
ㅁ. 회사의 영업을 양도함에 있어서 1인 주주 겸 대표이사가 동의하였더라도 주주총회의 특별결의를 대신할 수 없다.

① ㄱ, ㄴ, ㄷ
② ㄱ, ㄷ, ㄹ
③ ㄴ, ㄷ, ㄹ
④ ㄴ, ㄹ, ㅁ
⑤ ㄷ, ㄹ, ㅁ

정답 해설

오답분석
ㄹ. 이사회 결의 없는 총회라도 주주전원이 출석하였으므로 유효하다.
ㅁ. 1인 회사의 소유재산을 그 회사의 대표이사이자 1인 주주가 처분하였다면 그러한 처분의사결정은 곧 주주총회의 특별결의에 대치된다.

정답 ①

| 가스(2022)/자산관리(2022)/인천교통(2021)

14 다음 〈보기〉에서 상법사용인에 대한 설명으로 옳은 것은?(단, 다툼이 있는 경우 판례에 의한다)

보기
ㄱ. 지배인은 독립한 경영자로서 재판상 또는 재판 외의 모든 행위를 할 수 있다.
ㄴ. 물건판매점포사용인은 다른 상업사용인과 마찬가지로 법률행위에 대한 대리권의 수여행위가 있어야 한다.
ㄷ. 지배인의 대리권에 대한 제한을 등기하면 선의의 제3자에게 대항할 수 있다.
ㄹ. 상인이 여러 개의 영업소를 갖고 있는 경우에 영업소별로 수인(數人)의 지배인을 선임하지 않고 1인의 총지배인을 둘 수 있다.
ㅁ. 보험회사의 영업소에 소속되어 있는 외무사원(보험모집인)은 물건을 판매하는 점포의 사용인에 해당한다.

① ㄱ
② ㄴ
③ ㄷ
④ ㄹ
⑤ ㅁ

정답 해설

상인이 여러 개의 영업소를 갖고 있는 경우에 영업소별로 수인(數人)의 지배인을 선임하지 않고 1인의 총지배인을 둘 수 있다.

오답분석
ㄱ. 지배인은 독립한 경영자가 아니며 종속보조자이다.
ㄴ. 물건판매점포사용인은 대리권의 수여행위가 없어도 된다.
ㄷ. 선의의 제3자에게 대항하지 못한다.
ㅁ. 보험회사의 영업소에 소속되어 있는 외무사원(보험모집인)은 물건을 판매하는 점포의 사용인에 해당하지 않는다.

정답 ④

| 서교공(2023)/남동발전(2021)

15 다음 〈보기〉에서 상법상 상인과 상인자격에 대한 설명으로 옳은 것을 모두 고르면?(단, 다툼이 있는 경우 판례에 의한다)

보기
㉠ 영업을 위한 준비행위를 하는 자연인은 영업으로 상행위를 할 의사를 실현하는 것이므로 그 준비행위를 한 때 상인자격을 취득한다.
㉡ 판례에 따르면 농업협동조합법에 의하여 설립된 조합이 사업의 일환으로 조합원이 생산하는 물자의 판매사업을 하는 경우 상법상의 상인으로 볼 수 있다.
㉢ 자기명의로 신용카드, 전자화폐 등을 이용한 지급결제 업무의 인수를 영업으로 하는 자는 상법상의 당연상인이다.
㉣ 판례에 의하면 새마을금고가 상인인 회원에게 영업자금을 대출한 경우 그 대출금채권의 소멸시효에 관해서는 상법이 적용된다.

① ㉠
② ㉠, ㉡
③ ㉠, ㉡, ㉣
④ ㉠, ㉢, ㉣
⑤ ㉠, ㉡, ㉢, ㉣

정답 해설

오답분석
㉡ 농업협동조합법에 의하여 설립된 조합이 영위하는 사업의 목적은 조합원을 위하여 차별 없는 최대의 봉사를 함에 있을 뿐 영리를 목적으로 하는 것이 아니므로, 동 조합이 그 사업의 일환으로 조합원이 생산하는 물자의 판매사업을 한다 하여도 동 조합을 상인이라 할 수는 없다. 따라서 그 물자의 판매대금 채권은 3년의 단기소멸시효가 적용되는 민법 제163조 제6호 소정의 '상인이 판매한 상품의 대가'에 해당하지 아니한다(대판 99다53292).

정답 ④

| 자산관리(2022)/소상공인시장(2021)/인천교통(2021)

16 다음 중 상법상 상호에 대한 설명으로 옳은 것은?(단, 다툼이 있는 경우 판례에 의한다)

① 상인의 상호는 영업내용 및 영업주의 실질과 일치하여야 한다.
② 본점과 지점은 독립한 상호를 사용하여도 무방하다.
③ 회사가 아니여도 상호에 회사임을 표시하는 문자를 사용할 수 있다.
④ 타인에게 자기의 성명 또는 상호를 사용하여 영업을 할 것을 허락한 자는 자기를 영업주로 오인하여 거래한 제3자에 대하여 그 타인과 연대하여 변제할 책임이 있다.
⑤ 상호를 등기한 자가 정당한 사유 없이 5년간 상호를 사용하지 아니하는 때에는 이를 폐지한 것으로 추정한다.

정답 | 해설

타인에게 자기의 성명 또는 상호를 사용하여 영업을 할 것을 허락한 자는 자기를 영업주로 오인하여 거래한 제3자에 대하여 그 타인과 연대하여 변제할 책임이 있다(상법 제24조).

오답분석
① 상인은 그 성명 기타의 명칭으로 상호를 정할 수 있다(상법 제18조).
② 지점의 상호에는 본점과의 종속관계를 표시하여야 한다(상법 제21조 제2항).
③ 회사가 아니면 상호에 회사임을 표시하는 문자를 사용하지 못한다. 회사의 영업을 양수한 경우에도 같다(상법 제20조).
⑤ 상호를 등기한 자가 정당한 사유 없이 2년간 상호를 사용하지 아니하는 때에는 이를 폐지한 것으로 본다(상법 제26조).

정답 ④

| 자산관리(2022)/소상공인시장(2021)/인천교통(2021)

17 다음 중 상법상 상호에 대한 설명으로 옳은 것은?

① 상호의 양도는 등기하지 아니하더라도 제3자에게 대항할 수 있다.
② 상호는 영업과는 별개로 양도할 수 있다.
③ 회사가 아니면 상호에 회사임을 표시하는 문자를 사용하지 못하며, 회사의 영업을 양수한 경우에도 같다.
④ 동일한 특별시·광역시·시·군에서 동종영업으로 타인이 등기한 상호를 사용하는 자는 부정한 목적으로 사용하는 것으로 본다.
⑤ 회사는 어떠한 경우라도 본점을 이전하고자 할 때에는 이전할 곳을 관할하는 등기소에 상호의 가등기를 신청할 수 없다.

정답 해설

회사가 아니면 상호에 회사임을 표시하는 문자를 사용하지 못한다. 회사의 영업을 양수한 경우에도 같다(상법 제20조).

오답분석
① 상호의 양도는 등기하지 아니하면 제3자에게 대항하지 못한다(상법 제25조 제2항).
② 상호는 영업을 폐지하거나 영업과 함께 하는 경우에 한하여 이를 양도할 수 있다(상법 제25조 제1항).
④ 동일한 특별시・광역시・시・군에서 동종영업으로 타인이 등기한 상호를 사용하는 자는 부정한 목적으로 사용하는 것으로 추정한다(상법 제23조 제4항).
⑤ 회사는 본점을 이전하고자 할 때에는 이전할 곳을 관할하는 등기소에 상호의 가등기를 신청할 수 있다(상법 제22조의2 제3항).

정답 ③

| 대구신용보증(2020)

18 다음 중 어음・수표의 소멸시효에 대한 설명으로 옳지 않은 것은?

① 인수인에 대한 환어음상의 청구권은 만기일로부터 3년간 행사하지 아니하면 소멸시효가 완성된다.
② 환어음의 소지인이 배서인과 발행인에 대한 상환청구권은 거절증서 작성일 또는 만기일(거절증서 작성면제의 경우)로부터 1년간 행사하지 아니하면 소멸시효가 완성된다.
③ 수표의 채무자의 다른 채무자에 대한 상환청구는 그 채무자가 수표를 환수할 날 또는 그 자가 제소된 날로부터 1년간 행사하지 아니하면 소멸시효가 완성된다.
④ 판례에 의하면 소멸시효가 완성된 어음채무를 일부 변제한 경우 액수에 관해 다툼이 없는 한 그 채무 전체를 묵시적으로 승인하고 시효이익을 포기한 것으로 추정한다.
⑤ 어음행위는 각각 독립하여 존재하므로 어음시효중단의 효력범위는 그 중단사유가 생긴 자에 대해서만 효력이 생긴다.

정답 해설

배서인의 다른 배서인과 발행인에 대한 청구권은 그 배서인이 어음을 환수한 날 또는 제소된 날로부터 6개월간 행사하지 아니하면 소멸시효가 완성된다(어음법 제70조 제3항).

오답분석
① 인수인에 대한 환어음상의 청구권은 만기일로부터 3년간 행사하지 아니하면 소멸시효가 완성된다(어음법 제70조 제1항).
② 환어음의 소지인이 배서인과 발행인에 대한 상환청구권은 거절증서 작성일 또는 만기일(거절증서작성면제의 경우)로부터 1년간 행사하지 아니하면 소멸시효가 완성된다(어음법 제70조 제2항).
④ 판례에 의하면 소멸시효가 완성된 어음채무를 일부 변제한 경우 액수에 관해 다툼이 없는 한 그 채무 전체를 묵시적으로 승인하고 시효이익을 포기한 것으로 추정한다(대판 2014다32458).
⑤ 시효의 중단은 그 중단사유가 생긴 자에 대하여만 효력이 생긴다(어음법 제71조).

정답 ③

| 자산관리(2022)/HUG(2021)

19 다음 중 상법상 물건운송에 대한 설명으로 옳은 것은?

① 수하인은 운송인에게 운송물의 처분지시를 할 수 있다.
② 화물상환증에는 운송인의 성명을 기재하고 송화인이 기명날인 또는 서명하여야 한다.
③ 송하인이 화물명세서에 허위 또는 부정확한 기재를 한 때에는 악의의 운송인에 대하여 이로 인한 손해를 배상할 책임이 있다.
④ 수인이 순차로 운송할 경우에는 마지막 운송인만이 운송물의 멸실, 훼손 또는 연착으로 인한 손해를 연대하여 배상할 책임이 있다.
⑤ 운송물이 도착지에 도착한 후 수하인이 그 인도를 청구한 때에는 수하인의 권리가 송하인의 권리에 우선한다.

정답 | 해설

운송물이 도착지에 도착한 후 수하인이 그 인도를 청구한 때에는 수하인의 권리가 송하인의 권리에 우선한다(상법 제140조 제2항).

오답분석

① 수하인은 운송계약의 당사자가 아니며 운송물이 목적지에 도착하기 전까지는 운송물에 대하여 아무런 권리가 없다. 운송물이 도착지에 도착한 때에는 수하인은 송하인과 동일한 권리를 취득한다(상법 제140조 제1항).
② 화물상환 증에는 다음 사항을 기재하고 운송인이 기명날인 또는 서명하여야 한다(상법 제128조 제2항).
   1. 제126조 제2항 제1호 내지 제3호의 사항
   2. 송하인의 성명 또는 상호, 영업소 또는 주소
   3. 운임 기타 운송물에 관한 비용과 그 선급 또는 착급의 구별
   4. 화물상환증의 작성지와 작성년월일
③ 운송인이 악의인 경우에는 적용하지 않는다(상법 제127조 제2항).
④ 수인이 순차로 운송할 경우에는 각 운송인은 운송물의 멸실, 훼손 또는 연착으로 인한 손해를 연대하여 배상할 책임이 있다(상법 제138조 제1항).

정답 ⑤

| 소상공인시장(2021)

20 다음 중 상법상 위탁매매업에 대한 설명으로 옳지 않은 것은?

① 자기명의로서 타인의 계산으로 물건 또는 유가증권의 매매를 영업으로 하는 자를 위탁매매인이라 한다.
② 위탁매매인은 위탁자를 위한 매매로 인하여 상대방에 대하여 간접 권리를 취득하고 의무를 부담한다.
③ 위탁매매인이 위탁받은 매매를 한 때에는 지체 없이 위탁자에 대하여 그 계약의 요령과 상대방의 주소, 성명의 통지를 발송하여야 하며 계산서를 제출하여야 한다.
④ 위탁매매인은 위탁자를 위한 매매에 관하여 상대방이 채무를 이행하지 아니하는 경우에는 위탁자에 대하여 이를 이행할 책임이 있다. 그러나 다른 약정이나 관습이 있으면 그러하지 아니하다.
⑤ 위탁자가 지정한 가액보다 염가로 매도하거나 고가로 매수한 경우에도 위탁매매인이 그 차액을 부담한 때에는 그 매매는 위탁자에 대하여 효력이 있다.

> [정답] [해설]

위탁매매인은 위탁자를 위한 매매로 인하여 상대방에 대하여 직접 권리를 취득하고 의무를 부담한다(상법 제102조).

[오답분석]
① 자기명의로서 타인의 계산으로 물건 또는 유가증권의 매매를 영업으로 하는 자를 위탁매매인이라 한다(상법 제101조).
③ 위탁매매인이 위탁받은 매매를 한 때에는 지체 없이 위탁자에 대하여 그 계약의 요령과 상대방의 주소, 성명의 통지를 발송하여야 하며 계산서를 제출하여야 한다(상법 제104조).
④ 위탁매매인은 위탁자를 위한 매매에 관하여 상대방이 채무를 이행하지 아니하는 경우에는 위탁자에 대하여 이를 이행할 책임이 있다. 그러나 다른 약정이나 관습이 있으면 그러하지 아니하다(상법 제105조).
⑤ 위탁자가 지정한 가액보다 염가로 매도하거나 고가로 매수한 경우에도 위탁매매인이 그 차액을 부담한 때에는 그 매매는 위탁자에 대하여 효력이 있다(상법 제106조 제1항).

정답 ②

| 가스(2022)/자산관리(2022)/소상공인시장(2021)/인천교통(2021)

21 다음 〈보기〉에서 상법상 주식회사의 이사에 대한 설명으로 옳은 것을 모두 고르면?(단, 다툼이 있는 경우 판례에 의한다)

> [보기]
> ㄱ. 이사의 임기는 3년을 초과할 수 없으나, 주주총회의 결의로 그 임기중의 최종의 결산기에 관한 정기주주총회의 종결 시까지 연장할 수 있다.
> ㄴ. 이사는 3인 이상이어야 하지만, 1인 주식회사의 경우에는 자본금 총액과 상관없이 이사를 1인으로 할 수 있다.
> ㄷ. 이사의 보수는 정관에 그 액을 정하지 아니한 때에는 주주총회의 보통결의로 이를 정한다.
> ㄹ. 집중투표의 방법으로 이사를 선임하는 경우에는 투표의 최다수를 얻은 자부터 순차적으로 이사에 선임되는 것으로 한다.

① ㄱ, ㄴ ② ㄱ, ㄷ
③ ㄴ, ㄷ ④ ㄴ, ㄹ
⑤ ㄷ, ㄹ

> [정답] [해설]

ㄷ. 이사의 보수는 정관에 그 액을 정하지 아니한 때에는 주주총회의 결의로 이를 정한다(상법 제388조).
ㄹ. 집중투표의 방법으로 이사를 선임하는 경우에는 투표의 최다수를 얻은 자부터 순차적으로 이사에 선임되는 것으로 한다(상법 제382조의2 제4항).

[오답분석]
ㄱ. 주주총회의 결의가 아닌 정관으로 이사의 임기를 연장할 수 있다(상법 제383조 제3항).
ㄴ. 이사의 수는 주주의 수와는 관계없이 자본금 총액 10억 원 미만의 회사인 경우 이사를 1인 또는 2인의 이사를 선임할 수 있다(상법 제383조 제1항).

정답 ⑤

| 가스(2022)/자산관리(2022)/소상공인시장(2021)/인천교통(2021)

22 다음 중 상법상 이사에 대한 설명으로 옳은 것은?

① 이사는 법령과 정관의 규정에 따라 회사를 위하여 그 직무를 충실하게 수행하여야 한다.
② 이사는 이사회에서 선임한다.
③ 이사의 임기는 5년을 초과하지 못한다.
④ 이사는 5명 이상이어야 한다. 다만, 자본금 총액이 10억 원 미만인 회사는 2명 또는 3명으로 할 수 있다.
⑤ 이사는 재임 중에 직무상 알게 된 회사의 영업상 비밀을 누설하여서는 아니 되며, 퇴임 후에는 그러하지 아니하다.

정답 | 해설

이사는 법령과 정관의 규정에 따라 회사를 위하여 그 직무를 충실하게 수행하여야 한다(상법 제382조의3).

[오답분석]
② 이사는 주주총회에서 선임한다(상법 제382조 제1항).
③ 이사의 임기는 3년을 초과하지 못한다(상법 제383조 제2항).
④ 이사는 3명 이상이어야 한다. 다만, 자본금 총액이 10억 원 미만인 회사는 1명 또는 2명으로 할 수 있다(상법 제383조 제1항).
⑤ 이사는 재임 중뿐만 아니라 퇴임 후에도 직무상 알게 된 회사의 영업상 비밀을 누설하여서는 아니 된다(상법 제382조의4).

정답 ①

| 가스(2022)/소상공인시장(2021)

23 다음 중 이사회의 권한 사항이 아닌 것은?

① 감사의 보수결정
② 이사의 직무집행에 대한 감독
③ 신주발행사항의 결정
④ 사채의 모집
⑤ 지배인의 선임

정답 | 해설

감사의 보수결정은 정관으로 정하며, 정관으로 정하지 않은 경우 주주총회에서 정한다.

정답 ①

| 한수원(2022)/HUG(2021)

24 다음 중 회사에 대한 설명으로 옳지 않은 것은?

① 합명회사가 해산된 때에는 총사원의 3분의 1의 결의를 얻어 청산인을 선임한다.
② 합명회사에서 청산인의 선임이 없는 때에는 업무집행사원이 청산인이 된다.
③ 합자회사에서 청산인을 선임하지 아니한 때에는 업무집행사원이 청산인이 된다.
④ 인적회사의 종류로는 합명회사, 합자회사가 있다.
⑤ 물적회사의 종류로는 주식회사, 유한회사가 있다.

정답 해설

합명회사가 해산된 때에는 총사원의 과반수의 결의로 청산인을 선임한다(상법 제251조 제1항).

오답분석
② 청산인의 선임이 없는 때에는 업무집행사원이 청산인이 된다(상법 제251조 제2항).
③ 합자회사의 청산인은 무한책임사원 과반수의 의결로 선임한다. 이를 선임하지 아니한 때에는 업무집행사원이 청산인이 된다(상법 제287조).
④·⑤ 상법상 회사는 합명회사, 합자회사, 유한책임회사, 주식회사와 유한회사의 5종으로 한다(상법 제170조).

정답 ①

| KPS(2021)

25 다음 〈보기〉에서 주식회사의 자본금 감소에 대한 설명으로 옳은 것은 모두 몇 개인가?(단, 다툼이 있는 경우 판례에 의한다)

보기
㉠ 결손의 보전을 위하여 자본금을 감소하는 경우에는 주주총회 보통결의로 가능하다.
㉡ 자본금의 감소의 경우 회사 대표이사 개인이 알고 있는 채권자에 대해서도 개별적인 최고가 필요하지 않다.
㉢ 회사가 종류주식을 발행한 경우에 자본금을 감소함으로써 어느 종류주식의 주주에게 손해를 미치게 될 때에는 주주총회의 결의 외에 그 종류주식의 주주의 총회의 결의가 있어야 한다.
㉣ 채권자가 일정한 이의제출 기간 내에 이의를 제출하지 아니한 때에는 합병을 거절한 것으로 본다.
㉤ 주식분할을 위해서는 주주총회의 보통결의를 요한다.

① 1개   ② 2개
③ 3개   ④ 4개
⑤ 5개

정답 해설

㉠ 결손의 보전을 위한 자본금의 감소는 주주재산의 실질적 변동이 없기 때문에 보통결의로 가능하다(상법 제438조 제2항).
㉢ 자본금 감소로 특정한 종류주주에게 손해를 끼치는 사항을 결의한다면 종류주주총회의 승인이 필요하다(상법 제435조 제1항).

오답분석
㉡ 판례에 따르면 자본금의 감소의 경우 회사 대표이사 개인이 알고 있는 채권자에 대해서도 개별적인 최고가 필요하다.
㉣ 채권자가 일정한 이의제출 기간 내에 이의를 제출하지 아니한 때에는 합병을 승인한 것으로 본다(상법 제232조 제2항).
㉤ 주식분할을 위해서는 주주총회의 특별결의를 요한다(상법 제329조의2).

정답 ②

26 다음 중 주식의 양도에 대한 설명으로 옳은 것은?(단, 다툼이 있는 경우 판례에 의한다)

① 정관으로 주식의 양도를 제한하는 경우에도 주식양도를 전면적으로 금지하는 규정을 둘 수 있다.
② 상법상 자본금 총액이 10억 원 미만인 주식회사가 정관으로 주식의 양도를 제한하는 경우, 이사회를 두지 않은 때에는 주식의 양도를 승인할 권한은 이사에게 있다.
③ 주주들 사이에서 주식의 양도를 일부 제한하는 내용의 약정을 한 경우, 그 약정은 회사에 대해서뿐만 아니라 당사자 사이에서도 무효이다.
④ 정관규정에 의하여 주식양도 시 이사회의 승인을 얻어야 하는 경우, 주식을 취득한 자는 회사에 대하여 그 주식의 종류와 수를 기재한 서면으로 그 취득의 승인을 청구할 수 있다.
⑤ 정관규정에 의하여 주식양도 시 이사회의 승인을 얻어야 하는 경우, 구두에 의한 양도의 승인청구는 효력이 있다.

정답 | 해설

주식양도 시 이사회의 승인을 얻어야 하는 경우, 주식을 취득한 자는 회사에 대하여 그 주식의 종류와 수를 기재한 서면으로 그 취득의 승인을 청구할 수 있다(상법 제335조의7 제1항).

오답분석
① 정관으로 주식의 양도를 제한하는 경우에도 주식양도를 전면적으로 금지하는 규정을 둘 수 없다.
② 상법상 자본금 총액이 10억 원 미만인 주식회사가 정관으로 주식의 양도를 제한하는 경우, 이사회를 두지 않은 때에는 주식의 양도를 승인할 권한은 주주총회에 있다.
③ 주주들 사이에서 주식의 양도를 일부 제한하는 내용의 약정을 한 경우, 그 약정은 회사에 대하여 효력이 없을 뿐, 당사자 사이의 양도계약 자체가 무효라고 할 수는 없다.
⑤ 주식의 양도의 이사회 승인청구는 반드시 서면으로 해야 한다. 구두에 의한 청구는 효력이 없다.

정답 ④

27 다음 중 상법상 주식에 대한 설명으로 옳은 것은?

① 회사는 잔여재산분배에 관하여 내용이 다른 종류주식을 발행할 수 없다.
② 주식이 수인의 공유에 속하는 때에는 공유자는 주주의 권리를 공동으로 행사하여야 한다.
③ 회사가 무액면주식을 발행하는 경우 동시에 액면주식을 발행할 수도 있다.
④ 회사는 주주총회 특별결의로 액면주식을 분할할 수 있다.
⑤ 회사는 설립 시에 창립총회의 결의와 법원의 인가를 얻어 액면미달의 가액으로 주식을 발행할 수 있다.

정답 해설

회사는 제434조(정관변경의 특별결의)의 규정에 의한 주주총회의 특별결의로 주식을 분할할 수 있다(상법 제329조의2 제1항).

오답분석
① 회사는 이익의 배당, 잔여재산의 분배, 주주총회에서의 의결권의 행사, 상환 및 전환 등에 관하여 내용이 다른 종류의 주식을 발행할 수 있다(상법 제344조 제1항).
② 주식이 수인의 공유에 속하는 때에는 권리를 행사할 자 1인을 정하여야 한다(상법 제333조 제2항).
③ 무액면주식을 발행하는 경우 액면주식을 발행할 수 없다(상법 제329조 제1항).
⑤ 회사가 성립한 날로부터 2년이 경과해야만 주식을 액면미달 가액으로 발행할 수 있다(상법 제417조 제1항).

정답 ④

| 중부발전(2023)/HUG(2021)/국민연금(2021)

28. 다음 〈보기〉에서 상법상 주식회사에 대한 설명으로 옳은 것은 모두 몇 개인가?

보기

㉠ 회사가 성립한 날로부터 2년을 경과한 후에 주식을 발행하는 경우에는 회사는 주주총회의 결의와 법원의 인가를 얻어서 주식을 액면미달의 가액으로 발행할 수 있다.
㉡ 주주는 그가 가진 주식 수에 따라 신주의 배정을 받을 권리가 있다.
㉢ 이사의 보수는 정관에 그 액을 정하지 아니한 때에는 이사회에서 결정한다.
㉣ 회사의 발행주식총수의 100분의 10 이상을 자기의 계산으로 보유하고 있는 주주는 회사의 경영상 목적을 달성하기 위하여 필요한 경우에는 회사의 다른 주주에게 그 보유하는 주식의 매도를 청구할 수 있다.
㉤ 변태설립사항은 등기함으로써 그 효력이 있다.

① 1개 ② 2개
③ 3개 ④ 4개
⑤ 5개

정답 해설

㉠ 회사가 성립한 날로부터 2년을 경과한 후에 주식을 발행하는 경우에는 회사는 주주총회의 결의와 법원의 인가를 얻어서 주식을 액면미달의 가액으로 발행할 수 있다(상법 제417조 제1항).
㉡ 주주는 그가 가진 주식 수에 따라 신주의 배정을 받을 권리가 있다(상법 제418조 제1항).

오답분석
㉢ 이사의 보수는 정관에 그 액을 정하지 아니한 때에는 주주총회의 결의로 이를 정한다(상법 제388조).
㉣ 회사의 발행주식총수의 100분의 95 이상을 자기의 계산으로 보유하고 있는 주주는 회사의 경영상 목적을 달성하기 위하여 필요한 경우에는 회사의 다른 주주에게 그 보유하는 주식의 매도를 청구할 수 있다(상법 제360조의24 제1항).
㉤ 변태설립사항은 정관에 기재함으로써 그 효력이 있다(상법 제290조).

정답 ②

29 다음 중 10억 원 이상인 주식회사의 필수기관에 해당하지 않는 것은?

① 주주총회
② 이사
③ 대표이사
④ 감사
⑤ 집행임원

정답 | 해설

- 주식회사의 기관으로는 주주총회, 이사, 대표이사, 감사이며, 자본금의 총액이 10억 원 미만인 회사의 경우 감사를 선임하지 않을 수 있다(상법 제409조 제4항).
- 집행임원은 임의기관이며, 집행임원을 둔 회사는 대표이사를 두지 못한다(상법 제408조의2 제1항).

정답 ⑤

30 다음 중 주식회사의 주주총회에 대한 설명으로 옳은 것은?(단, 다툼이 있는 경우 판례에 의한다)

① 주주총회의 소집은 상법에 다른 규정이 있는 경우 외에는 발기인이 결정한다.
② 주주총회는 정관에 다른 정함이 없으면 본점소재지 또는 이에 인접한 지에 소집하여야 한다.
③ 주주총회 소집통지서에는 회의의 목적사항을 적지 않아도 된다.
④ 주주총회에서 회의의 속행 또는 연기의 결의를 한 경우 총회소집절차에서와 같은 방법으로 주주들에게 이를 통지하여야 한다.
⑤ 자본금 총액이 10억 원 미만인 회사는 주주총회를 소집하는 경우에 주주총회일의 10일 전에 각 주주에게 서면으로 통지를 할 수 없다.

정답 | 해설

주주총회는 정관에 다른 정함이 없으면 본점소재지 또는 이에 인접한 지에 소집하여야 한다(상법 제364조).

오답분석
① 주주총회의 소집은 다른 규정이 있는 경우 외에는 이사회가 결정한다(상법 제362조).
③ 주주총회 소집통지서에는 회의의 목적사항을 적어야 한다(상법 제363조 제2항).
④ 연기와 속행의 경우에는 별도의 소집통지가 불필요하다(상법 제372조 제2항).
⑤ 자본금 총액이 10억 원 미만인 회사가 주주총회를 소집하는 경우에는 주주총회일의 10일 전에 각 주주에게 서면으로 통지를 발송하거나 각 주주의 동의를 받아 전자문서로 통지를 발송할 수 있다(상법 제363조 제3항).

정답 ②

| 자산관리(2022)/HUG(2021)/국민연금(2021)/KPS(2021)

31 다음 중 상법상 주주총회 결의 무효확인의 소의 대상인 것은?

① 주주총회 결의내용이 법령에 위반한 경우
② 주주총회 소집절차가 법령에 위반한 경우
③ 주주총회 결의방법이 정관에 위반한 경우
④ 주주총회 결의내용이 정관에 위반한 경우
⑤ 주주총회 결의방법이 현저하게 불공정한 경우

정답 해설

결의내용이 법령에 위반한 경우에 무효확인의 대상이 된다(상법 제380조).

오답분석

②·③·④·⑤ 총회의 소집절차 또는 결의방법이 법령 또는 정관에 위반하거나 현저하게 불공정한 때 또는 그 결의의 내용이 정관에 위반한 때에는 주주·이사 또는 감사는 2월 내에 주주총회 결의취소의 소를 제기할 수 있다(상법 제376조 제1항).

정답 ①

| 대구신용보증(2020)

32 다음 중 주식회사의 해산과 청산인에 대한 설명으로 옳지 않은 것은?(단, 다툼이 있는 경우 판례에 의한다)

① 해산등기를 할 때에는 해산한 뜻과 그 사유 및 연월일을 등기하여야 한다.
② 합병으로 인한 해산등기는 존속회사 또는 신설회사의 대표자가 소멸회사를 대표하여 신청한다.
③ 청산인의 선임 또는 해임의 재판에 대하여는 불복신청을 할 수 없다.
④ 재판으로 청산인이 선임되거나 해임되는 경우 법원이 청산인의 취임등기 또는 해임등기를 촉탁하여야 한다.
⑤ 합병, 분할, 분할합병, 파산 이외의 사유로 해산한 경우 정관에 다른 규정이 있거나 주주총회에서 타인을 선임한 때를 제외하고는 해산 당시의 일시이사 및 일시대표이사는 청산인 및 대표청산인이 된다.

정답 해설

회사의 청산인의 해임 재판이 있는 경우 제1심은 회사의 본점과 지점 소재지의 등기소에 그 등기를 촉탁하여야 하고, 재판으로 청산인이 선임된 경우에는 선임된 대표청산인이 해산등기와 청산인 선임의 등기를 동시에 신청하여야 한다.

정답 ④

33 다음 중 상법상 화물상환증에 대한 설명으로 옳은 것은?

① 송하인은 운송인의 청구에 의하여 화물상환증을 교부하여야 한다.
② 화물상환증은 기명식인 경우에도 배서에 의하여 양도할 수 없다.
③ 화물상환증에 의하여 운송물을 받을 수 있는 자에게 화물상환증을 교부한 때에는 운송물 위에 행사하는 권리의 취득에 관하여 운송물을 인도한 것과 동일한 효력이 있다.
④ 화물상환증이 발행된 경우에는 운송인과 송하인 사이에 화물상환증에 적힌 대로 운송계약이 체결되나 운송물은 수령하지 않은 것으로 간주한다.
⑤ 화물상환증을 작성한 경우에는 운송물에 관한 처분은 화물상환증으로 하는 것이 원칙이지만, 별도의 영수증으로도 가능하다.

정답 해설

화물상환증에 의하여 운송물을 받을 수 있는 자에게 화물상환증을 교부한 때에는 운송물 위에 행사하는 권리의 취득에 관하여 운송물을 인도한 것과 동일한 효력이 있다(상법 제133조).

오답분석
① 운송인은 송하인의 청구에 의하여 화물상환증을 교부하여야 한다(상법 128조 제1항).
② 화물상환증은 기명식인 경우에도 배서에 의하여 양도할 수 있다. 그러나 화물상환증에 배서를 금지하는 뜻을 기재한 때에는 그러하지 아니하다(상법 130조).
④ 화물상환증이 발행된 경우에는 운송인과 송하인 사이에 화물상환증에 적힌 대로 운송계약이 체결되고 운송물을 수령한 것으로 추정한다(상법 제131조 제1항).
⑤ 화물상환증을 작성한 경우에는 운송물에 관한 처분은 화물상환증으로 하여야 한다(상법 제132조).

정답 ③

34 다음 글의 빈칸에 들어갈 용어로 옳은 것은?

회사라 함은 상행위나 그 밖의 영리를 목적으로 하여 설립한 _____을/를 말한다.

① 단체
② 조합
③ 사단
④ 법인
⑤ 사인

정답 해설

회사라 함은 상행위나 그 밖의 영리를 목적으로 하여 설립한 법인을 말한다(상법 제169조).

정답 ④

35 다음은 상법상 회사별 일반적인 특징을 나타낸 자료이다. 빈칸 A ~ E에 들어갈 용어로 옳지 않은 것은?

구분	회사대표	의사결정	업무집행
주식회사	대표이사	C	이사회, 대표이사
유한회사	대표이사	D	이사
A	업무집행사원	정관, 사원총회(임의기관)	업무집행자
합명회사	무한책임사원	무한책임사원	E
B	무한책임사원	무한책임사원	무한책임사원

① A : 유한책임회사
② B : 합자회사
③ C : 주주총회
④ D : 주주총회
⑤ E : 무한책임사원

정답 해설

상법상 회사별 일반적인 특징

구분	회사대표	의사결정	업무집행
주식회사	대표이사	주주총회	이사회, 대표이사
유한회사	대표이사	사원총회	이사
유한책임회사	업무집행사원	정관, 사원총회(임의기관)	업무집행자
합명회사	무한책임사원	무한책임사원	무한책임사원
합자회사	무한책임사원	무한책임사원	무한책임사원

정답 ④

36 다음 중 흡수합병의 효력에 대한 설명으로 옳지 않은 것은?

① 존속회사 이외의 합병당사회사는 소멸한다.
② 존속회사는 소멸회사의 모든 권리의무를 포괄적으로 승계한다.
③ 소멸회사의 주주의 지위는 원칙적으로 존속회사의 주주의 지위로 이전된다.
④ 소멸회사의 주식의 질권은 주식을 병합한 경우에는 병합된 주식에 미친다.
⑤ 주식을 병합하지 않은 경우에 소멸회사의 주식의 질권의 효력은 합병으로 인해 주주가 받을 주식에 미치지 않는다.

정답 해설

주식회사의 합병에서 주식을 병합하지 않은 경우에 소멸회사의 주식에 설정된 질권의 효력은 합병으로 인해 주주가 받을 주식에 미친다.

정답 ⑤

37 다음 중 주식회사 합병의 효력발생 시기는?

① 이사회 의결 시
② 주주총회 승인결의 시
③ 합병등기 시
④ 채권자보호절차 종료 시
⑤ 합병승인 주주총회 시

정답 해설

회사의 합병은 합병 후 존속하는 회사 또는 합병으로 인하여 설립되는 회사가 그 본점소재지에서 합병의 등기를 함으로써 그 효력이 생긴다(상법 제234조).

정답 ③

38 다음 중 합병의 자유와 제한에 대한 설명으로 옳은 것은?

① 상법상 같은 종류의 회사끼리만 합병할 수 있다.
② 해산 후의 회사는 합병을 할 수 없다.
③ 은행들 간에 합병을 하는 경우 은행법에 따라 금융위원회의 인가를 받아야 한다.
④ 주식회사의 합병에 대해서는 다른 특별법에서 제한을 두고 있지 않다.
⑤ 합병을 하는 회사의 일방이 주식회사 또는 유한회사인 때에는 존속회사는 주식회사 또는 유한회사가 아니어야 한다.

정답 해설

은행들 간에 합병을 하는 경우 은행법에 따라 금융위원회의 인가를 받아야 한다(은행법 제55조).

[오답분석]
① 상법상 회사의 종류와 상관없이 합병이 가능하다(상법 제174조 제1항).
② 해산 후의 회사도 존립 중의 회사를 존속회사로 하는 경우에 합병할 수 있다(상법 제174조 제3항).
④ 상법상 회사의 합병에 대해서 은행법, 독점규제 및 공정거래에 관한 법률, 자본시장과 금융투자업에 관한 법률 등에서 일정한 제한을 두고 있다.
⑤ 합병을 하는 회사의 일방 또는 쌍방이 주식회사, 유한회사 또는 유한책임회사인 경우에는 합병 후 존속하는 회사나 합병으로 설립되는 회사는 주식회사, 유한회사 또는 유한책임회사이어야 한다(상법 제174조 제2항).

정답 ③

39 다음 중 상법상 주식회사의 합병에 대한 설명으로 옳은 것은?(단, 소규모합병이나 간이합병은 고려하지 않는다)

① 채권자가 이의제출 기간 내에 이의를 제출하지 아니한 때에는 합병을 거절한 것으로 본다.
② 회사의 합병을 함에는 합병계약서를 작성하여 이사회의 승인을 얻어야 한다.
③ 이사는 합병계약서의 승인에 관한 주주총회 회일의 2주 전부터 합병등기일 이후 6개월이 경과하는 날까지 합병계약서 등의 서류를 본점에 비치하여야 한다.
④ 주주는 영업시간 내에는 언제든지 이사가 본점에 비치한 합병계약서 등의 서류의 열람을 청구할 수 있으나, 회사채권자는 그러하지 아니하다.
⑤ 회사가 종류주식을 발행한 경우에 합병을 함으로써 어느 종류주식의 주주에게 손해를 미치게 될 때에는 합병계약서의 승인에 관한 주주총회의 결의 외에는 그 종류주식의 주주의 총회의 결의가 있어야 한다.

정답 해설

회사가 종류주식을 발행한 경우에 정관을 변경함으로써 어느 종류주식의 주주에게 손해를 미치게 될 때에는 주주총회의 결의 외에 그 종류주식의 주주의 총회의 결의가 있어야 한다(상법 제435조 제1항).

오답분석

① 채권자가 이의제출 기간 내에 이의를 제출하지 아니한 때에는 합병을 승인한 것으로 본다(상법 제232조 제2항).
② 회사의 합병을 함에는 합병계약서를 작성하여 주주총회의 승인을 얻어야 한다(상법 제522조 제1항).
③ 이사는 제522조 제1항의 주주총회 회일의 2주 전부터 합병을 한 날 이후 6개월이 경과하는 날까지 합병계약서 등의 서류를 본점에 비치하여야 한다(상법 제522조의2 제1항).
④ 주주 및 회사채권자는 영업시간 내에는 언제든지 이사가 본점에 비치한 합병계약서 등의 서류의 열람을 청구하거나, 회사가 정한 비용을 지급하고 그 등본 또는 초본의 교부를 청구할 수 있다(상법 제522조의2 제2항).

정답 ⑤

CHAPTER 06 행정법

가스(2022)

01 다음 중 행정심판과 행정소송의 관계에 대한 설명으로 옳지 않은 것은?(단, 다툼이 있는 경우 판례에 의한다)

① 행정심판전치주의가 적용되는 경우에 행정심판을 거치지 않고 소제기를 하였더라도 사실심변론종결 전까지 행정심판을 거친 경우 하자는 치유된 것으로 볼 수 있다.
② 기간경과 등의 부적법한 심판제기가 있었고, 행정심판위원회가 각하하지 않고 기각재결을 한 경우는 심판전치의 요건이 구비된 것으로 볼 수 있다.
③ 필요적 행정심판전치주의가 적용되는 경우 그 요건을 구비하였는지 여부는 법원의 직권조사사항이다.
④ 행정소송법 이외의 법률에 당해 처분에 대한 행정심판의 재결을 거치지 아니하면 취소소송을 제기할 수 없다는 규정이 있는 경우에도, 처분의 집행 또는 절차의 속행으로 생길 중대한 손해를 예방하여야 할 긴급한 필요가 있는 때에는 행정심판의 재결을 거치지 아니하고 취소소송을 제기할 수 있다.
⑤ 행정소송법 이외의 법률에 당해 처분에 대한 행정심판의 재결을 거치지 아니하면 취소 소송을 제기할 수 없다는 규정이 있는 경우에도, 서로 내용상 관련되는 처분 또는 같은 목적을 위하여 단계적으로 진행되는 처분 중 어느 하나가 이미 행정심판의 재결을 거친 때에는 행정심판을 제기함이 없이 취소소송을 제기할 수 있다.

정답 | 해설

행정처분의 취소를 구하는 항고소송의 전심절차인 행정심판청구가 기간 도과로 인하여 부적법한 경우에는 행정소송 역시 전치의 요건을 충족치 못한 것이 되어 부적법각하를 면치 못하는 것이고, 이 점은 행정청이 행정심판의 제기기간을 도과한 부적법한 심판에 대하여 그 부적법을 간과한 채 실질적 재결을 하였다 하더라도 달라지는 것이 아니다(대판 1991.6.25., 90누8091).

오답분석
① 행정심판전치요건의 판단 시점은 사실심변론종결 시이다. 따라서 행정소송 제기 시에 행정심판절차를 거치지 않았으나, 사실심변론종결 전에 행정심판절차를 거친 경우 그 하자는 치유된다.
③ 행정심판을 거치지 않고 소를 제기하였으나, 그 뒤 사실심변론종결 전까지 행정심판전치의 요건을 갖추었다면 흠이 치유된다(대판 1963.3.9., 63누9).
④ 행정심판법 제18조 제2항
⑤ 행정심판법 제18조 제3항

정답 ②

02 다음 중 준법률행위적 행정행위에 해당하는 사항은?

① 하명
② 특허
③ 공증
④ 인가
⑤ 허가

정답 | 해설

준법률행위적 행정행위로는 확인, 공증, 통지, 수리가 있다.

법률행위적 행정행위
- 명령적 행정행위 : 자연적으로 보장하고 있는 기본권을 제한하거나 제한을 해제하는 행정행위(예 하명, 허가, 면제)
- 형성적 행정행위 : 새로운 권리를 설정, 변경, 소멸하는 행위(예 특허, 인가, 대리)

정답 ③

03 다음 〈보기〉에서 판례에 의할 때 재량행위가 아닌 것은?(단, 다툼이 있는 경우 판례에 의한다)

보기
ㄱ. 산림형질변경허가
ㄴ. 공무원에 대한 징계처분
ㄷ. 음주운전으로 인한 운전면허취소처분
ㄹ. 음식점영업허가
ㅁ. 개인택시운송사업면허

① ㄱ
② ㄴ
③ ㄷ
④ ㄹ
⑤ ㅁ

정답 | 해설

식품위생법상 일반음식점영업허가는 기속행위에 해당한다. 식품위생법상 일반음식점영업허가는 성질상 일반적 금지의 해제에 불과하므로 허가권자는 허가신청이 법에서 정한 요건을 구비한 때에는 허가하여야 하고, 관계 법령에서 정하는 제한사유 외에 공공복리 등의 사유를 들어 허가신청을 거부할 수는 없다(대판 97누12532).

정답 ④

04 다음 〈보기〉는 행정법의 기본원칙이다. 이에 대한 설명으로 옳지 않은 것은?(단, 다툼이 있는 경우 판례에 의한다)

> **보기**
> (가) 어떤 행정목적을 달성하기 위한 수단은 그 목적달성에 유효·적절하고 또한 가능한 한 최소침해를 가져오는 것이어야 하며, 아울러 그 수단의 도입으로 인한 침해가 의도하는 공익을 능가하여서는 아니 된다.
> (나) 행정기관은 행정결정에 있어서 동종의 사안에 대하여 이전에 제3자에게 행한 결정과 동일한 결정을 상대방에게 하도록 스스로 구속당한다.
> (다) 개별국민이 행정기관의 어떤 언동의 정당성 또는 존속성을 신뢰한 경우 그 신뢰가 보호받을 가치가 있는 한 그러한 귀책사유 없는 신뢰는 보호되어야 한다.
> (라) 행정주체가 행정작용을 함에 있어서 상대방에게 이와 실질적인 관련이 없는 의무를 부과하거나 그 이행을 강제하여서는 아니 된다.

① 자동차를 이용하여 범죄행위를 한 경우 범죄의 경중에 상관없이 반드시 운전면허를 취소하도록 한 규정은 (가)를 위반한 것이다.
② 반복적으로 행하여진 행정처분이 위법한 것일 경우 행정청은 (나)에 구속되지 않는다.
③ 선행조치의 상대방에 대한 신뢰보호의 이익과 제3자의 이익이 충돌하는 경우에는 (다)를 우선한다.
④ 판례는 (라)의 적용을 긍정하고 있다.
⑤ 고속국도 관리청이 고속도로 부지와 접도구역에 송유관 매설을 허가하면서 상대방과 체결한 협약에 따라 송유관 시설을 이전하게 될 경우 그 비용을 상대방에게 부담하도록 한 부관은 (라)에 반하지 않는다.

정답 해설

(가)는 비례의 원칙, (나)는 자기구속의 원칙, (다)는 신뢰보호의 원칙, (라)는 부당결부금지의 원칙이다.
행정청의 행위에 대하여 신뢰보호의 원칙이 적용되기 위한 요건 중 공적견해의 표명이라는 요건 등 일부 요건이 충족된 경우라고 하더라도 행정청이 앞서 표명한 공적인 견해에 반하는 행정처분을 함으로써 달성하려는 공익이 행정청의 공적견해표명을 신뢰한 개인이 그 행정처분으로 인하여 입게 되는 이익의 침해를 정당화할 수 있을 정도로 강한 경우에는 신뢰보호의 원칙을 들어 그 행정처분이 위법하다고 할 수는 없다(대판 2008.4.24., 2007두25060).

오답분석
① 자동차 등을 이용하여 범죄행위를 하기만 하면 그 범죄행위가 얼마나 중한 것인지, 그러한 범죄행위를 행함에 있어 자동차 등이 당해 범죄 행위에 어느 정도로 기여했는지 등에 대한 아무런 고려 없이 무조건 운전면허를 취소하도록 하고 있으므로, 비난의 정도가 극히 미약한 경우까지도 운전면허를 취소할 수밖에 없도록 하는 것으로 최소침해성의 원칙에 위반된다고 할 것이다(헌재결 2005.11.24., 2004헌가28).
② 평등의 원칙은 본질적으로 같은 것을 자의적으로 다르게 취급함을 금지하는 것이고, 위법한 행정처분이 수차례에 걸쳐 반복적으로 행하여졌다 하더라도 그러한 처분이 위법한 것인 때에는 행정청에 대하여 자기구속력을 갖게 된다고 할 수 없다(대판 2009.6.25., 2008두13132).
④ 대판 2009.2.12., 2005다65500

⑤ 고속국도의 유지관리 및 도로확장 등의 사유로 접도구역에 매설한 송유시설의 이설이 불가피할 경우 그 이설 비용을 부담하도록 한 것은 고속국도 관리청이 접도구역의 송유관 매설에 대한 허가를 할 것을 전제로 한 것으로, 상대방은 공작물설치자로서 특별한 관계가 있다고 볼 수 있고, 관리청인 원고로부터 접도구역의 송유관 매설에 관한 허가를 얻게 됨으로써 접도구역이 아닌 사유지를 이용하여 매설하는 경우에 비하여는 공사절차 등의 면에서 이익을 얻는다고 할 수 있으며, 처음부터 이러한 경제적 이해관계를 고려하여 이 사건 협약을 체결한 것이라고 할 것이므로 부당결부금지원칙에 위반된 것이라고 할 수는 없다(대판 2009.2.12., 2005다65500).

정답 ③

근복(2021)

05 다음 중 행정절차법상 공청회에 대한 설명으로 옳은 것은?

① 행정청이 어떠한 처분을 하기 전에 당사자 등의 의견을 직접 듣고 증거를 조사하는 절차이다.
② 행정청이 어떠한 행정작용을 하기 전에 당사자 등이 의견을 제시하는 절차이다.
③ 컴퓨터 등 정보처리능력을 가진 장치에 의하여 전자적인 형태로 작성되어 송신·수신 또는 저장된 정보이다.
④ 행정청이 공개적인 토론을 통하여 어떠한 행정작용에 대하여 당사자 등, 전문지식과 경험을 가진 사람, 그 밖의 일반인으로부터 의견을 널리 수렴하는 절차이다.
⑤ 행정기관이 그 소관 사무의 범위에서 일정한 행정목적을 실현하기 위하여 특정인에게 일정한 행위를 하거나 하지 아니하도록 지도, 권고, 조언 등을 하는 행정작용이다.

정답 해설

공청회란 행정청이 공개적인 토론을 통하여 어떠한 행정작용에 대하여 당사자 등, 전문지식과 경험을 가진 사람, 그 밖의 일반인으로부터 의견을 널리 수렴하는 절차를 말한다(행정절차법 제2조 제6호).

오답분석

① 청문 : 행정청이 어떠한 처분을 하기 전에 당사자 등의 의견을 직접 듣고 증거를 조사하는 절차를 말한다.
② 의견제출 : 행정청이 어떠한 행정작용을 하기 전에 당사자 등이 의견을 제시하는 절차로서 청문이나 공청회에 해당하지 아니하는 절차를 말한다.
③ 전자문서 : 컴퓨터 등 정보처리능력을 가진 장치에 의하여 전자적인 형태로 작성되어 송신·수신 또는 저장된 정보를 말한다.
⑤ 행정지도 : 행정기관이 그 소관 사무의 범위에서 일정한 행정목적을 실현하기 위하여 특정인에게 일정한 행위를 하거나 하지 아니하도록 지도, 권고, 조언 등을 하는 행정작용을 말한다.

정답 ④

06 다음 중 개인적 공권에 대한 설명으로 옳지 않은 것은?

① 개인적 공권은 사권처럼 자유롭게 포기할 수 있는 것이 원칙이다.
② 개인적 공권은 성문법, 불문법, 헌법상 기본권 규정에 의해서도 성립할 수 있다.
③ 재량권의 영으로의 수축이론은 개인적 공권을 확대하는 이론이다.
④ 근로자가 퇴직급여를 청구할 수 있는 권리와 같은 이른바 사회적 기본권은 헌법 규정에 의하여 바로 도출되는 개인적 공권이라 할 수 없다.
⑤ 구별긍정설에 따르면 법률상 이익에는 개인적 공권과 법상 보호 이익이 포함되며, 행정쟁송을 통해 구제받을 이익이 있는 것으로 본다.

정답 해설

사권은 자유롭게 포기할 수 있는 것이 원칙이지만, 선거권 등과 같은 개인적 공권은 자유롭게 포기할 수 없는 것이 원칙이다.

정답 ①

07 다음 〈보기〉에서 행정행위의 부관에 대한 설명으로 옳지 않은 것을 모두 고르면?(단, 다툼이 있는 경우 판례에 의한다)

보기

㉠ 허가에 붙은 기한이 그 허가된 사업의 성질상 부당하게 짧아서 이 기한이 허가 자체의 존속기간이 아니라 허가조건의 존속기간으로 해석되는 경우에는 허가 여부의 재량권을 가진 행정청은 허가조건의 개정만을 고려할 수 있고, 그 후 당초의 기한이 상당 기간 연장되어 그 기한이 부당하게 짧은 경우에 해당하지 않게 된 때라도 더 이상의 기간연장을 불허가할 수 있다.
㉡ 처분 당시 법령을 기준으로 처분에 부가된 부담이 적법하였더라도, 처분 후 부담의 전제가 된 주된 행정처분의 근거법령이 개정됨으로써 행정청이 더이상 부관을 붙일 수 없게 되었다면 그때부터 부담의 효력은 소멸한다.
㉢ 부담의 이행으로서 하게 된 사법상 매매 등의 법률행위는 부담을 붙인 행정처분과는 별개의 법률행위이므로, 그 부담의 불가쟁력의 문제와는 별도로 법률행위가 사회질서 위반이나 강행규정에 위반되는지 여부 등을 따져보아 그 법률행위의 유효 여부를 판단하여야 한다.
㉣ 행정처분과 부관 사이에 실제적 관련성이 있다고 볼 수 없는 경우, 공무원이 공법상의 제한을 회피할 목적으로 행정처분의 상대방과 사이에 사법상 계약을 체결하는 형식을 취하였더라도 법치행정의 원리에 반하는 것으로서 위법하다고 볼 수 없다.

① ㉠, ㉡
② ㉠, ㉢
③ ㉡, ㉢
④ ㉡, ㉣
⑤ ㉢, ㉣

정답 해설

ⓒ 부담이 처분 당시 법령을 기준으로 적법하다면 처분 후 부담의 전제가 된 주된 행정처분의 근거 법령이 개정됨으로써 행정청이 더 이상 부관을 붙일 수 없게 되었다 하더라도 곧바로 협약의 효력이 소멸하는 것은 아니다(대판 2005다65500).

ⓔ 행정처분과 부관 사이에 실제적 관련성이 있다고 볼 수 없는 경우 공무원이 위와 같은 공법상의 제한을 회피할 목적으로 행정처분의 상대방과 사이에 사법상 계약을 체결하는 형식을 취하였다면 이는 법치행정의 원리에 반하는 것으로서 위법하다(대판 2007다63966).

오답분석

ⓐ 당초의 기한이 상당 기간 연장되어 연장된 기간을 포함한 존속기간 전체를 기준으로 볼 경우 더 이상 허가된 사업의 성질상 부당하게 짧은 경우에 해당하지 않게 된 때에는 관계 법령의 규정에 따라 허가 여부의 재량권을 가진 행정청으로서는 재량권의 행사로서 더 이상의 기간연장을 불허가할 수도 있는 것이다(대판 2003두12837).

ⓒ 부담의 이행으로서 하게 된 사법상 매매 등의 법률행위는 부담을 붙인 행정처분과는 어디까지나 별개의 법률행위이므로 그 부담의 불가쟁력의 문제와는 별도로 법률행위가 사회질서 위반이나 강행규정에 위반되는지 여부 등을 따져보아 그 법률행위의 유효 여부를 판단하여야 한다(대판 2006다18174).

정답 ④

| 남동발전(2021)

08 다음 중 행정행위의 부관에 대한 설명으로 옳지 않은 것은?(단, 다툼이 있는 경우 판례에 의한다)

① 부관이란 행정행위의 효과를 제한하기 위하여 주된 의사표시에 부가된 종된 의사표시를 말한다.
② 정지조건부 행정행위는 조건의 성취 없어도 행정효력이 발생한다.
③ 부담은 의무불이행 시 독립하여 강제집행대상의 대상이 된다.
④ 부담부 행정행위는 처음부터 행정행위의 효력이 발생한다.
⑤ 기한은 행정행위의 효과의 발생 또는 소멸을 장래 도래할 것이 확실한 사실에 의존시키는 부관을 말한다.

정답 해설

정지조건부 행정행위는 조건의 성취가 있어야만 행정효력이 발생한다.
- 부관 : 행정행위의 효과를 제한하기 위하여 주된 의사표시에 부가된 종된 의사표시이다.
- 기한 : 효과의 발생, 소멸, 계속을 시간적으로 정한 부관이다.
- 조건 : 행정행위의 효과의 발생 또는 소멸을 장래의 불확실한 사실에 의존시키는 부관이다.
- 부담 : 행정행위의 주된 내용에 부가하여 그 상대방에게 작위, 부작위, 급부, 수인 등의 의무를 부과하는 것이다.

정답 ②

| 남동발전(2021)

09 다음 〈보기〉에서 행정규칙에 대한 설명으로 옳은 것을 모두 고르면?

> **보기**
> ㉠ 헌법재판소 판례에 의하면, 재량준칙인 행정규칙은 행정의 자기구속의 법리에 의거하여 헌법소원심판의 대상이 될 수 없다.
> ㉡ 대법원 판례에 의하면, 법령보충적 행정규칙은 행정기관에 법령의 구체적 사항을 정할 수 있는 권한을 부여한 상위 법령과 결합하여 대외적 효력을 갖게 된다.
> ㉢ 대법원 판례에 의하면, 법령보충적 행정규칙은 상위 법령에서 위임한 범위 내에서 대외적효력을 갖는다.
> ㉣ 헌법재판소 판례에 의하면, 헌법상 위임입법의 형식은 열거적이기 때문에 국민의 권리·의무에 관한 사항을 고시 등 행정 규칙으로 정하도록 위임한 법률 조항은 위헌이다.

① ㉠, ㉡
② ㉠, ㉣
③ ㉡, ㉢
④ ㉡, ㉣
⑤ ㉢, ㉣

정답 | 해설

㉡·㉢ 법령보충적 행정규칙이라도 상위법령과 결합하여 일체가 되는 한도 내에서 상위법령의 일부가 됨으로써 대외적 구속력이 발생되는 것일 뿐, 그 행정규칙 자체는 대외적 구속력을 갖는 것은 아니라 할 것이다(헌재결 99헌바91).

오답분석

㉠ 행정규칙이 재량준칙이 되는 준법규의 효력을 갖는 경우 헌법재판소의 헌법소원 대상이 된다(헌재결 2004헌마49).
㉣ 헌법재판소는 행정규칙에 대한 위임입법이 허용되면 헌법상 위임입법에 관한 규정이 열거적인 것이 아니라 예시적인 것으로 보았으며, 행정규칙인 고시 등에 일정한 사항을 위임하더라도 헌법에 위반되는 것은 아니다.

정답 ③

| 남동발전(2021)

10 다음 〈보기〉에서 복효적 행정행위에 대한 설명으로 옳지 않은 것은?

> **보기**
> ㄱ. 복효적 행정행위인 인가, 허가의 사업을 철회하는 경우에 수급상 균형이 깨져서 이해관계가 있는 제3자가 이용상 혼란을 가져올 우려가 있다면 철회권은 제한된다.
> ㄴ. 복효적 행정행위가 소송상 문제가 되는 영역은 주로 경업자소송이나 지역주민간의 소송 등이다.
> ㄷ. 복효적 행정행위의 제3자에 대해서도 재심청구가 인정되지 않는다.
> ㄹ. 복효적 행정행위의 상대방에 대한 집행정지결정은 제3자에 대해서도 그 효력이 미친다.
> ㅁ. 복효적 행정행위라 함은 당해 처분의 직접 상대방에게 이익 혹은 불이익이 되는 처분이 제3자에게는 반대로 불이익 또는 이익이 되는 처분을 말한다.

① ㄱ
② ㄴ
③ ㄷ
④ ㄹ
⑤ ㅁ

| 정답 | 해설 |

복효적 행정행위란 수익적 효과와 침익적 효과가 모두 발생하는 행정행위를 의미하며 보통 제3자효 행정행위를 의미한다. 복효적 행정행위의 제3자에 대해서도 재심청구가 인정된다.

정답 ③

남동발전(2021)

11 다음 〈보기〉에서 행정행위의 직권취소 및 철회에 대한 설명으로 옳은 것을 모두 고르면?

> **보기**
> ㉠ 행정행위를 한 처분청은 사정변경이 생겼거나 중대한 공익상의 필요가 발생한 경우에는 그 효력을 상실케 하는 별개의 행정행위로 이를 철회할 수 있다고 할 것이나, 기득권을 침해하는 경우에는 기득권의 침해를 정당화할 만한 중대한 공익상의 필요 또는 제3자의 이익보호의 필요가 있는 때에 한하여 상대방이 받는 불이익과 비교·교량하여 철회하여야 한다.
> ㉡ 행정청이 의료법인의 이사에 대한 이사취임승인취소처분을 직권으로 취소하면 이사의 지위가 소급하여 회복된다.
> ㉢ 행정처분을 한 처분청은 그 처분에 하자가 있는 경우에는 원칙적으로 별도의 법적 근거가 없더라도 스스로 이를 직권으로 취소할 수 있고, 이러한 경우 이해관계인에게는 처분청에 대하여 그 취소를 요구할 신청권이 부여된 것으로 볼 수 있다.
> ㉣ 변상금 부과처분에 대한 취소소송이 진행 중이라도 그 부과권자는 위법한 처분을 스스로 취소하고 그 하자를 보완하여 다시 적법한 부과처분을 할 수는 없다.

① ㉠, ㉡
② ㉠, ㉢
③ ㉡, ㉢
④ ㉡, ㉣
⑤ ㉢, ㉣

| 정답 | 해설 |

㉠ 행정행위를 한 처분청은 그 처분 당시에 그 행정처분에 별다른 하자가 없었고 또 그 처분 후에 이를 취소할 별도의 법적 근거가 없다 하더라도 원래의 처분을 그대로 존속시킬 필요가 없게 된 사정변경이 생겼거나 중대한 공익상의 필요가 발생한 경우에는 별개의 행정행위로 이를 철회하거나 변경할 수 있다(대판 91누3130).
㉡ 행정처분이 취소되면 그 소급효에 의하여 처음부터 그 처분이 없었던 것과 같은 효과를 발생하게 되는 바, 행정청이 의료법인의 이사에 대한 이사취임승인취소처분(제1처분)을 직권으로 취소(제2처분)한 경우에는 그로 인하여 이사가 소급하여 이사로서의 지위를 회복하게 된다(대판 96누3401).

[오답분석]
㉢ 직권취소를 할 수 있다는 사정만으로 이해관계인에게 처분청에 대하여 그 취소를 요구할 신청권이 부여된 것으로 볼 수는 없으므로, 처분청이 취소신청을 거부하더라도 그 거부행위는 항고소송의 대상이 되는 처분에 해당하지 않는다(대판 2004두701).
㉣ 변상금부과처분에 대한 취소소송이 진행 중이라도 그 부과권자로서는 위법한 처분을 스스로 취소하고 그 하자를 보완하여 다시 적법한 부과처분을 할 수도 있는 것이다(대판 2003두5686).

정답 ①

12 다음 중 행정소송에 해당하지 않는 것은?

① 행정청의 처분 등이나 부작위에 대하여 제기하는 소송
② 행정청의 처분 등을 원인으로 하는 법률관계에 관한 소송
③ 국가기관과 지방자치단체 간 및 지방자치단체 상호 간의 권한쟁의 심판 소송
④ 국가가 법률에 위반되는 행위를 한 때에 그 시정을 구하기 위하여 제기하는 소송
⑤ 공공단체가 상호 간에 있어서의 권한의 존부에 관한 다툼이 있을 때에 이에 대하여 제기하는 소송

정답 | 해설

국가기관과 지방자치단체 간 및 지방자치단체 상호 간의 권한쟁의 심판은 헌법재판소법 제2조에 따라 헌법재판소가 관장하는 심판 사항이다. 따라서 행정소송에 해당하지 않는다.

> **행정소송의 종류(행정소송법 제3조)**
> 행정소송은 다음의 네 가지로 구분한다.
> 1. 항고소송 : 행정청의 처분 등이나 부작위에 대하여 제기하는 소송
> 2. 당사자소송 : 행정청의 처분 등을 원인으로 하는 법률관계에 관한 소송 그 밖에 공법상의 법률관계에 관한 소송으로서 그 법률관계의 한쪽 당사자를 피고로 하는 소송
> 3. 민중소송 : 국가 또는 공공단체의 기관이 법률에 위반되는 행위를 한 때에 직접 자기의 법률상 이익과 관계없이 그 시정을 구하기 위하여 제기하는 소송
> 4. 기관소송 : 국가 또는 공공단체의 기관 상호 간에 있어서의 권한의 존부 또는 그 행사에 관한 다툼이 있을 때에 이에 대하여 제기하는 소송. 다만, 헌법재판소법 제2조의 규정에 의하여 헌법재판소의 관장사항으로 되는 소송은 제외한다.

정답 ③

13 다음 〈보기〉에서 행정소송법상 당사자소송이 아닌 것은?

보기

ㄱ. 비위사실로 인해 면직을 당한 공무원이 면직이 무효라고 주장하면서 국가를 상대로 공무원의 지위확인을 구하는 소송
ㄴ. 국가를 상대로 국가유공자 확인을 구하는 소송
ㄷ. 공무원이 미지급된 봉급에 대한 지급을 청구하는 소송
ㄹ. 선거의 관리 및 집행이 규정을 위반하였다고 주장하면서 해당 선거의 불법성을 다투는 소송

① ㄱ
② ㄴ
③ ㄷ
④ ㄹ
⑤ 없음

| 정답 | 해설 |

선거의 관리 및 집행이 규정을 위반하였다고 주장하면서 해당 선거의 불법성을 다투는 소송은 선거무효소송으로서 민중소송에 속하는 소송이다. 민중소송이란 국가 또는 공공단체의 기관이 법률에 위반되는 행위를 한 때에 직접 자기의 법률상 이익과 관계없이 그 시정을 구하기 위하여 제기하는 소송이며, 대표적으로 국민투표무효소송, 선거무효소송, 당선무효소송이 있다.

| 오답분석 |
ㄱ. 행정청의 처분 등을 원인으로 하는 법률관계에 대한 소송이므로 당사자소송에 해당한다.
ㄴ. 공법상 신분·지위의 확인을 구하는 소송이므로 당사자소송에 해당한다.
ㄷ. 공법상 금전지급청구 소송이므로 당사자소송에 해당한다.

정답 ④

| 수자원(2024)/관광(2024)/남동발전(2021)

14 다음 〈보기〉에서 소송의 종류와 설명이 옳은 것을 모두 고르면?

| 보기 |
㉠ 항고소송 : 국가 또는 공공단체의 기관이 법률에 위반되는 행위를 한 때에 직접 자기의 법률상 이익과 관계없이 그 시정을 구하기 위하여 제기하는 소송이다.
㉡ 취소소송 : 행정청의 위법한 처분 등을 취소 또는 변경하는 소송이다.
㉢ 무효 등 확인소송 : 행정청의 처분 등의 효력 유무 또는 존재여부를 확인하는 소송이다.
㉣ 기관소송 : 행정청의 처분 등을 원인으로 하는 법률관계에 관한 소송 그 밖에 공법상의 법률관계에 관한 소송으로, 그 법률관계의 한쪽 당사자를 피고로 하는 소송이다.

① ㉠, ㉡
② ㉠, ㉢
③ ㉡, ㉢
④ ㉡, ㉣
⑤ ㉢, ㉣

| 정답 | 해설 |

행정소송은 항고소송, 당사자소송, 민중소송, 기관소송으로 구분하며, 항고소송은 취소소송, 무효 등 확인소송, 부작위위법확인소송으로 구분한다(행정소송법 제3조·제4조).
㉡ 취소소송은 항고 소송의 하나로, 행정청의 위법한 처분 따위를 취소하거나 변경하기 위한 소송이다.
㉢ 무효 등 확인소송은 행정청이 내린 처분 따위의 효력 유무 또는 존재 여부를 확인하는 항고 소송으로, 취소 소송과 달리 제소 기간의 제한이 없다.

| 오답분석 |
㉠ 항고소송이란 행정청의 처분 등이나 부작위에 대하여 제기하는 소송을 말하며, 국가 또는 공공단체의 기관이 법률에 위반되는 행위를 한 때에 직접 자기의 법률상 이익과 관계없이 그 시정을 구하기 위하여 제기하는 소송은 민중소송이다.
㉣ 행정청의 처분 등을 원인으로 하는 법률관계에 관한 소송 그 밖에 공법상의 법률관계에 관한 소송으로, 그 법률관계의 한쪽 당사자를 피고로 하는 소송은 당사자소송이다.

정답 ③

15 다음 중 통치행위에 해당하는 사항으로 옳지 않은 것은?(단, 다툼이 있는 경우 판례에 의한다)

① 남북정상회담의 개최
② 대통령의 서훈취소
③ 대통령의 긴급재정·경제명령
④ 대통령의 특별사면
⑤ 대통령의 외국에의 국군의 파병결정

> **정답 해설**
> 구 상훈법(2011.8.4. 법률 제10985호로 개정되기 전의 것) 제8조는 서훈취소의 요건을 구체적으로 명시하고 있고 절차에 관하여 상세하게 규정하고 있다. 그리고 서훈취소는 서훈수여의 경우와는 달리 이미 발생된 서훈대상자 등의 권리 등에 영향을 미치는 행위로서 관련 당사자에게 미치는 불이익의 내용과 정도 등을 고려하면 사법심사의 필요성이 크다. 따라서 기본권의 보장 및 법치주의의 이념에 비추어 보면, 비록 서훈취소가 대통령이 국가원수로서 행하는 행위라고 하더라도 법원이 사법심사를 자제하여야 할 고도의 정치성을 띤 행위라고 볼 수는 없다(대판 2012두26920).
>
> **정답 ②**

16 다음 중 행정기본법에 대한 설명으로 옳지 않은 것은?

① 행정은 공공의 이익을 위하여 적극적으로 추진되어야 한다.
② 새로운 법령 등은 법령 등에 특별한 규정이 있는 경우를 제외하고는 그 법령 등의 효력 발생 전에 완성되거나 종결된 사실관계 또는 법률관계에 대해서는 적용되지 아니한다.
③ 행정청의 처분에 이의가 있는 당사자는 처분을 받은 날부터 15일 이내에 해당 행정청에 이의신청을 해야 한다.
④ 행정에 관한 다른 법률을 제정하거나 개정하는 경우에는 이 법의 목적과 원칙, 기준 및 취지에 부합되도록 노력하여야 한다.
⑤ 행정에 관한 기간의 계산에 관하여는 이 법 또는 다른 법령 등에 특별한 규정이 있는 경우를 제외하고는 민법을 준용한다.

> **정답 해설**
> 행정청의 처분에 이의가 있는 당사자는 처분을 받은 날부터 30일 이내에 해당 행정청에 이의신청을 할 수 있다(행정기본법 제36조 제1항).
>
> **오답분석**
> ① 행정은 공공의 이익을 위하여 적극적으로 추진되어야 한다(행정기본법 제4조 제1항).
> ② 새로운 법령 등은 법령 등에 특별한 규정이 있는 경우를 제외하고는 그 법령 등의 효력 발생 전에 완성되거나 종결된 사실관계 또는 법률관계에 대해서는 적용되지 아니한다(행정기본법 제14조 제1항).
> ④ 행정에 관한 다른 법률을 제정하거나 개정하는 경우에는 이 법의 목적과 원칙, 기준 및 취지에 부합되도록 노력하여야 한다(행정기본법 제5조 제2항).
> ⑤ 행정에 관한 기간의 계산에 관하여는 이 법 또는 다른 법령 등에 특별한 규정이 있는 경우를 제외하고는 민법을 준용한다(행정기본법 제6조 제1항).
>
> **정답 ③**

| 가스(2022)/남동발전(2021)

17 다음 중 행정벌에 대한 설명으로 옳지 않은 것은?(단, 다툼이 있는 경우 판례에 의한다)

① 행정형벌은 형사소송법에 따라 형사재판으로 부과된다.
② 고의 또는 과실이 없는 질서위반행위는 과태료를 부과하지 아니한다.
③ 행정질서벌은 형법총칙이 적용되어 책임주의에 따라 처벌된다.
④ 행정형벌은 특별절차로 통고처분과 즉결심판이 있다.
⑤ 행정형벌의 과벌절차로서의 통고처분은 행정소송의 대상이 되는 행정처분이 아니다.

정답 | 해설

행정벌이란 행정법상의 의무위반(행정범)에 대해 처벌로 행정형벌과 행정질서벌이 있다. 행정형벌은 형법상의 형이 적용되지만, 행정질서벌은 행정법상 의무위반에 대해 과태료를 부과하는 금전적 제재로 질서위반행위규제법을 적용받는다. 따라서 형법총칙이 적용되어 처벌되는 것은 행정형벌이다.

정답 ③

| 가스(2022)/서부발전(2021)

18 다음 설명에 해당하는 행정법의 기본원칙은?

> 행정주체가 구체적인 행정목적을 실현함에 있어 목적과 수단 간에는 합리적인 비례관계가 유지되어야 한다는 원칙이다.

① 자기구속의 원칙 ② 신뢰보호의 원칙
③ 부당결부금지의 원칙 ④ 비례의 원칙
⑤ 평등의 원칙

정답 | 해설

비례의 원칙(과잉금지의 원칙)이란 행정주체가 구체적인 행정목적을 실현함에 있어 목적과 수단 간에는 합리적인 비례관계가 유지되어야 한다는 원칙이다.

오답분석
① 자기구속의 원칙 : 행정청은 자기 스스로 정한 시행기준을 합리적 이유 없이 이탈할 수 없다는 원칙이다.
② 신뢰보호의 원칙 : 행정기관의 어떤 행위가 존속될 것이라는 정당한 신뢰는 보호되어야 한다는 원칙이다.
③ 부당결부금지의 원칙 : 실질적 관련 없는 상대방의 반대급부를 결부시켜서는 안 된다는 원칙이다.
⑤ 평등의 원칙(자의금지의 원칙) : 행정작용을 함에 있어 그 상대방인 국민을 공평하게 대우해야 한다는 원칙이다.

정답 ④

끝까지 책임진다! 시대에듀!

QR코드를 통해 도서 출간 이후 발견된 오류나 개정법령, 변경된 시험 정보, 최신기출문제, 도서 업데이트 자료 등이 있는지 확인해 보세요! **시대에듀 합격 스마트 앱**을 통해서도 알려 드리고 있으니 구글 플레이나 앱 스토어에서 다운받아 사용하세요. 또한, 파본 도서인 경우에는 구입하신 곳에서 교환해 드립니다.

**2026 최신판 시대에듀 기출이 답이다!
공기업 사무직 통합전공(경영학 / 경제학 / 행정학 / 법학)**

개정5판1쇄 발행	2025년 10월 20일 (인쇄 2025년 09월 24일)
초 판 발 행	2022년 05월 10일 (인쇄 2022년 01월 28일)
발 행 인	박영일
책 임 편 집	이해욱
편 저	SDC(Sidae Data Center)
편 집 진 행	여연주 · 황성연
표지디자인	조혜령
편집디자인	최미림 · 장성복
발 행 처	(주)시대고시기획
출 판 등 록	제10-1521호
주 소	서울시 마포구 큰우물로 75 [도화동 538 성지 B/D] 9F
전 화	1600-3600
팩 스	02-701-8823
홈 페 이 지	www.sdedu.co.kr
I S B N	979-11-434-0014-7 (13320)
정 가	26,000원

※ 이 책은 저작권법의 보호를 받는 저작물이므로 동영상 제작 및 무단전재와 배포를 금합니다.
※ 잘못된 책은 구입하신 서점에서 바꾸어 드립니다.

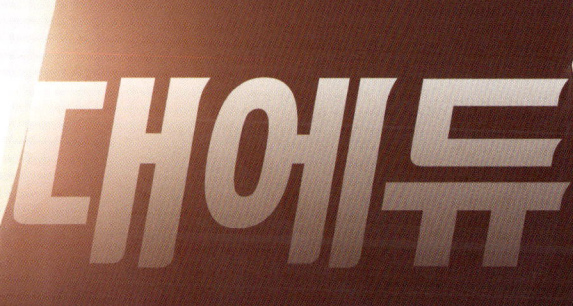

시대에듀가 합격을 준비하는
당신에게 제안합니다.

성공의 기회
시대에듀를 잡으십시오.

시대에듀

기회란 포착되어 활용되기 전에는 기회인지조차 알 수 없는 것이다.
- 마크 트웨인 -

시대에듀
공기업 취업을 위한 NCS
직업기초능력평가 시리즈

NCS부터 전공까지 완벽 학습 "통합서" 시리즈

  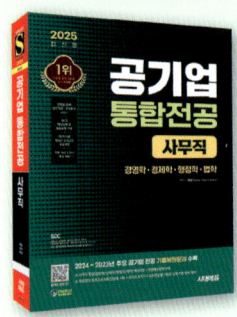 

공기업 취업의 기초부터 차근차근! 취업의 문을 여는 **Master Key!**

NCS 영역 및 유형별 체계적 학습 "집중학습" 시리즈

영역별 이론부터 유형별 모의고사까지! 단계별 학습을 통한 **Only Way!**

기업별 맞춤 학습 "기본서" 시리즈

공기업 취업의 기초부터 심화까지! 합격의 문을 여는 **Hidden Key!**

기업별 시험 직전 마무리 "모의고사" 시리즈

   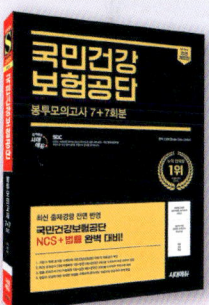

실제 시험과 동일하게 마무리! 합격을 향한 **Last Spurt!**

※ **기업별 시리즈** : HUG 주택도시보증공사/LH 한국토지주택공사/강원랜드/건강보험심사평가원/국가철도공단/국민건강보험공단/국민연금공단/근로복지공단/발전회사/부산교통공사/서울교통공사/인천국제공항공사/코레일 한국철도공사/한국농어촌공사/한국도로공사/한국산업인력공단/한국수력원자력/한국수자원공사/한국전력공사/한전KPS/항만공사 등

※ 도서의 이미지 및 구성은 변동될 수 있습니다.

답안채점 • 성적분석 서비스

모바일 OMR

| 도서 내 모의고사 우측 상단에 위치한 QR코드 찍기 | 로그인 하기 | '시작하기' 클릭 | '응시하기' 클릭 | 나의 답안을 모바일 OMR 카드에 입력 | '성적분석&채점결과' 클릭 | 현재 내 실력 확인하기 |

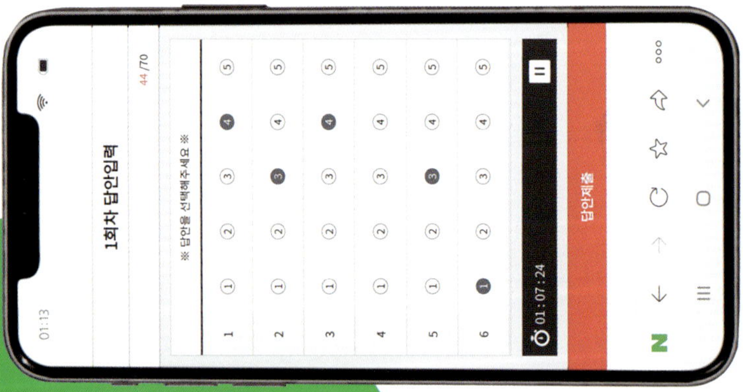

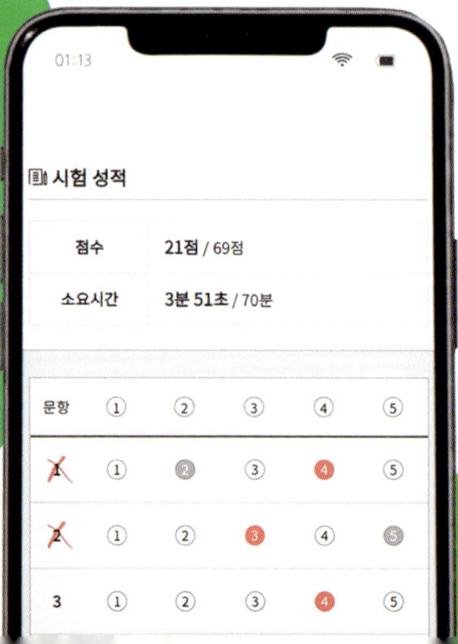

도서에 수록된 모의고사에 대한 객관적인 결과(정답률, 순위)를 종합적으로 분석하여 제공합니다.

※ OMR 답안채점/성적분석 서비스는 등록 후 30일간 사용 가능합니다.